原文 註釋 國譯

漢書(十)

後漢 班固 著

陳起煥 譯註

明文堂

王莽(왕망)
新朝, 서기 8-23년 재위.

'昌邑籍田(창읍적전)' 글자의 銅鼎(동정)
南昌 海昏侯 墓 出土(남창 해혼후 묘 출토).

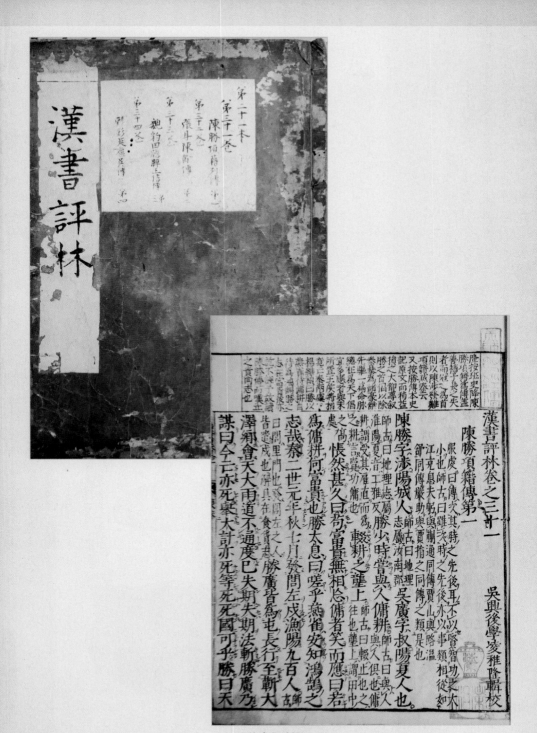

《漢書評林》

明代《漢書》刊本의 하나. 저자는 凌稚隆(능치륭).

'長樂(장락)' 穀紋玉璧(곡문옥벽)
漢代. 높이 18.6cm, 외경 길이 12.5cm,
내경 길이 2.6cm, 두께 0.5cm,
北京故宮博物館 소장.

前漢代의 靑銅製 燈明具(청동제 등명구)

〖明文 中國正史 大系〗

原文 註釋 國譯

漢 書(十)

後漢 班固 著
陳 起 煥 譯註

明文堂

차례

원문 주석 국역

한 서 (十)

98 元后傳
〔원후전〕

原文

孝元皇后, 王莽姑也. 莽自謂黃帝之後, 其《自本》曰, '黃帝姓姚氏, 八世生虞舜. 舜起嬀汭, 以嬀爲姓. 至周武王封舜後嬀滿於陳, 是爲胡公, 十三世生完. 完字敬仲, 奔齊, 齊桓公以爲卿, 姓田氏. 十一世, 田和有齊國, 三世稱王, 至王建爲秦所滅. 項羽起, 封建孫安爲濟北王. 至漢興, 安失國, 齊人謂之'王家', 因以爲氏.

|註釋| ∘元后 – 孝元皇后의 간칭. 왕씨가 極盛하였기에 별도로 입전. ∘孝元皇后 – 名 王政君. 新 建國 5년(서기 13)에 죽었고, 그 10년 후에 왕망도 멸망한다. '王莽姑也'라 하여 漢의 멸망과 왕망의 건국은 효원황후에게도 책임이 있다는 뜻을 표현했다. ∘《自本》 – 왕망이 엮어 가문의 계보를 밝힌 책. ∘嬀汭 – 지명. 嬀水(규수)가 황하에 합쳐지는 곳. 嬀는 성씨 규, 강

이름 규. 汭는 물굽이 예.

〖 國譯 〗

　孝元皇后(효원황후)는 王莽(왕망)의 고모이다. 왕망은 자신이 黃帝(황제)의 후손이라면서 그의 《自本》에서 말했다.

　'黃帝의 성은 姚氏(요씨)로 8세손이 虞舜(우순)을 낳았다. 舜(순)은 嬀汭(규예)에서 起身하였기에 嬀(규)를 성으로 했다. 周 武王에 이르러 舜의 후손 嬀滿(규만)을 陳(진)에 봉했는데, 이가 陳의 胡公(호공)이며 13세손이 完(완)을 낳았다. 完(완)의 字는 敬仲(경중)으로 齊(제)로 달아났는데, 齊 桓公(환공)이 상경에 임명했고 성을 田氏(전씨)라 했다. 11세손인 田和(전화)가 齊國을 차지했고 그 三世孫이 왕이라 칭했고 田建이 왕을 할 때 秦에게 멸망당했다. 項羽(항우)가 일어나자 田建의 손자인 田安(전안)을 濟北王에 봉했다. 漢이 건국되고 전안은 나라를 잃었지만 齊나라 사람들은 여전히 '王家'라 하였기에 王을 성씨로 정했다.

原文

　文 · 景間, 安孫遂字伯紀, 處東平陵, 生賀, 字翁孺. 爲武帝繡衣御史, 逐捕魏郡群盜堅盧等黨與, 及吏畏儒逗留當坐者, 翁孺皆縱不誅. 它部御史暴勝之等奏殺二千石, 誅千石以下, 及通行飮食坐連及者, 大部至斬萬餘人, 語見〈酷吏傳〉. 翁孺以奉使不稱免, 歎曰, "吾聞活千人者有封子孫,吾所活者萬餘人, 後世其興乎!"

| 註釋 | ○東平陵 – 濟南의 땅. 今 山東省 濟南市 관할의 章丘市. ○繡衣
御史 – 무제 때 처음 설치한 天子의 특사 제도. 처음에는 侍御史를 내보냈고
부절을 상징하는 節杖을 들고 繡衣(수의)를 입었기에 繡衣御史(수의어사)라
고 불렀다. 繡衣는 비단 옷이니, 고귀하다는 뜻. '討姦猾 治大獄'의 임무를
띠고 郡國의 군사를 동원하고 상벌을 행하며 부패한 지방관을 처단할 수 있
는 특권까지 부여되었다. 비상설직. ○畏懦逗留 – 畏懦(외나)는 두려워하고
겁을 먹다. 逗留(두류)는 머물러 나아가지 못하다. ○暴勝之(포승지) – 인명.
暴 사나울 포, 갑자기 포. 성씨. 포승지는 天漢 2년(前 99)에 수의어사였다.
어사대부로 재직 중 征和 2년(前 91) '무고의 화' 때 무제의 질책에 자살.
○不稱 – 부응하지 못하다. 不附所委하다.

〖 國譯 〗

　문제와 경제 연간에, 王安의 손자인 王邃(왕수, 字는 伯紀)는 東平
陵(동평릉)에 살면서 王賀(왕하, 字 翁孺)를 낳았다. 왕하는 무제의 繡
衣御史(수의어사)가 되어 魏郡(위군)의 군도인 堅盧(견노)의 무리에 겁
을 먹고 주저한 죄에 연좌되어 체포된 관리들을 다 풀어주고 처벌하
지 않았다. 다른 주의 어사인 暴勝之(포승지) 등은 질록 二千石 고관
들을 상주한 뒤에 처형했고, 1천석 이하 관리 및 도적과 왕래했거나
음식을 제공했다고 연좌된 자를 큰 고을에서는 1만여 명이나 처형
했는데, 이는 〈酷吏傳〉에 기록되었다. 翁孺(옹유, 王賀)는 어사의 직
분을 다 수행하지 못했다고 사직하면서 탄식하였다.

　"내가 알기로, 1천 명을 살려주면 후손이 제후에 봉해진다고 하
였는데 내가 살려준 자가 1만여 명이니 후세에 크게 흥성하리라!"

翁孺旣免, 而與東平陵終氏爲怨, 乃徙魏郡元城委粟里, 爲三老, 魏郡人德之. 元城建公曰, "昔春秋沙麓崩, 晉史卜之, 曰, '陰爲陽雄, 土火相乘, 故有沙麓崩. 後六百四十五年, 宜有聖女興. 其齊田乎!' 今王翁孺徙, 正直其地, 日月當之. 元城郭東有五鹿之虛, 卽沙鹿地也. 後八十年, 當有貴女興天下"云.

翁孺生禁, 字稚君, 少學法律長安, 爲廷尉史, 本始三年, 生女政君, 卽元后也. 禁有大志, 不修廉隅, 好酒色, 多取傍妻, 凡有四女八男. 長女君俠, 次卽元后政君, 次君力, 次君弟. 長男鳳孝卿, 次曼元卿, 譚子元, 崇少子, 商子夏, 立子叔, 根稚卿, 逢時委卿, 唯鳳·崇與元后政君同母. 母, 適妻, 魏郡李氏女也. 後以妒去, 更嫁爲河內苟賓妻.

| 註釋 | ○元城 – 魏郡(위군)의 치소는 鄴縣(今 河北省 邯鄲市 관할의 臨漳縣). 元城은 현명. 今 河北省 邯鄲市 관할의 大名縣. 山東省과 경계. ○三老 – 鄕官. 교화 담당, 지방관 행정 보조. ○春秋沙麓崩 ~ –《春秋》僖公 14년의 기록. 沙麓(사록)은 산 이름. 今 河北省 大名縣 동쪽. 陰은 元后, 陽은 漢을 의미. 僖公 14년에서 哀帝 元壽 2년(前 1년)까지가 645년이다. ○五鹿之虛 – 五鹿은 산 이름. 虛는 墟(언덕 허, 옛 터). ○本始三年 – 선제의 연호. 前 71년. ○廉隅(염우) – 품행이 단정하고 지조를 지키다. 棱角(능각).

翁孺(옹유, 王賀)는 사직한 뒤에, 東平陵(동평릉)의 終氏(종씨)와 원수가 되자 바로 魏郡(위군) 元城縣(원성현) 委粟里(위율리)로 이사하여 三老(삼로)가 되었는데, 위군 사람들에게 덕을 베풀었다. 이에 원성현의 建公(건공)이 말했다.

"옛날 春秋시대에 沙麓(사록)이 붕괴했을 때, 晉의 관리가 이를 두고 점을 쳐 말하기를 '陰이 陽보다 강하고 土火가 相乘(상승)하였기에 사록이 붕괴했다. 645년 뒤에 성스러운 여인이 태어날 것이니 아마 齊의 田氏일 것이다!'라고 말했는데, 지금 王翁孺(왕옹유)가 이사하였으니 바로 이 땅이며 세월도 맞을 것이다. 원성현의 동쪽 외곽에 五鹿(오록)의 폐허가 있으니 바로 사록의 땅이다. 이후 80년에 응당 귀한 여인이 천하를 일으킬 것이다."

翁孺(옹유)는 王禁(왕금)을 낳았는데 字는 稚君(치군)으로 젊어 장안에서 법률을 공부하여 廷尉史(정위사)가 되었고, 本始 3년에 딸 政君(정군)을 낳았으니 뒷날의 元后(원후)이다. 王禁은 大志를 품고 있었지만 품행이 바르지는 않았고 주색을 좋아하며 후처를 많이 거느려 모두 4녀 8남을 두었다. 장녀는 君俠(군협), 다음은 원제의 황후인 政君(정군), 그 다음은 君力(군력), 그 다음은 君弟(군제)이었다. 장남은 王鳳(왕봉, 字는 孝卿)이고, 다음은 王曼(왕만, 字 元卿), 王譚(왕담, 字 子元), 王崇(왕숭, 字 少子), 王商(왕상, 字 子夏), 王立(왕립, 字 子叔), 王根(왕근, 字 稚卿), 王逢時(왕봉시, 字 委卿)인데, 왕봉과 왕숭만 元后 王政郡과 同母이었다. 모친은 왕금의 정처로 魏郡 李氏의 딸이었다. 뒷날 질투로 헤어진 뒤에 河內郡의 苟賓(구빈)의 아내가 되었다.

初, 李親任政君在身, 夢月入其懷. 及壯大, 婉順得婦人道. 嘗許嫁未行, 所許者死. 後東平王聘政君爲姬, 未入, 王薨. 禁獨怪之, 使卜數者相政君 '當大貴, 不可言.' 禁心以爲然, 乃敎書, 學鼓琴. 五鳳中, 獻政君, 年十八矣, 入掖庭爲家人子.

| 註釋 | ○任政君在身 - 任은 姙. ○東平王 - 宣帝 甘露 연간에 皇子 劉宇를 봉한 나라. 치소는 無鹽縣(今 山東省 泰安市 관할의 東平縣). ○卜數者 - 算命者. ○五鳳 - 宣帝의 연호. 前 57~54년. ○家人子 - 입궁한 양가의 여인으로, 아직 칭호를 받지 않은 자.

〖 國譯 〗

그전에 모친 李氏가 왕정군을 임신하였을 때 달을 품는 꿈을 꾸었다. 온순하고 곱게 성장했고 여인의 도를 터득했다. 혼사를 약정하였으나 결혼 전에 그 당사자가 죽었다. 뒤에는 東平王이 왕정군을 姬妾으로 요구하였으나 들어가기 전에 왕이 죽었다. 왕금은 매우 괴이하게 여겨 점쟁이에게 왕정군을 점치게 하였더니 '이루 말할 수 없을 정도로 大貴하다'고 하였다. 왕금은 마음속으로 그런가 하면서 글과 악기를 가르쳤다. 선제 五鳳 연간에, 왕정군을 궁에 보냈는데 나이는 18세였고 掖庭(액정)에 들어가 家人子가 되었다.

　歲餘, 會皇太子所愛幸司馬良娣病, 且死, 謂太子曰, "妾死非天命, 乃諸娣妾良人更祝詛殺我." 太子憐之, 且以爲然. 及司馬良娣死, 太子悲恚發病, 忽忽不樂, 因以過怒諸娣妾, 莫得進見者. 久之, 宣帝聞太子恨過諸娣妾, 欲順適其意, 乃令皇后擇後宮家人子可以虞侍太子者, 政君與在其中. 及太子朝, 皇后乃見政君等五人, 微令旁長御問知太子所欲. 太子殊無意於五人者, 不得已於皇后, 彊應曰, "此中一人可." 是時政君坐近太子, 又獨衣絳緣諸于, 長御卽以爲是. 皇后使侍中杜輔,掖庭令濁賢交送政君太子宮, 見丙殿. 得御幸, 有身. 先是者, 太子後宮娣妾以十數, 御幸久者七八年, 莫有子, 及王妃一幸而有身. 甘露三年, 生成帝於甲館畫堂, 爲世適皇孫. 宣帝愛之, 自名曰, 驁, 字太孫, 常置左右.

| 註釋 | ○司馬良娣 – 司馬는 복성. 良娣는 東宮의 正室인 皇太子妃 외의 妾室에 대한 호칭. ○虞侍太子 – 태자를 기쁘게 모시다. 虞는 娛(즐거워할 오). ○與在其中 – 與는 豫(미리). ○長御 – 황후의 시종. 황제의 侍中과 같음. ○彊應 – 본심이 아니지만 대답하다. ○絳緣諸于 – 絳緣(강연)은 붉은 천으로 上衣의 가장자리를 대다. 緣은 옷의 가장자리. 諸于는 上衣의 이름. 袿衣(규의, 여자 윗옷). ○甲館畫堂 – 건물 이름. 甲館은 甲觀.

　1년 쯤 지나, 마침 황태자가 사랑하는 司馬良娣(사마양제)가 병이 들어 막 죽기 전에 太子에게 "제가 죽는 것은 천명이 아니고 다른 양제나 양인들이 교대로 나를 죽으라고 저주했기 때문입니다."라고 말했다. 태자는 사마양제를 가엽게 여기며 그럴 것이라고 생각하였다. 사마양제가 죽자, 태자는 슬픔과 분노로 병이 날 정도였으며 갑작스레 우울해하며 다른 희첩들에게 지나치게 화를 내었기에 태자를 가까이 모시려는 자가 없었다.

　얼마 뒤 宣帝는 태자가 여러 희첩들을 미워하고 책망한다는 말을 듣고 그 마음을 온순하게 하려고 황후를 시켜 후궁의 家人子 중에서 태자를 기쁘게 모실 수 있는 사람을 골라보라고 하였는데 왕정군도 그중에 들어있었다.

　태자가 황후를 뵙자, 황후는 왕정군 등 5명을 보여주며 은밀히 곁에 있던 황후의 시종인 長御(장어)에게 태자가 원하는 여인이 있는가를 묻게 하였다. 태자는 5명의 여인에게 특별히 끌리는 사람이 없었지만 부득이 황후에게 억지로 "이들 중 한 사람이 있습니다."라고 대답하였다. 그때 왕정군은 태자 옆 가까이에 서 있었고 또 혼자만 진홍색 가장자리를 댄 윗옷을 입고 있었기에 장어는 바로 왕정군이라고 생각하였다. 황후는 侍中인 杜輔(두보)와 掖庭令(액정령)인 濁賢(탁현)을 함께 불러 왕정군을 태자궁으로 보냈고 丙殿(병전)에서 태자를 알현하였다. 왕정군은 태자의 사랑을 받았고 임신하였다. 이보다 앞서 태자 후궁의 여러 양제나 시첩이 수십 명이었고 7, 8년이나 사랑을 받은 여인도 자식이 없었으나 왕정군은 단 한 번 사랑을 받아 임신하였다. 甘露(감로) 3년(전 51년)에 甲館의 畫堂(화당)에서 成帝를 출산하니 정실의 황세손이었다. 선제가 귀여워하며 이름을 鶩(오, 준마 오)라 하고 字를 太孫(태손)이라 하였으며 늘 곁에 있게 하였다.

原文

後三年, 宣帝崩, 太子卽位, 是爲孝元帝. 立太孫爲太子, 以母王妃爲婕伃, 封父禁爲陽平侯. 後三日, 婕伃立爲皇后, 禁位特進, 禁弟弘至長樂衛尉. 永光二年, 禁薨, 諡曰, 頃侯. 長子鳳嗣侯, 爲衛尉侍中. 皇后自有子後, 希復進見. 太子壯大, 寬博恭愼, 語在〈成紀〉. 其後幸酒, 樂燕樂, 元帝不以爲能. 而傅昭儀有寵於上, 生定陶共王. 王多材藝, 上甚愛之, 坐則側席, 行則同輦, 常有意欲廢太子而立共王. 時鳳在位, 與皇后, 太子同心憂懼, 賴侍中史丹擁右太子, 語在〈丹傳〉. 上亦以皇后素謹愼, 而太子先帝所常留意, 故得不廢.

| 註釋 | ○宣帝崩 – 前 49년. ○以母王妃爲婕伃 – 모친 王 太子妃는 婕伃(첩여)가 되었다. 婕伃(첩여)는 倢伃(첩여). 《漢書》 내에서도 혼용. 황후 이외의 비빈 14등급 중 2등급. 外朝의 上卿에 해당, 작위로는 列侯에 해당하는 女官. ○特進(특진) – 大臣을 우대하는 호칭. '以功德特進見'의 의미. 列侯 중 특별히 우대할 자에게 수여. 조정에서 三公 다음 반열에 선다. ○幸酒 – 好酒. ○〈丹傳〉 – 82권, 〈王商史丹傅喜傳〉.

　그 3년 뒤에, 선제가 붕어하고 태자가 즉위하니, 이가 孝元帝이다. 太孫을 태자로 책립하였고 태자 모친인 王태자비는 첩여가 되었고 부친 王禁(왕금)은 陽平侯(양평후)가 되었다. 그 3일 뒤에 첩여를 황후로 책립하였고 왕금은 特進(특진)이 되었다. 왕금의 아우 王弘(왕홍)은 長樂宮 衛尉(위위)가 되었다. 永光 2년(前 42)에 왕금이 죽자 시호를 頃侯(경후)라 하였다. 장자인 王鳳(왕봉)이 뒤를 이어 제후가 되었고 衛尉侍中(위위시중)이 되었다. 왕황후는 아들을 낳은 이후로 황제를 거의 뵙지 못했다. 태자는 성장하며 너그럽고 박식하며 공손 신중하였는데, 이는 〈成帝紀〉에 실려 있다. 그 이후로는 술을 즐기고 노는 것을 좋아하였기에 원제는 유능하다고 여기지 않았다.

　傅昭儀(부소의)가 원제의 총애를 받아 定陶共王(정도공왕)을 출산하였다. 공왕은 재능이 많아 원제가 매우 사랑하며 앉으면 옆자리에 앉히고, 출행하면 수레를 같이 탔는데 늘 태자를 폐하고 공왕을 세우려는 마음을 갖고 있었다. 그 무렵 왕봉은 현직에 있으면서 황후와 태자와 함께 걱정을 하였는데 시중인 史丹(사단)이 태자를 옹위한 덕을 입었는데, 이는 〈史丹傳〉에 실려 있다. 원제는 황후에 평소에 근신하며 태자는 先帝께서 늘 아껴주었기에 폐위되지는 않았다.

　元帝崩, 太子立, 是爲孝成帝. 尊皇后爲皇太后, 以鳳爲大司馬大將軍領尙書事, 益封五千戶. 王氏之興自鳳始. 又封太后同母弟崇爲安成侯, 食邑萬戶. 鳳庶弟譚等皆賜爵關內侯, 食邑.

其夏, 黃霧四塞終日. 天子以問諫大夫楊興,博士駟勝等, 對皆以爲, "陰盛侵陽之氣也. 高祖之約也, 非功臣不侯, 今太后諸弟皆以無功爲侯, 非高祖之約, 外戚未曾有也, 故天爲見異." 言事者多以爲然. 鳳於是懼, 上書辭謝曰, "陛下卽位, 思慕諒闇, 故詔臣鳳典領尙書事, 上無以明聖德, 下無以益政治. 今有芾星天地赤黃之異, 咎在臣鳳, 當伏顯戮, 以謝天下. 今諒闇已畢, 大義皆擧, 宜躬親萬機, 以承天心." 因乞骸骨辭職. 上報曰, "朕承先帝聖緒, 涉道未深, 不明事情, 是以陰陽錯繆, 日月無光, 赤黃之氣, 充塞天下. 咎在朕躬, 今大將軍乃引過自予, 欲上尙書事, 歸大將軍印綬, 罷大司馬官, 是明朕之不德也. 朕委將軍以事, 誠欲庶幾有成, 顯先祖之功德. 將軍其專心固意, 輔朕之不逮, 毋有所疑."

| 註釋 | ○孝成帝 – 재위 前 32–前 7년. ○諒闇(양암) – 황제의 복상. 부모 거상 3년 동안 침묵하다. 闇은 默也. ○芾星(패성) – 혜성. 芾은 孛(살별 패). 天象의 이변을 의미.

〖 國譯 〗

元帝가 붕어하고 태자가 즉위하니, 이가 孝成帝이다. 황후를 황태후라 높였고, 王鳳은 大司馬에 大將軍으로 領尙書事가 되었고 식읍 5천 호를 추가하였다. 왕씨의 융성은 왕봉에서 비롯되었다. 또 황태후의 동모제인 王崇(왕숭)은 安成侯(안성후)로 식읍은 1만 호였다. 왕봉의 庶弟인 王譚(왕담) 등도 모두 관내후의 작위와 식읍을 받았다.

그해 여름에 누런 안개가 종일 사방을 뒤덮었다. 성제는 이를 諫大夫인 楊興(양흥)과 博士인 駟勝(사순) 등에게 물었는데, 모두가 "음이 성하여 양의 기운을 침범하기 때문입니다. 高祖의 약속에 공신이 아니면 제후가 될 수 없다고 하였는데 지금 태후의 여러 형제는 아무 공적도 없이 제후가 되었으니, 이는 고조의 약속에 어긋나며 외척으로 이러한 일이 여태 없었기에 하늘도 이변을 보인 것입니다."라고 대답하였고 많은 사람들도 그렇게 생각하였다. 이에 왕봉은 두려워하며 상서하여 사죄하였다.

"폐하께서 즉위하시고 先帝를 사모하며 거상하는 기간에 臣에게 상서 업무를 대행토록 명하셨지만 위로는 성덕을 밝게 하지도 못했고 아래로는 정치에 도움을 주지 못했습니다. 이번에 彗星(패성)이 출현하고 천지가 적황으로 뒤덮이는 이변의 허물은 모두 신 鳳(봉)에게 있기에 응당 벌을 받아 죽어 천하에 사죄해야 합니다. 이제 복상 기간을 지나 대의를 다 하셨으니 萬機(만기)를 친람하시어 천심에 따르시기 바랍니다."

그러면서 퇴임하며 사직하고자 하였다. 이에 성제가 응답하였다.

"朕(짐)이 先帝의 성업을 이었지만 깊은 도리와 사정을 잘 알지 못하기에 음양이 뒤섞이며 일월도 빛을 잃고 적황의 기운이 천하를 메웠도다. 허물이야 짐에게 있거늘, 지금 대장군이 과오를 자신의 것으로 하면서 상서의 업무를 그만두고 대장군의 인수를 반납하며 대사마의 관직을 사임한다고 하는데, 이는 짐의 부덕을 드러내는 것이다. 짐은 장군에게 정사를 위임하면서 훌륭한 성과를 거두어 선조의 공덕을 밝게 드러나기를 기대하노라. 장군은 마음을 가다듬어 굳게 가지면서 짐이 미치지 못하는 바를 보필하되 의심하지 말지어다."

原文

後五年, 諸吏散騎安成侯崇薨, 諡曰, 共侯. 有遺腹子奉世嗣侯, 太后甚哀之. 明年, 河平二年, 上悉封舅譚爲平阿侯, 商成都侯, 立紅陽侯, 根曲陽侯, 逢時高平侯. 五人同日封, 故世謂之'五侯.' 太后同産唯曼蚤卒, 餘畢侯矣. 太后母李親, 苟氏妻, 生一男名參, 寡居. 頃侯禁在時, 太后令禁還李親. 太后憐參, 欲以田蚡爲比而封之. 上曰, "封田氏, 非正也." 以參爲侍中水衡都尉. 王氏子弟皆卿, 大夫, 侍中, 諸曹, 分據勢官滿朝廷.

| 註釋 | ○諸吏散騎 – 諸吏는 加官의 명칭. 散騎는 散騎都尉. ○田蚡爲比而封之 – 田蚡은 2번째 皇后인 王皇后의 李父同腹의 형제. 무제의 외숙. 52권, 〈竇田灌韓傳〉에 입전. ○侍中水衡都尉 – 侍中은 加官의 명칭. 水衡都尉는 上林苑 및 황실의 재물 관리와 鑄錢 업무를 담당.

〖 國譯 〗

그 뒤 5년, 諸吏(제리)로 산기도위였던 安成侯 王崇이 죽었는데, 시호는 共侯(공후)이었다. 유복자인 王奉世(왕봉세)가 제후가 되었지만 태후는 몹시 슬퍼하였다. 다음 해 河平 2년(前 27), 성제는 모두 외숙을 제후에 봉했는데 王譚(왕담)을 平阿侯에, 王商(왕상)을 成都侯, 王立(왕립)을 紅陽侯, 王根(왕근)을 曲陽侯, 王逢時(왕봉시)를 高平侯라 하였다. 5인을 한 날에 봉했기에 사람들은 이들을 '五侯'라고 하였다. 太后의 형제로 오직 王曼(왕만)은 일찍 죽었고 나머지는 모두 제후가 되었다. 태후의 생모인 李氏는 苟氏(구씨)의 妻로 苟參(구참)이라는 아들을 낳고 과부로 지내고 있었다. 頃侯(경후)인 왕금이 살았을 때, 태후는 부친에게 모친 이씨를 데려오라고 했었다. 太后는 구참을 가엽게 여겨 옛날에 田蚡(전분)의 전례에 따라 제후로 봉하려고 하였다. 성제는 "전분을 봉한 것은 옳지 않다."고 하였다. 구참은 侍中으로 수형도위가 되었다. 왕씨의 자제들은 모두 卿이나 大夫로 시중이나 제조의 가관을 받고 세력 있는 부서에서 조정을 메웠다.

原文

大將軍鳳用事, 上遂謙讓無所顓. 左右常薦光祿大夫劉向少子歆通達有異材. 上召見歆, 誦讀詩賦, 甚說之, 欲以爲中常侍, 召取衣冠. 臨當拜, 左右皆曰, "未曉大將軍." 上曰, "此小事, 何須關大將軍?" 左右叩頭爭之. 上於是語鳳, 鳳以爲不可, 乃止. 其見憚如此.

| 註釋 | ○劉向, 劉歆 – 父子. 楚 元王의 후손으로 宗室이었다. 36권, 〈楚元王傳〉에 부전. ○未曉大將軍 – 曉는 아뢰다. 통지하다.

　대장군 왕봉이 권력을 장악했는데 성제는 겸양하며 마음대로 하는 일이 없었다. 좌우 측근이 광록대부 劉向(유향)의 작은아들인 劉歆(유흠)은 경학에 통달한 뛰어난 인재라고 천거하였다. 성제가 유흠을 불러 만났는데 유흠이 시부를 암송하자 매우 좋아하며 中常侍에 임명하려고 중상시의 의관을 가져오게 시켰다. 중상시에 임명하려는데 좌우에서 "대장군에게 보고하지 않았습니다."라고 말했다. 성제는 "이는 작은 일인데 대장군이 어찌 다 관여하는가?"라고 말했다. 측근들은 머리를 조아리며 말렸다. 성제는 결국 왕봉에게 말했고 왕봉이 불가하다고 말하자 그만두었다. 성제는 왕봉을 이처럼 어려워하였다.

原文

　上卽位數年, 無繼嗣, 體常不平. 定陶共王來朝, 太后與上承先帝意, 遇共王甚厚, 賞賜十倍於它王, 不以往事爲纖介. 共王之來朝也, 天子留, 不遣歸國. 上謂共王, "我未有子, 人命不諱, 一朝有它, 且不復相見. 爾長留侍我矣!" 其後, 天子疾益有瘳, 共王因留國邸, 旦夕侍上, 上甚親重. 大將軍鳳心不便共王在京師, 會日蝕, 鳳因言, "日蝕, 陰盛之象, 爲非常異. 定陶王雖親, 於禮當奉藩在國. 今留侍京師, 詭正非常, 故天見戒. 宜遣王之國." 上不得已於鳳而許之. 共王辭去, 上與相對涕泣而決.

| 註釋 | ○體常不平 - 多病하다. ○不以往事爲纖介 - 往事는 원제가 정
도공왕(傅昭儀 소생의 劉康)을 태자로 세우고 싶었던 일. 纖介(섬개)는 아주
사소한 일. ○人命不諱 - 人命無常不可諱. 諱는 피하다. ○有它 - 황제의
죽음. 晏駕(안가). ○爾長留~ - 爾는 너 이.

〔 國譯 〕

　　성제가 즉위한 수년 동안, 후사가 없고 몸도 늘 편치 않았다. 定陶
共王(정도공왕)이 내조하자 태후와 성제는 先帝(元帝)의 뜻을 이어
공왕을 아주 후대하였으며, 하사품이 다른 왕의 10배나 되었으며 지
난 일을 마음에 두지 않았다. 공왕이 입조하면서 성제는 공왕을 만
류하며 봉국으로 돌아가게 하지 않았다. 성제가 공왕에게 말했다.

　　"나는 아직 아들이 없고 사람의 죽음은 피할 수 없으며 어느 날
일이 생기면 다시 볼 수가 없다. 너는 오래 머물면서 나를 도와주워
야 한다!"

　　그 이후 천자의 건강은 점점 좋아졌는데 공왕은 여전히 장안에
왕제에 머물며 아침저녁으로 성제를 모셨고 성제는 매우 가까이하
며 우대했다. 대장군 왕봉은 공왕이 경사에 머무는 일이 마음에 걸
렸는데 마침 일식이 일어나자 왕봉이 말했다.

　　"일식은 음기가 성한 형상으로 비상한 이변입니다. 정도왕이 친
형제이지만 예로는 번국의 왕이기에 그 나라에 있어야 합니다. 지금
경사에 머무는 것은 정상이 아니기에 하늘이 경계를 보낸 것입니다.
공왕을 나라로 돌려보내야 합니다."

　　성제는 왕봉을 거스를 수가 없어 수락했다. 공왕이 떠나갈 때 성
제와 공왕은 눈물을 흘리며 헤어졌다.

京兆尹王章素剛直敢言, 以爲鳳建遣共王之國非是, 乃奏
封事言日蝕之咎矣. 天子召見章, 延問以事, 章對曰, “天道
聰明, 佑善而災惡, 以瑞異爲符效. 今陛下以未有繼嗣, 引
近定陶王, 所以承宗廟, 重社稷, 上順天心, 下安百姓. 此正
義善事, 當有祥瑞, 何故致災異? 災異之發, 爲大臣顓政者
也. 今聞大將軍猥歸日蝕之咎於定陶王, 建遣之國, 苟欲使
天子孤立於上, 顓擅朝事以便其私, 非忠臣也. 且日蝕, 陰
侵陽, 臣顓君之咎, 今政事大小皆自鳳出, 天子曾不一擧手,
鳳不內省責, 反歸咎善人, 推遠定陶王. 且鳳誣罔不忠, 非
一事也. 前丞相樂昌侯商本以先帝外屬, 內行篤, 有威重,
位歷將相, 國家柱石臣也. 其人守正, 不肯詘節隨鳳委曲,
卒用閨門之事爲鳳所罷, 身以憂死, 衆庶愍之. 又鳳知其小
婦弟張美人已嘗適人, 於禮不宜配御至尊, 托以爲宜子, 內
之後宮, 苟以私其妻弟. 聞張美人未嘗任身就館也. 且羌胡
尙殺首子以蕩腸正世, 況於天子而近已出之女也! 此三者皆
大事, 陛下所自見, 足以知其餘, 及它所不見者. 鳳不可令
久典事, 宜退使就第, 選忠賢以代之.”

| 註釋 | ○京兆尹王章 - 76권, 〈趙尹韓張兩王傳〉에 입전. ○王商(왕상, ?
-前 25) - 宣帝 母親 王翁須(왕옹수)의 친정오빠인 王武의 아들. 선제의 외사
촌 형제. 원제 왕황후의 동생인 王商(왕상, ?-前 12. 字 子夏)과는 다른 사람

이다. 82권, 〈王商史丹傅喜傳〉에 입전. ○已嘗適人 – 適人은 嫡人. 남의 아내가 되다. ○殺首子以蕩腸正世 – 首子는 첫 번째 출산하는 아이. 蕩腸正世는 여인의 몸을 깨끗하게 하여 혈통을 바로 이어간다는 뜻. 데려온 또는 약탈한 여인이 낳는 첫 번째 아이는 자신의 씨가 아닐 수도 있다 하여 죽여 버린다. ○此三者皆大事 – 정도공왕을 돌려보낸 일, 樂昌侯 王商(왕상)을 축출한 일. 자신 소첩의 여동생을 후궁에 바친 일.

〔國譯〕

경조윤 王章(왕장)은 평소에 강직하고 과감하게 바른 말을 하였는데 왕봉이 정도공왕을 돌아가게 한 것은 옳지 않다고 생각하면서 일식이 일어난 허물에 대하여 밀봉한 상서를 올렸다. 성제가 왕상을 불러 정사의 득실에 대하여 묻자, 왕상이 대답하였다.

"天道는 총명하여 선을 돕고 악을 징벌하며 상서와 이변으로 징표를 보여줍니다. 지금 폐하께서는 아직 후사가 없으신데 정도왕을 가까이하는 것은 종묘 제사를 받들고 사직을 안정시키며 천심에 순응하고 백성을 안정시키려는 뜻입니다. 이는 정의이며 선한 일이니 응당 상서로운 일이 있어야 하는데 어찌 재이를 내리겠습니까? 재해의 발생은 大臣이 정사를 독점하기 때문입니다. 이번에 듣기로는, 대장군이 외람되이 일식의 허물을 정도왕에게 돌리면서 봉국으로 돌아가게 건의했다는데, 이는 사실 천자를 고립시키면서 정사를 독점하여 사익을 챙기려는 것이니 충신이 할 일이 아닙니다. 또 일식이란 음이 양을 침범하거나 신하가 주군을 마음대로 했기 때문이니 오늘의 정사는 크고 작든 간에 모두 왕봉이 행사하고 있으며, 천자는 손 하나 까닥하지 않으시는데 왕봉은 자신을 반성하거나 문책하지 않고 선인에게 허물을 돌리며 정도왕을 멀리 보냈습니다. 또 왕봉의 거짓과 불충은 이 한 번이 아닙니다. 전 승상인 樂昌侯 王商은 본래 선대 황제의 외숙으로 행실이 돈독하고 위엄이 있으며 장상으로 여러 관직을 역임하며 나라의 기둥이었습니다. 그가 정도를 지키면서 왕봉의 부정에는 지조를 굽혀 따르려고 하지 않자, 결국 집안의 일을 이유로 축출하자 왕봉은 근심과 울분으로 죽었는데 백성들은 이를 안타깝게 생각하고 있습니다. 또 왕봉은 자신 소첩의 여동생인 張美人이 다른 사람에게 한 번 출가했었기에 지존의 짝이 될 수 없다는 예법을 알면서도 적합한 사람이라 하여 후궁에 넣어 처첩의 이익을 챙겨주었습니다. 장미인이 임신한 일이 없다고 하여 후궁에 넣은 것입니다. 사실 羌族(강족)이나 흉노도 첫 번째 아이를 죽여 혈통을 순수성을 지켜 나가는데 하물며 이미 출가했던 여인을 천자에게 바칠 수 있겠습니까! 이 3가지는 모두 큰 사건으로 폐하께서 직접 겪으신 일이니 그 나머지 일이나 그외 보지 못한 일이 어떤가를 알 수 있습니다. 왕봉에게 오랫동안 정사를 맡길 수 없으니 퇴임케 하여 돌려 보내고 충량한 현재를 선임하여 대행케 하십시오."

原文

自鳳之白罷商後遣定陶王也, 上不能平. 及聞章言, 天子感寤, 納之, 謂章曰, "微京兆尹直言, 吾不聞社稷計! 且唯賢知賢, 君試爲朕求可以自輔者." 於是章奏封事, 薦中山孝王舅琅邪太守馮野王, "先帝時歷二卿, 忠信質直, 知謀有餘. 野王以王舅出, 以賢復入, 明聖主樂進賢也." 上自爲太子時數聞野王先帝名卿, 聲譽出鳳遠甚, 方倚欲以代鳳.

| 註釋 | ○微京兆尹~ - 微는 無也. ○琅邪太守馮野王 - 琅邪(낭야)는 군명. 치소는 琅邪縣, 今 山東省 靑島市 관할의 膠南市. 馮野王은 원제 풍소의의 친정 동생인 馮奉世의 아들. 79권, 〈馮奉世傳〉에 附傳.

〖 國譯 〗

왕봉이 왕상의 파면을 건의하고 나중에 정도왕을 귀국시킨 일에는 성제도 마음이 편치 않았다. 王章의 말을 듣고서 성제는 깨달은 바 있어 의견을 수용하며 말했다.

"경조윤의 직언이 없었다면 나는 사직을 안정시킬 방책을 몰랐을 것이다! 그리고 현인이 현인을 아는 것이니 그대가 짐을 위해 정사를 보필할 자를 천거토록 하라."

이에 왕장은 封事(봉사)를 올려 中山孝王의 외숙의 아들인 琅邪(낭야)태수 馮野王(풍야왕)을 천거하면서 "선대 황제 때 2차례 卿을 역임하였으며 忠信하며 바탕이 질박하고 지모가 뛰어납니다. 풍야왕은 왕의 외숙으로 출발하였지만 賢才로 다시 입조하면 성주께서 기꺼이 현인을 동요하심을 알게 될 것입니다."

성제도 태자 때부터 풍야왕이 선대 황제 때부터 유명한 공경으로 그 명성이 왕봉보다 뛰어나다고 들어 알고 있었기에 그를 등용하여 왕봉을 대신하려고 했다.

初, 章每召見, 上輒辟左右. 時太后從弟長樂衛尉弘子侍中音獨側聽, 具知章言, 以語鳳. 鳳聞之, 稱病出就第, 上疏乞骸骨, 謝上曰, "臣材駑愚戇, 得以外屬兄弟七人封爲列侯, 宗族蒙恩, 賞賜無量. 輔政出入七年, 國家委任臣鳳, 所言輒聽, 薦士常用. 無一功善, 陰陽不調, 災異數見, 咎在臣鳳奉職無狀, 此臣一當退也.《五經》傳記, 師所誦說, 咸以日蝕之咎在於大臣非其人,《易》曰, '折其右肱', 此臣二當退也. 河平以來, 臣久病連年, 數出在外, 曠職素餐, 此臣三當退也. 陛下以皇太后故不忍誅廢, 臣猶自知當遠流放, 又重自念, 兄弟宗族所蒙不測, 當殺身靡骨死輦轂下, 不當以無益之故有離寢門之心, 誠歲餘以來, 所苦加侵, 日日益甚, 不勝大願, 願乞骸骨, 歸自治養, 冀賴陛下神靈, 未埋發齒, 期月之間, 幸得瘳愈, 復望帷幄, 不然, 必置溝壑. 臣以非材見私, 天下知臣受恩深也. 以病得全骸骨歸, 天下知臣被恩見哀, 重巍巍也. 進退於國爲厚, 萬無纖介之議. 唯陛下哀憐!" 其辭指甚哀, 太后聞之爲垂涕, 不御食.

| 註釋 | ○上輒辟~ - 辟은 闢(열 벽). 물리치다. ○材駑愚戇 - 駑는 둔할 노. 戇은 어리석을 당. ○《易》曰 -《易經 豊卦》괘사. ○河平 - 성제 연호. 前 28-25년. ○寢門(침문) - 內門. 宮門. ○巍巍 - 높은 모양.

　그전에 王章(왕장)이 불려가 알현할 때마다 성제는 좌우를 물리쳤
다. 그 무렵 太后의 숙부인 長樂衛尉 王弘의 아들인 시중 王音(왕음,
태후의 사촌 동생)은 혼자 왕장이 하는 이야기를 혼자 다 듣고서 왕봉
에게 말했다. 왕봉은 그 일을 알고서는 병을 핑계로 집을 나서지 않
고 사직하겠다는 상서를 올려 성제에게 사죄하였다.

　"臣은 재주도 없고 어리석으나 외척 형제 7인 모두 열후가 되어
온 집안이 은택을 입었고 하사품도 셀 수 없이 많았습니다. 정사를
보필하며 조정을 출입하기 7년에 국사를 저에게 일임하시었고, 제
가 말씀드리면 모두 수락하셨으며 천거한 인재를 모두 등용해 주셨
습니다. 내세울만한 공적도 없는 데다가 음양이 조화롭지 못해 여러
번 재해를 당했으니 이것이 신이 응당 물러나야 할 첫 번째 이유입
니다. 《五經》의 여러 전이나 사부로부터 배운 것 모두가 일식의 허
물은 능력이 모자란 대신에게 있다 하였으며 《易經》에서도 '오른
팔을 잘라낸다.'고 하였으니, 이것이 신이 물러가야 할 두 번째 이
유입니다. 河平(하평) 이래로 臣은 오랫동안 병을 알았습니다만 여
러 번 외조에서 직분도 제대로 수행하지 못하면서 녹봉만 받았으니
이것이 신이 물러나야 할 이유 세 번째입니다. 폐하께서는 황태후
때문에 저를 죽이거나 방출할 수 없기에 신이 스스로 멀리 떠나야
하며 제 자신이 거듭 생각해도 형제와 집안이 헤아릴 수 없는 많은
은택을 입었기에 죽더라도 응당 폐하를 위하여 뼈가 부서지도록 노
력해야 하며 아무 도움이 되지 않기에 궁문을 떠나겠다고 생각해서
는 안 될 것입니다. 정말로 몇 년 동안에 육신의 고통이 점점 날로
더 심해져서 제가 바라는 바를 이기지 못하고 사임하고 물러나 육신

을 요양하면서 폐하의 정성에 의지하여 이가 다 빠져 죽기 전에 한 달이나 일 년 만이라도 병을 치료할 수 있기를 바랄 뿐이지만 그렇지 못하면 아마 틀림없이 그냥 죽게 될 것 같습니다. 신은 재능도 없이 편애를 받았으며 제가 받은 은덕이 깊다는 것은 천하가 다 알고 있습니다. 제가 병이 들어 온전히 사임한다면 세상 사람들은 제가 입은 은덕이 높고도 크다는 것을 또 알 수 있을 것입니다. 조정에 들고 나면서 나라의 큰 덕을 입었으니 서운한 마음은 조금도 없습니다. 폐하께서 불쌍히 생각하여 수락해 주시길 바랄 뿐입니다!"

그 글의 뜻이 너무 애처로워 태후도 이를 듣고서 눈물을 흘리며 식사를 들지 못했다.

原文

上少而親倚鳳, 弗忍廢, 乃報鳳曰, "朕秉事不明, 政事多闕, 故天變婁臻, 咸在朕躬. 將軍乃深引過自予, 欲乞骸骨而退, 則朕將何向焉!《書》不云乎?'公毋困我.' 務專精神, 安心自持, 期於痊瘳, 稱朕意焉." 於是鳳起視事. 上使尙書劾奏章, "知野王前以王舅出補吏, 而私薦之, 欲令在朝阿附諸侯. 又知張美人體御至尊, 而妄稱引羌胡殺子蕩腸, 非所宜言." 遂下章吏. 廷尉致其大逆罪, 以爲'比上夷狄, 欲絶繼嗣之端, 背畔天子, 私爲定陶王.' 章死獄中, 妻子徙合浦.

| 註釋 | ○《書》不云乎? -《書經 周書》. 성왕이 주공의 사임을 만류한 말. ○妻子徙合浦 - 처자는 합포에서 진주를 캐어 큰 재산을 형성했고 사면을 받아 故郡으로 돌아왔다.

〖 國譯 〗

성제는 어려서부터 왕봉에게 의지했었기에 차마 해임하지 못하고 왕봉에게 답서를 내렸다.

"朕의 일처리가 불명하고 정사에 실수가 많아 하늘이 여러 번 재앙을 내렸으니 모두가 짐의 탓이로다. 장군이 자신의 탓으로 돌리면서 사직하고 물러난다면 짐은 어찌 해야 하겠는가!《書》에도 '(周公은) 멀리 떠나 나를 힘들게 하지 말라.'고 하지 않았는가? 정사에만 마음을 쓰고 스스로 마음 편히 가지며 빨리 나아서 짐의 뜻에 따르도록 하시오."

이에 왕봉은 조정에 나와 업무를 보았다. 성제는 상서를 시켜 왕장이 "馮野王(풍야왕)은 전에 왕의 외숙으로 제후국의 관리로 근무했는데 사적으로 천거하여 조정에서 제후 편을 들어주었다. 또 張美人이 지존을 가까이 모신 줄 알면서도 망령되게 강족과 흉노가 첫 자식을 죽이고 몸을 푼다는 해서는 안 될 말을 했다."고 탄핵케 하여 왕장을 옥리에 넘기게 했다. 정위는 왕장이 '이적을 높이 말하고 후사를 이을 단서를 없애어 천자를 배반하고 정도왕을 편드는 대역죄를 저질렀다.'고 판결하였다.

왕장은 옥중에서 죽었고, 처자는 합포로 이주했다.

自是公卿見鳳, 側目而視, 郡國守相,刺吏皆出其門. 又以
侍中太僕音爲御史大夫, 列於三公. 而五侯群弟, 爭爲奢侈,
賂遺珍寶, 四面而至. 後廷姬妾, 各數十人, 僮奴以千百數,
羅鐘磬, 舞鄭女, 作倡優, 狗馬馳逐. 大治第室, 起土山漸臺,
洞門高廊閣道, 連屬彌望. 百姓歌之曰, "五侯初起, 曲陽最
怒, 壞決高都, 連竟外杜, 土山漸臺西白虎." 其奢僭如此.
然皆通敏人事, 好士養賢, 傾財施予, 以相高尙.

| 註釋 | ○羅鐘磬 – 羅는 벌려 놓다. 鐘磬은 악기. 鐘鼓나 石磬(석경). 石
磬은 고급 악기이다. ○舞鄭女 – 鄭은 춘추시대 나라 이름. 그 나라 음악은
(鄭聲) 음란했고, 그 나라 여인은 미녀로 통했다. ○漸臺(점대) – 水中의 누
각. ○壞決高都 – 壞決(괴결)은 제방을 허물다. 高都는 장안 외곽을 남북으
로 흐르는 渭水의 지류. ○連竟外杜 – 外杜는 장안 남동쪽 성문 밖의 杜城.
○白虎 – 전각 이름.

〖國譯〗

이로부터 공경들은 王鳳(왕봉)을 곁눈질로 보았는데 郡國의 태수
나 王相, 자사들이 모두 그 문하에서 나왔다. 또 시중이며 太僕(태복)
인 王音(왕음)은 어사대부가 되어 삼공의 반열에 올랐다. 五侯(오후)
인 황태후의 여러 동생들이 사치 경쟁을 벌리니 뇌물로 보내오는 진
기한 보물들이 사방에서 들어왔다. 뒤채의 미희나 소첩이 각각 수십
명이었고, 하인이나 노비는 1천 명이거나 아니면 수백 명이었고, 각
종 악기를 차려놓고 미녀가 춤을 추고 광대가 연기를 하였으며 사냥

개나 말을 몰았다. 저택을 크게 짓고 인공 산을 만들었으며 호수 안에 누각을 짓고 큰 대문에 높은 누각과 복도가 멀리까지 이어졌다. 이에 백성들이 이를 노래로 불렀는데,

"五侯(오후)가 흥기하니 곡양후가 제일 독하네. 高都水(고도수)를 끌어 外杜(외두)까지 통했네. 산을 만들고 수중 누각을 지으니 서쪽 백호전을 닮았네."

그 사치와 분수를 모르는 행위가 이와 같았다. 그러나 대인관계에 좋았고 인재를 잘 대우하였으며 재물을 풀 줄도 알아 서로 고상하다고 자처했다.

原文

鳳輔政凡十一歲. 陽朔三年秋, 鳳疾, 天子數自臨問, 親執其手, 涕泣曰, "將軍病, 如有不可言, 平阿侯譚次將軍矣." 鳳頓首泣曰, "譚等雖與臣至親, 行皆奢僭, 無以率導百姓, 不如御史大夫音謹敕, 臣敢以死保之." 及鳳且死, 上疏謝上, 復固薦音自代, 言譚等五人必不可用. 天子然之.

| 註釋 | ○陽朔三年 - 성제 연호. 前 22년. ○如有不可言 - 不可言은 죽음. ○謹敕(근칙) - 공손하고 스스로 조심하다. 謹飭(근칙)과 同. 敕은 整(가지런할 정).

〔國譯〕

王鳳(왕봉)은 총 11년간 정사를 보필했다. 陽朔(양삭) 3년 가을, 왕

봉이 병들자, 성제는 여러 차례 위문했는데 친히 그 손을 잡고 눈물을 흘리며 말했다. "將軍이 병이 들었으니 만약 말할 수 없다면 平阿侯(평아후) 譚(담)을 장군의 후임으로 삼을 것이요."

그러자 왕봉은 머리를 조아리고 눈물을 흘리며 말했다.

"왕담이 비록 저와 형제이지만 그 행실이 사치하고 건방져서 백성의 모범이 되지 못하나, 어사대부인 王音(왕음)은 경솔하지 않으니 제가 죽음으로 그 사람을 보증하겠습니다."

왕봉은 죽기 직전에 상서하여 사례하고 다시 왕음을 자신의 후임으로 추천하면서 왕담 등 5인은 절대로 등용해서는 안 된다고 말했는데, 성제도 그렇게 생각하였다.

原文

初, 譚倨, 不肯事鳳, 而音敬鳳, 卑恭如子, 故薦之. 鳳薨, 天子臨吊贈寵, 送以輕車介士, 軍陳自長安至渭陵, 謚曰, 敬成侯. 子襄嗣侯, 爲衛尉. 御史大夫音竟代鳳爲大司馬車騎將軍, 而平阿侯譚位特進, 領城門兵. 谷永說譚, 令讓不受城門職, 由是與音不平, 語在〈永傳〉.

| 註釋 | ○譚倨 – 倨는 傲慢(오만). ○輕車 – 輕車介士(輕車에 무장을 갖춘 군사). 虎賁校尉가 통솔하는 정예병. 수도 방위 담당. 유사시에 전쟁에 동원. 중기 이후 황제의 의장병. ○渭陵(위릉) – 元帝의 능. 今 陝西省 咸陽市 북쪽. ○特進 – 大臣을 우대하는 호칭. '以功德特進見'의 의미. 列侯 중 특별히 우대할 자에게 수여. ○〈永傳〉 – 谷永(곡영)은 85권, 〈谷永杜鄴傳〉에

입전.

〔國譯〕

그전에, 王譚(왕담)은 사람이 거만하여 왕봉을 받들려 하지 않았
지만, 王音(왕음)은 왕봉 모시기를 마치 자식이 부모 모시듯 하였기
에 왕봉이 천거하였다. 왕봉이 죽자 성제는 조문하며 총애를 베풀어
輕車介士(경거개사)를 동원시켜 장안에서 渭陵(위릉)까지 호위하게
하였고, 시호를 敬成侯(경성후)라 하였다. 아들 王襄(왕양)이 뒤를 이
었고 衛尉가 되었다. 어사대부 왕음은 마침내 왕봉의 후임으로 대사
마 거기장군이 되었고, 평아후 왕담은 특진이 되어 장안 성문 병력
을 지휘하게 하였다. 谷永(곡영)은 왕담을 설득하여 성문 방어 직분
을 사양하게 하였는데 이로써 왕음과 사이가 벌어졌는데, 이는 〈谷永
傳〉에 실려 있다.

原文

音旣以從舅越親用事, 小心親職, 歲餘, 上下詔曰, "車騎
將軍音宿衛忠正, 勤勞國家, 前爲御史大夫, 以外親宜典兵
馬, 入爲將軍, 不獲宰相之封, 朕甚慊焉! 其封音爲安陽侯,
食邑與五侯等, 俱三千戶."

初, 成都侯商嘗病, 欲避暑, 從上借明光宮, 後又穿長安
城, 引內灃水注第中大陂以行船, 立羽蓋, 張周帷, 輯濯越
歌. 上幸商第, 見穿城引水, 意恨, 內銜之, 未言. 後微行出,

過曲陽侯第, 又見園中土山漸臺似類白虎殿. 於是上怒, 以讓車騎將軍音. 商,根兄弟欲自黥,剄謝太后. 上聞之大怒, 乃使尙書責問司隷校尉,京兆尹, "知成都侯商擅穿帝城, 決引灃水, 曲陽侯根驕奢僭上, 赤墀靑瑣, 紅陽侯立父子臧匿姦猾亡命, 賓客爲群盜, 司隷,京兆皆阿縱不擧奏正法." 二人頓首省戶下. 又賜車騎將軍音策書曰, "外家何甘樂禍敗, 而欲自黥 · 剄, 相戮辱於太后前, 傷慈母之心, 以危亂國! 外家宗族彊, 上一身寢弱日久, 今將一施之. 君其召諸侯, 令待府舍." 是日, 詔尙書奏文帝時誅將軍薄昭故事. 車騎將軍音藉槀請罪, 商,立,根皆負斧質謝. 上不忍誅, 然後得已.

| 註釋 | ○王音(왕음) – 王鳳의 형제가 아닌 왕봉 숙부의 아들, 곧 사촌동생이었다. ○朕甚慊焉 – 慊은 미덥지 않을 겸. 마음에 서운하다(慊). ○明光宮 – 궁궐 이름. 장안성의 동쪽, 장락궁의 북쪽에 있던 별궁. ○灃水(풍수) – 終南山에서 발원하여 坤明池를 거쳐 渭水로 흘러들어가는 지류. ○大陂(대피) – 大池. ○薄昭(박소) – 文宗의 모후 薄太后의 친정 동생. 軹侯(지후)에 봉해졌었다. ○藉槀請罪 – 거적자리를 깔고 처형을 자청하다. 槀는 稿(볏짚, 고). 거적. ○斧質 – 斧(부)는 처형에 쓰는 도끼. 質은 도끼 받침.

〔 國譯 〕

王音(왕음)은 황제의 친 외숙을 뛰어넘어 정사를 처리하면서 조심하며 직분을 수행하였는데 일 년 뒤에 성제가 조서를 내려 말했다.

"거기장군 왕음은 충성과 정도로 근무하며 나라를 위해 봉직하였는데 전에 어사대부가 되었고, 또 친히 병마를 지휘하고 입조하여 장군이 되었는데도 재상의 봉록을 받지 못하였기에 짐은 매우 안타까웠도다! 이에 왕음을 安陽侯(안양후)에 봉하고 식읍은 五侯와 같이 3천 호를 지급하도록 하라."

그전에 성도후 王商(왕상)이 병이 들자, 피서하려고 성제로부터 明光宮을 빌린 적이 있었다. 그 뒤에 장안 성벽을 뚫고 灃水(풍수)의 물을 끌어들여 저택 안의 큰 연못과 연결한 뒤에 배를 띄우고 배에는 깃털 장식 덮개를 덮었으며, 휘장을 둘러치고 노를 저으며 남방 越人(월인)의 노래를 부르게 하였다. 성제가 왕상의 집에 행차하여 성벽을 뚫고 물을 끌어들인 것을 보고 화가 났지만 안으로 품고서 말하지는 않았다. 그 뒤에 微行(미행)을 나가 곡양후의 저택에 들려 보니 뜰 안에 토산을 만들고 연못 안에 漸臺(점대)를 지어 白虎殿과 매우 비슷하였다. 이에 성제는 화를 내며 거기장군 왕음을 질책하였다. 왕상과 왕근 형제는 스스로 墨黥(묵경)을 하거나 劓刑(의형)을 받겠다면서 태후에게 사죄하려고 했다. 성제는 그 말을 듣고 대노하면서 상서를 보내 사예교위와 경조윤을 문책하며 말했다.

"성도후 왕상이 제멋대로 帝都(제도)의 성곽을 허물어 灃水(풍수)를 집안으로 끌어들였으며, 곡양후 왕근의 사치가 황제를 뛰어넘어 붉은 흙을 뜰에 깔고 기둥에 청동 장식을 했으며, 홍양후 왕립 부자가 도망친 범죄자를 숨겨 주고 그 빈객들이 떼를 지어 도둑질을 하여도 사예교위와 경조윤은 아부하면서 이를 상주하거나 기강을 바로 세우지 않았도다."

이에 두 사람은 상서성 앞에 와서 머리를 숙여 사죄하였다. 성제는 또 거기장군 왕음에게 책서를 내려 말했다.

"外家가 어찌 이리 멋대로 재앙과 패망을 부르고 스스로 묵형이나 코를 베는 자해행위를 태후 앞에서 한다면서 慈母(자모)의 마음을 아프게 하고 나라를 위기에 빠트리는가? 외가의 일족이 강대하고 나 혼자 쇠약한 지가 오래거늘 지금 이를 내보이고 있도다. 장군은 제후들을 소집하여 장군의 관부 앞에서 조서를 받들도록 하라."

이날 상서에게 文帝 때 將軍 薄昭(박소)를 징계한 옛일을 상주케 하였다. 거기장군 왕음은 거적자리를 깔고 죄를 받겠다고 자청했고 왕상, 왕립, 왕근은 모두 도끼와 도끼 받침을 들고 사죄하였다. 성제는 차마 죽일 수 없었고 그런 뒤에 끝이었다.

原文

久之, 平阿侯譚薨, 諡曰, 安侯, 子仁嗣侯. 太后憐弟曼蚤死, 獨不封, 曼寡婦渠供養東宮, 子莽幼孤不及等比, 常以爲語. 平阿侯譚, 成都侯商及在位多稱莽者. 久之, 上復下詔追封曼爲新都哀侯, 而子莽嗣爵爲新都侯. 後又封太后姊子淳于長爲定陵侯. 王氏親屬, 侯者凡十人.

| 註釋 | ○淳于長(순우장) – 淳于는 복성. 93권, 〈佞幸傳〉에 입전.

〖國譯〗

얼마 후, 평아후 王譚(왕담)이 죽었는데, 시호는 安侯(안후)이고 아들 王仁(왕인)이 제후를 계승했다. 太后는 동생 王曼(왕만)이 일찍 죽어 혼자만 제후가 되지 못한 것을 불쌍히 여겼고 홀로 된 왕만의 처渠(거)는 東宮(황태후)를 모시고 있었으며, 아들 王莽(왕망)은 어리고 혼자라서 다른 숙부를 따라갈 수 없었는데 태후는 늘 이를 이야기했다. 그리고 평아후 왕담과 성도후 왕상이나 벼슬에 오른 자들은 많은 사람이 왕망을 칭찬하였다. 얼마 뒤 성제는 다시 조서를 내려 왕만을 新都哀侯(신도애후)라고 추봉하였고, 아들 왕망은 작위를 계승하여 신도후가 되었다. 그 뒤에 또 태후 언니의 아들 淳于長(순우장)을 定陵侯(정릉후)에 봉했다. 왕씨 친속으로 제후가 된 자는 모두 10명이었다.

上悔廢平阿侯譚不輔政而薨也, 乃復進成都侯商以特進, 領城門兵, 置幕府, 得擧吏如將軍. 杜鄴說車騎將軍音令親附商, 語在〈鄴傳〉. 王氏爵位日盛, 唯音爲修整, 數諫正, 有忠節, 輔政八年, 薨. 吊贈如大將軍, 諡曰, 敬侯. 子舜嗣侯, 爲太僕侍中. 特進成都侯商代音爲大司馬衛將軍, 而紅陽侯立位特進, 領城門兵. 商輔政四歲, 病乞骸骨, 天子憫之, 更以爲大將軍, 益封二千戶, 賜錢百萬. 商薨, 吊贈如大將軍故事, 諡曰, 景成侯, 子況嗣侯. 紅陽侯立次當輔政, 有罪過, 語在〈孫寶傳〉. 上乃廢立, 而用光祿勳曲陽侯根爲大司馬票騎將軍, 歲餘益封千七百戶. 高平侯逢時無材能名稱, 是歲薨, 諡曰, 戴侯, 子買之嗣侯.

| 註釋 | ○〈鄭傳〉 - 杜鄴(두업)의 字는 子夏. 張敞(장창)의 외손. 85권,〈谷永杜鄴傳〉. ○〈孫寶傳〉 - 지방관을 통해 농민을 동원하여 개간한 광대한 땅을 사유화했다가 손보에게 지적당했다. 77권,〈蓋諸葛劉鄭孫毌將何傳〉.

〖 國譯 〗

성제는 평아후 왕담이 정사를 보필하지 못하고 물러나 죽은 것을 후회했었기에 다시 성도후 왕상을 특진으로 올려 장안 성문 호위병을 통솔할 수 있도록 幕府(막부)를 설치하고 막료로 장군을 둘 수 있게 하였다. 杜鄴(두업)은 거기장군 왕음에게 왕상과 잘 지내도록 설득하였는데, 이는 〈杜鄴傳〉에 실려 있다.

왕씨들의 작위는 날로 극성하였는데 오직 王音(왕음)만이 행실이 바르고 자주 바른 말을 올렸으며 충절을 지켰는데 정사를 8년간 보필하다가 죽었다. 성제가 조문하며 대장군을 추증하였는데, 시호는 敬侯(경후)였다. 아들 王舜(왕순)이 뒤를 이어 제후가 되었고 太僕侍中(태복시중)이 되었다. 특진인 성도후 왕상은 왕음의 후임으로 대사마 위장군이 되었고, 홍양후 왕립은 특진이 되어 성문 병력을 통솔하였다. 왕상이 정사를 보필하기 4년에 병으로 사직코자 하였는데 성제는 이를 가엽게 여겨 다시 대장군으로 승진시키고 식읍 2천 호를 추가하고 금전 백만 전을 하사하였다. 왕상이 죽자 조문하고 대장군의 전례에 따라 장례하게 했고, 시호를 景成侯(경성후)라 하였는데 아들 王況(왕황)이 제후가 되었다. 홍양후 왕립이 정사를 보필할 차례였으나 죄를 지었는데, 이는 〈孫寶傳〉에 실려 있다. 이에 성제는 왕립을 폐하고 광록훈인 곡양후 왕근을 승진시켜 대사마 표기장군으로 등용했는데 일 년 남짓 기간에 식읍 1,700호를 늘려 주었다.

고평후인 王逢時(왕봉시)는 재능도 명성도 없었는데 이 해에 죽었고,
시호는 戴侯(재후)였으며 아들 王買之(왕매지)가 제후를 이었다.

　綏和元年, 上卽位二十餘年無繼嗣, 而定陶共王已薨, 子
嗣立爲王. 王祖母定陶傅太后重賂遺票騎將軍根, 爲王求漢
嗣, 根爲言, 上亦欲立之, 遂徵定陶王爲太子. 時根輔政五
歲矣, 乞骸骨, 上乃益封根五千戶, 賜安車駟馬, 黃金五百
斤, 罷就第.

　先是, 定陵侯淳于長以外屬能謀議, 爲衛尉侍中, 在輔政
之次. 是歲, 新都侯莽告長伏罪與紅陽侯立相連, 長下獄死,
立就國, 語在〈長傳〉. 故曲陽侯根薦莽以自代, 上亦以爲莽
有忠直節, 遂擢莽從侍中騎都尉光祿大夫爲大司馬.

│ 註釋 │ ◦綏和元年 – 성제의 마지막 연호. 前 8년. ◦語在〈長傳〉 – 93
권, 〈佞幸傳〉에 淳于長 입전.

〔國譯〕

　綏和(수화) 원년, 성제 즉위 20여 년에 뒤를 이를 아들이 없었으
며, 정도공왕이 죽은 뒤에 그 아들이 뒤를 이어 왕이 되었다. 정도왕
의 조모인 傅太后(부태후)는 많은 재물을 표기장군 王根(왕근)에게 보
내 정도왕이 漢의 후사가 되기를 바랐으며 왕근도 이를 말했고, 성

제도 정도왕을 후사로 세우려고 마침내 정도왕을 불러 태자로 삼았다. 그때 왕근은 정사를 보필한 지 5년이라서 사직하려고 하자, 성제는 왕근에게 식읍 5천 호를 더 늘려주고 駙馬(사마)가 끄는 안거와 황금 5백 근을 하사하여 저택에 돌아가게 하였다.

이보다 앞서 정릉후인 淳于長(순우장)은 외척으로 모사에 능했고 관직은 衛尉(위위)이며 시중으로 정사를 보필할 다음 차례였었다. 이 해에 신도후 왕망은 순우장이 저지른 죄에 홍양후 王立(왕립)이 연관되었다고 고발하여 순우장은 옥에 갇혔다가 죽었고 왕립은 봉국으로 떠나갔는데, 이는 〈佞幸傳〉(淳于長傳)에 있다. 그래서 곡양후 왕근은 자신의 후임으로 왕망을 천거하였고 성제도 왕망이 충직한 절의가 있다고 생각하여 시중으로 기도위이며 광록대부인 왕망을 대사마로 발탁하였다.

原文

歲餘, 成帝崩, 哀帝卽位. 太后詔莽就第, 避帝外家. 哀帝初優莽, 不聽. 莽上書固乞骸骨而退. 上乃下詔曰, "曲陽侯根前在位, 建社稷策. 侍中太僕安陽侯舜往時護太子家, 導朕, 忠誠專一, 有舊恩. 新都侯莽憂勞國家, 執義堅固, 庶幾與爲治, 太皇太后詔休就第, 朕甚閔焉. 其益封根二千戶, 舜五百戶, 莽三百五十戶. 以莽爲特進, 朝朔望." 又還紅陽侯立京師. 哀帝少而聞知王氏驕盛, 心不能善, 以初立, 故優之.

| 註釋 | ○成帝崩, 哀帝卽位 – 前 7년. ○朝朔望 – 朔(삭, 초하루)와 望(망, 보름)에 입조하다.

〔國譯〕

일 년 뒤에 성제가 붕어하고, 애제가 즉위하였다. 王태후는 왕망에게 집에 쉬면서 애제의 외가를 피하라고 명했다. 애제는 처음에 왕망을 우대하려 했으나 왕망은 따르지 않았다. 왕망은 굳이 사직하고 퇴임하겠다며 상서하였다. 이에 애제가 조서를 내렸다.

"곡양후 왕근은 전에 재위하면서 사직을 튼튼히 할 방책을 건의하였다. 시중이며 태복인 안양후 王舜(왕순)은 지난 날 태자궁을 호위했고 짐을 이끌며 충성만을 바치는 은혜를 베풀었다. 신도후 왕망은 나라를 위해 수고가 많아 함께 정사를 돌보아야 하는데 태황태후께서 집에서 쉬라고 하셨으니, 짐은 이를 매우 안타깝게 생각한다. 이에 왕근에게 식읍 2천 호, 왕순에게 5백 호, 왕망에게 350호를 더 늘려주기 바란다. 왕망을 특진에 임명하니 초하루나 보름에 입조토록 하라."

그리고 홍양후 왕립을 경사로 소환하였다. 애제는 젊었고 또 왕씨들이 교만하며 세력이 강하다는 것을 알고 있어 싫어하면서도 즉위 초라서 왕씨들을 우대하였다.

原文

後月餘, 司隸校尉解光奏, "曲陽侯根宗重身尊, 三世據權, 五將秉政, 天下輻湊自效. 根行貪邪, 臧累鉅萬, 縱橫恣

意, 大治室第, 第中起土山, 立兩市, 殿上赤墀, 戶青琑. 遊
觀射獵, 使奴從者被甲持弓弩, 陳爲步兵. 止宿離宮, 水衡
共張, 發民治道, 百姓苦其役. 內懷姦邪, 欲筦朝政, 推親近
吏主簿張業以爲尙書, 蔽上壅下, 內塞王路, 外交藩臣, 驕奢
僭上, 壞亂制度. 案根骨肉至親, 社稷大臣, 先帝棄天下, 根
不悲哀思慕, 山陵未成, 公聘取故掖庭女樂五官殷嚴,王飛
君等, 置酒歌舞, 捐忘先帝厚恩, 背臣子義. 及根兄子成都
侯況幸得以外親繼父爲列侯侍中, 不思報厚恩, 亦聘取故掖
庭貴人以爲妻, 皆無人臣禮, 大不敬不道."

於是天子曰, "先帝遇根,況父子, 至厚也, 今乃背忘恩義!"
以根嘗建社稷之策, 遣就國. 免況爲庶人, 歸故郡. 根及況
父商所薦擧爲官者, 皆罷.

| 註釋 | ○司隸校尉解光 – 애제 때 정식 명칭은 '司隸.' 校尉는 衍文. 解
는 성씨, 光은 이름. ○戶靑琑 – 戶下靑琑. 靑琑(청쇄)는 청동을 새기다(鏤
也). ○水衡共張 – 상림원 수형도위가 휘장을 설치해주다. ○欲筦朝政 – 筦
은 管과 同. ○女樂五官~ – 女樂은 궁중 가무를 담당하는 미인. 五官은 女
官의 명칭. 殷嚴, 王飛君은 인명. ○以根嘗建社稷之策 – 왕근이 애제의 세자
책봉을 건의한 사실.

〔國譯〕

그 한 달 뒤에, 사예교위인 解光(해광)이 상주하였다.

"곡양후 왕근은 좋은 가문에 높은 자리에 있으면서 三世에 걸쳐

권력을 쥐었고 다섯 명의 대장군이 정권을 독점하면서 왕씨에게 천하 사람들이 스스로 충성을 바치게 했습니다. 왕근은 탐욕에 사악하여 거만의 재물을 착복하면서 멋대로 나쁜 짓을 하였고, 저택을 크게 지었으며 저택 안에 산을 만들었고 양쪽에 시장을 열었으며, 전각 마당에 붉은 흙을 깔고 기둥에 청동장식을 하였습니다. 사냥을 즐기면서 거느린 노비들이 갑옷에 무기를 들고 보병처럼 진을 쳤습니다. 황제의 離宮(이궁)에 머물면서 수형도위가 휘장을 치게 하였고 백성을 동원하여 도로를 정비하게 하니 백성들이 고역을 겪었습니다. 간사한 마음을 품고 조정을 장악하려고 가까운 主簿(주부)인 張業(장업)을 尙書에 임명하고 상하를 차단하니 조정에서는 王道의 소통을 막고, 밖으로는 제후왕과 왕래하였으며 교만과 사치가 황제보다 더하면서 제도를 문란케 했습니다. 왕근은 황제와 가까운 골육이며 사직의 대신으로 선대 황제가 붕어하셨을 때 슬픔 속에 추모하지도 않고 황릉 공사가 끝나지도 않았는데 공공연히 掖庭(액정)에서 가무하는 여인과 五官인 殷嚴(은엄)과 王飛君(왕비군) 등을 불러 술판을 벌리고 가무를 즐겼는데, 이는 선대 황제의 후한 은택을 버린 것이며 신하의 도리를 배반한 짓이었습니다. 또 왕근의 형 아들인 성도후 王況(왕황)은 요행히도 황제 외척의 여러 부형 덕분에 열후가 되었는데 시중으로서 후한 은덕에 보답하려 않고 마찬가지로 액정궁의 미인을 데려다가 아내로 삼았으니, 이는 신하의 禮度가 없는 것이니 모두가 不敬과 대역의 죄를 범했습니다."

이에 애제가 말했다. "先帝께서는 왕근과 왕황의 부자에게 아주 후덕하셨는데 지금 이들은 은의를 망각하였도다." 그리고 왕근은 전에 사직을 안정시킬 방책을 건의했다 하여 封國으로 돌아가게 하였다. 왕황은 제후를 박탈해 서인으로 만들어 고향에 돌아가게 했다. 왕근과 왕순의 부친 王商(왕상)의 천거에 의해 관직에 오른 자들은 모두 파면되었다.

原文

後二歲, 傳太后,帝母丁姬皆稱尊號. 有司奏, "新都侯莽前爲大司馬, 貶抑尊號之議, 虧損孝道, 及平阿侯仁臧匿趙昭儀親屬, 皆就國." 天下多冤王氏.

諫大夫楊宣上封事言, "孝成皇帝深惟宗廟之重, 稱述陛下至德以承天序, 聖策深遠, 恩德至厚. 惟念先帝之意, 豈不欲以陛下自代, 奉承東宮哉! 太皇太后春秋七十, 數更憂傷, 敕令親屬引領以避丁,傅. 行道之人爲之隕涕, 況於陛下, 時登高遠望, 獨不漸於延陵乎!" 哀帝深感其言, 復封商中子邑爲成都侯.

元壽元年, 日蝕. 賢良對策多訟新都侯莽者, 上於是徵莽及平阿侯仁還京師侍太后. 曲陽侯根薨, 國除.

| 註釋 | ○奉承東宮哉 - 王 태후를 봉양하다. ○延陵 - 성제의 능. ○元壽 - 애제의 마지막 연호, 前 2-前 1년.

〖國譯〗

즉위 2년에, 부태후와 애제 모후 丁姬(정희) 모두가 존호를 받았다. 이에 담당자가 상주하였다. "신도후 왕망은 전에 대사마로 있으면서 존호를 폄하해야 한다는 의논으로 폐하의 효도 정신을 훼손하였으며, 평아후 王仁(왕인)은 趙昭儀(조소의, 조비연의 여동생)의 친속임을 숨겼으니 모두 봉국으로 보내야 합니다."

이에 천하 사람들 중 왕씨를 원망하는 사람들이 많았다. 이때, 간대부인 楊宣(양선)이 밀봉한 상주문을 올려 말했다.

"孝成황제께서는 막중한 종묘를 깊이 생각하시어 폐하를 칭송하는 큰 은덕을 베풀어 폐하로 하여금 제위를 잇게 하셨으니 위대하고 심원하신 사려에 큰 은덕을 베푸신 것입니다. 그러한 선대 황제의 뜻을 생각한다면 뒤를 이으신 폐하께서 어찌 동궁의 태황태후를 받들지 않을 수 있겠습니까? 태황태후의 춘추가 이미 70이시며 수많은 슬픈 일을 다 겪으셨기에 친속들에게 스스로 정씨와 부씨 세력을 피해 있으라고 분부하신 것입니다. 길 가는 사람들도 태후를 위해 눈물을 흘린다 하니, 하물며 폐하께서는 때로 높은 곳에 올라 멀리 바라보신다면 延陵(연릉)에 어찌 아니 부끄럽겠습니까!"

애제는 그 말에 깊이 느끼는 바 있어 王商(왕상)의 작은아들 王邑(왕읍)을 成都侯에 봉했다. 元壽(원수) 원년에 일식이 있었다. 賢良對策의 글에 여러 사람이 신도후 왕망을 칭송하는 사람이 많았는데, 이에 애제는 왕망과 평아후 왕인을 경사로 소환하여 태후를 모시게 하였다. 곡양후 왕근이 죽자 나라를 없앴다.

原文

明年, 哀帝崩, 無子, 太皇太后以莽爲大司馬, 與共徵立中

山王奉哀帝后, 是爲平帝. 帝年九歲, 當年被疾, 太后臨朝,
委政於莽, 莽顓威福. 紅陽侯立莽諸父, 平阿侯仁素剛直,
莽內憚之, 令大臣以罪過奏遣立, 仁就國. 莽日誑燿太后, 言
輔政致太平, 群臣奏請尊莽爲安漢公. 後遂遣使者迫守立,
仁令自殺. 賜立諡曰, 荒侯, 子柱嗣, 仁諡曰, 刺侯, 子術嗣.
是歲, 元始三年也.

明年, 莽風群臣奏立莽女爲皇后. 又奏尊莽爲宰衡, 莽母
及兩太子皆封爲列侯, 語在〈莽傳〉.

〖 國譯 〗
　다음 해에 애제가 붕어했으나(前 1) 아들이 없어 태황태후는 왕
망을 대사마로 삼고서 함께 中山王을 데려다가 애제의 제사를 받들
게 하니, 이가 平帝(평제)이다. 평제는 나이 9세였는데 즉위하면서
병석에 누워 태후가 조회에 참여하면서 왕망에게 정사를 위임하니
왕망은 상벌과 정권을 마음대로 하였다. 홍양후 王立(왕립)은 왕망
의 작은아버지이고, 평아후 王仁(왕인, 王譚의 아들)은 평소에 강직하

여 왕망은 내심으로 이들을 싫어하였기에 대신을 시켜 이들의 죄과를 상주하게 하여 왕립과 왕인을 封國으로 보냈다.

왕망은 정사를 바로 잡아 태평을 이룩했다고 날마다 태후에게 거짓말을 했고, 群臣들은 왕망을 安漢公으로 높여야 한다고 주청하였다. 뒤에 사자를 보내 왕립과 왕인을 압박하여 자살하게 하였다. 왕립에게는 荒侯(황후)라는 시호를 내렸고 아들 王柱(왕주)가 계승했으며, 왕인에게는 剌侯(자후)라는 시호를 내렸고 아들 王述이 계승했다. 이 해가 元始 3년이었다.

다음 해에 왕망은 여러 신하를 부추겨서 왕망의 딸을 황후로 책립하도록 상주케 했다. 또 왕망을 宰衡(재형)으로 높이자고 상주하였고 왕망의 모친과 두 아들을 모두 열후에 봉했는데, 이는 〈王莽傳〉에 실려 있다.

原文

　莽旣外一群臣, 令稱己功德, 又內媚事旁側長御以下, 賂遺以千萬數. 白尊太后姉妹君俠爲廣恩君, 君力爲廣惠君, 君弟爲廣施君, 皆食湯沐邑, 日夜共譽莽. 莽又知太后婦人厭居深宮中, 莽欲虞樂以市其權, 乃令太后四時車駕巡狩四郊, 存見孤寡貞婦. 春幸繭館, 率皇后,列侯夫人桑, 遵霸水而祓除, 夏游籲宿,鄠,杜之間. 秋歷東館, 望昆明, 集黃山宮, 冬饗飮飛羽, 校獵上蘭, 登長平館, 臨涇水而覽焉. 太后所至屬縣, 輒施恩惠, 賜民錢,帛,牛,酒, 歲以爲常. 太后從容言曰, "我始入太子家時, 見於丙殿, 至今五六十歲尙頗識之."
莽因曰, "太子宮幸近, 可壹往遊觀, 不足以爲勞." 於是太
后幸太子宮, 甚說. 太后旁弄兒病在外舍, 莽自親侯之. 其
欲得太后意如此.

| 註釋 | ○長御 – 황후의 시종. 황제의 侍中과 같음. ○莽欲虞樂以市其
權 – 虞樂(우락)은 오락. 以市其權은 권력을 차지하다. ○存見 – 慰撫(위무)
하다. 시찰하다. ○春幸繭館 – 繭館(견관)은 上林苑의 양잠하는 곳. 繭은 누
에고치 견. ○桑 – 采桑하다. 뽕을 따다. ○遵霸水而祓除 – 霸水(패수)를 따
라가 祓除(불제)를 지내다. 강가에서 액운을 없애는 푸닥거리를 하다. 遵은
循也. ○鄠宿,鄠,杜之間 – 鄠宿(어숙)은 苑名. 鄠(호)는 현명. 今 陝西省 戶
縣. 杜(두)는 현명. 今 陝西省 長安縣 서쪽. ○秋歷東館, 望昆明 – 東館은 곤
명지의 건물명. 昆明(곤명)은 昆明池. 今 西安市 서남쪽. ○冬饗飮飛羽 – 饗
飮은 잔치를 하다. 飛羽는 未央宮의 궁명. ○臨涇水 – 涇水(경수)는 渭水의
지류. ○尙頗識之 – 아직도 똑똑하게 기억한다. ○太后旁弄兒 – 태후가 무
료함을 달래려고 함께 생활하는 아이.

〔 國譯 〕

　왕망은 조정 외의 지방관들로 하여금 자신의 공덕을 칭송케 하였
으며, 안으로는 태후궁의 시녀들에게도 수천수만의 재물을 뿌려 인
심을 얻었다. 또 太后의 자매인 王君俠(왕군협)은 廣恩君(광은군), 王
君力(왕군력)을 廣惠君(광혜군), 王君弟(왕군제)는 廣施君(광시군)으로
존칭을 올리고 각자에게 탕목읍을 주어 밤낮으로 함께 왕망을 칭송
하게 만들었다. 왕망은 태후나 부인들이 깊은 궁궐에만 지내기를 싫

어한다는 것을 알아 오락을 통해 권력을 얻으려 하였으니 태후로 하여금 4계절에 맞춰 장안 주변에 수레를 몰아 둘러보며 고아나 과부 열녀를 보살피게 하였다.

봄에는 繭館(견관)에 행차하여 황후와 열후의 부인들을 거느리고 뽕을 따고 霸水(패수)에 따라 가며 祓除(불제)를 지내게 했으며, 여름철에는 장안성 남쪽의 籲宿苑(어숙원)과 鄠縣(호현)과 杜縣(두현)을 유람하게 하였다. 가을에는 東館(동관)과 昆明池와 黃山宮(황산궁)에서 모여 놀고, 겨울에는 飛羽宮(비우궁)에서 잔치를 하고 상림원의 上蘭觀(상란관)에서 사냥 구경을 하고 長平館(장평관)과 涇水(경수)를 둘러보게 하였다. 태후가 둘러보는 속현에서는 여러 은택을 준비하여 백성들에게 금전이나 비단, 소고기나 술을 하사하였는데 이런 일을 해마다 계속했다. 언젠가는 태후가 조용히 말했다.

"내가 처음 태자궁에 들어갔을 때 丙殿(병전)에서 태자를 뵈었는데 지금 5, 60년이 지났지만 아직도 똑똑히 기억하고 있다."

그러자 왕망이 말했다. "太子宮이 다행히 근처에 있으니 한 번 가셔서 둘러보신다면 혹시 위로가 될지 모르겠습니다." 이에 태후는 태자궁에 행차하며 매우 즐거워하였다. 태후 곁에 데리고 있는 아이가 병이 나서 궁 밖에 있다고 하자, 왕망은 친히 가서 둘러보았다. 그가 태후의 마음에 들려는 노력이 이와 같았다.

原文

平帝崩, 無子, 莽徵宣帝玄孫選最少者廣戚侯子劉嬰, 年二歲, 托以卜相爲最吉. 乃風公卿奏請立嬰爲孺子, 令宰衡安漢公莽踐祚居攝, 如周公傅成王故事. 太后不以爲可, 力不能禁, 於是莽遂爲攝皇帝, 改元稱制焉. 俄而宗室安衆侯劉崇及東郡太守翟義等惡之, 更擧兵欲誅莽. 太后聞之, 曰, "人心不相遠也. 我雖婦人, 亦知莽必以是自危, 不可."其後, 莽遂以符命自立爲眞皇帝, 先奉諸符瑞以白太后, 太后大驚.

| 註釋 | ○祚 - 帝位. ○攝皇帝(섭황제) - 대리 황제. ○改元稱制焉 - 왕망은 居攝(거섭)이라 하였다.(서기 6-8년). ○東郡太守翟義 - 東郡의 치소는 濮陽縣(복양현, 今 河南省 濮陽市 서남). 翟義(적의)는 승상 翟方進(적방진)의 아들. 84권, 〈翟方進傳〉에 附傳.

〖 國譯 〗

平帝가 붕어하고 아들이 없자, 왕망은 宣帝(선제)의 玄孫(현손) 중에서 제일 어린 廣戚侯(광척후)의 2살짜리 아들 劉嬰(유영)을 데려왔는데 골상이 가장 좋다고 하였다. 그리고 공경들을 사주하여 태후에게 유영을 孺子(유자)로 책립하고 宰衡(재형)인 안한공 왕망으로 하여금 제위에 올라 周公이 성왕을 도왔던 전례대로 섭정을 하도록 주청하게 하였다.

太后는 그래서는 안 된다고 생각했지만 막을 수가 없었으며, 왕망은 마침내 攝皇帝(섭황제)가 되어 改元하고 稱制(칭제)하였다. 얼마 후에 宗室인 安衆侯(안중후) 劉崇(유숭)과 東郡太守 翟義(적의) 등이 왕망을 증오하며 왕망을 주살하겠다고 연달아 거병하였다. 태후가 이 소식을 듣고 말했다.

"사람이 보는 것은 대략 비슷하다. 내가 비록 여자이지만 왕망은 결국 이 때문에 화를 불러올 것이며, 그래서는 안 될 것이다."

그 뒤에 왕망은 여러 天命의 징조를 들어 자립하여 정식 황제가 되고자 먼저 여러 가지 조짐이나 상서로운 일들을 태후에게 말했고 태후는 크게 놀랐다.

原文

初, 漢高祖入咸陽至霸上, 秦王子嬰降於軹道, 奉上始皇璽. 及高祖誅項籍, 卽天子位, 因御服其璽, 世世傳受, 號曰, 漢傳國璽, 以孺子未立, 璽臧長樂宮. 及莽卽位, 請璽, 太后不肯授莽. 莽使安陽侯舜諭指. 舜素謹敕, 太后雅愛信之. 舜旣見, 太后知其爲莽求璽, 怒罵之曰, "而屬父子宗族蒙漢家力, 富貴累世, 旣無以報, 受人孤寄, 乘便利時, 奪取其國, 不復顧恩義. 人如此者, 狗豬不食其餘, 天下豈有而兄弟邪! 且若自以金匱符命爲新皇帝, 變更正朔服制, 亦當自更作璽, 傳之萬世, 何用此亡國不詳璽爲, 而欲求之? 我漢家老寡婦, 旦暮且死, 欲與此璽俱葬, 終不可得!"

太后因涕泣而言, 旁側長御以下皆垂涕. 舜亦悲不能自止, 良久乃仰謂太后, "臣等已無可言者. 莽必欲得傳國璽, 太后寧能終不與邪!" 太后聞舜語切, 恐莽欲脅之, 乃出漢傳國璽, 投之地以授舜, 曰, "我老已死, 知而兄弟, 今族滅也!"

舜旣得傳國璽, 奏之, 莽大說, 乃爲太后置酒未央宮漸臺, 大縱衆樂.

| 註釋 | ○漢高祖入~ - 入關할 때 高祖가 아니라 沛公이었다. 漢은 쓸데없는 글자라는 주석이 있다. 다음 '漢傳國璽'의 漢도 마찬가지이다. ○而屬 - 너희들. 而는 汝. 你們. ○且若自以~ - 若은 汝. ○知而兄弟 - '如而兄弟'가 되어야 文理가 통함. ○大說 - 大悅.

〖國譯〗

전에, 漢 高祖가 咸陽(함양)에 들어와 霸上(패상)에 이르렀을 때, 秦王(진왕) 子嬰(자영)은 軹道(지도)에서 투항하며 始皇帝의 國璽(국새)를 바쳤다. 고조가 項籍(항적)을 주살하고 천자의 자리에 오르며 그 국새를 착용하였고 후세의 전해지면서 이를 '漢傳國璽(한전국새)' 라고 하였는데, 孺子(유자)가 즉위 전이라서 국새는 長樂宮에 보관하였다.

왕망이 즉위하면서 국새를 달라고 하였지만 태후는 왕망에게 주려고 하지 않았다. 왕망은 安陽侯 王舜(왕순, 王音의 아들)을 보내 뜻을 전했다. 왕순은 평소에 신중하고 조심성이 있어 태후도 좋아하며 믿는 사람이었다. 왕순이 태후를 알현하자, 태후는 왕망이 국새를 얻으려는 것을 알고 화를 내며 꾸짖었다.

"너희 부자나 일족은 모두 漢 황실의 덕으로 여러 대에 걸쳐 부귀를 누리고 있지만 아무런 보답도 못하고서 한 황실이 겨우 명맥을 이어가는 이런 때를 이용하여 나라를 뺏으려 하고 옛날의 은의를 돌아보지 않았다. 사람이 정말 이러하다지만 개나 돼지도 그러하지 않을 것이니, 천하에 어찌 너의 같은 형제가 있겠는가! 그리고 너희가 金匱(금궤)나 符命(부명)을 받았다니 新 황제를 위하여 正朔(정삭)이나 복제를 바꾸고 너희들이 국새를 만들어 만세에 이르도록 전하면 되거늘, 어찌하여 상서롭지도 않은 망국의 국새를 얻으려고 하는가? 나는 한 황실의 늙은 과부로 오늘 저녁이나 내일 아침이면 죽을 몸이라 이 국새와 함께 묻힐 것이니 끝내줄 수 없도다!"

태후는 눈물을 흘리며 말을 마치자 옆에 있던 長御(장어) 이하 모든 시녀가 눈물을 흘렸다. 왕순 역시 슬픔을 억제하지 못하고 한참 있다가 태후를 올려 보며 말했다.

"저도 아무 드릴 말씀이 없습니다. 왕망은 꼭 전국의 국새를 가지려 할 것인데 태후께서는 끝까지 어찌 아니 주실 수 있겠습니까!"

태후는 왕순의 말이 절실하고 또 왕망이 협박할 것이 걱정이 되어 한의 전국 국새를 꺼내어 바닥에 던져 주면서 왕순에게 말했다.

"나는 늙어 이미 죽은 거지만 너희 형제도 곧 멸족되리라!"

왕순이 전국의 국새를 갖고 가서 아뢰자, 왕망은 아주 기뻐하며 바로 태후를 위하여 미앙궁의 점대에 술자리를 준비하고 여러 사람이 마음껏 즐겼다.

原文

莽又欲改太后漢家舊號, 易其璽綏, 恐不見聽. 而莽疏屬王諫欲諂莽, 上書言, "皇天廢去漢而命立新室, 太皇太后不宜稱尊號, 當隨漢廢, 以奉天命." 莽乃車駕至東宮, 親以其書白太后. 太后曰, "此言是也!" 莽因曰, "此悖德之臣也, 罪當誅!" 於是冠軍張永獻符命銅璧, 文言 '太皇太后當爲新室文母太皇太后.' 莽乃下詔曰, "予視群公, 咸曰, '休哉! 其文字非刻非畫, 厥性自然'. 予伏念皇天命予爲子, 更命太皇太后爲 '新室文母太皇太后', 協於新室故交代之際, 信於漢氏. 哀帝之代, 世傳行詔籌, 爲西王母共具之祥, 當爲歷代母, 昭然著明. 予祗畏天命, 敢不欽承! 謹以令月吉日, 親率群公諸侯卿士, 奉上皇太后璽綬, 以當順天心, 光於四海焉." 太后聽許. 莽於是鴆殺王諫, 而封張永爲貢符子.

| 註釋 | ○此言是也 - 이 말에는 그럴 수 없다는 강한 불만이 내포되어 있다. ○冠軍張永 - 冠軍은 侯國 이름. 무제 때 곽거병을 처음 봉했다. ○休哉 - 美也!

〖 國譯 〗

　　왕망은 또 태후의 漢 황실 호칭과 그 璽綬(새수)를 바꾸려 해도 태후가 허락하지 않을까 걱정했다. 왕망의 먼 친척인 王諫(왕간)은 왕망에게 아첨하려고 상서하여 말했다.

　　"皇天이 漢을 없애고 '新' 황조를 세우라 명하였으니, 太皇太后는 존호로 적당하지 않으니 漢과 함께 없애고 새로운 천명을 따라야 합니다."

　　이에 왕망은 수레를 타고 동궁에 가서 올라온 글을 태후에게 보이며 내용을 설명하였다. 그러자 태후가 말했다. "그 말이 맞는 말이다!" 그러자 왕망이 말했다. "이 사람은 아주 悖倫(패륜)한 신하이니 죽어 마땅합니다!" 그리고서는 冠軍(관군)의 張永(장영)이 천명을 쓴 것이라는 銅璧(동벽)을 바쳤는데, 거기에는 '太皇太后는 新 황실의 文母太皇太后가 되어야 한다.' 라는 글자가 쓰여 있었다. 왕망은 이에 조서를 내려 말했다.

"내가 이를 여러 공경에게 보여주었더니 모두 '아름답습니다! 그 글자는 새긴 것도 쓴 것도 아니고 저절로 그리된 것입니다.' 라고 말했도다. 내가 이를 생각해 보니, 이는 황천이 나에게 천명을 내려 천자로 만들면서 太皇太后를 '新室文母太皇太后' 라 바뀌 부른 것으로, 이는 新의 황실로 교체하는 즈음에 漢의 황실에 대한 믿음을 표한 것이다. 哀帝가 재위할 때 세상에서는 籌書가 널리 퍼졌고 西王母의 여러 도구들이 출현하는 상서가 있었으니 이를 본다면 태황태후는 응당 漢과 新으로 나라와 시대가 바뀌는 시대에 국모의 표상이 분명하도다. 나는 다만 천명을 두려워할 뿐이니 어찌 받들지 않을 수 있겠나! 삼가 길한 월일을 택하여 내가 직접 여러 공경과 제후 사대부와 함께 황태후의 璽紱(새불)을 받들어 올려 천심에 순응하며 사해에 확실히 밝힐 것이로다."

결국 태후는 승낙하였다. 왕망은 곧 왕간에게 독약을 내려 죽이고 장연을 貢符子(공부자)에 봉했다.

原文

初, 莽爲安漢公時, 又諂太后, 奏尊元帝廟爲高宗, 太后晏駕後當以禮配食云. 及莽改號太后爲新室文母, 絶之於漢,

不令得體元帝. 墮壞孝元廟, 更爲文母太后起廟, 獨置孝元
廟故殿以爲文母篹食堂, 既成, 名曰, 長壽宮. 以太后在, 故
未謂之廟. 莽以太后好出遊觀, 乃車駕置酒長壽宮, 請太后.
既至, 見孝元廟廢徹塗地, 太后驚, 泣曰, "此漢家宗廟, 皆
有神靈, 與何治而壞之! 且使鬼神無知, 又何用廟爲! 如令
有知, 我乃人之妃妾, 豈宜辱帝之堂以陳饋食哉!" 私謂左右
曰, "此人嫚神多矣, 能久得祐乎!" 飮酒不樂而罷.

| 註釋 | ○晏駕(안가) – 황제(황후)의 죽음. ○墮壞(타괴) – 헐어버리다.
○篹食堂 – 제수를 준비하는 건물. 篹은 반찬 찬.

〖 國譯 〗

　　그전에, 왕망이 安漢公(안한공)이라고 불릴 때 태후에게 아첨하려
는 뜻으로, 元帝의 廟號(묘호)를 高宗으로 높이고 태후가 붕어한 뒤
에 당연히 그러한 禮制로 배향할 것이라고 상주했었다. 이제 왕망이
태후의 명호를 '新室文母(신실문모)'로 개칭하면서 漢과 단절하려면
원제와 같이 태후를 제사할 수가 없었다. 이에 원제의 묘당을 헐어
버리고 다시 '文母太后'의 묘당을 건축하면서 원제 묘당의 옛 殿堂
(전당)만을 남겨 文母의 篹食堂으로 만들었는데 태후의 묘당을 다
준공하고서는 이름을 長壽宮이라고 하였다. 태후가 아직 살아 있어
廟(묘)라고 할 수가 없었다. 왕망은 태후를 수레로 모시고 구경을 나
와 장수궁에 주석을 마련하고 태후를 모시었다. 태후는 도착하여 원
제의 묘당이 헐려 없어진 것을 보고 태후는 크게 놀라 눈물을 흘리
며 말했다.

"여기는 漢의 종묘로 모두 신령한 곳인데 어찌하려고 헐어버렸나! 만약 혼령이 있어도 이를 모른다면 묘당이 무슨 소용이 있겠는가? 만약 혼령이 안다면 황제의 신첩인 내가 어찌 황제의 묘당을 헐고 거기서 차린 음식을 늘어놓고 먹을 수 있겠는가?"

그리고 슬쩍 측근에게 말했다. "이 사람은 신령을 너무 무시하니 신령이 오래 도와주겠나?" 연석은 아무렇지도 않게 끝났다.

原文

自莽篡位後, 知太后怨恨, 求所以媚太后無不爲, 然愈不說. 莽更漢家黑貂, 著黃貂, 又改漢正朔伏臘日. 太后令其官屬黑貂, 至漢家正臘日, 獨與其左右相對飲酒食.

| 註釋 | ○黑貂 – 侍中(시중)의 검은담비 꼬리 冠 장식. ○伏臘日 – 伏日과 臘日. 납일은 선달 동지 이후 세 번째 戌日(술일).

〔國譯〕

찬위한 이후, 왕망은 태후의 원한을 알기에 태후의 환심을 사려고 하지 않은 일이 없었지만 그럴수록 더욱 좋아하지 않았다. 왕망이 漢 시중의 검은 담비장식을 황색으로 바꾸고 한의 정삭과 복일이나 납일을 바꿨다. 그러나 태후는 그 속관들에게 여전히 검은담비 꼬리를 하고 한의 정삭에 의거 정월과 납일을 지켜 측근과 함께 음주하거나 음식을 나눠 먹었다.

太后年八十四, 建國五年二月癸丑崩. 三月乙酉, 合葬渭陵. 莽詔大夫揚雄作誄曰, "太陰之精, 沙麓之靈, 作合於漢, 配元生成." 著其協於元城沙麓. 太陰精者, 謂夢月也. 太后崩後十年, 漢兵誅莽.

| 註釋 | ○建國五年 - 서기 13년. ○誄 - 사자의 덕행을 표창하며 애도를 표하는 글.

〖 國譯 〗

太后는 84세인 建國 5년 2월 계축일에 죽었다. 3월 을유일에 渭陵(위능)에 합장하였다. 왕망은 대부 揚雄(양웅)에게 誄文(뇌문) 짓게 하였는데 "太陰의 정기와 沙麓(사록)의 신령이 漢에서 합작하여 元帝의 배필로 成帝를 낳았다."고 하여 元城縣 沙麓(사록)의 고사를 인용하였다. 太陰의 정기란 달을 품을 태몽을 말한다. 태후가 죽은 지 10년에 한의 군사는 왕망을 주살하였다.

原文

初, 紅陽侯立就國南陽, 與諸劉結恩, 立少子丹爲中山太守. 世祖初起, 丹降, 爲將軍, 戰死. 上閔之, 封丹子泓爲武桓侯, 至今.

ｏ南陽 – 군명. 치소는 宛縣(今 河南省 南陽市). ｏ世祖初起 – 後漢 光武帝(劉秀). 서기 25년 건국.

〖 國譯 〗

그전에 紅陽侯 王立(왕립)은 南陽(남양)의 봉국에 가서 여러 유씨들과 친교를 맺었는데, 왕립의 막내아들 王丹(왕단)은 중산태수가 되었다. 世祖(光武帝)가 처음 건국할 때 왕단은 투항했고 장군이 되었다가 전사하였다. 광무제가 불쌍히 여겨 왕단의 아들 王泓(왕홍)을 武桓侯(무환후)에 봉했고 지금도 이어지고 있다.

原文

司徒掾班彪曰, 三代以來,《春秋》所記, 王公國君, 與其失世, 稀不以女寵. 漢興, 后妃之家呂, 霍, 上官, 幾危國者數矣. 及王莽之興, 由孝元后歷漢四世爲天下母, 饗國六十餘載, 群弟世權, 更持國柄, 五將十侯, 卒成新都. 位號已移於天下, 而元后卷卷猶握一璽, 不欲以授莽, 婦人之仁, 悲夫!

| 註釋 | ｏ司徒掾 – 후한의 관직명. 司徒는 전한 애제 때의 大司徒(승상의 개칭)가 아님. 掾(연)은 실무자급 관리. ｏ班彪(반표) – 班固, 班超(반초)의 부친. ｏ卷卷 – 拳拳, 정성으로 지키려는 마음. ｏ婦人之仁 – 하찮은 동정심.

〖 國譯 〗

司徒掾(사도연)인 班彪(반표)가 말하였다.

三代 이후로 《春秋》에 기록된 바, 王이나 公 또는 國君이 나라를 잃은 이유가 총애하는 여인 때문이 아닌 경우가 드물었다. 한이 건국된 이후로 황후의 가문으로 呂氏와 霍氏(곽씨), 上官氏 등은 나라를 위기로 몰고 간 경우가 여러 번이었다. 결국 왕망의 흥기도 효원황후가 漢의 四世(원제, 성제, 애제, 평제)에 걸쳐 천하의 국모로 군림하기 60여 년에 여러 형제들이 세습하며 국가권력을 장악한 5명의 대장군과 10명의 제후가 결국 신도후 왕망의 야심이 되어버렸다. 천하의 제위와 호칭이 이미 바뀌었는데도 원후는 국새를 움켜쥐고 충성된 마음에서 왕망에게 주지 않으려 했지만 결국 부인의 동정심이었으니 슬픈 일이었다.

99 王莽傳(上)
〔왕망전〕(상)

原文

王莽字巨君, 孝元皇后之弟子也. 元后父及兄弟皆以元,
成世封侯, 居位輔政, 家凡九侯, 五大司馬, 語在〈元后傳〉.
唯莽父曼蚤死, 不侯. 莽群兄弟皆將軍五侯子, 乘時侈靡,
以興馬聲色佚游相高, 莽獨孤貧, 因折節爲恭儉. 受《禮經》,
師事沛郡陳參, 勤身博學, 被服如儒生. 事母及寡嫂, 養孤
兄子, 行甚敕備. 又外交英俊, 內事諸父, 曲有禮意. 陽朔中,
世父大將軍鳳病, 莽侍疾, 親嘗藥, 亂首垢面, 不解衣帶連
月. 鳳且死, 以托太后及帝, 拜爲黃門郞, 遷射聲校尉.

| 註釋 | ∘王莽(왕망, 前 45-서기 23년) − 漢朝를 찬탈하여 '新' 건국(서기
8-23년 재위). 中國 傳統 歷史學의 忠君 이념에서 볼 때 일반적으로 '僞君

子'이며 '逆臣', 또는 '佞邪之材'라는 평가를 받는다. 莽은 풀 우거질 망.
ㅇ孝元皇后 – 名은 王政君(前 71-서기 13년). ㅇ家凡九侯,五大司馬 –〈元后
傳〉에는 十侯라 했다. 왕정군 언니의 아들인 淳于長을 포함하느냐에 따라 차
이가 난다. 五大司馬는 王鳳, 王音, 王商, 王根, 王莽. ㅇ《禮經》–《儀禮》. 魯
高堂生이 전수한 《士禮》 17편. ㅇ沛郡 – 치소는 相縣〔今, 安徽省 淮北市 관할
의 濉溪縣(수계현)〕. ㅇ內事諸父 – 諸父는 백부나 숙부에 대한 총칭. ㅇ陽朔
(양삭) – 成帝의 연호. 前 24-21년. ㅇ世父 – 큰아버지. 집안 부친 항렬의
嫡長子. 이때 世는 代를 잇다. ㅇ黃門郞 – 직명. 少府의 속관. 黃門은 궁궐
문. 궁중의 거마 관리 및 기타 서무 담당. ㅇ射聲校尉 – 北軍, 8校尉의 하나.
弓士 精兵을 지휘. 京師 수비. 秩 二千石.

〖國譯〗

　　王莽(왕망)의 字는 巨君(거군)으로 孝元皇后의 조카이다. 원후 부
친 및 형제들이 원제와 성제 재위 중에 제후가 되었고 고관으로 정
사를 보필하면서 그 일족이 9侯, 5大司馬가 나왔는데, 이는 〈元后傳〉
에 실려 있다. 다만 왕망의 선친 王曼(왕만)은 일찍 죽어 제후가 되지
못했다. 왕망의 여러 형제들은 모두 장군이나 五侯의 아들로 때를
만난 듯 사치하고 경쟁하듯 거마와 여색과 행락을 즐겼지만 왕망은
외롭고 빈한했기에 자신의 욕망을 억제하고 공경하며 검소한 생활
을 하였다. 왕망은 《禮經》을 배우며 沛郡(패군)의 陳參(진참)을 스승
으로 섬겼는데 부지런하고 박학했으며 유생과 같은 차림을 하였다.
왕망은 모친과 과부인 형수, 부친을 잃은 조카를 부양했지만 그 행
실이 아주 근신하고 올곧았다. 또 준걸과 널리 사귀고 안으로 여러
백숙부를 섬기면서 늘 예의를 지켰다. 陽朔(양삭) 연간에 世父(伯
父)인 대장군 王鳳이 병에 걸리자 왕망은 병시중을 들었는데 몸소

약을 준비하고 맛보며 씻지도 못하면서 여러 달 편히 잠을 자지도 못했다. 왕봉은 죽기 전에 태후와 成帝에게 왕망을 부탁했고, 왕망은 黃門郎이 되었다가 射聲校尉(사성교위)로 승진하였다.

久之, 叔父成都侯商上書, 願分戶邑以封莽, 及長樂少府戴崇,侍中金涉,胡騎校尉箕閎,上谷都尉陽並,中郎陳湯, 皆當世名士, 咸爲莽言, 上由是賢莽. 永始元年, 封莽爲新都侯, 國南陽新野之都鄉, 千五百戶. 遷騎都尉光祿大夫侍中. 宿衛謹敕, 爵位益尊, 節操愈謙. 散輿馬衣裘, 振施賓客, 家無所餘. 收贍名士, 交結將相卿大夫甚衆. 故在位更推薦之, 游者爲之談說, 虛譽隆洽, 傾其諸父矣. 敢爲激發之行, 處之不慚惡.

| 註釋 | ○戴崇(대숭) – 張禹의 제자. 81권, 〈匡張孔馬傳〉의 張禹傳 참고. ○侍中金涉 – 侍中은 加官의 명칭. 복식이 특이하여 매우 위엄이 있었다. 황제의 측근으로 본래는 乘輿나 황제 服物을 관리했는데 점차 朝政에 관여하게 된다. 金涉(김섭)은 金日磾(김일제)의 증손. 68권, 〈霍光金日磾傳〉 참고. ○南陽 新野 – 南陽은 군명, 新野는 현명. 今 河南省 南陽市 관할 新野縣. ○光祿大夫 – 낭중령의 속관. 원명은 中大夫. 질록 比二千石. 정사논의 담당. 황제의 고급 참모. ○振施賓客 – 振은 賑(구휼하다). 施는 施惠. ○收贍 – 빈객을 접대하다. 收는 접수하다. 맞이하다. 贍은 공급하다. 공양하다. ○激發之行 – 분에 넘치는 과장된 행동. ○處之不慚惡 – 부끄러워하다. 慚

은 부끄러울 참. 恧은 부끄러울 뉵.

〖 國譯 〗

얼마 후, 숙부인 成都侯 王商(왕상)이 상서하여 자신의 봉국을 나누어 왕망을 분봉하겠다고 하였으며 장악궁 少府인 戴崇(대숭), 시중인 金涉(김섭), 호기교위인 箕閎(기굉), 上谷郡 都尉인 陽並(양병), 중랑인 陳湯(진탕) 등은 모두 당세의 명사였는데 왕망을 칭찬하였다. 성제는 이로써 왕망을 현명하다고 생각했다. 永始 원년(전 16)에 왕망을 新都侯(신도후)에 봉했는데 그 봉국은 南陽郡 新野縣 都鄉(도향)의 1,500호였다. 왕망은 騎都尉와 광록대부로 승진하여 시중이 되었다. 왕망은 근무가 엄격하고 근신하였으며 작위가 높아질수록 지조와 행실이 더욱 겸손하였다. 수레나 말 의복을 빈객에 베풀어주어 집안에 여분이 없었다. 명사를 맞이하고 전송하였으며 장상이나 卿과 사대부와 교제하였다. 고위 관리들이 연달아 왕망을 천거하였고 길 가는 사람들은 왕망을 이야기하며 실속 없는 칭송일지라도 널리 크게 퍼져 백숙부들보다 더 알려졌었다. 자신의 분수에 넘치는 행동을 하거나 관직에서 부끄러운 일도 없었다.

原文

莽兄永爲諸曹, 蚤死, 有子光, 莽使學博士門下. 莽休沐出, 振車騎, 奉羊酒, 勞遺其師, 恩施下竟同學. 諸生縱觀, 長老歎息. 光年小於莽子宇, 莽使同日內婦, 賓客滿堂. 須輿, 一人言太夫人苦某痛, 當飮某藥, 比客罷者數起焉. 嘗私買侍婢, 昆弟或頗聞知, 莽因曰, "後將軍朱子元無子, 莽聞此兒種宜子, 爲買之." 卽日以婢奉子元. 其匿情求名如此.

| 註釋 | ○諸曹 – 조정에서 상주하는 문서를 심리하는 관리, 左曹와 右曹로 나누었다. 諸吏, 給事中과 같은 加官의 명칭. 가관을 받은 관리는 황제의 측근으로 근무하였다. ○博士 – 종묘 제사를 담당하는 太常의 속관. 질 6백석. 질록은 낮으나 직위는 높았다. 고금의 전적이나 행사에 대한 자문과 유생의 교육을 담당. 박사 1인이 곧 하나의 교육기관이었다. ○羊酒 – 양고기와 술. 예물로 보내는 음식. ○內婦 – 娶妻. 內는 納. ○太夫人 – 열후의 모친을 지칭하는 호칭. 나중에는 관리의 모친을 의미. ○朱子元 – 朱博(?-前 5년), 유능한 지방관으로 승상까지 올랐으나 죄를 짓고 자살했다. 83권, 〈薛宣朱博傳〉에 입전.

〖 國譯 〗

  왕망의 형 王永은 諸曹(제조)였는데 일찍 죽었고 아들 王光을 두었는데, 왕망은 조카를 박사에게 보내 배우게 하였다. 왕망은 휴목일 쉬는 날에 수레를 정비하고 양고기와 술을 싣고 가서 그 사부를 위로하며 학생들에게 나누어 먹게 했다. 다른 학생들이 이를 보았고 장로들은 감탄하였다. 조카 왕광은 왕망의 아들 왕우보다 나이가 어렸지만 왕망은 같은 날에 장가를 들렸고 집안에는 손님이 가득했다. 얼마 후 어떤 사람이 왕망의 모친이 어디가 아프다고 말을 하며 당장 무슨 약을 복용해야 한다고 말했지만 잔치를 마치고 돌아가는 사람 때문에 자주 일어나 나가야만 했다.

전에 왕망은 남모르게 여종을 하나 사들였는데 형제들이 이를 알게 되자 왕망이 말했다.

"後將軍인 朱子元(朱博)이 아들이 없는데 내가 듣기로는 이 여종이 아이를 잘 낳을 것 같다 하여 주자원에게 보내려고 사들였다."

그리고서는 당일로 여종을 주박에게 보냈다. 그가 본뜻을 숨기고 명성을 얻으려 하는 일이 이와 같았다.

原文

是時, 太后姊子淳于長以材能爲九卿, 先進在莽右. 莽陰求其罪過, 因大司馬曲陽侯根白之, 長伏誅, 莽以獲忠直, 語在〈長傳〉. 根因乞骸骨, 薦莽自代, 上遂擢爲大司馬. 是歲, 綏和元年也, 年三十八矣. 莽旣拔出同列, 繼四父而輔政, 欲令名譽過前人, 遂克己不倦, 聘諸賢良以爲掾史, 賞賜邑錢悉以享士, 愈爲儉約. 母病, 公卿列侯遣夫人問疾, 莽妻迎之, 衣不曳地, 布蔽膝. 見之者以爲僮使, 問知其夫人, 皆驚.

| 註釋 | ○先進 – 학문, 관직, 나이가 앞서다. ○綏和元年 – 成帝의 마지막 연호. 前 8년. ○繼四父~ – 큰아버지인 王鳳과 작은아버지인 王音, 王商, 王根. ○掾史 – 屬吏에 대한 凡稱. 중앙 및 지방 관서의 실무 중간 관리자(掾)와 그 속관(史). ○賞賜邑錢 – 賞賜는 상으로 받은 재물. 보너스. 邑錢은 자신의 봉국에서 들어오는 금전. ○布蔽膝 – 蔽膝(폐슬)은 가죽이나 비단으로 만든 여인의 복식. 앞치마와 같은 역할을 했다.

이 무렵 왕태후 언니의 아들 淳于長(순우장)은 재능으로 九卿의 반열에 올라 왕망보다 높은 자리에 있었다. 왕망은 은밀히 그의 죄과를 조사해서 대사마인 곡양후 王根에게 보고하자 순우장은 처형되었고 왕망은 충직하다는 명성을 얻었는데, 이는 〈佞幸傳〉의 淳于長傳에 실려 있다.

왕근은 사임하면서 자신의 후임으로 왕망을 천거하자, 성제는 마침내 왕망을 발탁하여 대사마에 임명하였다. 이때가 綏和(수화) 원년으로 왕망은 38세였다.

왕망이 비슷한 나이 사람을 뛰어넘어서 4명의 諸父의 후임으로 정사를 보필하면서 좋은 명성으로 그들보다 앞서려고 노력하였으니 극기하면서 부지런하였고 현량한 인재를 초빙하여 속관으로 임명했으며, 하사받은 재물이나 국읍에서 올라오는 금전은 모두 빈객접대에 사용하고 자신은 더욱 검소하게 생활하였다. 왕망 모친이 병이 나자 공경과 열후가 병문안을 왔고, 왕망의 처는 빈객을 영접했는데 그 옷은 땅에 끌리지 않았고 무명 앞가리개를 하고 있었다. 이를 본 사람들은 노비로 생각했다가 나중에 부인임을 알고서 모두가 놀랐다.

輔政歲餘, 成帝崩, 哀帝卽位, 尊皇太后爲太皇太后. 太后詔莽就第, 避帝外家. 莽上疏乞骸骨, 哀帝遣尙書令詔莽曰, "先帝委政於君而棄群臣, 朕得奉宗廟, 誠嘉與君同心合意. 今君移病求退, 以著朕之不能奉順先帝之意, 朕甚悲傷焉. 已詔尙書待君奏事." 又遣丞相孔光, 大司空何武, 左將軍師丹, 衛尉傅喜白太后曰, "皇帝聞太后詔, 甚悲. 大司馬卽不起, 皇帝卽不敢聽政." 太后復令莽視事.

| 註釋 | ○成帝崩, 哀帝卽位 − 前7년. ○避帝外家 − 哀帝의 外祖父母家. ○尙書令 − 소부의 속관, 기밀문서의 상주와 관리를 담당. ○棄群臣 − 황제의 죽음. 婉辭. ○誠嘉~ − 嘉는 喜樂. 기뻐하다. ○孔光(공광) − 공자 후손. 81권, 〈匡張孔馬傳〉에 입전. ○何武, 師丹 − 86권, 〈何武王嘉師丹傳〉에 입전. ○傅喜 − 82권, 〈王商史丹傅喜傳〉에 입전. ○大司馬卽不起 − 不起는 출사하지 않다.

〖 國譯 〗

일년 남짓 성제의 정사를 보필했는데 성제가 붕어하고 애제가 즉위했으며 황태후를 높여 태황태후라 하였다. 태황태후는 왕망에게 집에 쉬면서 애제 외가의 세력을 피하라고 명했다. 왕망이 사임한다고 상소하자, 애제는 상서령을 보내 조서로 왕망에게 말했다.

"先帝께서 君에게 정사를 위임하신 뒤에 붕어하셨고, 짐이 종묘를 받들게 되면서 군과 동심으로 마음이 통할 것이라 기뻐했도다. 이제 군이 병을 핑계로 물러나고자 하니 짐은 선제의 뜻을 따를 수가 없어 마음이 몹시 아프도다. 이에 조서를 내리니 상서령을 통해 군이 상주하기를 기다리노라."

그러자 승상 孔光(공광), 대사공인 何武, 좌장군인 師丹(사단), 衛

尉(위위)인 傅喜(부희) 등이 태후에게 말했다.

"황제께서 태후의 명령을 들으시고 매우 비통해 하십니다. 대사마가 만약 출사하지 않는다면 황제께서도 정사를 돌보지 않으실 것입니다."

태후는 왕망에게 다시 업무를 담당하라고 명했다.

原文

時哀帝祖母定陶傅太后, 母丁姬在, 高昌侯董宏上書言, 《春秋》之義, 母以子貴, 丁姬宜上尊號." 莽與師丹共劾宏誤朝不道, 語在〈丹傳〉. 後日, 未央宮置酒, 內者令爲傅太后張幄坐於太皇太后坐旁. 莽案行, 責內者令曰, "定陶太后藩妾, 何以得與至尊並!" 徹去, 更設坐, 傅太后聞之, 大怒, 不肯會, 重怨恚莽. 莽復乞骸骨, 哀帝賜莽黃金五百斤, 安車駟馬, 罷就第. 公卿大夫多稱之者, 上乃加恩寵, 置使家中, 黃門十日一賜餐. 下詔曰, "新都侯莽憂勞國家, 執義堅固, 朕庶幾與爲治. 太皇太后詔莽就第, 朕甚閔焉. 其以黃郵聚戶三百五十益封莽, 位特進, 給事中, 朝朔望見禮如三公. 車駕乘綠車從." 後二歲, 傅太后, 丁姬皆稱尊號, 丞相朱博奏, "莽前不廣尊尊之義, 抑貶尊號, 虧損孝道, 當伏顯戮, 幸蒙赦令, 不宜有爵土, 請免爲庶人." 上曰, "以莽與太皇太后有屬, 勿免, 遣就國."

| 註釋 | ○定陶(정도) - 제후왕국 이름. 치소는 定陶縣(今 山東省 菏澤市
관할의 定陶縣). ○不道 - 秦, 漢 초기에는 반역죄로 삼족을 멸하는 중형으로
다스렸다. 나중에는 不道(無道)의 범위가 점차 확산되어 不敬, 혹은 大不敬
罪 외에도 罔主上(황제를 欺罔하다), '誹謗政治', '非議詔書', '毁先帝' 도 부도
죄로 다스렸다. ○〈丹傳〉 - 86권, 〈何武王嘉師丹傳〉. 52권의 史丹이 아님.
○內者令 - 內謁者令, 소부의 속관. 궁내의 臥具(寢具), 帷帳(유장)을 담당.
○案行 - 按行. 순시하다. ○重怨恚莽 - 恚는 성낼 에. ○安車駟馬 - 安車
는 원로나 부녀자가 앉아 타는 수레. 수레는 본래 서서 탔다. 駟馬(사마)는
말 4마리. 최고의 예우이다. ○置使家 - 전담 使者가 왕망 저택에 상주하다.
○黃門十日─賜餐 - 黃門을 시켜 10일에 한 번씩 식사를 하사하다. ○黃郵
聚(황우취) - 지명. ○給事中 - 加官의 칭호. 수시로 황제를 알현 가능. ○車
駕乘綠車從 - 車駕는 황제의 出行. 綠車(녹거)는 皇孫의 수레. 왕망에 대한
우대라 할 수 있다. ○尊尊 - 尊者를 받들다. 존호를 올리다. ○當伏顯戮 -
법에 의거 공개 처형하다. ○有屬 - 친족관계. ○就國 - 封國으로 돌아가
다. 장안에서 봉국에 가는 것은 세력의 상실이다.

〖 國譯 〗

　그 무렵 哀帝의 조모인 定陶(정도) 傅太后(부태후)와 모후 丁姬(정
희)가 있었는데 고창후인 董宏(동굉)이 상서하여 말했다. "《春秋》 대
의로도 모친은 아들 따라 귀해진다고 하니 정희에게 응당 존호를 올
려야 합니다."

　그러나 왕망과 師丹(사단)은 함께 동굉을 부도하다고 탄핵하였는
데, 이는 〈師丹傳〉에 실려 있다. 뒷날, 미앙궁에서의 연회를 준비하
는데 내자령이 부태후를 위하여 태황태후의 자리 옆에 유장을 설치
했다. 이에 왕망이 순찰하다가 내자령을 꾸짖었다. "정도태후는 번

국의 왕후인데 어찌 지존과 나란하게 앉을 수 있는가!" 이어 철거하고 좌석을 달리 준비했는데 부태후가 듣고서는 대노하며 연회에 참석 않겠다며 왕망을 크게 원망하였다.

왕망이 다시 사직을 요청하자, 애제는 왕망에게 황금 5백 근과 駟馬(사마)의 안거를 내주며 집에 돌아가 쉬게 하였다. 본래 공경대부로 칭송을 많이 받는 자는 황제가 은총을 내려 그 집안에 사자를 두고 黃門을 시켜 10일마다 식사를 하사했었다. 이에 애제가 명령했다.

"신도후 왕망은 국가를 위해 수고하였고 대의를 견지하여 짐은 함께 大治를 이루고자 했었다. 태황태후께서 왕망에게 집에 가서 쉬라고 하셨는데 짐은 이를 안타깝게 생각하노라, 黃郵聚(황우취) 마을의 350호를 왕망에게 추가하고, 지위는 特進(특진)에 급사중이며, 초하루와 보름날에 입조 알현하되 삼공과 같이 대우하라. 황제 행차 시에 녹거를 타고 수행케 하라."

그 2년 뒤에 부태후와 정희는 모두 존호를 받았는데 승상 朱博(주박)이 상주하였다.

"왕망은 전에 존자에게 존호를 올리는 뜻을 널리 시행하지 않았으며 존호를 억제하고 폄하하여 효도의 뜻을 폄훼하였으니 당연히 법에 의거 처형했어야 하나 다행히 사면령의 덕을 보았으나 제후를 박탈하여 서인이 되어야 합니다."

그러나 애제는 "왕망은 태황태후의 일족이니 열후를 박탈하지 말고 봉국에 돌아가게 하라."고 하였다.

莽杜門自守, 其中子獲殺奴, 莽切責獲, 令自殺. 在國三
歲, 吏上書冤訟莽者以百數. 元壽元年, 日食, 賢良周護,宋
崇等對策深頌莽功德, 上於是徵莽.

始莽就國, 南陽太守以莽貴重, 選門下掾宛孔休守新都
相. 休謁見莽, 莽盡禮自納, 休亦聞其名, 與相答. 後莽疾,
休候之, 莽緣恩意, 進其玉具寶劍, 欲以爲好. 休不肯受, 莽
因曰, "誠見君面有瘢, 美玉可以滅瘢, 欲獻其瑑耳." 即解
其瑑, 休復辭讓. 莽曰, "君嫌其賈邪?" 遂椎碎之, 自裹以進
休, 休乃受. 及莽徵去, 欲見休, 休稱疾不見.

| 註釋 | ○莽切責獲 – 切은 엄격하게. ○冤訟莽者 – 왕망의 억울함을 진
정하다. ○元壽元年 – 애제의 마지막 연호 前 2년. ○賢良(현량) – 인재 등
용의 한 분야. 才幹(재간)이 출중하고 덕행이 뛰어난 자. 보통 賢良方正이라
말한다. 여기에 '直言極諫' 등 구체적 실천 덕목을 추가하여 인재로 천거하
였다. ○盡禮自納 – 예를 다해 교제하려 하다. ○有瘢 – 瘢은 흉터 반. ○欲
獻其瑑耳 – 瑑은 홀에 아로새길 전. 瓅(칼등을 옥으로 꾸밀 체)의 착오. 耳는
필요 없는 글자. ○休稱疾不見 – 왕망의 의도적 접근을 거부했다는 뜻.

〔 國譯 〕

왕망이 문을 걸어 닫고 조심하는 동안 그의 작은아들 王獲(왕획)
이 노비를 죽였는데, 왕망은 아들을 심하게 질책하여 자살하게 만들
었다. 그가 봉국에 은거 3년에 왕망이 억울하다고 상서하는 관리가
수백 명이었다. 元壽 원년에 일식이 일어나자 賢良인 周護(주호)와

宋崇(송숭) 등이 대책을 올려 왕망의 공덕을 칭송하자 애제는 왕망을 불렀다.

그전에 왕망이 자신의 봉국으로 돌아갔을 때, 남양태수는 왕망이 막강한 고관이었기에 문하의 속리 중에서 宛縣(완현) 출신 孔休(공휴)를 선임하여 新都國의 임시 王相에 임명하였다. 공휴가 왕망을 알현하자 왕망도 예를 다하여 가까이 두려 했으며 공휴 역시 왕망의 명성을 들어 알고 있었기에 더불어 교제를 원했다. 뒷날 왕망이 병이 나자 공휴는 문안을 했고, 왕망도 이를 기회로 은의를 베풀려고 옥이 박힌 보검을 내주었다. 그러나 공휴가 보검을 아니 받으려 하자 왕망이 말했다.

"사실 당신 얼굴에 흉터가 있기에 옥으로 문지르면 흉터를 없앨 수 있다 하여 칼 손잡이에 있는 옥을 주려고 한 것이요." 그러면서 바로 칼을 풀러 주었는데도 공휴는 또 사양하였다. 이에 왕망이 말했다. "당신이 이 칼 값을 걱정하는가?" 왕망은 망치로 부수어 그 玉을 빼내어 공휴에게 주자 공휴가 받았다. 나중에 왕망이 부름을 받고 떠나면서 공휴를 만나려 했으나 공휴는 병을 핑계로 왕망을 만나지 않았다.

原文

莽還京師歲餘, 哀帝崩, 無子, 而傅太后,丁太后皆先薨. 太皇太后卽日駕之未央宮收取璽綬, 遣使者馳召莽. 詔尙書, 諸發兵符節, 百官奏事, 中黃門,期門兵皆屬莽. 莽白, "大司馬高安侯董賢年少, 不合衆心, 收印綬." 賢卽日自殺.

太后詔公卿擧可大司馬者, 大司徒孔光,大司空彭宣擧莽,
前將軍何武,後將軍公孫祿互相擧. 太后拜莽爲大司馬, 與
議立嗣. 安陽侯王舜, 莽之從弟, 其人修飭, 太后所信愛也,
莽白以舜爲車騎將軍, 使迎中山王奉成帝後, 是爲孝平皇
帝. 帝年九歲, 太后臨朝稱制, 委政於莽. 莽白趙氏前害皇
子, 傅氏驕僭, 遂廢孝成趙皇后,孝哀傅皇后, 皆令自殺, 語
在〈外戚傳〉.

| 註釋 | ○收取璽綬 – 국새는 대사마인 董賢(동현)에 갖고 있었다고 한
다.   ○符節 – 조정의 명령이나 군사 동원할 때 황제가 내어주는 신표. 符는
옥이나 금속으로 만들었고 두 쪽으로 나눌 수 있었다.   ○中黃門 – 소부의
속관. 환관(보통 太監이라 호칭).   ○期門兵 – 광록훈 소속의 궁궐 수비군.
○董賢(前 23 - 前 1) – 애제의 寵臣. 총애의 정도와 출세가 상식 밖이었다. 93
권, 〈佞幸傳〉 입전.   ○彭宣(팽선) – 왕망을 대장군에 천거한 사람.   ○何武 –
86권, 〈何武王嘉師丹傳〉에 입전.   ○中山王 – 中山孝王 劉興의 아들, 成帝에
게는 조카.   ○趙氏前害皇子 – 趙昭儀(趙飛燕의 동생)가 그전에 성제의 아들
을 죽이다. 성제가 붕어하며 조소의는 자살했다. 97권, 〈外戚傳〉(下) 참고.

〖 國譯 〗

   왕망이 경사로 돌아와 1년 쯤 뒤에 애제가 죽었으나 아들이 없었
고 부태후와 정태후는 이보다 먼저 죽었다. 태황태후는 그 당일에
미앙궁에 가서 국새를 거두고 사자를 보내 왕망을 불렀다. 상서에게
조서를 내려 군사를 동원할 수 있는 부절이나 백관이 상주하는 문서
와 中黃門(중황문)과 期門兵(기문병)을 모두 왕망이 주관하게 하였다.

왕망이 태황태후에게 말했다. "대사마인 고안후 동현은 나이가 어려 민심에 부합하지 않으니 대사마 인수를 회수해야 합니다." 동현은 그날로 자살하였다.

태후가 공경에게 조서를 내려 대사마에 오를 인물을 천거하라고 명했는데 대사도 공광과 대사공인 彭宣(팽선)은 왕망을 천거했으나 전장군 何武(하무)와 後將軍(우장군의 착오)인 公孫祿(공손록)을 서로 상대를 천거하였다. 태후는 왕망을 대사마에 임명하고 함께 후사를 의논하였다. 안양후 王舜(왕순)은 왕망의 4촌 동생으로 사람이 근신하여 태후의 신임을 받고 있었는데 왕망이 태후에게 아뢰어 왕순을 거기장군으로 임명해 중산왕을 영입하여 성제의 제사를 받들게 하니, 이가 孝平皇帝(평제)이다. 평제는 나이 9살이었기에 태후가 임조하여 稱制(칭제)하되 정사는 왕망에게 위임하였다. 왕망이 趙氏가 전에 성제의 所生을 해쳤으며 傳氏는 교만하고 무례했다고 아뢰자 결국 효성제 趙皇后(조비연)과 애제의 傳皇后(부황후)로 하여금 자살하게 했는데, 이는 〈외척전〉에 실려 있다.

原文

莽以大司徒孔光名儒, 相三主, 太后所敬, 天下信之, 於是盛尊事光, 引光女婿甄邯爲侍中奉車都尉. 諸哀帝外戚及大臣居位素所不說者, 莽皆傅致其罪, 爲請奏, 令邯持與光. 光素畏愼, 不敢不上之, 莽白太后, 輒可其奏. 於是前將軍何武, 後將軍公孫祿坐互相擧免, 丁, 傅及棄莽親屬皆免官

爵, 徙遠方. <u>紅陽侯立</u>, 太后親弟, 雖不居位, <u>莽</u>以諸父內敬
憚之, 畏<u>立</u>從容言太后, 令已不得肆意, 乃復令光奏<u>立</u>舊惡.
"前知定陵侯淳于長犯大逆罪, 多受其賂, 爲言誤朝, 後白以
官婢<u>楊寄</u>私子爲皇子, 衆言曰, <u>呂氏</u>, <u>少帝</u>復出, 紛紛爲天下
所疑, 難以示來世, 成繈褓之功. 請遣<u>立</u>就國." 太后不聽.
<u>莽</u>曰, "今漢家衰, 比世無嗣, 太后獨代幼主統政, 誠可畏懼,
力用公正先天下, 尙恐不從, 今以私恩逆大臣議如此, 群下
傾邪, 亂從此起! 宜可且遣就國, 安後復徵召之." 太后不得
已, 遣<u>立</u>就國. <u>莽</u>之所以脅持上下, 皆此類也.

| 註釋 | ○相三主 – 성제, 애제, 평제 三代의 승상. ○奉車都尉 – 천자의
거마 관리. 질록 比二千石. ○傅致 – 첨부하다. ○肆意 – 제멋대로. 任意로.
○誤朝 – 조정의 의론을 誤導하다. ○繈褓之功 – 繈褓는 襁褓(강보). 어린아
이를 싸는 작은 이불. ○傾 – 옳지 않다. 잘못되다. ○脅持 – 협박하다. 挾
制.

〔國譯〕

　왕망은 대사도 孔光(공광)이 명유이며 삼대에 걸친 승상으로 태후
도 존경할뿐더러 천하의 신임을 받고 있기에 공광의 사위인 甄邯(견
한)을 시중 겸 봉거도위에 임명하였다. 애제의 여러 외척으로 대신
이나 현직에 있는 자 중에서 왕망이 좋아하지 않는 자들의 죄악을
상주할 첨부 문서를 견한을 시켜 공광에게 보냈다. 공광은 평소처럼
신중하였으나 올리지 않을 수 없었고 왕망은 공광이 상주한 것을 재

가하라고 태후에게 말했다. 그리하여 전장군 하무와 후장군(우장군) 공손록은 서로를 천거한 죄로, 또 정씨와 부씨 및 동현의 친속들 모두를 파면하여 먼 지방으로 이주시켰다. 홍양후 王立은 태후의 친동생으로 현직은 아니었으나 왕망의 백숙부로 왕망이 싫어했으며 왕립이 조용히 태후에게 말하여 (왕망이) 임의로 권력행사를 못하게 할 것을 걱정하여 다시 공광을 시켜 왕립의 구악을 상주하게 하였다.

"(왕립은) 이전부터 정릉후 淳于長이 대역죄를 범하고 뇌물을 받은 것을 알면서도 순우장에게 이로운 말로 조정을 오도하였으며 나중에 관비인 楊寄(양기)의 사생아를 성제의 황자라고 말하여 여러 사람들이 呂황후와 少帝(소제)가 다시 출현했다면서 분연히 천하에 의혹을 키워 논란 속에 뒷날 어린아이를 옹립하는 공을 세우려 했습니다. 이에 왕립을 봉국으로 돌려보내야 합니다."

그러나 태후가 수락하지 않자 왕망이 다시 말했다.

"지금 한 황실이 쇠약해져 연속으로 후사가 없는데 태후께서 혼자 어린 황제를 데리고 정사를 이끌려 하시나 정말로 두려운 것은 공정한 정사로 천하에 모범을 보여도 따르지 않을까 걱정인데 사적인 은덕을 베풀려고 대신들의 의논을 이처럼 무시한다면 신하들이 한번 나쁜 쪽으로 기울면 바로 혼란할 것입니다. 일단 그 봉국으로 보냈다가 안정된 뒤에 다시 불러와야 합니다."

태후는 부득이 수락하지 않을 수 없어 왕립을 봉국으로 보냈다. 왕망이 아래 윗사람을 강요하는 것이 대개 이런 식이었다.

　於是附順者拔擢, 忤恨者誅滅. 王舜, 王邑爲腹心, 甄豐,
甄邯主擊斷, 平晏領機事, 劉歆典文章, 孫建爲爪牙. 豐子
尋, 歆子棻, 涿郡崔發, 南陽陳崇皆以材能幸於莽. 莽色屬而
言方, 欲有所爲, 微見風采, 黨與承其指意而顯奏之, 莽稽首
涕泣, 固推讓焉, 上以惑太后, 下用示信於衆庶.

| **註釋** | ○主擊斷 - 정적을 규찰, 탄핵, 판결하는 역할을 담당하다. ○領機
事 - 軍國大事. 기밀 업무를 총괄하다. ○典文章 - 예악과 법제에 관한 업무를
주관하다. ○爪牙 - 무관, 호위 담당. 주로 나쁜 의미로 사용, 비교. ○色屬而
言方 - 근엄한 표정을 짓고 또박또박 말하다. ○微見風采 - 안색으로 표를 내
다. 見은 顯露(드러내다). ○黨與 - 黨人.

〖**國譯**〗

　이로부터 왕망을 따르는 자는 발탁되고 거스르는 자를 죽이거나
제거하였다. 王舜(왕순)과 王邑(왕읍)은 심복이 되었고, 甄豐(견풍)과
甄邯(견한)은 탄핵을 주로 담당했으며, 平晏(평안)은 군국기무를 총
괄하고, 劉歆(유흠)은 예법과 제도에 관한 일을 담당했으며, 孫建(손
건)은 호위무사가 되었다. 견풍의 아들 甄尋(견심), 유흠의 아들 劉棻
(유분), 그리고 탁군의 崔發(최발), 남양군의 陳崇(진숭)은 모두 뛰어
난 재능으로 왕망의 총애를 받았다. 왕망은 표정이 엄숙하고 조리
있게 말을 하였으며 하고자 하는 일이 있어 표정을 약간 드러내면
그 무리들이 뜻을 받들어 확실하게 상주하였으며, 왕망은 때로 고개
를 숙이고 눈물을 흘리며 사양하여 위로는 태후를 현혹시켰고 아래

로는 백성의 신임을 얻었다.

原文

始, 風益州令塞外蠻夷獻白雉, 元始元年正月, 莽白太后
下詔, 以白雉薦宗廟. 群臣因奏言太后, "委任大司馬莽定策
定宗廟. 故大司馬霍光有安宗廟之功, 益封三萬戶, 疇其爵
邑, 比蕭相國. 莽宜如光故事." 太后問公卿曰, "誠以大司
馬有大功當著之邪? 將以骨肉故欲異之也?" 於是群臣乃盛
陳, "莽功德致周成白雉之瑞, 千載同符. 聖王之法, 臣有大
功則生有美號, 故周公及身在而托號於周. 莽有定國安漢家
之大功, 宜賜號曰, 安漢公, 益戶, 疇爵邑, 上應古制, 下准
行事, 以順天心." 太后詔尙書具其事.

| 註釋 | ○風益州令~ – 風은 諷. 완곡한 말로 암시하다. 益州는 군명. 치
소는 滇池縣(今 雲南省 省都인 昆明市 관할의 晉寧縣). ○蠻夷獻白雉 – 平帝 元
始 원년(서기 1년)에 越의 裳氏가 二重 통역을 통해 흰 꿩 한 마리와 검은 꿩 2
마리를 바친 일. ○定策定宗廟 – 平帝의 옹립을 의미. ○疇其爵邑 – 작읍을
동등하게 하다. 疇(밭두둑 주)는 同等하다. ○比蕭相國 – 比는 同也. 蕭何(소
하)는 39권, 〈蕭何曹參傳〉에 입전. ○具其事 – 그 사실을 기록하게 하다.

〔國譯〕

그전에, 益州의 현령에게 은근히 암시하여 塞外(새외)의 蠻夷(만

이)가 흰 꿩을 헌상하자, 元始 원년 정월에 왕망은 태후에게 아뢰어 조서를 내려 흰 꿩을 종묘에 바치게 하였다. 그러자 여러 신하들이 태후에게 상주하였다.

"(태후께서는) 大司馬 왕망에게 종묘를 안정시킬 일을 맡기셨습니다. 예전에 대사마인 霍光(곽광)이 종묘를 안정시킨 공로(宣帝 擁立로) 식읍을 3만 호로 늘렸는데, 이는 상국 소하의 작읍과 같게 한 것입니다. 왕망에게도 곽광의 전례를 따라야 합니다."

이에 태후가 공경들에게 "정말로 대사마(왕망)가 그렇게 현저한 공이 있다고 생각하는가? 나의 골육이라고 특별하게 대우하려는 것은 아닌가?"라고 물었다.

이에 여러 신하들이 바로 칭송하였다.

"왕망의 공적은 周의 成王(성왕) 때 흰 꿩의 상서로운 길조와 천년을 두고 똑같습니다. 성왕의 법도에 신하가 큰 공을 세우면 그에 맞는 훌륭한 칭호를 주었으니 周公은 살아 있을 때 周라는 칭호를 받았습니다. 왕망은 나라와 한 황실을 안정시킨 대공을 세웠기에 응당 安漢公(안한공)이라고 불러야 하며 식읍을 늘려 그 작읍을 같게 하는 것은 옛 법도에 따른 것이며 당대의 행사와 (霍光의 전례) 같게 하여 하늘 뜻에 순응해야 합니다."

이에 태후는 상서에게 그 일을 기록하라고 명했다.

原文

莽上書言, "臣與孔光, 王舜, 甄豐, 甄邯共定策, 今願獨條光等功賞, 寢置臣莽, 勿隨輩列." 甄邯白太后下詔曰, "無偏無黨, 王道蕩蕩. 屬有親者, 義不得阿. 君有安宗廟之功, 不可以骨肉故蔽隱不揚. 君其勿辭." 莽復上書讓. 太后詔謁者引莽待殿東箱, 莽稱疾不肯入. 太后使尚書令恂詔之曰, "君以選故而辭以疾, 君任重, 不可闕, 以時亟起." 莽遂固辭. 太后復使長信太僕閎承製召莽, 莽固稱疾. 左右白太后, 宜勿奪莽意, 但條孔光等, 莽乃肯起. 太后下詔曰, "太傅博山侯光宿衛四世, 世爲傅相, 忠孝仁篤, 行義顯著, 建議定策, 益封萬戶, 以光爲太師, 與四輔之政. 車騎將軍安陽侯舜積累仁孝, 使迎中山王, 折衝萬里, 功德茂著, 益封萬戶, 以舜爲太保. 左將軍光祿勳豐宿衛三世, 忠信仁篤, 使迎中山王, 輔導共養, 以安宗廟, 封豐爲廣陽侯, 食邑五千戶, 以豐爲少傅. 皆授四輔之職, 疇其爵邑, 各賜第一區. 侍中奉車都尉邯宿衛勤勞, 建議定策, 封邯爲承陽侯, 食邑二千四百戶." 四人既受賞, 莽尚未起, 群臣復上言, "莽雖克讓, 朝所宜章, 以時加賞, 明重元功, 無使百僚元元失望." 太后乃下詔曰, "大司馬新都侯莽三世爲三公, 典周公之職, 建萬世策, 功德爲忠臣宗, 化流海內, 遠人慕義, 越裳氏重譯獻白雉. 其以召陵,新息二縣戶二萬八千益封莽, 復其後嗣, 疇其爵邑, 封功如蕭相國. 以莽爲太傅, 幹四輔之事, 號曰, 安漢公. 以故蕭相國甲第爲安漢公第, 定著於令, 傳之無窮."

| 註釋 | ○今願獨條光等功賞 – 獨은 다만. 條는 조목별로 열거하다. ○寢置臣~ – 寢置는 제외하다. 보류하다(擱置). ○無偏無黨, 王道蕩蕩 –《書經 周書 洪範》. 蕩蕩은 광대한 모양. ○待殿東箱 – 대전 동쪽 곁방에서 대기하다, 箱은 正房의 동서쪽의 작은 방. ○以選故而辭以疾 – 사양의 뜻으로 병을 핑계 대다. 選은 巽(손)으로 겸손, 겸양의 뜻. 選을 善의 뜻으로 풀이한 주석도 있다. ○亟起 – 亟은 急也. 빠를 극. 자주 기. ○太傅(태부) – 三公(丞相, 太尉, 御使大夫 → 大司徒, 大司馬, 大司空) 보다 상위 직책. ○宿衛四世 – 宿衛는 본래 황궁을 수위하는 직역. 나중에는 근무한다는 뜻으로 사용. 四世는 元帝, 成帝, 哀帝, 平帝. ○太師 – 고대 三公(太師, 太傅, 太保)의 하나. 秦 이후 설치하지 않았으나 평제 때 왕망의 뜻으로 三公 위에 설치. ○四輔 – 太師, 太傅, 太保, 少傅를 지칭. ○一區 – 집과 같은 건물을 세는 量詞. ○忠臣 – 中臣. 조정의 신하. ○復 – 요역을 면제하다. ○封功如蕭相國 – '封加如蕭相國'로 된 판본도 있다. '封'은 衍字라는 주석도 있다. ○幹 – 주관하다. 幹은 管과 同.

[國譯]

왕망이 상서하여 말했다.

"臣은 孔光(공광), 王舜(왕순), 甄豐(견풍), 甄邯(견한) 등과 平帝를 옹립하였지만 이번에 공광 등의 공적을 열거하여 포상하되 臣 莽(망)은 제외하여 저를 따른 무리라고 생각하지 않으시길 바랄 뿐입니다."

이에 견한이 태후에게 아뢰자 태후가 조서를 내렸다.

"치우치지 않고 무리 짓지 않는다면 王道는 크게 넓어질 것이다. 일족에서도 가까운 친족이나 의리상 편을 들 수도 없다. 君은 종묘를 안정시킨 공을 세웠으니 골육이라 하여 덮어두고 선양하지 않을 수가 없다. 군은 사양하지 말라."

그러나 왕망은 다시 상서하여 사양하였다. 太后가 謁者(알자)를 시켜 왕망을 大殿의 동쪽 곁방으로 데려와 대기하라 하였지만 왕망은 병을 핑계로 들어오지 않았다. 이에 태후는 상서령 恂(순)을 보내 왕망에게 말했다.

"君이 겸손하여 병을 핑계 대고 있지만 군의 임무가 막중하여 없어서는 안 될 것이니 빨리 일어나 집무하도록 하라." 그래도 왕망은 끝까지 사양하였다. 태후가 다시 長信宮의 太僕인 閎(굉)을 보내 制書(제서)로 왕망을 소환하였어도 왕망은 여전히 병을 핑계 대었다. 이에 좌우 측근이 태후에게 왕망의 뜻을 버리지 말고 공광 등의 공적만을 들어 포상하면 왕망이 집무를 할 것이라고 말했다. 이에 태후가 조서를 내렸다.

"太傅(태부)인 博山侯(박산후) 孔光(공광)은 4세를 받들어 모시며 대대로 정사를 돕는 승상이었고, 충효하고 인자하며 대의 실천이 현저하고 평제 옹립을 건의하였기에 식읍 1만 호를 추가하며 공광을 太師로 임명하니 其(사보)와 함께 정사를 보필하라. 거기장군 安陽侯(안양후) 王舜(왕순)은 오랫동안 인자 효도하며 사자로 中山王을 영입하고 만리 강역을 지킨 공적이 현저하니 1만 호를 추가하며 왕순을 太保에 임명하노라. 좌장군인 광록훈 甄豐(견풍)은 삼대에 걸쳐 충성하였고 충직 신실하며, 인의가 독실하며 사자로 중산왕을 모셨고 폐하를 보필하였으며 공양하여 종묘를 안정케 하였으니, 견풍을 廣陽侯(광양후)에 봉하고 식읍은 5천 호로 정하고 少傅(소부)에 임명한다. 모두에게 其(사보)의 직분을 수여하며 작읍을 전례와 같게 하며 모두에게 저택 1채를 하사한다. 시중인 봉거도위 甄邯(견한)은 애

써 봉직하며 정책을 건의하였으니 承陽侯(승양후)에 봉하며 식읍은
2,400호로 한다."

4인을 모두 포상했는데도 왕망이 여전히 근무하지 않자 모든 신
하가 다시 상소하였다.

"왕망이 비록 끝까지 사양하지만 조정에서 의당 표창할 바는 때
맞춰 시상하되 그 으뜸 되는 공적을 확실하게 밝혀 모든 신하나 백
성을 실망시켜서는 안 될 것입니다."

이에 태후는 바로 조서를 내려 말했다.

"대사마 신도후 왕망은 三世에 걸친 三公으로서 周公의 직분을
다하며 萬世에 이어갈 대책을 실천하였으니 그 공덕이 조정 신하의
으뜸이며 온 천하에 교화가 이루어졌으며 먼 지역 만이도 대의를 사
모하니 越人(월인) 裳氏(상씨)는 통역을 두 번이나 거치면서 흰 꿩을
진상하였도다. 이에 召陵縣과 新息縣의 민호 28,000호를 왕망에게
추가하고 그 후손에게도 직역을 면제하고 그 작읍은 상국 蕭何(소
하)와 대등하게 하라. 왕망을 太傅(태부)로 삼아 四輔(사보)의 정사를
주관하며 安漢公(안한공)이라 부르도록 하라. 옛 蕭相國(소상국)의 저
택을 安漢公의 저택으로 하고 이를 법령에 명확히 규정하여 무궁히
전승토록 하라."

原文

於是莽爲惶恐, 不得已而起受策. 策曰, "漢危無嗣, 而公
定之. 其之職, 三公之任, 而公幹之, 群僚衆位, 而公宰之.
功德茂著, 宗廟以安, 蓋白雉之瑞, 周成象焉. 故賜嘉號曰,

安漢公, 輔翼于帝, 期于致平, 毋違朕意." 莽受太傅安漢公號, 讓還益封疇爵邑事, 云願須百姓家給, 然後加賞. 群公復爭, 太后詔曰, "公自期百姓家給, 是以聽之. 其令公奉, 舍人賞賜皆倍故. 百姓家給人足, 大司徒, 大司空以聞." 莽復讓不受, 而建言宜立諸侯王後及高祖以來功臣子孫, 大者封侯, 或賜爵關內侯食邑, 然後及諸在位, 各有第序. 上尊宗廟, 增加禮樂, 下惠士民鰥寡, 恩澤之政無所不施. 語在〈平紀〉.

| 註釋 | ○莽爲惶恐 – 爲는 僞. ○期于致平 – 태평성대를 이룩하다. ○須百姓家給 – 須는 기다리다. 家給은 부유하다. 給은 足也. ○公奉 – 공적인 녹봉. ○關內侯 – 20등급 작위 중 19등급. 열후의 바로 아래. 식읍은 采地. ○各有第序 – 第序는 次序.

〖 國譯 〗

이에 왕망은 두려워하는 척하며 부득이 일어나 策書(책서)를 받았다.

책서에는 "漢이 후사가 없는 위기에 처했는데 公이 안정시켰도다. 四輔(사보)의 직책과 三公의 임무를 公이 주관하고 여러 臣僚(신료)의 직분을 公이 주관하였다. 그간 공덕이 뚜렷하며 종묘를 안정시켰으니 아마 흰 꿩의 祥瑞(상서)가 周의 成王 때와 같았도다. 그래서 아름다운 칭호 安漢公을 하사하니 짐을 도와 태평성세를 이룩하되 기대에 어긋나지 말라."

왕망이 太傅(태부)와 안한공의 호칭은 받았으나 식읍을 늘려 소하의 작읍과 같게 내리는 것은 여전히 사양하며 백성이 풍족해진 다음에 상을 받겠다고 사양하였다. 그러자 여러 공경이 다시 간언을 올리니 태후가 조서를 내려 말했다.

"公은 백성이 풍족한 뒤에 따르겠다고 기약했도다. 상으로 내리는 봉록과 하인의 수를 두 배로 늘려주도록 하라. 백성이 모두 풍족하다면 대사도와 대사공은 보고하도록 하라."

그래도 왕망은 그것도 다시 사양하며 받지 않으면서 諸侯나 王의 후손 또 고조 이래 공신의 자손을 찾아 공이 큰 자는 다시 제후로 봉하거나 또는 관내후의 식읍을 하사하여 모든 제후가 다 자리를 차지하고 각자 차례를 세워야 한다고 건의하였다. 위로는 종묘를 받들고 예악을 행하였으며 아래로는 백성과 홀아비나 과부에 혜택을 베풀어 은택을 받지 않은 곳이 없었다. 이는 〈平帝紀〉에 실려 있다.

原文

莽旣說衆庶, 又欲專斷, 知太后厭政, 乃風公卿奏言, "往者, 吏以功次遷至二千石, 及州部所擧茂材異等吏, 率多不稱, 宜皆見安漢公. 又太后不宜親省小事." 令太后下詔曰, "皇帝幼年, 朕且統政, 比加元服. 今衆事煩碎, 朕春秋高, 精氣不堪, 殆非所以安躬體而育養皇帝者也. 故選忠賢, 立四輔, 群下勸職, 永以康寧. 孔子曰, '巍巍乎, 舜,禹之有天下而不與焉!' 自今以來, 非封爵乃以聞. 他事, 安漢公,四輔

平決. 州牧, 二千石及茂材吏初除奏事者, 輒引入至近署對
安漢公, 考故官, 問新職, 以知其稱否." 於是莽人人延問,
緻密恩意, 厚加贈送, 其不合指, 顯奏免之, 權與人主侔矣.

| 註釋 | ○說衆庶 – 說은 悅也. 衆庶는 衆意의 의미. ○功次 – 공훈의 다
소에 따른 서열. ○茂材異等 – 茂材(무재)는 武帝 元封 5년부터 시행한 추천
에 의한 인재 등용. 본래 秀才. 後漢에서 무재로 개칭, 有美才之人의 뜻. 異
等, 異倫, 特立 등의 수식어를 붙여 '茂才異等' 하는 식으로 우수 재능을 강
조했다. ○率多不稱 – 率은 모두, 대개. 부사로 쓰였다. 稱은 適宜. 相當의
뜻. ○比加元服 – 比는 ~까지. 元服은 冠. 加元服은 加冠하다. 남자는 20세
가 관례를 치렀다. ○孔子曰, '巍巍乎~ – 《論語 泰伯》의 구절. 巍巍는 高高
한 모양. 舜과 禹는 천하를 차지했지만 현신에게 위임하고 직접 통솔하지 않
았다는 뜻. ○非封爵~ – 唯封爵~. 非는 唯가 되어가 文理가 통함. ○考故
官, 問新職 – 考는 考核. 評定하다. 故官은 임용된 지 오래된 관리. 問은 고찰
하다. 新職는 신임 관리. ○與人主侔矣 – 侔(가지런할 모)는 齊等.

[國譯]

왕망은 백성의 뜻에 영합한 뒤에 정사를 독단하려 했는데 태후가
정사에 염증을 갖고 있는 것을 알고 은근히 공경들이 상주하도록 사
주하였다.

"과거에 관리는 공훈의 다소에 따라 이천석까지 승진하였고, 각
州府에서 관리로 천거하는 우수한 茂才(무재) 중에서 부적합 자가
많이 있었기에 安漢公이 이들을 면담하여야 할 것입니다. 또 태후께
서 소소한 일까지 직접 살피는 것은 적합하지 않습니다."

이에 태후는 조서를 내려 명령하였다.

"皇帝의 나이가 어려 짐은 태자의 관례 때까지 정사를 통솔하려고 하였도다. 지금 정사가 너무 번잡하고 짐의 나이도 많아 정신을 다 쏟을 수가 없으니, 아마 이는 내 몸을 건강히 유지하여 황제를 보양하는 길이 아닐 것이로다. 그래서 충성스럽고 유능한 자를 골라 四輔(사보)에 임명하여 여러 신하를 감독케 하여 오래토록 편하고자한다. 공자께서도 '높고 높도다. 舜과 禹는 천하를 차지하고서도 관여하지 않았도다!'라고 하였다. 오늘 이후로 封爵에 관한 업무만 보고하도록 하라. 기타 정사는 안한공과 四輔(사보)가 평결토록 하라. 여러 지방관과 茂才(무재)로 처음 임명받는 자는 그때마다 안한공을 면대할 것이며 안한공은 현직 관리를 평가하고 신임 관리 적합여부를 살피도록 하라."

이에 왕망은 모든 관리를 면담하며 치밀하게 은의를 베풀거나 후하게 재물을 하사하였고 뜻을 거스른 자는 공개적으로 상주하여 면직시키니 그 권한이 황제와 대등하였다.

原文

莽欲以虛名說太后, 白言, "新承前孝哀丁, 傅奢侈之後, 百姓未瞻者多, 太后宜且衣繒練, 頗損膳, 以視天下." 莽因上書, 願出錢百萬, 獻田三十頃, 付大司農助給貧民. 於是公卿皆慕效焉. 莽帥群臣奏言, "陛下春秋尊, 久衣重練, 減御膳, 誠非所以輔精氣, 育皇帝, 安宗廟也. 臣莽數叩頭省戶下, 白爭未見許. 今幸賴陛下德澤, 間者風雨時, 甘露降,神芝生, 蓂莢, 朱草, 嘉禾, 休徵同時並至. 臣莽等不勝大願, 願陛下愛精休神, 闊略思慮, 遵帝王之常服, 復太官之法膳, 使臣子各得盡歡心, 備共養. 惟哀省察!" 莽又令太后下詔曰, "蓋聞母后之義, 思不出乎門閫. 國不蒙佑, 皇帝年在繈褓, 未任親政, 戰戰兢兢, 懼於宗廟之不安. 國家之大綱, 微朕孰當統之? 是以孔子見南子, 周公居攝, 蓋權時也. 勤身極思, 憂勞未綏, 故國奢則視之以儉, 矯枉者過其正, 而朕不身帥, 將謂天下何! 夙夜夢想, 五穀豐熟, 百姓家給, 比皇帝加元服, 委政而授焉. 今誠未皇於輕靡而備味, 庶幾與百僚有成, 其勖之哉!"

每有水旱, 莽輒素食, 左右以白. 太后遣使者詔莽曰, "聞公菜食, 憂民深矣. 今秋幸熟, 公勤於職, 以時食肉, 愛身爲國."

| 註釋 | ○繒練 – 무늬 없는 비단. 繒은 비단 증. ○大司農 – 국가 재정 담당. 9卿의 하나. ○省戶 – 禁中. 황궁. ○蓂莢, 朱草, 嘉禾 – 蓂莢(명협), 朱草(주초)는 풀이름. 嘉禾(가화)는 낱알이 많고 큰 벼. 태평성대의 상징. ○復太官之法膳 – 太官은 황제나 황태후의 식사를 책임지는 관직. 法膳(법선)은 법도에 의거 올리는 식사. ○門閫 – 궁궐 문. 閫은 문지방 역. 부인은 바깥일에 관여하지 않는다는 뜻. ○微朕孰當統之 – 微는 없을 미. 孰은 누구 숙. 의문대사. ○南子 – 춘추시대 衛 靈公의 부인. 공자는 영공에게 유세하기 위해 먼저 南子를 만나야만 했었다. 子見南子, 子路不說. 夫子矢之曰, "予所否者, 天厭之! 天厭之!"《論語 雍也》. ○居攝 – 攝은 대리하다. 거둘 섭. ○今誠

未皇 – 未皇은 겨를이 없다. 皇은 遑과 同. ㅇ其勖之哉 – 勖는 힘쓸 욱. ㅇ素
食 – 채식. 고기반찬이 없는 식사.

[國譯]

　왕망은 虛名으로 태후를 기쁘게 하려고 아뢰었다.

　"전에 哀帝의 丁태후와 傅태후의 사치 풍조가 있은 이후에 가난
한 백성들이 많아졌으니 태후께서는 무늬 없는 비단 옷을 입으시고
반찬을 줄여 천하에 솔선하십시오."

　그리고 이어 상소하여 자신이 백만 전을 내놓고 토지 30경을 기
부하여 대사농이 그것을 빈민들에게 지급하게 하였다. 이에 공경들
도 모두 이를 본받았다. 왕망이 여러 신하를 거느리고 상주하였다.

　"폐하(태후)께서는 춘추도 높으신데 오랫동안 무거운 비단 옷을
입고 반찬을 줄이셨는데, 이는 정기를 배양하여 황제를 양육하고 종
묘를 안정시키는 길이 아닐 것입니다. 臣 왕망은 금중에서 여러 번
아뢰고자 하였으나 허락을 받지 못했습니다. 지금 태후의 덕택으로
풍우가 시절에 맞고 감로가 내리며 신령한 芝草(지초)가 자라며 蓂
莢(명협), 朱草(주초), 嘉禾(가화) 등 상서로운 징조가 함께 나타나고
있습니다. 신 등은 큰 소원을 어쩔 수 없으니 바라건대, 태후께서는
마음을 놓으시고 심려를 넉넉히 가지시며 제왕의 평상복을 차려 입
으시고 태관이 올리는 식사를 하시어 신하들의 마음을 편케 해주시
고 공양을 받을 수 있도록 해주십시오. 가엽게 여겨 꼭 살펴주시기
바랍니다!"

　왕망은 또 태후로 하여금 조서를 내리게 하였다.

　"나는 모후의 대의에 그 사려가 궁문 밖을 벗어나지 않아야 한다

고 들었도다. 나라가 天佑(천우)를 받지 못하여 황제가 아직 어려 친정을 할 수 없어 전전긍긍하며 종묘의 불안이 두렵기만 하도다. 나라의 큰 기강을 내가 없다면 누가 통솔해야 하는가? 이 때문에 공자는 南子(남자)를 만나보았으며 周公이 섭정을 했으나 모두가 임시조치였다. 몸을 바로하고 깊이 생각해도 걱정으로 편할 수가 없으니 그래서 나라에 사치 풍조가 돈다면 검소로 시범을 보여야 하고 잘못된 자는 바로잡아줘야 하는데 짐이 솔선하지 못한다면 천하는 어찌 되겠는가! 밤낮으로 꿈속에서도 생각하는 바는 오곡이 풍성하여 백성이 넉넉히 살아가는 것이니 황제가 관례를 치를 때까지라도 이 정사를 위임하고자 한다. 지금 가볍고 좋은 옷을 입고 음식을 다 맞춰 먹을 겨를이 없으나 모든 관료들이 맡은 일에 업적을 거두도록 힘써 주기 바라노라!"

수해나 한해가 있으면 왕망은 그때마다 素食(소식)을 하였고 좌우에서는 이를 황후에게 아뢰었다. 그러자 태후는 사자를 보내 왕망에게 명했다.

"공이 채식을 하며 백성을 심히 걱정한다고 들었노라. 금년에 다행히 풍년이 들었으니 공은 직무에 열심인 만큼 때로는 육식을 하며 나라를 위해 몸을 아껴야 할 것이다."

原文

莽念中國已平, 唯四夷未有異, 乃遣使者齎黃金,幣,帛, 重賂匈奴單于, 使上書言, "聞中國諱二名, 故名囊知牙斯今更名知, 慕從聖制." 又遣王昭君女須卜居次入待. 所以諷耀媚事太后, 下至旁側長御, 方故萬端.

| 註釋 | ○未有異 – 異는 退也. ○譏二名 – 두 글자 이름을 조롱하다(譏
誚). 고대에 이름은 한 글자였는데 2글자 이름은 諱(휘)할 수가 없기 때문이
다. ○故名囊知牙斯 – 성제 綏和(수화) 원년(전 8년)에 囊知牙斯(낭지아사)가
즉위하니, 이가 烏珠留若鞮單于(오주류약제선우)이다. ○須卜居次 – 須卜(수
복)인 이름. 居次는 公主란 뜻. ○方故萬端 – 方故는 수단, 방법. 萬端은 여
러 가지.

〖 國譯 〗

　왕망은 국내는 어느 정도 평정이 되었지만 주변 이민족은 아직
물리치지 못했다고 생각하여 사자를 시켜 황금과 재물, 비단 등을
싸가지고 가서 흉노의 선우에게 뇌물로 주고서 사자를 보내 상서하
게 하였다.

　"중국에서는 2글자 이름을 조롱한다고 들었는데 (선우의) 옛 이
름 囊知牙斯(낭지아사)를 지금은 바꾸어 知(지)라고 하여 중국의 성제
를 따르려 합니다."

　또 王昭君 소생의 딸 須卜(수복) 居次(거차, 공주)를 보내 입시하게
하였다. 왕망은 태후에게 잘 보이게 하려고 태후 가까이서 시중을
드는 長御(장어)에 이르도록 온갖 수단을 다 동원하였다.

原文

　莽旣尊重, 欲以女配帝爲皇后, 以固其權, 奏言, "皇帝卽位三年, 長秋宮未建, 液廷媵未充. 乃者, 國家之難, 本從亡嗣, 配取不正. 請考論《五經》, 定取禮, 正十二女之義, 以廣繼嗣. 博采二王後及周公,孔子世列侯在長安者適子女." 事下有司, 上衆女名, 王氏女多在選中者. 莽恐其與己女爭, 即上言, "身亡德, 子材下, 不宜與衆女並采." 太后以爲至誠, 乃下詔曰, "王氏女, 朕之外家, 其勿采." 庶民,諸生,郎吏以上守闕上書者日千餘人, 公卿大夫或詣廷中, 或伏省戶下, 咸言, "明詔聖德巍巍如彼, 安漢公盛勳堂堂若此, 今當立后, 獨奈何廢公女? 天下安所歸命! 願得公女爲天下母." 莽遣長史以下分部曉止公卿及諸生, 而上書者愈甚. 太后不得已, 聽公卿采莽女. 莽復自白, "宜博選衆女." 公卿爭曰, "不宜采諸女以貳正統." 莽白, "願見女." 太后遣長樂少府, 宗正,尚書令納采見女, 還奏言, "公女漸漬德化, 有窈窕之容, 宜承天序, 奉祭祀." 有詔遣大司徒,大司空策告宗廟, 雜加卜筮, 皆曰, "兆遇金水王相, 卦遇父母得位, 所謂'康強'之占, '逢吉'之符也." 信鄉侯佟上言, "《春秋》, 天子將娶於紀, 則褒紀子稱侯, 安漢公國未稱古制." 事下有司, 皆曰, "古者天子封后父百里, 尊而不臣, 以重宗廟, 孝之至也. 佟言應禮, 可許. 請以新野田二萬五千六百頃益封莽, 滿百里." 莽謝曰, "臣莽子女誠不足以配至尊, 復聽衆議, 益封臣莽. 伏自惟念, 得托肺腑, 獲爵土, 如使子女誠能奉稱聖德, 臣莽國邑足以共朝貢, 不須復加益地之寵. 願歸所益."

太后許之. 有司奏, "故事, 聘皇后黃金二萬斤, 爲錢二萬
萬." 莽深辭讓, 受四千萬, 而以其三千三百萬予十一媵家.
群臣復言, "今皇后受聘, 逾群妾亡幾." 有詔, 復益二千三
百萬, 合爲三千萬. 莽復以其千萬分予九族貧者.

| 註釋 | ○長秋宮未建 – 장안성 동남에 長樂宮이 있고, 장락궁의 서편에
장추궁이 있는데 가을(秋)은 信을 주관하기에 長秋宮, 또는 長信宮으로 부
른다. 여기서는 황후를 의미. 평제가 9살에 즉위했고, 즉위 3년이면 11살인
데, 황후를 맞이한다는 의논을 하였다. ○液廷媵未充 – 液廷(액정)은 掖庭
(액정). 후궁의 살림과 운영을 관장하는 부서. 媵(보낼 잉)은 媵妾. 여기서는
妃嬪을 의미. ○乃者 – 往者. 과거에. ○本從亡嗣 – 애제가 성제의 뒤를 잇
다. ○配取不正 – 成帝가 출신이 미천한 조비연을 황후로 세운 것은 옳지
않았다. 取는 娶也. ○正十二女之義 – 천자는 정식으로 12명의 妃嬪을 거느
릴 수 있다. ○孔子世 – 공자의 후손. ○適子女 – 嫡子女. 正妻 소생 자녀.
○不宜采諸女以貳正統 – 다른 집안의 딸을 정통으로 삼을 수 없다는 뜻. 오
직 왕망의 딸이 황후가 되어야 한다는 말. ○宜承天序 – 天序는 天命. ○兆
遇金水王相 – 兆는 占卜의 결과. 遇金水王相은 金生水. 王은 旺. 왕성하다.
○封遇父母得位 – 주역 64괘 중에서 부모가 제 자리를 차지한 괘를 얻었다
는 뜻. 泰卦(地天泰)의 上은 坤(☷), 下는 乾(☰). 泰는 通達의 뜻. ○'逢
吉'之符也 – 大吉之符也. ○娶於紀 – 紀는 국명. ○則襃紀子稱侯 – 紀國의
國君인 子爵을 侯爵으로 승격시키다. ○尊而不臣 – 천자와 황후는 한 몸이
되어 종묘를 받들어야 하기에 황후의 부친을 신하로 대접할 수 없다는 뜻.
○得托肺腑 – 태후의 친족으로 肺腑(폐부)는 柿附(시부)로 먼 친족이란 뜻.
○逾群妾亡幾 – 逾는 넘을 유. 亡幾(무기)는 많지 않다.

왕망의 지위가 높아진 뒤에 딸을 황제의 배필인 황후로 만들어 자신의 권력을 강화하고 싶어 상주하였다.

"황제(平帝) 즉위 3년에 황후가 정해지지 않았고 掖庭(액정, 후궁)의 비빈도 없습니다. 지난 날 나라의 어려움은 성제의 뒤를 잇고도 후사가 없었으며 황후를 맞이한 것이 법도에 맞지 않았기 때문입니다. 《五經》 내용을 종합하여 황후를 맞이하는 예도를 제정하고 12 비빈의 대의를 바로 잡아 후계의 범위를 넓혀야 합니다. 商이나 周 왕실의 후손이나, 周公이나 공자의 후손, 열후로 장안에 있는 嫡子 女를 대상으로 널리 구해야 할 것입니다."

이 일이 담당자에게 이첩되어 모든 자녀의 이름을 올리라 하였는데 왕씨 집안의 딸 이름이 많이 들어 있었다. 왕망은 그들과 자신의 딸이 경쟁하는 것이 싫어서 다시 아뢰었다.

"저는 덕이 없고 딸의 자질도 낮아 다른 여식과 함께 뽑히기에는 적합하지 않습니다."

太后는 그 말이 진심이라 생각하여 조서를 내렸다. "王氏의 딸은 나의 친정이기에 뽑지 않을 것이다." 그러자 서민과 유생, 낭관 이상이 모두 궐문에 몰려와 상서하는 자가 하루에 1천여 명이나 되었고 공경대부들도 혹 조정에서 또는 궐문 앞에서 엎드려 모두가 말했다.

"명철하신 조서의 성덕이 저처럼 높으나 安漢公의 크신 공적이 이처럼 당당하니 이제 응당 황후가 되어야 하거늘, 왜 안한공의 딸만 제외합니까? 천하의 천명이 어디로 가겠습니까! 안한공의 딸이 천하 백성의 모후가 되길 원합니다."

그러자 왕망은 長史(장사)들을 부서별로 나누어 공경과 제생들을 억지하라고 시켰는데 그럴수록 상서하는 자는 더욱 많아졌다. 그러자 태후는 부득이 공경의 말에 따라 왕망의 딸을 맞이하기로 결정했다. 그러자 왕망이 다시 말했다. "여러 집안의 딸을 널리 구해보아야 합니다." 그러자 공경이 다투어 말했다. "다른 집안의 딸을 정식 황후로 할 수 없습니다." 이에 왕망은 "딸을 보여드리고자 합니다."라고 말했다. 태후는 장락궁의 少府와 宗正(종정), 상서령을 보내 납채를 하고 왕망을 딸을 보고 오게 하였는데, 돌아와서는 "안한공의 딸은 덕화를 잘 받고 자랐으며 요조숙녀의 용모에 天序(천서, 天命)를 받아 종묘제사를 잘 받들 것입니다."라고 말했다. 이에 조서를 내려 대사도와 대사공을 보내 종묘에 고하여 여러 사람을 시켜 점을 치게 하였는데 卜者(복자)가 모두가 말했다.

"점괘는 金과 水가 서로 왕성하며 부모가 모두 제자리를 얻는 괘이니 소위 康强(泰平)하고 逢吉(大吉)의 징조입니다."

이에 信鄕侯(신향후)인 佟(동)이 상서하였다.

"《春秋》에 周 天子가 紀國에서 왕비를 맞이하는데 먼저 기국의 子爵(자작)을 侯爵(후작)으로 올렸는데 지금 安漢公의 후국은 古制와 같지 않습니다."

이를 담당자에게 논의하게 하자 모두가 말했다.

"옛날에 천자는 왕후의 부친에게 백리의 땅을 봉하고 존중하여 신하로 대하지 않았는데, 이는 종묘를 중히 받드는 것이 가장 큰 효도이기 때문입니다. 신행후의 말이 예에 합당하니 따라야 합니다. 신야현의 전지 25,600경을 왕망에게 늘려주어 사방 백리를 채워주어야 합니다." 그러자 왕망은 사양하였다.

"저의 딸아이는 지존의 배필로는 정말 부족합니다만, 다시 중의를 따라 저에게 봉지를 늘려주시기 바랍니다. 저의 생각으로는 먼 친속으로 이미 작위와 토지를 받았으니 만일 딸아이로 하여금 태후를 잘 모실 수만 있다면 저의 국읍으로서 조공을 할 수 있으니 다시 땅을 늘려 받는 은총은 필요하지 않으니 더 늘려 받는 것은 사양하겠습니다."

이에 태후도 수락하였다. 그러자 다시 담당자가 말했다.

"전례에 따른다면 황후를 맞이하는데 황금 2만 근을 하사하는데 이는 금전 2억 전에 해당합니다." 왕망은 거듭 사양하며 4천만 전만 받았다. 그리고 그중에서 3,300만 전을 11명의 媵妾(잉첩) 집안에 나누어 주었다. 이에 여러 신하가 다시 말했다.

"이번에 황후를 맞이하는데 여러 잉첩을 맞이하는 비용보다 적어서는 안 됩니다."

그러자 태후의 조서로 다시 2,300만 전을 추가로 주어 3천만 전을 채워주었다. 왕망은 그중에서 1천만 전을 자신의 九族 중 가난한 자에게 나주어 주었다.

原文

陳崇時爲大司徒司直, 與張敞孫竦相善. 竦者博通士, 爲崇草奏, 稱莽功德, 崇奏之, 曰,

「竊見安漢公自初束脩, 值世俗隆奢麗之時, 蒙兩宮厚骨肉之寵, 被諸父赫赫之光, 財饒勢足, 亡所悟意, 然而折節行

仁, 克心履禮, 拂世矯俗, 確然特立, 惡衣惡食, 陋車駑馬, 妃匹無二, 閨門之內, 孝友之德, 衆莫不聞. 淸靜樂道, 溫良下士, 惠於故舊, 篤於師友. 孔子曰, '未若貧而樂, 富而好禮', 公之謂矣.」

| 註釋 | ○大司徒司直 – 大司徒는 승상(哀帝 때 개칭). 司直은 승상부의 속관 중에서 최고위직. 승상의 감찰 기능을 보좌. 秩 比二千石. ○張敞(장창, ?-前 47) – 宣帝 때 유능한 경조윤이었다. 또한 아내를 위해 아내의 눈썹을 그려준 애처가였다. 76권, 〈趙尹韓張兩王傳〉에 입전. 張竦(장송, 字 子高)은 박학하고 문재가 뛰어난 사람. ○束脩(속수) – 처음 學館에 들 때 바치는 예물. 여기서는 초임 관리를 뜻함. ○蒙兩宮~ – 양궁은 왕태후와 성제. ○牾意(오의) – 뜻을 거스르다. ○拂世矯俗 – 拂은 어기다(違也). 矯(교)는 바로잡다. ○妃匹無二 – 妃匹은 配匹. 妃는 짝 맞출 배. 왕비 비. ○孔子曰~ – 《論語 學而》의 구절. 子貢曰, "貧而無諂, 富而無驕, 何如?" 子曰, "可也, 未若貧而樂, 富而好禮者也."《論語 學而》. ○公之謂矣 – 安漢公을 이른 말이다. 안한공에 딱 맞는 말이다. 아부하려는 뜻.

〖 國譯 〗

陳崇(진숭)은 그때 대사도의 司直(사직)이었는데 張敞(장창)의 손자인 孫竦(장송)과 서로 친했다. 장송이란 사람은 박학한 재사로 알려졌는데 진숭을 위하여 상주할 글의 초안을 써서 왕망의 공덕을 칭송하였는데 진숭이 이를 상주하였다.

「제가 볼 때, 安漢公께서 처음 관리가 되었을 때도 세속은 사치 화려한 시대였지만 성제와 왕태후의 골육으로 총애를 받고 또 여러 백숙부의 혁혁한 영광이 있어 재물은 풍족하고 권세도 있었지만 뜻을 거스르지 않으면서도 지조를 지켜 仁義를 실천하고 욕심을 꺾어 예도를 지키며 세속 욕망을 떨쳐 풍속을 바로 하며 확연히 우뚝 섰습니다. 악의악식과 초라한 수레와 둔한 말에 처첩을 거느리지 않았고 규문 안에서 효도와 우애의 덕을 베풀었으니 그를 모르는 사람이 없었습니다. 청정 생활 속에 도를 즐기고 아랫사람에게 온화 선량했으며 옛 친구에게 베풀었고 스승과 벗에 충실하였습니다. 공자가 말한 '가난 속에서도 즐기고 부자이면서 예를 좋아하는 것만 못하다.'라는 말은 바로 안한공을 두고 한 말입니다.」

原文

「及爲侍中, 故定陵侯淳于長有大逆罪, 公不敢私, 建白誅討. 周公誅管,蔡, 季子鴆叔牙, 公之謂矣. 是以孝成皇帝命公大司馬, 委以國統. 孝哀卽位, 高昌侯董宏希指求美, 造作二統, 公手劾之, 以定大綱. 建白定陶太后不宜在乘輿幄坐, 以明國體.《詩》曰 '柔亦不茹, 剛亦不吐, 不侮鰥寡, 不畏强圉.' 公之謂矣.」

| 註釋 | ○周公誅管,蔡 – 周公이 어린 成王을 대신한 섭정에 管叔과 蔡叔(채숙)이 殷의 잔여세력과 연합하여 반기를 들자 주공이 토벌하여 관숙을 주살하고 채숙을 방축하였다. ○季子鴆叔牙 – 노 환공의 아들인 季子는 異母弟인 叔牙가 반기를 들자 숙아를 독살하였다. ○希指求美 – 뜻에 영합하여 인정을 받다. ○公手劾之 – 공이 직접 탄핵하다. ○《詩》曰 –《詩經 大雅 蒸

民》. 중산보의 의리를 찬미한 시. 不茹의 茹는 먹다. 强圉(강어)는 强暴(강
포).

[國譯]

「侍中이 되어 이전 정릉후 순우장이 대역죄를 저지르자, 안한공
은 사적으로 감싸지 않고 위에 아뢰어 주살케 하였습니다. 周公이
管叔과 蔡叔을 토벌했고 魯 季子(계자)가 叔牙(숙아)를 독살했는데
이 일을 안한공은 해내었습니다. 이로써 孝成皇帝께서 대사마로 삼
아 국정을 위임하였습니다. 애제가 즉위 후 고창후 董宏(동굉)은 부
태후의 뜻에 영합하며 출세하려고 황통을 또 세우려 했는데 공은 직
접 탄핵하여 나라의 대강을 확립하였습니다. 정도태후의 수레나 유
장을 친 좌석이 옳지 않다 하여 나라의 체통을 세웠습니다. 이는
《詩》에서 말한 '(仲山甫는) 약하다고 짓누르지 않고, 강하다고 방치
않고 홀아비나 과부라 무시하지 않고, 강한 자를 두려워하지 않았
네.' 는 바로 안한공을 두고 한 말입니다.」

原文

「深執謙退, 推誠讓位. 定陶太后欲立僭號, 憚彼面刺幄坐
之義, 佞惑之雄, 朱博之疇, 懲此長, 宏手劾之事, 上下一心,
讒賊交亂, 詭辟制度, 遂成簒號, 斥逐仁賢, 誅殘戚屬. 而公
被胥,原之訴, 遠去就國, 朝政崩壞, 綱紀廢馳, 危亡之禍, 不
隊如發.《詩》云 '人之云亡, 邦國殄瘁.' 公之謂矣.」

| 註釋 | ○朱博(주박, ?-前 5년) - 字, 子元. 승상 역임, 뒤에 죄를 짓고 자살했다. 83권, 〈薛宣朱博傳〉에 입전. ○詭辟制度 - 詭辟(궤벽)은 위반하다. 왜곡하다. ○胥,原之訴 - 伍子胥(오자서)와 屈原(굴원)이 당한 참소. ○不隧如發 - 극도의 위험에 처하다. 隧(길 수, 떨어질 추)는 墜(떨어질 추)와 通. ○《詩》云 - 《詩經 大雅 瞻仰》. ○邦國殄瘁 - 殄(다할 진)은 멸망하다. 瘁(파리할 췌)는 병들다.

〚 國譯 〛

「(안한공은) 겸양의 미덕에 진심으로 사양했도다. 정도태후가 참람한 호칭을 쓰는데도 휘장을 거둘 대의로 탄핵하지 못하고 아부하는 朱博(주박) 같은 무리들은 순우장과 동굉이 직접 탄핵당한 일을 거울삼아 한마음이 되어 사악한 마음으로 어지럽히고 제도를 무너뜨려 결국 참호를 사용하면서 어질고 현량한 인재를 축출하고 척족을 주살하려 했습니다. 이에 오자서와 굴원처럼 참소를 당한 안한공이 멀리 봉국에 가 있는 동안 조정의 정치는 무너졌고 기강은 해이하여 나라가 망할 듯 극도의 위험에 처했습니다. 《詩》에서 말한 '어진 사람이 없다 하니 나라가 망할 듯 병들었네.'란 공을 위한 말입니다.」

原文

「當此之時, 官亡儲主, 棗莊據重, 加以傅氏有女之援, 皆自知得罪天下. 結仇中山, 則必同憂, 斷金相翼, 借假遺詔, 頻用賞誅, 先除所憚, 急引所附, 遂誣往冤, 更懲遠屬, 事勢張見, 其不難矣! 賴公方入, 卽時退賢, 及其黨親. 當此之時, 公遠獨見之明, 奮亡前之威, 盱衡厲色, 振揚武怒, 乘其未堅, 厭其未發, 震起機動, 敵人摧折. 雖有賁, 育不及持刺, 雖有樗里不及回知, 雖有鬼谷不及造次, 是故棗莊喪其魂魄, 遂自絞殺. 人不還踵, 日不移晷, 霍然四除, 更爲寧朝. 非陛下莫引立公, 非公莫克此禍.《詩》云'惟師尙父, 時惟鷹揚, 亮彼武王.'孔子曰'敏則有功'公之謂矣.」

|註釋| ○儲主－太子. 儲君(저군), 儲宮(저궁)과 同. ○棗莊據重－棗莊(동현)은 애제의 총신. 20대 전반에 대사마에 올랐다. ○結仇中山－哀帝 때 부태후는 中山國 馮태후(뒷날 平帝의 조모)를 모함하여 자살하게 했다. ○斷金相翼－한마음으로 협조하다. '二人同心 其利斷金'. 相翼은 互爲羽翼. 相助하다. ○張見(장현)－확대하다. ○賴公方入－公은 安漢公 王莽. ○盱衡厲色－눈을 부릅뜨고 노기를 띠다. 盱는 눈 부릅뜰 우. 盱衡(우형)은 눈썹을 추켜세우다. 화가 난 모양. ○厭其未發－발동하기 전에 진압하다. 厭(누를 엽)은 壓(누를 압). ○賁,育－孟賁(맹분)과 夏育(하육). 戰國시대 용사. ○樗里不及回知－樗里子(저리자). 秦 惠王의 아우. 智囊(지낭)이라는 별칭. 樗는 가죽나무 저. 及回知는 꾀를 내다. ○鬼谷不及造次－鬼谷子는 蘇秦(소진)과 張儀(장의)의 스승. 造次는 갑자기 대응하다. ○還踵(선종)－발을 돌리다. 아주 짧은 시간. 還은 돌 선. 포위하다. 돌아올 환. ○日不移晷－그림자가 움직이지 않다. 짧은 시간. 신속하다. 晷는 그림자 구. 햇빛. ○《詩》云－《詩經 大雅 大明》. 師尙父는 姜子牙, 곧 姜太公. 武王의 軍師. 鷹揚(응양)은 매가 날다. 용맹함. ○敏則有功－《論語 陽貨》.

「그때에 황궁에 태자가 없었고 棗莊(董賢)이 요직을 차지했으며 부태후 딸의 후원을 받았으나 천하에 죄를 짓고 있음을 스스로 알았습니다. 中山 풍태후와 원수가 되었고 한마음으로 서로 도왔으나 遺詔를 핑계로 상벌을 멋대로 하며 싫은 자를 제거하고 아부자를 끌어 모았으며 무고와 원한으로 먼 친족도 벌하며 세력을 펴는 듯했으나 오래갈 수 없었습니다! 공이 궁에 들어오며 즉시 동현과 그 무리를 물리쳤습니다. 그때에 공은 홀로 먼 장래를 명확히 예견하며 이전의 위세를 제거하니 눈을 부릅뜨고 노기를 띠고서 분노를 떨치며 굳건해지기 전 미리 진압하고 신속하게 떨쳐 일어나 적의 세력을 꺾었습니다. 비록 孟賁(맹분)과 夏育(하육)이 있다 한들 무기를 잡을 사이도 없었고, 樗里子(저리자)라고 한들 지모를 쓸 수 없었으며, 鬼谷子(귀곡자)인들 손을 쓰지 못했기에 동현은 정신을 잃고 결국 목매 죽었습니다. 사람이 돌아설 사이도 없이, 그림자가 움직이기도 전에 재빨리 사방을 제압하여 조정을 다시 안정시켰습니다. 폐하(태황태후)가 아니라면 공을 불러오질 못했으며, 공이 아니라면 이 재앙을 막지 못했을 것입니다. 《詩》에서 말한 '太師이신 尙父께서 마치 매가 날 듯 무왕을 도우시니' 라는 말이나 공자가 말한 '민첩하면 성공한다.' 는 말은 공을 두고 한 말입니다.」

〖原文〗

「於是公乃白內故泗水相豐,鬠令邯, 與大司徒光,車騎將軍舜建定社稷, 奉節東迎, 皆以功德受封益土, 爲國名臣.

《書》曰 '知人則哲.' 公之謂也.

　公卿咸歎公德, 同盛公勳, 皆以周公爲比, 宜賜號安漢公, 益封二縣, 公皆不受. 傳曰, 申包胥不受存楚之報, 晏平仲不受輔齊之封, 孔子曰 '能以禮讓爲國乎何有.' 公之謂也.」

| 註釋 |　○泗水相豐, 釐令邯 – 泗水(사수)는 제후국명. 치소는 凌縣(今 江蘇省 중서부 宿遷市 관할 泗洪縣). 相은 제후국의 王相. 豐은 甄豐(견풍). 釐(땅이름 태)는 현명. 今 陝西省 咸陽市 관할의 武功縣. 邯은 甄邯(견한). ○《書》曰 –《書經 虞書 皐陶謨(고요모)》. ○同盛公勳 – 盛은 찬미하다. ○申包胥 – 초의 대부. 吳가 楚에 침입했고, 초왕은 피난한 상황에서 秦에 원군을 요청하였으나 진이 수락하지 않자 7일 밤낮을 울어 원군을 얻어와 초를 구했다. ○晏平仲 – 晏嬰(안영), 齊 景公을 도와 나라를 안정시켰으나 봉읍을 사양했다. ○孔子曰 – 子曰, "能以禮讓爲國乎 何有? 不能以禮讓爲國, 如禮何?"《論語 里仁》.

〔國譯〕

　이에 공은 전 泗水의 王相인 甄豐(견풍)과 釐令(태 현령) 甄邯(견한)을 데리고 대사도인 孔光, 거기장군 王舜(왕순)과 함께 사직을 안정시키려고 지절을 받들고 동쪽으로 가서 中山王을 맞이하였고 이 공덕으로 봉지를 더 받고 나라의 명신이 되었습니다. 《書》에 말한 '사람을 알면 지혜롭다.' 는 공을 위한 말이었습니다.

　공경들은 모두 공의 덕을 찬탄하였고 공의 공훈을 함께 칭송하면서 모두가 周公에 견주었으니 당연히 安漢公이라 부르고 2개 縣의 땅을 봉했으나 공은 모두 받지 않았습니다. 옛 글에 말한 申包胥(신포서)는 楚를 구한 보답을 받지 않았고, 齊의 晏平仲(晏嬰, 안영)은 나라를 보필한 봉읍을 받지 않았는데, 공자의 '禮讓(예양)으로 나라를 다스린다면 무엇이 어렵겠는가.' 란 말은 바로 공을 두고 한 말입니다.

「將爲皇帝定立妃後, 有司上名, 公女爲首, 公深辭讓, 迫不得已然後受詔. 父子之親天性自然, 欲其榮貴甚於爲身, 皇后之尊侔於天子, 當時之會千載希有, 然而公惟國家之統, 揖大福之恩, 事事謙退, 動而固辭.《書》曰 '舜讓於德不嗣.' 公之謂矣.」

| 註釋 | ○千載 − 천년. ○揖大福之恩 − 揖은 사양하다. ○動而固辭 − 動은 往往. 언제나, 늘, 걸핏하면(動不動). ○《書》曰 −《書經 虞書 舜典》.

〖 國譯 〗

「황제를 위해 황후를 맞이할 때 담당자가 이름을 올렸고 공의 딸이 첫째였는데, 공은 크게 사양하다가 결국 마지못해 조서를 받았습니다. 부모와 자식 간은 천성이고 자연이나 그 고귀한 영광은 자신보다 더한 것으로 황후의 존귀는 천자와 같으니 당시 천재일우의 기회였으나 공은 국가의 법통만을 생각하고 하늘의 은총을 사양하였으니 일마다 겸양이었고 언제나 굳이 사양하였습니다.《書經》에서 말한 '舜은 덕이 없다 사양하며 (堯의 지위를) 계승하려 아니했다.'

는 공을 두고 한 말입니다.」

原文

「自公受策, 以至於今, 亹亹翼翼, 日新其德, 增修雅素以
命下國, 逡儉隆約以矯世俗, 割財損家以帥群下, 彌躬執乎
以逮公卿, 敎子尊學以隆國化. 僮奴衣布, 馬不秣穀, 食飮
之用, 不過凡庶.《詩》云 '溫溫恭人, 如集於木', 孔子曰,
'食無求飽, 居無求安.' 公之謂矣.」

| 註釋 | ○亹亹翼翼(미미익익) - 亹亹는 힘쓰는 모양. 亹는 힘쓸
미. 애쓰다(勤勉). 翼翼은 근신하다. 삼가고 조심하다. ○雅素 - 담백한 덕행. ○逡
儉隆約以矯世俗 - 逡儉은 검소하게 지내다. 逡은 遵. 古字 通用. 矯世俗은
세속의 사치 풍조를 바로잡다. ○彌躬(미궁) - 자신을 제약하다. 克己(극기).
○以隆國化 - 나라의 교화 사업을 크게 일으키다. ○《詩》云 -《詩經 小雅
小宛》. 溫溫은 온유한 모양. ○食無求飽 - 子曰, "君子食無求飽, 居無求安,
敏於事而愼於言, 就有道而正焉, 可謂好學也已."《論語 學而》.

國譯

「公이 책명을 받은 이후 지금까지 애쓰고 조심하며 날마다 덕을
닦아 평소의 덕행으로 나라를 다스렸고, 검소와 절약으로 세속 사치
풍조를 바로 잡았으며, 먼저 극기하여 公卿(공경)들에게 퍼트리고
자식에게 학문을 권장하며 국가 교화를 융성케 하였습니다. 하인에
게 무명옷을 입히고 말에게 곡식을 먹이지 않았으며 음식이나 용도

가 보통 서민을 넘지 않았습니다. 《詩》에서는 '온화하고 남을 받들며 나무에 모여 앉은 듯' 이라 하였고, 공자는 '배부르도록 먹지 않고 편히 지내려 하지 않았다.' 란 공을 두고 한 말이었습니다.」

原文

「克身自約, 糴食逮給, 物物卬市, 日閱亡儲. 又上書歸孝哀皇帝所益封邑, 入錢獻田, 殫盡舊業, 爲衆倡始. 於是小大鄉和, 承風從化, 外則王公列侯, 內則帷幄侍御, 翕然同時, 各竭所有, 或入金錢, 或獻田畝, 以振貧窮, 收贍不足者. 昔令尹子文朝不及夕, 魯公儀子不茹園葵, 公之謂矣..」

| 註釋 | ○糴食逮給 – 양식을 사서 그날그날 지내다. 糴은 쌀 사들일 적. 逮給는 겨우 수요를 충족하다. ○物物卬市 – 필요한 것은 사서 충당하다. 卬은 仰. 상공인과 이익을 다투지 않았다는 뜻. ○日閱亡儲 – 그날이 지나면 남는 것이 없다. 閱은 문 닫을 결. 끝나다. 亡儲(무저)는 無蓄積. 儲는 쌀을 저. ○令尹子文朝不及夕 – 令尹은 楚의 승상직. 子文은 인명. 재산을 국난 타개를 위하여 국가에 기부하였다. ○魯公儀子不茹園葵 – 魯의 재상인 公儀子(公儀休)는 자기 밭에 심은 채소를 뽑아버렸다. 다른 농부의 채소를 사줘야 한다는 뜻. 茹는 채소를 먹다. 먹을 여. 園葵(원규)는 밭에 심은 푸성귀.

〔 國譯 〕

「공은 스스로 검소했고, 사오는 곡식으로 하루를 살며 필요한 것은 시장에서 사니 그날이 지나면 남는 것이 없었습니다. 또 상서하

여 애제로부터 추가로 받은 봉읍을 반환하였으며 금전과 토지도 국
가에 헌납하여 물려온 가업을 모두 소진하면서 모든 이를 위해 베풀
었습니다. 이에 크고 작은 일에 따라 바람을 타고 따라오니 밖으로
는 왕공과 열후가 그러했고, 안으로는 가까운 시종까지 동시에 기꺼
이 가진 바를 다 헌납하여 어떤 사람은 금전을, 어떤 사람은 토지를
내놓아 가난한 자를 구휼하며 없는 자를 도왔습니다. 옛날 令尹(영
윤) 子文(자문)은 아침에 저녁꺼리가 없었고, 魯나라 公儀子(공의자)
는 뜰에 심은 채소를 먹지 않았다 하였는데, 이는 공을 위한 말이었
습니다.」

原文

「開門延士, 下及白屋, 婁省朝政, 綜管衆治, 親見牧守以
下, 考跡雅素, 審知白黑. 《詩》云 '夙夜匪解, 以事一人.'
《易》曰 '終日乾乾, 夕惕若厲.' 公之謂矣.

比三世爲三公, 再奉送大行, 秉塚宰職, 塡安國家, 四海輻
湊, 靡不得所.《書》曰, '納於大麓, 列風雷雨不迷.' 公之謂
矣.」

| 註釋 | ○下及白屋 – 白屋은 서민, 평민. 白茅(백모)로 지붕을 잇기 때문
이다. ○婁省朝政 – 婁는 屢, 여러 번. 자주. ○考跡雅素 – 평소의 언행을 평
가하다. ○《詩》云 – 《詩經 大雅 蒸民》. 匪解는 非懈. 해이하지 않다. ○《易》
曰 '終日乾乾 –《易經 乾卦》. 乾乾은 自彊之貌. 夕惕若厲의 惕은 두려워할
척. 厲는 허물. ○比三世爲三公 – 比는 연이어. ○再奉送大行 – 大行은 황

제의 죽음. 성제와 애제의 국상을 왕망이 주관 처리했다는 뜻. ○塡安國家 －塡은 鎭. ○《書》曰, '納於大麓～ －《書經 虞書 舜典》. 大麓은 산 아래. 산 비탈. 不迷는 미혹하지 않다. 堯가 舜에게 선양을 하려고 3년간 여러 가지를 시험했고 나중에 산속에 보내 심한 풍우와 뇌성에도 방향을 잃지 않자 드디어 선양하였다. 山麓(산록)에 처했다는 것은 여러 가지로 시험했다는 뜻. 麓을 錄의 뜻으로 풀이하는 주석도 있다.

[國譯]

「대문을 열어 才士를 영입하되 평민까지 미치었고 조정 정사를 자주 반성하고 통치를 종합하며, 지방관 이하라도 친히 알현하며 관리의 일상을 평가하여 그 흑백을 판단하였습니다. 《詩》에 '밤낮으로 해이하지 않고 천자를 섬기네.' 라고 했으며, 《易》에서 '종일토록 부지런히 밤에도 허물을 조심하네.' 라고 한 것은 공을 위한 말이었습니다.

연이어 삼대에 걸쳐 삼공에 올랐으며 두 번이나 국상을 당해 장례 일을 총괄하고 나라를 안정시키니 사해가 하나로 통일되고 모두 제자리를 잡았습니다. 《書經》에 '산 아래에 모여 있어 큰 우뢰와 비바람에도 길을 잃지 않다.' 라고 한 것은 공을 두고 한 말입니다.」

[原文]

「此皆上世之所鮮, 禹,稷之所難, 而公包其終始, 一以貫之, 可謂備矣! 是以三年之間, 化行如神, 嘉瑞疊累, 豈非陛下知人之效, 得賢之致哉! 故非獨君之受命也, 臣之生亦不虛矣. 是以<u>伯禹</u>錫玄圭, <u>周公</u>受郊祀, 蓋以達天之使, 不敢擅天之功也. 揆公德行, 爲天下紀, 觀公功勳, 爲萬世基. 基成而賞不配, 紀立而褒不副, 誠非所以厚國家, 順天心也.」

| 註釋 | ○是以伯禹錫玄圭 - 禹가 治水에 성공하자, 舜은 玄圭를 하사하여 공로를 치하하였다. ○周公受郊祀 - 周公은 7년 섭정 뒤에 成王에게 국정을 반환하자, 성왕은 魯에서 대대로 周公을 제사하고 天地 제사에서도 配享토록 하였다. ○揆公德行 - 揆는 헤아리다.

〖 國譯 〗

「이런 일은 전 시대에도 드문 일로 禹(우)나 后稷(후직)도 하기 어려운 일이었지만 공은 그 처음부터 끝까지 일관되게 실천하여 성공하였습니다. 이로써 3년 동안에 신령처럼 교화를 이룩했으며 상서로운 징조가 수없이 일어났으니, 이 어찌 폐하(태후)께서 知人한 효과이며 현인을 초치한 결과가 아니겠습니까! 그리고 이는 주군만이 홀로 천명을 받은 것뿐만 아니라 신하의 출생 또한 보람이 아니겠습니까? 이렇듯 (치수에 성공하자) 禹에게 玄圭를 하사하였고 (섭정을 마친) 周公은 郊祀(교사)를 받을 수 있었던 것이니 모두가 천자의 할 일을 성공적으로 대행했기 때문이며 천자의 공덕을 마음대로 한 것은 아니었습니다. 공의 덕행을 헤아려보면 천하의 기강을 바로 세웠으며, 공의 공적을 살펴보면 만세의 기틀을 다진 것이었습니다. 기본을 다졌고 기강을 확립하였지만 아직 포상은 이루어지지 않았으니 이는 진실로 국가의 후한 베풂이나 天心에 대한 순응은 아닐 것입니다.」

「高皇帝褒賞元功, 相國蕭何邑戶旣倍, 又蒙殊禮, 奏事不名, 入殿不趨, 封其親屬十有餘人. 樂善無厭, 班賞亡遴, 苟有一策, 卽必爵之, 是故公孫戎位在充郎, 選繇旄頭, 壹明樊噲, 封二千戶. 孝文皇帝褒賞絳侯, 益封萬戶, 賜黃金五千斤. 孝武皇帝恤錄軍功, 裂三萬戶以封衛靑, 靑子三人, 或在繦褓, 皆爲通侯. 孝宣皇帝顯著霍光, 增戶命疇, 封者三人, 延及兄孫. 夫絳侯卽因漢藩之固, 杖朱虛之鯁, 依諸將之遞, 據相扶之勢, 其事雖醜, 要不能逡. 霍光卽席常任之重, 乘大勝之威, 未嘗遭時不行, 陷假離朝, 朝之執事, 亡非同類, 割斷歷久, 統政曠世, 雖曰, 有功, 所因亦易, 然猶有計策不審過徵之累. 及至靑, 戎, 摽末之功, 一言之勞, 然猶皆蒙丘山之賞. 課功絳, 霍, 造之與因也, 比於靑, 戎, 地之與天也. 而公又有宰治之效, 乃當上與伯禹, 周公等盛齊隆, 兼其褒賞, 豈特與若云者同日而論哉? 然曾不得蒙靑等之厚, 臣誠惑之!」

| 註釋 | ○班賞亡遴 – 班賞은 施賞, 亡遴(망린)은 인색하지 않다. 遴은 吝 (아낄 인, 린). ○公孫戎 – 고조의 낭관. ○旄頭(모두) – 의장병. ○絳侯(강후) – 周勃(주발, ?-前 169). 주발은 누에고치 섶을 짜서 먹고 살면서 喪家에서 퉁소를 불던 사람. 고조는 주발을 '厚重少文하나 대사를 맡길 수 있는 사람'으로 평가했다. 文帝時 右丞相 역임. 40권, 〈張陳王周傳〉에 아들 周亞夫와 함께 입전. ○恤錄軍功 – 恤은 憫惜(안타까워하다.) ○通侯 – 列侯, 徹侯

와 同. ○朱墟(주허) − 朱墟侯 劉章(?−전 176). 고조의 손자. 呂氏 일족 평정에 有功하여 城陽王에 봉해졌다. ○依諸將之遞 − 遞(갈마들 체)는 상호 연결하다. ○其事雖醜 − 其事는 여씨 일족의 세력. 醜는 衆也. ○陷假離朝 − 모함에 걸려 조정을 떠나다. ○不審過徵之累 − 昭帝의 후사를 옹립하면서 창읍왕 劉賀(유하)를 영립했다가 27일 만에 축출하고 선제를 옹립한 것은 정확하게 추진하지 못한 실책이었다. ○摽末之功(표말지공) − 아주 작은 공. 摽末은 칼 끝. 僅少(근소)한. 摽는 칼 끝 표(鏢). ○造之與因也 − 새로 만든 것(왕망)과 전에 하던 그대로 이룬 것(강후 주발과 곽광)이다.

[國譯]

「고황제가 원로공신을 포상할 때 相國인 蕭何(소하)의 식읍 호구는 기존의 2배를 수여했고 또 특별한 대우를 내렸는데 상주하면서 자신의 이름을 쓰지 않아도 되고, 大殿에 들어와 종종걸음으로 걷지 않아도 되었으며 그 친족 10여 명도 제후에 봉했습니다. 선행을 하려면 끝이 없고, 상을 줄 때는 인색하지 말아야 하며, 하나의 공적에 필히 작위를 내려야 하는데, 公孫戎(공손융)은 儀仗兵(의장병)이었다가 낭관이 되어 樊噲(번쾌)의 일로 식읍 2천 호를 받았습니다. 孝文皇帝는 絳侯(강후, 周勃)을 포상했는데 식읍 1만 호를 추가하고 황금 5천 근을 내렸습니다. 孝武皇帝는 군공을 힘들다 생각하며 수록했는데 식읍 3만 호로 衛靑(위청)을 봉하면서 위청의 아들 셋은 아직 강보에 싸여 있는데도 通侯(통후, 列侯)가 되었습니다. 孝宣皇帝는 霍光(곽광)의 공이 뚜렷하여 식읍을 늘려 주었는데 제후에 봉해진 자가 3인으로 형의 손자까지 해당되었습니다. 강후 주발의 공적은 漢의 제후국이 강하고 또 강경한 朱墟侯(주허후, 劉章)의 도움도 있고 여러 장수의 도움과 제후끼리 서로 돕는 연결이 있어도 呂氏 세력이 강하여 실패할 수도 있었습니다. 霍光(곽광)은 그 당시 중책을 담당하고 있었으며 승세의 위엄을 누리고 있어 하지 못할 일이나 모함에 의해 조정을 떠난 일도 없었기에 조정에서 정무를 집행하는데 (왕망처럼) 어려운 일도 없었으며, 오랜 세월 정사를 독단했고 통솔했었기에 비록 공을 세웠다 하지만 그만큼 쉬웠는데도 선제를 옹립하는 과정에서 살피지 못한 과오도 있었습니다. 사실 위청이나 공손융은 아주 작은 공에 단 한 마디 말로 두 사람 모두는 산처럼 큰 상을 받았습니다. 강후 주발이나 곽광의 공을 평가하자면 새로 만든 것(왕망)과 전에 하던 대로 성공한 것(강후 주발과 곽광)이며, 위청이나 공손융의 공적은 (왕망과 비교하면) 땅과 하늘의 차이입니다. 안한공의 재상으로서 치적의 결과는 당연히 禹와 周公과 똑같이 융성하지만 그 포상에 있어서는 어찌 위에서 말한 자와 동시에 논할 수 있겠습니까? 그런데도 위청과 같이 후한 포상을 받지 못하고 있으니 신은 참으로 의혹이 있을 뿐입니다!」

原文

「臣聞功亡原者賞不限, 德亡首者襃不檢. 是故成王之於周公也, 度百里之限, 越九錫之檢, 開七百里之宇, 兼商, 奄之民, 賜以附庸殷民六族, 大路大族, 封父之繁弱, 夏后之璜, 祝宗卜史, 備物典策, 官司彝器, 白牡之牲, 郊望之禮. 王曰, "叔父, 建爾元子." 子父俱延拜而受之. 可謂不檢亡原者矣. 非特止此, 六子皆封. 《詩》曰, '亡言不讎, 亡德不報.' 報當知之, 不如非報也. 近觀行事, 高祖之約非劉氏不王, 然而番君得王長沙, 下詔稱忠, 定著於令, 明有大信不拘於制也. 春秋晉悼公用魏絳之策, 諸夏服從. 鄭伯獻樂, 悼公於是以半賜之. 絳深辭讓, 晉侯曰, "微子, 寡人不能濟河. 夫賞, 國之典, 不可廢也. 子其受之." 魏絳於是有金石之樂, 《春秋》善之, 取其臣竭忠以辭功, 君知臣以遂賞也. 今陛下既知公有周公功德, 不行成王之褒賞, 遂聽公之固辭, 不顧《春秋》之明義, 則民臣何稱, 萬世何述? 誠非所以爲國也. 臣愚以爲宜恢公國, 令如周公, 建立公子, 令如伯禽, 所賜之品, 亦皆如之. 諸子之封, 皆如六子. 卽群下較然輸忠, 黎庶昭然感德. 臣誠輸忠, 民誠感德, 則於王事何有? 唯陛下深惟祖宗之重, 敬畏上天之戒, 儀形虞, 周之盛, 敕盡伯禽之賜, 無遴周公之報, 今天法有設, 後世有祖, 天下幸甚!」

| 註釋 | ○功亡原者 — 亡原은 無源. 공이 너무 커서 본원을 알 수 없다. ○亡首者 — 더 이상 뛰어난 자가 없다. 곧 최고. 檢은 제한. ○度百里之限 — 제후의 땅 사방 백리의 제한을 초과하다. 度는 초과하다(逾越). ○九錫 — 큰 공을 세운 원로 대신에게 내리는 최고의 영예 9가지. 車馬, 衣服, 樂則, 朱戶, 納陛(납폐), 虎賁, 弓矢, 鈇鉞(부월), 秬鬯(거창). ○開七百里之宇 — 성왕은 周公을 魯 曲阜(곡부) 7백 리 땅에 봉했다. 宇는 疆土(강토). 영역. ○商,奄之民 — 商(상)과 奄(엄)은 제후국 이름. 奄(엄)은 曲阜에 있었다. ○附庸(부용) — 종속하다. ○六族 — 條氏, 徐氏등 6부족. ○大路 — 천자 수레의 총칭. 大輅(대로). 大旂(대기)는 천자의 九旗 중 龍을 그린 큰 기. ○封父(봉보) — 고대

제후 이름. ○繁弱(번약) – 큰 활의 이름. ○璜 – 반달 모양의 璧玉. 璜은 瑞玉 황. ○祝宗卜史 – 관리의 명칭. 太祝은 제사의례 담당 관리. 太宗은 제사예절 담당관. 太卜은 점복인. 太史는 사관. ○備物典策 – 備物은 예복. 典策은 典籍(전적). ○官司彛器 – 官司는 百官. 彛器(이기)는 청동 祭器. 종묘의 酒器. 彛(떳떳할 이)는 法也. ○白牡之牲 – 희생물이 흰 황소. ○郊望之禮 – 天地神을 제사하는 郊祭(교제)와 일월성신에 대한 祭禮. ○建爾元子 – 元子는 周公의 큰아들 伯禽(백금). ○六子皆封 – 주공의 6명 아들을 凡(범) 蔣(장) 등에 각각 봉했다. ○《詩》曰 – 《詩經 大雅 抑》. ○亡言不讎 – 亡言은 無善言. 讎(짝 수)는 回應. 응답. ○番君得王長沙 – 番君(파군)은 秦나라 때 番縣(파현)의 현령을 지낸 吳芮(오예). 고조는 長沙文王 吳芮를 매우 존중하여 御史에게 "長沙王의 충성을 법령으로 적어두라."고 하였다. 34권, 〈韓彭英盧吳傳〉에 입전. 番 音 婆(파). ○魏絳 – 晋의 國卿. 齊와 싸워 대승을 거두었다. 諸夏는 여러 제후의 땅. ○微子 – 그대가 아니었다면. ○不能濟河 – 황하를 건널 수 없다.(齊를 쳐서 승리할 수 없었다.) ○《春秋》善之 – 《春秋左氏傳襄公》 11년의 기사. ○宜恢公國 – 恢는 확대하다. 넓히다. ○建立公子 – 建立은 建國立君. ○較然輸忠 – 較然은 명확한 모양. 較는 皎. ○於王事何有 – 왕도의 실현에 무슨 어려움이 있나? ○儀形 – 본받다(則而象之). ○敕盡伯禽之賜 – 敕은 備也. 伯禽(백금)은 周公의 아들. 魯의 실질 건국자. ○無遴 – 인색하지 않다. 遴은 어려워할 인. 욕심 부리다(吝과 通). ○今天法有設 – 今은 令으로 된 판본에 따름. 天法有設은 천자의 법도가 완비되다. ○有祖 – 祖는 시작하다.

[國譯]

「臣이 알기로는, 아주 큰 공을 세운 자에게 무한한 상을 내리고 최고의 덕에 대한 포상은 끝이 없다고 하였습니다. 그래서 成王은 周公에 대하여 사방 백리의 제한을 무시하였으며, 九錫(구석)의 한

도를 넘었으며 7백 리의 땅과 아울러 商(상)과 奄(엄)의 백성, 멸망한 殷(은)의 6부족을 附庸民(부용민)으로 하사하였으며, 큰 수레와 깃발과 封父(봉보)의 큰 활인 繁弱(번약), 그리고 옛날 夏后(하후)씨의 반달 모양 벽옥인 璜(황)과 太祝, 太宗, 太卜, 太史를 파견하였고 또 백관과 함께 청동의 祭器를 보내주었으며 여러 가지 예복과 典籍(전적), 희생으로 쓸 하얀 황소를 하사하여 천지와 일월성신에 대한 제례에 사용하게 하였습니다. 성왕은 "숙부시여, 숙부의 원자를 책봉합니다."라고 하니, 부자가 함께 절을 하고 책봉을 받았으니 아주 큰 공을 세운 사람에게 내리는 상이 끝이 없음을 알 수 있습니다. 그리고 여기에 그친 것이 아니라 周公의 여섯 아들을 모두 제후에 봉했습니다. 그래서 《詩》에서도 '善言이 없으면 응답도 없고 덕행이 없으면 보답도 없다.' 하였으며, 보상은 그 덕에 상응해야 하며 상응하지 않는다면 보상하는 것이 아닙니다. 근래의 전례를 본다면, 고조께서는 劉氏가 아니면 왕에 봉하지 않는다고 하였지만 番君〔파군, 吳芮(오예)〕은 장사왕이 되었고, 고조는 파군의 충성을 칭찬하며 법령에 기록하라하였으니 절대적인 신임은 확실히 법령에 구애받지 않습니다.

춘추시대에 晉(진)의 悼公(도공)은 魏絳(위강)의 방략을 채택하여 여러 제후국을 복종케 했습니다. 제후인 鄭伯(정백)이 여악을 바치자 晉의 悼公(도공)은 이에 그 절반을 위강에게 하사하였습니다. 위강이 그것을 사양하자 진의 도공이 말했습니다. "그대가 아니었다면 과인은 황하를 건널 수 없었소. 상이란 나라에서 베푸는 은전이니 폐할 수 없는 것이니 그대는 받아야 하오." 위강은 이에 金石의 여러 악기를 받았고 《春秋》에서는 이를 칭송하였으니, 이는 신하는 충성을 다하면서도 공을 사양하지만 주군은 신하의 공적을 알기에 시상하는 것입니다. 지금 폐하(태후)께서는 안한공이 周公과 같은 공덕이 있다는 것을 알고 계시지만 成王과 같은 포상하지 않고 계시며 안한공의 固辭를 그대로 수락하시니, 이는《春秋》에 명백한 대의를 따르지 않는 것이니 臣民이 어떻게 그 공을 칭송하고 만세가 지나도록 어떻게 조술하겠습니까. 이는 정녕 나라를 위한 일이 아닙니다. 臣의 우매한 생각이지만 안한공의 나라를 넓혀 周公처럼 하고 공의 아들을 책봉하여 건국하되 伯禽(백금)과 같이 하며 하사하는 물품도 같아야 할 것입니다. 안한공의 여러 아들을 봉하되 주공의 六子와 같게 해야 합니다. 그렇게 되면 여러 신하가 확연히 충성을 바칠 것이며 모든 백성들은 분명히 그 은덕에 감복할 것입니다. 신하가 충성을 다하고 백성들이 감복한다면 왕도에 무슨 어려움이 있겠습니까? 폐하(태후)께서는 祖宗의 중책을 깊이 생각하시고 上天의 훈계를 두려워하면서 虞舜(우순)과 周室(주실)의 융성을 본받으시고 伯禽(백금)에게 하사한 것을 따라하시되 周公과 같은 보상에 인색하지 않기 바라오며 이번에 천자의 법도로 시행되면 후세에도 본받게 될 것이니 천하에 큰 복이 될 것입니다!」

原文

太后以視群公, 群公方議其事, 會呂寬事起.

初, 莽欲擅權, 白太后, "前哀帝立, 背恩義, 自貴外家丁, 傅, 撓亂國家, 幾危社稷. 今帝以幼年復奉大宗, 爲成帝后,

宜明一統之義, 以戒前事, 爲後代法." 於是遣甄豐奉璽綬,
卽拜帝母衞姬爲中山孝王后, 賜帝舅衞寶, 寶弟玄爵關內侯,
皆留中山, 不得至京師. 莽子宇, 非莽隔絕衞氏, 恐帝長大
後見怨. 宇卽私遣人與寶等通書, 教令帝母上書求入. 語在
〈衞后傳〉. 莽不聽. 宇與師吳章及婦兄呂寬議其故, 章以爲
莽不可諫, 而好鬼神, 可爲變怪以驚懼之, 章因推類說令歸
政於衞氏. 宇卽使寬夜持血灑莽第門, 吏發覺之, 莽執宇送
獄, 飮藥死. 宇妻焉懷子, 繫獄, 須産子已, 殺之. 莽奏言,
"宇爲呂寬等所詿誤, 流言惑衆, 與管,蔡同罪, 臣不敢隱, 其
誅." 甄邯等白太后下詔曰, "夫唐堯有丹朱, 周文王有管,
蔡, 此皆上聖亡奈下愚子何, 以其性不可移也. 公居周公之
位, 輔成王之主, 而行管,蔡之誅, 不以親親害尊尊, 朕甚嘉
之. 昔周公誅四國之後, 大化乃成, 至於刑錯. 公其專意翼
國, 期於致平."

莽因是誅滅衞氏, 窮治呂寬之獄, 連引郡國豪桀素非議己
者, 內及敬武公主,梁王立,紅陽侯立,平阿侯仁, 使者迫守,
皆自殺. 死者以百數, 海內震焉. 大司馬護軍褒奏言, "安漢
公遭子宇陷於管,蔡之辜, 子愛至重, 爲帝室故不敢顧私. 惟
宇遭罪, 喟然憤發作書八篇, 以戒子孫. 宜班郡國, 令學官
以敎授." 事下群公, 請令天下吏能誦公戒者, 以著官簿, 比
《孝經》.

| 註釋 | ○撓亂(요란) – 뒤흔들다. 擾亂(요란). ○大宗 – 宗法制度에서의 大宗. 본가. 小宗의 상대적인 말. ○吳章 – 平陵縣人. 字 偉君,《상서》의 대학자인 許商의 제자. 88권,〈儒林傳〉참고. ○議其故 – 그 일을 의논하다. ○四國 – 三監의 亂(管叔鮮, 蔡叔度, 霍叔處)과 淮夷(회이). ○至於刑錯 – 형법을 적용하지 않다. 錯는 措, 放置하다. ○敬武公主 – 원제의 여동생. 成帝의 고모. 83권,〈薛宣朱博傳〉참고. 薛宣(설선)과의 결혼은 공주의 3번째 결혼이었다. ○以著官簿 – 學官에 세워 관리 선발(選擧) 시에 활용토록 하다. 漢에《孝經》박사가 있었다.

〔國譯〕

太后는 이 글을 여러 공경에게 보여주었고 공경이 이를 막 의논하는데 마침 呂寬(여관)의 사건이 발생했다. 그전에 왕망은 권력을 독점하려고 태후에게 아뢰었다.

"전에 애제가 즉위하여 은의를 배반하고 외가인 丁氏와 傅氏를 높이며 나라를 뒤흔들고 사직을 위태롭게 하였습니다. 지금 황제는 어려서부터 大宗을 받들어 成帝의 후사가 된 만큼 宗家의 대의를 분명히 밝히고 전의 예를 계율 삼고 후대의 본보기가 되어야 합니다."

그리고서는 甄豐(견풍)을 보내 璽綬(새수)를 올려 평제의 모친 衛姬(위희)를 中山孝王后로 하고, 평제의 외숙인 衛寶(위보)와 위보의 동생인 衛玄(위현)에게 관내후의 작위를 내리고 중산국에 머물고 경사에는 올라오지 못하게 하였다. 이에 왕망의 아들 王宇(왕우)는 왕망이 위씨를 격리시키는 것이 옳지 않으며 나중에 평제가 성인이 되었을 때 미움을 받을 것이라고 걱정하였다. 이에 왕우는 바로 사람을 시켜 衛寶 등에게 서신을 보내 평제 모친이 장안에 올라오게 서신을 올리라고 말해주었다. 이는 〈외척전〉, (衛后傳)에 실려 있다.

그러나 왕망은 수락하지 않았다.

왕우는 스승인 吳章(오장), 그리고 손위 처남인 呂寬(여관)과 그 일을 함께 의논하였는데 오장은 왕망에게 직접 간언을 할 수 없고 왕망이 귀신의 일을 좋아하니 변괴를 꾸며 놀라고 두려워하게 한 뒤에 오장이 그 일을 근거로 위씨 일족을 정사에 참여시켜야 한다고 설득하기로 하였다. 이에 왕우는 呂寬으로 하여금 피를 담아가지고 가서 왕망의 집 대문에 뿌리게 하였지만 관리인에게 발각되었으며 왕망이 아들 왕우를 옥에 가두자 왕우는 약을 먹고 자살하였다. 왕우의 처인 呂焉(여언)은 임신 중이었는데 옥에 갇혀 있다가 아들 출산을 마치자 바로 죽여 버렸다. 그리고 왕망은 상주하였다.

"아들 宇(우)는 呂寬(여관)의 꾐에 넘어가 유언으로 백성을 현혹시키려 하였으니 周의 管叔鮮(관숙선), 蔡叔度(채숙도)과 같은 죄를 저질렀는데 신은 이를 숨기려 하지 않고 주살하였습니다." 그러자 甄邯(견한) 등이 태후에게 아뢰어 조서를 내리게 하였다.

"唐堯(당요)에게 丹朱(단주)와 같은 악인이 있었고, 周 文王에게 관숙선과 채숙도가 있었으니 上聖이지만 下愚(하우)의 자식은 어쩔 수 없으며 그 천성을 바꿀 수 없는 것이다. 안한공은 周公의 지위에서 成王 같은 어린 주군을 보필하면서 관숙과 채숙을 벌하듯 하였으니 이는 친족의 혈연으로 지존을 받드는 일을 해치지 않은 것이기에 짐은 매우 가상히 여기도다. 옛날 周公이 四國을 주살한 뒤에 큰 교화가 이루어졌으며 형벌을 거둘 수 있었다. 그러니 공은 나라를 보필하는 일에 전념하여 태평을 이룩하기 바라노라."

왕망은 이어 衛氏(위씨) 일족을 주살하고 呂寬(여관)의 옥사를 마무리 지으면서 각 군국의 세력가 중에서 평소에 자신을 비난하던 자

들을 죄에 연관시켜 안으로는 敬武公主와 梁王 劉立(유립), 紅陽侯
王立, 平阿侯 王仁 등을 잡아넣은 뒤에 엄격하게 추궁하여 모두 자
살하게 만들었다. 이에 관련하여 죽은 자가 1백여 명이나 되면서 천
하가 두려워 떨었다.

이에 大司馬護軍인 襃(포)가 상주하였다.

"안한공의 아들 宇(우)가 관숙선 채숙도의 죄에 빠졌을 때 자식
사랑이 매우 크지만 황실을 위하여 사적인 정을 생각하지 않았습니
다. 왕우가 죄를 짓자, 안한공은 탄식하며 발분하여 8편의 글을 지
어 자손을 훈계하였습니다. 이를 郡國에 널리 반포하고 학관에서 가
르쳐야 할 것입니다."

이를 여러 공경이 의논케 하였는데 천하의 관리 중에서 안한공의
훈계를 외우는 자를 관리로 선임케 하여 《孝經》에 밝은 자와 같은
대우를 해주었다.

原文

四年春, 郊祀高祖以配天, 宗祀孝文皇帝以配上帝. 四月
丁未, 莽女立爲皇后, 大赦天下. 遣大司徒司直陳崇等八人
分行天下, 覽觀風俗.

| 註釋 | ○四年春 – 平帝 元始 4년(서기 4). ○郊祀高祖以配天 – 南郊에
서 祭天하고 北郊에서 祭地하는데 이때 先代황제를 天地에 配享하였다.
○宗祀 – 祖宗에 대한 제사.

平帝 元始 4년 봄에, 郊祀(교사)를 지내며 高祖를 天祭에 배향하였
고 宗祀(종사)에서는 孝文皇帝를 上帝에 배향하였다. 4월 정미일에,
왕망의 딸을 황후에 책봉하고 천하에 대사령을 내렸다. 大司徒의 司
直인 陳崇(진숭) 등 8명을 전국에 나누어 파견하여 풍속을 시찰토록
하였다.

太保舜等奏言, "《春秋》列功德之義, 太上有立德, 其次有
立功, 其次有立言, 唯至德大賢然後能之. 其在人臣, 則生
有大賞, 終爲宗臣, 殷之伊尹, 周之周公是也." 及民上書者
八千餘人, 咸曰, "伊尹爲阿衡, 周公爲太宰, 周公享七子之
封, 有過上公之賞. 宜如陳崇言." 章下有司, 有司請 "還前
所益二縣及黃郵聚, 新野田, 采伊尹, 周公稱號, 加公爲宰衡,
位上公. 掾史秩六百石. 三公言事, 稱'敢言之'. 群吏毋得
與公同名. 出衆期門二十人, 羽林三十人, 前後大車十乘.
賜公太夫人號曰, 功顯君, 食邑二千戶, 黃金印赤韍. 封公
子男二人, 安爲褒新侯, 臨爲賞都侯. 加後聘三千七百萬,
合爲一萬萬, 以明大禮." 太后臨前殿, 親封拜. 安漢公拜前,
二子拜後, 如周公故事. 莽稽首辭讓, 出奏封事, 願獨受母
號, 還安, 臨印韍及號位戶邑. 事下太師光等, 皆曰, "賞未足
以直功, 謙約退讓, 公之常節, 終不可聽." 莽求見固讓. 太

后下詔曰, "公每見, 叩頭流涕固辭, 今移病, 固當聽其讓,
令眠事邪? 將當遂行其賞, 遣歸就第也?" 光等曰, "安, 臨親
受印韍, 策號通天, 其義昭昭. 黃郵, 召陵, 新野之田爲入尤
多, 皆止於公, 公欲自損以成國化, 宜可聽許. 治平之化當
以時成, 宰衡之官不可世及. 納徵錢, 乃以尊皇后, 非爲公
也. 功顯君戶, 止身不傳. 褒新, 賞都兩國合三千戶, 甚少矣.
忠臣之節, 亦宜自屈, 而信主上之義. 宜遣大司徒, 大司空持
節承制, 詔公亟入視事. 詔尙書勿復受公之讓奏." 奏可.

| 註釋 | ○《春秋》列功德之義 -《春秋左氏傳 襄公》24년 條. ○立言 - 著
書하여 立學說하다. ○宗臣 - 천하가 우러러 존경하는 신하. ○伊尹 - 商의
개국공신. 성명은 伊摯(이지). 尹은 직명. 阿衡(아형)으로 통칭. 아형은 제왕
을 輔導한다는 뜻. ○太宰(태재) - 백관의 우두머리로 제왕을 보좌한다는
뜻. ○上公 - 周代 최고 관직. 三公의 윗자리. ○期門 - 황제 호위군의 일부.
광록훈 소속. 羽林軍보다 상위 군사. ○赤韍 - 璽印(새인)에 매달린 적색 실
끈. 韍은 인끈 불, 무릎 가리개 불. ○眠事 - 視事. 眠는 볼 시. 보는 모양 저.

〔國譯〕

이에 太保인 王舜(왕순) 등이 상주하였다.

"《春秋》에 功德의 서열을 정하는데 가장 높은 것은 立德이고, 다
음이 立功, 그 다음은 立言이라고 하였으니 오직 至德大賢이어야 가
능한 것입니다. 그런 사람이 人臣이라면 살아서는 큰 상을 내리고
죽어서는 신하의 大宗으로 삼아야 殷(은)의 伊尹(이윤)과 周의 周公
(주공)이 그러한 분입니다."

또 상서하는 백성 8천여 명이 모두 "伊尹(이윤)은 阿衡(아형)이었고, 周公은 太宰(태재)라 하였는데 周公은 아들 7명이 제후가 되어 上公의 포상보다 많았습니다. 陳崇(진숭)이 상서한 데로 해야 합니다."라고 말했다. 이를 담당자에게 의논케 하였는데 담당자가 주청하였다.

"그전에 (안한공의 식읍으로) 추가하기로 한 2개 현과 黃郵聚(황우취)와 新野縣(신야현)의 경지를 다시 지급하고, 이윤과 주공의 칭호를 보태어 안한공을 宰衡(재형)이라 하고 지위는 上公보다 위로 정합니다. 掾史(연사)의 질록은 6백석으로 합니다. 三公이 정사를 주청할 때 '감히 말씀드리겠습니다(敢言之)'라고 써야 합니다. 모든 관리들은 안한공과 같은 이름자를 쓸 수 없습니다. 출행할 때는 期門(기문) 20명, 羽林軍(우림군) 30명이 수행하고 전후에 大車 30량이 수행합니다. 公의 太夫人을 功顯君(공현군)이라 부르고 식읍은 2천 호이며 황금 직인에 붉은 인끈을 매도록 하겠습니다. 공의 아들 2인을 봉하되 王安(왕안)은 襃新侯(포신후), 王臨(왕림)을 賞都侯(상도후)로 봉하겠습니다. 추가로 금전 3,700만 전을 더 지급하여 합계 1萬萬(1억)으로 하여 大禮를 밝히고자 합니다."

太后는 前殿(전전)에 나와서 친히 책봉하고 제수하였다. 안한공이 먼저 작위와 칭호를 하사받고 두 아들은 뒤에 하사받았는데 周公의 전례를 따랐다. 왕망은 머리를 숙이고 사양했었는데 끝나고 나가면서 封事(봉사)를 올려 다만 모친의 존호를 받고 대신 두 아들 왕안과 왕림의 인불과 작위와 식읍은 반환하겠다고 말했다.

이 안건이 태사 孔光(공광) 등에게 위임되었는데 모두가 "포상이 공적에 상응하지 못하지만 겸양하고 물러나려는 것이 안한공의 변함없는 지조이니 결코 수락할 수 없다."고 말했다. 그러나 왕망은 끝까지 사양을 고집하였다. 이에 태후가 조서를 내렸다.

"公은 매번 만날 때마다 머리를 조아리고 눈물을 흘리며 사양했고, 지금은 또 병을 핑계로 삼는데 그 사양을 수용하면서 업무를 처리토록 해야 하는가? 아니면 그 포상을 강행하면서 (宰衡을) 사임하고 귀가하여 쉬게 해야 하는가?"

이에 공광 등이 말했다. "왕안과 왕림은 직접 印韍(인불)을 받았으며 그에 대한 책명은 이미 하늘에 알려졌으며 그 대의는 분명합니다. 황우취와 소릉현, 신야현의 새로 편입된 토지가 많고 이는 안한공의 것인데, 공이 이를 사양하면서 국가의 소유로 하겠다고 하니 그 청을 들어주어야 합니다. 천하의 태평과 교화를 지금 당장 이루고자 하지만 재형의 관작은 후세에 물려줄 수 없습니다. 납채의 예물을 늘리는 것은 황후를 높이는 일이지 안한공 자신을 위한 것은 아닙니다. 功顯君(공현군)의 식읍은 당대에 한할 뿐 세습되지는 않습니다. 포신후와 상도후 두 봉국을 합해야 3천 호인데 이는 너무 적습니다. 충신의 절개는 스스로를 굽히고 주상의 신상필벌을 도와야 합니다. 대사도와 대사공을 보내 지절과 制書(제서)를 가지고 가서 빨리 업무에 복귀하라고 명해야 합니다. 상서에게 안한공이 사양하겠다는 상주를 접수하지 말라고 명령하십시오."

상주는 비준되었다.

原文

莽乃起眡事, 上書言, "臣以元壽二年六月戊午倉卒之夜,以新都侯引入未央宮, 庚申拜爲大司馬, 充三公位, 元始元年正月丙辰拜爲太傅, 賜號安漢公, 備四輔官, 今年四月甲子復拜爲宰衡, 位上公. 臣莽伏自惟, 爵爲新都侯, 號爲安漢公, 官爲宰衡, 太傅, 大司馬, 爵貴, 號尊, 官重, 一身蒙大寵者五, 誠非鄙臣所能堪. 據元始三年, 天下歲已復, 官屬宜皆置.《穀梁傳》曰, '天子之宰, 通於四海.' 臣愚以爲, 宰衡官以正百僚平海內爲職, 而無印信, 多實不副. 臣莽無兼官之材, 今聖朝旣過誤而用之, 臣請御史刻宰衡印章曰, '宰衡太傅大司馬印', 成, 授臣莽, 上太傅與大司馬之印." 太后詔曰, "可. 敹如相國, 朕親臨授焉." 莽乃復以所益納徵錢千萬, 遺與長樂長御奉共養者. 太保舜奏言, "天下聞公不受千乘之土, 辭萬金之幣, 散財施予千萬數, 莫不鄉化. 蜀郡男子路建等輟訟慚怍而退, 雖文王卻虞, 芮何以加! 宜報告天下." 奏可. 宰衡出, 從大車前後各十乘, 直事尙書郎, 侍御史, 謁者, 中黃門, 期門羽林. 宰衡常持節, 所止, 謁者代持之. 宰衡掾史秩六百石, 三公稱'敢言之'.

| 註釋 | ○乃起眂事 – 眂事는 視事. 眂 볼 저. 볼 시(視의 古字). ○元壽二年六月戊午倉卒之夜 – 애제 元壽 2年(前 1). 倉卒은 애제가 죽을 때. 大喪을 보통 창졸이라 하였다. 창졸은 갑작스러운 일. 倉은 갑자기. 푸를 창(蒼), 슬퍼할 창(愴). ○元始元年正月丙辰 – 正月은 二月의 착오. 정월에는 丙辰日이 없다는 주석에 따름. ○官屬宜皆置 – 흉년에 관리의 수를 줄였으나 금년에 풍년이 들었기에 본래대로 복구한다는 뜻. 歲는 곡식이 성숙하다. 풍

년. ○天子之宰 - 宰는 治事하는 大臣. ○多實不副 - 다른 판본의 주석에 따라 名實不副로 해석. ○長御(장어) - 태후의 시녀. ○虞,芮 - 虞(우)와 芮(예)는 황하 동쪽의 소국인데, 오래 땅 싸움을 했는데 文王의 덕을 듣고 문왕에게 쟁송하러 가다가 教化의 현실을 직접 보고서는 부끄러워 다투지 않았다.

〖國譯〗

이에 왕망은 업무를 처리하며 상서하여 말했다.

"臣은 元壽 2년 6월 戊午(무오)일에 國喪을 당한 밤에 新都侯로 未央宮에 불려 들어갔고 庚申(경신)일에 大司馬를 제수 받아 三公의 한 자리에 올랐으며, 평제 元始 원년 2월 丙辰(병진)일에 太傅(태부)를 제수 받았고 安漢公이 되어 四輔(사보)의 관직에 보임되었으며, 금년 4월 갑자일에 다시 宰衡(재형)을 제수 받아 上公이 되었습니다. 臣 莽(망)이 삼가 생각해보건대, 작위를 받아 신도후가 되었고 安漢公으로 불리고 관직이 재형과 태부와 대사마를 역임하였으니, 높은 작위, 존귀한 칭호와 막중한 관직 등 저 혼자 큰 은총을 5번이나 받았으니 참으로 비천한 몸으로 감당할 수 없었습니다. 元始 3년에 다시 풍년이 들었기여 축소된 관직을 다시 복구하여야 합니다.《穀梁傳》에도 '천자의 대신이 천하를 통할한다.'고 하였습니다. 신의 어리석은 생각이지만 재형의 관직은 모든 관료를 바로 잡아 천하를 편안케 하는 것이 직무이기에 印信(인신)이 없다면 명분에 실질이 따르지 않을 것입니다. 臣 莽(망)이 모든 관직을 총괄할 재능이 없다지만, 그래도 지금의 명철한 조정에서 잘못 보셨더라도 저를 등용하였으니 臣은 어사에게 재형의 직인을 '宰衡太傅大司馬印(재형태부대사마인' 으로 새겨줄 것을 요청하오며 직인이 완성되어 저에게 수여해 주신다면 태부와 대사마의 직인 위에 차겠습니다."

태후가 조서를 내려 "옳은 말이다. 인불은 相國과 같게 하고 짐이 친히 나가서 수여하겠다."라고 말하였다. 왕망은 곧 다시 추가로 받은 납폐의 예물 중에서 1천만 전을 내어 장락궁에서 태후를 시중드는 長御(장어)나 봉양을 담당하는 환관들에게 나누어 주었다. 이에 태보인 王舜(왕순)이 상주하여 말했다.

"천하 모든 백성은 안한공이 千乘(천승)의 영지를 받지 않았고 萬金의 예물을 사양했으며 천만 전의 재물을 여러 번 베풀었다는 것을 알고서 우러러보지 않는 자가 없습니다. 蜀郡(촉군)의 路建(노건)이란 사람 등 여럿은 송사를 철회하고 부끄럽다며 그만두었는데 비록 文王께서 虞(우)와 芮(예)의 소송을 교화한 것이 이보다 더하겠습니까! 이를 천하에 널리 알려야 합니다." 상주한 것은 可하다고 하였다.

재형이 출행할 때에는 대거가 전후로 각 10량씩 수행하고 상서랑과 시어사, 알자, 중황문이 직접 모시었으며 期門軍(기문군)과 우림군이 호위하였다. 재형은 늘 지절을 앞세웠고 머무는 곳에서는 알자가 대신 잡고 있었다. 재형의 속관들은 질록이 6백석이었으며 삼공들은 '감히 아뢰옵니다(敢言之).'라고 말을 하였다.

原文

是歲, 莽奏起明堂,辟雍,靈臺, 爲學者築舍萬區, 作市,常滿倉, 制度甚盛. 立《樂經》, 益博士員, 經各五人. 徵天下通

一藝教授十一人以上, 及有逸《禮》,古《書》,《毛詩》,《周官》,
《爾雅》,天文,圖讖,鐘律,月令,兵法,《史篇》文字, 通知其意
者, 皆詣公車. 網羅天下異能之士, 至者前後千數, 皆令記
說廷中, 將令正乖繆, 壹異說云. 群臣奏言, "昔周公奉繼體
之嗣, 據上公之尊, 然猶七年制度乃定. 夫明堂,辟雍, 墮廢
千載莫能興, 今安漢公起於第家, 輔翼陛下, 四年于玆, 功德
爛然. 公以八月載生魄庚子奉使, 朝用書臨賦營築, 越若翊
辛丑, 諸生,庶民大和會, 十萬衆並集, 平作二旬, 大功畢成.
唐虞發擧, 成周造業, 誠亡以加. 宰衡位宜在諸侯王上, 賜
以束帛加璧, 大國乘車,安車各一, 驪馬二駟." 詔曰, "可. 其
議九錫之法."

| 註釋 | ○明堂,辟雍,靈臺 – 明堂은 고대 천자가 政教를 행하고 朝會, 祭
祀, 慶賞, 選士, 養老, 教學 등의 大典을 거행하는 건물. 辟雍(벽옹)은 周代의
중앙교육기관. 靈臺는 천문을 보는 곳. 기상대. ○作市,常滿倉 – 市는 會市.
지방에서 온 학생들이 경전이나 지방 특산물 물물 교환 및 거래 장소. 常滿
倉(상만창)은 박사 宿舍의 동북쪽에 있었는데 여러 가지 일용품을 공급해주
는 상당한 규모의 창고. ○《樂經》 – 儒家 六經의 하나. 漢代에 이미 원전은
망실되었다는 주석이 있다. ○一藝 – 一經. 逸《禮》,古《書》,《毛詩》,《周
官》,《爾雅》 – 逸《禮》는 《儀禮》 외의 古文禮. 古《書》는 《古文尚書》, 또는 《尚
書古文經》,《毛詩》는 편재 통용되는 《詩經》,《周官》은 《周禮》,《爾雅》는 중
국 최초의 백과사전이라 할 수 있는 詞典, 19篇. ○鐘律,月令 – 鐘律은 律學
에서 音律에 관한 正律法. 月令은 周公이 엮었다고 전하는 《禮記》의 편명. 1
년 매달에 시행할 政令과 관련 있는 사물의 활동 및 五行의 相生 체계 등을

기록하였다. 이는 戰國시대와 秦漢시대의 농업 생산 활동과 풍속과 정령을
알 수 있는 자료이다. ○《史篇》文字 –〈藝文志〉에는 小學으로 분류. 宣帝 때
史籀(사주)가 지은 15편의 문자학에 관한 저술.《史篇》이라고도 부른다. ○公
車(공거) – 관청 이름. 衛尉의 속관인 公車司馬令이 관장하는 관청. 황제의
부름을 받았거나 관직에 임용될 사람이 대기하는 곳. ○功德爛然 – 爛然(난
연)은 찬란한 모양. ○載生魄 – 매월 16일(또는 3일)에 보이는 달. 載는 시
작하다. 生魄은 그 달의 16일. 哉生魄이라고도 함. 魄은 달, 달빛이라는 뜻이
있음. ○朝用書 – 아침에 일찍 작업을 지시하는 문서를 만들다. ○越若翊
辛丑 – 越(월)은 發語辭. 若은 ~에 이르러(及至). 翊(도울 익)은 翌(다음날
익)과 통. ○平作二旬 – 平作은 조作의 오류라는 주석에 따른다. 조는 大.
○驪馬二駟 – 驪馬는 並駕也. 말 2마리가 끌다. 二駟는 2×4마리, 곧 8마리.
驪는 검은 말 려.

[國譯]

　이 해에 왕망은 상주하여 明堂과 辟雍(벽옹)과 靈臺(영대)를 지었
으며 학자들을 위하여 塾舍(숙사) 1만 칸을 지었으며 會市와 常滿倉
(상만창)을 지었는데 그 운영이 매우 볼 만하였다. 학관에《樂經》을
세우고 博士員(박사원)을 늘렸는데 각 경전마다 5명을 두었다. 천하
에 一經이라도 능통하여 11인 이상을 가르치는 사람을 모두 불렀는
데《古文禮》,《古文尙書》,《毛詩》,《周禮》,《爾雅(이아)》및 천문과 圖
讖(도참), 鐘律(종률)과 月令, 兵法과《史篇》문자학에서 그 經義에 통
달한 자를 모두 公車(공거)에서 대기하게 하였다. 또한 천하에 특별
한 재능을 가진 인재를 망라하여 징소하여, 부름을 받은 자가 전후
에 1천여 명이나 되었는데 모두 조정에서 기록하여 그 주장의 잘못
된 것이나 이설을 바로잡게 하였다.

이에 여러 신하들이 상주하였다.

"예전에 周公은 국통을 계승한 후사를 받들어 上公의 지위에 올라 7년이 지나서야 제도가 안정되었습니다. 명당과 벽옹 등은 1천년 이상 철폐되어 그 누구도 일으키질 못했는데, 지금 안한공이 그 건물을 짓고 폐하를 도와 4년 만에 이처럼 찬란한 공덕이 이루어졌습니다. 안한공은 8월 16일 경자일에 사명을 받아 아침에 임무를 부여하는 문서를 만들고 건물을 짓기 시작하여 다음 날 신축일에는 여러 유생과 서민을 모두 모아 10만 군중을 참여시켜 20여 일을 공사를 벌려 대업을 마쳤습니다. 요순의 공사 시작이나 周公의 도읍 조성 공사도 이보다 더 나을 수가 없을 것입니다. 宰衡의 지위는 응당 모두 제후 왕보다 상위이며 비단이나 璧玉(벽옥), 대국 왕의 수레와 안거 각 1량과 말 8필을 하사하여야 합니다."

태후의 조서는 "可하다. 九錫의 法을 의논하기 바란다."라고 하였다.

原文

冬, 大風吹長安城東門屋瓦且盡.

五年正月, 祫祭明堂, 諸侯王二十八人, 列侯百二十人, 宗室子九百餘人, 徵助祭. 禮畢, 封孝宣曾孫信等三十六人爲列侯, 餘皆益戶賜爵, 金, 帛之賞各有數. 是時, 吏民以莽不受新野田而上書者前後四十八萬七千五百七十二人, 及諸侯, 王公, 列侯, 宗室見者皆叩頭言, 宜亟加賞於安漢公. 於是莽上書曰, "臣以外屬, 越次備位, 未能奉稱. 伏念聖德純茂. 承天當古, 制禮以治民, 作樂以移風, 四海奔走, 百蠻並臻, 辭去之日, 莫不隕涕, 非有款誠, 豈可虛致? 自諸侯王已下至於吏民, 咸知臣莽上與陛下有葭莩之故, 又得典職, 每歸功列德者, 輒以臣莽爲餘言. 臣見諸侯面言事於前者, 未嘗不流汗而漸愧也. 雖性愚鄙, 至誠自知, 德薄位尊, 力少任大, 夙夜悼栗, 常恐污辱聖朝. 今天下治平, 風俗齊風, 百蠻率服, 畢陛下聖德所自躬親, 太師光, 太保舜等輔政佐治, 群卿大夫莫不忠良, 故能以五年之間至致此焉. 臣莽實無奇策異謀. 奉承太后聖詔, 宣之於下, 不能得什一, 受群賢之籌畫, 而上以聞, 不得能什伍. 當被無益之辜, 所以敢且保首領須臾者, 誠上休陛下餘光, 而下依群公之故也. 陛下不忍衆言, 輒下其章於議者. 臣莽前欲立奏止, 恐其遂不肯止. 今大禮已行, 助祭者畢辭, 不勝至願, 願諸章下議者皆寢勿上, 使臣莽得盡力畢制禮作樂事. 事成, 以傳示天下, 與海內平之. 卽有所間非, 則臣莽當被註上誤朝之罪. 如無他譴, 得全命賜骸骨歸家, 避賢者路, 是臣之私願也. 惟陛下哀憐財幸!"

| 註釋 |　○祫祭明堂 – 명당에서 祫祭(협제)를 지내다. 협제는 廟堂을 철거한 먼 조상의 神主와 아직 철거하지 않은 조상의 神主, 곧 원근 선조에게 고조의 묘당에서 함께 올리는 제사. 祫은 合祀할 협.　○各有數 – 數는 等差.

次序. ㅇ葭莩之故 - 소원한 친척 관계. 葭는 갈대 가. 莩는 갈대 속껍질 부.
비유하여 먼 친척. ㅇ夙夜悼栗 - 夙夜는 밤낮으로. 悼栗(도율)은 비통하고
두렵다. ㅇ與海內平之 - 천하 모든 사람과 함께 평가하다. 여론의 평가를
받겠다는 뜻. ㅇ卽有所間非 - 만일 잘못된 것이 있다면. 間은 비난. 間非는
同意重複임. ㅇ詿上誤朝之罪 - 詿는 그르칠 괘. ㅇ惟哀憐財幸 - 惟는 바라
다. 哀憐은 불쌍히 여기다. 財幸은 판단하고 선택하여 다행히 수락 받다. 財
는 裁斷하다.

[國譯]

　겨울에, 강풍으로 장안성 동문의 지붕 기와가 모두 날아갔다.

　(元始) 5년 정월, 명당에서 祫祭(협제)를 지냈는데 제후왕 28명,
열후 120명, 종실의 자제 9백여 명을 불러 제사에 참여케 하였다.
제사를 마친 뒤에 孝宣帝의 증손인 劉信(유신) 등 36인을 열후로 봉
하고 나머지 모두에게 식읍을 늘려주고 작위를 하사하였으며 상으
로 금과 비단을 순서대로 나눠 주었다. 이때 관리나 백성들은 왕망
이 新野(신야)현의 토지를 받지 않은 것과 관련하여 상서한 자가 전
후로 487,572명이나 되었고 제후, 왕공, 열후, 종실로서 알현한 자
들은 모두 머리를 조아리며 빨리 안한공에서 상을 추가로 내려야 한
다고 말했다. 이에 왕망이 상서하였다.

　"신은 외척으로 순서를 넘어 자리를 차지했지만 칭송도 못 듣고
있습니다. 삼가 생각하면, 성덕은 참으로 순일하고 위대합니다. 하
늘의 뜻과 옛 제도에 따라 예법을 만들어 백성을 다스리며 예악으로
풍속을 순화하되 사해에 널리 펴서 모든 만이들이 모여들고 떠날 때
눈물을 흘리지 않는 자가 없었으니 그것이 진심이 아니라면 어찌 그

럴 수 있겠습니까? 제후의 왕으로부터 관리와 백성에 이르기까지 모두가 제가 폐하(태후)와 먼 친척인 것을 알고 있으며 어떤 직책을 맡거나 유공자의 공적 서열을 정할 때마다 저에게 이런저런 말을 합니다. 신이 전에 제후들을 직접 만나 이야기를 할 때마다 저는 부끄러워 땀을 흘리지 않을 수가 없었습니다. 제 본성이 우둔하고 저급하지만 솔직한 마음으로 저 자신을 생각할 때 덕은 부족하고 직위만 높으며, 능력은 부족하고 임무는 막중하기에 아침저녁으로 두려워하며 늘 聖朝(성조)를 더럽히지나 않을까 두렵기만 합니다. 지금 천하는 태평하며 풍속이 모두 순박하고 만이들도 모두 복종하고 있는데, 이는 모두가 폐하의 성덕으로 이끌어 주신 것이며 태사 孔光(공광)과 태보 王舜(왕순) 등이 정사를 잘 보필하고 모든 공경과 대부들이 충성을 다하였기에 5년 만에 이렇게 이룰 수가 있었습니다. 저는 사실 아무런 방책을 편 것도 없습니다. 태후의 훌륭하신 조서를 받들어 아래에게 알리면서 그 열 개 중 하나도 진의를 전달하지 못했으며 여러 현신들이 올리는 정책을 모아 폐하께 올리면서 방책의 핵심을 열 개 중 다섯은 모르는 일이었습니다. 응당 아무런 도움도 되지 못한다는 허물을 받으면서 잠깐만이라도 제가 수령의 자리를 차지하고 있는 것은 사실 위로는 폐하 공덕의 비호를 받고 아래로는 여러 공경의 힘에 의지할 수 있기 때문입니다. 폐하께서는 백성들의 언론을 차마 어쩔 수 없어 그런 일을 논의해보라고 하셨습니다. 저는 이에 앞서 상주를 못하게 하려 했지만 멈추게 할 수 없었습니다. 지금 협제를 무사히 마쳤고 제사에 참여했던 자들도 모두 떠났지만 큰 소원을 어쩌지 못하여 논의에 참여하는 자들에게 위에는 아직 말씀드리지 말라면서 제 자신이 새로운 예법을 제정하고 예악을 만드는 일에 진력하고자 하였습니다. 이런 일이 완성된다면 천하에 널리 알려 보여주어 천하가 평가하게 할 것입니다. 그것이 잘못이고 나쁘다는 평가가 있다면 저는 당장 주상과 聖朝를 잘못 보필했다는 죄를 받을 것입니다. 만약 다른 견책이 없다면 제 신명을 온전하게 지켜 사임하고 귀가하여 현자를 위해 길을 열어주겠다는 것이 저의 개인적 소원일 뿐입니다. 폐하께서 불쌍히 여겨 살펴 수락해 주시길 바랍니다."

原文

甄邯等白太后, 詔曰, "可. 惟公功德光於天下, 是以諸侯, 王公, 列侯, 宗室, 諸生, 吏民翕然同辭, 連守闕庭, 故下其章. 諸侯, 宗室辭去之日, 復見前重陳, 雖曉喩罷遣, 猶不肯去. 告以孟夏將行厥賞, 莫不驩悅, 稱萬歲而退. 今公每見, 輒流涕叩頭言願不受賞, 賞卽加不敢當位. 方製作未定, 事須公而決, 故且聽公. 製作畢成, 群公以聞. 究于前議, 其九錫禮儀亟奏."

| 註釋 | ○復見前重陳 - 復重見前陳이 되어야 文理가 순함. ○究于前議 - 究은 관철하다. 끝까지 다하다. ○其九錫~ - 其는 바라다.

〖 國譯 〗

甄邯(견한) 등이 태후에게 아뢴 뒤에 태후가 조서를 내렸다.

"可하다. 안한공의 공덕이 천하에 밝게 빛나니 이에 제후와 왕공, 그리고 열후와 종실 또 제생과 관리와 백성들이 혼연히 같은 말을 하며 연이어 궁궐에 모이고 있으니 그 규정을 논의하도록 하라. 제후와 종실이 떠나가는 날 다시 알현하면서 앞으로 다가와 또 말을 하였는데 비록 깨우쳐 돌아가게 하여도 가려 하지 않았다. 이번 초여름에 그 포상을 하려 한다 하니 모두가 기뻐하며 만세를 부르고 물러났다. 요즈음 공을 볼 때마다 눈물을 흘리며 머리를 조아리며 상을 받지 않겠다고 말하니, 상이란 지위에 합당하지 않다면 줄 수 없는 것이다. 지금 제작이 끝나지 않았지만 공의 뜻을 기다렸다가 결정될 것이나 일단은 공의 뜻을 들어줄 것이다. 제작이 끝나면 여러 공경에게 알릴 것이다. 전의 의논을 관철할지니 九錫(구석)을 하사하는 의례를 빨리 상주하기 바란다."

原文

　於是公卿大夫,博士,議郎,列侯富平侯張純等九百二人皆曰, "聖帝明王招賢勸能, 德盛者位高, 功大者賞厚. 故宗臣有九命上公之尊, 則有九錫登等之寵. 今九族親睦, 百姓旣章, 萬國和協, 黎民時雍, 聖瑞畢溱, 太平已洽. 帝者之盛莫隆於唐,虞, 而陛下任之, 忠臣茂功莫著於伊,周, 而宰衡配之. 所謂異時而興, 如合符者也. 謹以《六藝》通義, 經文所見, 《周官》,《禮記》宜於今者, 爲九命之錫. 臣請命錫." 奏可. 策曰,

| 註釋 | ○議郞 – 郞中令 소속. 황제의 고문에 응대하는 직책. ○張純(장순) – 張安世의 후손. 張安世(?-前 62)는 漢의 유명한 酷吏(혹리)인 張湯의 아들. 59권, 〈張湯傳〉 입전. ○九命上公 – 九命은 周代 9등급 관작 중 최고위 작위. 上公은 관리로서 최고위직. ○登等 – 九錫 중 納陛(납폐)를 지칭하는 말. 錫은 줄 석. 하사하다. ○九族親睦 – 자신을 중심으로 위로는 고조까지 아래로는 玄孫까지의 친척, 또는 父族 4代, 母族 3代, 妻族 2代를 지칭. ○黎民時雍 – 黎民(여민)은 백성. 時는 是. 雍(옹)은 和也.

〖 國譯 〗

이에 공경대부와 박사와 의랑, 그리고 열후로 부평후 張純(장순) 등 902명이 함께 상주하였다.

"聖帝나 明王이 현자나 유능한 인재를 초치할 때 덕행이 뛰어난 자는 지위가 높고 공적이 큰 자는 후한 상을 내렸습니다. 그래서 종신으로 九命上公(구명상공)의 존위가 있고 九錫에도 登等〔納陛(납폐)〕의 은총이 있는 것입니다. 지금 九族이 친목하고 百姓(百官)의 서열이 확실하고 만국이 협화하며, 백성이 이처럼 온화하며 성스런 상서가 모두 다 나타나며 태평성대를 흠뻑 누리고 있습니다. 제위에 오른 자로는 요순보다 더 위대한 분이 없으니 폐하께서 이와 같으시며, 충신이며 큰 공훈으로는 이윤과 주공보다 더 뚜렷한 분이 없는데 지금 宰衡(安漢公)이 그와 같습니다. 소위, 시대가 다르지만 이처럼 흥성한 것은 그 뜻이 부합한 것입니다. 삼가 《六藝》의 대의이며, 경문에 나타난 그대로이며 《周官》과 《禮記》를 지금에 맞춘 것이 九命의 하사품입니다. 臣들은 九命의 九錫을 주청합니다."

상주는 가하다고 하였다. 이에 책서를 내려 말했다.

「惟元始五年五月庚寅，太皇太后臨于前殿，延登，請詔之曰，公進，虛聽朕言．前公宿衛孝成皇帝十有六年，納策盡忠，白誅故定陵侯淳于長，以彌亂發姦，登大司馬，職在內輔．孝哀皇帝即位，驕妾窺欲，姦臣萌動，公手劾高昌侯董宏，改正故定陶共王母之僭坐．自是之後，朝臣論議，靡不據經．以病辭位，歸於第家，爲賊臣所陷．就國之後，孝哀皇帝覺寤，復還公長安，臨病加劇，猶不忘公，復特進位．是夜倉卒，國無儲主，姦臣充朝，危殆甚矣．朕惟定國之計莫宜於公，引納於朝，即日罷退高安侯棗莊，轉漏之間，忠策輒建，綱紀咸張．綏和，元壽，再遭大行，萬事皆舉，禍亂不作．輔朕五年，人倫之本正，天地之位定．欽承神祇，經緯四時，復千載之廢，矯百世之失，天下和會，大衆方輯．《詩》之靈臺，《書》之作雒，鎬京之制，商邑之度，於今復興．昭章先帝之元功，明著祖宗之令德，推顯嚴父配天之義，修立郊禘宗祀之禮，以光大孝．是以四海雍雍，萬國慕義，蠻夷殊俗，不召自至，漸化端冕，奉珍助祭．尋舊本道，遵術重古，動而有成，事得厥中．至德要道，通於神明，祖考嘉享．光耀顯章，天符仍臻，元氣大同．麟鳳龜龍，衆祥之瑞，七百有餘．遂制禮作樂，有綏靖宗廟社稷之大勳．普天之下，惟公是賴，官在宰衡，位爲上公．今加九命之錫，其以助祭，共文武之職，乃遂及厥祖．於戲，豈不休哉！」

| 註釋 | ○元始五年五月庚寅 - 평제, 서기 5년, 5월 27일. ○請詔~ - 응당 親詔~가 되어야 함. ○虛聽朕言 - 虛己而聽朕言하라. ○彌亂發姦 - 彌는 弭. 그치게 하다(止息). 發姦은 불법을 자행하다. ○轉漏之間 - 不移時刻也. ○綏和, 元壽, 再遭大行 - 綏和(수화)는 성제의 마지막 연호. 元壽는 애제의 마지막 연호. 大行은 황제의 장례. ○經緯四時 - 經緯는 잘 다스려 정리하다. ○復千載之廢, 矯百世之失 - 1천 년간 폐지되었던 명당이나 벽옹을 재건하고 수백 년간 유실되었던 고문 경전을 복원한 치적을 말함. ○大衆方輯 - 輯은 集. 대중의 통합을 이룩했다는 뜻. ○《詩》之靈臺 - 《詩經 大雅 靈臺》. 周公이 雒邑의 왕도 건설을 칭송한 내용. ○《書》之作雒, 鎬京之制 - 《書經 周書 洛誥》, 주공의 낙읍 건설을 기록. 文王은 豊邑의 靈臺에서 천명을 받아 즉위하였는데 鎬京(호경)에서 가깝기에 호경이라 기록. ○商邑之度 - 주공은 호경을 건설하고 殷의 백성도 이주시켰기에 商邑이라 하였다. ○郊禘(교제) - 천자와 제후가 5년마다 지내는 종묘의 대제. ○四海雍雍 - 雍雍(옹옹)은 화락한 모양. ○漸化端冕 - 端冕은 검은 옷(玄衣)과 큰 관. 귀족의 예복. 중국의 예법에 동화되었다는 뜻. ○九命之錫 - 九錫. 가장 영광된 하사품. ○於戲, 豈不休哉! - 於戲(어희)는 嗚呼. 休는 美也.

〔國譯〕

「(平帝) 元始 5년 5월 경인일에, 太皇太后는 前殿에 나와 자리에 오르시어 친히 명령하나니 안한공은 앞으로 나와서 겸허한 마음으로 짐의 말을 경청하라. 앞서 공은 孝成皇帝를 16년간 받들어 모시면서 정책을 건의하고 충성을 다하였으며 옛 정릉후 淳于章(순우장)을 고발하여 불법행위를 못하게 하였고 大司馬가 되어 정사를 보필하였도다. 孝哀皇帝 즉위 뒤에 교만한 비첩이 틈을 엿보고 간신이 음밀히 움직이려 하자, 안한공은 직접 고창후 董宏(동굉)을 탄핵했

고 옛 정도공왕 모후의 참월한 지위를 바르게 고쳐 잡았다. 이후부
터 조신들의 의논은 경전을 근거로 하지 않은 것이 없었도다. 병으
로 직위를 사임하고 집에 돌아가 쉬는 동안 賊臣(적신)의 모함도 받
았었다. 封國에 있는 동안 孝哀皇帝가 잘못을 깨달아 공을 다시 장
안으로 불렀고 병이 위중할수록 공을 잊지 못하여 다시 特進으로 지
위를 올렸으나 그날 밤에 갑자기 붕어하셨지만 나라에 예비 후사가
없었고 간신은 조정에 가득하여 매우 위태로웠다. 짐의 국가 안정방
책은 공에 의지하지 않은 것이 없었기에 조정으로 불러 당일에 고안
후 棗莊(동현)을 파직하고, 짧은 시간에 충성의 방책을 건의하여 모
든 기강을 바로 세웠다. 綏和(수화)와 元壽(원수) 연간에 두 번이나
국상을 당해 모든 일을 담당하여 혼란이 일어날 수 없었다. 짐을 5
년간 보필하여 인륜의 근본을 바로잡았으며 천지의 질서를 안정케
하였도다. 신의 뜻을 받들고 사계절도 정상으로 운행하니 1천 년 이
상 폐지되었던 明堂 등을 복원하였고, 수백 년간 망실되었던 고문
경전을 교정하니 천하고 화합했고 대중이 평안하였다.《詩》에서 말
한 靈臺(영대)를 지었고,《書經》에 기록된 雒邑(낙읍)과 鎬京(호경)의
제도와 건설을 이번에 부흥하였도다. 先帝의 크신 공을 널리 알렸으
며, 祖宗의 훌륭한 은덕을 명확하게 밝혀 선조의 天威의 대의를 현
양하였으며, 郊禘(교제)와 종묘 제사의 예법을 확립하여 크나큰 효
도의 정신을 빛내었도다. 이로써 사해가 화합하고 만방이 대의를 흠
모하며 풍속을 달리하는 만이까지 부르지 않아도 스스로 찾아오며
점차 중국 예법에 동화되어 진기한 물건을 바치며 종묘제례에 참여
하였다. 예로부터의 대도를 찾아 실천하고 고대 학술을 받들며 뜻하
는 대로 성취하고 정도를 지켰도다. 크나큰 덕행과 대도로 神明에

통했으며 조상을 잘 받들었도다. 이렇듯 빛나고 눈부신 업적에 하늘의 상서로운 도움이 모두 모이고 원기가 함께 하였다. 기린과 봉황, 神龜(신귀)와 황룡 등 온갖 상서로움이 7백여 차례나 나타났도다. 제례작악의 대업을 완수하고 종묘사직을 안정시키는 큰 공훈을 성취하였도다. 넓은 하늘 아래 모두가 공의 은덕을 입었으며 관직은 재형으로 지위는 上公이로다. 이에 九命의 하사를 내리며 함께 제사를 올리나니 문무의 모든 관직과 함께 조상의 영관을 올리도다. 오호라! 이 어찌 아름답지 않은가!」

原文

　於是莽稽首再拜, 受綠韍袞冕衣裳, 瑒琫瑒珌, 句履, 鸞路乘馬, 龍旂九旒, 皮弁素積, 戎路乘馬, 彤弓矢, 盧弓矢, 左建朱鉞, 右建金戚, 甲胄一具, 秬鬯二卣, 圭瓚二, 九命青玉珪二, 朱戶納陛. 署宗官,祝官,卜官,史官, 虎賁三百人, 家令丞各一人, 宗,祝,卜,史官皆置嗇夫, 佐安漢公. 在中府外第, 虎賁爲門衛, 當出入者傅籍. 自四輔,三公有事府第, 皆用傳. 以楚王邸爲安漢公第, 大繕治, 通周衛. 祖禰廟及寢皆爲朱戶納陛. 陳崇又奏, "安漢公祠祖禰, 出城門, 城門校尉宜將騎士從. 入有門衛, 出有騎士, 所以重國也." 奏可.

| 註釋 | ○受綠韍袞冕衣裳 - 韍은 폐슬 불. 무릎덮개. 예복의 일부. 袞冕(곤면)은 袞衣(곤의, 용을 수놓은 예복)와 冠冕(관면). 제왕과 上公의 예복과

예모. ㅇ瑒琫瑒珌(탕봉탕비) ─ 옥으로 장식한 칼집과 칼. 瑒은 옥 이름 탕. 술잔 창. 琫은 칼집 장식 봉. 珌은 칼 장식 옥 필. ㅇ句屨(구리) ─ 발가락 부분이 위로 솟은 신발. ㅇ鸞路乘馬(난로승마) ─ 말 4마리가 끄는 난새 방울을 장식한 큰 수레. 路는 輅. 乘은 駟馬. ㅇ龍旂九旒 ─ 龍旂(용기)는 용이 그려진 깃발. 旒는 깃발 류. ㅇ皮弁素積 ─ 皮弁(피변)은 사슴 가죽으로 만든 모자. 素積(소적)은 흰 옷. ㅇ戎路乘馬 ─ 戎路(융로)는 戎車. ㅇ彤弓矢(동궁시) ─ 彤은 적색. ㅇ盧弓矢(노궁시) ─ 盧는 검은색. ㅇ左建朱鉞 ─ 鉞은 도끼 월. ㅇ右建金戚 ─ 戚은 도끼 척. ㅇ甲胄一具 ─ 甲胄는 갑옷과 투구. ㅇ秬鬯二卣 ─ 秬鬯(거창)은 찰기장으로 담근 술. 二卣(이유)는 2통. 卣는 술통 유. 彝(이)보다는 작고 罍(뢰)보다는 큰 중간 규모의 술통. ㅇ圭瓚二 ─ 圭瓚(규찬)은 玉勺(옥작). 술을 뜨는 국자. ㅇ九命靑玉珪二 ─ 九命은 주대 최고급 관직. 命은 官階. 靑玉珪二는 청옥의 홀. ㅇ朱戶納陛 ─ 朱戶는 붉은 칠을 한 대문. 納陛(납폐)는 비를 가릴 수 있는 지붕이 설치된 계단. ㅇ家令 ─ 가정의 온갖 일을 주관하는 관리. 곡물, 음식과 재산 관리, 노비들의 형벌에 관한 것까지 일체를 주관했고 아래 家丞을 거느렸다. ㅇ嗇夫(색부) ─ 관부에 근무하는 비서관 격. 中府는 재형이 근무하는 관서. ㅇ傅籍(부적) ─ 출입자 명부에 올리다. 명단에 오르지 않았다면 출입할 수 없었다. ㅇ皆用傅 ─ 傅은 출입증. ㅇ大繕治 ─ 크게 수리하다. ㅇ祖禰(조예) ─ 조부와 선친의 사당. 禰는 아비 사당 녜(예). 寢은 침전. 묘당의 뒤 건물. 보통 생전의 의관이나 갑주 등을 보관하였다.

[國譯]

이에 왕망은 머리를 숙이고 재배한 뒤에 녹색 무릎 덮개와 袞衣(곤의)와 면관의 의상을 받고 옥으로 장식한 칼집과 칼, 구부러진 신발, 난새 방울을 장식한 말 4마리가 끄는 수레, 9개의 작은 깃발이 있는 용을 그린 큰 깃발, 사슴 관모와 흰 옷, 말 4마리가 끄는 큰 수

레, 붉은활과 화살, 검은 활과 화살, 왼쪽에는 붉은 도끼, 좌측에는
금빛 도끼를 세우고 갑옷과 투구 한 벌, 秬鬯酒(거창주) 2통, 홀 2개,
옥으로 만든 술 뜨는 국자 2개, 九命青玉의 홀 2개를 받았고 朱戶(주
호)와 納陛(납폐)를 설치하게 하였다. 宗官(종관)과 祝官(축관), 卜官
(복관), 史官(사관)을 설치하고 虎賁(호분) 군사 3백 명, 家令과 家丞
(가승) 각 1명을 두었으며 태종, 태축, 태복, 태사관과 嗇夫(색부)를
두어 안한공을 돕게 하였다. 근무처인 재형부와 사저에는 호분위 군
사가 출입문을 지키며 출입자의 명단을 작성케 하였다. 四輔(사보)
나 삼공의 근무처나 사저에 볼 일이 있을 경우 모두 출입증을 쓰게
하였다. 楚王(초왕)의 저택을 안한공의 사저로 정하고 크게 수리를
했고 사방을 지키게 하였다. 조부와 선친의 묘당과 침전도 모두 붉
은 칠을 한 대문에 계단을 만들었다.

陳崇(진숭)이 또 상주하여 "안한공이 祖禰(조예) 묘당에 제사하러
성문을 나갈 경우 성문 교위가 기병을 거느리고 수행해야 합니다.
성문에 들어오면 성문을 지키게 하고 나갈 경우 기병이 수행하는 것
은 나라를 중히 여기는 것입니다."라고 하였다. 상주한 것은 可하다
고 하였다.

原文

　其秋, 葬以皇后有子孫瑞, 通子午道. 子午道從杜陵直絕
南山, 逕漢中.

　風俗使者八人還, 言天下風俗齊同, 詐爲郡國造歌謠, 頌

功德, 凡三萬言. 莽奏定著令. 又奏爲市無二賈, 官無獄訟, 邑無盜賊, 野無饑民, 道不拾遺, 男女異路之制, 犯者象刑. 劉歆,陳崇等十二人皆以治明堂, 宣敎化, 封爲列侯.

| 註釋 | ○子孫瑞(자손서) ─ 婦人之道(生理)를 하다. 황후 나이 14세였다. ○子午道 ─ 남북을 관통하는 도로 이름. 子(水, 天, 牡, 수컷, 북방). 午(火, 地, 牝, 암컷, 남방). ○逕漢中 ─ 逕(소로 경)은 지름길. 관통하다. 漢中은 군명. 치소는 西城縣(今 陜西省 남부의 安康市 서북). ○定著令 ─ 기록하여 율령으로 삼다. ○市無二賈 ─ 不二價, 정찰가격제. ○犯者象刑(상형) ─ 肉刑을 적용하지 않고 堯舜 때 시행했다고 하는 일종의 치욕형(명예형). 형벌에 따라 의관을 다르게 착용하게 했다. 묵형의 다른 의미라는 주장도 있다. 〈武帝紀〉와 〈刑法志〉 참고. 인도 문화권에서 전통적으로 행해졌던 코끼리가 밟아 죽이는 형벌이 아님.

〖 國譯 〗

그 가을에, 황후에게 자손이 생길 수 있는 상서가 있자 子午道(자오도)를 개통시켰는데, 자오도는 두릉현에서 종남산을 가로질러 漢中郡(한중군)까지 직통하는 길이었다.

지방 풍속을 살피러 갔던 사자 8명이 복귀하여 천하의 풍속이 한결같다고 하면서 거짓으로 郡國에서 왕망의 공덕을 치송하는 노래 총 3만여 자를 지어 올리게 하였다. 왕망은 이를 기록하여 율령으로 삼게 하였다. 또 왕망은 시장에서는 정찰가격제를 시행하도록 상주하였으며, 관청에 소송하는 자가 없고 마을에는 도적이 없으며, 들에는 굶는 사람이 없고 길에 떨어진 물건을 줍는 사람이 없으며, 남녀가 다른 길로 다녔고 죄를 지은 자는 다른 옷을 입혀 구별하였다. 劉歆(유흠)과 陳崇(진숭) 등 12인은 明堂을 잘 운영하고 교화를 펴서 列侯(열후)가 되었다.

原文

莽旣致太平, 北化匈奴, 東致海外, 南懷黃支, 唯西方未有加. 乃遣中郎將平憲等多持金幣誘塞外羌, 使獻地, 願內屬. 憲等奏言,

"羌豪良願等種, 人口可萬二千人, 願爲內臣, 獻鮮水海, 允谷鹽池, 平地美草皆予漢民, 自居險阻處爲藩蔽. 問良願降意, 對曰, '太皇太后聖明, 安漢公至仁, 天下太平, 五穀成熟, 或禾長丈餘, 或一粟三米, 或不種自生, 或繭不蠶自成, 甘露從天下, 醴泉自地出, 鳳皇來儀, 神爵降集. 從四歲以來, 羌人無所疾苦, 故思樂內屬.' 宜以時處業, 置屬國領護."

事下莽, 莽復奏曰, "太后秉統數年, 恩澤洋溢, 和氣四塞, 絶域殊俗, 靡不慕義. 越裳氏重譯獻白雉, 黃支自三萬里貢生犀, 東夷王度大海奉國珍, 匈奴單于順制作, 去二名, 今西域良願等復舉地爲臣妾, 昔唐堯橫被四表, 亦亡以加之. 今謹案已有東海, 南海, 北海郡, 未有西海郡, 請受良願等所獻地爲西海郡. 臣又聞聖王序天文, 定地理, 因山川民俗以制

州界. 漢家地廣二帝,三王, 凡十三州, 州名及界多不應經.
〈堯典〉十有二州, 後定爲九州. 漢家廓地遼遠, 州牧行部,
遠者三萬餘里, 不可爲九. 謹以經義正十二州名分界, 以應
正始." 奏可. 又增法五十條, 犯者徙之<u>西海</u>. 徙者以千萬數,
民始怨矣.

| 註釋 | ○黃支 – 越보다 더 남쪽의 古國名. 정확한 위치 미상. ○羌(강)
– 티벳족. 지금의 甘肅省 靑海省 일대에 분포했었다. ○鮮水海 – 일명 西海.
즉 靑海湖. ○允谷 – 靑海湖 동남의 지명. ○置屬國領護 – 전속국으로 하여
금 그 일을 맡게 하다. 典屬國은 이주해온 이민족에 관한 일을 맡은 곳. 간칭
屬國. ○橫被四表 – 사방을 널리 교화하다. 橫被는 普照(보조)하다. ○凡十
三州 – 무제 때(元封 5년) 13자사부를 설치하였고, 정화 4년에 사예교위부
를 설치하여 14부로 나누었다. 왕망은 14자사부로 12주로 고쳤다. 그때 12
주는 冀州, 兗州, 靑州, 徐州, 揚州, 荊州, 豫州, 益州, 雍州, 幽州, 幷州, 交州
이다. ○正始 – 王道의 기초와 시작을 바로잡다.

〖 國譯 〗

　왕망은 태평시대를 이루었고 북으로는 흉노를 순화시켰으며, 동
으로는 바다를 건넜고, 남으로는 黃支國(황지국)까지도 교통했지만
오직 서방에는 영향을 미치지 못했다. 이에 (왕망은) 중랑장 平憲(평
헌) 등을 파견하여 금이나 비단 등을 많이 가지고 가서 새외의 羌族
(강족)이 땅을 바치고 漢에·예속을 원하도록 회유하게 시켰다. 이에
평헌 등이 상주하였다.

　"羌(강)의 세력자인 良願(양원) 등의 무리는 인구가 1만 2천 명 정

도인데, 한의 內臣이 되고자 鮮水海(선수해)와 允谷(윤곡)의 鹽池(염지)를 바치고 평지에 풀이 좋은 곳은 한인들에게 내주었으며 그들은 험한 곳에서 움막을 치고 거주합니다. 양원 등에게 항복할 뜻을 물었더니 그들은 '태황태후께서 聖明하시고, 안한공이 아주 인자하여 천하가 태평하며 오곡이 풍년들고 곡식이 크게 자라며 곡식 한 줄기에 3가지 알갱이가 열리고 뿌리지 않아도 저절로 싹트며, 누에를 치지 않아도 저절로 고치를 짓고 하늘에서 감로가 내리며, 醴泉(예천)이 땅에서 절로 솟고 봉황이 날아와 둥지를 틀며 神爵(신작, 神雀)이 모여든다고 들었습니다. 근래 4년 동안에 羌人(강인)도 고생을 하지 않았으니 기꺼이 신하가 되고자 합니다.' 라고 말했습니다. 적당히 그들을 도와주면서 전속국 관리를 보내면 거느릴 수 있습니다."

이 일이 왕망에게 내려가자 왕망이 다시 상주하였다.

"太后께서 몇 년 동안 나라를 이끄신 이후로 은택이 넘치고 화기가 사방에 가득 찼으며 풍속이 다른 아주 먼 곳에서도 대의를 흠모하지 않는 자가 없습니다. 그리하여 越(월) 땅의 裳氏(상씨) 2중 통역을 거쳐 白雉(백치, 흰 꿩)를 바쳤고 黃支國(황지국)에서는 3만 리나 떨어진 곳에서 살아있는 물소를 바쳤으며, 東夷王(동이왕)은 바다를 건너 그 나라의 보물을 바쳤고, 흉노의 선우는 그 명령을 내리면서 2가지 이름을 버렸는데 이번에 서역의 양원 등은 그 땅을 바쳐 신하가 되겠다고 하니, 이는 옛날 堯임금이 사방의 끝까지 교화한 이후로 이보다 더 나은 적이 없었습니다. 지금 숙고해보면 이미 동해, 남해, 북해군은 있지만 서해군이 없으니 양원 등의 바치려는 땅을 서해군으로 만들기를 주청합니다. 臣이 알기로는, 성왕께서는 천문을 참고하시고 땅의 높낮이를 살피시어 산천과 민속을 고려하여 각 주

의 경계를 정하셨습니다. 그러나 한실의 영역은 2제(堯, 舜)와 三王
(夏, 殷, 周) 代보다 넓으며 현행 13州의 이름이나 경계가 경전과 상응
하지 않습니다. 〈堯典〉에는 12주였다가 나중에 9주로 정했습니다.
漢의 영역은 아주 넓어 州牧으로 部를 나눌 경우 큰 곳은 그 지역이
3만여 리나 되기에 9주로 나눌 수가 없습니다. 삼가 경전의 대의를
따라 12주로 이름과 경계를 정하여 왕도의 기초와 시작을 바로잡고
자 합니다."

또 법을 50여 조 새로 늘렸으며 범법자는 서해군으로 이주케 하
였는데 이주할 자들이 수천에서 만 명에 가까워 백성들의 원망이 많
았다.

原文

泉陵侯劉慶上書言, "周成王幼少, 稱孺子, 周公居攝. 今
帝富於春秋, 宜令安漢公行天子事, 如周公." 群臣皆曰,
"宜如慶言."

冬, 熒惑入月中.

| 註釋 | ○泉陵侯劉慶 – 長沙定王 劉發의 증손, 왕망에게 아부한 종친.

〖 國譯 〗

泉陵侯(천릉후) 劉慶(유경)이 상서하여 말했다.

"周 成王이 나이가 어리기에 孺子(유자)라고 하면서 周公이 居攝
(거섭)하였습니다. 지금 주상이 많이 어리니 안한공께서 주공과 같

이 천자의 일을 맡아야 합니다."

그러자 모든 신하가 "유경의 말과 같이 해야 합니다."라고 말했다.

겨울에, 형혹성(혜성)이 달을 질러 지나갔다.

平帝疾, 莽作策, 請命於泰畤, 戴璧秉圭, 願以身代. 藏策金縢, 置於前殿, 敕諸公勿敢言. 十二月, 平帝崩, 大赦天下. 莽徵明禮者宗伯鳳等與定天下吏六百石以上皆服喪三年. 奏尊孝成廟曰, 統宗, 孝平廟曰, 元宗. 時元帝世絶, 而宣帝曾孫有見王五人, 列侯廣戚侯顯等四十八人, 莽惡其長大, 曰, "兄弟不得相爲後. 乃選玄孫中最幼廣戚侯子嬰, 年二歲, 托以爲卜相最吉.

| 註釋 | ◦作策 – 목간에 기도하는 글을 쓰다. ◦泰畤(태치) – 제단 이름. 泰一壇(태일단)이라고도 함. 甘泉宮 남쪽에 있었다고 한다. ◦金縢(금등) – 내용물을 넣고 쇠줄로 봉한 상자. 武王이 병이 나자 周公은 자신의 목숨으로 무왕의 병을 대신하게 해달라는 간절한 기도를 적은 다음에 상자에 넣고 쇠줄로 봉했다. 나중에 성왕이 그 상자를 열어 보고 내용을 기록한 것이 《書經 周書 金縢》편이다. 縢은 봉할 등. 노끈. 여기서 왕망의 행위는 주공의 고사를 흉내 내었지만 정말 그 마음이 周公과 같았겠는가? 후세인들이 왜 '僞君子' 라고 평가했겠는가? ◦宣帝曾孫有見王五人 – 中山王 劉成都 등 5인이 있었다고 한다.

〖國譯〗

　平帝가 병이 나자, 왕망은 책서를 지어 泰時(태치)에 나아가서 각종 옥을 들고 자신의 수명으로 대신하겠다고 평제의 수명 연장을 빌었다. 책서를 넣고 쇠줄로 봉하여 前殿(전전)에 보관하고서 여러 공경에게 말하지 말라고 하였다.

　12월에, 平帝가 붕어하자 천하에 대사면령을 내렸다. 왕망은 예에 밝은 宗伯인 劉鳳(유봉) 등과 함께 천하의 6백석 이상 관리는 모두 3년을 복상하기로 결정하였다. 孝成帝의 묘호를 統宗(통종), 孝平帝의 묘호는 元宗(원종)으로 하겠다고 상주하였다. 그때 원제의 후세는 단절되었지만 宣帝의 증손으로 왕에 오른 사람이 5인이었고, 열후는 廣戚侯 劉顯(유현) 등 48인이었는데 왕망은 장성한 사람은 싫어하여 형제끼리는 그 후사가 될 수 없다고 말하였다. 그리고서는 선제의 玄孫 중에서 가장 어린 廣戚侯의 2살 된 아들 劉嬰(유영)을 후사로 결정하고서는 관상을 보아 가장 길한 상이라고 이유를 대었다.

原文

　是月, 前煇光謝囂奏武功長孟通浚井得白石, 上圓下方, 有丹書著石, 文曰, "告安漢公莽爲皇帝." 符命之起, 自此始矣. 莽命群公以白太后, 太后曰, "此誣罔天下, 不可施行!" 太保舜謂太后, "事已如此, 無可奈何, 沮之力不能止. 又莽非敢有它, 但欲稱攝以重其權, 塡服天下耳." 太后聽許. 舜等卽共令太后下詔曰, "蓋聞天生衆民, 不能相治, 爲之立君以統理之. 君年幼稚, 必有寄托而居攝焉, 然後能奉天施而成地化, 群生茂育.《書》不云乎? '天工, 人其代之'. 朕以孝平皇帝幼年, 且統國政, 幾加元服, 委政而屬之. 今短命而崩, 嗚呼哀哉! 已使有司徵孝宣皇帝玄孫二十三人, 差度宜者, 以嗣孝平皇帝之後. 玄孫年在繈褓, 不得至德君子, 孰能安之? 安漢公莽輔政三世, 比遭際會, 安光漢室, 遂同殊風, 至於制作, 與周公異世同符. 今前煇光睺, 武功長通上言丹石之符, 朕深思厥意, 云'爲皇帝'者, 乃攝行皇帝之事也. 夫有法成易, 非聖人者亡法. 其令安漢公居攝踐祚, 如周公故事, 以武功縣爲安漢公采地, 名曰, 漢光邑. 具禮儀奏."

| 註釋 | ○前煇光 – 왕망은 재형으로 있으면서 右扶風을 前煇光(전휘광)이라 개칭하였다. 煇는 빛날 휘. 輝와 同. ○武功長 – 武功은 현명. 今 陝西省 寶雞市 관할의 眉縣 동남. 長은 縣長. ○塡服天下 – 鎭服天下. ○《書》不云乎 –《書經 虞書 皐陶謨》. ○幾加元服 – 幾는 冀(바랄 기). 희망하다. 加元服은 加冠하다. 성년이 되다. ○差度宜者 – 差度는 헤아려 선택하다. ○同殊風 – 서로 다른 習俗을 통일하다. ○采地 – 封地.

〔 國譯 〕

　그 달에 前煇光(전휘광)인 謝睺(사효)는 武功(무공) 縣長인 孟通(맹통)이 우물을 준설하다가 흰 돌을 얻었는데, 위는 둥글지만 아래는 4

각으로 붉은 글씨로 '안한공망에게 황제가 되라고 알려라.' 고 쓰여 있었다고 상주하였다. 符命(부명)을 얻었다는 말은 여기서부터 시작되었다. 왕망은 여러 공경을 시켜 태후에게 알리게 하였는데, 태후는 "이는 천하 사람들을 기만하는 것으로 그대로 따를 수 없도다!" 라고 하였다. 그러자 태보인 王舜(왕순)이 태후에게 말했다.

"일이 이렇게 된 이상 어쩔 수 없으며 저지할 수도 없습니다. 그리고 왕망은 다른 것을 바라는 것도 아니고 다만 섭정이라 칭하면서 그 권한을 강화시켜 천하를 안정시키려 할 뿐입니다."

결국 태후는 수락하였다. 왕순 등은 즉시 태후를 도와 조서를 내리게 하였다.

"짐이 알기로, 하늘이 백성을 내었지만 서로 다스릴 수가 없어 주군을 세워 다스리게 하였다. 지금 주군의 나이가 어려 필히 위임하여 천하를 다스리게 한 뒤에 나중에 하늘의 뜻을 받들고 대지의 생육하는 공능을 완성할 수 있고, 그러면 모든 생명이 잘 자랄 수 있을 것이다. 《書》에서도 '하늘의 공능을 사람이 대신할 수 있다.' 라고 말하지 않았는가? 朕은 孝平皇帝가 어렸지만 국통을 이었기에 성년이 될 때까지 정사를 돌보다가 넘겨줄 것을 희망했었다. 그러나 단명하여 붕어하였으니 오호라, 슬프도다! 이미 관련자들이 孝宣皇帝의 현손인 23인 중에서 헤아려 적임자를 선택하여 孝平皇帝의 후사로 정하였도다. 현손의 나이가 아직 강보에 싸여 있으니 큰 덕을 갖춘 군자가 돕지 않는다면 누가 천하를 안정시키겠는가? 안한공 莽(망)은 3세에 걸쳐 정사를 보필하였고 연이어 어려운 상황에 봉착했지만 한실의 왕업을 빛나고 크게 하였으며, 전국의 풍속을 하나로 통일하였으며 制禮作樂하였으니 周公과 시대는 달랐지만 功業(공업)은 같았도다. 이번에 전휘광인 囂(효)와 무공 현장인 通(통)이 丹石의 符命(부명)을 올렸는데 짐이 그 뜻을 생각해본다면 '爲皇帝'란 황제의 업무를 대신 수행한다는 뜻일 것이다. 법제가 있다면 그 성취도 쉽겠지만 성인이 아니라면 법이 없는 것이리라. 안한공으로 하여금 섭정의 자리에 나아가 주공과 같은 일을 해주기를 바라면서 무공현을 안한공의 채읍으로 하되 이름을 漢光邑(한광읍)으로 고치도록 하라. 섭정의 구체적 예를 마련하여 상주하라."

原文

於是群臣奏言, "太后聖德昭然, 深見天意, 詔令安漢公居攝. 臣聞周成王幼少, 周道未成, 成王不能共事天地, 修文, 武之烈. 周公權而居攝, 則周道成, 王室安, 不居攝, 則恐周隊失天命.《書》曰, '我嗣事子孫, 大不克共上下, 遏失前人光, 在家不知命不易. 天應棐諶, 乃亡隊命'. 說曰, 周公服天子之冕, 南面而朝群臣, 發號施令, 常稱王命. 召公賢人, 不知聖人之意, 故不說也.《禮 明堂記》曰, '周公朝諸侯於明堂, 天子負斧依南面而立'. 謂 '周公踐天子位, 六年朝諸侯, 制禮作樂, 而天下大服' 也. 召公不說. 時武王崩, 繈繦未除. 由是言之, 周公始攝則居天子之位, 非乃六年而踐阼也.《書》逸〈嘉禾篇〉曰, '周公奉鬯立於阼階, 延登, 贊曰, 假王莅政, 勤和天下'. 此周公攝政, 贊者所稱. 成王加元服,周公則致政.《書》曰, '朕復子明辟', 周公常稱王命, 專行不報, 故言我復子明君也. 臣請安漢公居攝踐祚, 服天子韍冕, 背斧依於戶牖之間, 南面朝群臣, 聽政事. 車服出入警蹕, 民臣稱臣妾, 皆如天子之制. 郊祀天地, 宗祀明堂, 共祀宗廟, 享祭群神, 贊曰, '假皇帝', 民臣謂之'攝皇帝', 自稱曰, '予'. 平決朝事, 常以皇帝之詔稱'制', 以奉順皇天之心, 輔翼漢室, 保安孝平皇帝之幼嗣, 遂寄托之義, 隆治平之化. 其朝見太皇太后,帝皇后, 皆復臣節. 自施政教於其宮家國朵, 如諸侯禮儀故事. 臣昧死請."

太后詔曰, "可." 明年, 改元曰 居攝.

| 註釋 | ○共事天地 － 共은 섬기다(恭也). ○修文,武之烈 － 修는 遂行(수행)하다. 烈은 사업. 임무. ○權而居攝 － 權은 임시 조치(權變). 變通(변통)하다. ○則恐周隊失天命 － 隊는 떨어질 추(墜 同). 무리 대. 잃다. ○《書》曰 － 《書經 周書 君奭》. 君은 존칭. 奭은 召公 奭(주공의 동생). ○遏失前人光 － 遏失은 잃다. 前人은 선조. 光은 빛나는 업적. 遏은 막을 알. ○天應棐諶 － 棐諶은 정성으로 섬기다. 棐 도울 비, 나무틀 비. 諶은 진실로 심, 참으로 심. 정성. ○召公 － 武王과 周公의 동생. 召公奭. 燕에 봉해졌기에 燕의 시조가 됨. 주공과 함께 성왕을 좌우에서 도왔지만 주공의 섭정을 좋아하지 않았다. ○斧依 － 도끼가 그려진 병충. 依는 扆(병풍 의). ○縗麤未除 － 縗麤(최추)는 斬衰(참최). 喪服. 縗는 상복 이름 최. 麤는 거칠 추. 굵은 삼베. ○踐阼(천조) － 제위에 오르다. 阼는 동편 증계. 곧 주인의 지위. ○假王莅政 － 임시 제왕으로 정사를 행하다. 莅는 다다를 이(리). 군림하다. ○《書》曰, '朕復子明辟' －《書經 周書 洛誥》, 朕은 周公. 復은 아뢰다, 또는 반환하다. 子는

조카. 明辟은 明君. 賢君의 政事. ○服天子韍冕 - 服은 착용하다. 韍冕(불면)은 제왕의 면관과 의상. 韍은 폐슬 불. 무릎 가리개. 冕은 면류관 면. ○警蹕 - 戒嚴. 통행을 금지하다. 蹕은 길 치울 필. ○於其宮家國采 - 宮은 왕망의 집무처. 家는 가족의 거처. 國은 봉국인 新都國. 采는 채읍인 武功縣.

〔國譯〕

그러자 여러 신하들이 상주하였다.

"태후의 성덕이 밝게 빛나며 하늘의 깊은 뜻을 아시어 안한공에게 정사를 대리하도록 명령하셨습니다. 신이 알기로, 周 成王이 어린데다가 周의 기반이 아직 갖춰지지 않았고 성왕은 천지를 섬기고 문무의 사업을 다할 수가 없었습니다. 주공께서 임시로 섭위에 오르자 나라의 기본이 갖춰지고 왕실이 안정되었으니 섭위에 오르지 않았으면 주나라는 아마 천명을 잃었을 것입니다. 《書》에도 '나의 뒤를 이을 자손이 하늘과 땅을 제대로 받들지 못한다면 선조가 이룩한 업적을 잃게 되며, 민가에 살면 천명을 얻기가 쉽지 않다는 것을 모를 것이로다. 하늘은 정성으로 돕는 자에게 응하기에 천명을 잃을 것이다.' 라고 하였습니다. 그리고 그 해설에서는 周公은 天子의 冕冠(면관)을 쓰고 남면하여 군신의 조회를 받았으며 명령을 내리면서 늘 왕명이라 하였습니다. 召公(소공)은 현인이었는데도 성인의 뜻을 알지 못했기에 좋아하지 않았습니다. 《禮 明堂記》에도, '周公이 明堂(명당)에서 제후를 조회할 때, 천자는 도끼가 그려진 병풍을 뒤에 두고 그 앞에 선다.' 라고 하였습니다. 또 '周公이 천자의 자리에 나아가 6년간 제후를 조회하였고, 의례를 제정하고 음악을 만들자 천하는 모두 복종하였다' 고 하였습니다. 소공은 (주공 섭정을) 좋아하지 않았습니다. 무왕이 붕어하였는데 상복(縗纑 최추)이 정해지지 않았습니다. 이를 본다면, 周公이 처음 섭정했을 때부터 천자의 지위에 있었으니 6년간 천자에 자리에 있었던 것은 아니었습니다.《古文尙書》〈嘉禾篇(가화편)〉에는 '周公이 울창주를 들고 동쪽 계단에 서자 모셔서 오르게 하고, 그 축문(贊)에 임시 왕으로 정사에 임하지만 부지런히 천하를 화합케 하라' 고 하였습니다. 이는 주공의 섭정을 축문으로 말한 것입니다. 成王이 관례를 치르자 주공은 바로 정사를 반환하였습니다.《書》에 '朕(짐)은 후사인 아들(조카)이 明君이 되었으니 정사를 반환합니다.' 라고 하여 주공이 늘 왕명을 칭했지만 독단으로 처리하고 보고하지 않았기에 조카인 명군에게 반환한다고 하였습니다. 臣은 安漢公이 거섭의 자리에 오르고 천자의 면관과 의상을 착용하며 창문 사이 도끼를 그린 병풍을 세운 앞에서 남면하고 여러 신하의 조회를 받으며 정사를 처리하기를 주청합니다. 어거가 출입할 때 길을 치우게 하고 신민은 '臣妾' 이라 자칭하여 모든 것을 천자의 제도에 따를 것입니다. 천지에 대한 郊祀(교사)와 종묘와 명당, 제신을 제사할 때 축문에서는 '假皇帝(임시 황제)' 라 하고 신민들은 '攝皇帝(섭황제)' 라 하며, 섭황제의 자칭은 '予(여)' 라고 합니다. 조정의 업무를 처리하면서 평소와 같이 황제의 명령을 '制' 라 하며 황천의 뜻을 받들고 한실을 보필하며, 효평황제의 어린 후사를 안전하게 지켜 기탁한 대의를 수행하며 치국의 교화를 융성케 할 것입니다. 앞으로 太皇太后와 선제의 황후를 알현할 때는 모든 절차를 신하의 예절을 따를 것입니다. 궁과 사저에서, 봉국과 채읍에서 정교를 시행하는 것은 이전의 예법대로 제후의 의례에 따를 것입니다. 신은 감히 이와 같이 주청합니다."

태후는 可하다고 명했다. 다음 해(서기 6년), 居攝(거섭)이라 개원하였다.

居攝元年正月, 莽祀上帝於南郊, 迎春於東郊, 行大射禮於明堂, 養三老五更, 成禮而去. 置柱下五史, 秩如御史, 聽政事, 侍旁記疏言行.

三月己丑, 立宣帝玄孫嬰爲皇太子, 號曰, 孺子. 以王舜爲太傅左輔, 甄豐爲太阿右拂, 甄邯爲太保後承. 又置四少, 秩皆二千石.

| 註釋 | ○大射禮 – 제사를 올리기 전 활쏘기 행사. 우승자는 제사에 참여. ○三老五更 – 장로에 대한 총칭. 연로하여 致仕(치사)한 사람을 부형을 섬기는 예로 접대하였다. ○柱下五史 – 관직명. 정사를 기록하는 관리. ○太傅左輔(태부좌보) – 이하 3개 관직은 모두 태자 교육을 위한 관직. 太阿右拂의 拂은 도울 필. ○四少 – 少師, 少傅, 少阿, 少保.

[國譯]

居攝 원년(서기 6년) 정월에, 왕망은 南郊(남교)에서 上帝(상제)를 제사했고 동교에서 春神을 제사했으며, 명당에서 大射禮(대사례)를 거행하고 三老五更(삼로오경)을 대접하고 의례를 마친 뒤 돌아가게 하였다. 柱下五史의 질록은 어사와 같은데 옆에서 언행을 기록하였다.

3월 기축일에, 宣帝의 현손 劉嬰(유영)을 皇太子로 책립하고 孺子 (유자)라 호칭하였다. 王舜(왕순)을 太傅左輔(태부좌보), 甄豐(견풍)을 太阿右拂(태아우필), 甄邯(견한)을 太保後承(태보후승)에 임명하였다. 또 四少를 임명하였는데, 질록은 모두 2천석으로 정했다.

原文

四月, 安衆侯劉崇與相張紹謀曰, "安漢公莽專制朝政, 必危劉氏. 天下非之者, 乃莫敢先擧, 此宗室恥也. 吾帥宗族爲先, 海內必和." 紹等從者百餘人, 遂進攻宛, 不得入而敗. 紹者, 張竦之從兄也. 竦與崇族父劉嘉詣闕自歸, 莽赦弗罪. 竦因爲嘉作奏曰.

| 註釋 | ○相張紹~ - 相은 제후왕의 相. 제후국의 相은 郡의 太守級. 丞相과 격이 다르다. ○宛縣(완현) - 今 河南省 서남부의 南陽市. ○張竦(장송, 字 子高) - 박학하고 문재가 뛰어난 사람. ○自歸 - 自首하다.

〖 國譯 〗

4월에, 安衆侯 劉崇(유숭)과 王相인 張紹(장소)가 함께 모의하였는데 "안한공 왕망이 조정의 정사를 독단하는 것은 필히 유씨에게 해가 된다. 천하가 이를 비난하지만 먼저 거사할 사람이 없다는 것은 종실의 수치이다. 내가 종족을 이끌고 먼저 일어나면 해내에서 호응할 것이다."라고 하였다. 장소 등은 추종자 1백여 명과 함께 宛縣(완현)을 공격했지만 입성하지도 못하고 패퇴하였다. 장소란 사람은 張

竦(장송)의 사촌 형이었다. 장송과 유숭의 백숙부인 劉嘉(유가)는 궁궐에 가서 자수하였고 왕망은 그들을 벌주지 않았다. 이에 장송은 유가를 위해 상주문을 작성하였다.

原文

「建平,元壽之間, 大統幾絶, 宗室幾棄. 賴蒙陛下聖德, 扶服振救, 遮扞匡衛, 國命復延, 宗室明目. 臨明統政, 發號施令, 動以宗室爲始, 登用九族爲先. 並錄支親, 建立王侯, 南面之孤, 計以百數. 收復絶屬, 存亡續廢, 得比肩首, 復爲人者, 嬪然成行, 所以藩漢國, 輔漢宗也. 建辟雍, 立明堂, 班天法, 流聖化, 朝群后, 昭文德, 宗室諸侯, 咸益土地. 天下喁喁, 引領而歎, 頌聲洋洋, 滿耳而入. 國家所以服此美, 膺此名, 饗此福, 受此榮者, 豈非太皇太后日昃之思, 陛下夕惕之念哉! 何謂? 亂則統其理, 危則致其安, 禍則引其福, 絶則繼其統, 幼則代其任, 晨夜屑屑, 寒暑勤勤, 無時休息, 孳孳不已者, 凡以爲天, 厚劉氏也. 臣無愚智, 民無男女, 皆論至意.」

| 註釋 | ○建平,元壽 – 哀帝의 연호 2개. ○扶服振救 – 온힘을 다하여 구원하다. 扶服(부복)은 바닥에 기다. 匍匐(포복)하다. ○遮扞匡衛 – 막아주고 지켜주다. 遮은 막을 차. 扞은 막을 한. ○比肩首 – 지위가 비슷하다. ○嬪然成行 – 嬪然(빈연)은 많은 모양(衆多貌). ○朝群后 – 여러 제후의 朝賀를

받다. ○顒顒(옹옹) – 윗사람의 덕을 기리고 따르는 모양. 입을 위로 쳐들고 몹시 기다리는 모양. 顒은 숨 쉴 옹(우). ○洋洋 – 아름답고 성한 모양. ○服, 膺 – 진심으로 감복한 모양. 膺은 가슴 응. ○日昃之思 – 아침부터 저녁 때까지 사려하다. 日昃은 오후. 昃은 기울 측. ○夕惕之念 – 夕惕(석척)은 저녁까지 걱정하는 모양.

〔 國譯 〕

「애제의 建平(건평)과 元壽(원수) 연간에 皇統이 거의 단절되고 종실이 거의 폐기되었습니다. 그러나 폐하의 성덕과 전적인 구원이 있고 또 막고 지켜서 나라의 명운이 다시 이어졌고 종실은 다시 살아났습니다. 명철하게 정사를 이끌면서 호령하고 지시하며 종실을 격려하고 종실 九族(구족)을 우선 등용하셨습니다. 먼 支親(지친)도 찾아 등록하여 王侯(왕후)로 책봉하시니 南面하고 왕을 칭한 자가 거의 백 명이었습니다. 폐하거나 단절된 나라와 후손을 이어주고 존속시켜 어깨를 나란히 하여 다시 제후가 된 수많은 자들이 줄이 지어 漢의 울타리가 되었고 종실을 보필하게 되었습니다. 辟雍(벽옹)과 明堂을 건립하였고 천자의 법을 반포하여 성스러운 교화를 널리 행하시고, 여러 제후의 조회를 받으며 文德을 밝게 펴셨으며 종실과 제후 모두에게 땅을 넓혀주셨습니다. 천하가 우러러보며 목을 빼어 감탄하며 칭송의 소리가 쟁쟁히 귀에 가득 들려옵니다. 나라가 이렇듯 복종하고 찬미하며 그 이름을 가슴에 새기고 그 복과 영광을 누리는 것이 어찌 태황태후께서 조석으로 노심초사하고 밤마다 걱정하신 덕이 아니겠습니까! 왜 그러하겠습니까? 혼란하면 질서 있는 통치를 위기에는 안정되길 바라고, 화를 당해서는 복을 그리며 어리다면 누가 대신해주기를 바라기 때문이며, 아침저녁으로 애를 쓰며 차나 더우나 부지런히 쉴 겨를도 없이 애쓰며 그치지 않으니 모두를 하늘처럼 유씨를 후하게 돌봐주셨습니다. 우매하거나 영특한 신하이든 백성에 남녀 구분 없이 모두가 폐하의 크신 뜻을 잘 알고 있습니다.」

原文

「而安衆侯崇乃獨懷悖惑之心, 操畔逆之慮, 興兵動衆, 欲危宗廟, 惡不忍聞, 罪不容誅? 誠臣子之仇, 宗室之讎, 國家之賊, 天下之害也. 是故親屬震落而告其罪, 民人潰畔而棄其兵, 進不跬步, 退伏其殊. 百歲之母, 孩提之子, 同時斷斬, 懸頭竿杪, 珠珥在耳, 首飾猶存, 爲計若此, 豈不悖哉!

臣聞古者畔逆之國, 旣以誅討, 則豬其宮室以爲汙池, 納垢濁焉, 名曰, 凶虛, 雖生菜茹, 而人不食. 四牆其社, 覆上棧下, 示不得通. 辨社諸侯, 出門見之, 著以爲戒. 方今天下聞崇之反也, 咸欲騫衣手劍而叱之. 其先至者, 則拂其頸, 衝其匈, 刃其軀, 切其肌. 後至者, 欲拔其門, 仆其牆, 夷其屋, 焚其器, 應聲滌地, 則時成創. 而宗室尤甚, 言必切齒焉. 何則? 以其背畔恩義, 而不知重德之所在也. 宗室所居或遠, 嘉幸得先聞, 不勝憤憤之願, 願爲宗室倡始, 父子兄弟負籠荷鍤, 馳之南陽, 豬崇宮室, 令如古制. 及崇社宜如亳社,以賜諸侯, 用永監戒. 願下四輔公卿大夫議, 以明好惡, 視四方.」

│ 註釋 │ ○進不跬步 - 반걸음도 나가지 못하다. 跬는 반걸음 규. ○珠珥在耳 - 珠珥는 구슬 귀걸이. ○則豬其宮室以爲汙池 - 그 집터를 파 없애고 물웅덩이로 만들다. 豬는 瀦(웅덩이 저). 汙池(오지). 시궁창. 더러운 못. ○凶虛 - 凶墟(흉허). ○覆上棧下 - 토지신 사당의 위를 흙으로 덮고 아래는 비워놓다. 하늘과 땅의 교류를 막는다는 의미. 棧(잔도 잔)은 飛階, 잔도. ○辨社諸侯 - 辨은 두루 편. 널리 알리다. 社는 토지신. 토지신을 제사하는 곳. ○褰衣手劍而叱之 - 褰衣(건의)는 옷을 걷어 올리다. 褰은 褰(옷 들어 올릴 건). ○應聲滌地 - 滌地(척지)는 흙을 던지다. 돌팔매질을 하다. ○亳社 - 亳(박)은 한때 殷(은)의 도읍. 망한 나라의 토지신사. ○監戒 - 鑑戒. 교훈.

〖 國譯 〗

「안중후 劉崇(유숭)은 혼자 고약하고 어리석으며 반역할 생각으로 군사와 무리를 데리고서 종묘를 위기에 처하게 하였으니, 그 악행은 듣기도 민망하며 그 죄인을 어찌 죽이지 않을 수 있겠습니까? 참으로 신하된 자와 종실의 원수이며, 나라의 흉적이며 천하의 해악일 것입니다. 그리하여 친속이 다 떨어져 나가며 그 죄를 알리고 인민이 궤멸하고 등을 돌려 그를 버리니 반걸음도 나아가지 못하고 패퇴하고 벌을 받아야 했습니다. 백세의 모친이든, 안겨 있는 어린아이든 모두 힘을 모아 머리를 잘라 장대 끝에 매달았는데 귀에는 귀걸이와 머리 장식이 그대로 있었는데 그런 계획으로 어찌 망하지 않겠습니까!

臣이 알기로, 예부터 반역한 제후국은 토벌한 뒤에 그 집터를 파내어 물웅덩이로 만들고 더러운 물을 채우고서 凶虛(흉허)라 부르고 설령 나물이 자라더라도 먹는 사람이 없다고 하였습니다. 그 사직터는 사방을 둘러쳐서 막고 위를 흙으로 덮으며 아래쪽은 비워두며 왕래할 수 없다는 뜻을 알립니다. 제후국의 모든 토지신 묘당에 이런 것을 만들어 제후가 문을 나서면 볼 수 있게 하여 교훈으로 삼아야 합니다. 이번에 천하가 유숭의 모반을 듣고서는 모두가 팔을 걷고 주먹을 휘두르며 질책하였습니다. 이에 먼저 온 자는 목을 치거나 가슴을 때렸고 몸뚱이를 찌르거나 껍질을 벗기려 했습니다. 나중에 온 자는 그 대문을 쓰러트리고 담을 넘어뜨렸으며 집을 부수고 기물을 태우며 소리 맞춰 팔매질을 하여 금방 부숴버렸습니다. 종실 사람들은 매우 심하게 모두 이를 갈았습니다. 왜 그러했겠습니까? 그것은 은의를 배반했기 때문이며 크나큰 은덕이 어디서 나오는가를 몰랐기 때문입니다. 먼 곳의 종실이지만 臣(劉嘉)은 다행히 이를 먼저 알았기에 끓어오르는 열망을 참지 못하고 종실에 앞장서서 부자형제가 모두 바구니와 삽을 들고 南陽(남양)으로 달려가서 유숭의 집터를 파 없애 옛 법도대로 따르겠습니다. 그리하여 유숭의 사당을 멸망한 殷의 사당 亳社(박사)와 같이 만들어 여러 제후에게 보여 영원히 훈계의 거울로 삼고자 합니다. 이를 四輔와 公卿大夫의 의논에 부쳐 선악을 명확히 하여 천하가 이를 보게 해야 합니다.」

原文

於是莽大說. 公卿曰, "皆宜如嘉言." 莽白太后下詔曰,

"惟嘉父子兄弟, 雖與崇有屬, 不敢阿私, 或見萌牙, 相率告
之, 及其禍成, 同共讎之, 應合古制, 忠孝著焉. 其以杜衍戶
千封嘉爲師禮侯, 嘉子七人皆賜爵關內侯." 後又封竦爲淑
德侯. 長安爲之語曰, "欲求封, 過張伯松, 力戰鬪, 不如巧
爲奏." 莽又封南陽吏民有功者百餘人, 汙池劉崇室宅. 後
謀反者, 皆汙池云.

| 註釋 | ○或見萌牙 – 萌牙는 萌芽(맹아). 싹. 조짐. ○杜衍(두연) – 현명.
今 河南省 南陽市 서남. ○師禮侯 – 帥禮侯(솔례후)의 착오. 帥은 거느릴 솔.
장수 수. ○長安爲之語曰 – 爲之는 謂之. 古字 通用. ○過張伯松 – 張竦(장
송, 字 伯松)을 찾아가다.

〖 國譯 〗

　이에 왕망은 아주 좋아하였다. 공경들은 "모두 劉嘉(유가)의 말과
같이 해야 합니다."라고 말했다. 왕망은 태후에게 말해 조서를 내리
게 했다.

　"유가의 부자와 형제들은 劉崇(유숭)과 집안이지만 사적으로 편
들지 않고 반역의 싹이 보이자 서로 자진해서 이를 고발했고, 반역
행위를 하자 모두의 원수로 여겼으니 옛 제도에 상응하게 충효를 다
보여주었다. 이에 杜衍(두연) 현의 1천 호로 유가를 帥禮侯(솔례후)로
봉하고, 유가의 아들 7명 모두에게 관내후의 작위를 하사한다."

　그 뒤에 다시 張竦(장송)을 淑德侯(숙덕후)에 봉했다. 이에 장안에
서는 이를 두고 "제후가 되고 싶으면 장송을 찾아가고, 애쓰는 전투
는 좋은 글로 상주하는 것만 못하다."라고 말했다. 왕망은 또 남양

군의 관리나 백성 중에 유공자 1백여 명에게 작위를 내렸고 유숭의
집터를 연못으로 만들었다. 이후 반역자 집터는 모두 연못으로 만들
었다고 한다.

原文

　群臣復白, "劉崇等謀逆者, 以莽權輕也. 宜尊重以塡海
內." 五月甲辰, 太后詔莽朝見太后稱'假皇帝'.

　冬十月丙辰朔, 日有食之. 十二月, 群臣奏請, "益安漢公
宮及家吏, 置率更令, 廟, 廐, 廚長丞, 中庶子, 虎賁以下百餘
人, 又置衛士三百人. 安漢公廬爲攝省, 府爲攝殿, 第爲攝
宮." 奏可.

| 註釋 | ○宜尊重以塡海內 – 지위를 더 높이고 권력을 더 강하게 하다.
塡은 鎭. 진압하다. 지배하다.　○率更令 – 시각을 알리는 업무 담당자. 詹事
(첨사)의 속관.　○中庶子 – 太子中庶子. 태자의 시종관으로 太子少傅의 속
관. 秩 6백석.　○虎賁(호분) – 期門을 개명한 것. 낭중령의 속관.　○廬(여,
려) – 관청의 숙소. 숙직실.　○府 – 집무처.　○第 – 私邸(사저).

[國譯]

　여러 신하들은 "유숭 등의 반역은 왕망의 권한이 약했기 때문입
니다. 응당 지위와 권력을 강화하여 천하를 지배할 수 있어야 합니
다."라고 말했다. 5월 갑진일에, 태후는 조서로 왕망이 태후를 알현
할 때 '假皇帝'라 자칭할 수 있게 하였다.

겨울인 10월 초하루 병진일에 일식이 있었다. 12월에, 여러 신하가 주청했다.

"安漢公 궁궐 및 사저의 관리를 늘려 率更令(솔경령)과 廟(묘당), 廐(마구간), 廚(주방)에 長(장)과 丞(승)을 임명하고, 中庶子(중서자)와 虎賁(호분) 이하 百餘人을 두고 또 衛士(위사) 3백 명을 두어야 합니다. 안한공 부서 내 숙소를 攝省(섭성)이라 하고 근무처를 攝殿(섭전), 저택을 攝宮(섭궁)이라 불러야 합니다." 상주는 그대로 결재가 났다.

原文

莽白太后下詔曰, "故太師光雖前薨, 功效已列. 太保舜, 大司空豐, 輕車將軍邯, 步兵將軍建皆爲誘進單于籌策, 又典靈臺, 明堂, 辟雍, 四郊, 定制度, 開子午道, 與宰衡同心說德, 合意並力, 功德茂著. 封舜子匡爲同心侯, 林爲說德侯, 光孫壽爲合意侯, 豐孫匡爲並力侯. 益邯, 建各三千戶."

| 註釋 | ○功效已列 - 공적은 이미 크다. 列은 列列(높고 큰 모양). ○誘進單于 - 烏珠留單于(이름은 囊知牙斯(낭지아사))가 漢에 입조하게 하다. 烏珠留單于는 21년을 재위하고 建國 5년(서기 13년)에 죽었다. ○四郊 - 天地와 社稷을 제사하는 長安 주변 4개소.

〔 國譯 〕
왕망은 태후에게 아뢰어 조서를 내리게 하였다.

"전에 太師이었던 孔光(공광)은 앞서 죽었지만 그 공적은 뛰어났 도다. 太保인 王舜(왕순), 대사공인 甄豊(견풍), 경거장군인 甄邯(견한), 보병장군 建(건)은 모두 흉노 선우를 입조시킬 수 있는 방책을 건의하였고, 또 영대, 명당, 벽옹, 四郊(사교)의 제도를 확정하는 일을 담당했으며, 子午道(자오도)를 개통케 하는 등 宰衡(재형)과 한마음으로 덕업을 즐겨 실천하고 뜻을 같이 했으며 힘을 모아 실천한 그 공적이 뚜렷하도다. 이에 왕순의 아들 王匡(왕광)을 同心侯(동심후)에, 王林(왕림)을 說德侯(열덕후)에, 공광의 손자인 孔壽(공수)를 合意侯(합의후), 견풍의 손자 甄匡(견광)을 並力侯(병력후)에 봉한다. 甄邯(견한)과 建(건)에게 식읍 3천 호를 더 지급한다."

原文

是歲, 西羌龐恬, 傅幡等怨莽奪其地作西海郡, 反攻西海太守程永, 永奔走. 莽誅永, 遣護羌校尉竇況擊之.

二年春, 竇況等擊破西羌. 五月, 更造貨, 錯刀, 一直五千, 契刀, 一直五百, 大錢, 一直五十, 與五銖錢並行. 民多盜鑄者. 禁列侯以下不得挾黃金, 輸御府受直, 然卒不與直.

| 註釋 | ○西羌 – 羌族에 대한 범칭. 중국 서쪽의 강족이라는 의미. 羊을 토템으로 숭배하는 '西戎牧羊人' 본래 지금의 陝西, 甘肅, 靑海省 일대에 거주. ○護羌校尉(호강교위) – 무제 때 처음 설치. 강족에 관한 업무 담당. ○更造貨 – 새 화폐를 주조하다. ○錯刀 – 정식 명칭은 一刀平五千. 전체적으로 칼 모양이고, 칼자루 부분은 圓形에 方孔이 있고, 황금으로 '一刀'라는 글자

를 음각했다. 칼 몸체 부분에 전서로 '平五千'이라는 글자가 있다. 왕망은
구귀족의 세력을 약화시키고 백성의 경제력을 동원 착취하기 위하여 '托古
改制(탁고개제)'의 명분으로 전국시대의 刀錢이나 布錢을 모방한 신 화폐를
주조 유통시켰다. 그러나 실질가치와 명목가치가 크게 달랐고 유통과 활용
이 불편하여 결국 실패했으며 왕망 멸망의 한 원인이 되었다. ○一直五千 –
直은 値. 五銖錢 5천 전의 가치. ○契刀(계도) – 길이는 2寸. 錯刀와 길이와
모양 같음. ○大錢 – 길이 1寸2分. 重 12銖. ○五銖錢(오수전) – 무제 때 처
음 주조. ○御府 – 中御府. 소부 소곡의 관서. 황궁의 금전과 재물을 관리하
는 부서.

〔國譯〕

이 해에, 西羌(서강) 족의 龐恬(방염)과 傅幡(부번) 등은 왕망이 그
들의 땅을 빼앗아 西海郡으로 만든 것에 원한을 가지고 서해군 태수
程永(정영)을 공격하자 정영은 도주하였다. 왕망은 정영을 주살하고
서 護羌校尉(호강교위) 竇況(두황)을 보내 토벌케 했다. (섭정) 2년
봄, 두황 등이 서강족을 격파하였다.

5월에 새 화폐를 주조하였는데 錯刀(착도)는 1개가 (오수전) 5천
전에 해당하였고, 契刀(계도)는 1개가 오수전 5백 전, 大錢 1개는 50
개에 해당하였는데 五銖錢(오수전)과 함께 통용하였다. 백성 중에 몰
래 주전하는 자가 많았다. 열후 이하는 황금을 소지할 수 없게 하면
서 御府(어부)에 갖다주고 그 가치만큼 돌려받게 하였으나 끝내 그
가치만큼 주지 않았다.

九月, 東郡太守翟義都試, 勒車騎, 因發犇命, 立嚴鄕侯劉
信爲天子, 移檄郡國, 言'莽毒殺平帝, 攝天子位, 欲絶漢室,
今共行天罰誅莽'. 郡國疑惑, 衆十餘萬. 莽惶懼不能食, 晝
夜抱孺子告禱郊廟, 放, 〈大誥〉作策, 遣諫大夫桓譚等班於
天下, 諭以攝位當反政孺子之意. 遣王邑, 孫建等八將軍擊
義, 分屯諸關, 守厄塞. 槐里男子趙明, 霍鴻等起兵, 以和翟
義, 相與謀曰, "諸將精兵悉東, 京師空, 可攻長安." 衆稍多,
至且十萬人, 莽恐, 遣將軍王奇, 王級將兵拒之. 以太保甄邯
爲大將軍, 受鉞高廟, 領天下兵, 左杖節, 右把鉞, 屯城外.
王舜, 甄豐晝夜循行殿中.

| 註釋 | ○東郡太守翟義都試 － 東郡은 군명. 치소는 濮陽縣(복양현, 今 河
南省 濮陽市 서남). 翟義(적의)는 적방진의 아들. 都試는 立秋日에 講武하며
열병하고 장졸의 무예를 시험하여 등용하였다. ○發犇命 － 犇命軍을 동원
하다. 犇命은 奔命(분명). 急難에 대비하여 동원하는 군사. ○劉信(?－서기 7)
－ 東平 煬王 劉雲의 아들로, 애제 建平 2년(前 5)에 嚴鄕侯에 봉해졌다.
○放〈大誥〉作策 － 〈大誥〉는 《書經 周書》의 편명. 誥는 告. 作策은 글을 지어
告하다. ○桓譚(환담) － 《新論》 29편을 저술. 《後漢書》에 입전. ○槐里(괴
리) － 현명. 今 陝西省 咸陽市 관할의 興平市.

〖 國譯 〗

9월에, 동군태수인 翟義(적의)는 都試(도시)를 하는 날 車騎兵을
거느리고 犇命軍(분명군)을 동원하여 嚴鄕侯 劉信(유신)을 천자로 내

세운 뒤 각 군국에 격문을 보냈는데 '왕망은 平帝를 독살하고 천자의 자리에서 섭정하며 한실을 단절시키려 하니, 지금 모두 하늘을 대신하여 왕망을 주살해야 한다.'고 주장하였다. 여러 군국에서 의혹을 가졌고 무리는 10여만 명이 되었다.

왕망은 두려워 밥을 먹지 못했으며 밤낮으로 孺子(유자)를 안고 郊廟(교묘)에 나가 기도하면서 〈大誥(대고)〉를 모방하여 策文을 지어 간대부 桓譚(환담) 등을 시켜 천하에 널리 반포하게 하였는데 섭위는 나중에 孺子에게 정사를 반환하기 위한 것이라고 하였다. 왕망은 王邑(왕읍)과 孫建(손건) 등 8명의 장군을 보내 적의를 토벌케 하면서 여러 관문에 나눠 주둔하며 요지를 지키게 하였다. 槐里縣(괴리현) 사람 趙明(조명)과 霍鴻(곽홍) 등은 기병하여 적의에 호응하면서 서로 모의하기를 "여러 장수와 정병은 모두 동쪽으로 갔기에 京師가 비었으니 장안을 공격할 수 있다."고 하였다. 군사는 점점 불어나서 거의 10만에 가까웠으며 왕망은 두려워 王奇(왕기)와 王級(왕급) 등을 시켜 군사를 거느리고 방어하게 하였다. 또 太保인 甄邯(견한)을 대장군에 임명하고 고조의 사당에서 도끼를 하사하였는데, 견한은 천하의 군사를 지휘하여 좌측에 지절을 세우고 우측에 도끼를 세워 놓고서 성 밖에 주둔하였다. 王舜(왕순)과 甄豐(견풍)은 주야로 궁궐을 순찰하였다.

原文

十二月, 王邑等破翟義於圉. 司威陳崇使監軍上書言, "陞

下奉天洪範, 心合寶龜, 膺受元命, 豫知成敗, 咸應兆占, 是
謂配天. 配天之主, 慮則移氣, 言則動物, 施則成化. 臣崇伏
讀詔書下日, 竊計其時, 聖思始發, 而反虜仍破, 詔文始書,
反虜大敗, 制書始下, 反虜畢斬, 衆將未及齊其鋒芒, 臣崇未
及盡共愚慮, 而事已決矣." 莽大說.

| 註釋 | ○圉(어) – 현명. 今 河南省 開封市 관할의 杞縣(기현). ○司威 –
왕망이 편제 때 설치한 홍보 담당 관직. 威는 皇天威命이란 뜻. 자신의 덕을
늘 칭송하는 陳崇(진숭)을 임명. ○奉天洪範 – 洪範은 大法. 大綱. ○心合寶
龜 – 생각한 것과 점을 친 내용이 일치하다. 龜는 점치는 거북 등판. 占卜.
○膺受元命 – 膺受는 접수하다. 元命은 天命.

〔國譯〕

　12월에, 王邑(왕읍) 등이 翟義(적의)를 圉縣(어현)에서 격파하였다.
司威(사위)인 陳崇(진숭)은 監軍을 보내 상서하였다.

　"폐하께서는 하늘의 洪範(大法)을 받으셨으니 생각이 점친 내용
과 일치하시며 천명을 받아 그 성패를 미리 알았고 모든 것이 점괘
그대로였으니, 이는 하늘과 함께 영원하실 것입니다. 하늘과 함께하
시는 聖主이시니 생각하는 대로 기운을 옮겨가게 할 수 있고, 말하
면 사물을 움직이고 베풀면 변화를 이룩하셨습니다. 臣 陳崇이 삼가
조서를 읽으면서 가만히 그 날짜를 계산해보니 聖慮(성려)가 시작된
날에 반역자들을 격파하기 시작하여 조서의 글이 지어진 날에 반적
들은 대패하였고, 制書가 내려온 날에 반역자들은 모두 참수되었으
니 여러 장수들이 그들의 무기를 잡기 이전이었으며 저의 우둔한 생

각이 거기까지 미치기 전에 토벌은 이미 끝났습니다."

왕망은 크게 좋아하였다.

三年春, 地震. 大赦天下.

王邑等還京師, 西與王級等合擊明, 鴻, 皆破滅, 語在〈翟義傳〉. 莽大置酒未央宮白虎殿, 勞賜將帥, 詔陳崇治校軍功, 第其高下. 莽乃上奏曰, "明聖之世, 國多賢人, 故唐, 虞之時, 可比屋而封, 至功成事就, 則加賞焉. 至於夏后塗山之會, 執玉帛者萬國, 諸侯執玉, 附庸執帛. 周武王孟津之上, 尙有八百諸侯. 周公居攝, 郊祀后稷以配天, 宗祀文王於明堂以配上帝, 是以四海之內各以其職來祭, 蓋諸侯千八百矣. 《禮記 王制》千七百餘國, 是以孔子著《孝經》曰, '不敢遺小國之臣, 而況於公, 侯, 伯, 子, 男乎? 故得萬國之歡心以事其先王.' 此天子之孝也. 秦爲亡道, 殘滅諸侯以爲郡縣, 欲擅天下之利, 故二世而亡. 高皇帝受命除殘, 考功施賞, 建國數百, 後稍衰微, 其餘僅存. 太皇太后躬統大綱, 廣封功德以勸善, 興滅繼絶以永世, 是以大化流通, 旦暮且成. 遭羌寇害西海郡, 反虜流言東郡, 逆賊惑衆西土, 忠臣孝子莫不奮怒, 所徵殄滅, 盡備厥辜, 天下咸寧. 今制禮作樂, 實考周爵五等, 地四等, 有明文. 殷爵三等, 有其說, 無其文.

孔子曰, '周監於二代, 鬱鬱乎文哉! 吾從周.' 臣請諸將帥
當受爵邑者爵五等, 地四等." 奏可.

於是封者高爲侯, 伯, 次爲子, 男, 當賜爵關內侯者更名曰,
附城, 凡數百人. 擊西海者以 '羌' 爲號, 槐里以 '武' 爲號, 翟
義以 '虜' 爲號.

| 註釋 | ○〈翟義傳〉－〈翟方進傳〉에 附傳. ○治校軍功, 第其高下－治校
는 비교 심사하다. 第는 등급을 정하다. ○夏后塗山之會－夏의 禹王은 塗
山(도산)에서 모든 제후와 회합하였다. ○附庸執帛－附庸(부용)은 그 봉지
가 사방 50리(경계선의 총 연장이 50리가 안 된다는 뜻)가 안 되는 소국. ○孟
津(맹진)－황하의 나루 이름(今 河南省 洛陽市 관할의 孟津縣). 무왕은 대략 前
1048년에 여기서 8백 제후와 함께 殷 紂王을 토벌하러 출발하였다. ○盡備
厥辜－그 잘못을 모두 인정하다. 備는 自服하다. ○地四等－공작의 영역은
1등급, 侯, 伯은 2등급, 子, 男은 3등급, 附庸는 4등급으로 구분했다. ○孔子
曰~－《論語 八佾》. ○附城－관내후의 개명. 제후에 부속된 지역이란 뜻.

〔國譯〕

(居攝) 3년 봄에, 지진이 있었다. 천하에 대사령을 내렸다.

王邑(왕읍) 등은 경사로 회군했다가 서쪽으로 가서 王級(왕급) 등
과 합세하여 趙明(조명)과 霍鴻(곽홍)을 토벌하여 모두 죽였는데, 이
는 〈翟義傳〉에 실려 있다. 왕망은 미앙궁 백호전에 큰 연회를 준비
하여 장수를 위로하였고 조서로 陳崇(진숭) 등의 군공을 심사하여
그 등급을 정하였다. 이에 왕망이 상주하여 말했다.

"훌륭하신 성군 시대에는 나라에 현인이 많았으니 요순시절에는

집집마다 책봉을 받을 정도로 성취한 일이 많아 그때마다 상을 내렸습니다. 夏의 禹王은 塗山(도산)에서 제후를 모았는데 玉이나 비단을 받은 자들이 수없이 많았으니 제후는 玉을 받았고 부용민은 비단을 받았습니다. 周 武王은 孟津(맹진)에서 8백 명 제후를 모았습니다. 주공은 섭정하면서 郊祀(교사)를 지내 后稷(후직)을 천제에 배향하였고 文王을 명당에서 제사하면서 上帝에 배향하였는데, 이로써 천하 각지에서 토산품을 바치며 제사에 참여한 제후가 1,800명이었습니다. 《禮記 王制》에는 1,700여 국이라 하였는데, 이에 공자는 《孝經》을 저술하여 '소국의 신하라도 빼놓을 수 없거늘, 하물며 公, 侯, 伯, 子, 男爵을 빼놓겠는가? 그리하여 만국의 환심을 사서 그 선왕을 제사한다.' 라고 말했는데, 이것이 바로 천자의 효도입니다. 秦(진)은 멸망의 길을 가서 제후국을 없애 군현으로 만들어 천하의 모든 이득을 독점하려 하였기에 2세에서 멸망하였습니다. 고황제께서 천명을 받으신 뒤에 잔악한 무리를 제거하고 공을 따져 시상을 하면서 제후국을 세운 것이 수백 개였으나 그 후로 점차 소멸하여 그 나머지가 겨우 존속했습니다. 태황태후께서는 친히 국통의 대강을 장악하시고 공덕을 세운 자를 널리 봉하시며 선행을 권장하셨으며, 없어지고 단절된 나라를 다시 이어주었기에 큰 교화가 널리 짧은 시간에 성취하였습니다. 이번에 강족이 서해군 지역에 침입하였고 반역의 무리가 東郡에 유언비어를 지어냈으며, 역적들이 서쪽 지역의 민중을 현혹시켰을 때 충신과 효자가 분노하지 않는 자가 없었으며 이들을 징계하고 모두 토벌하였으며 그들은 모두 죄악을 자복하였고 천하는 평안해졌습니다. 이번에 制禮作樂하면서 周의 5등급 작위와 토지의 4등급을 고찰하였는바 확실한 글이 있었습니다. 殷의 작위는 3등으로 여러 주장이 있으나 명문화된 것은 없습니다. 공자는 '周는 二代를 본받았으니 훌륭하도다. 그 문치여! 나는 周를 따르겠다.' 라고 하였습니다. 臣은 여러 장수들은 당연히 5등의 작위를 받고, 토지는 4등급으로 나누어 봉할 것을 주청합니다.”

상주한 것은 그대로 결재가 났다. 이에 크게 책봉된 자는 侯(후)와 伯(백)이 되었고, 그 다음은 子(자)와 男(남)이 되었으며, 관내후의 작위를 받게 된 자는 이름을 附城(부성)이라 하였는데 모두 수백 명에 달했다. 西海郡을 평정한 자는 '羌(강)'이라는 이름으로 槐里(괴리)현을 토벌한 자는 '武'로, 적의를 토벌한 자는 '虜(노)'가가 들어가는 이름의 작위를 받았다.

原文

群臣復奏言, “太后修功錄德, 遠者千載, 近者當世, 或以文封, 或以武爵, 深淺大小, 靡不畢擧. 今攝皇帝背依踐祚, 宜異於宰國之時, 制作雖未畢已, 宜進二子爵皆爲公.《春秋》'善善及子孫', '賢者之後, 宜有土地'. 成王廣封周公庶子六人, 皆有茅土. 及漢家名相大將蕭,霍之屬, 咸及支庶. 兄子光, 可先封爲列侯, 諸孫, 制度畢已, 大司徒,大司空上名,如前詔書.”

太后詔曰, “進攝皇帝子褒新侯安爲新擧公, 賞都侯臨爲襃新公, 封光爲衍功侯.” 是時, 莽還歸新都國, 群臣復白以封莽孫宗爲新都侯. 莽旣滅翟義, 自謂威德日盛, 獲天人助,遂謀卽眞之事矣.

| 註釋 | ○背依踐阼 – 依는 扆(병풍 의). 도끼 무늬를 그려 넣은 병풍. 천
자의 자리 뒤에 치는 병풍. 踐阼(천조)는 제위에 오르다. ○《春秋》'善善~ –
《春秋公羊傳》昭公 20년 條. 善善은 善人을 善待하다. ○皆有茅土 – 제후로
책봉되는 곳의 방위에 따라 5가지 색의 흙을 띠풀(茅)로 싸서 제후의 상징으
로 수여하였다. ○卽眞之事 – 假皇帝가 아닌 眞皇帝로 즉위할 일.

〖 國譯 〗

　여러 신하들이 다시 상주하여 말했다.

　"태후께서 공적을, 덕행을 수록하는 데 멀리는 천년을, 가까이는
지금의 실례를 들어 어떤 경우는 문덕으로 책봉하거나 아니면 무공
의 작위를 하사하며 후덕과 공로의 대소까지 거론하지 않은 것이 없
었습니다. 이제 섭황제께서 병풍 앞에 즉위하셨으니 나라의 宰衡(재
형)으로 있을 때와 달라야 하며 제도가 아직 다 준비되지는 않았어
도 두 아들의 작위를 높여 모두 公이 되어야 합니다. 《春秋》에서도
'善人을 善待하여 자손에게 까지 내려간다.'고 하였으며, '賢者의
후손은 토지를 소유해야 한다.'고 하였습니다. 成王은 널리 周公의
여러 서자 6인을 모두 제후에 봉하였습니다. 한실에서는 名相이나
대장으로 蕭何(소하)나 霍光(곽광)의 친속은 모두 지손까지 봉했습니
다. 섭황제 형의 아들인 王光은 먼저 열후로 책봉할 수 있으며 여러
손자들은 예악제도가 갖추어지면 대사도나 대사공이 이름을 상신
하되 이전의 조서와 같이 행해야 합니다."

　이에 太后가 조서를 내렸다. "攝皇帝의 아들 포신후 王安(왕안)을

新擧公(신거공)으로, 상도후 王臨(왕림)을 襃新公(포신공)으로 올리고, 王光을 衍功侯(연공호)에 책봉한다."

이때 왕망은 新都國(신도국)을 반환하였는데 여러 신하들은 다시 왕망의 손자인 王宗(왕종)을 新都侯(신도후)에 봉해야 한다고 상주하였다. 왕망은 적의를 멸망시킨 뒤에 자신의 위세와 덕망이 나날이 높아져서 하늘의 백성의 도움을 얻었다고 생각하며 정식 황제로 즉위할 생각을 하게 되었다.

原文

　九月, 莽母功顯君死, 意不在哀, 令太后詔議其服. 少阿, 羲和劉歆與博士諸儒七十八人皆曰, "居攝之義, 所以統立天功, 興崇帝道, 成就法度, 安輯海內也. 昔殷成湯旣沒, 而太子蚤夭, 其子太甲幼少不明, 伊尹放諸桐宮而居攝, 以興殷道. 周武王旣沒, 周道未成, 成王幼少, 周公屏成王而居攝, 以成周道. 是以殷有翼翼之化, 周有刑錯之功. 今太皇太后比遭家之不造, 委任安漢公宰尹群僚, 衡平天下. 遭孺子幼少, 未能共上下, 皇天降瑞, 出丹石之符, 是以太皇太后則天明命, 詔安漢公居攝踐祚, 將以成聖漢之業, 與唐,虞三代比隆也. 攝皇帝遂開秘府, 會群儒, 制禮作樂, 卒定庶官, 茂成天功. 聖心周悉, 卓爾獨見, 發得周禮, 以明因監, 則天稽古, 而損益焉, 猶仲尼之聞〈韶〉, 日月之不可階, 非聖哲之至, 孰能若茲! 綱紀咸張, 成在一匱, 此其所以保佑聖漢, 安靖元元之效也. 今功顯君薨, 《禮》, '庶子爲後, 爲其母緦.' 傳曰, '與尊者爲體, 不敢服其私親也'. 攝皇帝以聖德承皇天之命, 受太后之詔居攝踐阼, 奉漢大宗之後, 上有天地社稷之重, 下有元元萬機之憂, 不得顧其私親. 故太皇太后建厥元孫, 俾侯新都, 爲哀侯後. 明攝皇帝與尊者爲體, 承宗廟之祭, 奉共養太皇太后, 不得服其私親也. 《周禮》曰, '王爲諸侯緦縗', '弁而加環絰', 同姓則麻, 異姓則葛. 攝皇帝當爲功顯君緦縗, 弁而加麻環絰, 如天子吊諸侯服, 以應聖制.' 莽遂行焉, 凡壹吊再會, 而令新都侯宗爲主, 服喪三年云.

| 註釋 | ○議其服 – 服喪에 관한 의례를 논의하다. ○少阿 – 왕망이 설치한 관직명, 제왕의 사부. ○羲和(희화) – 왕망이 설치한 관직. 太史에 해당. ○安輯海內也 – 安輯은 잘 다스려 질서를 확립하다. ○桐宮(동궁) – 湯王의 葬地. ○有翼翼之化 – 翼翼(익익)은 예의가 매우 성한 모양. ○刑錯之功 – 형벌이 집행되지 않는 치적. 범법자가 없어 옥이 텅 비다. ○比遭家之不造 – 比는 연이어. 遭는 당하다. 만나다. 不造는 불행. ○宰尹群僚 – 宰는 다스리다(治). 尹은 바로 하다. ○未能共上下 – 共은 恭과 通. 上下는 天地. ○遂開秘府 – 秘府는 궁중의 秘書나 도서 보관하는 곳. ○以明因監 – 명확히 계승하며 귀감으로 삼다. ○仲尼之聞〈韶〉 –〈韶〉는 舜의 음악. 子在齊聞韶, 三月不知肉味, 曰, "不圖爲樂之至於斯也. 《論語 述而》. ○日月之不可階 – 하늘의 해나 달은 사다리나 계단으로 올라갈 수 없다. 공자의 덕이 훌륭하다는 자공의 말을 원용한 것임. 子貢曰, "~ 他人之賢者, 丘陵也, 猶可踰也,

仲尼, 日月也, 無得而踰焉." "~ 夫子之不可及也, 猶天之不可階而升也."《論語 子張》. ○成在一匱 - 왕망의 제례작악은 마지막 한 단계에 달렸다는 뜻. 匱는 簣(삼태기 궤). 흙을 담아 나를 수 있는 연모. 子曰, "譬如爲山, 未成一簣, 止, 吾止也. 譬如平地, 雖覆一簣, 進, 吾往也."《論語 子罕》. ○安靖元元 - 安靖은 安定과 平安. 元元은 백성. ○緦 - 緦麻服 시. 소원한 친척 관계에서 입는 상복. ○奉漢大宗之後 - 한을 받들어야 하는 대종(宗法에서의 大宗)의 후계자. ○爲哀侯後 - 哀侯는 왕망의 부친 王曼(왕만). ○緦縗(시최) - 제후에 대한 왕의 服喪. ○弁而加環絰 - 弁은 관모. 爵弁. 環絰은 수질을 두르다. 絰(질)은 상복을 입을 때 머리에 두르는 테. 首絰(수질).

[國譯]

9월에, 왕망의 모친인 功顯君이 죽었는데 애통한 마음은 없고 태후의 명에 따라 그 복상을 논의케 하였다. 少阿이며 義和인 劉歆(유흠)과 박사와 여러 유생 78명이 모두 말했다.

"居攝(거섭)의 대의는 천명을 계승하여 제왕의 대도를 크게 일으키고 법도를 마련하여 해내를 편안하게 다스리는데 있습니다. 예전에 殷(은)의 湯王이 죽었을 때 태자는 어려서 죽었고 그 아들 太甲(태갑)도 어리고 미숙하였기에 伊尹(이윤)은 태갑을 桐宮(동궁)에 머물게 한 뒤에 섭정을 하여 은나라의 법도를 확립하였습니다. 周 武王이 죽은 뒤에 周의 국체가 확립되지 않았고, 成王은 나이가 어리기에 주공이 성왕을 가려 놓고 섭정을 하여 주나라의 제도를 완성시켰습니다. 이리하여 (이런 섭정으로) 殷은 예의가 잘 지켜졌으며, 周는 형벌을 쓰지 집행하지 않는 교화를 이룩했습니다. 이에 太皇太后께서는 황실의 불행을 연이어 겪으면서 安漢公에게 모든 신하를 바로 다스리고 천하를 공정히 다스리도록 위임하셨습니다. 또 孺子(유자)

가 연소하여 天地를 받들 수 없었지만 皇天에서 상서의 조짐을 내려주고 丹石의 信符도 출현하였기에 태황태후께서는 이를 천명이라 생각하시어 안한공을 섭정에 즉위하게 하여 위대한 漢의 대업을 성취케 하고 堯舜과 三代와 같은 융성을 이루라고 하셨던 것입니다. 섭황제께서는 나중에 궁중의 비서 보관처를 개봉하시고 여러 유생과 함께 制禮作樂하시었으며 백관의 제도를 정비하여 하늘의 뜻을 애서 이룩하셨습니다. (섭황제의) 聖心은 두루 다 살피시고 뛰어난 혜안으로 周禮를 근본으로 삼아 계승하며 귀감으로 삼았으니 하늘을 본받고 옛 제도를 살펴 가감하였으니, 이는 마치 공자가 〈韶〉를 들은 것과 마찬가지였으며 보통 사람으로서는 계단으로 하늘에 오를 수 없는 것과 같았으니 이처럼 聖哲하신 성인이 아니면 누가 이와 같겠습니까? 기강을 모두 확립하였으나 마지막 한 과정에 달렸습니다. 이는 성스러운 한나라를 보우하는 것이며 백성을 안정시킬 수 있는 공능이 될 것입니다. 지금 功顯君(공현군, 왕망 모친)이 돌아가셨는데《禮》에 '庶子가 후사가 되면 그 모친상엔 緦麻(시마)로 복상한다.' 하였습니다. 그 해설에서는 '존귀한 것을 근본으로 삼고 그 私親(사친)을 위해 복상할 수 없다.'고 하였습니다. 섭황제는 성덕이 있어 황천의 명을 받았으며 태후의 명을 받아 거섭의 자리에 즉위하였으니 한 황실 대종의 후사가 되었기에 위로는 천지와 사직을 받들어야 하는 중임을 받았고, 아래로는 백성을 다스려야 하는 온갖 정무 처리의 걱정을 안고 있기에 그 사친을 돌볼 겨를이 없는 것입니다. 그러하기에 太皇太后께서는 그 元孫을 세워 新都의 제후로 봉해 哀侯의 뒤를 받들게 해야 합니다. 섭황제는 尊者를 근본으로 삼아야 하는 것을 확실히 밝히며 종묘 제사의 계승자이고 태황태후의 공양을 받들어야 하니 그 私親을 위해 복상할 수 없는 것입니다. 《周禮》에서도 '王은 제후를 위해서 總縗(시최)로 복상한다.' 하였고, '弁(爵弁, 관모)에 수질을 매어야 한다.' 고 하였으니, 同姓이라면 麻로 만들고 異姓이면 葛(칡 갈)로 해야 합니다. 섭황제는 당연히 功顯君(공현군)을 위하여 總縗(시최) 복을 입어야 하며 관모에 삼베 수질을 두르고서 천자가 제후를 조문 복상하는 것과 같이 성스러운 예제를 따라야 합니다."

왕망은 그에 따랐는데 모두 한 번 弔喪(조상)하고 두 번 빈소를 찾았으며 新都侯 王宗(왕종)이 상주가 되어 3년을 복상하게 했다.

原文

司威陳崇奏, 衍功侯光私報執金吾竇況, 令殺人, 況爲收繫, 致其法. 莽大怒, 切責光. 光母曰, "女自眂孰與長孫,中孫?" 遂母子自殺, 及況皆死. 初, 莽以事母,養嫂,撫兄子爲名, 及後悖虐, 復以示公義焉. 令光子嘉嗣爵爲侯.

| 註釋 | ○衍功侯光 – 왕망 형의 아들. 光母는 왕망의 형수. ○眂孰與長孫,中孫 – 眂(볼 시)는 視의 古字. 長孫은 왕망의 長子 王宇(왕우)의 字. 中孫은 작은아들 王獲(왕획)의 字. 모두 왕망의 질책으로 자살했다.

〖 國譯 〗

司威(사위)인 陳崇(진숭)은 衍功侯(연공후)인 王光(왕광)이 집금오인 竇況(두황)에게 사적으로 부탁하여 살인을 했고, 두황은 갇혀 법의 처분을 기다린다고 상주하였다. 왕망은 대노하면서 왕광을 심하게 질책하였다. 왕광의 모친이 말했다.

"너도 직접 장손과 중손이 어떻게 되었는지 보았지 않느냐?"

그리고서는 모자가 자살하였고 두황도 자살하였다. 그전에 왕망은 모친을 섬기고 형수를 부양하며 조카를 보살핀다고 이름을 얻었지만 나중에는 학대하면서 나라만 위한다는 명분을 내세웠다. 왕광의 아들 王嘉(왕가)가 작위를 계승하여 제후가 되었다.

原文

莽下書曰, "遏密之義, 訖於季冬, 正月郊祀, 八音當奏. 王公卿士, 樂凡幾等? 五聲八音, 條各云何? 其與所部儒生各盡精思, 悉陳其義."

| 註釋 | ○遏密之義 – 平帝가 3년 전에 붕어할 때 奏樂(주악)을 금지한 조치. 遏(막을 알)은 저지하다. 금지하다. 密은 靜也. ○訖於季冬 – 季冬(12월)에 끝나다. ○八音 – 모든 악기의 총칭. 金, 石, 絲, 竹, 匏(호), 土, 革, 木. ○五聲 – 五音. 宮, 商, 角, 徵(치), 羽.

[國譯]

왕망이 지시하였다.

"주악을 금지한 것은 12월까지며 正月의 郊祀(교사)에서는 모든 악기를 연주할 것이다. 王公과 卿士들은 모두 주악을 기다리지 않았는가. 五聲과 八音을 어떻게 條理해야 하는가? 각 부의 유생은 깊이 생각하여 그 대의를 진술해주기 바란다."

　是歲, 廣饒侯劉京,車騎將軍千人扈雲,太保屬臧鴻奏符命. 京言齊郡新井, 雲言巴郡石牛, 鴻言扶風雍石, 莽皆迎受. 十一月甲子, 莽上奏太后曰,

　「陛下至聖, 遭家不造, 遇漢十二世三七之阨, 承天威命, 詔臣莽居攝, 受孺子之托, 任天下之寄. 臣莽兢兢業業, 懼於不稱. 宗室廣饒侯劉京上書言, "七月中, 齊郡臨淄縣昌興亭長辛當一暮數夢, 曰, 吾, 天公使也. 天公使我告亭長曰, '攝皇帝當爲眞. 卽不信我, 此亭中當有新井'. 亭長晨起視亭中, 誠有新井, 入地且百尺." 十一月壬子, 直建冬至, 巴郡石牛, 戊午, 雍石文, 皆到於未央宮之前殿. 臣與太保安陽侯舜等視, 天風起, 塵冥, 風止, 得銅符帛圖於石前, 文曰, '天告帝符, 獻者封侯. 承天命, 用神令'. 騎都尉崔發等眂說. 及前孝哀皇帝建平二年六月甲子下詔書, 更爲太初元將元年, 案其本事, 甘忠可,夏賀良讖書臧蘭臺. 臣莽以爲元將元年者, 大將居攝改元之文也, 於今信矣.《尙書·康誥》'王若曰, 孟侯, 朕其弟, 小子封.' 此周公居攝稱王之文也.《春秋》隱公不言卽位, 攝也. 此二經周公,孔子所定, 蓋爲後法. 孔子曰, '畏天命, 畏大人, 畏聖人之言'. 臣莽敢不承用! 臣

請共事神祇宗廟, 奏言太皇太后,孝平皇后, 皆稱假皇帝. 其號令天下, 天下奏言事, 毋言'攝'. 以居攝三年爲初始元年, 漏刻以百二十爲度, 用應天命. 臣莽夙夜養育隆就孺子, 令與周之成王比德, 宣明太皇太后威德於萬方, 期於富而敎之. 孺子加元服, 復子明辟, 如周公故事.」

奏可. 衆庶知其奉符命, 指意群臣博議別奏, 以視卽眞之漸矣.

| 註釋 | ○千人 – 무관 직명. 中尉(執金吾), 거기장군, 속국도위, 서역도호 등의 속관. ○齊郡 – 치소는 臨淄縣(임치현, 今 山東省 淄博市). ○巴郡 – 치소는 江州縣〔今 重慶市 渝中區(투중구)〕. ○遇漢十二世三七之阨 – 漢의 운명에 대하여 12世, 3×7, 210년에 끝난다는 유언이 꽤나 널리 퍼져 있었다. 阨은 막힐 액. 厄運(액운). ○兢兢業業 – 兢兢(긍긍)은 삼가는 모양, 業業은 위태로운 모양. ○甘忠可, 夏賀良 – 인명. 方士. ○蘭臺(난대) – 漢代 궁중의 圖書나 讖書(참서) 등을 보관하는 곳. ○孟侯 – 여러 제후 중 우두머리. 封은 衛 康叔의 이름. ○孔子曰, '畏天命~' – 孔子曰, "君子有三畏, 畏天命, 畏大人, 畏聖人之言.《論語 季氏》. ○共事 – 恭事. ○明辟 – 賢君, 明君.

〖 國譯 〗

이 해에, 廣饒侯(광요후) 劉京(유경)과 거기장군 소속 千人인 扈雲 (호운), 太保의 속관인 臧鴻(장홍) 등이 符命(부명)을 상서하였다. 유경은 齊郡에 새 우물을, 호운은 巴郡의 石牛를, 장홍은 右扶風(우부풍) 雍縣(옹현)의 石文에 관하여 상서하였는데 왕망은 이들을 모두 받아들였다. 11월 갑자일에, 왕망은 태후에게 상주하였다.

「폐하의 지성으로도 황실의 불운과 漢 12世 3·7의 액운(210년)을 만나 하늘의 크신 명을 받아 조서로 臣 왕망에게 섭정을 명하셨고 孺子을 위탁하셨으며 천하 백성들의 기대를 맡겨주셨습니다. 臣 왕망은 삼가고 조심하며 임무를 감당 못할까 두려웠습니다. 宗室인 광요후 유경은 "7월에 齊郡(제군) 臨淄縣(임치현) 昌興(창흥)의 亭長인 辛當(신당)은 하룻밤에 여러 번 꿈을 꾸었는데, '나는 하늘의 사자이다. 天公께서 나를 보내 정장에게 말하게 했나니 섭황제는 응당 眞 황제가 되어야 한다. 만약 나를 못 믿거든 이곳에 새 우물이 있나 보아라.' 정장이 아침에 일어나 보니 정말로 새 우물이 생겼는데 땅속 깊이가 1백여 척이나 되었습니다."라고 상서하였습니다. 11월 壬子(임자)일은 동지에 해당하는데 巴郡(파군)에서 보낸 石牛(석우)가 무오일에는 雍縣(옹현)의 石文이 도착하였는데 모두 未央宮의 前殿에 모아 놓았습니다. 신과 태보인 안양후 王舜(왕순) 등이 나가 보았는데 하늘에서 바람이 일어나며 흙먼지로 캄캄해졌다가 바람이 그치자, 그 우측에 구리로 된 符命(부명)과 帛圖(백도)가 있었는데 그 글에는 '하늘이 황제의 부명을 전하나니, 이를 전달하는 자는 제후에 봉해질 것이다. 천명을 받고 神의 명령에 따르라.'고 하였습니다. 기도위인 崔發(최발) 등도 이를 보고 말했습니다. 그전에 효애황제 때인 건평 2년 6월 갑자일에 조서를 내려 太初元將(태초원장) 원년으로 바꾸었는데, 그 진상을 조사하였더니 甘忠可(감충가)와 夏賀良(하하량)이 讖書(참서)를 蘭臺(난대)에 보관하였습니다. 신 왕망의 생각으로는 元將 원년이란 대장이 居攝(거섭)하여 改元한다는 뜻으로 이제야 확실해졌습니다.《尙書 康誥》에 '王이 이어 말하길, 강대한 제후는 짐의 아우이니 막내아들인 封(衛 康叔)이다.'라고 하였는데,

이는 周公이 거섭하며 왕을 칭했다는 뜻입니다. 또《春秋》에 隱公 (은공)을 두고 '즉위'라고 하지 않은 것은 섭정이었기 때문입니다. 이 2가지 경전은 周公과 孔子께서 지은 것으로 당연히 후세의 법도 가 되었습니다. 공자는 '天命과 大人과 성인의 말씀을 두려워한 다.'고 하였습니다. 신 왕망이 어찌 이를 따르지 않겠습니까? 신 왕 망은 천지의 여러 신과 종묘를 공경으로 받들 것이며 태황태후와 효 평황후에게 아뢸 때는 늘 가황제라 칭하겠습니다. 그러나 천하에 호 령을 내리거나 천하 백성이 정사를 주청할 때는 '攝(섭)'이란 말을 쓰지 않겠습니다. 居攝(거섭) 3년을 初始(초시) 원년으로 삼고 漏刻 (누각)의 120도를 1일로 정하여 천명을 따르겠습니다. 신 왕망은 밤 낮으로 孺子(유자)를 양육하고 건강하게 돌볼 것이며 주의 성왕과 같은 덕을 갖추도록 하고 太皇太后의 위덕을 만방에 두루 펼 것이며 부유하게 살게 하고 또 가르칠 것입니다. 그리하여 유자가 관례를 치루고 현명한 군주가 되면 周公의 전례에 따르겠습니다.」

상주한 것은 裁可되었다. 많은 백성들은 왕망이 부명을 받드는 의 도를 알았기에 신하들은 그 뜻에 맞춰 여러 가지를 논의하고 (왕태 후에게) 상주하여 정식 황제로 즉위해야 한다는 뜻을 보여주었다.

原文

期門郞張充等六人謀共劫莽, 立楚王. 發覺, 誅死.

梓潼人哀章, 學問長安, 素無行, 好爲大言. 見莽居攝, 卽 作銅匱, 爲兩檢, 置其一曰 '天帝行璽金匱圖', 其一署曰

'赤帝行璽某傳予黃帝金策書'. 某者, 高皇帝名也. 書言王莽爲眞天子, 皇太后如天命. 圖書皆書莽大臣八人, 又取令名王興, 王盛, 章因自竄姓名, 凡爲十一人, 皆署官爵, 爲輔佐. 章聞齊井, 石牛事下, 卽日昏時, 衣黃衣, 持匱至高廟, 以付僕射. 僕射以聞. 戊辰, 莽至高廟拜受金匱神嬗. 御王冠, 謁太后, 還坐未央宮前殿, 下書曰, "予以不德, 托於皇初祖考黃帝之後, 皇始祖考虞帝之苗裔, 而太皇太后之末屬. 皇天上帝隆顯大佑, 成命統序, 符契圖文, 金匱策書, 神明詔告, 屬予以天下兆民. 赤帝漢氏高皇帝之靈, 承天命, 傳國金策之書, 予甚祇畏, 敢不欽受! 以戊辰直定, 御王冠, 卽眞天子位, 定有天下之號曰'新'. 其改正朔, 易服色, 變犧牲, 殊徽幟, 異器制. 以十二月朔癸酉爲建國元年正月之朔, 以雞鳴爲時. 服色配德上黃, 犧牲應正用白, 使節之旄旛皆純黃, 其署曰, '新使五威節', 以承皇天上帝威命也."

| 註釋 | ㅇ楚王 – 宣帝의 증손인 劉紆(유우). ㅇ梓潼(재동) – 廣漢郡의 현명. 今 四川省 綿陽市 梓潼縣. ㅇ學問長安 – 學問은 유학하다. ㅇ爲兩檢 – 2개의 封緘(봉함)하는 글을 쓰다. ㅇ自竄(자찬) – 자신의 이름을 끼워 써 넣다. ㅇ神嬗(신선) – 천신 명령으로 漢이 왕망에게 선위하다. 嬗은 물려줄 선. 禪의 古字. ㅇ苗裔(묘예) – 먼 후손. ㅇ以雞鳴爲時 – 漢代는 자시를 하루의 시작으로 하였으나 왕망은 닭이 우는 축시를 하루의 시작으로 정했다. ㅇ配德上黃 – 왕망은 五德終始說에 근거하여 漢이 火德으로 적색을 숭상하였으니 그에 이어 土德으로 황색을 숭상한다는 뜻. ㅇ旄旛(모번) – 소꼬리 장식

을 한 깃발. 旄는 깃대 장식 모. 旛은 기 번. 깃발의 총칭. ○新使五威節 − 新
은 국명. 使는 사신, 사자의 뜻. 五威는 五帝의 威名. 節은 지절. 五帝는 東方
靑帝, 南方赤帝, 西方白帝, 北方黑帝, 中央黃帝.

〔國譯〕

　　期門郎(기문랑)인 張充(장충) 등 6인이 왕망을 납치하고 楚王을 세
우려 모의했으나 발각되어 처형되었다.

　　梓潼縣(재동현) 사람 哀章(애장)은 장안에 와서 유학했으나 평소에
착한 행실도 없었고 큰 소리를 잘 쳤다. 애장은 왕망이 섭정하는 것
을 보고 동궤를 만들고 2개의 봉함하는 글을 썼는데 한쪽에는 '天帝
行璽金匱圖(천제행새금궤도)' 라 했고, 다른 하나에는 '赤帝行璽某傳
予黃帝金策書(적제행새모전여황제금책서)' 라고 썼다. 여기서 某者는
고조의 이름(邦)이었다. 금책서의 내용은, 왕망은 眞天子가 되어야
하고 황태후는 천명을 따라야 한다는 것이었다. 그리고 금궤도의 글
에는 왕망의 대신 8명의 이름을 쓰고 다시 王興(왕흥)과 王盛(왕성)의
이름과 애장 자신의 성명을 써 넣어 모두 11명의 관작을 쓰고 보좌
하라고 하였다. 애장은 齊郡(제군)의 우물과 巴郡(파군)의 石牛(석우)
등의 이야기를 듣고 바로 날이 진 뒤에 황색 옷을 입고 동궤를 가지
고 고조의 묘당에 가서 (관리인) 僕射(복야)에게 건넸다. 복야가 이
를 보고했다. 戊辰(무진)일에 왕망은 고조 묘당에 와서 절을 하고 신
의 뜻에 따라 선위하라는 금궤를 받았다. 왕망은 왕관을 쓰고 태후
를 알현하고 돌아와 미앙궁 前殿(전전) 천자의 자리에 앉아 국서를
내렸다.

　　"나는 덕도 부족하지만 皇初祖考인 黃帝의 후신이며, 皇始祖考인

虞帝의 苗裔(묘예, 후손)으로 태어났으며 太皇太后의 먼 친족이다. 皇天上帝께서는 융성하게 보살펴주시고 통치할 수 있도록 명령하셨으며 여러 符命과 圖文(도문), 금궤와 策書(책서)를 내리시어 神明으로 고지하시길 나에게 천하 백성을 위촉하셨도다. 赤帝이신 漢氏 高皇帝의 신령께서는 천명에 따라 傳國의 金策 文書를 내려 주셨으니 나는 심히 두려웠으나 어찌 감히 아니 받을 수 있겠는가! 이로써 정해진 戊辰(무진)에 왕관을 받고 정식 천자의 자리에 즉위할 것이니 천하의 이름을 '新' 이라 정하였노라. 正朔(정삭)을 개정하고 복색을 바꾸며 희생물을 교체할 것이며 여러 깃발을 달리하고 기물을 바꿀 것이로다. 12월 초하루 계유일에 (開元하여) 建國 원년 正月 초하루로 하고 丑時를 하루의 시작으로 한다. 服色(복색)은 土德의 황색을 숭상하고 犧牲(희생)은 正月에 맞춰 白色을 쓸 것이며 천자가 보내는 사절의 모든 깃발은 순수한 황색을 쓰면서 거기에는 '新使五威節(신사오위절)' 이라 하여 皇天 上帝의 威命을 이어받을 것이다."

99 王莽傳(中)
〔왕망전〕(중)

原文

始建國元年正月朔, 莽帥公侯卿士奉皇太后璽韍, 上太皇太后, 順符命, 去漢號焉.

初, 莽妻宜春侯王氏女, 立爲皇后. 本生四男, 宇,獲,安, 臨. 二子前誅死, 安頗荒忽, 乃以臨爲皇太子, 安爲新嘉辟. 封宇子六人, 千爲功隆公, 壽爲功明公, 吉爲功成公, 宗爲功崇公, 世爲功昭公, 利爲功著公. 大赦天下.

| 註釋 | ○始建國元年正月朔 - 始建國은 왕망의 연호, '建國'으로도 통용, 元年은 서기 9년. 正月朔은 12월 1일. 왕망은 12월을 歲首로 했다. ○奉皇太后璽韍 - 왕망이 새로 만든 璽(새)는 '新室文母太皇太后'라 쓰였다. 韍(폐슬 불)은 새인을 매는 끈. ○宜春侯王氏女 - 昭帝 때 승상을 역임한 王訢(왕흔)의 손자인 王咸의 딸. ○荒忽(황홀) - 恍惚(황홀), 정신이 오락가락하

다. ○新嘉辟(신가벽) - 辟은 장관, 제후.

始建國(시건국) 원년(서기 9년) 정월 초하루, 왕망은 公과 侯, 卿과 士를 거느리고 황태후의 새인과 인불을 바치고 太皇太后로 높였는데 符命(부명)에 따라 漢의 호칭을 쓰지 않았다.

전에, 왕망의 처는 宜春侯(의춘후) 王氏의 딸이었는데 황후가 되었다. 본래 네 아들 宇(우), 獲(획), 安(안), 臨(임)을 낳았는데 두 아들은 그전에 법에 의거 죽었고, 王安(왕안)은 늘 정신이 오락가락했기에 王臨(왕림)을 황태자로 삼았고, 왕안은 新嘉辟(신가벽)이 되었다. 長子 王宇(왕우)의 여섯 아들을 봉했는데 王千(왕천)은 功隆公(공륭공), 王壽(왕수)는 功明公(공명공), 王吉(왕길)은 功成公(공성공), 王宗(왕종)은 功崇公(공숭공), 王世(왕세)는 功昭公(공소공), 王利(왕리)는 功著公(공저공)에 봉해졌다. 천하에 대사령을 내렸다.

莽乃策命孺子曰, "咨爾嬰, 昔皇天右乃太祖, 歷世十二, 享國二百一十載, 歷數在於予躬.《詩》不云乎? '侯服於周, 天命靡常'. 封爾爲定安公, 永爲新室賓. 於戲! 敬天之休, 往踐乃位, 毋廢予命." 又曰, "其以平原, 安德, 漯陰, 鬲, 重丘, 凡戶萬, 地方百里, 爲定安公國. 立漢祖宗之廟於其國, 與周後並, 行其正朔, 服色. 世世以事其祖宗, 永以命德茂功,

享歷代之祀焉. 以孝平皇后爲定安太后."讀策畢, 莽親執
孺子手, 流涕歔欷, 曰, "昔周公攝位, 終得復子明辟, 今予
獨迫皇天威命, 不得如意!"哀歎良久. 中傅將孺子下殿, 北
面而稱臣. 百僚陪位, 莫不感動.

| 註釋 | ○咨爾嬰 – 咨은 탄식할 자(嗟歎聲). 혀를 차다(嘖). 물을 자. 爾
는 너 이. 嬰은 孺子의 이름. ○皇天右乃太祖 – 右는 佑. 乃는 너. 지난 번.
○歷數在於予躬 – 歷數는 나라가 바뀌는 순서. 정해진 운명. 予躬(여궁)은
나의 몸. ○《詩》不云乎 –《詩經 大雅 文王》. 侯服은 제후가 되어 섬기다. 靡
常은 일정하지 않다. ○平原, 安德, 漯陰(탑음), 鬲(격), 重丘(중구) – 모두 지
금 山東省 지역의 현 이름. ○命德茂功 – 命德은 名德. 숭고한 덕행. 茂功(무
공)은 천하통일의 큰 공적. ○以孝平皇后 – 본래 왕망의 딸이었다. ○流涕
歔欷 – 歔欷(허희)는 흐느끼다. ○明辟 – 賢君, 明君. ○中傅 – 환관.

〖 國譯 〗

　왕망은, 곧 孺子(유자)에게 책서를 내려 명했다.

　"아! 너 嬰(영)아, 예전에 하늘은 너의 태조를 도왔지만, 나라가 12
대에 걸쳐 210년을 지나니 바뀌는 순서가 나에게 왔도다.《詩經》에
도 '(殷의 후손이) 제후가 되어 周를 섬기니 천명은 일정하지 않네.'
라고 하지 않았는가? 너를 定安公(정안공)에 책봉하나니 영원히 新
朝(신조)의 국빈일지어라. 於戲(어희)라! 하늘의 뜻에 따라 너의 자리
에 가서 내 명을 거역하지 말라." 그리고 이어 읽었다.

　"平原, 安德, 漯陰(탑음), 鬲(격), 重丘縣(중구현)의 1만 호 1백 리 땅
을 定安公國(정안공국)으로 하겠다. 거기에 漢나라 祖宗의 묘당을 짓

고 周의 후손처럼 그 책력과 복색을 쓰도록 하라. 여러 세대에 걸쳐 조상을 섬겨 훌륭한 덕과 큰 공을 기리며 대를 물려가며 제사를 지내도록 하라. 孝平皇后를 定安太后로 봉하겠다.”

책서 읽기를 마친 왕망은 유자의 손을 잡고 눈물을 흘리며 흐느껴 말했다.

“옛날 周公은 섭정으로 있으면서 결국에는 자리를 이은 현명한 군주를 얻었지만, 지금 나는 황천의 큰 명을 따라야 하니 마음대로 할 수가 없구나!” 그리고 한참을 슬피 탄식하였다. 환관이 유자를 안고 전각 아래로 내려가 북쪽을 바라보며 칭신하였다. 배석했던 모든 신하가 크게 느끼지 않는 자가 없었다.

原文

又按金匱, 輔臣皆封拜. 以太傅,左輔,驃騎將軍安陽侯王舜爲太師, 封安新公, 大司徒就德侯平晏爲太傅, 就新公, 少阿,羲和,京兆尹,紅休侯劉歆爲國師, 嘉新公, 廣漢梓潼哀章爲國將, 美新公, 是爲四輔, 位上公. 太保,後承承陽侯甄邯爲大司馬, 承新公, 丕進侯王尋爲大司徒, 章新公, 步兵將軍成都侯王邑爲大司空, 隆新公, 是爲三公. 大阿,右拂, 大司空,衛將軍廣陽侯甄豐爲更始將軍, 廣新公, 京兆王興爲衛將軍, 奉新公, 輕車將軍成武侯孫建爲阨 將軍, 成新公, 京兆王盛爲前將軍, 崇新公, 是爲四將. 凡十一公. 王興者, 故城門令史, 王盛者, 賣餅. 莽按符命求得此姓名十餘人, 兩人容貌應卜相, 遒從布衣登用, 以視神焉. 餘皆拜爲郎. 是日, 封拜卿大夫,侍中,尙書官凡數百人. 諸劉爲郡守, 皆徙爲諫大夫.

| 註釋 |　○按金匱 – 哀章이 제멋대로 만들고 써 넣은 金匱圖와 金策書.
○城門令史 – 성문교위의 부하로 문서를 담당하는 吏卒. 王興과 王盛은 哀章이 장난으로 써 넣었는데 이름이 좋아 요직에 임명되었다.

〖 國譯 〗

또 금궤에 쓰인 그대로 보필하는 신하를 모두 책봉하고 관직을 수여하였다. 太傅이며 左輔로 표기장군인 安陽侯 王舜(왕순)을 太師에 임명하고 安新公(안신공)에 책봉하였으며, 大司徒로 就德侯인 平晏(평안)을 太傅(태부)로 삼아 就新公(취신공)에, 少阿이고 羲和(희화)이며 京兆 출신의 紅休侯(홍휴후) 劉歆(유흠)을 國師로 삼아 嘉新公(가신공)에 봉하였으며, 廣漢郡(광한군) 梓潼縣(재동현)의 哀章(애장)을 國將에 임명하고 美新公(미신공)에 책봉하였는데, 이들은 四輔(사보)로 上公의 지위를 차지했다. 太保이며 後承인 承陽侯 甄邯(견한)을 대사마에 임명하고 承新公(승신공)에 봉했으며, 㔻進侯(비진후)인 王尋(왕심)을 대사도에 章新公(장신공)으로, 보병장군인 成都侯 王邑(왕읍)을 대사공에 임명하고 隆新公(융신공)으로 봉했는데 이들이 三公이 되었다. 大阿(대아)이고 右拂(우불)로 대사공이며 위장군이었던 광양후 甄豐(견풍)을 更始將軍(경시장군)으로 삼아 廣新公(광신공)에 봉했으며, 경조 사람인 王興(왕흥)을 위장군으로 삼아 奉新公(봉신공)에 봉하고, 경거장군인 成武侯 孫建(손건)을 立國將軍에 成新公

(성신공)으로, 京兆의 王盛(왕성)은 前將軍에 崇新公(숭신공)으로 봉했으니 이들이 四將이었고 총 11명의 공작이었다. 王興이란 자는 예전에 성문의 令史(문서담당)이었고, 王盛(왕성)이란 사람은 떡장수였다. 왕망은 符命(부명)에 쓰인 그대로 이 이름을 가진 사람 10여 명을 데려다가 용모가 점쟁이와 관상가가 좋다고 한 사람으로 평민에서 바로 등용되었으며 神의 뜻이었다고 하였다. 그 외는 모두 낭관이 되었다. 이 날 卿(경)이나 大夫, 侍中, 尙書 등 벼슬을 받은 자가 수백 명이었다. 劉氏 중에 군수였던 여러 사람은 諫大夫(간대부)가 되었다.

原文

改明光宮爲定安館, 定安太后居之. 以故大鴻臚府爲定安公第, 皆置門衛使者監領. 敕阿乳母不得與語, 常在四壁中, 至於長大, 不能名六畜. 後莽以女孫宇子妻之.

| 註釋 | ○阿乳母 - 보모와 유모. ○常在四壁中 - 보고 듣는 것을 제한했다는 뜻.

[國譯]

명광궁을 定安館(정안관)으로 고쳐 定安太后(정안태후)를 살게 하였다. 예전 대홍려의 건물을 定安公의 사저로 만들었는데 門衛(문위)와 使者(사자)를 두어 감시하게 하였다. 보모와 유모도 유자와 이야기를 못하게 하였고 늘 집안에서만 지내게 하여 어느 정도 클 때까지 가축 이름도 몰랐다고 한다. 나중에 왕망은 손녀인 王宇(왕우)의 딸을 그에게 시집보냈다.

原文 ▌

莽策群司曰, "歲星司肅, 東嶽太師典致時雨, 靑煒登平, 考景以晷. 熒惑司𢙀, 南嶽太傅典致時奧, 赤煒頌平, 考聲以律. 太白司艾, 西嶽國師典致時陽, 白煒象平, 考量以銓. 辰星司謀, 北嶽國將典致時寒, 玄煒和平, 考星以漏. 月刑元股左, 司馬典致武應, 考方法矩, 主司天文, 欽若昊天, 敬授民時, 力來農事, 以豐年穀. 日德元玄右, 司徒典致文瑞, 考圜合規, 主司人道, 五教是輔, 帥民承上, 宣美風俗, 五品乃訓. 斗平元心中, 司空典致物圖, 考度以繩, 主司地里, 平治水土, 掌名山川, 衆殖鳥獸, 蕃茂草木." 各策命以其職, 如典誥之文.

| 註釋 | ○群司 – 여러 관원. 司는 담당자. ○歲星 – 木星. ○司肅 – 공경을 관장하다. 肅은 敬也. 관원이 엄숙 공경하지 않으면 벌을 받는다는 의미가 있다. ○東嶽太師 – 만물의 생성을 관장하는 신. ○典致時雨 – 때맞춰 오는 비. ○靑煒 – 동방의 빛. 煒은 빛날 위. ○登平 – 피어오르다. ○考景以晷(고영이귀) – 그림자로 시간을 측정하다. 景은 그림자 영(影과 同). 晷 그림자 구(귀). 해시계. ○熒惑(형혹) – 火星. ○司𢙀 – 𢙀은 哲. 지혜. ○南嶽太傅 – 남방의 양기를 주관하는 신. ○時奧(시오) – 때맞춰 찾아오는 더위. ○赤煒頌平 – 붉은 기운으로 태평을 칭송하다. 煒 붉은 빛 위. ○考聲以律 –

그 소리로 12음률을 조절하다. ○太白 – 金星. 司艾는 泰平을 주관하다. 艾는 편안할 애. 쑥. ○典致時陽 – 적시적소의 건조함. 陽은 旱. ○白煒象平 – 白煒는 서방 白의 기운. 象平은 공평, 공정을 형상하다. ○考量以銓 – 헤아려 평가하다. 銓은 저울질할 전. 權衡. 銓衡(전형). ○辰星司謀 – 辰星(水星). 謀는 도모하다. 시도하다. ○北嶽國將典致時寒 – 北은 伏, 하강하여 음기가 되고 음기는 殺을 주관한다. ○玄煒和平 – 玄煒는 검은 빛. 和平은 화합. 水는 언제나 평형을 이룬다. ○考星以漏 – 별을 보고 시각을 재다. ○月刑元股左 – 달은 형벌의 상징이며 인체의 좌측 허벅지에 해당한다. ○司馬典致武應 – 대사마는 武備와 형벌을 주관하다. ○考方法矩, 主司天文 – 법도를 고찰하고 천문도 주관하다. ○欽若昊天 敬授民時 – 하늘을 공경하고 닮아 백성에게 때를 알려주다. 欽은 공경하다. 若은 순응하다. ○日德元厷右 – 日은 恩德을 상징. 厷은 팔뚝 굉. 肱과 同. ○司徒典致文瑞 – 司徒는 大司徒, 승상. 典致文瑞는 文治를 담당하다. ○考圜合規, 主司人道 – 圓融(원융)하여 법규에 맞도록 인간사를 주관하다. ○五敎是輔 – 五敎는 父義, 母慈, 兄友, 弟恭, 子孝. ○帥民承上 – 백성으로 하여금 윗사람에게 복종하도록 가르치다. ○五品乃訓 – 五品(仁, 義, 禮, 智, 信)으로 가르치다. ○斗平元心中 – 斗는 北斗. 平은 齊. 북두는 七政과 같아 인간의 마음이며 중앙부이다. ○司空典致物圖 – 大司空은 水土와 物産과 圖籍(도적)을 담당한다. ○考度以繩 – 약조(법)을 주관. 繩(승)은 정직한 법 집행을 상징. ○衆殖鳥獸 – 금수의 번식. ○蕃茂草木 – 초목의 무성함.

[國譯]

왕망이 모든 관서에 명령하였다.

"歲星(木星)은 공경을 주관하고, 東嶽太師(동악태사)는 때맞춰 비를 내리게 하는데 푸른빛이 피어나며 그림자를 보아서 시간을 알 수 있다. 熒惑(형혹성, 火星)은 지혜를 주관하는데, 南嶽太傅(남악태부)는 때맞춰 오는 더위를 주관하며 붉은 기운으로 태평성대를 이루고 소리로 12음률을 조절한다. 太白星(金星)은 나라의 태평을 주관하는데 西嶽國師는 건조한 기운을 주관하고 서방의 白氣는 공평을 뜻하며 능력을 헤아려 전형한다. 辰星(水星)은 일을 주관하고, 北嶽國將의 신은 때맞춰 오는 추위를 주관하고, 검은 기운은 물과 같은 화합을 맡고 별을 관찰하여 시간을 측정한다. 달은 형벌이고 좌측 다리이니, 대사마는 무예와 군사를 맡고 바른 법도를 지키며 천문을 주관하고 하늘을 본받아 백성에게 때를 알려 농사에 힘쓰게 하여 풍년을 맞이해야 한다. 해는 德을 뜻하며 우측 팔뚝에 해당하나니, 大司徒는 문치를 주관하며 圓融(원융)하고 법도에 맞게 인간사를 담당하고 五教를 가르쳐 백성을 이끌며 풍속을 순화하여 미풍을 선양하고 五品(五常)으로 가르쳐야 한다. 北斗星은 인간의 마음이고 중심이니 大司空은 물산과 전적을 주관하며 바른 약속에 따라 토지를 관장하고 水土를 잘 다스리며 산천을 주관하여 금수의 번식케 하고 초목을 무성하게 해야 한다. 각자는 책명대로 직분을 수행하되 典誥(전고)에 쓰인 그대로 행하도록 하라."

原文

置大司馬司允, 大司徒司直, 大司空司若, 位皆孤卿. 更名大司農曰, 羲和, 後更爲納言, 大理曰, 作士, 太常曰, 秩宗, 大鴻臚曰, 典樂, 少府曰, 共工, 水衡都尉曰, 予虞, 與三公司卿凡九卿, 分屬三公. 每一卿置大夫三人, 一大夫置元

士三人, 凡二十七大夫, 八十一元士, 分主中都官諸職. 更
名光祿勳曰, 司中, 太僕曰, 太御, 衛尉曰, 太衛, 執金吾曰,
奮武, 中尉曰, 軍正, 又置大贅官, 主乘輿服御物, 後又典兵
秩, 位皆上卿, 號曰, 六監. 改郡太守曰, 大尹, 都尉曰, 太
尉, 縣令長曰, 宰, 御史曰, 執法, 公車司馬曰, 王路四門, <u>長
樂宮</u>曰, <u>常樂室</u>, <u>未央宮</u>曰, <u>壽成室</u>, <u>前殿</u>曰, <u>王路堂</u>, <u>長安</u>
曰, <u>常安</u>. 更名秩百石曰, 庶士, 三百石曰, 下士, 四百石曰,
中士, 五百石曰, 命士, 六百石曰, 元士, 千石曰, 下大夫, 比
二千石曰, 中大夫, 二千石曰, 上大夫, 中二千石曰, 卿. 車
服黻冕, 各有差品. 又置司恭,司徒,司明,司聰,司中大夫及
誦詩工,徹膳宰, 以司過. 策曰, "予聞上聖欲昭厥德, 罔不愼
修厥身, 用綏于遠, 是用建爾司於五事. 毋隱尤, 毋將虛, 好
惡不愆, 立於厥中. 於戲, 勖哉!" 令王路設進善之旌, 非謗
之木, 敢諫之鼓. 諫大夫四人常坐王路門受言事者.

| 註釋 | ○司允 - 允은 信義. 司直과 司若은 義를 따른다는 의미. ○位皆
孤卿 - 周의 관직에 少師, 少傅, 少保를 三孤라 하였고, 副職이 孤卿인데 왕
망은 이를 모방했다. ○大司農 - 국가 재정 담당. 9卿의 하나. ○大理 - 夏
의 사법 담당관. 秦, 漢의 廷尉. ○太常 - 종묘 제사 담당관. 교육을 겸함.
○大鴻臚 - 외국 소수민족과 제후 왕의 접대 담당. ○少府 - 황실 재산과 비
품 및 왕궁 관리 담당. ○水衡都尉 - 상림원에 설치한 관리관 및 주전관.
○與三公司卿凡九卿 - 三公司卿은 곧 司允, 司直, 司若. 九卿은 納言, 作士,
秩宗, 典樂, 共工, 予虞(여우)에 三公의 司卿을 합친 것. ○中都官 - 京師의

여러 관서. ○光祿勳 - 九卿의 하나. 郎中令의 개칭. 궁궐 수위 임무. 秩 中二千石. ○太僕 - 9경의 하나. 황제의 車馬 관리. 국가의 馬政 담당. ○衛尉 - 미앙궁의 경호 책임자, 궁문 수호, 출입자 단속. 未央衛尉라고도 함. ○執金吾 - 중위의 개칭. 경사의 치안 유지. ○中尉 - 中壘校尉의 착오. ○大贅官(대췌관) - 贅는 모으다. 취득하다의 뜻. 贅는 군더더기 췌. ○六監 - 司中, 太御, 太衛, 奮武, 軍正, 大贅官. ○都尉 - 郡의 군사와 치안 담당. ○縣令長 - 현령, 또는 縣長(1만 호 미만의 현). ○公車司馬 - 衛尉의 속관으로 황궁의 外門인 司馬門을 관리하는 직책. ○秩 - 秩祿(질록). 漢나라 관리의 녹봉은 연봉 개념을 채택하여 12개월로 나누어 지급했으며 현물 곡식이 아닌 금전으로 받았다. 중앙 관리는 황제의 하사품도 적지 않았으며 근무 성적이 우수하면 상위 질록을 받기도 하였다. ○車服黻冕(거복불면) - 수레와 복색, 관복과 관모. ○差品 - 등급, 次第. ○司徒 - 司從의 오류. ○司中 - 司睿(사예)의 오류. ○徹膳宰(철선재) - 군왕의 과실을 지적해주는 일의 담당자. ○五事 - 修身을 위한 5가지 일, 곧 貌恭, 言從(從은 도리에 맞음), 視明, 聽聰, 思睿(睿는 通達), ○王路 - 王路四門(관직명). 漢의 公車司馬의 개칭. ○非謗之木 - 誹謗之木. 정치의 잘못을 지적하는 글을 쓸 수 있는 나무.

[國譯]

왕망은 大司馬의 司允과 大司徒의 司直, 大司空의 司若(사약)을 설치하고, 이를 孤卿(고경)이라 했다. 大司農의 이름을 바꿔 義和(희화)라고 했다가 뒤에 다시 納言(납언)으로 변경하였다. 大理(廷尉)를 作士라 하였고 太常을 秩宗(질종)이라 하였으며, 大鴻臚(대홍려)를 典樂(전악), 少府를 共工(공공)이라 하였고 水衡都尉는 予虞(여우)라고 하였으며, 三公의 司卿 등 총 九卿을 三公에 나누어 소속시켰다. 九卿의 卿 한 사람에게 大夫 3인을 두었고 대부는 각각 元士 3인을 두었기에 27명의 대부에 81명의 원사가 중앙관서의 일을 분장하였다. 光祿勳(광록훈)의 이름을 바꿔 司中이라 하였고, 太僕(태복)은 太御(태어), 衛尉(위위)는 太衛(태위), 執金吾는 奮武(분무), 中尉는 軍正(군정)이라 했고 또 大贅官(대췌관)을 두어 乘輿(승여, 탈 것)와 여러 소요 물건을 주관케 하였으며 뒤에 다시 병사의 질록을 담당케 하였는데 모두 上卿에 해당하는 지위로 六監(육감)이라고 총칭하였다.

郡의 太守를 바꿔 大尹(대윤), 都尉를 太尉(태위)라고 개칭하였으며 縣令이나 縣長을 縣宰(현재), 御史(어사)를 執法(집법), 公車司馬를 王路四門이라고 하였으며 長樂宮을 常樂室(상락실), 未央宮을 壽成室(수성실), 前殿을 王路堂(왕로당), 長安을 常安(상안)이라고 하였다.

관리의 秩祿(질록) 이름을 바꾸었는데 질록 1백석은 庶士(서사), 3백석은 下士, 4백석은 中士, 5백석은 命士, 6백석은 元士, 1천석은 下大夫, 比 2천석은 中大夫, 2천석은 上大夫, 中2천석은 卿(경)이라 하였다. 수레와 복색, 복장 장식과 관모에 각각 차등을 두었다. 또 司恭, 司徒(司從), 司明, 司聰, 司中(司睿)大夫 및 誦詩工(송시공), 徹膳宰(철선재)를 두어 과오를 지적하는 일을 담당케 하였다. 그리고 왕망은 策書를 내려 말했다.

"내가 듣기로는, 上聖은 자신의 덕행을 위하여 자신에 대한 수양에 신중하였으니 소원한 사람의 말도 받아들이고 5가지 일을 맡은 사람(貌恭, 言從, 視明, 聽聰, 思睿)을 가까이 두었었다. 잘못을 숨기지 말고 큰 소리 치지 말며, 좋고 싫은 것을 지나치게 하지 말며 중용을 택할지어다. 於戱(어희)라. 모두 힘쓸지어다!"

王路四門(왕로사문)에게 선행한 자를 알리는 깃발과 정사를 비방할 수 있는 나무를 세우고 충간할 수 있는 북을 설치하게 하였다. 간대부 4명이 늘 왕로문에 앉아 건의하는 자를 만나게 하였다.

原文

封王氏齊縗之屬爲侯, 大功爲伯, 小功爲子, 緦麻爲男, 其
女皆爲任. 男以 '睦', 女以 '隆' 爲號焉, 皆授印韍. 令諸侯立
太夫人, 夫人, 世子, 亦受印韍.

又曰, "天無二日, 土無二王, 百王不易這道也. 漢氏諸侯
或稱王, 至於四夷亦如之, 違於古典, 繆於一統. 其定諸侯
王之號皆稱公, 及四夷僭號稱王者皆更爲侯."

| 註釋 | ○斬縗(1등), 齊縗(재최, 齊衰), 大功, 小功, 緦麻(시마)의 五服에
의거 친소를 구분하여 작위를 수여했다. ○其女皆爲任 – 任은 채우다(充)의
뜻. 爵名.

〖國譯〗

왕씨 중 齊縗(재최)의 상복을 입을 일족은 侯爵에, 大功의 상복을
입을 사람이라면 伯爵에, 小功은 子爵, 緦麻(시마)복을 입을 사람이
라면 男爵에 봉하였으며 그 여인들은 모두 任(임)에 봉했다. 남자는
'睦' 으로 여자는 '隆(융)' 으로 작호를 지었고 모두에게 印韍(인불)을
수여했다. 諸侯의 부인은 太夫人, 夫人, 世子로 구분하여 역시 인불
을 수여했다.

왕망은 이어 말했다.

"하늘에 태양이 둘이 있을 수 없고 땅에 두 왕이 없으니 모든 왕들도 이런 정도를 바꿀 수 없을 것이다. 漢室 제후로 혹 왕이라 칭하는 자나 四夷에서 왕이라 칭하는 자는 옛 경전에 어긋난 일이니 모두 묶어서 통일할 것이다. 제후에서 왕이라는 칭호를 모두 公이라 부를 것이며 四夷 중에서 왕이라 참칭하는 자들은 모두 侯라고 부르도록 하라."

原文

又曰, "帝王之道, 相因而通, 盛德之祚, 百世享祀. 予惟黃帝,帝少昊,帝顓頊,帝嚳,帝堯,帝舜,帝夏禹,皐陶,伊尹咸有聖德, 假於皇天, 功烈巍巍, 光施於遠. 予甚嘉之, 營求其後, 將祚厥祀. 惟王氏, 虞帝之後也, 出自帝嚳, 劉氏, 堯之後也, 出自顓頊. 於是封姚恂爲初睦侯, 奉黃帝後, 梁護爲脩遠伯, 奉少昊後, 皇孫功隆公千, 奉帝嚳後, 劉歆爲祁烈伯, 奉顓頊後, 國師劉歆子疊爲伊休侯, 奉堯後. 嬀昌爲始睦侯, 奉虞帝后, 山遵爲褒謀子, 奉皐陶後, 伊玄爲褒衡子, 奉伊尹後. 漢後定安公劉嬰, 位爲賓. 周後衛公姬黨, 更封爲章平公, 亦爲賓. 殷後宋公孔弘, 運轉次移, 更封爲章昭侯, 位爲恪. 夏後遼西姒豐, 封爲章功侯, 亦爲恪. 四代古宗, 宗祀於明堂, 以配皇始祖考虞帝. 周公後褒魯子姬就,宣尼公後褒成子孔鈞, 已前定焉."

| **註釋** | ○假於皇天 - 하늘에 닿을 수 있다. ○劉歆爲祁烈伯 - 四輔의 한 사람인 國師 劉歆(유흠)과 다른 사람. ○位爲恪 - 恪(삼갈 각)은 대우해야 할 등급. 賓과 같은 개념임.

〖 **國譯** 〗

왕망이 또 말했다.

"帝王의 道는 서로 이어가고 통하는 것이며 대덕을 가진 분의 복이란 백세에 이르도록 제사를 받는 것이다. 나는 黃帝, 帝少昊(제소호), 帝顓頊(제전욱), 帝嚳(제곡), 帝堯(제요), 帝舜(제순), 帝夏禹(제하우), 皐陶(고요), 伊尹(이윤) 같은 분이야말로 모두 聖德을 가진 분으로 하늘에 닿을 만큼 위대한 공적을 쌓아 지금껏 그 은택이 미치고 있다고 생각한다. 나는 매우 훌륭하다 생각하며 그 후손을 찾아내 그 제사를 받들게 해야 한다.

그리고 王氏는 虞帝(舜)의 후손이지만 帝嚳(제곡)에서 시작되었으며, 劉氏는 堯(요)의 후손으로 顓頊(전욱)에서 시작되었다. 이에 姚恂(요순)을 初睦侯(초목후)에 봉하여 黃帝(황제)의 제사를 맡게 하고, 梁護(양호)를 脩遠伯(수원백)으로 삼아 少昊(소호)의 후사를, 皇孫인 功隆公(공륭공) 王千(왕천)은 帝嚳(제곡)씨의 제사를, 劉歆을 祁烈伯으로 봉해 顓頊(전욱)의 제사를, 國師 劉歆(유흠)의 아들 劉疊(유첩)을 伊休侯(이휴후)로 봉하여 堯의 제사를 맡게 하겠다. 嬀昌(규창)을 始睦侯(시목후)로 봉해 虞帝(우제, 舜)의 제사를, 山遵(산준)을 褒謀子(포모자)로 봉하여 皐陶(고요, 舜의 신하)의 제사를, 伊玄(이현)을 褒衡子(포형자)로 봉하여 伊尹(이윤)의 제사를 모시도록 하겠다. 漢의 후손 定安公 劉嬰(유영)의 지위는 賓(빈)으로 대우하겠다. 周의 후손인 衛

公(위공) 姬黨(희당)을 다시 章平公(평장공)으로 봉하여 賓(빈)으로 대우하겠다. 殷의 후손인 宋公 孔弘(공홍)을 시류에 따라 옮겨서 章昭侯(장소후)에 봉하며 지위는 恪(각)으로 하겠다. 夏(하)의 후손인 遼西郡(요서군)의 似豐(사풍)은 章功侯(장공후)에 봉하고 역시 恪(각)으로 대우하겠다. 四代(夏, 殷, 周, 漢)의 古宗(始祖)은 明堂에 제사하되 皇族(王氏)의 시조 할아버지인 虞帝(우제, 舜)에 배향토록 한다. 周公의 후손인 襃魯子(포로자) 姬就(희취)와 宣尼公(선니공, 孔子)의 후손인 襃成子(포성자)인 孔鈞(공균)은 앞서 임명하였도다."

原文

莽又曰, "予前在攝時, 建郊宮, 定桃廟, 立社稷, 神祇報況, 或光自上復于下, 流爲烏, 或黃氣熏烝, 昭燿章明, 以著黃, 虞之烈焉. 自黃帝至於濟南伯王, 而祖世氏姓有五矣. 黃帝二十五子, 分賜厥姓十有二氏. 虞帝之先, 受姓曰姚, 其在陶唐曰嬀, 在周曰陳, 在齊曰田, 在濟南曰王. 予伏念皇初祖考黃帝, 皇始祖考虞帝, 以宗祀於明堂, 宜序於祖宗之親廟. 其立祖廟五, 親廟四, 后夫人皆配食. 郊祀黃帝以配天, 黃后以配地. 以新都侯東弟爲大禖, 歲時以祀. 家之所尙, 種祀天下. 姚, 嬀, 陳, 田, 王氏凡五姓者, 皆黃, 虞苗裔, 予之同族也. 《書》不云乎? '惇序九族'. 其令天下上此五姓名籍於秩宗, 皆以爲宗室. 世世復, 無有所與. 其元城王氏, 勿令相嫁娶, 以別族理親焉." 封陳崇爲統睦侯, 奉胡王後, 田

<u>豐</u>爲<u>世睦</u>侯, 奉<u>敬王</u>後.

| 註釋 | ○建郊宮 – 거섭 원년에 왕망은 南郊에 上帝를 제사하는 궁을 지었고 東郊에도 궁을 지어 迎春했었다. ○祧廟(조묘) – 먼 윗대 조상을 모시는 사당. 실제로는 왕씨의 종묘를 의미. ○神祇報況 – 여러 신들의 보답이 있다. 況은 주다. 하사하다. ○濟南伯王 – 왕망의 高祖인 王遂(왕수). ○祖廟五 – 黃帝廟, 虞舜廟, 陳胡王廟, 齊敬王廟, 濟北愍王廟. ○親廟四 – 高祖 王遂廟, 曾祖 王賀廟, 祖 王禁廟, 禰 王曼廟. ○以新都侯東弟爲大禖 – 新都侯의 東弟(東第)를 큰 사당으로 만들다. 大禖는 大祀. 《書》不云乎 –《書經 虞書 皐陶謨》. ○世世復 – 復은 부세와 요역을 면제하다. ○與 – 서로 간여하다. 범하다(干也). ○元城王氏 – 元城은 현명. 今 河北省 邯鄲市 관할의 大名縣. 왕망의 本鄕. ○胡王 – 陳胡公. 왕망이 胡王이라 추봉하였다. ○敬王 – 陳敬中(田敬中). 齊 田氏의 조상.

〔 國譯 〕

　왕망이 또 말했다.

　"내가 거섭할 때에 교외에 궁을 지었고 遠祖(원조)를 모시는 사당을 지었으며, 社稷(사직)을 건립했더니 여러 신의 보답이 있었고 어떤 때는 빛이 위에서 아래로 내려와 덮거나 때로는 빛이 모여 까마귀가 되었고 때로는 황색 기운이 피어오르며 밝게 빛나 黃帝와 舜의 유업을 보여주는 것 같았다. 黃帝(황제)로부터 濟南伯王(高祖)까지 윗대의 성씨가 다섯이었다. 黃帝의 25명 아들 중 그 姓을 12개 氏로 나누었었다. 虞帝(舜)의 선조는 성을 받아 姚氏(요씨)라 하였고, 陶唐(堯의 나라)에서는 嬀氏(규씨)라 하였으며, 周에서는 陳氏였다가 齊나라에서는 田氏, 濟南에 이주해서는 王氏(왕씨)라 하였다. 내가 생각할 때 나의 皇初 祖考 黃帝와 皇始 祖考 虞帝(舜)를 명당에 제사하고 祖宗의 親廟에 순차적으로 모셔야 할 것이다. 이에 祖廟를 5개소를 세우고, 親廟는 4개를 세우고 后夫人을 모두 配食하게 할 것이다. 郊祀에서 黃帝는 하늘에 배향하고 黃后(黃帝의 后)는 땅에 배향할 것이다. 新都侯의 동쪽 사저를 큰 사당으로 만들어 세시에 맞춰 제사를 지낼 것이다. 가문에서 받드는 여러 종류의 제사는 천하에서도 지내야 할 것이다. 姚(요), 嬀(규), 陳(진), 田, 王氏 모두 5성은 모두 黃帝와 舜의 후예로 나와는 동족이다.《書經》에서도 '화목하게 九族의 차례를 정한다.'고 말하지 않았는가? 천하에 명하여 이 5성의 大宗 小宗 별로 명단을 작성하여 모두 종실로 대우하기 바란다. 대대를 이어 부세와 요역을 면제하고 서로 간여하지 않게 하라. 元城 王氏와는 서로 혼인하지 않도록 하여 종족을 구별하되 친족으로 다스리기 바란다."

陳崇(진숭)을 統睦侯(통목후)로 삼아 胡王의 제사를 모시게 하고 田豐을 世睦侯(세목후)로 삼아 敬王의 제사를 받들게 하였다.

原文

　天下牧守皆以前有翟義,趙明等領州郡, 懷忠孝, 封牧爲男, 守以附城. 又封舊恩戴崇,金涉,箕閎,楊並等子皆爲男.

　遣騎都尉眡等分治黃帝園位於上都橋時, 虞帝於零陵九疑, 胡王於淮陽陳, 敬王於齊臨淄, 愍王於城陽莒, 伯王於濟南東平陵, 孺王於魏郡元城, 使者四時致祠. 其廟當作者,以天下初定, 且祫祭於明堂太廟.

| 註釋 | ㅇ牧守 – 州(13자사부의 관할 구역)의 牧과 郡守. 成帝 때 자사를 牧으로 고쳤다. ㅇ翟義,趙明 – 왕망에 반기를 들었던 지방관. ㅇ附城 – 漢代의 關內侯. ㅇ又封舊恩戴崇~ – 왕망이 출세하기 전 성제 때 長樂宮 少府인 戴崇(대숭), 侍中인 金涉(김섭), 胡騎校尉인 箕閎(기굉), 上谷郡 都尉인 陽並(양병), 中郎인 陳湯(진탕) 등은 모두 당세의 명사로서 成帝에게 왕망을 칭찬하였다. ㅇ楊並 – 陽並(양병)의 착오. ㅇ上都橋畤 – 上郡 橋畤의 착오. 橋畤(교치)는 황제의 무덤이 上郡 橋山에 있다고 전해온다. ㅇ伯王 – 왕망의 고조인 王遂, 字 伯紀. ㅇ孺王(유왕) – 왕망 증조부 王賀(字 雍孺). ㅇ祫祭(협제) – 천자와 제후들의 원근 조상을 태조묘에 한데 모아 지내는 제사.

〔 國譯 〕

천하의 州牧이나 郡守에 이전에는 翟義(적의)나 趙明(조명) 같은 자가 주군을 다스리기도 했지만 거개가 忠孝의 마음을 갖고 있어 주목에게 男의 작위를, 군수에게는 附城(關內侯)의 작위를 수여하였다. 또 전에 구은을 입었던 戴崇(대숭), 金涉(김섭), 箕閎(기굉), 陽並(양병)의 아들에게 男의 작위를 내렸다.

기도위 暊(효) 등을 보내 黃帝園을 上郡 橋畤(교치)에 세우게 하고, 虞帝(舜)의 묘당을 零陵郡(영릉군) 九疑山에, 胡王은 淮陽郡(회양군) 陳縣(진현)에, 敬王은 齊郡 臨淄(임치)에, 愍王(민왕)은 城陽國(성양국)의 莒縣(거현)에, 伯王(백왕)은 濟南郡 東平陵(동평릉)에, 孺王(유왕)은 魏郡(위군) 元城縣에 세우고 사자를 보내 四時에 맞춰 제사하게 하였다. 그 묘당이 지어질 즈음에 천하가 겨우 안정되었기에 일단 明堂의 太廟에서 祫祭(협제)를 지냈다.

以漢高廟爲文祖廟. 莽曰, "予之皇始祖考虞帝受嬗於唐, 漢氏初祖唐帝, 世有傳國之象, 予復親受金策於漢高皇帝之靈. 惟思褒厚前代, 何有忘時? 漢氏祖宗有七, 以禮立廟於定安國. 其園寢廟在京師者, 勿罷, 祠薦如故. 予以秋九月親入漢氏高,元,成,平之廟. 諸劉更屬籍京兆大尹, 勿解其復, 各終厥身, 州牧數存問, 勿令有侵冤."

| 註釋 | ○文祖廟 – 堯의 묘당. 堯와 舜은 同祖이며 舜의 후손을 자처한 왕망은 舜이 堯의 선양을 받은 것을 본받기 위한 방법이었다. ○受嬗於唐 – 受嬗은 受禪. 嬗은 禪의 古字. 唐은 堯. ○世有傳國之象 – 역대로 나라를 이어주는 형식이 있다. 漢이 왕망에게 선양한 것은 옛 법도에도 있다는 뜻. ○漢氏祖宗有七 – 고조묘와 孝文皇帝, 孝武皇帝, 孝宣皇帝의 묘당 외에 왕망이 孝元皇帝, 孝成皇帝, 孝平皇帝의 3개 묘당을 추가. ○諸劉更屬籍京兆大尹 – 황실 족보는 宗正이 작성 관리하였는데 이제는 京兆大尹의 관할로 바뀌었다.

〖 國譯 〗

漢 高祖의 묘당을 文祖廟라 개칭하였다. 왕망이 말했다.

"나의 始祖考인 虞帝(舜)는 唐(堯)의 선양을 받았고, 漢氏의 初祖는 唐帝이며 역대로 나라를 이어 선양의 형식이 있었으니 나는 거듭 漢高祖의 신령으로부터 金策을 받았다. 전대의 두터운 은덕을 어찌 잊을 겨를이 있겠는가? 漢氏 祖宗에 7개소 묘당이 있었으니 예법대로 定安國에 묘당을 세웠다. 京師 일원에 있는 그 능원의 침전이나 묘당을 없애지 말고 전처럼 제사하기 바란다. 나도 9월 가을에 漢高祖, 元帝, 成帝, 平帝의 묘당을 직접 참배할 것이다. 여러 劉氏의 족보는 京兆大尹이 관리할 것이며 부세의 면제 등 업무를 게을리 말 것이며 생을 마칠 때까지 州의 牧은 자주 存問(慰撫)하여 원망을 사지 않도록 하라."

又曰, "予前在大麓, 至於攝假, 深惟漢氏三七之阨, 赤德氣盡, 思索廣求, 所以輔劉延期之術, 靡所不用, 以故作金刀之利, 幾以濟之. 然自孔子作《春秋》以爲後王法, 至於哀之十四而一代畢, 協之於今, 亦哀之十四也. 赤世計盡, 終不可强濟. 皇天明威, 黃德當興, 隆顯大命, 屬予以天下. 今百姓咸言皇天革漢而立新, 廢劉而興王. 夫‘劉’之爲字‘卯,金,刀’也, 正月剛卯, 金刀之利, 皆不得行. 博謀卿士, 僉曰, 天人同應, 昭然著明. 其去剛卯莫以爲佩, 除刀錢勿以爲利, 承順天心, 快百姓意." 乃更作小錢, 逕六分, 重一銖, 文曰‘小錢直一’, 與前‘大錢五十’者爲二品, 並行. 欲防民盜鑄, 乃禁不得挾銅炭.

| 註釋 | ○前在大麓 – 堯는 舜의 담력과 지혜를 확인하려고 大麓(대록, 큰산 기슭)에 보냈었다. 왕망은 자신이 大司馬와 宰衡(재형)으로 있던 시기를 堯가 舜을 시험한 것으로 생각했고 舜이 堯의 선양은 받은 것처럼 자신의 찬

탈을 선양받은 것으로 미화하였다. 여기서 大麓은 관직의 뜻으로 쓰였다. ○金刀之利 - 金刀는 刀錢 모양의 새 화폐(錯刀, 契刀). ○幾以濟之 - 幾는 희망하다. 濟之는 3, 7의 액운을 무사히 이겨내다. ○至於哀之十四而一代畢 - 《춘추》기록은 魯 哀公 14년에 끝난다. ○協之於今 - 協은 부합하다. ○亦 哀之十四也 - 애제 재위 6년 + 평제 5년 + 孺子 嬰(영) 3년, 도합 14년. ○隆 顯大命 - 大命은 天命. ○ '劉' 之爲字 '卯, 金, 刀' - 劉字를 破字한 것임. 劉은 본뜻은 죽일 유(류). ○剛卯(강묘) - 금속이나 玉으로 정월 卯日에 만들어 액운을 피하려는 장식물. 직사각형 모양에 구멍이 있어 끈으로 맬 수 있다. ○僉曰 - 僉은 모두 첨. 다. ○一銖(일수) - 漢代 1兩은 24銖이고 15.5g이었다. 1銖는 0.65g이었고, 5銖錢은 3.25g이었다.

〖 國譯 〗

왕망은 또 말했다.

"내가 전에 대사마와 재형을 거쳐 거섭과 가황제에 오를 때까지 漢室의 3, 7의 액운과 漢 赤德 氣의 소진을 깊이 느껴 여러 구제 방안을 찾아 유씨를 보필하고 연장하는 방법을 써보지 않은 것이 없었으며 새 화폐를 이용하게 하여 액운을 이겨내려 했었다. 그렇지만 孔子가 《春秋》를 지어 후세의 王法으로 삼아 哀公 14년으로서 끝난 것이 지금도 정확하게 부합하였으니 바로 애제 이후 14년이다. 赤世(漢)의 계수가 다하였으니 끝내 억지로 액운을 면할 수가 없었다. 皇天의 큰 위엄으로 黃德(왕망의 新, 土德)이 흥기할 때가 되어 아주 크고 분명하게 천명을 보여주어 천하를 나에게 위촉하였다. 지금 백성들은 황천이 漢을 혁파하여 新을 건립하고 유씨를 폐하고 왕씨를 응성케 하였다고 다 함께 말하고 있다. 그리고 '劉' 글자는 '卯, 金, 刀(刂)'로 이루어졌기에 정월 卯日(묘일)에 만들어 차는 剛卯(강묘)

나 金刀의 이용을 모두 금지했었다. 이에 대하여 여러 공경이나 士人에게 물었으나 모두가 '하늘과 사람이 함께 호응하여 확실하게 드러났습니다, 강묘 패용 금지를 없애고 도전 사용을 금하는 조치를 모두 철회하여 하늘의 뜻에 순응하고 백성의 마음에 흔쾌히 따라야 합니다.' 라고 말하였다."

그래서 다시 小錢(소전)을 만들었는데 길이가 6分이며 무게는 一銖(일수)로 거기에는 '小錢은 오수전 하나' 라고 새겼고 앞서 발행된 '大錢五十' 과 함께 2가지 화폐를 병행케 하였다. 백성이 불법 주조를 막기 위해 구리와 숯을 보유하지 못하게 금하였다.

原文

四月, 徐鄕侯劉快結黨數千人起兵於其國. 快兄殷, 故漢膠東王, 時改爲扶崇公. 快擧兵攻卽墨, 殷閉城門, 自繫獄. 吏民距快, 快敗走, 至長廣死. 莽曰, "昔予之祖濟南愍王困於燕寇, 自齊臨淄出保於莒. 宗人田單廣設奇謀, 獲殺燕將, 復定齊國. 今卽墨士大夫復同心殄滅反虜, 予甚嘉其忠者, 憐其無辜. 其赦殷等, 非快之妻子它親屬當坐者皆勿治. 弔問死傷, 賜亡者葬錢, 人五萬. 殷知大命, 深疾惡快, 以故輒伏厥辜. 其滿殷國戶萬, 地方百里." 又封符命臣十餘人.

| 註釋 | ○徐鄕侯劉快 – 劉快(유쾌, ?－서기 9년)는 膠東共王 劉授의 아들. 성제 때 서향후. ○劉殷 – 교동왕 계승. 교동국 치소는 卽墨縣(今 山東省

靑島市 관할 平度市). ○長廣 – 縣名. 今 山東省 煙臺市 관할의 萊陽市. ○濟
南愍王 – 戰國 齊 愍王(前 300-284).

　(始建國 원년) 4월, 徐鄕侯(서향후) 劉快(유쾌)가 수천 무리를 모아
그 나라에서 기병하였다. 유쾌의 형인 劉殷(유은)은 이전 漢 膠東王
(교동왕)으로 그때는 이름이 바뀌어 扶崇公(부숭공)이었다. 유쾌는 군
사를 이끌고 (교동국 치소인) 卽墨(즉묵)을 공격했는데 유은은 성문
을 닫고 스스로 옥에 들어가 있었다. 백성들이 유쾌에 항거했고 유
쾌는 패주하다가 長廣縣에서 죽었다. 그러자 왕망이 말했다.

　"옛날 나의 선조인 濟南(齊) 愍王(민왕)이 燕(연)의 침입에 곤경을
당해 齊의 臨淄(임치)를 탈출하여 莒縣(거현)에서 항거했었다. 宗人
인 田單(전단)이 여러가지 뛰어난 책모로 연의 장수를 죽이고 齊를
다시 안정시켰었다. 이번에 즉묵의 사대부들은 모두가 합심하여 반
역의 무리를 섬멸하였는데 나는 그 충성을 매우 가상히 여기며 무고
한 백성을 불쌍히 여기고 있다. 유은 등을 사면하고 유쾌의 처자가
아닌 연좌된 다른 친족의 죄를 묻지 말라. 사상자를 조문하고 죽은
자의 장례비로 매인 당 5만전을 지급하기 바란다. 유은은 천명을 알
아 유쾌의 반역과 그에 따른 죄에 연좌되는 것을 증오하였다. 유은
에게 식읍 1만 호와 영역 1백 리를 채워주도록 하라."

　그리고 符命에 따라 신하 10여 명을 제후에 봉하였다.

莽曰, "古者, 設廬井八家, 一夫一婦田百畝, 什一而稅, 則國給民富而頌聲作. 此唐, 虞之道, 三代所遵行也. 秦爲無道, 厚賦稅以自供奉, 罷民力以極欲, 壞聖制, 廢井田, 是以兼倂起, 貪鄙生, 强者規田以千數, 弱者曾無立錐之居. 又置奴婢之市, 與牛馬同蘭, 制於民臣, 顓斷其命. 姦虐之人因緣爲利, 至略賣人妻子, 逆天心, 悖人倫, 繆於'天地之性人爲貴'之義. 《書》曰, '予則奴戮女', 唯不用命者, 然後被此辜矣. 漢氏減輕田租, 三十而稅一, 常有更賦, 罷癃咸出, 而豪民侵陵, 分田劫假. 厥名三十稅一, 實什稅五也. 父子夫婦終年耕芸, 所得不足以自存. 故富者犬馬餘菽粟, 驕而爲邪, 貧者不厭糟糠, 窮而爲姦. 俱陷於辜, 刑用不錯. 予前在大麓, 始令天下公田口井, 時則有嘉禾之祥, 遭以虜逆賊且止. 今更名天下田曰, '王田', 奴婢曰, '私屬', 皆不得賣買. 其男口不盈八, 而田過一井者, 分餘田予九族鄰里鄉黨. 故無田, 今當受田者, 如制度. 敢有非井田聖制, 無法惑衆者, 投諸四裔, 以御魑魅, 如皇始祖考虞帝故事."

| 註釋 | ○設廬井八家 - 농막을 지은 8가구. 井田法에 따른 8가구. 井田制의 실제 시행 여부는 논란의 대상이다. 廬는 田地의 임시 거처. 오두막. ○規田以千數 - 천 단위로 토지를 점유하다. ○蘭 - 欄(난)과 동. 우리. 난간. ○制於民臣 - 臣民(百姓)을 제어하다. ○天地之性人爲貴 - 性은 生. 子曰, 天地之性人爲貴. 人之行莫大於孝 孝莫大於嚴父.《孝經 聖治》. ○《書》曰,

'予則奴戮女' -《書經 甘誓》. 奴戮(노륙)은 형벌에 의거 노예로 만들다. 女는 汝. 奴는 孥. ○更賦 - 일종의 代役稅. 여러 가지 병역 의무 외에도 각종 노역에 동원되거나 그 대가를 현금으로 바치는 각종 조세. ○罷癃咸出 - 罷癃(피륭)은 부상이나 형벌에 의해 폐인이 되다. ○分田劫假 - 국가에서 농민에게 공전을 지급하고 농민은 공전의 地租(지조)를 납부해야 원칙이었으나 豪民의 빈민의 공전을 가로채고 소작을 시키면서 지조를 강탈하는 것. ○公田口井 - 공전제의 확립과 인구를 계산하여 井田을 지급하다. ○嘉禾(가화) - 이삭이 보통보다 굵거나 낟알이 많은 경우 嘉禾라 하여 祥瑞로 간주되었다. ○鄰里鄕黨 - 5戶를 1鄰(린), 25호를 1里, 5백 호를 1黨, 12,500호를 1鄕이라 하였다. ○四裔(사예) - 幽州, 崇山, 三危, 羽山의 변방 지역. 사방의 끝. ○以御魑魅 - 魑魅(이매)는 본래 도깨비. 여기서는 사악한 짓으로 백성을 현혹하거나 공갈하다. ○虞帝故事 - 舜은 渾沌(혼돈) 檮杌(도올) 등 四凶(사흉)을 四極(사극)으로 유배시켰다.

〖 國譯 〗

왕망이 말했다.

"옛날에 농사 오두막을 지은 8가구는 일부일처에 토지 1백무를 경작하고 10분의 1을 조세로 냈는데도 나라는 넉넉하고 백성은 부유하여 칭송의 노래를 불렀다. 이는 堯舜의 제도로 三代에도 그대로 시행되었다. 秦은 무도하여 많은 부세를 걷어 나라를 유지하자 민력은 피폐했고 욕망을 채우려 성인의 제도를 무너트리고 井田制를 폐지했는데 이에 따라 토지겸병이 일어나고 탐욕이 늘어 강자는 천 단위로 토지를 점유하고 약자는 송곳 하나 세울 땅도 없이 살아야 했다. 또 노비 시장을 열어 우마와 같이 우리에 백성을 몰아넣고 그 목숨조차 마음대로 했다. 간악한 무리는 이로써 이득을 얻으니 남의 처자를 강탈 매매하여 천심을 거역하고 인륜을 파괴하며 천지에 人性이 가장 존귀하다는 대의를 어겼다. 《書經》에서도 '나는 너를 형벌에 처해 노예로 만들겠다.' 하였으니, 명을 따르지 않아 그런 처벌을 했었다. 漢朝에서는 전조를 경감하여 30분의 1을 세로 걷었지만 늘 여러 更賦(代役稅)가 있어 폐인이 속출하고 세력가에게 눌렸으며 공전을 침탈당하고 지조를 납부하여야 했다. 그 명목은 30분의 1이었지만 실제로는 10분의 5를 바쳐야 했다. 그래서 父子와 夫婦가 일년 내내 농사를 지어도 살기가 어려웠다. 그리하여 부잣집에는 개와 말에게도 곡식이 남아돌았으며 교만하여 나쁜 짓을 하였지만 빈민은 쌀겨조차 배불리 먹지 못하여 궁색했기에 법을 어겼다. 부자나 빈민이 모두 죄를 어겨 형벌을 적용할 수도 없었다. 내가 섭정하기 전에 처음으로 천하에 公田제도와 인구에 따라 井田 실시를 반포하자 때가 되어 嘉禾(가화)의 상서가 나타났으나 외적의 침입으로 중단되었었다. 이제 천하의 토지 이름을 바꿔 '王田'이라 하고, 노비는 '私屬(사속)이라 하며 토지나 노비 매매를 일절 금한다. 그 집에 남자가 8명이 안 되며 토지가 一井이 넘는 자는 여분의 토지를 친족이나 이웃과 향당에 나누어 주어야 한다. 경지가 없다가 이번에 토지를 받은 자는 법대로 소유한다. 이 정전의 훌륭한 제도를 감히 비난하거나 법령을 무시하거나 민중을 현혹하는 자는 먼 변방으로 보내질 것이며 사악한 짓으로 현혹하는 자는 나의 皇始祖考 虞帝(舜)의 전례에 따를 것이다."

是時, 百姓便安漢五銖錢, 以莽錢大小兩行難知, 又數變
改不信, 皆私以五銖錢市買. 訛言大錢當罷, 莫肯挾. 莽患
之. 復下書, "諸挾五銖錢, 言大錢當罷者, 比非井田制, 投
四裔." 於是農商失業, 食貨俱廢, 民人至涕泣於市道. 及坐
賣買田宅,奴婢, 鑄錢, 自諸侯,卿,大夫至於庶民, 抵罪者不
可勝數.

| 註釋 | ○訛言大錢當罷 – 訛言(와언)은 잘못 전해진 말. 거짓말. 大錢은
1개가 오수전 50개에 해당하였다. ○比非井田制 – 比는 똑같이. 非는 誹謗
(비방).

〖國譯〗

이때, 백성은 漢의 五銖錢(오수전)에 익숙하고 왕망전의 大小와
두 가지 병행 방법을 알기도 어려웠으며 또 자주 바뀌어 불신하면서
여전히 몰래 오수전으로 거래를 하였다. 또 大錢이 곧 폐지될 것이
라는 헛소문이 돌면서 대전을 받으려 하지 않았다. 왕망은 이를 걱
정하여 다시 制書를 내렸다.

"오수전을 소유하거나 大錢이 곧 폐지될 것이라고 말하는 자는
정전제를 비난하는 자와 마찬가지로 사방의 끝에 보낼 것이다."

그러자 농민이나 상인이 모두 할 일이 없어지고 거래가 끊겼으며
백성은 거리에서 울고 다녔다. 전택이나 노비 매매, 돈을 주조한 죄
에 연루되어 제후로부터 경과 대부와 서민에 이르기까지 법에 걸린
자가 셀 수 없이 많았다.

秋, 遣五威將王奇等十二人班〈符命〉四十二篇於天下. 德祥五事, 符命二十五, 福應十二, 凡四十二篇. 其德祥言文, 宣之世黃龍見於成紀, 新都, 高祖考王伯墓門梓柱生枝葉之屬. 符命言井石, 金匱之屬. 福應言雌雞化爲雄之屬. 其文爾雅依托, 皆爲作說, 大歸言莽當代漢有天下云. 總有說之曰, "帝王受命, 必有德祥之符瑞, 協成五命, 申以福應, 然後能立巍巍之功, 傳於子孫, 永享無窮之祚. 故新室之興也, 德祥發於漢三七九世之後. 肇命於新都, 受瑞於黃支, 開王於武功, 定命於子同, 成命於巴宕, 申福於十二應, 天所以保祐新室者深矣, 固矣! 武功丹石出於漢氏平帝末年, 火德銷盡, 土德當代, 皇天眷然, 去漢與新, 以丹石始命於皇帝. 皇帝謙讓, 以攝居之, 未當天意, 故其秋七月, 天重以三能文馬. 皇帝復謙讓, 未卽位, 故三以鐵契, 四以石龜, 五以虞符, 六以文圭, 七以玄印, 八以茂陵石書, 九以玄龍石, 十以神井, 十一以大神石, 十二以銅符帛圖. 申命之瑞, 寖以顯著, 至於十二, 以昭告新皇帝. 皇帝深惟上天之威不可不畏, 故去攝號, 猶尚稱假, 改元爲初始, 欲以承塞天命, 克厭上帝之心. 然非皇天所以鄭重降符命之意, 故是日天復決以勉書. 又侍郎王盱見人衣白布單衣, 赤繡方領, 冠小冠, 立於王路殿前, 謂盱曰, '今日天同色, 以天下人民屬皇帝'. 盱怪之, 行十餘步, 人忽不見. 至丙寅暮, 漢氏高廟有金匱圖策, '高帝承天命, 以國傳新皇帝'. 明旦, 宗伯忠孝侯劉宏以聞, 乃召公卿議, 未決, 而大神石人談曰, '趣新皇帝之高廟受命. 毋留!' 於是新皇帝立登車, 之漢氏高廟受命, 受命之日, 丁卯也. 丁, 火, 漢氏之德也. 卯, 劉姓所以爲字也. 明漢劉火德盡, 而傳於新室也. 皇帝謙謙, 旣備固讓, 十二符應迫著, 命不可辭, 懼然祇畏, 葦然閔漢氏之終不可濟, 蠱蠱在左右之不得從意, 爲之三夜不御寢, 三日不御食. 延問公侯卿大夫, 僉曰, '宜奉如上天威命'. 於是乃改元定號, 海內更始. 新室旣定, 神祇歡喜, 申以福應, 吉瑞累仍. 《詩》曰, '宜民宜人, 受祿於天, 保右命之, 自天申之'. 此之謂也."

五威將奉〈符命〉, 齎印綬, 王侯以下及吏官名更者, 外及匈奴, 西域, 徼外蠻夷, 皆卽授新室印綬, 因收故漢印綬. 賜吏爵人二級, 民爵人一級, 女子百戶羊酒, 蠻夷幣帛各有差. 大赦天下.

| 註釋 | ◦五威將 – 신조 관명. 五行의 五를 채택. 威는 황천의 위명. 오위장은 12명. ◦德祥 – (왕망의) 덕행이 있기에 나타난 길조. ◦符命 – 하늘의 계시. ◦福應 – 복을 받을 길조. ◦成紀 – 今 甘肅省 定西市 通渭縣. ◦新都 – 新都는 南陽郡 新野縣 都鄕(도향). ◦梓柱生枝葉之屬 – 梓는 가래나무 재. 百木之長. 기둥의 나무에서 가지가 나고 잎이 피어난 해는 왕망이 태어난 해였다고 한다. ◦井石 – 우물을 파다가 발견한 돌. ◦爾雅依托 – 古意에 근거하여 말하다. 爾雅(이아)는 正經에 가깝다. ◦皆爲作說 – 지어낸 이야기이다. ◦大歸 – 大抵(대저). ◦五命 – 오행의 순차에 의한 천명.

○漢三七九世之後 – 3 × 7은 210년. 9대 황제(혜제와 문제가 같은 代, 애제와 평제가 같은 代로 계산) 후에 결과가 나타났다는 뜻. ○肇命於新都 – 肇命(조명)은 천명의 조짐, 시작. 선제 때(왕망이 태어나기 훨씬 전) 廣漢郡 新都縣에서 황룡이 나타났었다. 나중에 왕망은 신도후에 봉해졌다. ○黃支 – 먼 남쪽의 黃支國(황지국) 3만 리나 떨어진 곳에서 살아있는 물소를 바쳤다. ○武功 – 武功(무공) 縣長인 孟通(맹통)이 우물을 준설하다가 丹石(井石)을 얻은 일. ○子同 – 梓潼縣을 개명한 것. 梓潼縣(재동현) 사람 哀章(애장)이 금궤를 바친 일. ○巴宕 – 巴郡 宕縣에서 石牛를 바친 일. ○申福於十二應 – 아래에 서술하는 무공현 단석 이하 12가지 길조를 거듭 내려 보냈다는 뜻. 申은 거듭. 보태주다. ○天重以三能文馬 – 三能은 별 이름(能 音 태). 三臺星. 文馬는 무늬가 있는 말〔붉은 갈기에 황금 빛 눈을 가진 말. 馼馬(문마)〕. 주 성왕 때 견융이 바친 말이라는 주석이 있다. ○寖以顯著 – 寖은 점점. ○承塞天命 – 塞은 當也. ○克厭 – 만족시키다. ○鄭重 – 여러 번. 거듭. ○勉書 – 眞皇帝의 자리에 오르라고 권면하는 글. 哀章이 지어서 고조묘에 갖다 바친 金策書. ○赤繢方領 – 붉은 허리끈을 매고 목둘레 깃이 사각인 옷. 유생의 복장. 繢는 빛이 고을 회(繪와 通). ○天同色 – 五方의 天神이 뜻을 같이 하여 모두 같은 색이라는 뜻. 色은 包이어야 한다며 하늘이 천하백성을 모두 다 왕망에게 위촉한다로 해석하였다. 屬은 맡기다. ○宗伯 – 宗正을 개명. 황족 관리, 제후의 승계 업무 담당. ○趣新皇帝~ – 趣는 促也. 빨리. 재촉하다. ○丁,火 – 五行과 十干을 상호 결합한 것. 甲乙木, 丙丁火, 戊己土, 庚申金, 壬癸水. ○懼然(구연) – 두려운 모양. 망연자실한 모양. ○葦然(위연) – 흔들리는 모양. 여기서는 두려워 떠는 모양. ○亹亹(미미) – 亹는 힘쓸 미. 부지런할 미(釁)와 同. ○更始 – 옛 것을 버리고 새롭게 시작하다. ○累仍 – 빈번히 거듭되다. ○《詩》曰 – 《詩經 大雅 假樂》. ○保右命之 – 保右는 保佑. ○申之 – 거듭. 再次. ○徼外蠻夷(요외만이) – 塞外蠻夷.

〖國譯〗

　가을에, 五威將(오위장) 王奇(왕기) 등 12명을 파견하여 〈符命〉 42편을
천하에 반포하였다. 德祥(덕상)이 5편, 符命(부명)이 25편, 福應이 12
편으로 모두 42편이었다. 그 덕상에서는 文帝와 宣帝 때 황룡이 成
紀縣(성기현)과 新都縣(신도현)에서 출현했으며 왕망의 고조인 王伯
(濟南伯王, 王遂)의 묘 사당 문기둥에서 가지와 잎이 피었던 일과 같은
것이었다. 符命(부명)은 우물서 건진 돌(井石)이나 金匱(금궤)의 글
같은 것이다. 福應(복응)이란 암탉이 수탉으로 변한 일 같은 것이다.
그런 문장은 고의에 의탁하여 꾸며낸 것 같은 이야기이며 거의 왕망
이 漢을 대신하여 천하를 차지해야 한다는 뜻이었다. 전체적으로 말
하자면,

　"제왕이 천명을 받으려면 필히 덕행이 있어 그에 따른 길조가 나
타나고 오행의 순서에 의해 이루어지며, 복조가 보태진 이후에야 큰
공적을 세우고 그것이 자손에 전해져서 영원히 누릴 무한한 복이 이
루어진다는 뜻이었다. 그래서 新朝의 건국에서 덕상은 漢의 3×7에
210년, 9대 이후에 결과가 나타났다. 천명의 시작은 新都(신도)에서
나타났으며, 상서의 조짐을 받은 것은 黃支國의 물소였고, 왕도의
시작은 武功縣의 丹石이었으며 천명의 확정은 子同(자동, 梓潼縣)의
금궤이었고, 천명의 성립은 巴郡(파군) 宕縣(탕현)의 石牛로 복조가
이어져 12가지 符命이 나타난 것이니 하늘이 新朝를 보우하는 일이
이와 같이 확실하였다! 무공현의 丹石은 漢朝 平帝 말년에 출현하였
으니 火德이 다하면서 土德이 대신해야만 해서 하늘이 돌아보아 한
나라를 없애고 新朝를 일으키겠다는 뜻을 단석으로 황제에게 처음
으로 알린 것이었다. 이에 皇帝(왕망)은 겸양하며 섭정의 자리에 있

었으나 이것이 하늘의 뜻에 맞지 않았기에 그 가을 7월에 하늘은 거듭 三能星(삼태성)의 무늬가 있는 말을 내려 보냈다. 皇帝(왕망)이 다시 겸양하고 즉위하지 않자 3번째는 鐵契(철계), 4번째로 石龜(석구), 5번째로 虞符(우부), 6번째 文圭(문규), 7번째 玄印(현인), 8번째가 茂陵(무릉)의 石書(석서), 9번째가 玄龍石(현룡석), 10번째가 神井(신정), 11번째로 大神石(대신석), 그리고 12번째로 銅符(동부)와 帛圖(백도) 등을 내 보냈다. 이렇듯 천명의 조짐은 점점 확실하게 나타나 12번이나 新朝 황제에게 알렸다. 그러자 황제는 상천의 위명을 피할 수 없다는 것을 알고 居攝(거섭)의 칭호를 버리고 겨우 가황제라 하였고 연호를 初始(초시)로 개원하여 천명에 상당한 조치라 하여 上帝의 마음을 만족시키려 하였다. 그러나 皇天의 뜻에 맞지 않기에 다시 符命의 뜻을 정중히 내렸으니 바로 그날 하늘은 다시 정식 황제가 되라고 권장하는 책서를 내려 보냈다. 곧 시랑인 王盱(왕우)란 사람이 하얀 홑옷에 붉은 끈을 매고 사각 목깃에 작은 관을 쓴 어떤 사람이 王路殿 앞에 서 있는 것을 보았는데 왕우에게 '오늘은 하늘이 모두 같은 색이니 천하 백성을 새 황제에게 맡길 것이다.' 라고 말했다. 왕우가 이상하다 생각하며 10여 걸음 앞으로 나아가자 그 사람은 갑자기 사라졌다. 丙寅日 저녁에 (哀章이) 漢 고조묘에 金匱圖策을 바치며 '高帝는 천명에 따라 나라를 新의 황제에게 전하노라.' 라고 말했다. 다음 날 아침 宗伯인 忠孝侯 劉宏(유굉)이 이를 보고했고 바로 공경을 불러 의논케 하였으나 결론이 나지 않자 大神石이 사람처럼 말했다. '빨리 新皇帝는 고조묘에 가서 천명을 받으라. 머뭇거리지 말라!' 이에 신 황제는 즉시 수레에 올라 漢 고조 묘당에 가서 천명을 받았는데 받은 그날은 바로 丁卯(정묘)일이었다. 丁(정)

은 火에 속하니 漢朝의 화덕이다. 卯(묘)는 유씨 성에 들어가는 글이다. 이로써 유씨 한의 화덕이 다 끝난 것을 확실하여 新室에게 전한 것이었다. (新) 황제는 머뭇거리면서 전처럼 굳이 사양하려 했지만 이미 12번의 부명이 분명히 나타났으며 천명은 사양할 수 없었지만 신령을 두려워했으며 끝내 漢朝의 종말을 건지지 못한 마음으로 흔들렸지만, 측근이 재촉하여 부득이 뜻에 따랐지만 3일 동안 밤에 잠을 못자고 3일씩 식사도 하지 못했었다. 이에 여러 제후나 경과 대부에게 물으니, 모두가 '상천의 천명을 받아야만 합니다.' 라고 말하였다. 이에 개원하여 연호를 확정하고 천하는 새롭게 시작하였다. 新 왕조가 확정되자 여러 신령이 기뻐하며 여러 가지 福祚(복조)와 길조들이 연이어 거듭되었다. 《詩經》의 '백성과 관리 제자리를 찾아 하늘의 복을 받으니, 나라를 보우하며 명하니 하늘이 거듭하네.' 라고 한 것은 이를 두고 이른 말이었다."

五威將들이 〈符命〉를 받들고 印綬을 싸가지고 王侯 이하 명칭이 바뀐 여러 관리를 만나고 국경 밖 흉노와 서역에 가서 변경 이민족을 만나 새로운 新朝의 인수를 주고 아울러 옛 漢의 인수를 회수하였다. 관리들의 작위를 2등급씩 올려주었고, 백성들의 작위는 1등급씩 올려 주었고, 여인들에게는 1백 호 단위로 양고기나 술을 하사하였으며 이민족에게는 비단이나 포목을 차등을 두어 분배하였다. 천하에 대사면도 시행하였다.

原文

五威將乘〈乾〉文車, 駕〈坤〉六馬, 背負鷩鳥之毛, 服飾甚

偉. 每一將各置左右前後中帥, 凡五帥. 衣冠車服駕馬, 各
如其方面色數. 將持節, 稱太一之使, 帥持幢, 稱五帝之使.
莽策命曰, "普天之下, 迄于四表, 靡所不至." 其東出者, 至
玄菟,樂浪,高句驪,夫餘, 南出者, 逾徼外, 歷益州, 貶句町王
爲侯, 西出者, 至西域, 盡改其王爲侯, 北出者, 至匈奴庭,
授單于印, 改漢印文, 去'璽'曰'章'. 單于欲求故印, 陳饒椎
破之. 語在〈匈奴傳〉. 單于大怒, 而句町,西域後卒以此皆
畔. 饒還, 拜爲大將軍, 封威德子. 冬, 靁, 桐華.

| 註釋 | ○乘〈乾〉文車 – 天文을 그린 수레. ○駕〈坤〉六馬 – 坤은 牝馬
(빈마. 암말). 六은 坤을 상징하는 수. ○鷩鳥之毛 – 꿩의 일종. 깃털이 화려
하다. 鷩은 붉은 꿩 별. ○其方面色數 – 예를 들면 東方 청색, 數는 三. 南方
적색, 數는 二. 西方 백색, 數는 四. 北方 흑색, 數 一. 中央 황색 數 五. ○迄
于四表 – 迄은 닿다(至也). 四表는 사방의 끝. ○玄菟,樂浪,高句驪,夫餘 – 玄
菟(현토)는 군명. 遼寧 일대. 樂浪郡 치소는 朝鮮縣, 今 평안남도 평양시.
高句驪는 高句麗. 夫餘는 今 吉林省 일대. ○貶句町王~ – 옛 국명. 今 雲南
省 동남부. ○至匈奴庭 – 庭은 王廷. 今 蒙古 烏蘭巴托 부근. ○靁 – 雷의
古字.

〖 國譯 〗

　　五威將(오위장)은 여섯 마리 암말이 끄는 하늘을 상징하는 수레를
타고, 등에는 붉은 꿩 깃털 장식을 하여 매우 위엄있는 복색이었다.
모든 장수마다 각각 전후좌우와 중앙의 5명 부장을 거느렸다. 의관
과 거마와 복색은 각 담당 방면의 색채와 수에 맞추었다. 오위장은

지절을 들고 太一神의 使者를 칭했고, 부장들은 깃발(幢 당)을 들고 5帝의 사자라 자칭했다. 왕망은 책서를 내려 "넓은 하늘 아래 사방의 끝까지 아니 간 곳이 없어야 한다."라고 명령했다. 그중 동쪽으로 간 오위장은 玄菟(현토)와 樂浪(낙랑)군, 그리고 高句麗(고구려)와 夫餘國(부여국)까지 갔으며, 남으로 간 자는 변경을 지나 익주를 거쳐 나가서 句町王(구정왕)을 후작으로 격하시켰고, 서쪽으로 간 자는 서역에 도착하여 그들 왕을 모두 제후로 개칭하였으며, 북으로 간 자는 흉노의 조정에 이르러 선우의 인수를 내 주었는데 漢 인수의 문장을 바꿨고 '璽(새)'를 '章(장)'으로 고쳤다. 선우는 옛 국새를 가지려 했지만 陳饒(진요)가 망치로 부숴버렸다. 이는 〈匈奴傳〉에 실려 있다. 선우는 크게 화를 내었으며 구정국과 서역 여러 나라는 뒤에 결국 이 때문에 新을 배반하였다. 진요는 돌아와 대장군이 되었고 威德子(위덕자)에 봉해졌다.

겨울에, 천둥이 쳤고 오동나무에 꽃이 피었다.

原文

置五威司命, 中城四關將軍. 司命司上公以下, 中城主十二城門. 策命統睦侯陳崇曰, "咨爾崇. 夫不用命者, 亂之原也, 大姦猾者, 賊之本也, 鑄僞金錢者, 妨寶貨之道也, 驕奢逾制者, 凶害之端也, 漏洩省中及尙書事者, '機事不密則害成'也, 拜爵王庭, 謝恩私門者, 祿去公室, 政從亡矣, 凡此六條, 國之綱紀. 是用建爾作司命, '柔亦不茹, 剛亦不吐,不侮鰥寡, 不畏强圉’, 帝命帥繇, 統睦於朝." 命說符侯崔發曰, "重門擊柝, 以待暴客. 女作五威中城將軍, 中德旣成, 天下說符." 命明威侯王級曰, "繞霤之固, 南當荊楚. 女作五威前關將軍, 振武奮衛, 明威於前." 命尉睦侯王嘉曰, "羊頭之厄, 北當燕, 趙. 女作五威後關將軍, 壺口捶扼, 尉睦於後." 命掌威侯王奇曰, "肴, 黽之險, 東當鄭, 衛. 女作五威左關將軍, 函谷批難, 掌威於左." 命懷羌子王福曰, "汧隴之阻, 西當戎狄. 女作五威右關將軍, 成固據守地, 懷羌於右."

| 註釋 | ○五威司命 – 왕망이 설치한 감찰관. 명령을 따르지 않는 자 등 6가지 위법자를 주 감찰 대상으로 하였다. ○中城 – 內城. 12성문 모두에 城門校尉를 두었다. ○咨爾崇 – 咨는 아!(歎辭), 爾는 너 이. ○寶貨 – 왕망이 만든 금, 은화와 龜, 貝, 錢, 布 등 각종 화폐의 총칭. ○省中 – 궁궐. 일반인 출입이 금지된 곳. ○機事不密則害成 –《易 繫辭 上》. 기밀 업무의 비밀이 새어나가면 일이 실패한다는 뜻. ○王庭 – 朝廷. ○是用 – 是以. ○柔亦不茹~ –《詩經 大雅 蒸民》의 구절. 仲山甫의 덕행을 찬미한 시. 茹는 먹을 여. ○帝命帥繇 – 帥繇(솔유)는 帥由. 따르다. 순종하다. ○重門擊柝~ –《易 繫辭 下》. ○繞霤之固(요류지고) – 今 陝西省 商州의 험준한 지역. 七盤十二繞(칠반십이요)라고도 한다. ○羊頭之厄 – 今 山西省 長子縣 양두산. 해발 2천여 m의 산 위에 양의 머리 같은 바위가 있다. ○壺口捶扼 – 壺口(일구)는 今 山西省 長治縣 羊頭山 근처의 험산. 捶扼(추액)은 수직의 험한 절벽. ○肴, 黽之險 – 崤山(효산)과 黽池城(민지성). ○汧隴之阻 – 汧(견)은, 今 陝西省 隴縣(농현) 동남의 험요지. 隴은 今 陝西省 隴縣 서북의 요새지. ○成固 – 현명.

今 陝西省 成固縣. 漢水 북안. ㅇ懷羌於右 - 懷는 按撫하다.

五威司命(오위사명)과 中城(內城)의 四關(사관) 장군을 신설하였다. 司命(사명)은 上公 이하 관리를 사찰하고 中城의 사관 장군은 12개 성문을 관할하였다. 統睦侯 陳崇(진숭)에게 책서로 명령하였다.

"아! 너 陳崇이여. 명령을 따르지 않으면 반란의 시작이고, 아주 교활한 짓은 도적의 바탕이며, 가짜 금전 주조는 화폐제도의 훼방이고, 교만과 사치는 흉악한 짓의 시작이며, 궁중과 업무를 발설하는 것은 기밀누설로 일을 망치려는 것이고, 조정에서 작위를 받고서도 개인에게 사례하는 것은 질록으로 국가를 해치고 정사를 망치는 것이니 이상 6가지는 나라의 기강에 해당한다. 이에 너를 등용하여 오위사명에 임명하니 '달다고 삼키지 말며 쓰다고 뱉지 말 것이며, 홀아비나 과부라 무시하지 말고 강폭한 자 두려워말며' 나의 명령만을 따라 조정을 모두 화목케 하라."

그리고 說符侯(열부후) 崔發(최발)을 임명하며 말했다. "이중문을 만들고 딱따기를 치며 흉포한 자를 막는다고 하였다. 너를 오위의 中城將軍에 임명하니 중용지덕이 갖춰지면 천하 사람이 기뻐 찾아오리라."

明威侯 王級(왕급)을 임명하면서 "繞霤(요류)의 험준한 지세로 남쪽의 荊楚(형초)의 땅을 장악하라. 너를 五威前關將軍으로 삼으니 무위를 떨치고 지켜 전방의 위엄을 확실히 하라."고 말했다.

尉睦侯 王嘉(왕가)를 임명하며 말했다. "羊頭山의 험한 지세는 북쪽 燕(연)과 趙(조)를 막을 수 있다. 너를 五威後關將軍으로 임명하니

壺口山(일구산)의 험준한 지세로 후방을 편안하게 지킬지어라."

掌威侯 王奇(왕기)를 임명하며 말했다. "崤山(효산)과 黽池(민지)의 험고로 동쪽 鄭(정)과 衛(위)를 감당할 수 있다. 너를 五威左關將軍으로 임명하니, 함곡관 공격은 어려울 것이니 무위를 떨쳐 동쪽을 장악하라."

懷羌子(회강자)인 王福(왕복)을 임명하며 말했다. "汧水(견수)와 隴山(농산)의 험한 지세는 융적을 감당할 수 있다. 너를 五威右關將軍에 임명하니 成固(성고)를 근거로 수비하며 우측(西)의 羌族(강족)을 按撫(안무)토록 하라."

原文

又遣諫大夫五十人分鑄錢於郡國.

是歲, 長安狂女子碧呼道中曰, "高皇帝大怒, 趣歸我國. 不者, 九月必殺汝!" 莽收捕殺之. 治者掌寇大夫陳成自免去官. 眞定劉都等謀擧兵, 發覺, 皆誅. 眞定,常山大雨雹.

| 註釋 | ○掌寇大夫 – 왕망이 신설한 관직. 도적의 체포와 형벌을 담당. 治者는 그 사건을 담당했던 자. ○自免去官 – 自免은 관직을 사임한 것. 去官은 관리의 신분에서 벗어난 것, 곧 평민이 되었다는 뜻. ○眞定 – 제후국명. 치소는 眞定縣, 今 河北省 石家莊市 관할 正定縣. ○常山 – 군명. 치소는 元氏縣(今 河北省 石家莊市 관할의 元氏縣).

그리고 간대부 50인을 파견하여 군국에서 각각 주전하였다.

이 해에 장안의 미친 여자인 碧(벽)이 거리에서 소리쳤다. "高皇帝께서 대노하셨으니 빨리 내 나라를 돌려다오, 그렇지 않으면 9월에 너를 죽이겠다!" 이에 왕망이 잡아 죽였다.

미친 여인을 치죄했던 掌寇大夫(장구대부)인 陳成(진성)은 스스로 사임하였다. 眞定國의 劉都(유도) 등이 거병을 모의하였으나 발각되어 모두 처형되었다. 眞定과 常山에 우박이 크게 쏟아졌다.

原文

二年二月, 赦天下.

五威將帥七十二人還奏事, 漢諸侯王爲公者, 悉上璽綬爲民, 無違命者. 封將爲子, 帥爲男.

初設六筦之令. 命縣官酤酒, 賣鹽鐵器, 鑄錢, 諸採取名山大澤衆物者稅之. 又令市官收賤賣貴, 賒貸予民, 收息百月三. 犧和置酒士, 郡一人, 乘傳督酒利, 禁民不得挾弩鎧, 徙西海.

| 註釋 | ○六筦令(육관령) − 율령의 명칭. 六管은 술, 소금, 철은 국가에서 전매하고, 주전은 국가에 독점, 명산이나 대택을 이용하는 자에게 과세하고, 물가조절과 상인의 독과점과 투기와 고리채를 막겠다는 법령. 筦은 管과 同. 주관하다. ○賒貸予民 − 백성에게 대출하다. 賒는 세낼 사. 대출하다. 빌려

주다. ○犧和(희화) – 大司農의 개명. 국가 재정 담당. ○弩鎧 – 활과 갑옷.
鎧는 갑옷 개.

〖國譯〗

　(始建國) 2년 2월, 천하에 사면령을 내렸다.

　五威(오위) 장수 72인이 돌아와 보고하였는데 한의 제후왕으로 公
이 된 자는 모두가 백성을 위하여 국새와 인수를 반납하여 명을 어
기는 자가 없었다. 장수를 子의 작위로 봉하고 부장(帥)은 男의 작
위에 봉했다.

　처음으로 六筦令(육관령)을 공표하였다. 나라에서 술을 전매하고
(酤酒), 소금(賣鹽)과 철기를 판매(賣鐵)하며, 鑄錢(주전)하고, 名山
과 大澤에서 물자를 채취하는 자에게 과세하였다. 또 市官으로 하여
금 쌀 때 사들이고 비쌀 때 팔아 물가를 조절하고 이자는 월 100에 3
을 거두었다. 犧和(희화)는 군에 1인씩 酒士(주사)를 두고 주류 판매
이익을 감독하며 백성들이 활이나 갑옷 등 무기 소지를 금했고, 위
반자는 서해군으로 이주시켰다.

原文

　匈奴單于求故璽, 莽不與, 遂寇邊郡, 殺略吏民.

　十一月, 立國將軍建奏, "西域將欽上言, 九月辛巳, 戊己
校尉史陳良, 終帶共賊殺校尉刁護, 劫略吏士, 自稱廢漢大
將軍, 亡入匈奴. 又今月癸酉, 不知何一男子遮臣建車前,
自稱'漢氏劉子輿, 成帝下妻子也. 劉氏當復, 趣空宮'. 收繫

男子, 卽常安姓武字仲. 皆逆天違命, 大逆無道. 請論仲及
陳良等親屬當坐者."奏可. "漢氏高皇帝比箸戒云, 罷吏卒,
爲賓食, 誠欲承天心, 全子孫也. 其宗廟不當在常安城中,
及諸劉爲諸侯者當與漢俱廢. 陛下至仁, 久未定. 前故安衆
侯劉崇,徐鄕侯劉快,陵鄕侯劉曾,扶恩侯劉貴等更聚衆謀反.
今狂狡之虜或妄自稱亡漢將軍, 或稱成帝子子輿, 至犯夷
滅, 連未止者, 此聖恩不蚤絶其萌牙故也. 臣愚以爲漢高皇
帝爲新室賓, 享食明堂. 成帝, 異姓之兄弟, 平帝, 婿也, 皆
不宜復入其廟. 元帝與皇太后爲體, 聖恩所隆, 禮亦宜之.
臣請漢氏諸廟在京師者皆罷. 諸劉爲諸侯者, 以戶多少就五
等之差, 其爲吏者皆罷, 待除於家. 上當天心, 稱高皇帝神
靈, 塞狂狡之萌."

莽曰, "可. 嘉新公國師以符命爲予四輔, 明德侯劉龔,率
禮侯劉嘉等凡三十二人皆知天命, 或獻天符, 或貢昌言, 或
捕告反虜, 厥功茂焉. 諸劉與三十二人同宗共祖者勿罷, 賜
姓曰, 王."

唯國師以女配莽子, 故不賜姓. 改定安太后號曰'黃皇室
主', 絶之於漢也.

| 註釋 |　○匈奴單于 - 烏珠留單于.　○戊己校尉史(무기교위사) - 戊己校
尉는 서역 지역에 둔전을 목적으로 파견, 주둔한 교위. 史는 그 속관.　○刁護
(조호) - 〈匈奴傳 下〉, 〈西域傳〉에는 刀護(도호)로 기록.　○下妻 - 小妻.　○常
安姓武字仲 - 常安은 장안의 개칭.　○請論 - 論은 定罪하다.　○比箸戒 -

자주 분명히 훈계하다. 比는 자주(頻也). ㅇ成帝, 異姓之兄弟 – 성제는 왕망 고모의 아들이니 내사촌 형제간이다. 平帝는 왕망의 딸과 결혼하였으니 사위인 셈이다.

〔國譯〕

흉노선우가 옛 국새를 요구했지만 왕망이 주지 않자 변방 군을 침략하여 관리와 백성을 죽이고 노략질했다.

11월에 立國將軍(입국장군)이 건의하였다. "서역의 장수인 但欽(단흠)의 보고에 의하면, 9월 신사일에 戊己校尉史(무기교위사)인 陳良(진량)과 終帶(종대)가 함께 교위인 刁護(조호)를 죽이고 군리와 군사를 위협하여 이끌고 자칭 廢漢(폐한)대장군이라 하며 흉노로 도망하였다고 합니다. 또 이번 달 계유일에 어디서 왔는지 모르는 남자가 나의 수레 앞아 막아서서 자칭 '漢의 종실인 劉子輿(유자여)로 성제 후처의 아들이라면서 유씨가 다시 복귀해야 하니 빨리 궁을 비우라.'고 하였습니다. 바로 그 사람을 잡아가두었는데 常安(長安) 사람으로 성은 武(무)이고, 자는 仲(중)이라고 하였습니다. 이 모두가 하늘을 거스르며 법을 어기는 대역무도한 자입니다. 武仲과 陳良(진량) 등의 친족을 이와 연좌하여 처벌하기를 주청합니다." 상주한 바는 가하다고 하였다.

(또 건의하기를) "漢의 高皇帝는 吏卒을 손님으로 대접하지 말라고 자주 훈계하였는데, 이는 천심에 순응케 하여 자손을 보존하려는 뜻이었습니다. 그 유씨의 묘당이 아직도 장안 성중에 있는 것은 부당하니 유씨로 제후가 된 자는 漢과 함께 응당 폐출해야만 합니다. 폐하께서 너무 인자하시어 오랫동안 결정하지 못하셨습니다. 그전

에 安衆侯인 劉崇(유숭)과 徐鄕侯인 劉快(유쾌), 陵鄕侯인 劉曾(유증), 扶恩侯인 劉貴(유귀) 등은 그 무리를 모아 모반하였습니다. 지금 미치광이 반적들이 아직도 멸망한 한의 장군을 자칭하거나 아니면 성제의 아들 子輿(자여)라 하면서 멸족의 죄를 저지르는 일이 지금도 그치지 않는 것은 그 싹을 아주 잘라버리지 않은 聖恩 때문입니다. 臣의 어리석은 생각이지만 漢 高皇帝는 新朝의 국빈으로 明堂에 배향해야 합니다. 그러나 成帝는 (폐하에게) 異姓의 兄弟이며, 平帝는 사위이니 다시 그 묘당에 들어갈 수 없습니다. 元帝와 皇太后는 부부이므로 의례 또한 그러해야 합니다. 臣은 경사 안에 있는 漢의 여러 묘당을 다 없애기를 주청합니다. 또 유씨로 제후가 된 자들의 경우 그 식읍 호구의 다소를 五等(公侯伯子男)의 등급에 맞춰야 하고 그 관리들을 모두 파면하여 집에서 대기시켜야 합니다. 위로는 천심에 따라야 하고 신령하신 고황제의 뜻에 맞춰 미치광이의 싹을 잘라야 합니다."

이에 왕망이 말했다.

"맞는 말이로다. 嘉新公인 國師〔劉歆(유흠)〕는 符命(부명)에 의거 나의 四輔(사보)이며, 明德侯 劉龔(유공), 率禮侯 劉嘉(유가) 등 총 32명은 천명을 알아 순응하거나 혹은 천부를 바쳤고, 혹은 좋은 건의를 하였거나 반역자들을 잡거나 고발하여 그 공이 뚜렷하다. 여러 유씨 중 이들 32인과 同宗共祖인 자들은 파면하지 않고 賜姓(사성)하여 王氏라 할 것이다."

다만 國師(劉歆)의 딸은 왕망의 아들과 혼인하였기에 사성하지 않았다. 또 定安太后를 '黃皇室主'라 불러 漢과의 관계를 단절하였다.

冬十二月, 靁.

更名匈奴單于曰'降奴服于'. 莽曰, "降奴服于知威侮五行, 背畔四條, 侵犯西域, 延及邊垂, 爲元元害, 罪當夷滅. 命遣立國將軍孫建等凡十二將, 十道並出, 共行皇天之威, 罰於知之身. 惟知先祖故呼韓邪單于稽侯狦累世忠孝, 保塞守徼, 不忍以一知之罪, 滅稽侯狦之世. 今分匈奴國土人民以爲十五, 立稽侯狦子孫十五人爲單于. 遣中郎將藺苞, 戴級馳塞下, 召拜當爲單于者. 諸匈奴人當坐虜知之法者, 皆赦除之." 遣五威將軍苗訢,虎賁將軍王況出五原, 厭難將軍陳欽,震狄將軍王巡出雲中, 振武將軍王嘉,平狄將軍王萌出代郡, 相威將軍李棽,鎭遠將軍李翁出西河, 誅貉將軍陽俊,討穢將軍嚴尤出漁陽, 奮武將軍王駿,定胡將軍王晏出張掖, 及偏裨以下百八十人. 募天下囚徒,丁男,甲卒三十萬人, 轉衆郡委輸五大夫衣裘,兵器,糧食, 長吏送自負海江淮至北邊, 使者馳傳督趣, 以軍興法從事, 天下騷動. 先至者屯邊郡, 須皆具乃同時出.

| 註釋 | ∘降奴服于知 – 知는 烏珠留若鞮單于(오주류약제선우)의 본명인 囊知牙斯(낭지아사)를 개명한 이름. ∘威侮五行 – 오행 일체를 무시하다. 국가의 존엄을 무시하다. 威는 滅의 오자. 滅은 蔑(업신여길 멸)의 假借. ∘背畔四條 – 그전에 한과 흉노와의 약속, 곧 흉노는 漢人, 烏孫人, 서역 여러 나라에서 漢의 인수를 받은 자. 烏桓人(오환인)을 흉노에서 받아들이지 않기로

약조했었다. 〈匈奴傳 下〉참고. ○呼韓邪單于稽侯狦 — 呼韓邪單于(호한야선우, 前 58-31 재위.) 이름은 稽侯狦(계후산). ○委輸五大夫衣裘 — 委輸는 수송하다. 五大夫는 필요 없는 衍字(연자). 衣裘(의구)는 의류.

〖國譯〗

겨울인 12월에, 천둥이 쳤다.

흉노선우의 이름을 바꿔 '降奴服于(항노복우)' 라고 불렀다. 이에 왕망이 말했다.

"항노복우인 知(지)는 五行을 멸시하며 우리와 약속한 四條를 배반하였으며 서역을 침범하였고 변방까지 뻗어 들어와 우리 백성들을 해쳤으니 그 죄는 응당 멸족시켜야 한다. 이에 立國將軍 孫建(손건) 등 모두 12명의 장군을 파견하여 10곳에서 나란히 출동하여 황천의 위엄을 보이고 知(지)의 몸뚱이를 벌하려 한다. 다만 知(지)의 선대인 故 呼韓邪單于(호한야선우) 稽侯狦(계후산)은 여러 대에 걸쳐 충효하며 변방을 막아 지켜주었기에 知(지) 한 사람의 죄 때문에 계후산의 후손을 차마 다 없앨 수가 없다. 지금 흉노의 국토와 인민을 15부로 나누어 계후산의 자손 15명을 선우에 임명하고자 한다. 이에 中郎將 藺苞(인포)와 戴級(대급)은 국경에 달려가 선우가 될 자를 불러오기 바란다. 모든 흉노인 중에서 知(지)의 법에 의거 포로가 된 자는 모두 사면하여 풀어주도록 하라."

五威將軍 苗訢(묘흔)과 虎賁將軍 王況(왕황)은 五原郡에서 출동하고, 厭難將軍(염난장군) 陳欽(진흠)과 震狄將軍(진적장군) 王巡(왕순)은 雲中郡에서 출동하며, 振武將軍 王嘉(왕가)와 平狄將軍 王萌(왕맹)은 代郡에서 출동하고, 相威將軍 李棽(이림)과 鎭遠將軍 李翁(이옹)은

西河郡에서 출동하며, 誅貉將軍(주락장군) 陽俊(양준)과 討穢將軍(토예장군) 嚴尤(엄우)는 漁陽郡에서 출동하고, 奮武將軍(분무장군) 王駿(왕준)과 定胡將軍 王晏(왕안)은 張掖郡(장액군)에서 출동하며 이에 따른 군리 180명을 편성하였다. 천하의 죄수와 丁男과 甲卒 30만 명을 모집하면서 여러 군에서 의류와 무기 군량을 수송케 하였는데 長吏(지방관)들은 자체적으로 발해나 長江과 淮水를 이용하여 북쪽 변방으로 수송해야 했고 사자들을 보내어 감독하고 재촉하며 군법에 의거 조치하니 천하가 소란하였다. 먼저 변방 군에 도착하여 주둔한 자는 기다렸다가 동시에 출동해야만 했다.

原文

莽以錢幣訖不行, 復下書曰, "民以食爲命, 以貨爲資, 是以八政以食爲首. 寶貨皆重則小用不給, 皆輕則儎載煩費, 輕重大小各有差品, 則用便而民樂." 於是造寶貨五品, 語在〈食貨志〉. 百姓不從, 但行小大錢二品而已. 盜鑄錢者不可禁, 乃重其法, 一家鑄錢, 五家坐之, 沒入爲奴婢. 吏民出入, 持布錢以副符傳, 不持者, 廚傳勿舍, 關津苛留. 公卿皆持以入宮殿門, 欲以重而行之.

| 註釋 | ○訖不行 - 결국은 통용되지 못하다. 訖은 이를 흘. 마치다. ○八政以食爲首 - 八政에 대한 개념은 여러 가지나 일반적으로 《書經 周書 洪範》의 八政이 통용된다. 곧 食(식량), 貨(재물), 祀(제사), 司空(토지), 司徒(교

육), 司寇(사구, 사법), 賓(손님 접대, 외교), 師(군사). ○僦載(추재) – 품을 사거나 운반하다. 僦는 빌릴 추. 모으다. ○寶貨五品 – 다양한 종류의 화폐. 金, 銀, 龜, 貝, 布의 5종 화폐. ○持布錢以副符傳 – 돈과 통행증을 소지하다. 符傳(부전)은 통행증. ○廚傳勿舍 – 廚는 부엌 주(음식점). 傳은 傳舍(여관, 置驛之舍也). 勿舍는 숙박하지 못하다. ○關津苛留 – 關門이나 나루터에서 조사하여 억류하다.

〔國譯〕

　왕망은 새 화폐가 끝내 통용되지 못할까 걱정하여 다시 조서를 내려 말했다.

　"백성에게 양식은 생명이고 재화는 밑천이기에 八政에서도 양식을 첫째로 꼽았다. 화폐 단위가 모두 크면 작은 물건을 살 때 불편하고, 모두 작다면 모으거나 운반이 번잡하고 힘이 들기에 경중과 대소에 각각 차이가 있어야 사용이 편하고 백성들이 즐거울 것이다."

　이에 여러 가지 화폐 5종을 제조하였는데, 이는 〈식화지〉에 실려 있다. 그러나 백성이 따르지 않고 다만 大錢과 小錢 두 가지만 유통되었다. 또 몰래하는 주전을 막지 못하자 법을 엄격하게 적용하여 한 집에서 주전하면 5家가 연좌하여 모두 노비로 몰입되었다. 관리나 백성이 외출할 때 돈을 준비하고 통행증을 챙겨야 했는데 준비가 없으면 음식점이나 여관에 머물 수 없었고 관문이나 나루터에서 조사하고 억류하였다. 그래서 모든 公卿이 이를 지니고 궁궐문을 출입했으며 화폐를 중시하여 통용시키려 했다.

　是時, 爭爲符命封侯, 其不爲者相戲曰, "獨無天帝除書
乎?" 司命陳崇白莽曰, "此開姦臣作福之路而亂天命, 宜絶
其原." 莽亦厭之, 遂使尙書大夫趙並驗治, 非五威將率所
班, 皆下獄.

| 註釋 | ○獨無天帝除書乎 – 獨은 어찌(寧, 豈). 除書는 임명장. 관직을 제
수하는 문서. ○尙書大夫 – 왕망 정권 27大夫의 하나. 직무내용 미상. ○驗
治 – 조사하고 심문하다. ○五威將率所班 – 將率은 將帥. 所班은 공표한 것.

〖國譯〗

　이 무렵 사람들은 다투어 符命(부명)을 지어 올려 제후에 봉해졌
는데 그렇지 못한 자들은 서로 농담으로 "어째서 天帝의 임명장이
없는가?"라고 말했다. 司命인 陳崇(진숭)이 왕망에게 건의하였다.
"이는 간신들이 돈을 버는 방법이 되었고 천명을 혼란스럽게 만들
뿐입니다." 왕망도 역시 싫어했기에 나중에 尙書大夫인 趙並(조병)
을 시켜 조사하게 하여 五威將帥가 반포한 내용이 아니라면 모두 하
옥시켰다.

　初, 甄豐,劉歆,王舜爲莽腹心, 倡導在位, 褒揚功德, '安
漢'宰衡'之號及封莽母,兩子,兄子, 皆豐等所共謀, 而豐,

舜,歆亦受其賜, 並富貴矣, 非復欲令莽居攝也. 居攝之萌, 出於泉陵侯劉慶, 前煇光謝囂, 長安令田終術. 莽羽翼已成, 意欲稱攝. 豐等承順其意, 莽輒復封舜, 歆兩子及豐孫. 豐等爵位已盛, 心意旣滿, 又實畏漢宗室, 天下豪桀. 而疏遠欲進者, 並作符命, 莽遂據以卽眞, 舜, 歆內懼而已. 豐素剛强, 莽覺其不說, 故徙大阿, 右拂, 大司空豐, 托符命文, 爲更始將軍, 與賣餠兒王盛同列. 豐父子默默. 時子尋爲侍中京兆大君茂德侯, 卽作符命, 言新室當分陝, 立二伯, 以豐爲右伯, 太傅平晏爲左伯, 如周,召故事. 莽卽從之, 拜豐爲右伯. 當述職西出, 未行, 尋復作符命, 言故漢氏平帝后黃皇室主爲尋之妻. 莽以詐立, 心疑大臣怨謗, 欲震威以懼下, 因是發怒曰, "黃皇室主天下母, 此何謂也!" 收捕尋. 尋亡, 豐自殺. 尋隨方士入華山, 歲餘捕得, 辭連國師公歆子侍中東通靈將,五司大夫隆威侯棻, 棻弟右曹長水校尉伐虜侯泳, 大司空邑弟左關將軍掌威侯奇, 及歆門人侍中騎都尉丁隆等, 牽引公卿黨親列侯以下, 死者數百人. 尋手理有 '天子' 字, 莽解其臂入視之, 曰, "此一大子也, 或曰, 一六子也. 六者, 戮也. 明尋父子當戮死也." 乃流棻於幽州, 放尋於三危, 殛隆於羽山, 皆驛車載其屍傳致云.

| 註釋 | ○倡導在位 – 처음 주창하고 이끌다. ○前煇光 – 왕망이 宰衡일 때 右扶風을 前煇光(전휘광)으로 개칭. 煇는 빛날 휘. 輝와 同. ○大阿,右拂,

大司空 - 견풍의 직함. 大阿(태아)는 商 太甲을 보좌한 伊尹의 직함 阿衡의 뜻. 右拂(우필)은 보좌의 뜻. 拂(音 필)은 弼(도울 필). 大司空은 어사대부의 개칭. ○分陝, 立二伯 - 周는 陝州(섬주, 今 河南省 三門峽市)를 기준으로 양분하여 서쪽은 周公, 동쪽은 召公이 분치하게 하였다. 곧 관중과 관동을 분치했었다. 伯은 長의 뜻. ○述職 - 제후가 천자를 알현하고 직무를 보고하다. ○華山(화산) - 오악 중 西嶽, 陝西省 西安市 서쪽 120km에 위치. 최고봉은 2154m. ○五司大夫 - 司恭, 司從, 司明, 司聰, 司睿大夫의 총칭. ○左曹 - 加官의 칭호. ○手理 - 손금. ○解 - 분할하다. 자르다. ○幽州(유주) - 지금 北京과 遼寧省 일대. ○三危 - 산 이름. 출처에 따라 다르다. 일반적으로 甘肅省 敦煌 근처 산 이름으로 통용. ○殛隆於羽山 - 殛은 죽일 극. 誅殺. 隆은 騎都尉 丁隆(정륭). 羽山은 江蘇省과 山東省 경계의 산. ○傳致 - 시신을 驛車에 실어 그곳에 버렸다. 流, 放, 殛은 표현의 차이일 뿐 똑같은 처형이다.

[國譯]

　그전에, 甄豐(견풍), 劉歆(유흠), 王舜(왕순) 등은 왕망의 심복이 되어 왕망을 고위직에 오를 수 있도록 선창하고 또 이끌면서 그의 공덕을 칭송하였으며 '安漢公'과 '宰衡(재형)' 같은 호칭의 사용이나 왕망 모친과 두 아들 또 조카를 봉하게 한 것도 다 견풍 등이 협의한 것이었으며, 그에 따라 견풍, 왕순, 유흠 역시 작위를 하사받고 또 부귀를 차지하였지만 왕망이 居攝(거섭)에 오르게 하지는 않았다. 거섭이란 지위를 생각한 사람은 泉陵侯 劉慶(유경)과 前煇光(전휘광)인 謝囂(사효), 長安令인 田終術(전종술)이었다. 왕망은 자신의 羽翼(우익)이 형성되자 거섭의 칭호를 쓰고 싶었다. 견풍 등은 왕망의 뜻에 따랐고 왕망은 바로 왕순의 아들과 유흠의 두 아들, 견풍의 손자를 다시 책봉하였다. 견풍 등은 자신의 작위가 높아져 마음에 흡족했지만 사실 한의 종실과 천하의 호걸들을 두려워하였다. 그러자 왕망과 소원하지만 출세하고 싶은 자들이 다투어 符命(부명)을 조작했고 왕망은 그런 것을 이용하여 정식 황제에 올랐으며 왕순과 유흠 등은 내심으로 두려울 뿐이었다. 견풍은 평소에 강직한 면이 있었는데 왕망은 그가 (자신의 황제 즉위를) 별로 좋아하지 않는 것을 알고 大阿(대아)에 右拂(우필)이며 大司空인 견풍을 부명의 글에 의거 更始將軍(경시장군)으로 좌천시켜 떡장수였던 王盛(왕성)과 같은 반열에 있게 했다. 이에 견풍 부자는 아무 말이 없었다.

그때 견풍의 아들 甄尋(견심)은 侍中으로 京兆大君이며 茂德侯(무덕후)였는데, 곧 부명을 만들어 올려 新朝에서는 陝州(섬주)를 기준으로 나누어 二伯(이백)을 두되 견풍은 右伯(우백)에, 太傅인 平晏(평안)은 左伯으로 임명하여 周公과 召公의 전례를 따라야 한다고 말했다. 왕망은 즉각 그에 따라 견풍을 우백에 임명하였다. 그러나 왕망을 알현하고 서쪽으로 떠나야 하는데 아직 출발하기 전에 견심은 다시 부명을 지어 漢 平帝의 황후인 黃皇室主(황황실주)가 견심의 아내가 되어야 한다고 말했다. 사실 왕망 자신도 사술로 즉위했지만 대신의 원한이나 비방을 의심하면서 위세를 부려 신하를 겁주어야겠다고 생각하고 있었기에 왕망은 성질을 내며 말했다. "황황실주는 천하 백성의 모후이거늘, 이게 무슨 말인가!" 그러면서 견심을 잡아 가두려 했다. 이에 견심은 도망쳤고 견풍은 자살하였다. 견심은 方士(방사)를 따라 華山(화산)에 숨어들었다가 일 년쯤 지나 잡혔는데 그의 진술에 의해 國師公 유흠의 아들인 侍中으로 東通靈將이며 五司大夫인 융위후 劉棻(유분)과 유분의 동생으로 右曹이며 長水校尉

인 伐虜侯 劉泳(유영), 大司空 王邑(왕읍)의 동생으로 左關將軍인 掌威侯 王奇, 그리고 유흠의 제자인 侍中으로 騎都尉인 丁隆(정륭) 등 연관되어 잡혀간 公卿이나 黨人 親戚인 列侯 이하로 처형된 사람이 수백 명이었다. 견심의 손금에 '天子'라는 글자가 있는데 왕망은 그 팔을 잘라 오게 하여 보고서는 말하기를 "이것은 一大子이거나 아니면 一六子이다. 六이란 戮(죽일 륙)이다. 견심의 부자가 죽어야 마땅하다는 뜻이다."라고 말했다. 그리고 劉棻(유분)을 幽州(유주)로 유배시켰고, 甄尋(견심)을 서역 三危山에 방축했고, 丁隆(정륭)을 羽山에서 죽였는데 모두 驛車(역거)에 시신을 싣고 그곳에 갔다 버렸다.

原文

莽爲人侈口蹙顄, 露眼赤精, 大聲而嘶. 長七尺五寸, 好厚履高冠, 以氂裝衣, 反膺高視, 瞰臨左右. 是時, 有用方技待詔黃門者, 或問以莽形貌, 待詔曰, "莽所謂鴟目虎吻豺狼之聲者也, 故能食人, 亦當爲人所食." 問者告之, 莽誅滅待詔, 而封告者. 後常翳雲母屛面, 非親近莫得見也.

| 註釋 | ○侈口蹙顄 – 侈는 크다. 사치하다. 蹙顄(궐함)은 아래턱(下巴)이 짧다. 蹙은 짧다(短也). 쓰러질 궐. 顄은 턱 함. 頷(턱 함), 頜(아래턱 함). 頤(턱 이), 下顎(하악)과 通. ○露眼(노안) – 퉁방울 눈. ○大聲而嘶 – 嘶(울 시)는 목이 쉬다(聲破也). 쉰 목소리(散聲). ○以氂裝衣 – 氂는 억세고 꼬불꼬불한 털. 꼬리 이. 비대하게 보이려는 뜻. ○反膺 – 가슴을 내밀다. ○有用方技待詔黃門者 – 方技는 의술, 복상 점술의 기술. 待詔는 특별한 분야에

서 자문에 응하는 관리. 黃門은 관서 이름. 궁궐의 서무를 담당. ○鴟目虎吻
豺狼之聲者 - 鴟는 솔개 치. 부엉이. 吻은 입술 문. 豺狼(시랑)은 승냥이.
○常翳雲母屛面 - 翳는 몸 가리개. 일산 예. 雲母는 광물 이름. 屛面은 부채
와 같은 가리개.

〖國譯〗

　왕망은 생김새가 큰 입에 아래턱이 짧으며, 툭 튀어 나온 눈망울
에 눈동자가 붉으며, 굵으나 쉰 목소리였다. 키는 7尺5寸(약 173cm)
였는데 두꺼운 신발을 신고 높은 관을 즐겨 썼으며, 꼬불꼬불한 털
을 옷에 넣고 가슴을 내밀어 고개를 들어 보거나 좌우를 내려보았
다. 이때 雜技로 黃門 待詔(대조)로 있던 자에게 어떤 사람이 왕망의
모습을 묻자, 그 대조가 말했다. "왕망은 부엉이 눈에 호랑이 입, 그
리고 승냥이 목소리를 갖고 있어 사람을 잡아먹을 수도 있지만 사람
에게 잡아먹힐 수 있는 사람이라고 말합니다."

　물었던 사람이 이를 밀고하자, 왕망은 그 대조를 죽이고 밀고자
를 제후에 봉했다. 왕망은 이후로는 운모 병풍으로 얼굴을 가렸기에
측근이 아니면 얼굴을 볼 수 없었다.

原文

　是歲, 以初睦侯姚恂爲寧始將軍.

　三年, 莽曰, "百官改更, 職事分移, 律令儀法, 未及悉定,
且因漢律令儀法以從事. 令公卿,大夫,諸侯,二千石擧吏民
有德行通政事能言語明文學者各一人, 詣王路四門.

遣尙書大夫趙並使勞北邊, 還言五原北假膏壤殖穀, 異時常置田官. 乃以並爲田禾將軍, 以戍卒屯田北假, 以助軍糧.

| 註釋 | ○寧始將軍 - 왕망의 사장군의 하나인 更始將軍을 개칭. ○有德行~ - 德行, 政事, 言語, 文學은 孔門十哲(四科十哲)의 분류이다.《論語 先進》참고. ○王路四門 - 漢의 公車司馬의 개칭. ○五原 - 군명. 今 內蒙古 巴彦淖爾市 관할의 五原縣. ○北假 - 今 內蒙古 河套(하투)지역 북쪽.

〖 國譯 〗

이 해에 初睦侯 姚恂(요순)을 寧始將軍에 임명하였다.

(始建國) 3년(서기 11), 왕망이 말했다.

"百官의 제도를 바꾸고 담당업무를 변경하였으나 律令이나 의례를 아직 다 개정하지 못하였기에 한의 율령과 법에 의거 일을 처리하고 있다. 공경과 대부, 제후와 지방관들은 관리나 백성 중에서 德行이 있고 政事에 능통하고, 言語에 능숙하며 文學에 밝은 자를 각각 1명씩 천거하여 王路四門으로 보내도록 하라."

상서대부인 趙並(조병)을 보내 북쪽 변경을 조사케 하였는데 돌아와 보고하기를, 五原郡 北假(북가) 지역은 땅이 비옥하고 곡식이 잘 자라 평상시 田官을 둘 수 있다고 하였다. 이에 조보를 田禾(전화) 장군에 임명하여 北假(북가)에 군졸을 거느리고 둔전하며 군량을 공급토록 하였다.

是時, 諸將在邊, 須大衆集, 吏士放縱, 而內郡愁於徵發,
民棄城郭流亡爲盜賊, 幷州,平州尤甚. 莽令七公六卿號皆
兼稱將軍, 遣著武將軍逯並等壎名都, 中郎將,繡衣執法各
五十五人, 分壎緣邊大郡, 督大姦猾擅弄兵者, 皆便爲姦於
外, 撓亂州郡, 貨賂爲市, 侵漁百姓. 莽下書曰, "虜知罪當
夷滅, 故遣猛將分十二部, 將同時出, 一舉而決絶之矣. 內
置司命軍正, 外設軍監十有二人, 誠欲以司不奉命, 令軍人
咸正也. 今則不然, 各爲權勢, 恐猲良民, 妄封人頸, 得錢者
去. 毒蠚並作, 農民離散. 司監若此, 可謂稱不? 自今以來,
敢犯此者, 輒捕繫, 以名聞." 然猶放縱自若.

| 註釋 | ○須大衆集 – 대군이 모이기를 기다리다. 須는 기다리다. 모름지
기 수. ○內郡 – 변경 지역을 外郡이라 하였고 그 외는 內郡, 또는 內郡國이
라 불렀다. ○幷州,平州 – 幷州(병주)는 한의 太原郡, 上黨郡 일원, 平州는
幽州 일부와 遼寧郡 동부. ○七公六卿 – 七公은 四輔 및 三公(新朝의 최고위
직). 六卿은 羲和(희화, 大司農의 개칭), 作士(大理), 秩宗(太常), 典樂(大鴻
臚), 共工(少府), 予虞(여우, 水衡都尉). ○繡衣執法 – 이전 漢의 繡衣直旨.
왕망은 어사를 執法이라 개칭했다. ○貨賂爲市 – 시장에서 장사를 하듯 공
공연히 뇌물을 받고 주었다는 뜻. ○侵漁百姓 – 어부가 고기를 잡듯 관리가
백성을 침탈하다. ○恐猲良民 – 恐猲(공갈)은 위력으로 협박하다. 恐喝(공
갈), 恐嚇(공혁). ○妄封人頸 – 제멋대로 백성 목을 쇠줄로 묶다. 칼을 채우
다. ○毒蠚並作 – 毒은 독충. 蠚은 독 쏠 학. 극심한 해악.

이때, 여러 장군들은 변경에서 대군이 모이기를 기다리면서 군리들은 방종했고 內郡에서는 백성 징발이 어려웠으며, 백성들은 성곽을 버리고 떠돌다가 도적이 되었는데 幷州(병주)와 平州(평주) 지역이 특히 심했다. 왕망은 七公과 六卿을 모두 장군을 겸하는 것으로 호칭을 바꿨으며, 著武將軍 逯並(녹병) 등을 보내 큰 도시에 주둔케 하였고, 中郞將과 繡衣執法(수의집법) 각 55명을 국경의 큰 군에 분산 배치하여 부정을 저지르거나 군사업무를 멋대로 처리하는 자를 감독케 하였지만, 이들 모두가 외군에서 멋대로 부정을 저지르며 주군의 질서를 어지럽히고 공공연히 뇌물을 받거나 백성을 침탈하였다.

이에 왕망이 조서를 내렸다. "흉노 선우의 知(지)의 죄악은 당연히 박멸해야 하기에 猛將을 12부로 나누어 보내 동시에 출동하여 일거에 결단을 내려야 한다. 內郡 지역에 司命軍正을 설치하였고 외군 지역에 軍監(군감) 12인을 파견하여 명령을 따르지 않는 자를 사찰하여 군사로 하여금 군기를 바로 세우려 하였다. 그러나 지금은 그렇지 못하여 각자 권세를 부리고 양민을 힘으로 협박하고 함부로 백성 목을 묶어 매었다가 돈을 가져오면 보내주기도 한다. 온갖 해악을 저지르니 농민들이 흩어졌도다. 감시가 이렇다면 업무를 제대로 한 것인가? 오늘 이후로 이러한 범법자는 바로잡아 처단할 것이며 이름을 보고토록 하라."

그렇지만 불법은 전과 똑같았다.

　而藺苞,戴級到塞下, 招誘單于弟咸,咸子登入塞, 脅拜咸
爲孝單于, 賜黃金千斤, 錦繡甚多, 遣去, 將登至長安, 拜爲
順單于, 留邸.

| 註釋 | ○藺苞,戴級 – 中郞將인 藺苞(인포)와 戴級(대급). ○單于弟咸 –
烏珠留單于의 동생 咸. ○遣去, 將登至長安 – 咸(함)이 병사하자, 바로 登
(등)을 장안으로 데려왔다.

〖 國譯 〗

　(中郞將) 藺苞(인포)와 戴級(대급)은 국경 밖에 나가 烏珠留(오주류)
單于의 동생인 咸(함)과 함의 아들 登(등)을 유인하여 국경 안으로 데
려와 강제로 함에게 孝單于의 작위를 제수하고 황금 1천 근과 비단
을 매우 많이 하사하여 돌려 보냈고, 登(등)을 장안에 데려다가 順單
于(순선우)를 제수하고 관저에 살게 했다.

原文 ▌

　太師王舜自莽簒位後病悸, 寖劇, 死. 莽曰, "昔齊太公以
淑德累世, 爲周氏太師, 蓋予之所監也. 其以舜子延襲父爵,
爲安新公, 延弟褒新侯匡爲太師將軍, 永爲新室輔."

| 註釋 | ○病悸 – 悸는 심장이 떨리다. 심장병. ○寖劇 – 寖은 漸也. ○齊
太公 – 呂尙. 姜太公. ○監 – 鑑也. 龜鑑(귀감)이 되다. ○太師將軍 – 왕망

은 7公6卿의 관직명에 모두 장군 칭호를 붙였다.

〔國譯〕

太師 王舜(왕순)은 왕망이 찬위한 이후로 심장병을 앓았는데 점차 심해져서 죽었다. 이에 왕망이 말했다.

"옛날 齊의 太公은 훌륭한 덕행으로 周 王室의 태사가 되었고 이는 나의 귀감이 되었다. 왕순의 아들 王延(왕연)이 부친의 작위를 계승하여 安新公으로 봉하고, 왕연의 동생 褒新侯(포신후) 王匡(왕광)에게 太師將軍을 제수하니 오래도록 新朝을 보필하기 바란다."

原文

爲太子置師友各四人, 秩以大夫. 以故大司徒馬宮爲師疑, 故少府宗伯鳳爲傅丞, 博士袁聖爲阿輔, 京兆尹王嘉爲保拂, 是爲四師. 故尙書令唐林爲胥附, 博士李充爲犇走, 諫大夫趙襄爲先後, 中郎將廉丹爲禦侮, 是爲四友. 又置師友祭酒及侍中, 諫議,《六經》祭酒各一人, 凡九祭酒, 秩上卿. 琅邪左咸爲講《春秋》, 潁川滿昌爲講《詩》, 長安國由爲講《易》, 平陽唐昌爲講《書》, 沛郡陳咸爲講《禮》, 崔發爲講《樂》祭酒. 遣謁者持安車印綬, 卽拜楚國龔勝爲太子師友祭酒, 勝不應徵, 不食而死.

| 註釋 | ○四師 – 師疑, 傅丞, 阿輔, 保拂(보필). ○尙書令 唐林 – 72권,

〈王貢兩龔鮑傳〉참고. ㅇ是爲四友 – 四友〔胥附, 犇走, 先後, 禦侮(어모)〕의 이름은 《詩經 大雅 綿》에서 인용. ㅇ左咸, 滿昌 – 88권, 〈儒林傳〉참고. ㅇ龔勝(공승) – 72권, 〈王貢兩龔鮑傳〉입전.

〖國譯〗

太子를 위하여 太子師와 太子友 각 4인을 두고 질록은 大夫와 같게 하였다. 전에 大司徒인 馬宮(마궁)을 師疑(사의)에, 옛 少府였던 宗伯鳳(종백봉)을 傅丞(부승)에, 박사인 袁聖(원성)을 阿輔(아보)에, 경조윤인 王嘉(왕가)를 保拂(보필) 임명하니 이들이 太子四師이다. 옛 상서령인 唐林(당림)은 胥附(서부)에, 博士인 李充(이충)은 犇走(분주)에, 간대부인 趙襄(조양)은 爲後(선후)에, 중랑장인 廉丹(염단)은 禦侮(엄모)를 제수하니 이들이 太子四友이다. 또 師友祭酒 및 侍中, 諫議, 《六經》의 祭酒(제주)가 각 1인이니 총 9명의 제주가 있고 질록은 上卿과 같았다. 琅邪(낭야)의 左咸(좌함)은 《春秋》를 강의하는 祭酒이고, 潁川(영천)의 滿昌(만창)은 《詩》를, 長安國의 由(유)는 《易》을, 平陽(평양)의 唐昌(당창)은 《書》을, 패군의 陳咸(진함)은 《禮》를, 崔發(최발)은 《樂經》을 강의하는 제주였다. 왕망은 알자를 보내 안거에 인수를 가지고 가서 楚國의 龔勝(공승)을 太子師友 祭酒로 그 자리에서 제수하였으나 공승은 부름에 응하지 않았고 이후 굶어 죽었다.

原文

寧始將軍姚恂免, 侍中崇祿侯孔永爲寧始將軍.

是歲, 池陽縣有小人景, 長尺餘, 或乘車馬, 或步行, 操持萬物, 小大各相稱, 三日止.

瀕河郡蝗生. 河決<u>魏郡</u>, 泛<u>清河</u>以東數郡. 先是, <u>莽</u>恐<u>河</u>決爲<u>元城</u>塚墓害. 及決東去, <u>元城</u>不憂水, 故遂不堤塞.

| 註釋 | ○池陽 – 현명. 今 陝西省 咸陽市 관할의 涇陽縣(경양현). ○有小人景 – 景(그림자 영)은 影. ○瀕河郡蝗生 – 瀕河(빈하)는 황하 연안. 蝗生은 蝗蟲의 피해가 발생하다. ○魏郡 – 치소는 鄴縣(업현, 今 河北省 邯鄲市 관할의 臨漳縣). ○淸河 – 군명. 치소는 淸陽縣(今 河北省 邢台市 淸河縣, 山東省 접경 지역). ○元城 – 魏郡의 현명. 원성 왕씨의 본향. 왕망의 曾祖 王賀 이하의 묘소가 있는 곳.

〖國譯〗

寧始將軍 姚恂(요순)이 사직하자 侍中 崇祿侯 孔永(공영)이 영시장군이 되었다.

이 해에 池陽縣(지양현)에 난쟁이 그림자가 나타났는데 한 자 남짓한 길이로 수레를 타고 걷거나 여러 물건을 들었을 때 크기가 사람 그림자와 비례하였으며 3일 만에 없어졌다.

황하 양안의 군에 황충의 피해가 발생했다. 황하가 魏郡(위군)에서 터졌는데 청하군 동쪽 여러 군에 범람하였다. 이보다 앞서 왕망은 황하 제방이 터져 元城縣의 무덤이 피해를 입을까 걱정하였다. 결국 터져서 동으로 범람하자 원성현은 홍수를 걱정하지 않아도 되었기에 나중까지 제방을 막지 않았다.

四年二月, 赦天下. 夏, 赤氣出東南, 竟天.

厭難將軍陳歆言捕虜生口, 虜犯邊者皆孝單于咸子角所爲. 莽怒, 斬其子登於長安, 以視諸蠻夷.

大司馬甄邯死, 寧始將軍孔永爲大司馬, 侍中大贅侯輔爲寧始將軍. 莽每當出, 輒先搜索城中, 名曰'橫搜'. 是月, 橫搜五日.

| 註釋 | ○竟天 – 滿天. ○陳歆 –〈匈奴傳〉에는 陳欽(진흠). ○捕虜生口 – 捕虜(포로)는 동사로 쓰였다. 生口는 活口. 俘虜(부로), 포로. ○橫搜 – 대수색의 뜻.

〖國譯〗

(始建國) 4년(서기 12) 2월, 천하에 사면을 시행했다. 여름에 붉은 기운이 동남쪽에서 나타나 온 하늘에 두루 퍼졌다.

厭難將軍(압난장군)인 陳歆(진흠)이 상서하기를 포로를 생포하였는데 변경을 노략질하는 자들은 모두 孝單于(효선우) 咸(함)의 아들 角(각)의 소행이라고 하였다. 왕망은 분노하여 그 아들 登(등)을 장안에서 죽여 여러 이민족들에게 보여주었다.

大司馬인 甄邯(견한)이 죽어 寧始將軍인 孔永(공영)이 大司馬가 되었고, 侍中인 大贅侯(대췌후) 輔(보)가 영시장군이 되었다. 왕망이 출행할 때마다 먼저 성 안을 수색하였는데, 이를 '橫搜(횡수)'라고 하였다. 이달에는 횡수가 5일이나 되었다.

莽至明堂, 授諸侯茅土. 下書曰, "予以不德, 襲於聖祖, 爲萬國主. 思安黎元, 在于建侯, 分州正域, 以美風俗. 追監前代, 爰綱爰紀. 惟在〈堯典〉, 十有二州, 衛有五服.《詩》國十五, 布遍九州.〈殷頌〉有'奄有九有'之言.〈禹貢〉之九州無幷,幽,《周禮 司馬》則無徐,梁. 帝王相改, 各有云爲. 或昭其事, 或大其本, 厥義著明, 其務一矣. 昔周二后受命, 故有東都,西都之居. 予之受命, 蓋亦如之. 其以洛陽爲新室東都, 常安爲新室西都. 邦畿連體, 各有采任. 州從〈禹貢〉爲九, 爵從周氏有五. 諸侯之員千有八百, 附城之數亦如之, 以俟有功. 諸公一同, 有衆萬戶, 土方百里. 侯伯一國, 衆戶五千, 土方七十里. 子男一則, 衆戶二千有五百, 土方五十里. 附城大者食邑九成, 衆戶九百, 土方三十里. 自九以下, 降殺以兩, 至於一城. 五差備具, 合當一則. 今已受茅土者, 公十四人,侯九十三人,伯二十一人,子百七十一人,男四百九十七人, 凡七百九十六人. 附城千五百一十一人. 九族之女爲任者, 八十三人. 及漢氏女孫中山承禮君,遵德君,修義君更以爲任. 十有一公, 九卿, 十二大夫, 二十四元士. 定諸國邑采之處, 使侍中講禮大夫孔秉等與州部衆郡曉知地理圖籍者, 共校治於壽成朱鳥堂. 予數與群公祭酒上卿親聽視, 咸已通矣. 夫褒德賞功, 所以顯仁賢也, 九族和睦, 所以襃親親也. 予永惟匪解, 思稽前人, 將章黜陟, 以明好惡, 安元元焉."

以圖簿未定, 未授國邑, 且令受奉都內, 月錢數千. 諸侯皆困乏, 至有庸作者.

| 註釋 | ○思安黎元 - 黎元(여원)은 백성. ○爰綱爰紀 - 爰은 語氣助詞. 實義가 없다. 綱紀는 기강. 큰 원칙. 大綱. ○惟在〈堯典〉 - 《書經 虞書 堯典》. ○衛有五服 - 衛는 邊境. 五服은 京畿로부터 5백 리 단위로 지역을 구분한 것. 곧 甸服(전복), 侯服(후복), 綏服(수복), 要服(요복), 荒服(황복). ○《詩》國十五 - 〈周南〉과 〈召南〉에서 〈豳風(빈풍)〉까지 15개 國風. ○〈殷頌〉有 '奄有九有' 之言 - 《詩經 商頌 玄鳥》. '方命厥后 奄有九有.' 奄有(엄유)는 모두 소유하다. ○〈禹貢〉 - 《書經 夏書 禹貢》. ○周二后受命 - 周 文王과 武王. ○東都,西都之居 - 東都는 雒邑(낙읍). 西都는 鎬京(今 陝西省 咸陽市). ○邦畿連體 - 邦은 고대 제후국을 지칭. 제후국의 도성 안은 國, 그 사방을 邦이라 하였다. 畿(기)는 천자가 직접 다스리는 사방 천리의 땅을 말한다. 連體는 하나의 몸. ○各有采任 - 采는 采地(食邑). 任은 작위를 의미. 왕망은 왕씨 중 가까운 친척을 公, 大功者를 伯, 小功者를 子라 하고, 이들의 부인을 任(임)이라고 하였다. ○附城之數 - 附城은 漢 列侯 아래 등급인 關內侯. ○諸公一同 - 諸公은 왕씨의 公과 侯伯. 그들에 대한 대우는 一同. 그 다음 등급 곧 子男은 一則(일칙). ○食邑九成 - 정전제의 1단위가 사방 십리이고 그것이 1成이다. ○降殺以兩 - 내려가며 2씩 상쇄하다. 殺(쇄)는 減也. ○元士 - 前 漢官에서 질록 6백석을 원사라 칭했다. ○壽成朱鳥堂 - 미앙궁 내 궁전 이름. ○匪解 - 匪는 非. 解는 懈(게으를 해). ○思稽 - 稽는 思考하다. ○將章黜陟 - 章은 명확히 하다. 黜陟(출척)은 강등이나 승진. ○受奉都內 - 奉은 俸給. ○庸作者 - 남에게 고용되어 일하다.

〖 國譯 〗

　왕망이 明堂에 나와 제후에게 띠 풀로 싼 흙을 하사하였다. 그리고 下書하여 말했다.

　"나는 부덕하나 聖祖의 뒤를 이어 만국의 주군이 되었도다. 백성을 편안케 하려고 제후를 봉하여 9주를 나누고 영역을 정했으며 풍속을 순화하였다. 전 시대의 제도를 본받아 이를 큰 기강으로 삼았다. 〈堯典〉에는 12주가 있고 변방 먼 곳은 五服으로 나누었다. 《詩經》에는 國風이 15편이 있는데 九州에 분포되어 있다. 〈殷頌(商頌)〉에서는 '9주를 모두 소유하네.'라고 하였다. 〈禹貢〉의 9주에는 幷州(병주)와 幽州(유주)가 없고, 《周禮 司馬》에는 徐州(서주)와 梁州(양주)가 없으니 제왕이 각각 고쳤다고 할 수 있다. 그 뜻은 정사를 밝게 하거나 근본을 강대하게 하려는 것이니 그 의미는 확실하고 일은 마찬가지이다. 옛날 周의 문왕과 무왕은 천명을 받았기에 東都와 西都에 거처하였다. 나도 천명을 받았으니 역시 이와 같아야 한다. 낙양을 新室의 東都로 삼고, 常安(長安)을 新室의 서도로 삼겠다. 제후국(邦)과 천자의 영지(畿)는 하나로 이어진 몸이며 각자 작위에 따른 채읍이 있다. 각 州는 〈禹貢〉에 의거 9주로 하고 작위는 周를 따라 5등으로 하겠다. 제후의 정원은 1,800명이며, 附城(부성)의 수는 역시 마찬가지이니 앞으로 유공자가 계속 나오길 기다리겠다. 모든 公은 一同의 대우이니 식읍 백성이 1만 호이고 영지는 사방 1백 리이다. 侯伯의 나라는 식읍 5천에 영지는 사방 70리이다. 子男은 一則(일칙)의 대우를 받는데 식읍 2,500호에 사방 50리이다. 附城(부성)의 큰 것은 영지가 九成으로 민호가 9백이며 영지는 사방 30리이다. 그 이후는 9부터 2씩 줄어(7, 5, 3城) 1城까지이다. 부성 5등급의 차이도 마땅히 一則과 같다.

지금 茅土(모토)를 받은 자가 公이 14인, 侯가 93인, 伯이 21인, 子가 171인, 男이 497명으로 총 796인이다. 附城(부성)은 1,511인이다. 九族의 부녀로 任(임)이 된 자는 83인이다. 漢의 女孫인 中山國의 承禮君(승례군)과 遵德君(준덕군), 修義君(수의군)은 다시 任(임)이 되었다. 이전에 漢의 관직에 있던 사람은 11公, 9卿, 12大夫에 元士가 24인이다. 모든 國邑과 채읍의 위치를 정하는데 시중인 講禮大夫 孔秉(공병) 등 각 州部와 여러 군의 지리와 인구를 잘 아는 자가 함께 壽成(수성)의 朱鳥堂(주조당)에서 결정할 것이다. 나는 자주 여러 公이나 제주, 상경으로부터 친히 보고를 들었기에 두루 알고 있도다. 유덕자와 유공자를 포상하는 것은 仁德과 賢能을 알리는 길이며 9족이 화목한 것은 가까운 친족을 친근하게 포상하는 것이다. 나는 오래도록 게으르지 않고 고인의 행적을 생각하며 강등이나 승진을 분명히 하여 好惡(호오)를 밝히고 백성을 편안케 할 것이다."

그러나 토지와 인구가 책정되지 않아 國邑을 미처 받지 못했으며 도성에서 봉급을 받더라도 매달 금전이 수천 전에 불과하였다. 그리하여 제후라지만 모두 궁핍하여 품팔이를 하는 자도 있었다.

原文

中郎區博諫莽曰, "井田雖聖王法, 其廢久矣. 周道旣衰, 而民不從. 秦知順民之心, 可以獲大利也, 故滅廬井而置阡陌, 遂王諸夏, 訖今海內未厭其敝. 今欲違民心, 追復千載絶跡, 雖堯, 舜復起, 而無百年之漸, 弗能行也. 天下初定, 萬民新附, 誠未可施行."

　莽知民怨, 乃下書曰, "諸名食王田, 皆得賣之, 勿拘以法.
犯私買賣庶人者, 且一切勿治."

| 註釋 |　○置阡陌 – 경작지의 경계. 경작지에 낸 도로. 　○未厭其敝 – 그
폐단이 혐오할 정도는 아니다. 제도 자체야 나쁘지 않다는 뜻이 있다. 　○諸
名食王田 – 名은 점유하다. 食은 하사받은 식읍. 　○一切 – 잠시. 적당히.

〔國譯〕

　中郞인 區博(구박)이 왕망에게 간언을 했다.

　"井田이 비록 성왕의 법제이나 오래 전에 폐지되었습니다. 또 周
의 문물도 이미 쇠퇴하여 백성이 따르지 않았습니다. 秦은 백성 마
음에 순응하는 것이 크게 이롭다는 것을 알았기에 정전의 농막을 없
애고 경작지의 길을 내었고 결국 중국을 차지하였는데 지금까지도
제도의 폐단이 그렇게 심하지는 않습니다. 지금 민심을 거스르면서
이미 1천 년 전에 자취를 감춘 제도를 복구한다는 것은 비록 요순
같은 성군이 나오더라도 백 년의 점진적인 준비가 없다면 시행이 어
려울 것입니다. 이제 천하가 겨우 안정되고 온 백성이 따르는 만큼
시행이 어려울 것입니다."

　왕망도 백성의 민원을 알고 있기에 조서를 내려 말했다. "나라의
공전을 식읍으로 받은 사람은 토지를 매매할 때 법에 구애받지 않아
도 된다. 서인의 사사로운 매매는 일단은 법으로 다스리지 말라."

初, 五威將帥出, 改句町王以爲侯, 王邯怨怒不附. 莽諷 牂柯大尹周歆詐殺邯. 邯弟承起兵攻殺歆. 先是, 莽發高句 驪兵, 當伐胡, 不欲行, 郡强迫之, 皆亡出塞, 因犯法爲寇. 遼西大尹田譚追擊之, 爲所殺. 州郡歸咎於高句驪侯騶. 嚴 尤奏言, "貉人犯法, 不從騶起, 正有它心, 宜令州郡且尉安 之. 今猥被以大罪, 恐其遂畔, 夫餘之屬必有和者. 匈奴未 克, 夫餘,穢貉復起, 此大憂也." 莽不尉安, 穢貉遂反, 詔尤 擊之. 尤誘高句驪侯騶至而斬焉, 傳首長安. 莽大說, 下書 曰, "乃者, 命遣猛將, 共行天罰, 誅滅虜知, 分爲十二部, 或 斷其右臂, 或斬其左腋, 或潰其胸腹, 或紬其兩脅. 今年刑 在東方, 誅貉之部先縱焉. 捕斬虜騶, 平定東域, 虜知殄滅, 在於漏刻. 此乃天地群神,社稷,宗廟佑助之福, 公卿,大夫, 士民同心將率虓虎之力也. 予甚嘉之. 其更名高句驪爲下 句驪, 佈告天下, 令咸知焉." 於是貉人愈犯邊, 東北與西南 夷皆亂云.

| 註釋 | ○句町王以爲侯 – 옛 국명. 今 雲南省 동남부. 왕망은 이민족의 王을 모두 侯로 격하하여 봉했다. ○牂柯大尹 – 牂柯(장가)는 군명. 치소는 故且蘭縣(今 貴州省 貴陽市 부근). 지금의 貴州省 지역을 관할. ○遼西 – 군 명. 치소는 陽樂縣. 今 遼寧省 錦州市 관할의 義縣. ○嚴尤(엄우. ?-서기 23) – 王莽 新朝의 將軍. 왕망이 30만 대군이 300일치 군량을 준비하여 흉노를 원정하려 할 때 엄우는 작전과 군수물자 공급이라는 측면에서 반대 상소를

올렸다. 本名 莊尤(장우). 후한 明帝 劉莊을 避諱(피휘)한 것. ○貊人犯法 -
貊(맥)은 중국 동북지역 이민족에 대한 총칭. ○或紬其兩脅 - 紬는 抽(뽑다,
부수다). 兩脅(양협)은 양쪽 갈비뼈. ○漏刻 - 짧은 시간. 잠시. ○將率虓虎
之力也 - 將率은 통솔하다. 率은 帥와 동. 虓虎(효호)는 용맹한 장사. 虓는 울
부짖을 효.

〖 國譯 〗

그전에, 五威將帥(오위장수)를 보내 句町王(구정왕)을 侯(후)로 봉
했었다. 이에 구정왕 邯(한)은 원한으로 화를 내며 新을 따르지 않았
다. 왕망은 牂柯(장가) 대윤 周歆(주흠)을 사주하여 거짓으로 속여 邯
(한)을 죽이게 했다. 한의 동생인 承(승)이 기병하고 공격하여 주흠을
죽였다. 이보다 앞서 왕망은 高句驪(고구려) 사람을 군사로 동원하여
흉노 원정에 참여케 했지만 고구려인들은 출동하지 않았고 변방 郡
에서 강요하자 고구려 사람들은 모두 국경을 넘어 도망쳤다가 법을
어기면서 도적이 되었다. 遼西(요서) 大尹인 田譚(전담)이 그들을 추
격하였으나 피살당했다. 각 주군에서는 그를 高句驪 侯(王)인 騶(추)
의 탓이라 하였다. 이에 嚴尤(엄우)가 상주하였다.

"貊人(맥인)의 범법자들은 騶(추)를 따르지 않았으며 騶(추)가 만
약 다른 마음을 가졌다면 주군에서 그를 안무해야 합니다. 그는 지
금 큰 죄를 지을까 두려워하고 있는데 그가 배반하면 夫餘(부여) 같
은 무리들도 호응할 것입니다. 흉노를 정벌하지 못했는데도 부여나
穢貊(예맥)이 다시 흥기한다면, 이는 큰 우환이 될 것입니다."

왕망은 騶(추)를 위무할 뜻이 없었고 예맥족은 반기를 들었는데
왕망은 엄우에게 조서를 내려 토벌케 하였다. 엄우는 고구려왕을 유

인하여 도착하자 바로 죽여 버렸고 그 수급을 장안에 보냈다. 왕망은 크게 좋아하며 조서를 내려 말했다.

"지난번에 여러 맹장을 파견하여 천벌을 삼가 집행하여 흉노선우知(지)를 주살하려고 12부로 나누어 출동했는데 혹자는 그 오른손을 잘랐고, 또는 왼쪽 겨드랑이를 베거나 흉노의 복부를 궤멸시켰으며 그 갈비뼈를 뽑아버렸다. 금년의 형벌은 東方에 있었는데 맥족의 무리를 먼저 추격하였다. 고구려의 왕 騶(추)를 잡아 참수하고 동쪽을 평정하였으니 흉노 선우인 知(지)를 박멸할 일도 오래 걸리지 않을 것이다. 이는 천지의 여러 신령과 사직, 그리고 종묘에서 보우하신 큰 복이며 공경과 대부 또 백성이 용맹한 장수로 한마음이 되어 힘을 모았기 때문이다. 나는 이를 매우 기뻐하며 고구려의 나라 이름을 下句驪(하구려)로 바꿀 것을 천하에 포고하니, 이를 모두가 알게 하라."

이에 맥인들은 더욱 자주 변경을 침공하여 동북과 서남이들이 모두 반기를 들었다.

原文

莽志方盛, 以爲四夷不足呑滅, 專念稽古之事, 復下書曰, "伏念予之皇始祖考虞帝, 受終文祖, 在璇璣玉衡以齊七政, 遂類於上帝, 禋于六宗, 望秩於山川, 遍於群神, 巡狩五嶽, 群后四朝, 敷奏以言, 明試以功. 予之受命卽眞, 到於建國五年, 已五載矣. 陽九之阨旣度, 百六之會已過. 歲在壽星,塡在明堂, 倉龍癸酉, 德在中宮. 觀晉掌歲, 龜策告從, 其以此年二月建寅之節東巡狩, 具禮儀調度."

群公奏請募吏民人馬布帛綿, 又請內郡國十二買馬, 發帛四十五萬匹, 輸常安, 前後毋相須. 至者過半, 莽下書曰, "文母太后體不安, 其且止待後."

是歲, 改十一公號, 以 '新' 爲 '心', 後又改 '心' 爲 '信'.

| 註釋 |　○在璇璣玉衡以齊七政 – 북두칠성의 운행을 살펴 칠정을 바로 잡다. 在는 살피다. 이는 《尙書 堯典》의 내용이다. 璇璣玉衡(선기옥형)은 북두칠성의 다른 이름. 璇는 璿으로도 표기. 齊는 바로 잡다. 七政은 日月과 五星. 또는 春夏秋冬과 天文, 地理, 人事. ○類於上帝 – 類는 특별한 상황에서의 제사. ○禋于六宗 – 禋은 제사 지낼 인. 六宗은 水, 火, 風, 雷, 山, 澤의 신. 또는 天地와 四方의 신. ○五嶽 – 五大名山의 총칭. 東嶽은 山東省의 泰山, 西嶽은 陝西省 華山, 中嶽은 河南省 嵩山(숭산), 北嶽은 山西省의 恒山(항산), 남악은 湖南省의 衡山(형산)을 지칭. ○群后四朝 – 四嶽에서 여러 제후의 조회를 받다. ○陽九之阨, 百六之會 – 간단히 '百六陽九' 라 합칭. 術士의 계산 방법과 근거를 다 설명할 수는 없으나 재난이나 액운이 닥치는 해. ○倉龍癸酉 – 倉龍은 太歲의 별칭. 癸酉(계유)는 干支 이름. ○觀晉掌歲 – 觀卦(風地觀, ☴ 아래에 ☷)와 晉卦(火地晉, ☲ 아래에 ☷)가 금년을 주관하는 괘이다. ○文母太后 – 元帝의 황후. 왕망은 太皇太后라는 칭호 대신 '新室文母' 라는 칭호를 올려 漢과의 관계를 단절했다.

〖 國譯 〗
　왕망의 기세가 아주 한창이라서 왕망은 四夷(사이)는 합병하거나

박멸할 가치도 없다고 생각하며 옛 도를 상고하는 일에 전념하면서 다시 조서를 내려 말했다.

"내 생각으로는, 나의 시조 할아버지인 虞帝(舜)는 文祖(堯)의 선양을 받으신 뒤에 璇璣玉衡(선기옥형, 북두칠성)의 운행을 살펴 七政을 바로잡으셨다. 그리하여 上帝를 제사하고 六宗(육종)을 제사하였으며, 산천의 등급에 따라 제사를 올렸고 여러 신을 두루 섬기었으며, 五嶽을 순수하셨고 四嶽에서 여러 제후의 조회를 받았으며 치적을 말하게 하여 그 공적을 평가하셨다. 나는 천명을 받아 眞황제의 자리에 올라 건국 5년이 되었으니 이제 5년이 지났다. 그리하여 陽九 액운의 해와 百六의 재해도 모두 지나갔도다. 이제 歲星이 壽星에 합했고 塡星(鎭星)이 明堂(心宿, 심수)에 있어 나라가 번창할 것이며, 蒼龍(太歲)이 癸酉(계유)자리에 있으니 大德은 中宮(북극성이 있는 구역)에 있도다. 금년에 觀卦(관괘, 관망하다는 뜻이 있다)와 晉卦(진괘, 나아간다는(進) 뜻이 있다)가 금년을 주관하는 괘이며 龜策(귀책, 占卜)이 따르는 형상이니 이로써 금년 2월 建寅(건인)일에 동쪽을 순수하여 여러 의례를 갖추고자 한다."

여러 공경들은 관리와 백성을 동원하고 馬匹(마필)과 포백 비단을 동원해야 한다고 주청하였으며, 또 변경이 아닌 내부의 12개 군국에서는 말을 사들이고 비단 45만 필을 징발하여 常安(長安)으로 수송하되 전후를 기다리지 말라고 하였다. 그러나 징발 물자가 절반쯤 도착하였을 때 왕망은 조서를 내려 말했다. "文母太后(元帝의 황후)가 위독하시니 일단 중지하고 다음을 기다리도록 하라."

이 해에 11公의 칭호에서 '新'을 '心'으로 바꾸었는데 뒤에 다시 '心'을 '信'으로 바꾸었다.

　五年二月, 文母皇太后崩, 葬渭陵, 與元帝合而溝絶之.
立廟於長安, 新室世世獻祭. 元帝配食, 坐於床下. 莽爲太
后服喪三年.

　大司馬孔永乞骸骨, 賜安車駟馬, 以特進就朝位. 同風侯
逯幷爲大司馬.

| 註釋 |　○渭陵 – 元帝의 陵.　○朝位 – 조정의 位次.　○逯幷(녹병) – 著
武將軍. 逯은 조심해서 갈 녹(록).

〖國譯〗

　(始建國) 5년(서기 13) 2월, 文母皇太后가 붕어하여 渭陵(위릉)에
장사했는데 元帝와 합장이지만 물도랑으로 구분하였다. 묘당을 장
안에 세워 新朝에서 대대로 제사를 올렸다. 원제를 배향했지만 제상
아래에 배치했다. 왕망은 태후를 위해 삼 년을 복상했다.

　大司馬인 孔永(공영)이 은퇴하자 安車에 駟馬(사마)를 하사하였고
特進(특진)으로 조회하게 하였다. 同風侯인 逯幷(녹병)이 대사마가
되었다.

　是時, 長安民聞莽欲都雒陽, 不肯繕治室宅, 或頗徹之.
莽曰, "玄龍石文曰, '定帝德, 國雒陽'. 符命著明, 敢不欽

奉! 以始建國八年, 歲纏星紀, 在雒陽之都. 其謹繕修常安
之都, 勿令壞敗. 敢有犯者, 輒以名聞, 請其罪."

〖國譯〗
　이 무렵, 장안의 백성들은 왕망이 낙양에 도읍하려 한다는 말을
듣고 집을 수리하지도 않거나 아예 철거하는 경우도 있었다. 이에
왕망이 말했다. "玄龍石文에 말하기를 '황제의 덕으로 평정하고 낙
양에 建都하라.' 하였다. 이처럼 符命(부명)은 분명하니 감히 받들지
않을 수 없다. 始建國 8년이면, 태세의 새 星紀가 시작하는데 낙양
의 도읍에 있다. 그러나 常安의 도읍을 삼가 계속 수리하면서 절대
로 훼손하지 말라, 감히 이를 어기는 자 있다면 성명을 보고하고 그
죄를 문책하라."

原文
　是歲, 烏孫大小昆彌遣使貢獻. 大昆彌者, 中國外孫也.
其胡婦子爲小昆彌, 而烏孫歸附之. 莽見匈奴諸邊並侵, 意
欲得烏孫心, 乃遣使者引小昆彌使置大昆彌使上. 保成師友
祭酒滿昌劾奏使者曰, "夷狄以中國有禮誼, 故詘而服從. 大

昆彌, 君也. 今序臣使於君使之上, 非所以有夷狄也. 奉使大不敬!" 莽怒, 免昌官.

西域諸國以莽積失恩信, 焉耆先畔, 殺都護但欽.

十一月, 彗星出, 二十餘日, 不見.

是歲, 以犯挾銅炭者多, 除其法.

| 註釋 | ○烏孫大小昆彌 – 烏孫(오손)은 서역의 국명. 昆彌(곤미)는 오손 국왕의 칭호. 大小昆彌로 분열되었다. ○中國外孫也 – 당시 대곤미의 이름은 伊秩靡(이질미)로, 이는 楚 解憂公主(해우공주)의 손자였다. 때문에 중국의 외손이라 칭했다. ○保成師友祭酒 – 왕망이 설치한 9祭酒의 하나. ○故詘而服從 – 詘(굽힐 굴)은 屈也. ○焉耆(언기) – 서역의 국가 이름. 왕도는 員渠城(원거성). 96권, 〈西域傳 下〉 참고.

〖 國譯 〗

이 해에 烏孫(오손)의 大昆彌(대곤미)와 소곤미가 사신을 보내 토산품을 바쳤다. 대곤미는 중국의 외손이다. 그 흉노 부인의 아들은 소곤미가 되었는데 오손에 귀부하고 있었다. 왕망은 흉노가 국경의 여러 곳을 침략하기에 오손의 환심을 사려고 사자를 보내 소곤미의 사자를 데려다가 대곤미의 사자보다 상석에 앉게 하였다. 保成師友 祭酒인 滿昌(만창)은 이에 사자를 탄핵하며 상주하였다.

"夷狄(이적)은 중국의 예의를 지키는 나라이기에 그들이 굽혀 복종하는 것입니다. 대곤미는 주군입니다. 이번에 소곤미 사절의 차례 배열이 주군의 사신보다 상석인 것은 이적을 통치하는 바른 길이 아닙니다. 사신의 접대자는 대불경죄를 범했습니다."

그러자 왕망은 화를 내며 만창을 免官시켰다.

서역의 여러 나라에서는 왕망이 은덕과 신의를 버리자 焉耆國(언기국)이 먼저 배신하여 서역도호인 但欽(단흠)을 살해했다.

11월에 혜성이 나타나 20여 일 후에 사라졌다.

이 해에 구리와 숯 보관금지법 위반자가 많아 그 법을 폐지하였다.

原文

明年改元曰'天鳳'. 天鳳元年正月, 赦天下.

莽曰, "予以二月建寅之節行巡狩之禮, 太官齎糒乾肉, 內者行張坐臥, 所過毋得有所給. 予之東巡, 必躬載耒, 每縣則耕, 以勸東作. 予之南巡, 必躬載耨, 每縣則耨, 以勸南僞. 予之西巡, 必躬載銍, 每縣則獲, 以勸西成. 予之北巡, 必躬載拂, 每縣則粟, 以勸蓋藏. 畢北巡狩之禮, 卽於土中居雒陽之都焉. 敢有趡謹犯法, 輒以軍法從事."

群公奏言, "皇帝至孝, 往年文母聖體不豫, 躬親供養, 衣冠稀解. 因遭棄群臣悲哀, 顏色未復, 飲食損少. 今一歲四巡, 道路萬里, 春秋尊, 非糒乾肉之所能堪. 且無巡狩, 須闋大服, 以安聖體, 臣等盡力養牧兆民, 奉稱明詔."

莽曰, "群公, 群牧, 群司, 諸侯, 庶尹願盡力相帥養牧兆民, 欲以稱予, 繇此敬聽, 其勖之哉! 毋食言焉. 更以天鳳七年, 歲在大梁, 倉龍庚辰, 行巡狩之禮. 厥明年, 歲在實沈, 倉龍辛巳, 卽土之中雒陽之都." 乃遣太傅平晏,大司空王邑之雒陽, 營相宅兆, 圖起宗廟,社稷,郊兆云.

| 註釋 | ○天鳳 – 왕망의 두 번째 연호. 서기 14-19년. ○太官齎糒乾肉 – 太官은 太官令. 소부의 속관. 秩 일천석. 황제의 식사 담당관. 齎(재)는 준비하다. 糒(건량 비)는 乾飯(건반). 乾肉은 말린 고기. 육포. ○內者行張坐臥 – 內者는 內者令, 또는 內謁者令, 少府의 속관, 질 1천석. 황제의 궁내 臥具와 帷帳 담당. 張坐臥는 유장과 침구를 준비하다. ○必躬載耒 – 載는 助詞. 어기를 강조. 耒는 쟁기 뇌(뢰). ○以勸東作 – 勸은 권면하다. 東作은 春耕. 봄의 밭갈이. 농사의 시작. ○以勸南僞 – 南僞. 곡물의 성장. ○必躬載銍 – 銍은 낫 질. 西成은 가을걷이. 추수. ○卽於土中居雒陽之都焉 – 土中은 사방의 중심. 예전에 周公이 낙양에 머물면서 사방 제후를 통제한 일을 모방하겠다는 뜻. ○趨讙犯法 – 趨讙(추환)은 분주히 돌아다니며 떠들다. ○須闋大服 – 闋는 끝나다. 마치다. 闋는 문닫을 결. 大服은 제왕이나 황후의 죽음에 신하나 백성이 복상하는 일. ○庶尹 – 여러 부서의 책임자. 尹은 官署의 長. 책임자. ○天鳳七年 – 서기 20년. 庚辰年(경진년).

〔國譯〕

　다음 해 天鳳(천봉)이라 개원했다. 천봉 원년 정월에 천하에 사면령을 내렸다.

　그리고 왕망이 말했다.

　"나는 2월 建寅(건인)의 절기에 巡狩(순수)의 예를 행할 것이니 태관령은 건량과 건육을 준비하고 내자령은 방석이나 침구를 준비해서 출발하여 경과하는 곳에서 공급받지 말라. 나의 동방 순수에는 필히 쟁기를 준비하여 가는 현마다 밭을 갈아 봄의 일을 권장할 것이다. 나의 남쪽 순수에서는 꼭 호미를 준비해서 가는 현마다 김을 매며 곡식의 성장을 도울 것이다. 나의 서쪽 순수에서는 꼭 낫을 준비해서 가는 곳마다 낫으로 거둬들여 수확을 권장할 것이다. 나의 북쪽 순수에서는 꼭 탈곡도구를 준비해 가서 가는 현마다 탈곡을 하여 곡식 저장을 권장할 것이다. 북쪽 순수까지 마치면 땅의 중심인 낙양에 머무를 것이다. 그리고 감히 떠들며 법을 어기는 자가 있다면 군법으로 처리할 것이다."

그러자 여러 공경이 상주하였다.

"황제께서는 효도를 다하시어 지난 文母皇后의 병환에 친히 공양하시면서 의관을 풀고 편히 쉬지도 않으셨습니다. 문모태후가 세상을 뜨신 상을 당하여 안색을 펴지도 못하시고 음식도 줄이셨습니다. 이제 일 년에 4방을 순수하시겠다면 그 길이 1만리나 되고 춘추도 많으신데 마른 밥이나 말린 육포로는 견딜 수가 없을 것입니다. 그리고 순수를 하지 않으셔도 복상이 끝나길 기다려 옥체를 편안케 하시면 모든 신하가 힘을 다하여 온 백성을 거두고 부양하며 조서를 받들도록 하겠습니다."

이에 왕망이 말했다. "여러 公과 모든 지방관과 관리, 제후와 모든 부서장들은 백성을 부양하고 거느리는데 진력하며 나의 뜻과 같이 하겠다니 나의 말을 잘 경청하여 더욱 힘쓰면서 식언하지 말지어다. 이후로 다시 天鳳 7년이 되어야 태세수가 大梁(대량)에 있고 倉龍(창룡)은 庚辰年(경진년)에 순수의 의례를 행할 수 있다. 그 다음 해가 되면 태세수가 實沈(실침)에 있고 倉龍은 辛巳라서 땅의 중앙인 낙양의 도읍에 갈 수 있다."

왕망은 太傅(태부)인 平晏(평안)과 대사공인 王邑(왕읍)을 낙양에

보내 궁궐터를 알아보게 하고 종묘와 사직과 郊祀(교사)를 지낼만한
터를 그림으로 그리게 하였다.

原文

三月壬申晦, 日有食之. 大赦天下. 策大司馬逯並曰, "日
食無光, 干戈不戢, 其上大司馬印韍, 就侯氏朝位. 太傅平
晏勿領尙書事, 省侍中,諸曹兼官者. 以利苗男訢爲大司
馬."

| 註釋 | ○策大司馬逯並 – 대사마 逯並(녹병)을 책면하다. 策은 策免(册
免). 三公 등 고급 관리를 면직시킬 때 책서를 내렸다.   ○侯氏朝位 – 후작으
로 조정에 나오다. 侯氏는 侯爵.   ○利苗男訢 – 利苗는 읍명. 男은 작위, 訢
(흔)은 이름이니 苗訢(묘흔).

〖 國譯 〗

3월 壬申 그믐에, 일식이 있었다. 천하에 사면령을 내렸다. 대사
마 逯並(녹병)을 策書로 면직시켰다. "日食에 無光하며 전쟁이 그치
지 않나니 대사마의 印韍(인불)을 반납하고 侯爵으로 조정에 서기
바란다. 太傅인 平晏(평안)은 尙書의 업무를 담당하지 말고 侍中과
諸曹의 겸관을 모두 사임하기 바란다. 利苗의 남작인 苗訢(묘흔)을
大司馬에 임명한다."

莽卽眞, 尤備大臣, 抑奪下權, 朝臣有言其過失者, 輒拔擢. 孔仁, 趙博, 費興等以敢擊大臣, 故見信任, 擇名官而居之. 公卿入宮, 吏有常數, 太傅平晏從吏過例, 掖門僕射苛差問不遜, 戊曹士收繫僕射. 莽大怒, 使執法發車騎數百圍太傅府, 捕士, 卽時死. 大司空士夜過奉常亭, 亭長苛之, 告以官名, 亭長醉曰, "寧有符傳邪?" 士以馬箠擊亭長, 亭長斬士, 亡, 郡縣逐之. 家上書, 莽曰, "亭長奉公, 勿逐." 大司空邑斥士以謝. 國將哀章頗不淸, 莽爲選置和叔, 敕曰, "非但保國將閨門, 當保親屬在西州者." 諸公皆輕賤, 而章尤甚.

四月, 隕霜, 殺艸木, 海瀕尤甚. 六月, 黃霧四塞. 七月, 大風拔樹, 飛北闕直城門屋瓦. 雨雹, 殺牛羊.

| 註釋 | ○尤備大臣 - 尤는 더욱. 備는 방비하다. 견제하다. ○太傅平晏 (평안, ?-서기 20) - 왕망의 심복, 就新公. ○掖門僕射 - 掖門(액문)은 정문이 아닌 쪽문. 僕射(복야)는 담당관, 주무관. ○戊曹士(무조사) - 태부의 속관. 五行을 근거로 관직명을 붙였는데, 戊와 己는 土德에 속한다 하여 태부의 속관을 戊曹士라 하였다. ○使執法~ - 왕망은 御使(어사)를 執法이라 개칭하였다. ○馬箠 - 말을 몰 때 때리는 회초리. 막대. 箠는 매 추. 회초리. ○亭長斬士 - 亭長이 士(대사공의 속관)를 斬(목 벨 참)하다. 그러나 다음에 대사공 王邑이 斥士했다는 말이 나오니 斬(참)이 아니라 斫(작)이어야 한다. 斫은 상처를 입히다. 때리다. ○國將哀章頗不淸 - 國將은 관직명. 四輔(사

보)의 한 사람으로 上公에 해당. 哀章은 金匱圖와 金策書를 조작한 사람. 頗不淸은 아주 흐리멍덩하다. 업무를 감당하지 못하다. ○和叔 – 관직명. 國將의 副職. ○閨門(규문) – 부녀자들의 거처. 내실. 여기서는 관청 내부. ○西州 – 哀章은 廣漢郡 梓潼縣 출신이라 서쪽 지방이란 뜻으로 西州라 했다. ○殺屮木 – 屮는 草의 古字. ○海瀕 – 海濱(해빈). 바닷가.

[國譯]

　왕망은 정식 황제가 된 뒤에 특히 대신을 견제하며 권한을 억제하거나 박탈하였고 신하가 고관의 잘못을 고발 주면 바로 발탁하였다. 孔仁(공인), 趙博(조박), 費興(비흥) 등은 대신을 공격하여 신임을 받았으며 고관의 자리에 골라 배치하였다. 公卿이 입궁하면 속리들이 늘 하는 일이 있고, 태부인 平晏(평안)은 하급 관리 때부터 지나치게 엄격하였는데 掖門僕射(액문복야)를 심하게 문책하니 액문복야가 불손하게 대답하자, 태부의 속관 戎曹士(무조사)가 복야를 잡아 가두었다. 이에 왕망은 대노하면서 어사로 하여금 車騎 수백 명을 동원하여 太傅府(태부부)를 포위한 뒤에 무조사를 나포하여 현장에서 처형하였다. 大司空의 속관 한 사람이 밤에 奉常亭(봉상정)을 지나가는데 정장이 심하게 따져 묻자 관직명을 말해주었는데, 정장이 취해서 "그래도 통행증은 있는가?"라고 물었다. 대사공의 속관이 말 회초리로 정장을 때리자 정장은 그 속관을 패주고 도망쳤으며 군현에서는 정장을 추격했다. 정장의 집에서 상서하자, 왕망이 말했다. "亭長은 공무를 수행하였으니 추격하지 말라." 대사공인 王邑(왕읍)은 속관을 내쫓은 다음에 사죄하였다. 國將인 哀章이 너무 흐리멍덩하자 왕망은 和叔(화숙)을 선임하여 배치하고서 칙명을 내렸다.

"國將은 업무도 감당하지 못할 뿐만이 아니니 西州에 있는 친족
도 단속하기 바란다."

여러 공경이 거의 경솔하고 천박하였는데 애장은 특히 심했다.

4월에, 서리가 내려 초목이 죽었는데 바닷가가 특히 심했다. 6월
에 누런 안개가 사방을 뒤덮었다. 7월에 큰 바람이 불어 나무가 뽑
히고 北闕(북궐) 直城門(직성문)의 기와가 다 날아갔다. 우박이 쏟아
져서 소와 양이 죽었다.

原文

莽以〈周官〉,〈王制〉之文, 置卒正,連率,大尹, 職如太守,
屬令,屬長, 職如都尉. 置州牧,部監二十五人, 見禮如三公.
監位上大夫, 各主五郡. 公氏作牧, 侯氏卒正, 伯氏連率, 子
氏屬令, 男氏屬長, 皆世其官. 其無爵者爲尹. 分長安城旁
六鄉, 置帥各一人. 分三輔爲六尉郡, 河東,河內,弘農,河南,
潁川,南陽爲六隊郡, 置大夫, 職如太守, 屬正, 職如都尉. 更
名河南大尹曰, 保忠信卿. 益河南屬縣滿三十. 置六郊州長
各一人, 人主五縣. 及它官名悉改. 大郡至分爲五. 郡縣以
亭爲名者三百六十, 以應符命文也. 緣邊又置竟尉, 以男爲
之. 諸侯國閒田,爲黜陟增減云.

莽下書曰, "常安西都曰, 六鄉, 緣縣曰, 六尉. 義陽東都
曰, 六州, 衆縣曰, 六隊. 粟米之內曰, 內郡, 其外曰, 近郡.
有鄣徼者曰, 邊郡. 合百二十有五郡. 九州之內, 縣二千二

百有三. 公作旬服, 是爲惟城, 諸在侯服, 是爲惟寧, 在采, 任諸侯, 是爲惟翰, 在賓服, 是爲惟屏. 在揆文敎, 奮武衛, 是爲惟垣, 在九州之外, 是爲惟藩, 各以其方爲稱, 總爲萬國焉." 其後, 歲復變更, 一郡至五易名, 而還復其故. 吏民不能紀, 每下詔書, 輒繫其故名, 曰, "制詔陳留大尹, 太尉, 其以益歲以南付新平. 新平, 故淮陽. 以雍丘以東付陳定. 陳定, 故梁郡. 以封丘以東付治亭. 治亭, 故東郡. 以陳留以西付祈隧. 祈隧, 故滎陽. 陳留已無復有郡矣. 大尹, 太尉, 皆詣行在所." 其號令變易, 皆此類也.

今天下小學, 戊子代甲子爲六旬首. 冠以戊子爲元日, 昏以戊寅之旬爲忌日. 百姓多不從者.

| 註釋 | ○卒正, 連率, 大尹 – 卒正(졸정)은 왕망이 설치한 일급 지방행정관. 侯이면서 郡을 다스리는 자를 卒正이라고 칭했다. 連率(연솔)은 왕망이 신설한 관직명. 漢 太守. 《禮記 王制》에는 '10국을 연합하여 連이라 하고 그 책임자를 連率'이라고 하였다. 大尹(대윤)은 郡의 太守. ○屬令, 屬長 – 왕망의 개칭한 관직명. ○公氏作牧 – 公氏는 公의 작위. ○益河南屬縣滿三十 – 하남군은 22개 현을 관장했었는데 낙양이 동도로 정해지면서 30개 현으로 늘려 畿內(기내)로 삼았다. ○竟尉(경위) – 왕망이 만든 새로운 관직. ○粟米之內曰, 內郡 – 왕성에서 4백 리까지는 곡식(粟)을 바치고 5백 리 안에서는 껍질 벗긴 곡식(米)을 조세로 바친다고 하였다. 粟米之內는 왕성에서 5백 리 이내의 땅. ○鄣徼(장요) – 鄣는 막아낼 장. 성벽. 방어용 小城. 徼는 순찰할 요. 변방의 경계. ○甸服(전복) – 五服의 하나. 왕성에서 1천 리 이내의 땅. ○惟城(유성) – 왕성을 방위하는 성. ○惟寧(유녕) – 나라의 안녕을 지

켜주는 성. ○在采,任諸侯, 是爲惟翰 – 采는 采服, 任은 男服. 惟翰(유한)은 나라를 돕는다는 뜻(輔翼). ○在揆文敎 – 揆(헤아릴 규)는 관장하다. 文敎는 敎化. ○是爲惟垣 – 국가를 지키는 담장이 된다. 惟城, 惟寧, 惟翰, 惟屛, 惟垣 등의 명칭은 모두 《詩經 大雅 板》에서 따왔다. ○陳留大尹,太尉 – 陳留(진류)는 군명. 太尉는 大尉의 착오. ○益歲(익세) – 현명. 진류군의 圉縣(어현)을 왕망이 益歲縣으로 개칭. ○小學 – 8세에 들어가는 학교. 六甲과 五方과 六書와 계산을 가르쳤다. ○戊子 – 무자는 土德의 戊이기에 戊子부터 육십갑자를 시작했다. 六旬(육순)은 六十.

〔國譯〕

왕망은 〈周官〉과 〈王制〉의 經文에 의거 卒正(졸정)과 連率(연솔), 大尹(대윤)을 설치하였는데 그 직분은 태수와 같았으며, 屬令(속령)과 屬長(속장)의 직분은 郡의 都尉와 같았다. 州의 (행정책임자) 牧(목)과 部監 25인을 두었는데 알현할 때의 의례는 三公과 같았다. 部監의 지위는 上大夫와 같았는데 각각 5군을 관장하였다. 공의 작위는 州의 牧으로 임명했고, 侯의 작위는 卒正, 伯의 작위는 連率, 子의 작위는 屬令, 男의 작위는 屬長으로 임명하였고 그 관직은 세습되었다. 작위가 없는 자는 大尹(대윤)에 임명하였다. 長安城의 주변을 6鄕씩 나누어 각각에 帥 1인을 두었다. 三輔(삼보, 京兆尹, 左馮翊, 右扶風)를 나누어 6尉郡(위군)이라 하였고 河東, 河內, 弘農, 河南, 潁川(영천), 南陽郡을 6隊郡(대군)이라 하고 大夫를 두었는데 직분은 太守와 같았으며, 屬正을 두었는데 그 직분은 都尉와 같았다. 河南大尹의 직명을 바꿔 保忠信卿(보충신경)이라 하였다. 河南郡의 屬縣을 늘려 30개 현이 되었다. 6郊에 長을 각각 1명씩 두었는데 1명이 각각 5개 현을 담당하였다. 그리고 다른 관명도 모두 개정하였다. 大

郡은 5개까지 나누었다. 郡縣에 亭의 이름을 본 따서 붙인 것이 360개소였는데, 이는 符命의 글에 맞춘 것이었다. 또 변경 지방에는 竟尉(경위)를 두었는데 남작을 임명하였다. 제후국의 閒田(한전)은 지위의 높고 낮음에 따라 늘리거나 줄였다.

왕망이 조서를 내려 말했다. "常安(長安)의 西都는 六鄉이라 부르고 衆縣은 六尉라고 한다. 義陽(낙양)의 東都는 六州라 하고 衆縣은 六隊라고 한다. 粟米(속미)를 바치는 곳을 內郡이라 하고 그 외는 近郡이라 부른다. 성벽이 있는 경계의 군은 邊郡(변군)이라 부른다. 합이 125개 군이다. 九州의 땅에 2,203개소의 현이 있다. 公은 甸服(전복)에 있는데, 이는 惟城(유성)이며 侯服(후복)에 있는 성은 惟寧(유녕)이며, 采服(채복)과 男服의 제후는 惟翰(유한)이며, 제후가 공물을 바치는 것은 惟屛(유병)이다. 교화를 담당하고 힘써 싸우는 것은 나라를 지키는 惟垣(유원)이며, 九州의 밖은 惟藩(유번)이니 각자 그 위치에 따라 붙인 이름이지만 하나로 말할 때는 萬國이다."

그 이후로도 해마다 명칭이나 관할을 변경하여 어떤 군은 5번이나 이름을 바꾸었다가 본래의 이름으로 돌아가기도 하였다. 관리나 백성조차 그 이름을 기억할 수가 없어 매번 조서가 내려올 때마다 그 옛 명칭을 첨부하였으니 예를 든다면, "陳留(진류)의 大尹과 大尉에게 制詔(제조, 命)하나니, 益歲(익세) 이남의 땅은 新平郡(신평군)에 붙인다. 新平은 옛 淮陽郡(회양군)이다. 雍丘(옹구)의 동쪽은 陳定郡(진정군)에게 붙인다. 陳定은 옛 梁郡(양군)이다. 封丘(봉구)의 동쪽은 治亭(치정) 소속으로 한다. 치정은 옛 東郡(동군)이다. 陳留(진류)의 서쪽은 祈隧(기수)에 붙인다. 기수는 옛 滎陽郡(형양군)이다. 陳留는 다시 郡으로 존재하지 않는다. 대윤과 대위는 모두 천자의 行在所

(행재소)로 오기 바란다."

그 명령을 교체가 대개 이런 식이었다.

이제 온 나라의 小學에서 戊子(무자)가 甲子(갑자)를 대신하여 六
旬(육순, 六十甲子)의 시작으로 하였다. 관례를 할 때는 戊子日을 좋
은 날로 정했고, 혼인에서는 戊寅이 들어간 열흘을 꺼리는 날로 정
했다. 그러나 따르지 않는 백성이 많았다.

原文

匈奴單于知死, 弟咸立爲單于, 求和親. 莽遣使者厚賂之,
詐還許其侍子登, 因購求陳良,終帶等. 單于卽執良等付使
者, 檻車詣長安. 莽燔燒良等於城北, 令吏民會觀之.

緣邊大饑, 人相食. 諫大夫如普行邊兵, 還言"軍士久屯塞
苦, 邊郡無以相贍. 今單于新和, 宜因是罷兵." 校尉韓威進
曰, "以新室之威而吞胡虜, 無異口中蚤虱. 臣願得勇敢之士
五千人, 不齎斗糧, 饑食虜肉, 渴飮其血, 可以橫行." 莽壯
其言, 以威爲將軍. 然釆普言, 徵還諸將在邊者. 免陳欽等
十八人, 又罷四關塡都尉諸屯兵. 會匈奴使還, 單于知侍子
登前誅死, 發兵寇邊, 莽復發軍屯. 於是邊民流入內郡, 爲
人奴婢, 乃禁吏民敢挾邊民者棄市.

|註釋| ○詐還許其侍子登 – 侍子는 제후 또는 속국에서 황제의 시종으
로 보낸 군주의 아들. 사실은 인질. 왕망은 厭難將軍인 陳欽(진흠)의 상서에

의거 孝單于 咸(함)의 아들 登(등)을 처형했었다. ○因購求陳良,終帶等 - 購
求는 돈으로 보상해주다. 陳良(진량)과 終帶(종대)는 무기교위인 刁護(조호)
를 죽이고 흉노로 망명한 관리.

[國譯]

　흉노 선우인 囊知牙斯(낭지아사)가 죽자(서기 13년) 동생인 咸(함,
烏累若鞮單于)이 선우로 즉위하여 화친을 희망했다. 왕망은 사자를
보내 후하게 재물을 주며 거짓으로 侍子(시자)인 登(등)을 보내주겠
다면서 陳良(진량)과 終帶(종대) 등을 잡아달라고 요구했다. 선우는
진량들을 잡아 사자에게 넘겨주었고 檻車(함거)는 장안에 도착했다.
왕망은 진량 등을 장안성 북쪽에서 태워 죽이면서 관리와 백성이 보
게 하였다.

　변경 지역이 큰 기근이 들어 사람이 사람을 먹었다. 諫大夫인 如
普(여보)는 변경 군진을 시찰하고 돌아와 "군사가 오랫동안 주둔하
여 고생이 심하며 변경에 보급이 되지 않습니다. 지금 선우가 새로
화친하였으니 이 기회에 군사를 해산하는 것이 좋겠습니다."라고
말했다. 그러자 교위인 韓威(한위)가 나서며 말했다.

　"新朝의 권위로 흉노를 잡는 것은 입안에 든 벼룩이나 이〔蚤虱(조
슬)〕와 다름없습니다. 臣이 용감한 군사 5천 명을 데리고 군량을 준
비하지 않고 출전하여 배고프면 흉노를 잡아먹고 목마르면 그 피를
마시며 흉노 땅을 뒤집어 놓겠습니다."

　왕망은 그 말을 장하다 여겨 한위를 장군으로 승진시켰다. 그러
나 여보의 말을 받아들여 변경의 모든 장수를 소환하였다. 그리고
陳欽(진흠) 등 18인을 해임하고 사방 관문의 鎭都尉(진도위) 주둔병

도 해산하였다. 마침 匈奴의 사자가 돌아갔고 선우는 시자로 보냈던 登(등)이 이미 처형되었다는 것을 알고 군사를 내어 변경을 침략했다. 이에 변경의 백성이 내지의 군으로 유입하여 노비가 되었는데 관리와 백성이 변경인을 숨겨주면 처형하겠다며 금지시켰다.

原文

　益州蠻夷殺大尹程隆, 三邊盡反. 遣平蠻將軍馮茂將兵擊之.

　寧始將軍侯輔免, 講《易》祭酒戴參爲寧始將軍.

　二年二月, 置酒王路堂, 公卿, 大夫皆佐酒. 大赦天下.

　是時, 日中見星. 大司馬苗訢左遷司命, 以延德侯陳茂爲大司馬.

　訛言黃龍墮死黃山宮中, 百姓犇走往觀者以萬數. 莽惡之, 捕繫問語所從起, 不能得.

| 註釋 | ○三邊 – 涼州, 益州, 荊州의 邊境. ○王路堂 – 이전 未央宮 前殿. ○佐酒 – 순차적으로 마시는 行酒에 협조하다. ○司命 – 왕망이 신설한 감찰관. ○莽惡之 – 土德의 상징이라 할 수 있는 黃龍이 죽었다는 말 자체를 싫어했다.

〖國譯〗

　益州(익주)의 蠻夷(만이)들이 大尹인 程隆(정륭)을 살해했고 3개 변경 지역이 반기를 들었다. 평만장군 馮茂(풍부)를 보내 군사를 거느리고 토벌케 하였다.

영시장군인 侯輔(후보)를 면직시키고,《易》을 강론하던 제주인 戴參(대참)이 영시장군이 되었다.

(天鳳) 2년 2월, 王路堂(왕로당)에서 주연을 베풀었는데 공경과 대부 모두가 참석했다. 천하에 대사면령을 내렸다.

이 무렵, 낮에도 별이 보였다. 대사마 苗訢(묘흔)을 司命(사명)으로 좌천시켰고, 延德侯인 陳茂(진무)가 대사마가 되었다.

黃龍이 黃山宮에 떨어져 죽었다는 헛소문에 백성들이 서둘러 구경간 자가 수만 명이었다. 왕망이 싫어하며 헛 소문을 낸 자를 찾았으나 찾지 못했다.

原文

單于咸旣和親, 求其子登屍, 莽欲遣使送致, 恐咸怨恨害使者, 乃收前言當誅侍子者故將軍陳欽, 以他罪繫獄. 欽曰, "是欲以我爲說於匈奴也." 遂自殺. 莽選儒生能顓對者濟南王咸爲大使, 五威將琅邪伏黯等爲帥, 使送登屍. 敕令掘單于知墓, 棘鞭其屍. 又令匈奴卻塞於漠北, 責單于馬萬匹, 牛三萬頭, 羊十萬頭, 及稍所略邊民生口在者皆還之. 莽好爲大言如此. 咸到單于庭, 陳莽威德, 責單于背畔之罪, 應敵從橫, 單于不能詘, 遂致命而還之. 入塞, 咸病死, 封其子爲伯, 伏黯等皆爲子.

| 註釋 | ○是欲以我爲說於匈奴也 – 이는 나를 핑계로 흉노를 설득하려는 것이다. 說은 解說하다. ○顓對 – 專對. 혼자 전담하다. 大使는 사신. ○棘鞭其屍 – 가시나무로 시신을 매질하다. ○不能詘 – 굴복시키지 못하다. 詘은 屈.

〖 國譯 〗

흉노의 선우인 咸(함, 烏累若鞮單于)은 왕망과 화친하면서 아들 登(등)의 시신을 돌려달라고 했는데 왕망은 사신을 시켜 보내주더라도 선우가 원한으로 사자를 살해할 것이 걱정되어 전에 侍子(시자)를 죽여야 한다고 건의했던 옛 장군 陳欽(진흠)을 다른 죄를 이유로 잡아 가두었다. 그러자 진흠은 "이는 나를 가지고 (희생양으로 삼아) 흉노에게 핑계를 대려는 것이다."라며 자살하였다. 왕망은 유생으로 선우를 전담할 수 있는 濟南의 王咸(왕함)을 골라 大使(대사)로 삼고 五威將인 琅邪(낭야)의 伏黯(복암) 등을 장수로 삼아 登(등)의 시신을 보내주었다. 왕망은 칙령으로 선우인 知(지)의 무덤을 파내어 가시나무로 시신을 매질하게 하였다. 또 흉노에게 사막 북쪽으로 물러날 것과 선우에게 말 1만 필, 소 3만 마리, 양 10만 마리를 배상하고 그동안 노략질로 잡아간 사람을 모두 돌려보내라고 요구하였다. 왕망이 큰소리치는 것이 대개 이런 식이었다. 왕함은 흉노의 왕정에 들어가서 왕망의 위덕을 말하며, 선우가 왕망을 배반한 죄를 따지고 종횡으로 대응하며 상대하자 선우는 왕함을 굴복시킬 수가 없어 명에 따르겠다며 사자를 돌려보냈다. 국경에 들어와 왕함은 병사하였는데 그 아들을 伯의 작위에 봉했고 복암 등은 모두 子의 작위에 봉했다.

莽意以爲制定則天下自平, 故銳思於地理, 制禮作樂, 講
合《六經》之說. 公卿旦入暮出, 議論連年不決, 不暇省獄訟
冤結民之急務. 縣宰缺者, 數年守兼, 一切貪殘日甚. 中郎
將, 繡衣執法在郡國者, 並乘權勢, 傳相擧奏. 又十一公士分
佈勸農桑, 班時令, 案諸章, 冠蓋相望, 交錯道路, 召會吏民,
逮捕證左, 郡縣賦斂, 遞相賕賂, 白黑紛然, 守闕告訴者多.
莽自見前顓權以得漢政, 故務自攬衆事, 有司受成苟免. 諸
寶物名, 帑藏, 錢穀官, 皆宦者領之, 吏民上封事書, 宦官左右
開發, 尙書不得知. 其畏備臣下如此. 又好變改制度, 政令
煩多, 當奉行者, 輒質問乃以從前, 前後相乘, 憒眊不渫. 莽
常御燈火至明, 猶不能勝. 尙書因是爲姦寢事, 上書待報者
連年不得去, 拘繫郡縣者逢赦而後出, 衛卒不交代三歲矣.
穀常貴, 邊兵二十餘萬人仰衣食, 縣官愁若. 五原, 代郡尤被
其毒, 起爲盜賊, 數千人爲輩, 轉入旁郡. 莽遣捕盜將軍孔
仁將與兵郡縣合擊, 歲餘乃定, 邊郡亦略將盡.

| 註釋 | ○守兼 – 정식 관리를 임명하지 않아 임시로 대리하다. ○十一
公士 – 왕망은 신을 건국하며 11명의 公(四輔, 三公, 四將)을 두고 그 公府의
속관을 公士라 하였다. ○案諸章 – 각종 규정이나 실적을 검사하다. ○賕賂
(구뢰) – 賄賂(회뢰). 뇌물. ○白黑紛然 – 淸濁不分. ○故務自攬衆事 – 攬
(끌어 잡을 람)은 攬, 직접 처리하다. ○有司受成苟免 – 담당자는 지시 받은
대로만 처리하며 면책에 급급했다. ○帑藏(탕장) – 國庫. ○憒眊不渫 – 憒

眊(궤모)는 마음이 혼미하고 어지럽다. 不溕(불설)은 명백하지 못하다. 憒은 심란할 궤. 眊는 눈 흐릴 모. 溕은 물 밑을 쳐낼 설. ○寢事 – 일을 제쳐놓다. ○衛卒不交代三歲矣 – 漢代에 성년 남자는 변경에 1년간 戍卒(수졸)로 근무하고 장안에 1년간 衛卒(위졸)로 근무하는 것이 원칙이었다. ○邊郡亦略將盡 – 將盡은 인구 감소가 심각하다.

〔國譯〕

　왕망은 제도가 갖춰지면 천하는 저절로 태평해진다고 생각했기에 地理에 대하여 깊이 생각했고 制禮와 作樂은《六經》의 학설에 맞추려 하였다. 공경들은 아침에 들어가 저녁에 나올 때까지 의논하기를 몇 년을 계속했지만 결론을 내지 못하였으며 옥사에 관한 소송이나 민원과 같은 급한 일을 처리할 겨를이 없었다. 현관이 결원인 곳은 몇 년째 대행이 겸하면서 여러 가지 貪虐(탐학)과 殘惡(잔악)은 날로 심해졌다. 중랑장이나 繡衣執法(수의집법, 수의어사)으로 郡國에 있는 자는 권세를 다 누리며 상호 간에 상주하여 천거하였다. 또 11 부서의 公士를 農桑(농상) 권장과 時令 반포, 여러 법률을 초안 잡는 등의 업무에 배치하니 출장 관리의 수레가 꼬리를 잇고 길에서 서로 만났으며 관리나 백성을 모으고 죄인을 체포하거나 증인을 부르며 군현의 부세를 부여하면서 뇌물을 서로 주고받았으며 흑백(청탁)이 뒤섞이니 궐문에서 고소하는 자도 많았다.

　왕망은 전에 업무를 직접 전담하면서 한의 정권을 잡을 수 있었기에 그 많은 업무를 몸소 처리하였고 담당자들은 일을 지시받은 그대로만 처리하였다. 여러 보물의 소유와 국고 또 錢穀(전곡)의 관리는 모두 환관이 담당하였으며 관리들이 올리는 封書는 측근의 환관이 열어보도록 하여 尙書도 알 수가 없었다. 그가 신하들을 못 믿는 정도가 이와 같았다. 또 제도 바꾸는 것을 좋아했고 정령이 번잡하게 많아 업무 담당자가 종전의 일에 대해 질문하면 앞뒤가 서로 달라서 모든 일이 혼돈 속에 명확하지 못했다. 왕망은 늘 등불을 밝히고 날이 밝을 때까지 처리해도 감당하질 못했다. 尙書는 이 때문에 업무를 미뤄놓았으며 上書를 한 뒤에 답신을 기다리는 자는 해가 지나도 돌아갈 수가 없었으며 군과 현에서 갇혀 있는 자는 사면을 받은 뒤에야 풀려나올 수 있었고 방위하는 수졸들은 3년이 넘어도 교대하지 못했다. 식량은 늘 부족하였으며 변경의 군사 20여만 명은 의식이 늘 부족하였기에 현지 관리도 고생이 많았다. 五原郡과 代郡 지역에서 특히 피해가 심각했고 도적이 된 수천 명이 무리를 지어 이웃 군까지 흘러들어갔다. 왕망은 捕盜將軍(포도장군) 孔仁(공인)을 파견하였는데 공인은 군현의 군사를 모아 공격하여 일 년여에 겨우 진압하였는데 변방 군의 인구는 크게 줄어들었다.

原文

邯鄲以北大雨霧, 水出, 深者數丈, 流殺數千人.

立國將軍孫建死, 司命趙閎爲立國將軍. 寧始將軍戴參歸故官, 南城將軍廉丹爲寧始將軍.

| 註釋 | ○邯鄲(한단) – 漢代 趙國의 치소로, 당시 약 15만 인구의 대도시였다. 今 河北省 남단의 邯鄲市. ○戴參(대참) – 이전 관직은 《易》을 강의하는 祭酒였다.

邯鄲(한단) 이북에 큰 비가 내렸고 안개가 짙었으며, 물이 솟아 깊은 곳은 여러 길이나 되었고 수천 명이 물에 휩쓸려 죽었다.

立國將軍 孫建(손건)이 죽자 司命인 趙閎(조굉)이 입국장군이 되었다. 寧始將軍 戴參(대참)은 이전 관직에 복귀했고 南城將軍 廉丹(염단)이 영시장군이 되었다.

原文

三年二月乙酉, 地震, 大雨雪, 關東尤甚, 深者一丈, 竹柏或枯. 大司空王邑上書言, "視事八年, 功業不效, 司空之職尤獨廢頓, 至乃有地震之變. 願乞骸骨." 莽曰, "夫地有動有震, 震者有害, 動者不害. 《春秋》記地震, 《易繫》'坤'動, 動靜辟翕, 萬物生焉. 災異之變, 各有云爲. 天地動威, 以戒予躬, 公何辜焉, 而乞骸骨, 非所以助予者也. 使諸吏散騎司祿大衛脩寧男遵諭予意焉."

| 註釋 | ○(天鳳) 三年 – 서기 16년. ○動靜辟翕 –《易經 繫辭》에는 '땅이란 고요하면 닫히고, 움직이면 열려 만물이 번성한다.' 는 뜻인데, 왕망은 땅의 진동에 따라 만물이 생장한다고 해석하였다. 辟은 開張. 翕은 翕(합할흡), 곧 閉合의 뜻으로 쓰였다. ○脩寧男遵 – 脩寧男은 작위. 遵(준)은 인명. ○諭予意焉 – 諭는 알리다. 말해주다.

(天鳳) 3년 2월 을유일에, 地震이 나고 큰 눈이 내렸는데 관동지역이 더 심했으며 많이 쌓인 곳은 1丈이나 되었고 대나무와 측백나무가 많이 고사하였다. 이에 대사공 王邑(왕읍)이 상서하여 말했다.

"소관 업무를 담당한 지 8년에 성과를 거두지도 못하였으며 司空의 직책은 더욱 부진하여서 지진이 일어나는 변고에 이르렀으니 사직하고자 합니다."

이에 왕망이 말했다. "지동과 지진이 일어날 수 있으나 지진은 피해가 있고 지동은 없는 것이다. 《春秋》에도 지진 기록이 있고, 《易經繫辭》에도 '坤(곤, 땅)의 動靜에 따라 열리거나 닫히며 만물이 생장한다.'고 하였다. 재이의 변고는 각자 말할 따름이다. 천지가 진동하여 나에게 훈계한 것이니 公에게 무슨 허물이 있으며 물러나겠다는 것은 나를 돕지 않으려는 뜻일 것이다. 諸吏散騎司祿大衛인 脩寧男 遵(준)을 보내 나의 뜻을 전하노라."

原文

五月, 莽下吏祿制度, 曰, "予遭陽九之阨, 百六之會, 國用不足, 民人騷動, 自公卿以下, 一月之祿十緵布二匹, 或帛一匹. 予每念之, 未嘗不戚焉. 今阨會已度, 府帑雖未能充, 略頗稍給, 其以六月朔庚寅始, 賦吏祿皆如制度." 四輔公, 卿, 大夫, 士, 下至輿僚, 凡十五等. 僚祿一歲六十六斛, 稍以差增, 上至四輔而爲萬斛云.

莽又曰, "普天之下, 莫非王土, 率土之賓, 莫非王臣. 蓋以天下養焉. 《周禮》膳羞百有二十品, 今諸侯各食其同,國,則, 辟,任,附城食其邑, 公,卿,大夫,元士食其寀. 多少之差, 咸有條品. 歲豐穰則充其禮, 有災害則有所損, 與百姓同憂喜也. 其用上計時通計, 天下幸無災害者, 太官膳羞備其品矣, 卽有災害, 以什率多少而損膳焉. 東岳太師立國將軍保東方三州一部二十五郡, 南嶽太傅前將軍保南方二州一部二十五郡, 西嶽國師寧始將軍保西方一州二部二十五郡, 北嶽國將衛將軍保北方二州一部二十五郡. 大司馬保納卿,言卿,仕卿,作卿,京尉,扶尉,兆隊,右隊,中部左洎前七部. 大司徒保樂卿,典卿,宗卿,秩卿,翼尉,光尉,左隊,前隊,中部,右部, 有五郡. 大司空保予卿,虞卿,共卿,工卿,師尉,列尉,祈隊,後隊,中部洎後十郡. 及六司, 六卿, 皆隨所屬之公保其災害, 亦以十率多少而損其祿. 郎,從官,中都官吏食祿都內之委者, 以太官膳羞備損而爲節. 諸侯,辟,任,附城,群吏亦各保其災害. 幾上下同心, 勸進農業, 安元元焉."

莽之制度煩碎如此, 課計不可理, 吏終不得祿, 各因官職爲姦, 受取賕賂以自共給.

| 註釋 | ○陽九之阨, 百六之會 – 간단히 '百六陽九'라 합칭. 재난이나 액운이 닥치는 해.　○十緩布二匹 – 직물의 2尺2寸(漢代의 단위, 약 51cm의 폭)에 經線이 80개 들어간 것을 1緩(새 종, 날실을 세는 단위)이라고 한다. 一匹

(필)은 폭 2尺2寸에 길이가 4丈(약 924cm)인 천. ㅇ未嘗不戚 − 戚은 슬플 척. ㅇ府帑(부탕) − 나라의 재물 창고. ㅇ略頗稍給 − 略은 대략, 頗는 그냥저냥, 稍는 겨우, 給은 지급하다. 대강대강(馬馬虎虎). ㅇ賦吏祿~ − 賦는 지급하다. ㅇ四輔 − 太師, 太傅, 太保, 少傅를 지칭. ㅇ輿僚(여료) − 하급 관리. ㅇ斛 − 1곡은 10斗. 미터法으로 20리터. ㅇ普天之下~ −《詩經 小雅 北山》. 普는 크다. 전부. ㅇ率土之賓 − 率은 自. ~로부터. 賓은 濱. 바닷가, 땅 끝. ㅇ蓋 以天下養焉 − 養은 부양하다. 공급하다. ㅇ膳羞(선수) − 맛있는 음식. ㅇ今 諸侯各食其同,國,則 − 同, 國, 則은 封地의 등급. 同은 공에게 지급한 봉지. 國은 侯와 伯, 則(칙)은 子와 男에게 지급한 봉지. ㅇ辟,任,附城食其邑 − 辟 은 公主, 任은 종실의 여인. 附城(부성)은 漢代의 關內侯. ㅇ食其采 − 采地의 부세를 받아먹다. ㅇ咸有條品 − 條品은 등급을 구분하는 규칙. ㅇ其用上計 時通計 − 上計는 지방관(현령)의 치적 평가서. 通計는 총계. ㅇ以什率多少 − 什은 十. 什率은 10의 비율, 곧 1할~9할. ㅇ保東方三州一部二十五郡 − 保는 책임지다. 東方三州는 豫州, 徐州, 靑州. 一部는 五部가 되어야 함. 왕망 은 部監 25인을 선임했고 1인이 5군을 감독하게 하였다. 이하 마찬가지. ㅇ南方二州 − 揚州와 荊州. ㅇ西方一州二部 − 西方二州五部가 되어야 함. 西方 二州는 涼州와 雍州. ㅇ北方二州 − 冀州와 兗州(연주). ㅇ中部左洎前 七部 − 七部는 十郡의 착오라는 주석에 따른다. ㅇ六司 − 六監(司中, 太御, 太衛, 奮武, 軍正, 大贅官). 이들은 上卿에 속한다. ㅇ六卿 − 六卿은 羲和(희화, 大司農의 개칭), 作士(大理), 秩宗(太常), 典樂(大鴻臚), 共工(少府), 予虞(여 우, 水衡都尉). ㅇ都內之委者 − 도성 내 창고 관리하는 자. ㅇ幾上下同心 − 幾는 冀, 희망하다. ㅇ課計 − 관리의 업적을 기록한 장부.

〖 國譯 〗

5월에, 왕망은 관리의 녹봉제도를 하달하였다.

"나는 陽九百六의 재앙을 만났었고 나라 살림은 부족한데 백성의 소동도 있었으며 공경 이하 모두가 한 달의 녹봉이 十緵布(10종포) 2필이나 아니면 비단 1필이었다. 나는 이를 생각할 때마다 매번 슬퍼하지 않을 수 없었다. 금년에 여러 액운도 다 지나갔으며 나라 부고가 다 찬 것은 아니지만 그럭저럭 지급할 수 있을 것이니 6월 초하루 庚寅(경인)일에 관리의 녹봉을 제도에 따라 지급하기 바란다. 四輔(사보)와 공, 卿(경), 대부, 사에서 아래로 興僚(여료)까지 총 15등급이다. 僚(료)의 녹봉 1년 66斛(곡)에서 시작하여 점차 차등 있게 증가하여 가장 높은 사보가 1만 곡이다.

왕망은 이어 말했다.

"온 하늘 아래에 왕의 땅 아닌 곳이 없고, 온 땅 끝까지 왕의 신하 아닌 사람이 없다고 하였다. 이는 천하를 다 양육한다는 뜻이다. 《周禮》에 맛있는 음식이 120가지라고 했지만 이제 諸侯들은 각자 同(동)과 國(국)과 則(칙)의 봉지가 있고, 辟(公主)과 任(종실녀)과 附城(부성)은 그 식읍이 있으며 公, 卿, 大夫, 元士은 그 채지의 수입이 있다. 그 다소의 차이는 모두 정해진 규칙이 있다. 풍년이 든다면 그 예를 다 갖출 수 있겠지만 재해가 닥쳤다면 줄여서 백성과 걱정이나 기쁨을 같이해야 할 것이다. 지방관의 실적을 평가할 때 총계를 잡아서 천하에 다행히도 재해가 없다면 太官(태관, 황제 식사 담당관)의 음식준비가 그 품목을 다 갖추겠지만 만약 재해가 있다면 그 다소의 비율에 따라 반찬을 줄여야 할 것이다. 東岳太師立國將軍은 동방 3주의 5부 25군을 책임지고, 南嶽太傅前將軍은 남방 2주의 5部 25군을 총괄하며, 西嶽國師寧始將軍은 서방 2주에 5부 25군을 책임지고, 北嶽國將衛將軍은 북방 2주 5부 25군을 총괄한다. 大司馬(대사마)는 納卿(납경), 言卿, 仕卿, 作卿, 京尉, 扶尉(부위), 兆隊(조대), 右隊

와 中部의 좌측부터 10郡을 관할한다. 大司徒(대사도)는 樂卿, 典卿, 宗卿, 秩卿, 翼尉(익위), 光尉, 左隊와 前隊, 그리고 中部, 右部의 五郡을 관할한다. 大司空은 予卿(예경), 虞卿(우경), 共卿(공경), 工卿, 師尉, 列尉, 祈隊(기대), 後隊, 中部의 후방 10군을 관할한다. 6司(사, 6監)와 6卿(경)은 모두 소속된 公과 함께 그 재해를 담당 처리하며 비율의 다소에 따라 그 녹봉을 감액한다. 郞과 從官, 中都官吏의 食祿과 도성 내 창고 관리자의 경우는 太官의 음식 가감의 비율에 따라 조절한다. 諸侯와 辟(공주), 任(종실녀)과 附城(부성)의 여러 관리들도 그 재해의 정도에 따라 가감한다. 上下가 모두 한마음이 되어 농업을 권장하며 백성의 생활을 안정시키기 바란다."

왕망 제도의 번잡하기가 이와 같았으며 관리 업적이 제대로 기록되지도 않았고 관리에게 결국 녹봉을 지급하지 못하게 되자 관직에 따라 불법을 행하고 뇌물을 받아서 필요한 물자를 스스로 충당하였다.

原文

是月戊辰, 長平館西岸崩, 邕涇水不流, 毀而北行. 遣大司空王邑行視, 還奏狀, 群臣上壽, 以爲〈河圖〉所謂'以土塡水', 匈奴滅亡之祥也. 乃遣幷州牧宋弘, 游擊都尉任萌等將兵擊匈奴, 至邊止屯.

| 註釋 | ○長平館 － 長平觀. 涇水의 남쪽, 渭水와 합류 지점에 있던 건물. ○邕涇水不流 － 邕은 壅 막다. ○〈河圖〉~ － 여기서는 八卦의 뜻. 塡은 鎭.

누르다.

이 달 戊辰(무진)일에 長平館(장평관)의 서쪽 언덕이 붕괴되어 涇
水를 흐르지 못하게 막자 강물은 거슬러 북쪽으로 흘렀다. 大司空
王邑(왕읍)을 보내 시찰케 하였는데 돌아와 보고하자, 여러 신하가
축수를 하며 〈河圖(八卦)〉로 말하면 土가 水를 누른 것이니 흉노를
멸망시킬 길조라고 말했다. 이에 幷州牧(병주목)인 宋弘(송홍)과 유
격도위 任萌(임맹) 등을 파견하여 군사를 거느리고 흉노를 공격하려
고 변경에 주둔케 하였다.

原文

七月辛酉, 霸城門災, 民間所謂青門也. 戊子晦, 日有食
之. 大赦天下, 復令公卿,大夫,諸侯,二千石擧四行各一人.
大司馬陳茂以日食免, 武建伯嚴尤爲大司馬.

十月戊辰, 王路朱鳥門鳴, 晝夜不絶, 崔發等曰, "虞帝辟
四門, 通四聰. 門鳴者, 明當修先聖之禮, 招四方之士也."
於是令群臣皆賀, 所擧四行從朱鳥門入而對策焉.

│註釋│ ○四行 – 德行, 言語, 政事, 文學의 四科. ○王路 – 王路四門, 漢
의 公車司馬의 개칭. ○虞帝辟四門~ –《書經 虞書 舜典》의 글.

〖國譯〗

　7월 辛酉(신유)일에, 霸城門(패성문, 장안성의 성문)에 불이 났는데 민간에서는 그 문을 靑門(청문)이라고 불렀다. 戊子(무자) 그믐날에 日食이 있었다. 천하에 대사령을 내리고 다시 공경, 대부, 제후와 2천석 지방관에게 四行에 각 1인씩 천거하라고 지시하였다. 大司馬 陳茂(진식)을 일식 때문에 면직시키고 武建伯인 嚴尤(엄우)를 大司馬에 임명했다.

　10월 무진일에, 王路四門의 朱鳥門(주조문)이 우는 소리를 내며 밤낮으로 그치지 않았는데 崔發(최발) 등이 말하길 "虞帝(우제, 舜)께서 四門을 열어 四聰에 통달하셨다고 하였습니다. 대문에서 우는 소리가 난다는 것은 先聖의 예를 잘 닦아 밝게 한 뒤에 사방의 인재를 초치하라는 뜻입니다."

　이에 모든 신하들이 하례를 올리게 하고 四行에 천거되는 인재를 朱鳥門으로 들어오게 한 뒤 대책을 시험했다.

原文

　平蠻將軍馮茂擊句町, 士卒疾疫, 死者什六七, 賦斂民財什取五, 益州虛耗而不克, 徵還下獄死. 更遣寧始將軍廉丹與庸部牧史熊擊句町, 頗斬首, 有勝. 莽徵丹, 熊, 丹, 熊願益調度, 必克乃還. 復大賦斂, 就都大尹馮英不肯給, 上言"自越巂遂久仇牛, 同亭邪豆之屬反畔以來, 積且十年, 郡縣距擊不已. 續用馮茂, 苟施一切之政. 犪道以南, 山險高深, 茂

多驅衆遠居, 費以億計, 吏士離毒氣死者什七. 今丹,熊懼於
自詭期會, 調發諸郡兵,穀, 復訾民取其十四, 空破粱州, 功
終不遂. 宜罷兵屯田, 明設購賞." 莽怒, 免英官. 後頗覺寤,
曰, "英亦未可厚非." 復以英爲長沙連率.

| 註釋 | ○句町(구정) – 今 雲南省 동남부 일대 옛 왕국. ○益州 – 지금의
四川省, 雲南省, 貴州省 일대. ○益調度 – 더 많은 군사와 물자를 요구하다.
○就都大尹 – 廣漢郡의 개칭. 大尹은 태수. ○越嶲(월수) – 옛 군명. 치소는
邛都縣, 今 四川省 남부의 西昌市. 遂久(수구)는 없어진 현 이름. ○仇牛(구
우) – 종족 이름. ○同亭邪豆之屬 – 同亭(동정)은 牂柯郡(장가군)의 개칭. 邪
豆(사두)는 古 부족 이름. ○僰道(북도) – 이민족이 거주하는 縣을 道라 하였
다. ○離毒氣 – 풍토병에 걸리다. ○連率 – 왕망이 신설한 관직명. 漢 太守.
《禮記 王制》에는 '10국을 연합하여 連이라 하고 그 책임자를 連率'이라고 하
였다.

〖國譯〗

　平蠻將軍(평만장군)인 馮茂(풍무)가 句町國(구정국)을 토벌했는데
사졸이 역질에 걸려 죽은 자가 10에 6, 7명이었고 백성의 재산을 10
에서 5를 취하자 益州가 탈진하여 견디지 못했고 장군을 소환하여
하옥했다가 죽였다. 다시 寧始將軍(영시장군) 廉丹(염단)과 庸部牧인
史熊(사웅)을 파견하여 구정국을 공격하여 적을 제법 많이 죽이며
승리를 거두었다. 왕망이 염단과 사웅을 불러들이자 염단과 사웅은
더 많은 군사와 물자를 요구하며 완전히 이기고 돌아가겠다고 하였
다. 다시 더 많은 부세를 징수하려 하자 就都(취도) 大尹인 馮英(풍

영)은 내주려하지 않으면서 상서하였다.

"越嶲(월수), 遂久(수구) 일대의 仇牛族(구우족)이나 同亭郡(동정군)의 邪豆族(사두족)의 무리는 배반한 지가 거의 10년이나 되기에 군현에서도 그들에 대한 방어와 공격을 멈추지 않았습니다. 풍무가 등용된 이후로 일체의 정사를 다시 계속할 수가 없었습니다. 僰道(북도)의 남쪽은 산이 높고 험한 지역인데 풍부는 많은 무리를 이끌고 와 멀리 떨어진 곳에 주둔하면서 비용이 억 단위로 나갔지만 병사들은 풍토병에 걸려 죽은 자가 10에 7명이었습니다. 지금 염단과 사웅은 스스로 기한을 멋대로 정해 놓고 여러 군의 군사와 식량을 징발하면서 다시 백성들로부터 10분의 4를 징벌로 요구하여 梁州(양주)를 피폐케 하니 결국 공을 이루지 못할 것입니다. 군사를 해산하고 둔전하면서 만이에게 현상금을 내거는 것이 합당할 것입니다."

왕망은 화를 내며 풍영을 해임하였다. 뒤에 다시 느끼는 바가 있어 "풍영이 그렇게 틀리지는 않았다"고 말하며 풍영을 다시 長沙(장사)의 連率(연솔)에 임명하였다.

原文

翟義黨王孫慶捕得, 莽使太醫,尙方與巧屠共刳剝之, 量度五藏, 以竹筳導其脈, 知所終始, 云可以治病.

是歲, 遣大使五威將王駿,西域都護李崇將戊己校尉出西域, 諸國皆郊迎貢獻焉. 諸國前殺都護但欽, 駿欲襲之, 命佐帥何封,戊己校尉郭欽別將. 焉耆詐降, 伏兵擊駿等, 皆

死. 欽,封後到, 襲擊老弱, 從車師還入塞. 莽拜欽爲塡外將
軍, 封劋胡子. 何封爲集胡男. 西域自此絶.

| 註釋 | ○翟義黨王孫慶 - 翟義(적의)는 翟方進의 아들, 왕망에 반기를
들었다. 84권, 〈翟方進傳〉에 부전. 王孫慶(왕손경, ?-서기 16)은 東郡人. ○尙
方(상방) - 太醫令의 속관으로 약의 조제를 담당. ○劊剝之 - 해부하고 피부
를 벗기다. 劊는 가를 고, 해부하다. 剝는 벗길 박. ○佐帥(좌수) - 副手. ○別
將 - 다른 부대를 거느리다. ○車師 - 서역의 국명. 〈西域傳〉 참고. ○劋胡
子(초호자) - 劋는 끊을 초. 베다. 제거하다. 胡는 胡人. 子는 작위의 등급. 뒤
의 男도 마찬가지.

〔國譯〕
　翟義(적의)의 당인인 王孫慶(왕손경)이 생포되었는데 왕망은 太醫
(태의)와 尙方(상방)과 능숙한 도살자를 시켜 함께 해부하여 오장의
길이를 재고 가는 대나무로 몸의 맥을 조사하여 그 시작과 끝을 알
아 병을 고칠 수 있게 하였다.
　이 해에 五威將(오위장)인 王駿(왕준)과 西域都護 李崇(이숭)을 대
사로 파견하여 戊己校尉(무기교위)의 군사를 거느리고 서역에 출병
케 하니 서역의 여러 나라에서 교외에 나와 맞이하며 말을 바쳤다.
서역의 여러 나라에서 전에 서역도호인 但欽(단흠)을 죽였기에 왕준
은 그들을 기습하려고 佐帥(좌수)인 何封(하봉)과 戊己校尉 郭欽(곽
흠)을 시켜 별도로 군사를 거느리게 하였다. 焉耆國(언기국)은 거짓
항복하고서 복병으로 왕준 등을 공격하여 모두 죽였다. 하봉과 곽흠
은 뒤에 도착하여 적의 노약자들을 습격한 뒤 車師國(거사국)으로 돌

아 입국하였다. 왕망은 곽흠을 塡外將軍(진외장군)으로 임명하고 剿胡子(초호자)에 봉했고, 하봉을 集胡男(집호남)에 봉했다. 서역은 이로부터 단절되었다.

99 王莽傳(下)
〔왕망전〕(하)

原文

　四年五月, 莽曰, "保成師友祭酒唐林,故諫議祭酒琅邪紀
逡, 孝弟忠恕, 敬上愛下, 博通舊聞, 德行醇備, 至於黃髮,
靡有愆失. 其封林爲建德侯, 逡爲封德侯, 位皆特進, 見禮
如三公. 賜弟一區, 錢三百萬, 授几杖焉."

| 註釋 |　○四年 – 天鳳 4년. 서기 17년.　○唐林 – 字 子高. 唐尊(당존)과
함께 왕망에게 출사하여 중용되었다. 師友祭酒는 왕망이 설치한 9祭酒의 한
사람.　○紀逡(기준) – 字는 王思.　○黃髮 – 노인. 백발.　○愆失(건실) – 過
失.　○賜弟一區 – 弟는 第의 誤字. 저택.　○授几杖焉 – 几杖(궤장)은 안석과
지팡이. 경로 하사품.

(天鳳) 4년 5월, 왕망이 말했다. "保成師友祭酒인 唐林(당림)과 예전 諫議祭酒인 琅邪郡(낭야군)의 紀逡(기준)은 孝弟忠恕(효제충서)하며 敬上愛下하고 옛일에 박통하여 늙도록 과실이 없었다. 당림을 建德侯에, 기준을 封德侯에 봉하고 지위는 모두 特進(특진)이며 알현할 때의 예법은 三公과 같이 하라. 집 한 채와 금전 3백만, 궤장을 하사한다."

原文

六月, 更授諸侯茅土於明堂, 曰, "予製作地理, 建封五等, 考之經藝, 合之傳記, 通於義理, 論之思之, 至於再三, 自始建國之元以來九年於茲, 乃今定矣. 予親設文石之平, 陳菁茅四色之土, 欽告於岱宗泰社后土, 先祖先妣, 以班授之. 各就厥國, 養牧民人, 用成功業. 其在緣邊, 若江南, 非詔所召, 遣侍於帝城者, 納言掌貨大夫且調都內故錢, 予其祿, 公歲八十萬, 侯,伯四十萬, 子,男二十萬." 然復不能盡得. 莽好空言, 慕古法, 多封爵人, 性實遴嗇, 托以地理未定, 故且先賦茅土, 用慰喜封者.

│ 註釋 │ ○茅土(모토) – 제후를 책봉할 때 방위의 색에 맞는 흙(東 青土, 南 赤土, 西 白土, 北 黑土, 中央 黃土)을 띠풀(茅)에 싸서 주었다. ○予親設文石之平 – 文石은 무늬 있는 벽돌(塼石). 통행에 좋게 하다. ○欽告於岱宗泰

社后土 － 欽은 공손히. 삼가. 岱宗(대종)은 태산. 泰社는 大社. 后土는 土地神. ○若江南 － 若은 至. 가다. 及也. 江南은 長江 남쪽. ○納言掌貨大夫且調都內故錢 － 納言은 국가 재정을 담당하는 漢의 大司農(羲和로 개칭, 다시 納言으로 개칭). 故錢은 五銖錢. ○遴嗇(인색) － 吝嗇. 遴은 탐할 인. 嗇은 아낄 색.

6월에, 明堂에서 제후들에게 모토를 수여하면서 말했다.

"나는 地理에 맞춰 5등의 작위로 봉건하였으며, 六經의 대의를 고찰하고 경전의 주해를 바로잡았으며, 경전의 대의를 밝히고 논하며 사색하기를 두세 번씩 하였으니 始建國으로 건원한 이후 지금까지 9년에야 겨우 안정이 되었다. 나는 친히 무늬 벽돌을 깔아 통행을 편리하게 했고 菁茅(띠풀)에 4색의 흙을 하사하였으며, 삼가 泰山의 큰 사당의 后土神과 先祖와 先妣(선비)에 제사하고 작위를 전수하였다. 각자 나라로 돌아가서 백성을 잘 거둬 양육하여 공적을 이루기 바란다. 변방의 군에 있든, 강남에 가든, 소환하는 조서가 아니라면 오지 말 것이며 장안에 入侍할 자제를 보내면 納言(옛 大司農)의 掌貨大夫를 통해 관내의 옛 오수전을 조달하여 질록으로 보낼 것이니 公은 1년에 80만, 侯와 伯은 40만, 子와 男은 20만으로 하겠다."

그러나 제후들은 그 뒤로 질록을 받지 못했다. 왕망은 공치사와 옛 법도 따르기를 좋아하였고 작위를 많이 수여하였지만 성질이 본래 인색하였으며 지역 배분이 아직 확정되지 않았다는 이유로 일단 茅土를 먼저 수여하여 책봉받기를 원하는 자의 마음을 달랬다.

是歲, 復明六筦之令. 每一筦下, 爲設科條防禁, 犯者罪
至死, 吏民抵罪者浸衆. 又一切調上公以下諸有奴婢者, 率
一口出錢三千六百, 天下愈愁, 盜賊起. 納言馮常以六筦諫,
莽大怒, 免常官. 置執法左右剌姦. 選用能吏侯霸等分督六
尉,六隊, 如漢剌史, 與三公士郡一人從事.

| 註釋 | ○六筦之令 – 왕망이 반포한 6종류의 경제 법령. 筦은 管과 同.
소금, 철, 술의 전매를 통한 국가 재정 확충, 화폐의 국가 주조, 山澤 이용자
에 대한 과세, 물가 안정 조치와 상인의 투기 금지 등.   ○調 – 세금 징수.
○執法左右剌姦 – 관직명. 규찰과 감시 임무.   ○侯霸(후패, ?-서기 37) – 後
漢에서 尙書令과 大司徒 역임.   ○六尉,六隊 – 행정구역 명칭. 漢의 三輔를 6
위로 개편. 河東, 河內 등 주요 6개 군을 六隊郡이라 개칭.

〖 國譯 〗

이 해에, 六筦令(육관령)을 다시 발표하였다. 매 조항마다 금지(처
벌) 조항을 두어 위반자는 사형에 처할 수 있었는데 백성 중에 법을
어긴 자가 점점 많아졌다. 또 上公 이하 노비를 소유한 모든 사람은
노비 1인당 3,600전을 납부케 하여 모두가 크게 걱정하였고 도적 떼
가 일어났다. 納言(납언)인 馮常(풍상)이 六筦令에 대하여 간언을 올
리자 왕망은 대노하며 풍상을 해임하였다. 執法左右剌姦(집법좌우자
간)이라는 관직을 신설했다. 侯霸(후패)와 같은 유능한 관리를 등용
하여 六尉와 六隊郡(육대군)을 분담하여 감독케 하였는데 漢의 剌史
(자사)처럼 三公士와 함께 모든 郡에 1명씩 배치하였다.

原文

臨淮瓜田儀等爲盜賊, 依阻會稽長州, 琅邪女子呂母亦
起. 初, 呂母子爲縣吏, 爲宰所冤殺. 母散家財, 以酤酒買兵
弩, 陰厚貧窮少年, 得百餘人, 遂攻海曲縣, 殺其宰以祭子
墓. 引兵入海, 其衆浸多, 後皆萬數. 莽遣使者卽赦盜賊, 還
言, "盜賊解, 輒復合. 問其故, 皆曰, 愁法禁煩苛, 不得舉
手. 力作所得, 不足以給貢稅. 閉門自守, 又坐鄰伍鑄錢挾
銅, 姦吏因以愁民. 民窮, 悉起爲盜賊." 莽大怒, 免之. 其或
順指, 言"民驕黠當誅". 及言"時運適然, 且滅不久", 莽說,
輒遷之.

| 註釋 | ○臨淮瓜田儀 – 臨淮(임회)는 군명. 치소는 徐縣(今 江蘇省 宿遷市
관할의 泗洪縣). 瓜田儀(과전의)는 인명. 瓜田은 복성. ○會稽長州 – 會稽는
군명. 왕망이 회계군 上虞縣을 회계현으로 신설. 長州는 今 江蘇省 蘇州市
서남. ○呂母子 – 呂母의 아들. ○爲宰所~ – 宰는 縣令. ○海曲縣 – 今 山
東省 日照市 서남. ○貢稅 – 貢物과 賦稅. ○愁民 – 聚斂(취렴), 세금을 과
중하게 거둬들이다. ○驕黠(교힐) – 건방지고 약삭빠름.

〔 國譯 〕

臨淮郡(임회군)의 瓜田儀(과전의) 등은 도적이 되어 회계현 長州의
험지에 숨었으며 琅邪郡(낭야군)의 여인인 呂母(여모)도 기병하였다.
그전에 여모의 아들은 현리였는데, 현령에 의해 원통하게 피살되었
다. 그 모친은 가재를 팔아 술과 병기를 사들이며 빈궁한 젊은이를
은근히 후대하면서 1백여 무리를 모은 뒤에 海曲縣(해곡현)을 공격

하여 현령을 죽인 뒤에 아들의 묘에 제를 지냈다. 그 무리를 이끌고 섬으로 들어갔는데 무리가 점점 많아져서 나중에 일만 명이 넘었다. 왕망이 사자를 보냈는데, 사자는 가서 도적들을 사면하고 돌아와 보고했다.

"도적들이 해산했다가도 다시 모였습니다. 그 연고를 물었더니, 모두가 법금이 너무 가혹하여 어찌 손을 댈 수가 없다고 하였습니다. 애써 농사를 지어도 공물과 조세도 모자랍니다. 폐문하고 지내도 이웃이 돈을 주조하려고 구리를 소지한 죄에 연좌되었고 간리들은 이를 빙자하여 가혹하게 세금을 징수합니다. 백성이 이처럼 궁하니 모두 들고 일어나 도적이 되는 것입니다."

왕망은 대노하며 관리를 해임했다. 신하 중에 어떤 자가 비위를 맞춰 "건방지고 교활한 자는 사형에 처해야 합니다."라고 말했다. 또 "시운이 그러하지만 머지않아 곧 사라질 것입니다."라고 말하자, 왕망은 좋아하며 바로 그를 승진시켰다.

原文

是歲八月, 莽親之南郊, 鑄作威斗. 威斗者, 以五石銅爲之, 若北斗, 長二尺五寸, 欲以厭勝衆兵. 旣成, 令司命負之, 莽出在前, 入在御旁. 鑄斗日, 大寒, 百官人馬有凍死者.

| 註釋 | ○威斗 – 일종의 부장품 容器. ○司命 – 왕망이 신설한 五威司命, 上公 이하 관리를 사찰하는 직책.

이 해 8월, 왕망은 남쪽 성 밖에 나가 威斗(위두)를 주조하였다. 위두란 5색의 약석과 구리로 만들었는데, 모양은 북두성과 비슷하고 길이는 2尺5寸으로 이것으로 모든 병란을 이길 수 있다고 생각하였다. 다 완성이 되자 司命을 시켜 갖고 가게 하였는데 왕망이 출행하면 앞서 가고 입궁해서는 옆에 두었다. 이 위두를 주조하던 날이 아주 추워서 동사한 관리나 말도 있었다.

原文

　五年正月朔, 北軍南門災.

　以大司馬司允費興爲荊州牧, 見, 問到部方略, 興對曰, "荊,揚之民率依阻山澤, 以漁采爲業. 間者, 國張六筦, 稅山澤, 妨奪民之利, 連年久旱, 百姓饑窮, 故爲盜賊. 興到部, 欲令明曉告盜賊歸田里, 假貸犁牛種食, 闊其租賦, 幾可以解釋安集." 莽怒, 免興官.

│註釋│ ○荊州牧 – 형주는 왕망의 12주의 하나. 南順, 江夏 등 여러 군을 감독. 牧은 刺史. ○方略 – 계획이나 책략. ○假貸 – 賃貸. ○闊其租賦 – 租나 賦의 징수를 너그럽게 하다.

〔國譯〕

(天鳳) 5년(서기 18) 정월 초하루에, 北軍의 南門이 불탔다.

大司馬 司允인 費興(비흥)을 荊州牧(형주목)에 임명하고 알현했는데 임지에서의 방책을 묻자, 비흥이 대답하였다.

"荊州(형주)나 揚州(양주)의 백성은 산택에 의거하여 고기잡이나 채집을 생업으로 하고 있습니다. 이즈음에 나라에서는 六筦令(육관령)을 시행하며 산택에서 세를 걷는 것은 백성의 이득을 빼앗는 것이며 몇 년간 오래 가물어 백성들이 굶주리고 궁하여 도적이 되었습니다. 제가 임지에 부임하면 도적들이 고향으로 돌아가도록 깨우치고 소나 종자와 양식을 빌려주고 조세 징수를 완화하여 백성들이 걱정 없이 편히 살도록 하겠습니다."

그러자 왕망은 화를 내며 비흥을 해임하였다.

原文

天下吏以不得奉祿, 並爲姦利, 郡尹縣宰家累千金. 莽下詔曰, "詳考始建國二年胡虜猾夏以來, 諸軍吏及緣邊吏大夫以上爲姦利增産致富者, 收其家所有財産五分之四, 以助邊急." 公府士馳傳天下, 考覆貪饕, 開吏告其將, 奴婢告其主, 幾以禁姦, 姦愈甚.

| 註釋 | ○姦利 - 求利. 姦은 求. ○猾夏(활하) - 중원을 침략하다. 夏는 諸夏. 곧 中原. ○馳傳 - 역참의 거마를 타고 빨리 알리다. ○考覆貪饕 - 考覆(고복)은 조사하고 심사하다. 貪饕(탐도)는 탐욕. 탐욕스런 자. 饕는 탐할 도. 악인. ○開吏告其將 - 관리 입을 통해 그 장수를 고발하다. 關吏~로 된 판본도 있다.

　온 나라의 관리가 녹봉을 받지 못하자 모두가 부정을 자행하였는데 郡의 大尹이나 현령은 집에 천금을 비축하기도 했다. 이에 왕망이 조서를 내렸다.

　"始建國 2년 흉노의 중원 침략 이후를 생각해 보면, 여러 軍吏나 변군의 관리나 大夫들이 부정으로 이득을 탐해 재산을 늘리고 치부한 자가 많으니 그 재산 5분의 4를 몰수하여 변방의 급한 용도에 충당하고자 한다."

　이를 三公府의 속관들이 역참의 거마로 천하에 알려 탐욕한 자를 조사하였으며 관리의 입을 통해 장수를 고발하고 노비가 그 주인을 고발케 하여 부정을 근절시키고자 했으나 그럴수록 부정은 더욱 심했다.

〔原文〕

　皇孫功崇公宗坐自畫容貌, 被服天子衣冠, 刻印三, 一曰 '維祉冠存己夏處南山臧薄冰', 二曰 '肅聖寶繼', 三曰 '德封昌圖'. 又宗舅呂寬家前徙合浦, 私與宗通, 發覺按驗, 宗自殺. 莽曰, "宗屬爲皇孫, 爵爲上公, 知寬等叛逆族類, 而與交通. 刻銅印三, 文意甚害, 不知厭足, 窺欲非望. 《春秋》之義, '君親毋將, 將而誅焉'. 迷惑失道, 自取此事, 烏呼哀哉! 宗本名會宗, 以製作去二名, 今復名會宗. 貶厥爵, 改厥號, 賜諡爲功崇繆伯, 以諸伯之禮葬於故同穀城郡."

宗姊妨爲衛將軍王興夫人, 祝詛姑, 殺婢以絶口. 事發覺, 莽使中常侍䕙惲責問妨, 並以責興, 皆自殺. 事連及司命孔仁妻, 亦自殺. 仁見莽免冠謝, 莽使尙書劾仁, "乘〈乾〉車, 駕〈巛〉馬, 左蒼龍, 右白虎, 前朱雀, 後玄武, 右杖威節, 左負威斗, 號曰, 赤星, 非以驕仁, 乃以尊新室之威命也. 仁擅免天文冠, 大不敬." 有詔勿劾, 更易新冠. 其好怪如此.

| 註釋 | ○功崇公宗 – 왕망의 장남으로 죄를 짓고 자살한 王禹(왕우)의 아들 王宗.   ○維祉冠存己夏處南山臧薄冰 – 維는 발어사. 祉는 福. 天福. 冠存己는 관을 내가 쓰다. 세습을 의미.   ○呂寬 – 왕우의 손위 처남. 왕망의 집 대문에 피를 뿌렸다가 처형되었다.   ○《春秋》之義 – 《春秋公羊傳》莊公 32년.   ○穀城郡 – 今 河南省 洛陽市 서북.   ○駕〈巛〉馬 – 《은 坤(땅 곤)의 古字.   ○赤星 – 火星의 다른 이름. 형벌을 주관하는 관직에 해당.

〖 國譯 〗

皇孫인 功崇公인 王宗(왕종)은 천자의 의관을 착용하고 앉아 있는 자신의 화상을 그리게 했고 3개의 인장을 새겼는데, 하나는 '하늘이 내린 관을 내가 쓰고 남산의 시원한 곳은 얼음을 품었다.' 라고 하였고 두 번째 인장은 '聖人(舜)을 계승한 보위를 잇다.' 라고 하였으며, 세 번째는 '德行으로 봉을 받아 천하의 도서가 왕성하다.' 라고 하였다. 또 왕종의 외숙인 呂寬(여관)의 가족은 전에 남쪽 合浦(합포)로 강제 이주 되었는데 비밀리에 왕종과 내통하다가 발각되자 왕종은 자살하였다. 이에 왕망이 말했다.

"왕족은 皇孫이고 작위로도 上公인데 여관 등이 반역하여 처형된 일족임을 알면서도 사통하였다. 3개의 銅印(동인)도 그 뜻이 매우 불손하니 제 분수를 모르고 바랄 수 없는 것을 엿보았다. 《春秋》에서도 '주군과 부모에게 대들지 말지어니 대들면 주살 당한다.' 라고 하지 않았는가? 미혹되어 정도를 잃었기에 이런 일을 당한 것이니, 오호라 슬픈 일이로다! 宗의 본 이름이 會宗이라서 두 글자 이름을 버리고 宗이라 하였는데 이제 다시 會宗으로 하라. 그 작위와 호를 폄하하여 시호를 '功崇繆伯(공숭류백)' 이라 하고 伯의 작위로 봉지인 穀城郡(곡성군)에 장례토록 하라."

왕종의 누나인 王妨(왕방)은 衛將軍인 王興(왕흥)의 부인이었는데 시어머니를 저주하며 입을 막으려고 노비를 죽였다. 사건이 발각되자, 왕망은 중상시인 䜣惲(제운)을 보내 왕방을 문책하며 왕흥도 함께 꾸짖자 둘 다 자살하였다. 이 사건이 司命인 孔仁의 아내까지 연루되자 공인의 아내도 자살하였다. 공인은 왕망을 알현하고 관을 벗고 사죄하였는데 왕망은 상서를 보내 왕인을 꾸짖었다.

"〈乾〉車를 타고 〈坤〉馬를 몰아가는데, 좌측에 蒼龍(창룡)이요 우측에 白虎(백호)며, 앞에는 朱雀(주작) 뒤에는 玄武(현무)로다. 오른쪽에 위엄 있는 威節(위절)을 들고 좌측에는 威斗(위두)를 지녔으니, 이름을 부르자면 赤星(적성)이나 교만하여 인자하지는 않으나 그래도 新室의 威命을 떠받들어야 한다. 공인은 마음대로 天文冠(천문관)을 벗었으니 크게 不敬한 짓이로다."

그리고서는 조서를 내려 탄핵하지 말라 하면서 새로운 관으로 바꾸라고 하였다. 왕망이 기괴한 것을 좋아하기가 이와 같았다.

以直道侯王涉爲衛將軍. 涉者, 曲陽侯根子也. 根, 成帝
世爲大司馬, 薦莽自代, 莽恩之, 以爲曲陽非令稱, 乃追謚根
曰, 直道讓公, 涉嗣其爵.

| 註釋 | ○令稱 － 美稱.

〔國譯〕

直道侯 王涉(왕섭)이 衛將軍(위장군)이 되었다. 왕섭은 曲陽侯 王
根(왕근)의 아들이다. 왕근은 성제 재위 중에 대사마였는데 왕망을
자신의 후임으로 천거했었기에 왕망은 옛 은덕에 보답한 것이고 曲
陽이란 이름이 좋은 이름이 아니라 생각하여 왕근의 시호를 直道讓
公이라 추서했고 왕섭이 작위를 계승하였다.

原文

是歲, 赤眉力子都, 樊崇等以饑饉相聚, 起於琅邪, 轉抄掠,
衆皆萬數. 遣使者發郡國兵擊之, 不能克.

| 註釋 | ○赤眉力子都 － 赤眉(적미)는 도적 무리의 호칭. 力子都는 인명.
○轉抄掠 － 옮겨 다니며 노략질하다.

〔國譯〕

이 해에 赤眉(적미) 무리인 力子都(역자도)와 樊崇(번숭) 등은 기근

때문에 무리를 지어 낭야군에서 일어나 각지를 돌아다니며 노략질을 하였고 무리가 만여 명을 헤아렸다. 사자를 보내 군국의 군사를 내어 공격했으나 이길 수 없었다.

原文

　六年春, 莽見盜賊多, 乃令太史推三萬六千歲歷紀, 六歲一改元, 布天下. 下書曰, "〈紫閣圖〉曰, '太一,黃帝皆僊上天, 張樂崑崙虔山之上. 後世聖主得瑞者, 當張樂秦終南山之上'. 予之不敏, 奉行未明, 乃今諭矣. 復以寧始將軍爲更始將軍, 以順符命.《易》不云乎? '日新之謂盛德, 生生之謂易'. 予其饗哉!" 欲以誑耀百姓, 銷解盜賊. 衆皆笑之.

| 註釋 | ○太史 - 漢에서는 奉常(太常)의 속관, 천문 역법과 재이 기록에 대한 업무. ○〈紫閣圖(자각도)〉 - 도참서의 이름. ○僊上天 - 신선이 승천하다. 僊은 仙의 古字. 上天은 升天. ○崑崙虔山(곤륜건산) - 중국인은 황화의 기원을 곤륜산으로 생각했다. 虔山은 미상. 崳山(산 이름 밀)의 誤字라는 주가 있다. ○《易》不云乎 -《易經 繫辭 上》.

〖國譯〗

　(天鳳) 6년 봄에, 왕망은 도적이 많을 것을 알고 곧 太史에게 명하여 3만 6천 년의 歷紀를 추론하여 6년에 한 번씩 개원하겠다는 뜻을 천하에 포고하게 했다. 그러면서 조서를 내려 말했다.

　"〈紫閣圖(자각도)〉에 '太一(태일)과 黃帝(황제)는 모두 신선이 되어 승천하여 崑崙虔山(곤륜건산)에서 즐겨 놀았다. 후세에 聖主로 천명을 받은 자는 關中(秦) 종남산에서 유람한다.'고 하였다. 내가 비록 불민하고 하늘을 받드는 것이 미숙하다지만 이제는 깨달았도다. 이에 寧始將軍을 更始將軍으로 고쳐 符命(부명)에 순응하겠다. 《易》에도 있지 않은가? '날마다 새로워지는 것을 盛德이라 하고 生에 또 生을 易新이라고 한다.'고 하지 않았는가? 나는 그것을 즐기고자 한다!"

　이런 식으로 백성을 속여 많은 도적을 없애려고 하였다. 사람들은 모두 왕망을 비웃었다.

原文

　初獻〈新樂〉於明堂, 太廟. 群臣始冠麟韋之弁. 或聞其樂聲, 曰, "淸厲而哀, 非興國之聲也."

　是時, 關東饑旱數年, 力子都等黨衆寖多, 更始將軍廉丹擊益州不能克, 徵還. 更遣復位後大司馬護軍郭興, 庸部牧李曄擊蠻夷若豆等, 太傅犧叔士孫喜淸潔江湖之盜賊. 而匈奴寇邊甚. 莽乃大募天下丁男及死罪囚, 吏民奴, 名曰 '豬突豨勇', 以爲銳卒. 一切稅天下吏民, 訾三十取一, 縑帛皆輸長安. 令公卿以下至郡縣黃綬皆保養軍馬, 多少各以秩爲差. 又博募有奇技術可以攻匈奴者, 將待以不次之位. 言便宜者以萬數, 或言能度水不用舟楫, 連馬接騎, 濟百萬師. 或言不持斗糧, 服食藥物, 三軍不饑. 或言能飛, 一日千里,

可窺匈奴. 莽輒試之, 取大鳥翮爲兩翼, 頭與身皆著毛, 通
引環紐, 飛數百步墮. 莽知其不可用, 苟欲獲其名, 皆拜爲
理軍, 賜以車馬, 待發.

| 註釋 | ○〈新樂〉 - 왕망의 명에 의해 만들어진 正樂. ○麟韋之弁 - 사
슴 가죽으로 만든 관. 麟은 큰 암사슴. 韋는 부드럽게 손질한 가죽 위. ○淸
厲而哀 - 맑고 높은 소리이나 서글프다. ○寖多 - 검점 많아지다. 寖은 寖.
점점. ○太傅犧叔士孫喜 - 太傅犧叔은 관직명. 士孫은 복성. ○淸潔江湖之
盜 - 淸潔은 평정하다. ○豬突豨勇 - 豬는 돼지 저. 豨는 멧돼지 희. ○訾三
十取一 - 총액의 30분의 1. 訾는 헤아릴 자. 계산하다. 헐뜯다. ○縑帛 - 비
단. 縑은 비단 겸. ○黃綬 - 漢에서 질 2백석부터 5백석 사이의 하급 관리의
인수는 황색이었다. 하급 관리의 대칭. ○不次之位 - 평상시의 서열에 의거
하지 않다. ○度水不用舟楫 - 度水는 渡水. 舟楫(주즙)은 船. ○理軍 - 군중
하급 무관직.

〖國譯〗
　　처음으로 〈新樂〉을 明堂과 太廟에서 연주하였다. 모든 신하가 처
음으로 암사슴가죽으로 만든 弁(변, 관모)을 쓰게 하였다. 신악의 연
주를 들은 사람들은 맑고 높은 소리나 서글픈 느낌이라 흥성하는 나
라의 음악은 아니라고 말했다.
　　이 무렵 관동지방에 몇 년째 흉년이 들었는데 力子都(역자도) 등
의 무리는 점점 불어났으며, 更始將軍인 廉丹(염단)은 益州를 토벌
하였으나 이기지 못하고 소환되었다. 뒤에 다시 복위한 大司馬護軍
인 郭興(곽흥)과 庸部(용부)의 牧(목)인 李曄(이엽)은 蠻夷(만이) 若豆

(약두) 등을 공격했고 太傅犧叔(태부희숙)인 士孫喜(사손희) 등은 강호의 도적을 평정케 하였다. 동시에 흉노의 변경 침입도 심해졌다. 이에 왕망은 천하의 丁男과 사형을 받을 죄수나 백성의 노비 등을 크게 모집하여 '豬突狶勇(저돌희용)' 이라 부르며 정예군사로 생각하였다. 천하의 백성 모두에게 과세하되 수입 총액의 30분의 1을 징수하고 비단은 모두 장안에 징발토록 하였다. 공경 이하 군현의 하급 관리까지 모두 군마를 사육하도록 했고 그 다소는 각자 질록에 따라 차등을 두었다. 또 흉노를 공격할 만한 특별한 기술이 있는 자를 널리 모집하여 순차에 의거하지 않고 대우하겠다고 말했다. 그래서 나라에 도움이 된다고 말하는 자가 1만여 명이나 되었는데, 어떤 자는 배가 없어도 물을 건너고 말이나 기병은 물론 백만 군사를 건너게 할 수 있다고 하였다. 또 군량이 없어도 약물을 먹으면 대군이 굶주리지 않는다고 말하는 자도 있었다. 어떤 자는 하루에 천리를 날아갈 수 있어 흉노를 염탐할 수 있다고 하였다. 왕망이 바로 시험해 보았는데 새의 큰 깃털을 모아 양쪽 날개를 만들고 머리나 온몸에 털을 붙인 다음 돌아가는 손잡이로 끌어당기자 수백 보를 날아가 떨어졌다. 왕망도 실제로는 쓸모가 없다는 것을 알았지만 애써 명성을 획득코자 했기에 모두 하급 무관직에 임명하며 군마를 주고 출동을 기다리게 하였다.

原文

　初, 匈奴右骨都侯須卜當, 其妻王昭君女也, 嘗內附. 莽
遣昭君兄子和親侯王歙誘呼當至塞下, 脅將詣長安, 强立以

爲須卜善于後安公. 始欲誘迎當, 大司馬嚴尤諫曰, "當在匈奴右部, 兵不侵邊, 單于動靜, 輒語中國, 此方面之大助也. 於今迎當置長安橋街, 一胡人耳, 不如在匈奴有益." 莽不聽. 即得當, 欲遣尤與廉丹擊匈奴, 皆賜姓徵氏, 號二徵將軍, 當誅單于輿而立當代之. 出車城西橫廐, 未發. 尤素有智略, 非莽攻伐四夷, 數諫不從, 著古名將樂毅,白起不用之意及言邊事凡三篇, 奏以風諫莽. 及當出廷議, 尤固言匈奴可且以爲後, 先憂山東盜賊. 莽大怒, 乃策尤曰, "視事四年, 蠻夷猾夏不能遏絶, 寇賊姦宄不能殄滅, 不畏天威, 不用詔命, 皃(貌)很自臧, 持必不移, 懷執異心, 非沮軍議. 未忍致于理, 其上大司馬武建伯印韍, 歸故郡."

　以降符伯董忠爲大司馬.

| 註釋 | ○右骨都侯須卜當 – 右骨都侯는 흉노의 관직. 須卜當(수복당)은 인명. 왕소군의 사위. ○王昭君 – 呼韓邪單于(호한야선우, 재위 前 58–31)는 前 51년에 장안에 와서 선우로서는 최초로 宣帝를 알현한다. 元帝 마지막 해인 竟寧(前 33년)에 호한야선우는 장안에 와서 和親하고 王昭君(왕소군)을 아내로 맞이한다. 호한야선우가 죽자 왕소군은 그들 관습에 따라 아들 복주루선우의 아내가 되어 須卜居次(수복거차, 수복은 남편 성씨. 居次는 公主)와 當于居次(당우거차)를 낳았다. 〈匈奴傳〉 참고. ○善于 – 왕망이 單于란 호칭을 善于(선우)로 변경했다. ○嚴尤(엄우, ?–서기 23) – 王莽 新朝의 將軍. 本名 莊尤(장우) 후한 明帝 劉莊을 避諱(피휘)하여 엄우로 표기. ○長安橋街 – 장안의 橋街(교가). 이민족 거주구역. ○出車城西橫廐 – 出車는 出軍의 착오라는 주석에 따른다. ○寇賊姦宄不能殄滅 – 姦宄는 간악한 자. 宄는 도둑

귀. 殄滅(진멸)은 죽여 없애다. ○皃佷自臧 – 皃는 貌의 古字. 佷은 사나울
한. 臧은 착할 장(善).

[國譯]

   그전에, 흉노의 右骨都侯인 須卜當(수복당)의 아내는 王昭君(왕소
군)의 딸이었는데 그전부터 漢에 內附(내부)하였다. 왕망은 왕소군
(친정) 오빠의 아들인 和親侯 王歙(왕흡)을 보내 수복당을 국경까지
유인하게 한 뒤에 협박해서 장안에 데리고 와서 강제로 須卜善于後
安公(수복선우후안공)에 봉했다. 처음에 수복당을 유인하려 할 때 大
司馬인 嚴尤(엄우)가 간언을 하였다.

   "수복당은 흉노 右部 소속이라서 우리 변경을 내침하지 않고 선
우의 동정을 바로 우리에게 말해주니 그것으로 큰 도움이 되고 있습
니다. 지금 그를 데려다가 장안의 橋街(고가)에 살게 한다면 한 사람
의 흉노일 뿐이니 흉노 땅에 사는 것만큼 유익하지 않습니다."

   그러나 왕망은 따르지 않았다. 수복당을 데려오자 바로 엄우와
廉丹(염단)을 시켜 흉노를 공격하면서 두 사람에게 徵氏(징씨) 성을
하사하고 二徵(이징) 장군이라고 호칭하며 흉노 선우 輿(여)를 죽이
고 수복당을 대신 즉위시키려 하였다. (엄우와 염단은) 장안성 서쪽
橫廐(횡구)에 주둔하고 출발하지는 않았다. 엄우는 평소에 지략이
있어 왕망이 사방의 이민족을 정벌하는 것이 잘못되었다 생각하며
여러 번 간언을 하였으나 수용되지 않자 옛 명장 樂毅(악의)와 白起
(백기)가 등용되지 못한 뜻과 변방 군사에 관한 글 3편을 지어서 상
주하여 왕망을 깨우치려 하였다. 조정의 정사 논의를 하면서 엄우는
흉노 정벌은 일단 뒤로 하고 山東 지역의 도적떼를 먼저 걱정해야

한다고 말했다. 이에 왕망은 크게 화를 내며 엄우에게 책서를 내려 말했다.

"4년이나 업무를 담당하면서 만이들이 중원을 유린할 때 막아내지 못했고 이적의 간악한 무리를 섬멸하지도 못했으며, 하늘을 두려워하지 않고 황제의 명을 따르지도 않으며, 흉악한 모습에 스스로 옳다고 고집을 부리며 딴 마음을 품고 군사 업무를 훼방하고 있다. 차마 법대로 처리할 수 없으니 大司馬 武建伯의 인수를 반납하고 고향으로 돌아가기 바란다."

그리고 降符伯(강부백) 董忠(동충)을 대사마에 임명했다.

原文

翼平連率田況奏郡縣訾民不實, 莽復三十稅一. 以況忠言憂國, 進爵爲伯, 賜錢二百萬. 衆庶皆詈之. 靑,徐民多棄鄕里流亡, 老弱死道路, 壯者入賊中.

| 註釋 | ○翼平連率 – 翼平은 北海郡(치소는 山東省 濰坊市 관할의 昌樂縣)의 壽光縣을 왕망이 개칭한 것. 連率은 왕망이 개칭한 郡 太守級 지방관. ○皆詈之 – 詈(꾸짖을 리)는 罵(욕할 매)의 뜻.

〖 國譯 〗

翼平(익평)의 連率(연솔, 太守)인 田況(전황)이 상주하여 군현의 백성 모두가 부실하다고 하자, 왕망은 30분의 1세를 시행하라고 하면서 전황이 忠言으로 나라 걱정을 한다면서 작위를 伯(백)으로 올려

주고 2백만 전을 하사하였다. 이에 많은 백성들이 왕망을 욕하였다. 靑州와 徐州 백성 대다수가 마을을 버리고 떠돌았는데 노약자는 길에서 죽었고 젊은이는 도적의 무리에 들어갔다.

原文

　夙夜連率韓博上言, "有奇士, 長丈, 大十圍, 來至臣府, 曰, 欲奮擊胡虜. 自謂巨毋霸, 出於蓬萊東南, 五城西北昭如海瀕, 軺車不能載, 三馬不能勝. 卽日以大車四馬, 建虎旗, 載霸詣闕. 霸臥則枕鼓, 以鐵箸食, 此皇天所以輔新室也. 願陛下作大甲高車, 賁, 育之衣, 遣大將一人與虎賁百人迎之於道. 京師門戶不容者, 開高大之, 以視百蠻, 鎭安天下." 博意欲以風莽. 莽聞惡之, 留霸在所新豐, 更其姓曰, 巨毋氏, 謂因文母太后而霸王符也. 徵博下獄, 以非所宜言, 棄市.

| 註釋 |　○夙夜連率 - 夙夜(숙야)는 군명. 왕망이 東萊郡 不夜縣(今 山東省 威海市 관할의 榮成市)을 개명. 산동 반도의 동쪽 끝 해안 도시.　○巨毋霸(거무패, ?-서기 24) - 왕망이 이름을 巨母霸(거모패)로 바꿔준다.　○五城西北昭如 - 五城은 위치 미상. 昭如는 今 山東省 蓬萊市 일대의 바다 이름.　○軺車(초거) - 兵車. 작은 수레. 운구하는 수레.　○新豐 - 현명. 今 陝西省 西安市 臨潼區. 秦始皇 兵馬俑(병마용)이 있는 곳.

〖國譯〗

夙夜郡(숙야군)의 連率(연솔, 太守)인 韓博(한박)이 상서하였다.

"신장이 1丈(장. 220cm)에 열 아름이나 되는 어떤 기이한 자가 신의 관부에 와서 '온 힘을 다해 흉노를 격멸하겠다.'고 말했습니다. 스스로 巨毋霸(거무패)라고 하면서 蓬萊縣(봉래현)의 동남쪽, 五城(오성)의 서북쪽인 昭如(소여)의 바닷가에서 왔다고 하였는데 軺車(초거)에 태울 수가 없고 말 3마리가 감당하지 못했습니다. 이에 당일로 말 4마리가 끄는 큰 수레에 깃발을 세우고 거무패를 궁궐로 보냈습니다. 거무패는 누우려면 큰 북을 베고 쇠 젓가락으로 밥을 먹는데, 이는 皇天이 新朝를 도우려는 뜻입니다. 폐하께서 큰 갑옷과 수레를 만들어주고 孟賁(맹분)이나 夏育(하육)과 같은 용사의 옷을 입혀주며 대장 1인과 호분의 군사 1백여 명으로 길에서 영입하기 바랍니다. 京師의 출입문에 들어갈 수 없다면 큰 문을 열어 주시고, 모든 만이에게 보여준다면 천하를 진압할 수 있을 것입니다."

한박은 왕망에게 잘 보이려는 뜻이었다. 그러나 왕망은 보고를 받고서 좋아하지 않으며 거무패를 新豐縣(신풍현)에 머물게 하고서 그 성을 巨毋氏(거모씨)로 바꾸라 하였는데, 이는 文母太后께서 자신에게 霸王(패왕)의 징표로 보냈기 때문이라고 하였다. 그리고 한박을 불러 하옥시켰다가 해서는 안 될 말을 하였다고 처형했다.

原文

明年改元曰地皇, 從三萬六千歲歷號也. 地皇元年正月乙未, 赦天下. 下書曰, "方出軍行師, 敢有趨讙犯法者, 輒論

斬, 毋須時, 盡歲止." 於是春夏斬人都市, 百姓震懼, 道路
以目.

| 註釋 | ○地皇 – 왕망의 세 번째 연호(서기 20-23년). ○毋須時 – 漢代
에 처형은 겨울 3개월에만 집행하였다. 그때까지 기다리지 말고 집행하라는
뜻. ○盡歲止 – 금년 말까지이다. 금년에 한한다.

〔國譯〕

　그 다음 해에 地皇으로 개원하였는데, 이는 3만 6천 년 역수를 계
산하여 정한 것이다. 地皇 원년(서기 20) 정월 을미일에 천하에 사면
령을 내렸다. 그리고 조서를 내려 말했다.

　"이제 군사를 출동시켜 전쟁을 수행하는데 감히 떠들며 범법하는
자는 논죄하여 참수하되 겨울철까지 기다리지 말고 금년 말까지 시
행하라." 그리고 봄과 여름에도 거리에서 처형하니 백성들이 두려
워 떨며 길에서 서로 눈짓을 하였다.

原文 |

　二月壬申, 日正黑. 莽惡之, 下書曰, "乃者日中見昧, 陰
薄陽, 黑氣爲變, 百姓莫不驚怪. 兆域大將軍王匡遣吏考問
上變事者, 欲蔽上之明, 是以適見於天, 以正於理, 塞大異
焉."

| 註釋 | ○兆域大將軍 – 北城大將軍의 誤字. ○適見於天 – 適은 謫, 견

책. 見은 보여주다. 나타내다. ○以正於理 - 正은 正法. 治罪하다.

【國譯】
　2월 임신일에, 한낮에도 어두웠다. 왕망은 이를 걱정하여 조서를
내려 말했다.

　"지난번에 한낮이 어두웠던 것은 음이 양을 압박한 것으로 黑氣
의 변고이니 백성은 놀라지 말라. 北城大將軍 王匡(왕광)이 관리를
보내 변고가 있다고 상서한 자를 조사하였는데 皇上의 총명을 가리
려는 자였기에 하늘이 견책을 내린 것이며 법으로 바로잡아 더 큰
이변을 막았도다."

原文

　莽見四方盜賊多, 復欲厭之, 又下書曰,"予之皇初祖考黃
帝定天下, 將兵爲上將軍, 建華蓋, 立斗獻, 內設大將, 外置
大司馬五人, 大將軍二十五人, 偏將軍百二十五人, 裨將軍
千二百五十人, 校尉萬二千五百人, 司馬三萬七千五百人,
候十一萬二千五百人, 當百二十二萬五千人, 士吏四十五萬
人, 士千三百五十萬人, 應協於《易》'弧矢之利, 以威天下'.
予受符命之文, 稽前人, 將條備焉." 於是置前後左右中大司
馬之位, 賜諸州牧號爲大將軍, 郡卒正, 連帥, 大尹爲偏將軍,
屬令長裨將軍, 縣宰爲校尉. 乘傳使者經歷郡國, 日且十輩,
倉無見穀以給, 傳車馬不能足, 賦取道中車馬, 取辦於民.

| 註釋 | ○復欲厭之 - 厭은 누를 압. 진압하다. ○建華蓋 - 여러 가지 색깔이 들어있는 덮개. 黃帝가 蚩尤(치우)와 싸울 때 5색 기운이 꽃 모양으로 黃帝의 머리를 감싸고 있었기에 이후로 華蓋(화개)를 만들었다고 한다. ○立斗獻 - 북두칠성 모양의 장식물. ○當百 - 관직명. ○《易》'孤矢 ~ -《易經 繫辭 下》. ○賦取道中車馬 - 賦는 徵用. 징발하다.

〔國譯〕

왕망은 사방의 도적이 점점 많아지는 것을 보고 이를 진압하고자 또 조서를 내려 말했다.

"나의 皇初祖考(시조)인 黃帝께서 천하를 평정하시면서 上將軍으로 군사를 거느리시고 華蓋(화개)를 쓰셨으며 斗獻(두헌)을 세우셨고, 안에는 大將을 두었으며 외부에는 大司馬 5명, 大將軍 25명, 偏將軍 125명, 裨將軍(비장군) 1,250명, 校尉 12,500명, 司馬 37,500명, 척후 112,500명, 當百 225,000명, 士吏 45만 명, 군졸 1,350만 명을 거느리시어《易經》의 '좋은 활과 화살로 천하에 위엄을 보이다.' 라는 말에 호응하시었다. 나는 符命의 글과 고인의 행적을 살펴 조목대로 갖추겠다."

이에 前後左右中의 大司馬를 임명하고 각 州의 牧을 大將軍이라 호칭하며, 郡의 卒正과 連率(연솔), 大尹(대윤)을 偏將軍, 그 소속 長을 裨將軍, 현령을 校尉라고 하였다. 乘傳使者가 날마다 10개 조가 각 군국을 돌며 이를 알리게 하였는데, 창고에는 곡식이 없었으며 傳車(전거)의 말을 부족하자 길을 가는 거마를 징용하거나 민간인의 것으로 겨우 충당하였다.

七月, 大風毀王路堂. 復下書曰, "乃壬午餔時, 有列風雷
雨發屋折木之變, 予甚弁焉, 予甚栗焉, 予甚恐焉. 伏念一
旬, 迷乃解矣. 昔符命文立安爲新遷王, 臨國雒陽, 爲統義
陽王. 是時予在攝假, 謙不敢當, 而以爲公. 其後金匱文至,
議老皆曰, '臨國雒陽爲統, 謂據土中爲新室統也, 宜爲皇太
子'. 自此後, 臨久病, 雖瘳不平, 朝見挈茵輿行. 見王路堂
者, 張於西廂及後閣更衣中, 又以皇后被疾, 臨且去本就舍,
妃妾在東永巷. 壬午, 烈風毀王路西廂及後閣更衣中室. 昭
寧堂池東南楡樹大十圍, 東僵, 擊東閣, 閣卽東永巷之西垣
也. 皆破折瓦壞, 發屋拔木, 予甚驚焉. 又侯官奏月犯心前
星, 厥有占, 予甚憂之. 優念〈紫閣圖〉文, 太一, 黃帝皆得瑞
以仙, 後世褒主當登終南山. 所謂新遷王者, 乃太一新遷之
後也. 統義陽王乃用五統以禮義登陽上遷之後也. 臨有兄
而稱太子, 名不正. 宣尼公曰, '名不正, 則言不順, 至於刑
罰不中, 民無錯手足'. 惟卽位以來, 陰陽未和, 風雨不時,
數遇枯旱蝗螟爲災, 穀稼鮮耗, 百姓苦饑, 蠻夷猾夏, 寇賊姦
宄, 人民正營, 無所錯手足. 深惟厥咎, 在名不正焉. 其立安
爲新遷王, 臨爲統義陽王, 幾以保全二子, 子孫千億, 外攘四
夷, 內安中國焉."

| 註釋 | ○王路堂－未央宮 前殿. 왕망이 개명. ○餔時(포시)－申時. 오

후 4시. ㅇ安爲新遷王 - 安은 왕망의 三子. 정신이 오락가락하여 태자가 되지 못했다. 新遷(신천)은 왕망이 개칭한 汝南郡 新蔡縣의 이름. 臨은 王安의 동생. ㅇ瘳不平 - 瘳(병 나을 추)는 癒(병 나을 유). 不平은 정상이 아니다. ㅇ朝見挈茵輿行 - 앉은 자리를 들어 올리고. 挈는 손에 들 설. 茵은 자리 인. 輿는 수레 여. ㅇ侯官奏月犯心前星 - 侯官은 천문을 살피는 사람. 心은 心宿(심수) 별 자리 이름. ㅇ後世褒主 - 褒主(포주)는 大主, 황제. 왕망 자신. ㅇ太一新遷 - 太一의 새로운 仙人. 遷은 僊(신선). ㅇ乃用五統 - 五統은 五倫. ㅇ宣尼公(선니공) - 孔子. ㅇ名不正~ - 《論語 子路》. ㅇ穀稼鮮耗 - 穀稼(곡가)는 농사. 鮮은 적다. 수확이 덜 난다. 耗는 虛. 수확하지 못하다. ㅇ人民正營 - 正營은 두렵고 불안한 모양. ㅇ深惟厥咎 - 深惟는 깊이 생각하다. 咎(허물 구)는 過失, 罪過.

〖 國譯 〗

7월에, 큰 바람이 불어 王路堂(옥로당)이 부서졌다. 왕망이 다시 조서를 내려 말했다.

"이번 임오일 餔時(포시, 申時) 매서운 바람에 천둥과 폭우로 지붕의 나무가 부러지는 변고가 있어 내가 심히 놀라 떨며 두려워하였다. 가만히 오랫동안 생각을 하니 내가 걱정했던 의혹이 풀렸다. 예전 符命의 글에 의거 내 아들 安(안)을 新遷王(신천왕)으로, 臨(임)의 나라를 雒陽(낙양)으로 하고 統義陽王(통의양왕)이라고 했었다. 그때는 내가 거섭과 가황제였으므로 그럴 수 없다고 겸양하였으나 공적인 일이라 생각하였다. 그 후에 金匱(금궤)의 文章이 내려오자 정사를 논의하는 원로들이 모두 '臨(임)의 봉국을 낙양으로 하여 대통을 이어가면, 이는 土中으로 新室의 법통이 되니 응당 皇太子가 되어야 합니다.' 라고 말했다. 이후로 臨(임)은 오래 앓았으며 좀 나았어도 정상이 아니었으며 조회에서도 좌석을 들어 수레에 태워주어야 했다. 王路堂을 살펴본다면 서쪽 건물이 뒤 건물 화장실로 이어지고, 또 황후도 병환 중에 있고 아들 臨도 병 때문에 본 거처를 떠나 머물러 있었고 (임왕의) 비첩도 동쪽 영항에 있었다. 임오일에 큰 바람이 왕로당의 西廂(서상, 서쪽 부속 건물)과 後閣 更衣室(갱의실)을 부수었다. 昭寧堂(소령당) 연못 동남에 열 아름이나 되는 큰 楡樹(느릅나무)가 동편으로 쓰러지면서 東閣을 때렸는데 그 누각은 東永巷(동영항)의 서편 담이다. 모두가 부서지고 기와도 깨졌으며 건물 기둥이 뽑혀 내가 크게 놀랐었다. 또 侯官(후관)이 상주하기를, 달이 心星의 앞쪽별을 범한다고 상주하여 그 조짐을 보고 나는 심히 걱정하였다. 걱정하며 〈紫閣圖(자각도)〉의 글을 읽었는데 太一(태일)과 黃帝(황제)는 모두 祥瑞(상서)를 얻어 신선이 되었는데, 이후 황제는 당연히 終南山(종남산)에서 신선이 되어야 하니, 곧 太一新遷의 후계자이다. 統義陽王(통의양왕, 王臨)은 곧 五倫의 의례를 바탕으로 陽位에 올라 신선으로 하늘에 올라야 할 (太一과 黃帝의) 후계자이다. 臨(임)에게 형이 있는데도 太子라고 불리는 것은 명분이 바르지 않다. 宣尼公(孔子)는 '명분이 바르지 않으면 하는 말이 맞지 않고 형벌이 정도를 잃으며 백성이 손발을 둘 데가 없다.' 라고 말했다. 생각해 보면, 내가 즉위한 이래로 음양이 조화를 이루지 못하고 풍우가 때를 맞추지 못하였으며 자주 가뭄이나 황충의 피해 같은 재앙이 있어 수확이 적거나 없어 백성이 고통 속에 굶주리는데 蠻夷(만이)는 중원을 침략하고 도적떼들은 노략질을 자행하여 인민은 두렵고 불안하여 손발을 둘 데가 없었다. 그 허물을 깊이 생각해 보니 원인은 명분이 바르지 못한데 있었다. 이에 安(안)을 新遷王(신천왕)에 책봉하고, 臨

(임)을 統義陽王(통의양왕)이라 하여 아들 둘을 모두 함께 보전하여 자손이 천만으로 불어나며 사방의 이적을 물리치며 중국을 편안케 하고자 한다."

原文

是月, 杜陵便殿乘輿虎文衣廢臧在室匣中者出, 自樹立外堂上, 良久乃委地. 吏卒見者以聞, 莽惡之, 下書曰, "寶黃廝赤, 其令郎從官皆衣絳."

| 註釋 | ○杜陵 – 漢 宣帝 陵. ○乘輿虎文衣 – 乘輿(승여)는 황제용 기물. 虎文衣는 황제를 시종하던 호분위의 군사가 입던 옷. 廢臧(폐장)은 버려져있던 것. ○樹立 – 直立하다. ○寶黃廝赤 – 황색은 寶位의 색이고, 적색은 천한 일을 하는 자의 복색이다. 적색을 숭상하던 漢을 천시한다는 뜻. 廝는 하인 시. 絳은 진홍색.

[國譯]

그 달에, 漢 宣帝 杜陵(두릉) 편전의 기물 중 실내에 버려져 있던 얼룩무늬 군복이 밖으로 빠져나와 건물 밖 공중에 한동안 서 있다가 땅에 떨어졌다. 이를 본 군졸이 보고하자 왕망이 기분 나빠하며 조서를 내렸다. "높은 지위에 있는 자는 황색이고, 천역을 담당자는 적색이니 낭관을 시종하는 하위자들은 모두 진홍색 관복을 입게 하라."

望氣爲數者多言有土功象, 莽又見四方盜賊多, 欲視爲自安能建萬世之基者, 乃下書曰, "予受命遭陽九之厄, 百六之會, 府帑空虛, 百姓匱乏, 宗廟未修, 且祫祭於明堂太廟, 夙夜永念, 非敢寧息. 深惟吉昌莫良於今年, 予乃卜波水之北, 郎池之南, 惟玉食. 予又卜金水之南, 明堂之西, 亦惟玉食. 予將新築焉." 於是遂營長安城南, 提封百頃. 九月甲申, 莽立載行視, 親舉築三下. 司徒王尋, 大司空王邑持節, 及侍中常侍執法杜林等數十人將作. 崔發, 張邯說莽曰, "德盛者文縟, 宜崇其制度, 宣視海內, 且令萬世之後無以復加也." 莽乃博徵天下工匠諸圖畫, 以望法度筭, 乃吏民以義入錢, 穀助作者, 駱驛道路. 壞徹城西苑中建章, 承光, 包陽, 大臺, 儲元宮及平樂, 當路, 陽祿館, 凡十餘所, 取其材瓦, 以起九廟. 是月, 大雨六十餘日. 令民入米六百斛爲郎, 其郎吏增秩賜爵至附城. 九廟, 一曰, 黃帝太初祖廟, 二曰, 帝虞始祖昭廟, 三曰, 陳胡王統祖穆廟, 四曰, 齊敬王世祖昭廟, 五曰, 濟北愍王王祖穆廟, 凡五廟不墮云. 六曰, 濟南伯王尊禰昭廟, 七曰, 元城孺王尊稱穆廟, 八曰, 陽平頃王戚禰昭廟, 九曰, 新都顯王戚禰穆廟. 殿皆重屋. 太初祖廟東西南北各四十丈, 高十七丈, 餘廟半之. 爲銅薄櫨, 飾以金銀雕文, 窮極百工之巧. 帶高增下, 功費數百鉅萬, 卒徒死者萬數.

| 註釋 | ○望氣爲數者 – 望氣는 方術의 한 종류. 구름 모양, 색깔, 변화하는 모양 등을 보아 운수나 길흉을 예언하는 행위. 爲數者는 점을 치는 자. ○土功象 – 토목공사를 해야 할 형상. ○波水之北, 郎池之南 – 波水(파수)와 郎池(낭지)는 모두 상림원 안의 하천 이름. ○惟玉食 – 君王이 먹는 美食. 후손이 玉食을 받을 수 있는 吉地. 君王(辟)만이 복을 줄 수 있고 위엄을 행사하고 옥식을 먹을 수 있다. 《書經 周書 洪範》 ○提封 – 모두. 총계. ○文縟 – 禮文이 번잡하다. 縟은 무늬 놓을 욕. 번잡하다. ○諸圖畫 – 모든 설계 그림. ○望法度筭 – 해 그림자를 보아 방위를 헤아리고 따져 정하다. 筭은 算. ○駱驛道路 – 駱驛(낙역)은 끊어지지 않다. ○昭廟(소묘), 穆廟(목묘) – 태조묘를 중심으로 昭穆(소목)의 배열 순서에 따라 배치하였다. ○四十丈(장) – 1장은 10尺이고 1척은 23.1cm이니 40장은 92m이다. ○帶高增下 – 高地에 의거하여 큰 건물을 짓기에 아래 부분도 높이다.

〔國譯〕

望氣(망기)로 점을 치는 사람 중에서 토목공사를 해야 한다고 말하는 자가 많았는데, 왕망은 사방의 많은 도적떼가 있다는 것을 알기에 자신이 萬世의 기초를 다진다는 것을 보여 안정시켜야 한다는 생각으로 조서를 내려 말했다.

"나는 천명을 받은 뒤 陽九百六의 액운을 만나기도 하였으며, 국고는 비고 백성은 궁핍하며 종묘도 짓지 못하여 祫祭(협제)를 明堂의 太廟에서 겨우 거행하였지만 밤낮으로 이를 늘 생각하며 편히 쉴 수가 없었다. 깊이 생각해보면, 길한 운수가 번창하기로는 금년보다 더 좋은 해가 없기에 나는 바로 波水(파수)의 북쪽과 郎池(낭지)의 남쪽을 둘러보니 길지였다. 나는 또 金水(금수)의 남쪽과 明堂의 서쪽도 점을 쳐 보았는데 마찬가지로 옥식이 있는 길지니, 나는 장차 종묘를 새로 짓고자 한다."

이에 마침내 長安城의 남쪽에 총 1백경의 땅을 확정지었다. 9월 갑인일에, 왕망은 수레를 타고 둘러보고 친히 세 곳에서 일을 착수하였다. 司徒(사도)인 王尋(왕심)과 大司空인 王邑(왕읍)은 지절을 들고 수행했으며, 또 侍中이며 常侍執法인 杜林(두림) 등은 수십 명의 장인을 통솔하였다. 이에 崔發(최발)과 張邯(장한)이 왕망에게 말했다.

"큰 덕을 가진 분은 禮法이 번잡하다지만 꼭 그 제도를 중시해야 하며 천하를 두루 다 살펴야 하며 만대 이후에도 더 보탤 것이 없어야 합니다."

왕망은 이에 천하의 기술자와 모든 설계, 그림 등을 널리 구하였고 해의 그림자를 보아 방위를 헤아리고 따져 결정했는데, 일반 관리나 백성 중에 대의에 입각하여 돈이나 곡식을 바치겠다는 자들이 끊이지 않고 길을 이었다. 장안성 西苑에 있는 建章宮, 承光宮, 包陽宮, 大臺宮, 儲元宮과 平樂館, 當路館, 陽祿館 등 모두 10개소의 건물을 헐고 그 목재와 기와 등을 날라 九廟(구묘)를 짓기 시작하였다. 이 달에도 큰 비가 내려 60여 일이나 이어졌다. 백성들 중에 껍질 벗긴 곡식 6百 斛(곡)을 바친 자는 낭관에 임명하였고 낭관이나 속리는 작위를 하사하여 附城(부성)까지 오를 수 있었다.

九廟란, 첫째 黃帝 太初祖廟(태초조묘)이고, 둘째 帝虞(虞帝, 곧 舜)의 始祖 昭廟(소묘)이며, 셋째 陳 胡王의 統祖 穆廟(목묘), 넷째 齊 敬王의 世祖 소묘, 다섯째 濟北 愍王(민왕)의 王祖 목묘인데 이 오묘는 결코 옮길 수 없는 묘당이라고 하였다. 여섯째 濟南 伯王의 尊禰(존예) 소묘이고, 일곱째는 元城(원성 왕씨) 孺王의 尊稱 목묘이며, 여덟째 陽平 頃王(경왕)의 戚禰(척예) 소묘이며, 아홉째는 新都 顯王(현왕)

의 戚禰(척예) 묘목이다.

묘당의 전각은 모두 2층집이었다. 太初祖廟는 동서남북이 각 40
丈(장)이고, 높이는 17장으로 짓기로 했으며 나머지 묘는 그 절반 규
모로 지었다. 기둥 위의 공포를 구리로 만들고, 금은으로 무늬를 새
기며 百工의 모든 기술을 다하게 하였다. 고지대에 건축하는 만큼
그 아래 부분도 높여야 했기에 공사비가 수백 억이 소요되었으며 병
졸로 헛되이 죽는 자가 1만에 가까웠다.

原文

　鉅鹿男子馬適求等謀擧燕, 趙兵以誅莽, 大司空士王丹發
覺以聞. 莽遣三公大夫逮治黨與, 連及郡國豪傑數千人, 皆
誅死. 封丹爲輔國侯.

| 註釋 | ○鉅鹿 – 군명. 치소는 鉅鹿縣(今 河北省 邢台市 관할의 鉅鹿縣).
○馬適求 – 인명. 馬適은 복성.

〖 國譯 〗

　鉅鹿郡의 남자인 馬適求(마적구) 등이 燕(연)과 趙(조) 일대의 군사
를 모아 왕망을 죽이겠다고 모의하였는데, 大司空의 속관인 王丹(왕
단)이 알아내어 보고하였다. 왕망은 三公府의 대부를 보내 그 무리
를 체포하고 치죄하여 여러 郡國의 호걸 수천 명을 관련되었다 하여
모두 죽였다. 왕단은 輔國侯(보국후)가 되었다.

自莽爲不順時令, 百姓怨恨, 莽猶安之, 又下書曰, "惟設
此壹切之法以來, 常安六鄕巨邑之都, 枹鼓稀鳴, 盜賊衰少,
百姓安土, 歲以有年, 此乃立權之力也. 今胡虜未滅誅, 蠻
僰未絶焚, 江湖海澤痳沸, 盜賊未盡破殄, 又興奉宗廟社稷
之大作, 民衆動搖. 今夏一切行此令, 盡二年止之, 以全元
元, 救愚姦."

| 註釋 | ○不順時令 – 겨울 아닌 봄이나 여름에 사형을 집행하는 것. ○壹
切之法 – 일절은 임시의. 임시 조치. ○枹鼓稀鳴 – 枹鼓는 북을 치다. 枹는
북채 포. 떡갈나무. ○蠻僰(만북) – 西南쪽이 蠻夷. 僰은 오랑캐 북. ○江湖
海澤痳沸 – 江湖海澤은 지방. 痳沸(마비)는 실이 헝클어지듯 혼란하다. 痳를
糜(죽 미)로 새기면 죽이 끓듯 곳곳에서 봉기하다.

〔國譯〕

왕망이 계절에 어긋나는 법령을 내려 백성의 원한이 많았지만 왕
망은 오히려 나라가 안정되었다며 조서를 내려 말했다.

"이 임시 법을 시행한 이후로 常安(長安) 六鄕의 대도시에서 警報
(경보) 북소리가 자주 울리지 않고 도적이 줄었으며 백성은 편안하
고 풍년이 든 것은 모두 이런 법의 효과이다. 그러나 아직 흉노를 정
벌하지 못했고 서남의 만이를 없애지 못했으며, 지방이 혼란하고 도
적 떼를 소탕하지 못했으며, 또 종묘사직을 짓는 큰 공사를 시작하
여 백성이 동요하고 있다. 이번 여름에도 이를 연장하여 2년을 시행
하고 중지할 것이니 백성을 지켜 어리석은 죄에서 구해낼 것이다."

是歲, 罷大小錢, 更行貨布, 長二寸五分, 廣一寸, 直貨錢
二十五. 貨錢徑一寸, 重五銖, 枚直一. 兩品並行. 敢盜鑄錢
及偏行布貨, 伍人知不發舉, 皆沒入爲官奴婢.

| 註釋 | ○貨布 - 새로운 布錢의 화폐. 布貨라고도 표기. 다리가 두 갈래
인 형태. 위는 둥글고 작은 구멍이 있다. ○直貨錢 - 直(값 치)는 値(치). 貨
錢은 貨泉(貨와 泉 글자가 있는 圓形方孔의 錢). 泉은 돈 천. 泉布, 泉은 錢의 異
名. ○伍人 - 同伍之人. 伍保.

〖國譯〗

이 해에, 大錢과 小錢을 폐지하고 다시 貨布(화포)를 발행하였는
데 화포의 길이는 2寸5分에 넓이 1寸으로 貨錢 25개의 가치이다.
貨錢의 지름은 1寸이고, 무게는 5銖(수)인데 각각 그 가치를 갖고 있
었다. 이 두 가지를 병행케 하였다. 몰래 주전을 하거나 포화 한 가
지만 거래하거나 이웃 5인이 알고도 고발하지 않으면 모두 관청 노
비로 몰입하였다.

太傅平晏死, 以予虞唐尊爲太傅. 尊曰, "國虛民貧, 咎在
奢泰." 乃身短衣小袑, 乘牝馬柴車, 藉槁, 瓦器, 又以歷遺
公卿. 出見男女不異路者, 尊自下車, 以象刑赭幡汚染其衣.
莽聞而說之, 下詔申敕公卿思與厥齊. 封尊爲平化侯.

○予虞唐尊 – 予虞(여우)는 왕망 시대의 관직명. 漢의 水衡都尉. 唐尊(당존, ?-23)은 唐林과 함께 兩唐으로 알려졌다. 沛郡 출신. ○小襜 – 襜는 옷을 잘 입을 유. 소매(袖). ○柴車 – 간략한 수레. 아무런 장식이 없는 수레. ○以歴遺公卿 – 歴은 鬲(솥 력). 오지그릇. ○象刑赭幡汚染其衣 – 수형자를 뜻하는 붉은 물감을 옷에 칠해 주었다. 赭는 붉은 흙 자. 幡은 기 번. 먹(墨)수건, 먹 걸레. 汚染(오염)은 더럽히다. ○思與厥齊 – 같게 되기를 바라다. 子曰, "見賢思齊焉"을 변형한 말. 《論語 里仁》.

〚國譯〛

太傅(태부) 平晏(평안)이 죽자, 予虞(여우) 사람 唐尊(당존)이 태부가 되었다. 당존은 "국고가 비고 백성이 가난한 그 허물은 사치 때문이다."라고 말했다. 당존은 옷과 소매를 짧게 입고 암말이 끄는 작은 수레를 타고 마른 짚을 깔고 질그릇을 사용하고 질그릇으로 공경을 대접했다. 외출 중에 남녀가 길을 따로 걷지 않으면 수레에서 내려 붉은 물감을 그 옷에 칠했다. 왕망이 듣고서는 기뻐하며 조서를 내려 모두 공경이 그와 같이 하라고 권장하였다. 당존은 平化侯(평화후)에 봉해졌다.

原文

是時, 南郡張霸, 江夏羊牧, 王匡等起雲杜綠林, 號曰, '下江兵', 衆皆萬餘人. 武功中水鄕民三舍塾爲池.

二年正月, 以州牧位三公, 刺擧怠解, 更置牧監副, 秩元士, 冠法冠, 行事如漢刺史.

| **註釋** | ○南郡 – 군명. 치소는 郢縣(영현, 今 湖北省 江陵市 부근). ○江夏
– 군명. 치소는 西陵縣(今 湖北省 武漢市 관할의 新洲縣). ○雲杜 – 현명. 今
湖北省 荊門市 관할의 京山縣. 綠林은 山名. ○下江 – 長江의 중류, 江陵 하
류의 長江을 지칭. ○武功 – 현명. 今 陝西省 寶雞市 관할의 眉縣(미현) 동
남. ○三舍墊爲池 – 舍는 백성의 집터. 墊은 빠질 점. 가라앉다. ○冠法冠 –
法冠은 본래 楚王의 왕관이었는데, 秦이 楚를 멸망시킨 뒤에 그 모양의 관을
御使가 착용케 하였다. 漢의 사법관이나 刺史(자사)도 같은 모양의 관을 썼
다. 獬豸官(해치관)이라고도 불렀다. 獬豸(해치)는 神羊으로 曲直 판별 능력
을 가졌다고 한다.

〖 **國譯** 〗

이때, 南郡의 張霸(장패)와 江夏郡의 羊牧(양목)과 王匡(왕광) 등이
雲杜縣(운두현)의 녹림산에서 기병하며 '下江兵(하강병)' 이라고 했는
데 그 무리가 1만여 명이었다. 武功縣 中水鄕의 백성 집 3채의 터가
가라앉아 웅덩이가 되었다.

(地皇) 2년(서기 21) 정월, 각 州의 牧(옛 刺史)의 지위를 三公과 같
게 하고 직무를 게을리하는 지방관을 적발하기 위하여 다시 牧監副
(목감부)를 두었는데, 질록은 元士와 같고 법관을 쓰고 漢의 자사와
같은 일을 하였다.

原文

是月, 莽妻死, 諡曰 孝睦皇后, 葬渭陵長壽園西, 令永侍
文母, 名陵曰 '億年'. 初莽妻以莽數殺其子, 涕泣失明, 莽

令太子臨居中養焉. 莽妻旁侍者原碧, 莽幸之. 後臨亦通焉, 恐事洩, 謀共殺莽. 臨妻愔, 國師公女, 能爲星, 語臨宮中且有白衣會. 臨喜, 以爲所謀且成. 後貶爲統義陽正, 出在外第, 愈憂恐. 會莽妻病困, 臨予書曰, "上於子孫至嚴, 前長孫,中孫年俱三十而死. 今臣臨復適三十, 誠恐一旦不保中室, 則不知死命所在!" 莽妻疾, 見其書, 大怒, 疑臨有惡意, 不令得會喪. 旣葬, 收原碧等考問, 具服姦,謀殺狀. 莽欲秘之, 使殺案事使者司命從事, 埋獄中, 家不知所在. 賜臨藥, 臨不肯飮, 自刺死. 使侍中票騎將軍同說侯林賜魂衣璽韍, 策書曰, "符命文立臨爲統義陽王, 此言新室卽位三萬六千歲後, 爲臨之後者乃當龍陽而起. 前過聽議者, 以臨爲太子, 有烈風之變, 輒順符命, 立爲統義陽正. 在此之前, 自此之後, 不作信順, 弗蒙厥佑, 天年隕命, 嗚呼哀哉! 跡行賜諡, 諡曰, 繆王." 又詔國師公, "臨本不知星, 事從愔起." 愔亦自殺.

| 註釋 | ○渭陵長壽園 – 渭陵은 漢 元帝의 능. 長壽園은 왕망이 文母(王太后)를 장례한 뒤에 격하시킨 이름. ○國師公女 – 國師公 劉歆(유흠)의 딸. ○白衣會 – 漢에서는 벼슬이 없는 사람을 白衣라고 하였다. 궁중에 평민들이 들어온다면 왕망이 망할 뜻으로 해석할 수 있다. 금성과 다른 4星이 같이 星次(별의 위치)에 모이는 것을 白衣之會라고도 하는데, 이는 國喪의 징조라고 하였다. ○誠恐一旦不保中室 – 中室을 여러 가지로 해석할 수 있으나 태자의 입장에서 모친을 지칭한 말로 보아야 文理가 잘 통한다.

이 달에 왕망의 처가 죽었는데, 시호는 孝睦皇后(효목황후)라 하였고 渭陵(위릉) 장수원의 서쪽에 장례하고 文母(태황태후, 王政君)를 모시라는 뜻으로 능의 이름을 億年(억년)이라 하였다.

그전에 왕망의 처는 왕망이 그 아들을 자꾸 죽이자 너무 많이 울어 실명하였는데 왕망은 태자 臨(임)을 시켜 같이 지내며 봉양하게 하였다. 왕망의 처를 곁에서 시중들던 原碧(원벽)을 왕망이 총애했다. 뒤에 태자 臨이 역시 원벽과 사통했는데 일이 누설될까 걱정하여 왕망을 죽이려 모의하였다. 태자 臨의 처인 劉愔(유음)은 國師公 劉歆(유흠)의 딸인데 천문을 볼 줄 알았는데 태자 임에게 궁중에 장차 국상이 있을 것이라고 말했다. 태자는 기뻐하면서 모의가 성공할 것이라 생각하였다. 뒤에 태자가 統義陽正(통의양정)으로 격하되어 밖의 저택으로 나가게 되자 더욱 걱정하며 두려워하였다. 그 무렵에 왕망 처의 병세가 나빠지자 태자가 모친에게 서신을 올렸다.

"황상은 자손에게 지엄하시어 앞서 장남과 둘째가 모두 30에 죽었습니다. 지금 제가 딱 30세인데 모친에게 무슨 일이 있어 모실 수 없다면 제 목숨이 어찌 될지 모르겠습니다."

왕망은 처의 병환을 살펴주다가 그 서찰을 보고 크게 화를 내며 태자가 다른 뜻이 있을 것이라 생각하여 장례에 참여하지 못하게 하였다. 장례를 마친 뒤, 원벽 등을 잡아다 조사하여 간통과 살해 모의를 모두 자백 받았다. 왕망은 이를 감추려고 이를 조사한 관리와 司命의 속관을 모두 죽여 옥중에 매장하여 그 가족은 그들이 어디에 있는지도 몰랐다. 태자 임에게 사약을 내렸는데 태자는 약을 마시지 않고 칼로 자살하였다. 이에 시중인 표기장군 同說侯(동열후) 林(임)

을 시켜 魂衣와 璽韍(새불)을 보내고 책서를 내려 말했다.

　"符命(부명)의 글에 의거 臨(임)을 統義陽王이라 하였는데, 이는 新室이 즉위 3만 6천 년 후까지 이어간다는 뜻이었으며 臨(임)의 후계자가 龍陽(용양)을 받아 일어난다는 뜻이었다. 지난번에 이를 잘못을 알고 논의한 자들이 태자로 정했기에 큰 바람이 불었던 변괴가 있었고 그 때문에 부명에 순종하느라고 統義陽正이라고 했었다. 이전의 일이지만 이후로는 어떠한 말도 믿지 않고, 어떤 도움도 받지 않을 것이나 젊은 날에 목숨을 버렸으니 오호라 슬프도다! 그 행적에 따라 시호를 내리니, 시호는 繆王(목왕)이다."

　그리고 국사공 유흠에게 명했다. "태자는 본래 천문을 몰랐는데 사단은 태자비 때문에 일어났다." 이에 劉愔(유음)도 자살하였다.

原文

　是月, 新遷王安病死. 初, 莽爲侯就國時, 幸侍者增秩,懷能,開明. 懷能生男興, 增秩生男匡,女曄, 開明生女捷, 皆留新都國, 以其不明故也. 及安疾甚, 莽自病無子, 爲安作奏, 使上言, "興等母雖微賤, 屬猶皇子, 不可以棄." 章視群公, 皆曰, "安友于兄弟, 宜及春夏加封爵." 於是以王車遣使者迎興等, 封興爲功脩公, 匡爲功建公, 曄爲睦脩任, 捷爲睦逮任. 孫公明公壽病死, 旬月四喪焉. 莽壞漢孝武,孝昭廟, 分葬子孫其中.

| 註釋 | ○新遷王安病死 - 왕망의 3男. 嫡子 4명이 모두 다 죽었다. ○莽爲侯就國時 - 애제의 외척을 피해 신도국에 3년간 머물렀다. ○以其不明故也 - 賤妾라서 혹 이전에 다른 씨를 받았는지 의심한 것이다. ○自病無子 - 病은 우려하다. ○友于兄弟 - 友于는 형제끼리 사이가 좋음. 兄弟의 뜻으로도 쓰인다. ○公明公 - 功明公. 작위 이름. ○旬月四喪焉 - 旬月은 한 달. 滿月. 이때 旬는 두루. 四喪은 왕망의 처, 4남과 3남, 그리고 손자 壽까지 4명의 죽음.

〖國譯〗

이 달에, 新遷王(신천왕) 王安(왕안)이 병사하였다. 그전에 왕망이 신도후로 封國에 가 있을 때 시녀인 增秩(증질), 懷能(회능), 開明(개명) 등을 가까이 총애하였다. 회능은 아들 興(흥), 증질은 匡(광)과 딸 曄(엽)을, 開明은 딸 捷(첩)을 낳았으나 모두 新都國에 살게 하였는데 그 씨가 불확실했기 때문이었다. 왕안의 병이 위독하자, 왕망은 자식이 없을 것을 걱정하여 왕안을 위해 상주할 글을 지어 사람을 시켜 올리게 했는데 "興 등의 모친이 비록 미천하지만 그래도 皇子이니 버릴 수 없습니다." 그 글을 여러 공경에게 보이자 모두가 말했다. "安(안)이 형제와 우애가 깊으니 봄이나 여름에 작위를 내려야 옳습니다."

이에 왕망은 왕의 수레와 사자를 보내 왕흥 등을 영입하게 한 뒤에 왕흥을 功脩公(공수공)에 봉했고, 왕광은 功建公(공건공)에 봉했으며, 曄(엽)은 睦脩任(목수임), 捷(첩)은 睦逮任(목체임)에 봉했다. 손자인 功明公(공명공) 壽(수)도 병사하여 한 달 사이에 4번의 상을 치렀다. 왕망은 漢 孝武帝와 孝昭帝의 묘당을 헐고 아들과 손자를 그곳에 장례했다.

魏成大尹李焉與卜者王況謀, 況謂焉曰, "新室卽位以來,
民田奴婢不得賣買, 數改錢貨, 徵發煩數, 軍旅騷動, 四夷並
侵, 百姓怨恨, 盜賊並起, 漢家當復興. 君姓李, 李者徵, 徵,
火也, 當爲漢輔." 因爲焉作讖書言, "文帝發忿, 居地下趣
軍, 北告匈奴, 南告越人. 江中劉信, 執敵報怨, 復續古先,
四年當發軍. 江湖有盜, 自稱樊王, 姓爲劉氏, 萬人成行, 不
受赦令, 欲動秦,雒陽. 十一年當相攻, 太白揚光, 歲星入東
井, 其號當行." 又言莽大臣吉凶, 各有日期. 會合十餘萬言.
焉令吏寫其書, 吏亡告之. 莽遣使者卽捕焉, 獄治皆死.

| 註釋 | ○魏成 – 魏郡의 개명, 치소는 鄴縣(업현, 今 河北省 邯鄲市 관할의
臨漳縣). ○劉信 – 嚴鄕侯 劉信. 왕망의 거섭 2년에 翟義(적의)와 함께 반기
를 들었으나 실패했다. ○太白揚光 – 태백성(金星)이 낮에는 보일 때가 있
는데, 이를 太白揚光이라 하는데 강국과 소국의 형상이 바뀌는 변고를 예언
한다고 하였다.

〔國譯〕

魏成(위성)의 대윤인 李焉(이언)과 점쟁이 王況(왕황)이 함께 모의
하면서 왕황이 이언에게 말했다.

"新室(신실)이 즉위한 이래 민전과 노비를 매매할 수 없고 화폐를
자꾸 바꾸며 물자 징발도 많고 군사가 자주 출동하는데도 사방 이민
족은 제각각 침입하며 백성들은 원한을 품었고 도적은 떼를 지어 일
어나니 漢이 다시 부흥해야 합니다. 대윤은 성이 李氏이고, 李는 五

音의 徵(치)이며, 치는 火德이니 漢을 보필해야만 합니다."

그러면서 이언을 위하여 참서를 지었다.

"文帝께서 발분하시어 지하에서 군사를 몰아 북으로 흉노에게 남으로 越人에게 고하셨네. 長江에는 죽은 劉信이 왕망에게 기어이 원수를 갚으려 다시 이어 선조에 고하며 4년에 기어이 거병하려 하네. 강호에 도적 무리 있어 자칭 樊王(번왕)인데 성은 유씨라 만인이 줄을 지었으나 사면을 아니 받고 장안과 낙양에서 움직인다. 11년 상대를 공격할지니 太白星이 빛을 내고 歲星(세성)이 東井(동정)에 들어가니 호령이 먹혀 통할 것이다."

그러면서 왕망 大臣의 길흉을 예언하며 각각 죽을 날이 정해졌다고 말했다. 이런 이야기가 모두 10여만 자나 되는데 이언이 속리들에게 이를 필사하게 하였는데 속리가 도망가서 밀고하였다. 왕망은 사자를 보내 즉시 체포하여 옥에 가두고 조사하여 모두 처형하였다.

原文

三輔盜賊麻起, 乃置捕盜都尉官, 令執法謁者追擊長安中, 建鳴鼓攻賊幡, 而使者隨其後. 遣太師犧仲景尙,更始將軍護軍王黨將兵擊靑,徐, 國師和仲曹放助郭興擊句町. 轉天下穀,幣詣西河,五原,朔方,漁陽, 每一郡以百萬數, 欲以擊匈奴.

| 註釋 | ○盜賊麻起 – 도적이 어지럽게 일어나다. 麻는 亂麻(난마). ○建

鳴鼓攻賊幡 - 鳴鼓는 경고용으로 울리는 북. 賊幡(적번)은 도적(賊犯). ○太師羲仲(태사희중) - 관직명. 太師의 속관. ○朔方(삭방) - 군명. 治所는 朔方縣(今 內蒙古 鄂爾多斯市 烏拉特前旗). 황하 북안. ○漁陽 - 군명. 치소는 漁陽縣(今 北京市 密雲區).

〔國譯〕

　三輔(삼보) 지역에도 도적이 떼지어 일어나자, 이에 捕盜都尉官(포도도위관)을 설치하였고 執法謁者(집법알자)를 시켜 장안에서도 추격케 하였으며, 경고 북을 설치하고 적의 무리를 공격하며 사자가 뒤를 수행하게 하였다. 太師羲仲(태사희중)인 景尙(경상)과 更始將軍의 호군인 王黨(왕당)을 파견하여 군사를 거느리고 靑州와 徐州를 토벌케 하였으며, 國師和仲인 曹放(조방)을 보내 郭興(곽흥)을 도와 句町(구정) 지역의 서남이를 토벌케 하였다. 천하의 곡물과 전폐를 모두 西河(서하), 五原(오원), 朔方(삭방), 漁陽郡(어양군)으로 보내게 했고 각각의 군에서는 1백만 전의 비용을 부담하여 흉노를 토벌하려고 하였다.

原文

　秋, 隕霜殺菽, 關東大饑, 蝗.

　民犯鑄錢, 伍人相坐, 沒入爲官奴婢. 其男子檻車, 兒女子步, 以鐵鎖琅當其頸, 傳詣鐘官, 以十萬數. 到者易其夫婦, 愁苦死者什六七. 孫喜, 景尙, 曹放等擊賊不能克, 軍師放縱, 百姓重困.

| 註釋 | ㅇ鐵鎖琅當其頸 – 鐵鎖(철쇄)는 쇠사슬. 琅當는 죄인을 묶는 사슬. 頸은 목 경. ㅇ鐘官 – 鑄錢官(주전관). ㅇ孫喜 – 太傅犧叔(태부희숙)인 士孫喜(사손희). 앞의 天鳳 6년의 기록 참고.

〖國譯〗

　가을에, 서리가 내려 콩이 죽었고 관동에 큰 흉년이 들었으며 황충도 있었다.

　백성이 몰래 주전하면 그 伍人도 연좌되어 관노비로 몰수되었다. 남자는 함거에 태웠고 여자와 아이들은 걷게 하였으며 목에 쇠고리와 사슬로 묶어 주전관에게 보내졌는데 십만 명에 가까웠다. 도착한 자들은 부부를 바꾸었고 근심과 고생으로 죽는 자가 10에 6, 7명이었다. 士孫喜(사손희), 景尙(경상), 曹放(조방) 등이 적을 공격하여 이기지도 못하고 군사를 풀어놓아 백성은 거듭 곤경을 겪었다.

原文

　莽以王況讖言荊楚當興, 李氏爲輔, 欲厭之. 乃拜侍中掌牧大夫李棽爲大將軍, 揚州牧, 賜名聖, 使將兵奮擊.

　上谷儲夏自請願說瓜田儀, 莽以爲中郞, 使出儀. 儀文降, 未出而死. 莽求其屍葬之, 爲起塚, 祀室, 諡曰'瓜寧殤男', 幾以招來其餘, 然無肯降者.

　閏月丙辰, 大赦天下, 天下大服, 民私服在詔書前亦釋除.

| 註釋 | ㅇ荊楚 – 형주와 그 근처 楚의 영역. 일반적으로 장강 중류지역

을 지칭. ○賜名聖 - 聖으로 讖言(참언)을 이길 수 있다는 뜻. ○上谷 - 군명. 치소는 膚施縣(부시현, 今 陝西省 북단 榆林市). ○儲夏(저하) - 인명. ○瓜田儀(과전의) - 臨淮郡(임회군)의 도적 이름. 瓜田(과전)은 복성. ○大服 - 왕망 처의 상은 國喪이라 모든 백성이 복상해야 하는 데, 이를 大服이라 한다. 이에 대하여 사적인 부모상은 私服이라 한다.

〔國譯〕

왕망은 王況(왕황)이 지은 讖言(참언)에 劉氏가 荊楚(형초)에서 흥기하고 李氏가 보필한다는 말을 진압하려고 하였다. 이에 侍中인 掌牧大夫 李棽(이림)을 대장군 겸 揚州牧(양주목)에 임명하고 이름 聖(성)을 하사하여 군사를 거느리고 나가 토벌케 하였다.

상곡군 사람 儲夏(저하)가 瓜田儀(과전의)를 설득할 수 있다고 자청하자, 왕망은 저하를 中郞에 임명했고 과전의를 설득하여 자수하게 하였다. 과전의는 투항하겠다는 글을 올리고 자수하러 출발하기 전에 죽었다. 왕망은 그 시신을 거두어 장례를 지내게 하고 무덤과 제실도 만들어주고 '瓜寧殤男(과령상남)'이라는 시호도 내려주면서 잔당들의 자수를 기대하였으나 투항하는 자가 없었다.

윤달 丙辰日에 천하에 대사령을 내렸는데, 국모상을 입은 백성과 조서 발표 이전에 부모상을 복상 중인 모든 백성도 마찬가지로 사면하였다.

原文

郞陽成脩獻符命, 言繼立民母, 又曰, "黃帝以百二十女致神僊." 莽於是遣中散大夫, 謁者各四十五人分行天下, 博采鄉里所高有淑女者上名.

莽夢長樂宮銅人五枚起立, 莽惡之, 念銅人銘有'皇帝初兼天下'之文, 卽使尙方工鑴滅所夢銅人膺文. 又感漢高廟神靈, 遣虎賁武士入高廟, 拔劍四面提擊, 斧壞戶牖, 桃湯赭鞭鞭灑屋壁, 令輕車校尉居其中, 又令中軍北壘居高寢.

| 註釋 | ○郞陽成脩 – 郞官 陽成脩, 陽成은 복성. ○民母 – 皇后. ○中散大夫 – 漢의 太中大夫, 中大夫와 같은 임무. 황제의 자문에 응함, 무 정원. 秩六百石. ○所高有淑女者 – 所高는 평판이 좋은. ○長樂宮銅人 – 진시황이 천하를 차지한 뒤에 천하의 병기를 녹여 주조한 12金人. 漢代에는 장락궁문 앞에 옮겨놓았다. ○使尙方工鑴滅~ – 尙方은 궁중에 필요한 기구를 제조하는 부서. 工은 工人, 匠人. 鑴은 새길 전. 鑴滅은 쪼아 없애다. 膺文(응문)은 (銅人의) 가슴에 새겨진 글자. ○中軍北壘居高寢 – 北軍中壘가 되어야 맞는다는 주석에 따른다. 高寢은 고조 묘당의 침전.

〔國譯〕

낭관 陽成脩(양성수)가 符命을 바치며 다음 황후를 책봉해야 한다면서 "黃帝는 120명의 여인을 거느려 신선이 되었다."고 말했다. 왕망은 이에 中散大夫와 謁者(알자) 각 45명을 천하에 파견하여 향리에서 숙녀로 평판이 좋은 자의 이름을 올리게 하였다.

왕망의 꿈에 長樂宮의 銅人 5개가 일어서는 꿈을 꾸었는데, 왕망은 그를 혐오하여 동인에 새겨진 '皇帝가 비로소 천하를 아우르고'라는 글을 떠올리고서 즉시 尙方의 工人을 시켜 꿈에 나타난 동인의 앞가슴에 쓰인 글귀를 모두 쪼아 없애게 하였다.

또 고조묘의 신통력이 있을까 두려워 호분위의 무사를 고조묘에 들여보내 칼을 뽑아 사방을 내리치고, 또 도끼로 창문을 부수게 하였으며 붉은 물감을 사방에 뿌리고 붉은 채찍으로 사방 벽을 후려치게 하였으며 輕車校尉를 그곳에 머물게 하였고, 또 北軍 中壘校尉(중루교위)의 군사를 고조의 침묘에 주둔시켰다.

原文

或言黃帝時建華蓋以登僊, 莽乃造華蓋九重, 高八丈一尺. 金瑵羽葆, 載以秘機四輪車, 駕六馬. 力士三百人黃衣幘, 車上人擊鼓, 挽者皆呼'登僊'. 莽出, 令在前. 百官竊言, "此似轜車, 非僊物也."

| 註釋 | ○金瑵羽葆 - 황금으로 꾸민 수레 덮개의 참외 모양 꼭지. 瑵는 수레 꼭지 조. 羽葆(우보)는 새 깃털로 꾸민 덮개. 葆는 깃 장식 보, 더부룩할 보. ○此似轜車 - 轜車는 상여. 轜는 상여 수레 이(輀와 同). 輭(부드러울 연, 軟의 本字)이 아님.

〖國譯〗

어떤 사람이 黃帝는 그때 華蓋(화개)를 쓰고 다녀 신선이 되었다고 말하자, 왕망은 곧 9층의 화개를 만들게 하였다. 그 높이가 8丈1尺이나 되는데 황금의 수레 덮개 꼭지와 깃털로 장식하였으며 남이 보지 못하게 사륜거에 실은 다음에 말 6마리가 끌게 하였다. 3백인의 力士는 모두 황색의 건을 썼으며 수레 위의 사람이 치는 북소리에 맞춰 화개를 끄는 사람이 모두 '登僊(등선)'이라고 외치게 하였다. 왕망이 출행할 때 앞장서 나갔다. 백관이 보고서는 몰래 "이는 상여와 같으니 신선의 차림은 아니다."라고 말했다.

原文

是歲, 南郡秦豐衆且萬人. 平原女子遲昭平能說博經以八投, 亦聚數千人在河阻中. 莽召問群臣禽賊方略, 皆曰, "此天囚行屍, 命在漏刻." 故左將軍公孫祿徵來與議, 祿曰, "太史令宗宣典星歷, 候氣變. 以凶爲吉, 亂天文, 誤朝廷. 太傅平化侯飾虛僞以偸名位, '賊夫人之子'. 國師嘉信公顚倒《五經》, 毁師法, 令學士疑惑. 明學男張邯, 地理侯孫陽造井田, 使民棄土業. 犧和魯匡設六筦, 以窮工商. 說符侯崔發阿諛取容, 令下情不上通. 宜誅此數子以慰天下!" 又言, "匈奴不可攻, 當與和親. 臣恐新室憂不在匈奴, 而在封域之中也."

莽怒, 使虎賁扶祿出. 然頗采其言, 左遷魯匡爲五原卒正, 以百姓怨非故. 六筦非匡所獨造, 莽厭衆意而出之.

| 註釋 | ○南郡 - 군명. 치소는 江陵縣(今 湖北省 荊州市 관할의 江陵縣). ○平原 - 군명. 치소는 平原縣(今 山東省 德州市 관할의 平原縣). ○能說博經以八投 - 博經은 '博奕經(박혁경)'으로 고대 투호와 같은 놀이 방법을 기록

하였다고 했으며, 八投는 '八箭投之'라는 주석이 있다. 이에 대해 奕은 衍字라는 주석도 있다. 또 博經은 經博의 착오이며, 標點을 '能說經, 博以八投'로 읽어야 한다는 주석도 있다. 遲昭平(지소평)이라는 여인의 능력을 설명한 내용으로 번역했다. ○禽賊方略 - 禽賊은 擒賊. ○天囚行屍 - 천명을 거역한 죄인으로 걸어 다니는 시신. ○典星歷 - 천문역법을 주관하다. ○ '賊夫人之子 - 남의 아들을 해롭게 하는 자. 子路使子羔爲費宰. 子曰, "賊夫人之子."~《論語 先進》. ○國師嘉信公 - 劉歆. 처음에는 嘉新公, 나중에 嘉信公으로 바뀌었다. ○五原卒正 - 五原은 군명. 치소는 九原縣(今 內蒙古 包頭市 서북). 卒正은 侯의 작위를 받고 군을 다스리는 자. 漢의 太守와 同. ○以百姓怨非故 - 怨非는 怨誹(원망과 비방).

[國譯]

이 해에, 南郡 秦豐(진풍)의 무리가 1만 명에 가까웠다. 平原郡의 여인인 遲昭平(지소평)은 경전을 잘 알면서도 투호같은 놀이에도 밝았는데 황하의 험한 곳에서 수천의 무리를 모았다. 왕망이 여러 신하를 불러 도적을 소탕할 방략을 물었는데, 모두가 "이들은 천명을 어긴 죄인으로 걸어 다니는 시체이니 그 명은 경각에 달렸습니다." 라고 말했다. 그래서 左將軍 公孫祿(공손록)을 불러 같이 협의하였는데 공손록이 말했다.

"태사령 宗宣(종선)은 천문역법을 주관하고 氣의 변화를 살피면서 흉사를 길조라 이야기하여 천문을 어지럽히며 조정을 오도하고 있습니다. 太傅인 平化侯(평화후)는 허위를 날조하며 명성이나 얻으려 하니 소위 '남의 자식을 해치는 사람' 입니다. 國師인 嘉信公(가신공, 劉歆)은 《五經》을 뒤집고 師法을 훼손하며 학사에게 의혹만을 갖게 합니다. 明學男인 張邯(장한)과 地理侯인 孫陽(손양)은 정전법을 조작하여 백성으로 하여금 농사를 포기하게 만들었습니다. 犧和(희화, 大司農)인 魯匡(노광)은 六筦令(육관령)을 시행케 하여 工人과 상인을 곤궁하게 만들었습니다. 說符侯(설부후) 崔發(최발)은 아첨으로 인정을 받으면서 하층민의 정황을 위에 전달되지 못하게 막고 있습니다. 이런 몇 사람을 처형하여 천하 만민을 위로해야만 합니다. 그리고 또 흉노를 칠 수 없으니 응당 화친해야 합니다. 臣은 新室의 우환은 흉노에 있지 않고 바로 중국 내부에 있습니다."

왕망은 화를 내며 호분위 군사를 시켜 공손록을 끌어내게 하였다. 그러나 그의 건의를 채용하여 노광을 五原郡의 卒正(태수)로 좌천시켰는데, 이는 백성의 원한과 비방 때문이었다. 육관령은 노광이 혼자 시행케 한 것이 아니었지만 왕망은 여러 원망 때문에 내보내었다.

原文

初, 四方皆以饑寒窮愁起爲盜賊, 稍稍群聚, 常思歲熟得歸鄉里. 衆雖萬數, 亶稱巨人, 從事, 三老, 祭酒, 不敢略有城邑, 轉掠求食, 日闋而已. 諸長吏牧守皆自亂鬪中兵而死, 賊非敢欲殺之也, 而莽終不諭其故. 是歲, 大司馬士按章豫州, 爲賊所獲, 賊送付縣. 士還, 上書具言狀.

莽大怒, 下獄以爲誣罔. 因下書責七公曰, "夫吏者, 理也. 宣德明恩, 以牧養民, 仁之道也. 抑强督姦, 捕誅盜賊, 義之節也. 今則不然. 盜發不輒得, 至成群黨, 遮略乘傳宰士. 士

得脱者, 又妄自言, 我責數賊, '何故爲是?' 賊曰, '以貧窮
故耳'. 賊護出我. 今俗人議者率多若此. 惟貧困饑寒, 犯法
爲非, 大者群盜, 小者偸穴, 不過二科, 今乃結謀連常以千百
數, 是逆亂之大者, 豈饑寒之謂邪? 七公其嚴敕卿大夫, 卒
正, 連率, 庶尹, 謹牧養善民, 急捕殄盜賊. 有不同心幷力, 疾
惡黜賊, 而妄曰, 饑寒所爲, 輒捕繫, 請其罪."

於是群下愈恐, 莫敢言賊情者, 亦不得擅發兵, 賊由是遂
不制.

| 註釋 | ○亶稱巨人 – 亶(믿을 단)은 但. ○日闋而已 – 하루를 때울 뿐이
다. 闋은 문 닫을 결. 마치다(盡也). ○按章豫州 – 按章은 규정대로 조사하
다. 豫州는 今 河南省 동부 및 安徽省 서북부 지역. ○以爲誣罔 – 誣罔(무망)
은 속이다. 거짓말을 하다. ○七公 – 왕망 정권 하의 四輔와 三公. ○遮略乘
傳宰士 – 遮略(차략)은 길을 차단하고 노략질을 하다. 乘傳은 관리의 수레.
宰士(재사)는 승상부의 속관. 여기서는 일반 관리. ○小者偸穴 – 偸穴(투혈)
은 담을 뚫고 도둑질을 하다. 小盜. 偸는 훔칠 투.

〔國譯〕

그전에, 사방에서 백성은 굶주림과 추위나 가난 때문에 도적이
되었고 점점 모여 무리를 이루더라도 풍년이면 고향에 돌아간다고
늘 생각했었다. 때문에 무리가 일만 명이라도 겨우 巨人 또는 從事
(종사), 三老나 祭酒(제주)라고 칭했으며 성읍을 차지할 생각을 하지
도 못했으며 떠돌면서 식량을 얻어 하루를 때우면 그뿐이었다. 여러
관리나 지방관은 어지러이 싸우다 보니 무기에 맞아 죽은 것이지 도

적이 감히 죽이려 하지도 않았는데 왕망은 그런 까닭을 끝까지 알지 못했다. 그 해에 大司馬의 前史가 豫州(예주)를 감독하러 갔다가 도적의 무리에 잡혔는데 무리가 현령에게 보내주었다. 전사가 돌아와 그 전말을 보고하였다. 그러자 왕망은 대노하며 거짓말을 했다고 하옥시켰다. 그리고 七公을 책망하는 조서를 내려 말했다.

"관리(吏)란 다스린다는(理) 뜻이다. 은덕을 분명하여 백성을 잘 살게 하는 것이 바로 仁道이다. 포악한 범법자를 억누르고 감시하며 도적을 잡아 죽이는 것이 바른 大義이다. 그러나 지금은 그렇지 않다. 도적이 생겨도 잡아들이지 못하니 무리를 지어 출장 가는 관리의 길을 막고 노략질을 한다. 관리가 탈출해서는 함부로 허튼소리를 하며 자신은 '왜 이렇게 되었느냐?'며 도적들을 훈계했다고 한다. 그러면 도적들은 '가난 때문에 이렇게 되었다.' 라고 하면서 자신을 풀어주었다고 말한다. 지금 보통은 대부분 이렇게 말한다. 빈곤과 饑寒(기한) 때문에 범법하고 비행을 저지른다고 생각하면 크게는 떼도둑이고, 작게는 담을 뚫는 좀도둑의 두 종류였지만 지금은 함께 모의하고 연결하여 천이나 백 단위가 되니 이처럼 커다란 반역행위를 어찌 굶주림과 추위 때문이라고 말할 수 있겠는가? 七公은 소속의 경과 대부와 卒正(졸정)이나 連率(연솔)과 여러 대윤 등 지방관을 엄격히 훈계하여 착한 백성이 되도록 다스리고 도적떼를 빨리 잡아 없애기 바란다. 모두가 한마음으로 협력하여 악독한 도적을 잡아내지 않거나 추위와 굶주림 때문이라고 함부로 말한다면 바로 체포하고 망령된 말을 한 죄까지 더 보태어 처리할 것이다."

이에 아래에서는 더욱 두려워하며 도적떼의 실상을 감히 말하는 자가 없었고 또 마음대로 군사를 동원할 수도 없었기에 이후로는 도적을 제압할 수 없었다.

原文

唯翼平連率田況素果敢, 發民年十八以上四萬餘人, 授以
庫兵, 與刻石爲約. 赤眉聞之, 不敢入界. 況自劾奏, 莽讓況,
"未賜虎符而擅發兵, 此弄兵也. 厥辜乏興. 以況自詭必禽
滅賊, 故且勿治." 後況自請出界擊賊, 所向皆破. 莽以璽書
令況領青,徐二州牧事. 況上言, "盜賊始發, 其原甚微, 非部
吏,伍人所能禽也. 咎在長吏不爲意, 縣欺其郡, 郡欺朝廷,
實百言十, 實千言百. 朝廷忽略, 不輒督責, 遂至延曼連州,
乃遣將率, 多發使者, 傳相監趣. 郡縣力事上官, 應塞詰對,
共酒食, 具資用, 以救斷斬, 不給復憂盜賊治官事. 將率又
不能躬率吏士, 戰則爲賊所破, 吏氣寢傷, 徒費百姓. 前幸
蒙赦令, 賊欲解散, 或反遮擊, 恐入山谷轉相告語, 故郡縣降
賊, 皆更驚駭, 恐見詐滅, 因饑饉易動, 旬日之間更十餘萬
人, 此盜賊所以多之故也. 今雒陽以東, 米石二千. 竊見詔
書, 欲遣太師, 更始將軍, 二人爪牙重臣, 多從人衆, 道上空
竭, 少則亡以威視遠方. 宜急選牧, 尹以下, 明其賞罰, 收合
離鄉. 小國無城郭者, 徙其老弱置大城中, 積藏穀食, 並力
固守. 賊來攻城, 則不能下, 所過無食, 勢不得群聚. 如此,
招之必降, 擊之則滅. 今空復多出將率, 郡縣苦之, 反甚於

賊. 宜盡徵還乘傳諸使者, 以休息郡縣. 委任臣況以二州盜
賊, 必平定之."

莽畏惡況, 陰爲發代, 遣使者賜況璽書. 使者至, 見況, 因
令代監其兵. 況隨使者西, 到, 拜爲師尉大夫. 況去, 齊地遂
敗.

| 註釋 | ㅇ翼平 – 靑州에 속한 군 이름. 北海郡을 分郡. ㅇ赤麋 – 赤麋(적
미)는 赤眉와 同. ㅇ況自劾奏 – 순황은 자신이 상주한 내용 때문에 탄핵받
다. ㅇ莽讓況 – 讓은 직책하다. ㅇ虎符 – 兵符. 군대를 동원하거나 거느릴
수 있는 증빙서. 구리로 주조, 호랑이 모양. 반으로 나누어 교부. ㅇ厥皋乏
興 – 皋는 허물 죄(罪와 同). 乏興(핍흥)은 乏軍興. 곧 군사 동원이나 군수 물
자의 징발 보급 수송을 저해하는 행위. 군법에 의해 처리되어야 할 사항. 乏은
막다. 저해하다. 軍興은 병력의 징집이나 군수물자의 차출을 의미. ㅇ自詭必
禽滅賊 – 詭는 책망하다. 禽은 擒. ㅇ非部吏,伍人所能禽也 – 非는 연문. 部吏
는 해당 업무를 담당하는 관리. 伍人은 같은 대오의 사람(同伍之人). ㅇ咎在
長吏不爲意 – 咎는 과실. 長吏는 고관. 不爲意는 하려고 아니하다(不在意).
ㅇ延曼(연만) – 蔓延(만연). ㅇ將率 – 將帥. 率은 帥. ㅇ傳相監趣 – 傳은 轉.
趣은 재족할 족. 족구하다. ㅇ共酒食 – 共은 供. ㅇ爪牙(조아) – 武臣. ㅇ道
上空竭 – 空竭은 양식이나 공급이 넉넉지 못하다. ㅇ收合離鄕 – 이향민을 수
습하다. ㅇ小國 – 제후의 나라.

[國譯]

오직 翼平(익평)의 連率(연솔)인 田況(전황)만이 평소에 과감하였
기에 나이 18세 이상 백성 4만여 명을 동원하여 창고의 무기를 내주
고 함께 돌을 새겨 약속을 하였다. 그러자 赤麋(적미, 赤眉) 무리는 이

를 알고서 그 경내에 들어가지 못했다. 전황은 자신이 상주한 것 때문에 문책을 받았는데 왕망이 전황을 질책하였다.

"虎符(호부, 兵符)도 받지 않고 멋대로 군사를 동원하였으니, 이는 弄兵(농병)이다. 그 죄는 군사업무방해와 마찬가지이다. 전황 스스로 자책하고 도적을 잡아 박멸하였기에 일단 법으로 처벌하지는 않겠다."

그 뒤에 전황은 자신의 관할 지역 밖까지 나아가 적을 토벌하겠다고 자청하였고 가는 곳마다 도적을 격파하였다. 왕망은 국서를 내려 靑州와 徐州의 牧(옛 刺史)을 겸임하라고 하였다. 이에 전황이 상서하였다.

"도적질의 시작은 그 근원이 아주 작기에 담당 관리나 같은 伍人(오인)이 능히 잡아낼 수 있습니다. 문제는 담당 관리들이 하려고 하지 않으며 현에서는 군을 속이고, 군에서는 조정에 거짓말을 하여 실제로 1백 명이지만 10명이라 하고 1천 명을 1백 명이라고 보고합니다. 조정에서는 작은 일이라 하여 문책하지 않아 결국은 이것이 각 州까지 만연하게 되며 장수를 보내고 사자를 여러 번 보내면서 서로 재촉만 할 뿐입니다. 군이나 현에서는 상관을 부지런히 모시고 힐책만 받지 않으려고 酒食을 대접하며 필요한 돈을 공급하면서 처형받을 죄만 면하려 하다 보니 도적을 걱정하고 담당업무를 처리할 겨를이 없는 것입니다. 토벌에 나선 장수는 직접 속관들을 통솔할 능력이 없어 싸우면 도적떼에게 격파당하고 관리는 사기가 꺾여 백성의 비용만 축낼 뿐입니다. 이전에 행여 사면령을 받아 도적들이 해산하려 하면 도리어 길을 막고 반격하여 놀라 산골짜기에 들어가 서로 알려주게 되고 군현에 이미 항복한 도적까지도 모두 또 놀라면서 나라의 거짓말에 속아 죽을지 모른다고 생각하다가 기근을 당하면 쉽게 마음이 움직여 한 열흘 만에 10여만 명으로 불어나는데 바로 이점이 도적떼가 불어나는 원인입니다. 지금 낙양 동쪽에서는 알곡 1석이 2천전이나 합니다. 삼가 조서를 읽어보니 太師와 更始將軍을 보내신다 하시니 두 분은 武臣의 重臣으로 많은 부하를 거느리고 내려오실 것이니 도중에 양식과 공급이 넉넉지 못할 것이며 수행원이 적으면 먼 지방에 위세를 보일 수 없다고 생각할 것입니다. 빨리 州의 牧이나 군의 大尹級 이하로 선임하셔야 할 것이며 상벌을 분명히 하고 본고향을 떠난 백성을 수습하여야 합니다. 성곽이 없는 작은 제후 관할 지역에서는 그 노약자들을 큰 성으로 옮겨놓은 뒤 곡식을 비축하고 힘을 모아 고수하여야 합니다. 도적떼가 와서 성을 공격하더라도 함락시킬 수 없고 지나가는 곳에 식량을 얻을 수 없다면 그들은 무리를 지을 수 없습니다. 이렇게 하고서 용서해 주겠다면 틀림없이 투항할 것이고 또 토벌하면 격멸할 수 있을 것입니다. 지금 공연히 많은 장수를 출동케 하면 군현에서 겪어야 할 고생은 도적떼의 피해보다 더 심할 것입니다. 전거를 타고 지방에 내려오는 여러 사자들을 모두 불러들여야 하며 군현에서도 휴식할 수 있어야 합니다. 臣 況(황)에게 二州의 도적을 토벌하도록 맡겨주시면 필히 평정토록 하겠습니다."

왕망은 순황의 세력이 두렵고 미워서 몰래 후임자를 보내면서 사자를 보내 순황에게 국서를 내렸다. 사자가 도착하여 순황을 만나 후임자에게 그 군사를 대신 지휘하도록 인계시켰다. 순황은 사자를 따라 서쪽으로 출발했고 장안에 도착하여 師尉大夫에 임명되었다. 순황이 떠나가자 齊(제) 일대를 완전히 상실하였다.

三年正月, 九廟蓋構成, 納神主. 莽謁見, 大駕乘六馬, 以
五采毛爲龍文衣, 著角, 長三尺. 華蓋車, 元戎十乘有前. 因
賜治廟者司徒, 大司空錢各千萬, 侍中, 中常侍以下皆封. 封
都匠仇延爲邯淡里附城.

| 註釋 | ○三年正月 – 地皇 3년(서기 22). ○大駕 – 황제의 수레, 大駕는
公卿이 앞에서 안내하고 太僕이 수레를 몰며, 大將軍이 陪乘하고 81대의 수
레가 수행한다. 이외에 法駕와 小駕의 구분이 있다. ○龍文衣 – 말에게 입
히는 덮개. ○元戎 – 大 兵車. ○都匠 – 관직명. 漢의 將作大匠.

〔 國譯 〕

(地皇) 3년(서기 22) 정월에, 9개 묘당 건물이 완공되어 신주를 모
셨다. 왕망이 알현하였는데 여섯 마리가 끄는 큰 수레에 5색의 깃털
로 장식한 龍文衣를 말에 입히고 3자 크기의 장식을 붙였다. 화개를
세운 수레와 큰 兵車 1승이 앞서 나갔다. 이어 종묘의 공사를 진행
한 司徒와 大司空에게 금전 각 千萬을 하사하였고, 侍中과 中常侍
이하 모두가 제후가 되었다. 책임 木工匠인 仇延(구연)은 邯淡里(한
담리) 附城(부성)에 봉해졌다.

原文

二月, 霸橋災, 數千人以水沃救, 不滅. 莽惡之, 下書曰,
"夫三皇象春, 五帝象夏, 三王象秋, 五伯象冬. 皇王, 德運

也, 伯者, 繼空續乏以成歷數, 故其道駁. 惟常安御道多以所近爲名. 乃二月癸巳之夜, 甲午之辰, 火燒霸橋, 從東方西行, 至甲午夕, 橋盡火滅. 大司空行視考問, 或云寒民舍居橋下, 疑以火自燎, 爲此災也. 其明旦卽乙未, 立春之日也. 予以神明聖祖黃,虞遺統受命, 至於地皇四年爲十五年. 正以三年終冬絶滅霸駁之橋, 欲以興成新室統一長存之道也. 又戒此橋空東方之道. 今東方歲荒民饑, 道路不通, 東嶽太師亟科條, 開東方諸倉, 賑貸窮乏, 以施仁道. 其更名霸館爲長存館, 霸橋爲長存橋."

| 註釋 | ○霸橋(패교) – 瀜橋(파교)로도 표기. 今 西安市 東霸河에 있던 교량. 咸陽과 長安의 군사 요지인 霸上에 갈 수 있다. ○水沃救 – 沃은 물을 뿌리다. ○五伯(오패) – 五霸(오패). ○故其道駁 – 駁(얼룩말 박)은 뒤섞이다. ○多以所近爲名 – 霸水는 본래 玆水(자수)였는데 秦 穆公(목공)이 자신의 공적을 자랑하려고 패수라고 이름을 바꾸었다. 왕망은 이를 지적하였다.

〚國譯〛

2월에, 霸橋(패교)가 불에 탔다. 수천 명이 물을 뿌려 끄려 했으나 불을 끄지 못했다. 왕망은 불쾌하여 조서를 내렸다.

"대저, 三皇은 봄을 본떠 다스렸고, 五帝는 여름을, 三王은 가을을, 五伯(오패)는 겨울을 본떠 다스렸다. 三皇이나 三王은 仁德이 바뀐 것이나 伯者〔覇者(패자)〕는 空乏(공핍)이 이어지면서 歷數(역수)가 성립되었기에 여러 가지 道가 섞여 있다. 생각해보면, 常安(長安)의

御道(어도)에는 근래에 지어진 이름이 많다. 지난 2월 癸巳日(계사일) 밤에서 甲午(갑오)일 새벽에 패교에 불이 났는데 동쪽에서 서쪽으로 타들어가서 갑오시가 끝날 무렵에 다리가 타 없어졌다. 大司空이 나가 시찰하며 조사하니 혹자는 가난한 백성이 다리 아래 집을 짓고 살았는데 아마 거기를 태우고 불이 번져 교량이 불에 탔을 것이라고 하였다. 그 다음 날은, 곧 乙未日 立春 날이다. 나는 神明하신 聖祖 黃帝와 虞舜의 후손으로 천명을 받아 地皇 4년이면 15년이 된다. 마침 지황 3년의 끝인 겨울에 여러 도가 섞인 패교가 소멸되었으니 新室의 하나이면서 오래 남을 道를 새로이 일으키려 한다. 또 이 다리를 통해 텅 빈 동방의 空道를 경계로 삼으려 한다. 지금 동방은 흉년에 백성이 굶주리고 있으며 도로도 통하지 않으니 東嶽太師는 빨리 필요한 일을 항목별로 적어올리고 동방의 여러 창고를 열어 궁핍한 자에게 대여하면서 仁道를 베풀도록 하라. 그리고 霸館을 長存館(장존관)으로, 霸橋(패교)를 長存橋(장존교)로 이름을 바꾸도록 하라.”

是月, 赤眉殺太師犧仲景尙. 關東人相食.

四月, 遣太師王匡, 更始將軍廉丹東, 祖都門外, 天大雨, 沾衣止. 長老歎曰, “是爲泣軍!” 莽曰, “惟陽九之厄, 與害氣會, 究于去年. 枯旱霜蝗, 饑饉薦臻, 百姓困乏, 流離道路, 於春尤甚, 予甚悼之. 今使東嶽太師特進褒新侯開東方諸倉, 賑貸窮乏. 太師公所不過道, 分遣大夫謁者並開諸倉,

以全元元. 太師公因與廉丹大使五威司命位右大司馬更始
将軍平均侯之兗州, 塡撫所掌, 及青, 徐故不軌盜賊未盡解
散, 後復屯聚者, 皆淸潔之, 期於安兆黎矣."

太師, 更始合將銳士十餘萬人, 所過放縱. 東方爲之語曰,
"寧逢赤眉, 不逢太師! 太師尙可, 更始殺我!" 卒如田況之
言.

| 註釋 | ○~廉丹東 – 東은 東出. 동사로 쓰였다. ○祖都門外 – 祖는 노
제를 지내다. 여행 중 무사 귀환을 기원하는 제사 겸 전별연. ○是爲泣軍 –
大將의 출동 시에 비가 와서 옷을 적시는 경우 그 길흉에 대한 이야기가 기
록마다 다르다. 여기서는 출동하는 군사들이 패해서 눈물을 흘릴 것이라는
뜻으로 쓰였다. ○究于去年 – 究는 다하다(盡也). ○饑饉薦臻(기근천진) –
薦臻은 연이어 닥치다. 薦은 누차. 여러 번. 臻은 이를 진. 모이다. ○賑貸窮
乏 – 賑貸(진대)는 곡식이나 돈을 빌려줘 구휼하다. ○以全元元 – 元元은 백
성. ○與廉丹大使五威司命位右大司馬更始将軍平均侯之兗州 – 大使에서부
터 平均侯까지가 염단의 관직이며 신분이다. ○兗州(연주) – 今 山東省 남부
및 河南省 동부 지역. ○兆黎(조려) – 黎民, 百姓.

[國譯]
이달에, 赤眉(적미)들이 太師犧仲인 景尙(경상)을 죽였다. 관동 땅
에서는 사람이 사람을 먹었다.
4월에, 太師인 王匡(왕광)과 更始將軍 廉丹(염단)이 동쪽으로 출정
하면서 도성 문 밖에서 노제를 지내는데 큰 비가 내려 옷을 다 적신
뒤에 그쳤다. 장로들이 탄식하며 말했다. "이는 눈물을 흘릴 군사로

다!" 이에 왕망이 말했다.

"생각해보면, 陽九의 액운과 재해의 기운은 작년으로 끝났다. 가뭄이나 서리, 황충이나 기근은 해마다 일어났고 백성이 궁핍하여 길에서 헤매는 일은 봄에 특히 심한 것을 나는 매우 슬퍼하고 있도다. 이번에 東嶽太師로 特進인 褒新侯(포신후, 王匡)는 동방의 여러 창고를 열어 궁핍한 자들을 구제하라. 太師公이 지나가지 않는 길에는 大夫나 謁者를 보내 창고를 열어 백성을 돕도록 하라. 太師公은 大使이며 五威司命으로 位右大司馬이고, 更始將軍으로 平均侯인 廉丹(염단)을 가는 길에 兗州(연주)로 보내어 관할 지역을 진무하게 할 것이며, 靑州와 徐州의 전부터 있던 무도한 적도들이 아직도 해산하지 않고 있으며 다시 또 모여들 수 있다 하니 모두 깨끗하게 소탕하여 백성들이 평안하게 살 수 있게 하라."

太師〔王匡(왕광)〕과 更始(경시, 廉丹)의 여러 장수와 군졸은 모두 10여만 명으로 그들이 가는 곳에 제멋대로 풀어놓았다. 그래서 동방에서는 이를 두고 "차라리 赤眉(적미) 떼를 만날지언정 太師의 군대를 만나지 말라! 太師가 조금 낫다지만 更始將軍(廉丹)은 우리를 죽인다!" 결국 전에 田況(전황)의 말 그대로였다.

原文

莽又多遣大夫謁者分敎民煮草木爲酪, 酪不可食, 重爲煩費. 莽下書曰, "惟民困乏, 雖溥開諸倉以賑贍之, 猶恐未足. 其且開天下山澤之防, 諸能採取山澤之物而順月令者, 其恣聽之, 勿令出稅. 至地皇三十年如故, 是王光上戊之六年也. 如令豪吏猾民辜而攉之, 小民弗蒙, 非予意也.《易》不云乎? '損上益下, 民說無疆'.《書》云, '言之不從, 是謂不乂'. 咎繇群公, 可不憂哉!"

| 註釋 | ○煮草木爲酪 - 煮는 삶을 자. 酪(낙)은 젖(乳)으로 만든 진한 죽. 떠먹는 요구르트. 치즈와 같은 것을 말함. 왕망은 초근목피를 삶아 유목민의 酪과 같은 대체식품(救荒食品)을 만들려 했을 것이다. ○薄開(부개) - 普開. 薄(넓을 부)는 普의 뜻. ○山澤之防 - 六筦令에서 산택을 이용자에게 과세하면서 허가받지 않은 자는 이용할 수 없었다. ○是王光上戊之六年也 - 왕망의 曆算에 의하여 앞으로 사용할 연호. ○豪吏猾民辜而攉之 - 豪吏는 세력 있는 관리. 猾民(활민)은 교활한 자. 辜而攉之는 독점하다. 壟斷(농단)하다. 辜는 매매하다(估). 허물 고. 攉(손 뒤집을 확)은 榷(도거리 할 각)과 같음. 독점하다. ○《易》不云乎 -《易經 彖辭(단사)》(益卦). ○《書》云 -《書經 洪範》의 해설서의 인용. ○不乂 - 乂(다스릴 예, 늙은이 애)는 다스리다(理也).

〔國譯〕

또 왕망은 大夫나 謁者(알자)를 곳곳에 보내 백성을 시켜 풀과 나무를 삶아 진한 죽 같은 것을 만들게 하였는데, 그 죽 같은 것은 먹을 수도 없고 무거웠으며 일은 번잡하였다. 이에 왕망이 조서를 내려 말했다.

"백성이 곤핍하니 비록 모든 창고를 활짝 열어 백성을 구휼한다 하여도 오히려 부족할 것이다. 온 나라의 산택에 대한 금지를 풀어

산이나 늪에서 물자를 얻고 월령에 순응하는 자가 원하는 대로 허락할 것이며 세금을 부과하지 말라. 이는 앞으로 地皇 30년까지 이와 같을 것이니, 이는 王光(미래의 연호)으로 上戊(상무) 6년일 것이다. 지방의 豪吏(호리)나 猾民(활민)이 그 이득을 독점하여 小民이 덕을 보지 못한다면 이는 나의 뜻이 아니로다. 《易》에서도 '위에 것을 덜어서 아래에 보태니 백성이 한없이 기뻐하다.' 라고 말하지 않았는가? 《書》에서도 '말이 지켜지지 않는다면 이는 다스려지지 않는 것이다.' 라고 하였도다. 아아, 여러 신하들이여. 이를 걱정하지 않을 수 있는가!"

原文

是時, 下江兵盛, 新市朱鮪,平林陳牧等皆復聚衆, 攻擊鄕聚. 莽遣司命大將軍孔仁部豫州, 納言大將軍嚴尤,秩宗大將軍陳茂擊荊州, 各從吏士百餘人, 乘船從渭入河, 至華陰乃出乘傳, 到部募士. 尤謂茂曰, "遣將不與兵符, 必先請而後動, 是猶紲韓盧而責之獲也."

| 註釋 | ○下江兵 – 南郡의 張霸(장패)와 江夏郡의 羊牧(양목)과 王匡(왕광) 등이 거느린 起義軍. ○新市朱鮪,平林陳牧 – 新市는 江夏郡의 지명. 今湖北省 荊門市 관할의 京山縣에 해당. 鮪는 다랑어 유. 平林은 今 湖北省의 隨州市 관할의 隨縣에 해당. ○部豫州 – 豫州를 감독하다. ○到部募士 – 部는 任地. 관할 구역. ○是猶紲韓盧而責之獲也 – 韓의 검은 사냥개(盧)를 묶어놓고(紲, 고삐 설) 사냥한 것을(獲) 요구하는(責) 것과 같다.

　이때, 下江(하강)의 起義軍의 세력이 강했는데 新市(신시)의 朱鮪(주유)나 平林(평림)의 陳牧(진목) 등도 모두 다시 무리를 모아 마을을 공격하였다. 왕망은 司命大將軍 孔仁(공인)을 파견하여 豫州(예주)를 감독하게 하고 납언대장군 嚴尤(엄우)와 질종대장군 陳茂(진무)를 보내 荊州(형주)를 공격케 하였는데 각자 속관 1백여 명을 거느리고 배를 타고 渭水(위수)에서 황하로 들어가 華陰(화음)에서 전거를 이용하여 임지로 가서 군사를 모으게 하였다. 이에 엄우가 진무에게 말했다.

　"장수를 파견하며 兵符(병부)를 주지도 않고 먼저 청했는데도 나중에 출동시키는 것은 韓의 사냥개를 묶어놓고 사냥감을 내놓으라는 것과 같다."

　夏, 蝗從東方來, 蜚蔽天, 至長安, 入未央宮, 緣殿閣. 莽發吏民設購賞捕擊. 莽以天下穀貴, 欲厭之, 爲大倉, 置衛交戟, 名曰'政始掖門'.

│註釋│ ○蜚蔽天 – 하늘을 덮고 날아오다. 蜚는 飛와 通. 蔽는 덮을 폐. ○欲厭之 – 厭은 누를 압. 미신의 힘으로 재앙을 이기다. ○政始掖門 – 곡식 창고의 이름. 먹은 것은 정치의 시작이라는 뜻.《상서 주서 홍범》. 액문은 미앙궁 양쪽에 있다는 뜻.

　여름에, 메뚜기 떼가 동쪽에서 하늘을 덮으며 날아와 장안에 들이닥쳤고 미앙궁에도 들어와 전각을 기어올랐다. 왕망은 관리와 백성을 동원하여 보상을 하며 잡게 하였다. 왕망은 천하에 곡물이 너무 부족하자, 이를 해결하려고 큰 창고를 짓고 위병의 창을 엇갈려 세우고 이름을 '政始掖門(정시액문)' 이라고 하였다.

原文

　流民入關者數十萬人, 乃置養贍官稟食之. 使者監領, 與小吏共盜其稟, 饑死者十七八. 先是, 莽使中黃門王業領長安市買, 賤取於民, 民甚患之. 業以省費爲功, 賜爵附城. 莽聞城中饑饉, 以問業, 業曰, "皆流民也." 乃市所賣粱飯肉羹, 持入視莽, 曰, "居民食咸如此." 莽信之.

| 註釋 |　○稟食之 – 稟은 국가의 양식. 食은 먹이다. 之는 유랑민.　○中黃門 – 환관의 직책.　○乃市所賣粱飯肉羹 – 파는(所賣) 밥(粱飯)과 고깃국(肉羹)을 매입하다(市).

〔國譯〕

　關中에 들어온 유민이 수십만 명이라서 養贍官(양섬관)을 두고 유랑민을 먹이게 하였다. 使者가 감독하였는데 小吏와 함께 그 곡식을 도적질하니 아사자가 10에 7, 8명이었다. 이에 왕망은 中黃門인 王

業(왕업)을 시켜 장안의 교역 일을 관장하게 하였는데 백성들의 곡식을 싼값에 뺏어가자 백성들이 크게 걱정하였다. 왕업은 비용을 절약하였다고 附城(부성)의 작위를 받았다. 왕망은 성 안 백성이 굶는다는 말을 듣고 왕업에게 물었는데, 왕업은 "굶는 사람은 모두 유랑민입니다."라고 대답했다. 그리고 시장에서 파는 밥과 고깃국을 사다가 왕망에게 보여주며 "居民(주민)의 식사는 모두 이와 같습니다."라고 말하자, 왕망은 그대로 믿었다.

原文

冬, <u>無鹽索盧恢</u>等擧兵反城. <u>廉丹</u>,<u>王匡</u>攻拔之, 斬首萬餘級. <u>莽</u>遣中郎將奉璽書勞<u>丹</u>,<u>匡</u>, 進爵爲公, 封吏士有功者十餘人.

| 註釋 | ○無鹽索盧恢等擧兵反城 - 無鹽(무염)은 현명. 今 山東省 泰安市 관할의 東平縣. 索盧恢(색로회)는 인명. 索盧는 복성. 反城은 성을 차지하고 반역하다.

〖國譯〗

겨울에, 無鹽縣(무염현) 索盧恢(색로회) 등이 군사를 일으켜 城에서 반역하였다. 廉丹(염단)과 王匡(왕광)이 성을 공격하여 점령하면서 참수한 자가 1만여 명이었다. 왕망은 중랑장을 보내 璽書(새서)를 갖고 가 염단과 왕광의 공로를 치하하고 작위를 公으로 올렸으며 유공자 10여 명의 속리에게도 작위를 수여했다.

赤眉別校董憲等衆數萬人在梁郡, 王匡欲進擊之, 廉丹以
爲新拔城罷勞, 當且休士養威. 匡不聽, 引兵獨進, 丹隨之.
合戰成昌, 兵敗, 匡走. 丹使吏持其印韍符節付匡曰, "小兒
可走, 吾不可!" 遂止, 戰死. 校尉汝雲,王隆等二十餘人別鬪
聞之, 皆曰, "廉公已死, 吾誰爲生?" 馳犇賊, 皆戰死. 莽傷
之, 下書曰, "惟公多擁選士精兵, 衆郡駿馬倉穀帑藏皆得自
調, 忽於詔策, 離其威節, 騎馬訶譟, 爲狂刃所害, 烏呼哀哉!
賜諡曰, 果公."

| **註釋** | ○別校董憲 − 別校는 將校. 董憲(동헌, ?-30)은 나중에 後漢 劉秀
에 저항하다가 패사한다. ○梁郡 − 군명. 치소는 睢陽縣(수양현, 今 河南省 중
동부의 商丘市). ○罷勞(피로) − 疲勞(피로). 罷는 고달플 피. 그만둘 파. ○成
昌 − 無鹽縣의 지명. ○騎馬訶譟 − 訶譟(가조)는 여러 무리가 떠들다.

〔 **國譯** 〕

赤眉(적미)의 別校인 董憲(동헌) 등 무리 수만 명이 梁郡(양군)에 모
여 있었다. 王匡(왕광)이 진격하고자 했으나 廉丹(염단)은 성을 새로
차지하느라고 지쳤으니 일단 쉬면서 전력을 강화해야 한다고 생각
했다. 왕광이 듣지 않고 군사를 이끌고 진격하자 염단은 뒤를 따랐
다. 成昌에서 만나 싸웠으나 패전하며 왕광은 도주하였다. 염단은
사자를 통해 그의 인불과 부절을 왕광에게 보내면서 전했다. "소아
는 도주할 수 있지만 나는 그렇게 못한다!" 그리고 멈춰 싸우다 죽었

다. 교위인 汝雲(여운), 王隆(왕륭) 등 20여 명은 다른 곳에서 싸우다가 소식을 듣고 모두 말했다. "염공이 죽었다니 우리가 누구를 위해 살겠는가?" 그리고는 적진에 뛰어들어 모두 전사하였다. 왕망은 이를 슬퍼하며 조서를 내렸다.

"公은 정병을 골라 거느렸으며 여러 군의 준마와 군량과 재물을 스스로 조달하고서도 조서를 따르지 않고 자신의 부절을 남에게 주었으며 함성 속에 말을 달려 미친 무리 칼날에 죽었으니, 오호라 슬프도다! 이에 果公(과공)이라는 시호를 하사한다."

原文

國將哀章謂莽曰, "皇祖考黃帝之時, 中黃直爲將, 破殺蚩尤. 今臣中黃直之位, 願平山東." 莽遣章馳東, 與太師匡並力. 又遣大將軍陽浚守敖倉, 司徒王尋將十餘萬屯雒陽塡南宮, 大司馬董忠養士習射中軍北壘, 大司空王邑兼三公之職. 司徒尋初發長安, 宿霸昌廄, 亡其黃鉞. 尋士房揚素狂直, 乃哭曰, "此經所謂 '喪其齊斧' 者也!" 自劾去. 莽擊殺揚.

| 註釋 | ○中黃直 – 신화 속의 인물. 黃帝의 명을 받아 蚩尤(치우)와 싸웠다. ○守敖倉 – 敖倉(오창)은 漢代 군량 보관 기지. 今 河南省 省都인 鄭州市 서북에 해당. ○塡南宮 – 塡은 鎭. 南宮은 낙양의 궁궐. ○中軍北壘 – 北軍中壘가 옳음. ○霸昌廄 – 霸昌館(패창관)의 馬房. ○亡其黃鉞 – 황금으로 장식한 도끼. 천자의 하사품. 장군 권위의 상징. ○喪其齊斧 – 齊斧(제부)는

날카로운 도끼. 도끼를 잃어버려 자를 수가 없다는 뜻.《易經 巽卦》에는 '喪其資斧'로 되어있다.

國將인 哀章(애장)이 왕망에게 말했다.

"皇祖考인 黃帝 때에, 中黃直을 장수로 삼아 치우를 격파하였습니다. 지금 臣이 中黃直의 자리에 있으니 山東지역을 평정하고 싶습니다."

왕망을, 애장을 동쪽으로 급히 보내어 태사 왕광과 협력하게 시켰다. 또 大將軍 陽浚(양준)을 보내 敖倉(오창)을 지키게 하고 司徒(사도) 王尋(왕심)에게 10여 만을 거느리고 雒陽(낙양)에 주둔하여 南宮을 지키게 하였으며, 대사마 董忠(동충)에게는 北軍 中壘(중루)에서 군사를 훈련시키게 하였고 大司空 王邑(왕읍)은 삼공의 직무를 겸임하게 하였다. 사도 왕심은 장안을 출발하여 霸昌館의 마방에서 일박했는데 황금장식 도끼를 잃어버렸다. 왕심의 속관인 房揚(방양)은 평소에 너무 솔직했었는데, 이에 울면서 말했다. "이는 周易에 쓰여 있는 '날카로운 도끼를 잃어버렸다.'는 말 그대로입니다!" 그리고 스스로 자책하였다. 이에 왕망은 방양을 죽여 버렸다.

四方盜賊往往數萬人攻城邑, 殺二千石以下. 太師王匡等戰數不利. 莽知天下潰畔, 事窮計迫. 乃議遣風俗大夫司國憲等分行天下, 除井田奴婢山澤六筦之禁, 卽位以來詔令不

便於民者皆收還之. 待見未發, 會世祖與兄齊武王伯升,宛
人李通等帥舂陵子弟數千人, 招致新市平林朱鮪,陳牧等合
攻拔棘陽. 是時, 嚴尤,陳茂破下江兵, 成丹,王常等數千人
別走, 入南陽界.

| 註釋 | ㅇ世祖與兄齊武王伯升 – 世祖는 後漢 건국자 光武帝 劉秀(前 6-
서기 57년). 齊 武王 伯升은 劉縯(유연, ?-서기 23). 字는 伯升. 光武帝의 친형.
更始帝 劉玄에게 피살. 齊 武王은 추서한 시호. ㅇ宛人李通等帥舂陵 – 宛은
현명. 今 河南省 南陽市. 舂陵(용릉)은 侯國名, 今 湖南城 남부 永州市 관할의
寧遠縣. ㅇ棘陽(극양) – 현명. 今 河南省 南陽市 남쪽.

〖 國譯 〗
　　여러 곳의 도적 무리인 수만 명이 성읍을 공격하여 여러 지방관
을 살해했다. 태사인 王匡(왕광) 등은 전투에서 자주 패했다. 왕망은
천하가 반기를 들었으며 막다른 처지에 어찌할 수도 없음을 알고 있
었다. 왕망은 의논 끝에 風俗大夫인 司國憲(사국헌) 등을 여러 곳에
파견하여 정전법과 노비 매매 금지, 산택에 조세를 부과하는 등 六
筦令(육관령)의 법금 해제 등 즉위 이래로 백성을 불편하게 만든 모
든 조령을 철회시키기로 하였다.
　　이들이 왕망을 알현하고 출발하기 전, 그 무렵에 世祖(劉秀)와 그
형인 齊 武王 伯升(백승)과 宛縣(완현) 사람 李通(이통) 등은 舂陵(용
릉)의 젊은 사람 수천 명을 거느리고서 新市(신시)의 朱鮪(주유)와 平
林(평림)의 陳牧(진목) 등을 끌어들여 합동으로 棘陽(극양)을 공격하
여 점령하였다.

이때 嚴尤(엄우)와 陳茂(진무) 등이 下江(하강) 일대의 무리를 격파하자 成丹(성단)과 王常(왕상) 등 수천 명은 따로 도망쳐 南陽(남양) 지역으로 진출하였다.

原文

十一月, 有星孛於張, 東南行, 五日不見. 莽數召問太史令宗宣, 諸術數家皆繆對, 言天文安善, 群賊且滅. 莽差以自安.

四年正月, 漢兵得下江王常等以爲助兵, 擊前隊大夫甄阜, 屬正梁丘賜, 皆斬之, 殺其衆數萬人. 初, 京師聞靑,徐賊衆數十萬人, 訖無文號旌旗表識, 咸怪異之. 好事者竊言, "此豈如古三皇無文書號諡邪?" 莽亦心怪, 以問群臣, 群臣莫對. 唯嚴尤曰, "此不足怪也. 自黃帝,湯,武行師, 必待部曲旌旗號令, 今此無有者, 直饑寒群盜, 犬羊相聚, 不知爲之耳." 莽大說, 群臣盡服. 及後漢兵劉伯升起, 皆稱將軍, 攻城略地, 旣殺甄阜, 移書稱說. 莽聞之憂懼.

| 註釋 | ○有星孛於張 – 孛(살별 패)는 혜성. 張은 星名, 28宿(수)의 하나. ○術數 – 각종 方術. 자연현상으로 인간사의 길흉을 판단하거나 예언하는 방법. ○四年 – 지황 4년. 서기 23년. 왕망이 패망하는 해. ○漢兵得~ – 漢은 劉秀와 劉縯(유연)의 세력. ○前隊(전수)大夫 – 왕망의 관직명. 隊郡(수군)의 태수. 隊는 부대 수. 그 속관은 屬正(속정). ○訖無文號旌旗表識 – 訖

은 모두. 전체. 無文號는 구분하는 文章 같은 것이 없다. ○部曲 – 부대의 편제 단위. ○直饑寒~ – 直은 다만. ○移書稱說 – 포고문을 보내 주장을 알리다.

[國譯]

11월에, 28宿(수)의 하나인 張(장)에 혜성이 나타나 동남 방향으로 진행하여 5일 뒤에 사라졌다. 왕망은 太史令인 宗宣(종선)을 불러 물었고, 여러 術數家들은 모두 멋대로 대답하며 천문은 평안하고 좋으니 모든 도적 무리는 곧 사라질 것이라고 하였다. 왕망은 조금 안도했다.

(地鳳) 4년(서기 23년) 정월, 漢(한)의 군사는 下江(하강)의 王常(왕상) 등을 합쳐 군사를 늘리고, 前隊大夫(전수대부)인 甄阜(견부)와 그 속관인 梁丘賜(양구사) 등을 다 참수하였으며 관군 수만 명을 죽였다.

그전에 장안에서는 청주와 서주의 도적 무리 수십 만이 모두 어떤 이름이나 旌旗(정기) 등 표지가 없는 것을 이상하다고 생각하였다. 이야기하기를 좋아하는 사람은 "이는 옛 三皇이 문서나 칭호와 시호가 없는 것과 같지 않은가?"라고 말했다. 왕망도 마음속으로 이상히 여겨 여러 신하에게 물었으나 아무도 답변하는 사람이 없었다. 다만 嚴尤(엄우)가 말했다.

"이상할 것 없습니다. 황제로부터 탕왕과 무왕 등이 군사를 낼 때 필히 부대의 정기나 명칭 깃발이 다 도착하기를 기다렸습니다만 지금 그것이 없다는 것은 다만 굶주린 떼도둑으로 개나 양떼처럼 모였을 뿐이라서 그런 것 조차도 모르기 때문입니다."

왕망은 크게 좋아했고 다른 신하들은 모두 탄복했다. 그 뒤에 한의 劉伯升(유백승)이 흥기하면서 모두 장군이라 호칭했고 성을 공격하고 땅을 늘렸으며 甄阜(견부)를 죽인 뒤에는 포고문을 내며 주장을 알렸다. 왕망은 이런 소식을 듣고 걱정하며 두려웠다.

原文

漢兵乘勝遂圍宛城. 初, 世祖族兄聖公先在平林兵中. 三月辛巳朔, 平林,新市,下江兵將王常,朱鮪等共立聖公爲帝, 改年爲更始元年, 拜置百官. 莽聞之愈恐.

欲外視自安, 乃染其鬚髮, 進所徵天下淑女杜陵史氏女爲皇后, 聘黃金三萬斤,車馬,奴婢,雜帛,珍寶以巨萬計. 莽親迎於前殿兩階間, 成同牢之禮於上西堂. 備和嬪,美御,和人三, 位視公, 嬪人九, 視卿, 美人二十七, 視大夫, 御人八十一, 視元士, 凡百二十人, 皆佩印韍, 執弓韣. 封皇后父諶爲和平侯, 拜爲寧始將軍, 諶子二人皆侍中.

是日, 大風發屋折木. 群臣上壽曰, "乃庚子雨水灑道, 辛丑淸靚無塵, 其夕穀風迅疾, 從東北來. 辛丑, 〈巽〉之宮日也. 〈巽〉爲風爲順, 後誼明, 母道得, 溫和慈惠之化也.《易》曰, '受玆介福, 於其王母'.《禮》曰, '承天之慶, 萬福無疆'. 諸欲依廢漢火劉, 皆沃灌雪除, 殄滅無餘雜矣. 百穀豐茂, 瑞草蕃殖, 元元歡喜, 兆民賴福, 天下幸甚!" 莽日與方士涿郡昭尹等於後宮考驗方術, 縱淫樂焉. 大赦天下, 然猶曰,

"故漢氏舂陵侯群子劉伯升與其族人婚姻黨與, 妄流言惑衆, 悖畔天命, 及手害更始將軍廉丹,前隊大夫甄阜, 屬正梁丘賜, 及北狄胡虜逆輿泊南襲虜若豆,孟遷, 不用此書. 有能捕得此人者, 皆封爲上公, 食邑萬戶, 賜寶貨五千萬."

| 註釋 | ○族兄聖公 – 景帝의 아들로 長沙王인 劉發의 아들, 곧 舂陵(용릉) 節侯 劉買(유매)의 玄孫이 劉秀(光武帝)이다. 이 劉買의 또 다른 현손이 更始帝인 劉玄(유현, 字 聖公)이니 劉秀와 劉玄은 같은 항렬로 三從兄弟(삼종형제, 8촌)이다. (이를 쉬운 말로 '同高祖八寸'이라고 한다.) ○共聖公爲帝 – 聖公(이름은 劉玄, ?-서기 25)은 帝位에 올랐다.(재위, 서기 23-25). 이를 역사에서는 玄漢(현한)이라고 부른다. ○同牢之禮(동뢰지례) – 혼례의 의식 중 한 가지. 부부가 함께 희생을 먹는다고 하였다. ○穀風 – 谷風, 東風, 春風 ○〈巽(손)〉 – 64괘 중 57번째 괘 이름. 上下卦가 모두 ☴(巽)으로 구성, '巽爲風' 손은 바람과 형통을 상징. 바람은 '無孔不入'의 특성이 있다. ○輿 – 흉노 선우의 중국식 이름. ○泊南襲虜若豆 – 泊(물 부을 계)는 ~까지(及), 南은 남쪽, 襲虜(북로)는 종족 이름. 襲人(북인). 若豆(약두)는 인명.

〖 國譯 〗

漢兵은 승세를 타고 마침내 宛城(완성)을 포위하였다. 그전에 世祖(劉秀)의 族兄인 聖公(劉玄의 字)은 앞서 平林의 무리에 속해 있었다. 3월 신사일 초하루에, 平林과 新市에 있는 下江兵의 장수인 王常(왕상)과 朱鮪(주유) 등은 함께 聖公(성공)을 황제로 옹립하였으며 연호를 更始(경시) 원년이라 하고 백관을 임명하였다. 왕망은 이를 듣고 더욱 두려워했다.

그러나 왕망은 밖으로 평온하다는 것을 내보이기 위하여 바로 수염과 두발을 염색하고 천하에서 징발하여 올라온 숙녀 중 杜陵(두릉) 史氏의 딸을 황후로 삼아 황금 3만 근과 차마와 노비, 그리고 여러 비단과 진기한 보물 거만금을 聘禮(빙례)로 보냈다.

왕망은 미앙궁 前殿의 두 계단 사이에 내려와 (황후를) 親迎(친영)하였고 西堂에 나아가 同牢之禮(동뢰지례)를 마쳤다. 왕망은 和嬪(화빈), 美御(미경), 和人(화인)의 세 비빈을 맞이하였는데 이들의 지위는 公과 같았으며, 嬪人(빈인) 9명은 卿(경), 美人(미인) 27인은 大夫, 御人(어인) 81명은 元士와 같은 지위로 모두 120인이 印韍(인불)을 패용하였으며 활과 활집(韣 활집 독)을 갖추는 예를 행하였다. 황후의 부친인 史諶(사심)을 和平侯(화평후)에 봉했고 寧始將軍을 제수하였으며 사심의 두 아들은 모두 시중이 되었다.

이날 큰 바람이 불어 지붕의 나무가 부러졌다. 그러나 여러 신하들은 이를 축하하였다.

"지난 경자일에 비가 내려 길을 씻었고 辛丑(신축)일에는 날이 개어 먼지도 없었으며 그날 저녁에 강한 봄바람이 동쪽에서 불어왔습니다. 신축일은 바로 〈巽(손괘)〉의 宮日(궁일)입니다. 〈巽(손)〉은 바람이고 순리이며, 뒤에 옳은 것이 밝혀지는 것이며, 母道를 得한 것이며 온화와 자혜로운 교화입니다. 그래서 《易》에서도 '이에 큰 복을 받을 지어니 王母(君母)에 나갈 것이다'라고 하였습니다. 《儀禮》에서도 '하늘의 경사를 이으니 만복이 끝없도다.' 라고 하였습니다. 모두가 이런 바람에 의거 漢, 劉씨의 火德이 물을 부어 눈(雪)을 제거하듯 남김없이 깨끗이 치워지기를 기대하고 있습니다. 모든 곡식이 무성하고 瑞草(서초)가 무성하며 백성이 기뻐하고 창생이 복을 받으니 천하에 큰 기쁨입니다."

왕망은 날마다 方士인 涿郡(탁군)의 昭尹(소윤) 등과 함께 후궁에서 房中術을 익히며 음탕한 쾌락을 즐겼다. 천하에 대사령을 내리면서 덧붙여 말하였다.

"옛 漢의 春陵侯(용릉후)의 여러 아들인 劉伯升(유백승, 劉縯)의 그 족인과 그와 혼인한 무리는 망령되이 流言으로 대중을 현혹하고 천명을 거역하였으며 직접 경시장군 廉丹(염단), 前隊大夫(전수대부) 甄阜(견부)와 그 속관인 梁丘賜(양구석)을 해쳤으며, 또 北狄(북적) 흉노의 선우인 輿(여)와 남쪽 僰人(북인)인 若豆(약두)와 孟遷(맹천) 등은 이 사면령이 해당 없다. 이들을 잡아오는 자에게는 上公에 봉하고 식읍 1만 호에 보화 5천만 전 어치를 하사할 것이다."

原文

又詔, "太師王匡, 國將哀章, 司命孔仁, 兗州牧壽良, 卒正王閎, 揚州牧李聖亟進所部州郡兵凡三十萬衆, 迫措青, 徐盜賊. 納言將軍嚴尤, 秩宗將軍陳茂, 車騎將軍王巡, 左隊大夫王吳亟進所部州郡兵凡十萬衆, 迫措前隊醜虜. 明告以生活丹青之信, 復迷惑不解散, 皆並力合擊, 殄滅之矣! 大司空隆新公, 宗室戚屬, 前以虎牙將軍東指則反虜破壞, 西擊則逆賊靡碎, 此乃新室威寶之臣也. 如黠賊不解散, 將遣大司空將百萬之師征伐剿絶之矣!" 遣七公幹士隗囂等七十二人分下赦令曉諭云. 囂等既出, 因逃亡矣.

| 註釋 | ○亟進所部州郡兵~ – 亟은 빠를 극. 빨리. 所部는 거느린, 관할의. ○左隊大夫(좌수대부) – 왕망은 潁川郡(영천군)을 左隊(좌수)로 개명. 大夫는 太守. 隊는 길 수(隧). 대오 대. ○前隊醜虜 – 前隊大夫인 甄阜(견부)를 죽인 劉伯升. 醜虜는 나쁜 놈. ○明告以生活丹靑之信 – 生活은 자수한 자는 살려준다는 뜻. 丹靑之信은 분명한 약속. ○隆新公(융신공) – 成都侯 王邑(왕읍). ○逆賊靡碎 – 靡碎(미쇄)는 흩어지고 부서지다. ○剝絶之 – 剝는 베어낼 초. 멸절시키다. ○幹士 – 주요한 속관.

[國譯]

또 조서를 내렸다.

"太師 王匡(왕광), 國將 哀章(애장), 司命 孔仁(공인), 兗州牧(연주목)인 壽良(수량), 卒正 王閎(왕굉), 揚州牧 李聖(이성)은 휘하 州郡의 병력 총 30만 명을 거느리고 靑州와 徐州의 도적떼를 추격하라. 納言將軍 嚴尤(엄우), 秩宗將軍 陳茂(진무), 車騎將軍 王巡(왕순), 左隊大夫(좌수대부) 王吳(왕오)는 빨리 휘하 주군의 병력 10만 명을 거느리고 前隊(전수) 대부를 죽인 적을 추격하라. 자수한 자는 살려 준다는 명백한 신의를 밝히고 또다시 미혹에 빠져 해산하지 않는 자를 모두가 힘을 모아 다 없애도록 하라! 대사공 隆新公(융신공, 王邑)은 宗室의 일족이며 예전에 虎牙將軍으로 동쪽을 가리키면 반적들이 격파되었고 서쪽을 공격하면 역적들이 도망치고 죽어갔으니 바로 新室의 위엄이며 주요 신하였다. 만약 교활한 적들이 해산하지 않는다면 大司空(王邑)이 1백만의 대군을 거느리고 진격케 하여 정벌하고 뿌리를 뽑아버릴 것이다."

七公의 幹士(간사)인 隗囂(외효) 등 72인을 천하에 나눠 보내어 대사령을 알리게 하였다. 이에 외효 등은 출발하면서 바로 도망쳤다.

原文

　四月, 世祖與王常等別攻潁川, 下昆陽,郾,定陵. 莽聞之
愈恐. 遣大司空王邑馳傳至雒陽, 與司徒王尋發衆郡兵百
萬, 號曰'虎牙五威兵', 平定山東. 得顓封爵, 政決於邑, 除
用徵諸明兵法六十三家術者, 各持圖書, 受器械, 備軍吏.
傾府庫以遣邑, 多齎珍寶,猛獸, 欲視饒富, 用怖山東. 邑至
雒陽, 州郡各選精兵, 牧守自將, 定會者四十二萬人, 餘在道
不絶, 車甲士馬之盛, 自古出師未嘗有也.

| 註釋 |　○潁川 – 군명. 치소는 陽翟縣(양책현, 今 河南省 許昌市 관할의 禹
州市). 　○昆陽(곤양),郾(언),定陵(정릉) – 모두 현명. 今 河南省 중앙에 위치
한 漯河市(탑하시)의 부근에 해당. ○用怖山東 – 맹수를 보여주어 山東을 공
포에 떨게 하다. 怖는 두려워할 포.

〖 國譯 〗

　4월에, 世祖(劉秀)와 王常(왕상) 등은 별도로 潁川郡(영천군)을 공
격하여 昆陽(곤양), 郾(언), 定陵縣(정릉현)을 차지했다. 왕망은 소식
을 듣고 크게 두려워했다. 이에 大司空 王邑(왕읍)을 전거로 급히 낙
양에 보냈고 司徒 王尋(왕심)과 함께 여러 군의 병력 1백만을 징발하
게 하여 '虎牙五威兵(호아오위병)'이라고 부르면서 山東을 평정케 하
였다. 작위를 마음대로 수여할 권한이 주어졌고 정사는 왕읍이 결정

하였으며 여러 병법에 밝은 63家의 術士를 등용하였는데 각자 도서를 준비하고 여러 병기를 내주었고 부하 속리를 임명케 하였다. 온 나라의 재물이 모두 왕읍에게 주어졌는데 많은 보물과 맹수를 데리고 가서 나라의 넉넉한 재물을 자랑하며 산동 지역을 공포로 떨게 하였다. 왕읍이 낙양에 도착하자 각 주군의 정병을 징발하여 각 주목이 장수로서 인솔하여 약속된 날에 모인 자가 42만 명이었고, 나머지는 도로를 통해 모여들었으며, 거마와 갑사의 성대함이 여태껏 출사한 어느 군사도 이보다 더 낫지 않았다.

原文

六月, 邑與司徒尋發雒陽, 欲至宛, 道出潁川, 過昆陽. 昆陽時已降漢, 漢兵守之. 嚴尤,陳茂與二公會, 二公縱兵圍昆陽. 嚴尤曰, "稱尊號者在宛下, 宜亟進. 彼破, 諸城自定矣." 邑曰, "百萬之師, 所過當滅, 今屠此城, 喋血而進, 前歌後舞, 顧不快邪!" 遂圍城數十重. 城中請降, 不許. 嚴尤又曰, "歸師勿遏, 圍城爲之闕, 可如兵法, 使得逸出, 以怖宛下." 邑又不聽. 會世祖悉發郾,定陵兵數千人來救昆陽, 尋,邑易之, 自將萬餘人行陳, 敕諸營皆按部毋得動, 獨迎, 與漢兵戰, 不利. 大軍不敢擅相救, 漢兵乘勝殺尋. 昆陽中兵出並戰, 邑走, 軍亂. 天風蜚瓦, 雨如注水, 大衆崩壞號呼, 虎豹股慄, 士卒奔走, 各還歸其郡. 邑獨與所將長安勇敢數千人還雒陽. 關中聞之震恐, 盜賊並起.

| 註釋 | ○稱尊號者 – 劉玄을 지칭. ○喋血而進 – 피를 밟고 가다. 喋(재 잘거릴 첩)은 蹀(밟을 접)과 通. ○歸師勿遏, 圍城爲之闕 – 후퇴하는 군사를 가로막지 말고, 성을 포위하되 한 쪽을 터주다. 闕은 완전하게 둘러싸지 않 다. ○易之 – 경시하다. ○行陳 – 군진을 치다. 순행하다. ○天風蜚瓦 – 天 風은 大風. 蜚는 飛의 古字. ○勇敢數千人 – 勇敢(용감)은 漢代 兵種의 하나. 특수부대.

〖 國譯 〗

6월에, 王邑과 사도 王尋(왕심)은 낙양을 출발하여 宛縣(완현)으로 진군하며 도중에 潁川郡(영천군)을 거쳐 昆陽(곤양)현에 이르렀다. 그때 곤양현은 한에 투항했기에 한의 군사가 지키고 있었다. 엄우와 진무는 왕읍, 왕심을 만났는데 두 사람은 군사를 풀어 곤양성을 포 위했다. 이에 엄우가 말했다.

"존호를 자칭하는 자가 완현 근처에 있다고 하니 빨리 가야 할 것 입니다. 그를 격파하면 나머지 성은 저절로 평정될 것입니다."

그러자 왕읍이 말했다.

"1백만의 군사가 가는 곳은 당연히 진압되어야 하니 이번에 여기 를 점령하여 피를 밟고 나아가며 앞에서 노래하고 뒤에서 춤을 춘다 면 기분 좋지 않겠는가!"

그러면서 성을 수십 겹으로 포위했다. 성 안에서 투항하겠다고 했지만 왕읍은 수락하지 않았다. 이에 엄우가 또 말했다.

"후퇴하는 군사를 막지 말고, 성을 포위하되 한 쪽을 터준다는 병 법을 따라 저들을 도망가게 하면 완현에서도 겁을 먹을 것입니다." 그래도 왕읍은 따르지 않았다.

그때 世祖(劉秀)는 郾(언)과 定陵(정릉)현의 군사 수천 명을 거느리고 곤양성을 구원하러 왔으나 왕읍과 왕심은 경시하면서 왕읍과 왕심은 스스로 1만여 명 군사를 데리고 진을 치며 다른 군영에서는 편제를 그대로 지키면서 움직이지 말라고 명령한 뒤 세조의 군사를 맞아 싸웠으나 이기지 못했다. 그래도 대군은 감히 서로 구원하지도 못했고 한의 군사는 승세를 타고 왕심을 죽였다. 곤양성에서도 군사를 출동시켜 같이 공격해오자 왕읍은 도주했고 대군은 혼란에 빠졌다. 마침 큰 바람이 불어 기왓장을 날리고 물을 쏟듯 비를 퍼붓자 대군은 붕괴되어 고함을 쳤으며, 호랑이와 표범이 울부짖는 사이에 병졸은 달아나 각자 자기 군으로 돌아갔다. 왕읍은 장안에서 데리고 온 勇敢(용감, 특수부대)의 병졸 수천 명을 데리고 겨우 낙양으로 돌아갔다. 관중에 이 소식이 전해지자 모두 두려워 떨었고 온 나라에 도적이 들고 일어났다.

原文

又聞漢兵言, 莽鴆殺孝平帝. 莽乃會公卿以下於王路堂, 開所爲平帝請命金縢之策, 泣以視群臣. 命明學男張邯稱說其德及符命事, 因曰, "《易》言 '伏戎於莽, 升其高陵, 三歲不興'. '莽', 皇帝之名, '升' 謂劉伯升. '高陵' 謂高陵侯子翟義也. 言劉升, 翟義爲伏戎之兵於新皇帝世, 猶殄滅不興也." 群臣皆稱萬歲. 又令東方檻車傳送數人, 言 '劉伯升等皆行大戮'. 民知其詐也.

| 註釋 | ○明學男 – 男은 爵位임. ○《易》言~ –《易經 同人卦》九三 爻辭
(효사). ○檻車(함거) – 죄수를 호송하는 수레.

〖 國譯 〗

　　또 漢의 군사들이 말하는 왕망이 효평제를 독살했다는 소문도 퍼
졌다. 왕망은 이에 공경 이하 모두를 王路堂(왕로당)에 모아놓고 平
帝를 위해 자신의 목숨을 대신하겠다는 金縢의 책서를 개봉하여 눈
물을 흘리며 여러 신하에게 보여주었다. 그리고 明學男인 張邯(장
한)을 시켜 왕망의 덕행과 符命(부명)에 관하여 설명하게 했는데 이
에 장한이 말했다.

　　"《易》에 '(군사를) 덤불 속에 매복하고 높은 언덕에 오르나 3년이
되어도 흥기하지 못한다.'고 하였습니다. 덤불(莽, 우거질 망)은 황제
의 이름이며 '올라가다(升)'는 劉伯升(유백승, 劉縯)입니다. '높은 언
덕(高陵)'은 高陵侯(고릉후, 翟方進)의 아들인 翟義(적의)입니다. 곧
유백승이나 적의 같은 매복한 군사는 우리 新(신)의 황제 시대에는
모두 전멸하여 흥기하지 못한다는 뜻입니다."

　　그러자 여러 신하는 만세를 불렀다. 또 동쪽에서 檻車에 여러 시
신을 싣고 오며 '유백승 등이 마구 사람을 살육했다.'고 말했다. 그
러나 백성들은 그것이 거짓인 줄을 알고 있었다.

原文

　　先是, 衛將軍王涉素養道士西門君惠. 君惠好天文讖記,
爲涉言, "星孛掃宮室, 劉氏當復興, 國師公姓名是也." 涉

信其言, 以語大司馬董忠, 數俱至國師殿中廬道語星宿, 國師不應. 後涉特往, 對歆涕泣言, "誠欲與公共安宗族, 奈何不信涉也!" 歆因爲言天文人事, 東方必成. 涉曰, "新都哀侯小被病, 功顯君素耆酒, 疑帝本非我家子也. 董公主中軍精兵, 涉領宮衛, 伊休侯主殿中, 如同心合謀, 共劫持帝, 東降南陽天子, 可以全宗族, 不者, 俱夷滅矣!" 伊休侯者, 歆長子也, 爲侍中五官中朗將, 莽素愛之. 歆怨莽殺其三子, 又畏大禍至, 遂與涉,忠謀, 欲發. 歆曰, "當待太白星出, 乃可." 忠以司中大贅起武侯孫伋亦主兵, 復與伋謀. 伋歸家, 顏色變, 不能食. 妻怪問之, 語其狀. 妻以告弟雲陽陳邯, 邯欲告之. 七月, 伋與邯俱告, 莽遣使者分召忠等. 時忠方講兵都肄, 護軍王咸謂忠謀久不發, 恐漏洩, 不如遂斬使者, 勒兵入. 忠不聽, 遂與歆,涉會省戶下. 莽令䩉惲責問, 皆服. 中黃門各拔刃將忠等送廬, 忠拔劍欲自刎, 侍中王望傳言大司馬反, 黃門持劍共格殺之. 省中相驚傳, 勒兵至郎署, 皆拔刃張弩. 更始將軍史諶行諸署, 告郎吏曰, "大司馬有狂病, 發, 已誅." 皆令弛兵. 莽欲以厭凶, 使虎賁以斬馬劍挫忠, 盛以竹器, 傳曰 '反虜出'. 下書赦大司馬官屬吏士爲忠所詿誤, 謀反未發覺者. 收忠宗族, 以醇醯毒藥,尺白刃叢棘並一坎而埋之. 劉歆,王涉皆自殺. 莽以二人骨肉舊臣, 惡其內潰, 故隱其誅. 伊休侯疊又以素謹, 歆訖不告, 但免侍中中郎將, 更爲中散大夫. 後日殿中鉤盾土山仙人掌旁有白頭公靑衣, 郞吏見者私謂之國師公. 衍功侯喜素善卦, 莽使筮之, 曰, "憂兵火." 莽曰, "小兒安得此左道? 是乃予之皇祖叔父子僑欲來迎我也."

| 註釋 | ○道士 – 方士. 西門은 복성. ○國師公姓名是也 – 劉歆(유흠)의 歆은 歆(불타오를 흠)과 같은 뜻으로 해석했다. ○殿中廬 – 國師殿 안의 자는 곳. 숙직실과 같은 곳. ○新都哀侯~, 功顯君~ – 新都哀侯는 왕망의 부친 王曼(왕만), 功顯君(공현군)은 왕망의 생모. ○中軍 – 大司馬가 지휘하는 군사. ○五官中朗將 – 여러 중랑장의 하나. 시위 군사를 지휘. ○太白星 – 金星. 계절은 가을. 殺事를 주관하는 별. ○都肄(도이) – 都는 정기적인 능력 평가. 肄는 군사 훈련. 肄는 익힐 이. ○史諶(사심) – 새로 책봉된 황후의 부친. 和平侯(화평후)에 寧始將軍이었다. ○弛兵(이병) – 무기를 놓다. 弛는 늦출 이(弛와 同). ○斬馬劍(참마검) – 少府의 尙方(상방)에서 제조한 특별한 모양의 칼. 尙方寶劍이라고도 부른다. ○挫 – 토막 내다. 자르다. 剉(꺾을 좌)와 同. ○以醇醢毒藥,尺白刃叢棘 – 醇醢(순혜)는 아주 독한 식초〔醋酸(초산)〕. 尺白刃은 短刀. 叢棘(총극)은 가시 몽둥이. 일족을 죽인 방법을 열거하였다. ○鉤盾(구순) – 정원을 관리하는 부서. ○仙人掌 – 신선의 손바닥. 이슬을 받아 모으려는 조형물. ○左道 – 정통 학문이 아닌 旁門邪道(방문사도). ○子僑 – 王子僑(왕자교). 전설 속 신선의 이름.

〖 國譯 〗

　이에 앞서, 衛將軍(위장군)인 王涉(왕섭)은 평소에 道士(도사)인 西門君惠(서문군혜)를 문객으로 대우했다. 서문군혜는 천문이나 참서를 좋아했는데 왕섭에게 말했다.

　"혜성이 궁실을 쓸고 가니 유씨가 꼭 일어날 것인데 바로 國師公

姓名(劉歆, 유흠)입니다."

왕섭도 그렇다고 생각하며 이를 大司馬인 董忠(동충)에게 말했고 여러 번 같이 國師殿(국사전) 안의 숙소에서 별의 운행에 대한 이야기를 나누었으나 유흠은 별로 응하지 않았다. 그 뒤에 왕섭은 일부러 찾아가서 유흠 앞에서 눈물을 흘리며 말했다.

"진심으로 공과 함께 종족을 안정시키고 싶은데 공은 왜 이 왕섭을 믿지 않으십니까!"

그러자 유흠은 비로소 천문과 人事에 대한 이야기를 하면서 틀림없이 동방에서 일이 일어날 것이라고 말했다. 이에 왕섭이 말했다.

"新都哀侯(신도애후)는 젊은 나이에 병에 걸렸고 功顯君(공현군, 왕망의 생모)은 평소에 술을 좋아하였기에 황제(왕망)가 본래 왕씨 집안 아들이 아니라는 의심도 있었습니다. 동충은 中軍의 정병을 지휘하고 저 왕섭은 궁궐 수비를 담당하며 伊休侯(이휴후)는 황제의 호위를 담당하고 있으니, 만약 한마음으로 방책을 세워 함께 황제를 납치하여 동쪽으로 가서 南陽(남양)에 있는 天子(劉玄)에게 가서 투항하면 모든 종족을 보전할 수 있지만 그렇지 않다면 함께 멸망할 것입니다!"

伊休侯(이휴후)는 유흠의 장자로 侍中이며 五官中朗將으로 있었는데 왕망이 평소에 신임하고 있었다. 유흠은 왕망이 그 셋째 아들을 죽게 한 것에 원한을 품고 있었지만 더 큰 화를 당할까 걱정하고 있다가 결국 왕섭, 동충과 모의하기에 이르렀으며 일을 시작하였다.

유흠은 "좀 더 기다렸다가 太白星이 나타날 때가 되어야 성공할 것이요."라고 말했다."

동충과 함께 司中大贅(사중대췌)인 起武侯 孫伋(손급)도 같이 병력을 지휘하고 있었는데 동충은 이를 손급과 같이 의논하였다. 손급은 귀가하여 창백한 안색에 식사를 하지 못했다. 그 아내가 이상히 생각하여 물었고 손급은 사실을 털어놓았다. 손급의 아내는 친정 동생인 雲陽(운양)의 陳邯(진한)에게 말했고 진한은 밀고하려 했다. 7월에, 손급과 진한이 모든 것을 보고하자 왕망은 사자를 보내 따로따로 동충 등을 소환하였다. 그때 동충은 부대 병법 훈련 및 시험을 치루고 있었는데 護軍인 王咸(왕함)은 동충에게 모의를 오래 하며 행동하지 않아 누설되었을지 모르니 사자를 죽이고 군사를 데리고 들어가는 것만 못하다고 말했다. 그러나 동충은 따르지 않고 유흠, 왕섭과 함께 조정에서 만나 논의하였다.

왕망이 중상시인 竈憚(제운)을 보내 문책하자 모두 자백하였다. 그때 中黃門(환관)이 제각각 칼을 빼 들고 동충 등을 숙소로 호송했는데 동충은 칼을 빼 자결하려 하자 侍中인 王望(왕망)이 '大司馬(董忠)가 반격하려 한다.'고 말했고, 여러 환관들은 칼로 동충을 죽여버렸다. 조정의 여러 사람이 놀라 소식을 전했고 시위병들이 업무 담당 관서에 칼을 들고 활을 당긴 상태로 들어왔다. 寧始將軍인 史諶(사심)은 각 부서를 순찰하며 여러 낭리들에게 "大司馬가 미친병이 있어 도졌기에 죽였을 뿐이다."라고 말하고, 모두 무기를 거두게 하였다. 왕망은 이런 변고를 진압해야 한다며 호분위의 군사를 시켜 斬馬劍(참마검)으로 동충을 토막 내어 대바구니에 담아서 구경시키며 '반역자가 갑니다.'라고 말하게 하였다. 왕망은 조서를 내려 대사마의 속관으로 동충에게 포섭되어 모반에 가담하였으나 발각되지 않은 자를 모두 사면한다고 하였다. 동충의 일족을 모두 잡아서 독한 식초(초산)나 단도, 가시나무 몽둥이로 죽인 뒤에 모두 한 구덩이에 파묻었다.

유흠과 왕섭은 모두 자살하였다. 왕망은 이 두 사람이 골육이거나 舊臣(구신)이기에 내부 분열이 들어나는 것이 싫어 그 죽음을 숨겼다. (유흠의 장남인) 伊休侯(이휴후) 劉疊(유첩)은 평소에 근신하였고 유흠이 끝까지 말해주지 않았기에 일단 侍中 中郎將을 면직시키고 中散大夫에 임용하였다.

뒷날 궁궐 정원을 관리하는 부서 鉤盾(구순)의 흙산에 있는 仙人의 손바닥 곁에 흰머리에 청의를 입은 사람 형상이 나타나곤 했는데, 이를 본 관리들은 그가 국사공인 유흠이라고 남모르게 이야기하였다. 衍功侯(연공후)인 王喜(왕희)란 사람은 평소에 점치기를 잘했는데 왕망이 이에 대해 점을 쳐보라고 시켰더니 "병화를 걱정해야 합니다."라고 말했다. 그러자 왕망은 "어린애가 어찌 그런 左道(좌도)를 알겠느냐? 이는 나의 皇祖叔父인 王子僑(왕자교)께서 나를 신선으로 이끌려고 내려온 것이다."라고 말했다.

原文

莽軍師外破, 大臣內畔, 左右亡所信, 不能復遠念郡國, 欲諱邑與計議. 崔發曰, "邑素小心, 今失大衆而徵, 恐其執節引決, 宜有以大慰其意." 於是莽遣發馳傳諭邑, "我年老毋適子, 欲傳邑以天下. 敕亡得謝, 見勿復道." 邑到, 以爲大司馬. 大長秋張邯爲大司徒, 崔發爲大司空, 司中壽容苗訢爲國師, 同說侯林爲衛將軍. 莽憂懣不能食, 但飮酒, 啖鰒魚. 讀軍書倦, 因憑几寐, 不復就枕矣. 性好時日小數, 及事迫急, 但爲厭勝. 遣使壞渭陵,延陵園門罘罳, 曰, "毋使民復思也." 又以墨泧色其周垣. 號將至曰'歲宿', 申水爲'助將軍', 右庚'刻木校尉', 前丙'耀金都尉' 又曰'執大斧, 伐枯木, 流大水, 滅發火'. 如此屬不可勝記.

| 註釋 | ○欲諱邑~ – 諱는 부를 호(呼 同). ○毋適子 – 無嫡子. 정처 소생의 아들도 없다. 毋는 아니다. 없다. 하지 말라. ~하지 않다. 발어사 등 다양한 뜻이 있다. ○見勿復道 – 알현할 때 다시 (패전에 대하여) 말하지 말라. 道는 말하다. ○性好時日小數 – 행사 날짜의 길흉을 점치거나(是日) 사소한 도술(小數). ○罘罳(부시) – 묘당 또는 궁궐 정문 앞에 설치한 가림 담장. 정원 울타리. 罘는 그물 부. 罳는 面牆(면장) 시. ○號將至曰'歲宿' – 將至는 將軍의 誤字. ○申水爲~ – 申水는 미상. 右庚, 前丙 역시 미상.

〔 國譯 〕

왕망의 군사는 외부에서 격파되고 대신은 내부에서 배반하니 좌우에 믿을 데가 없었으며 멀리 군국의 일은 생각할 겨를도 없어 왕읍을 불러 상의하겠다고 생각하였다. 이에 崔發(최발)이 말했다.

"왕읍은 평소 소심하여 이번에 대군을 잃고 부름을 받으면 평소의 지조대로 자결할 수도 있으니 그 마음을 먼저 달래주어야 좋을 것입니다."

이에 왕망은 전거로 사자를 보내 왕읍에게 말했다. "나는 나이도 많은데다가 정처 소생의 아들도 없어 왕읍에게 천하를 맡기려 생각한다. 이전의 일을 사죄할 필요 없으며 다시 언급할 필요도 없도다." 왕읍이 도착하자 大司馬에 임명하였다. 大長秋인 張邯(장한)을 大司徒에, 崔發(최발)을 大司空에, 司中壽容인 苗訢(묘흔)을 國師에, 同說侯인 王林(왕림)을 衛將軍에 임명하였다. 왕망은 걱정과 번민으로 식사를 못하고 다만 술을 마시며 鰒魚(복어)를 씹거나 병법서를 읽다가 안석에 기대어 졸다가는 다시 자리에 들지도 못했다. 왕망의 천성은 택일의 길흉을 점치거나 사소한 도술을 좋아하였는데 급박한 상황에서는 다만 미신행위로 풀어버리려 하였다. 사람을 보내 渭陵(원제의 능)과 延陵(성제의 능)의 園門 앞의 가림 담장을 헐어버리게 하면서 "백성들이 다시는 (漢을) 생각하지 못하게 하라."고 말했다. 또 그 능원을 둘러친 담을 검정색으로 칠하게 하였다. 장군을 '歲宿(세숙)'이라 부르게 하였으며, 申水(신수)를 '助將軍', 右庚(우경)을 '刻木校尉', 前丙(전병)을 '耀金都尉(요금도위)'라 부르게 하였으며, 또 '큰 도끼를 잡고 고목을 찍어내어 큰물에 떠내버리고 불을 꺼버려라.' 라고 말했는데 이런 일은 다 기록할 수가 없었다.

原文

秋, 太白星流入太微, 燭地如月光.

成紀隗崔兄弟共劫大尹李育, 以兄子隗崐爲大將軍, 攻殺雍州牧陳慶, 安定卒正王旬, 並其衆, 移書郡縣, 數莽罪惡萬於桀, 紂.

| 註釋 | ◦太白星流入太微 – 전쟁이 발발할 징조라는 주석이 있다. ◦成紀隗崔 – 成紀(성기)는 縣名. 今 甘肅省 동부 平涼市 관할의 靜寧縣. 隗崔(외

최)는 인명. ○雍州(옹주) – 관할 지역은 지금의 甘肅省, 寧夏自治區 및 靑海省 동부 지역.

〖國譯〗

가을에, 太白星이 太微星(태미성)에 들었고 그 밝기가 달빛과도 같았다.

成紀縣(성기현)의 隗崔(외최) 형제가 함께 대윤인 李育(이육)을 죽였고 그 형의 아들 隗囂(외효)는 대장군이라 하면서 雍州牧인 陳慶(진경)과 安定郡 졸정인 王旬(왕순)을 공격 살해하였고, 그 무리를 아우르고서 각 군현에 격문을 보내 왕망의 죄상을 열거하며 桀王이나 紂王(주왕)보다 만 배는 더 심하다고 하였다.

原文

是月, 析人鄧曄, 于匡起兵南鄉百餘人. 時析宰將兵數千屯鄔亭, 備武關. 曄, 匡謂宰曰, "劉帝已立, 君何不知命也!" 宰請降, 盡得其衆. 曄自稱輔漢左將軍, 匡右將軍, 拔析, 丹水, 攻武關, 都尉朱萌降. 進攻右隊大夫宋綱, 殺之, 西拔湖. 莽愈憂, 不知所出. 崔發言, "《周禮》及《春秋左氏》, 國有大災, 則哭以厭之. 故《易》稱'先號咷而後笑'. 宜呼嗟告天以求救." 莽自知敗, 乃率群臣至南郊, 陳其符命本末, 仰天曰, "皇天旣命授臣莽, 何不殄滅衆賊? 卽令臣莽非是, 願下雷霆誅臣莽!" 因搏心大哭, 氣盡, 伏而叩頭. 又作告天策, 自

陳功勞, 千餘言. 諸生小民會旦夕哭, 爲設飧粥, 甚悲哀及
能誦策文者除以爲郎, 至五千餘人. 甦憚將領之.

| 註釋 | ○析人 – 析縣(석현)은 今 河南省 南陽市 관할의 西峽縣(서협현).
○武關 – 今 陝西省 商洛市 丹鳳縣 동쪽 武關河의 북안에 있는 관문. 관중을
방어하는 函谷關(동, 또는 潼關), 蕭關(북), 大散關(서)와 함께 秦之四塞이라
하였다. ○丹水 – 현명. 弘農郡에 속했다. ○湖縣 – 弘農郡의 현명. 今 河南
省 三門峽市 관할의 靈寶市 서남. ○《易》稱~ –《易經 同人卦》. ○號咷(호
도) – 울부짖다. ○飧粥(손죽) – 죽. 飧은 밥 손. 粥은 죽 죽.

〖 國譯 〗

이 달에, 析縣(석현) 사람 鄧曄(등엽)과 于匡(우광)이 南鄕의 백여
명과 함께 기병하였다. 그때 석현의 현령은 군사 수천 명을 거느리
고 鄥亭(교정)에 주둔하면서 武關을 방어하고 있었다. 등엽과 우광
이 현령에게 말했다. "유씨 황제가 이미 즉위하였는데 현령은 어찌
천명을 모른단 말인가!" 현령이 투항하자 그 무리를 모두 합쳤다.
등엽은 자칭 輔漢左將軍이라 했고, 우광은 보한우장군이라 하면서
석현과 丹水縣(단수현)을 차지하고 武關(무관)을 공격하자 무관을 지
키던 교위 朱萌(주맹)은 항복하였다. 그리고 진격하여 右隊大夫인
宋綱(송강)을 살해하고 서쪽으로 나아가 湖縣(호현)을 점령하였다.
왕망은 크게 걱정하며 어찌할 줄을 몰랐다. 이에 崔發(최발)이 말했
다.

"《周禮》와《春秋左氏傳》에도 나라에 큰 재해가 있으면 통곡하여
이를 누른다고 하였습니다. 그래서《易》에서도 '먼저 통곡을 하고

나중에 웃는다.' 고 하였으니, 먼저 하늘에 통곡하신 뒤에 구원을 요청하십시오."

왕망은 자신의 패망을 짐작할 수 있었기에 여러 신하들을 거느리고 남쪽 교외로 나아가서 부명을 받은 본말을 말한 뒤에 하늘을 우러러보며 말했다.

"皇天께서 천명을 臣 왕망에게 주셨으면서 왜 도적떼를 섬멸하시지 않습니까? 지금 제가 바르지 않다면 벼락으로 저를 내리쳐 주십시오!"

그리고서는 가슴을 치며 통곡하다가 기절했다가 다시 엎드려 머리를 조아렸다. 또 자신의 공로는 나열하는 1천여 자로 하늘에 고하는 책서를 지었다. 여러 유생이나 어린 백성 중에서 아침저녁으로 통곡을 하며 간단히 죽만 먹으면서 심히 애통해하거나 왕망의 책문을 외우는 사람에게 낭관을 제수하였는데 그런 사람이 5천여 명이나 되었다. 黌幝(제운)이 그 사람들을 통솔하였다.

原文

莽拜將軍九人, 皆以虎爲號, 九曰 '九虎', 將北軍精兵數萬人東, 內其妻子宮中以爲質. 時省中黃金萬斤者爲一匱, 尙有六十匱, 黃門,鉤盾,臧府,中尙方處處各有數匱. 長樂御府,中御府及都內,平準帑藏錢,帛,珠玉財物甚衆, 莽愈愛之, 賜九虎士人四千錢. 衆重怨, 無鬪意. 九虎至華陰回溪, 距隘, 北從河南至山. 于匡持數千弩, 乘堆挑戰. 鄧曄將二萬餘人從閿鄉南出棗街,作姑, 破其一部, 北出九虎後擊之. 六虎敗走. 史熊,王況詣闕歸死, 莽使使責死者按在, 皆自殺, 其四虎亡. 三虎郭欽,陳翬,成重收散卒, 保京師倉.

| 註釋 | ○內其妻子 – 內은 納. ○黃門,鈞盾,臧府,中尙方 – 모두 관부 이름. ○御府 – 珍寶를 보관하는 곳. 少府의 속관으로 令(령)과 丞(승)이 있어 관리하였다. 中御府(중어부)는 황후를 위한 재물 창고. ○都內 – 大內. 장안성 안의 창고. ○平準帑(평준탕) – 大司農 관할의 창고. ○華陰回溪 – 華陰(화음)은 현 이름. 今 陝西省의 동부 渭南市 관할의 華陰縣. 回溪(회계)는 계곡 이름. ○乘堆挑戰 – 乘은 올라가다. 堆는 언덕 퇴. 구릉.

〖 國譯 〗

왕망은 9명의 장군을 임명하면서 모두 '虎'로 호칭하며 9장군을 9虎라고 불렀는데 北軍의 정병 수만 명을 거느리고 동쪽으로 출정하면서 처자식을 궁중에 인질로 들여보냈다. 그때 궁중에서는 황금 1만 근을 1匱(궤)라고 하였는데 그때까지도 60궤(60만 근)가 있었고, 黃門(황문), 鈞盾(구순), 臧府(장부), 中尙方(중상방) 곳곳에도 여러 궤들이 있었다. 長樂御府(장락어부)와 中御府(중어부) 및 都內(도내)와 平準帑(평준탕)에도 돈과 비단, 주옥 등의 재물이 엄청나게 많았으나 왕망은 그럴수록 더 인색하여 9호장군의 군사에게 겨우 1인 4천 전을 하사하였다. 모두가 크게 원망하며 투지도 없었다. 9호장군이 화음현 回溪(회계)에 와서 좁고 험한 길에 막혔는데 북으로는 황하를 따라가야 하고, 남쪽으로는 산을 넘어야 했다. 起義軍인 于匡(우광)은 수천의 쇠뇌(弩)를 갖추고 언덕에 올라 도전하였다. 鄧曄(등엽)도

2만 병력을 거느리고 閿鄕(문향)이란 곳에서 남쪽으로 棗街(조가), 作姑(작고)란 곳으로 진출하여 왕망의 군사 일부를 격파하고서 북쪽으로 나아가 9호 부대의 후미를 공격하였다. 9虎 중 6虎는 패한 뒤에 도주하였다. 패주한 6호 중 史熊(사웅)과 王況(왕황)은 궁궐에 돌아가 죽으려 했는데 왕망이 사자를 보내 죽은 자를 검사하려 하자 자살하였고 그중 4호는 도주하였다. 남은 3虎인 郭欽(곽흠), 陳翬(진휘), 成重(성중)은 흩어진 군졸을 모아 장안의 창고를 지켰다.

原文

鄧曄開武關迎漢, 丞相司直李松將二千餘人至湖, 與曄等共攻京師倉, 未下. 曄以弘農掾王憲爲校尉, 將數百人北度渭, 入左馮翊界, 降城略地. 李松遣偏將軍韓臣等徑西至新豐, 與莽波水將軍戰, 波水走. 韓臣等追奔, 遂至長門宮. 王憲北至頻陽, 所過迎降. 大姓櫟陽申碭,下邽王大皆率衆隨憲, 屬縣斄嚴春,茂陵董喜,藍田王孟,槐里汝臣,盩厔王扶,陽陵嚴本,杜陵屠門少之屬, 衆皆數千人, 假號稱漢將.

| 註釋 | ○李松 – 뒷날 更始帝 劉玄의 승상을 역임했다. ○頻陽(빈양) – 현명. 今 陝西省 渭南市 관할의 富平縣. ○所過迎降 – 가는 곳의 백성이 환영하며 투항하다. ○櫟陽(역양), 下邽(하규), 斄(태), 茂陵(무릉), 藍田(남전), 槐里(괴리), 盩厔(주질), 陽陵(양릉), 杜陵(두릉) – 모두 현명. 今 陝西省 咸陽市와 西安市 일대. ○屠門少 – 인명. 屠門(도문)은 복성. ○假號 – 自號.

〖國譯〗

鄧曄(등엽)은 武關(무관)을 열고 漢의 군사를 영입하였다. 丞相司直인 李松(이송)은 2천여 병력을 거느리고 湖縣(호현)에 도착하여 등엽 등과 함께 경사의 창고를 공격하였으나 차지하지는 못했다. 등엽은 弘農郡의 속리인 王憲(왕헌)을 교위로 삼아 수백 명을 거느리고 북으로 渭水(위수)를 건너 左馮翊(좌풍익) 지역으로 들어가면서 성을 함락시키고 차지하였다. 이송은 편장군 韓臣(한신) 등을 보냈는데 서쪽 지름길로 新豐(신풍)에 도착하여 왕망의 波水將軍과 싸웠고 파수장군은 도주하였다. 한신 등은 도망자를 추격하며 마침내 長門宮에 도착하였다. 王憲(왕헌)은 북으로 頻陽(빈양)에 이르렀고 가는 곳마다 백성이 환영하며 투항하였다. 大姓인 櫟陽縣(역양현)의 申碭(신탕), 下邽(하규)의 王大(왕대) 등이 모두 무리를 거느리고 왕헌을 따라왔으며, 속현인 氂縣(태현)의 嚴春(엄춘), 茂陵(무릉)의 董喜(동희), 藍田(남전)의 王孟(왕맹), 槐里(괴리)의 汝臣(여신), 盩厔(주질)의 王扶(왕부), 陽陵(양릉)의 嚴本(엄본), 杜陵(두릉)의 屠門少(도문소)의 무리 수천 명이 각각 漢의 장군을 자칭했다.

原文

時李松,鄧曄以爲, 京師小小倉尙未可下, 何況長安城! 當須更始帝大兵到. 卽引軍至華陰, 治攻具. 而長安旁兵四會城下, 聞天水隗氏兵方到, 皆爭欲先入城, 貪立大功鹵掠之利.

ㅇ天水 – 군명. 치소는 平襄縣(今 甘肅省 定西市 관할의 通渭縣).
ㅇ鹵掠之利 – 鹵掠(노략)은 재물을 약탈하다.

[國譯]

　이때 李松(이송)과 鄧曄(등엽)은 京師의 작고 작은 창고도 차지할
수 없는데 하물며 장안성을 점령할 수 있겠는가? 응당 更始帝(경시
제)의 대군이 도착할 때를 기다려야 한다고 생각하였다. 그리고서는
바로 군사를 이끌고 화음현에 들어가 공격 장비를 점검하였다. 그런
데 장안성 사방의 성 주변에 있던 군사는 天水郡의 隗氏(외씨)의 군
사가 막 도착했다는 소식을 듣고서는 모두가 먼저 입성하여 大功을
세우려 하면서 노략질의 이득을 탐내었다.

原文

　莽遣使者分赦城中諸獄囚徒, 皆授兵, 殺豨飲其血, 與誓
曰, "有不爲新室者, 社鬼記之!" 更始將軍史諶將度渭橋, 皆
散走. 諶空還. 衆兵發掘莽妻子父祖塚, 燒其棺槨及九廟, 明
堂, 辟雍, 火照城中. 或謂莽曰, "城門卒, 東方人, 不可信."
莽更發越騎士爲衛, 門置六百人, 各一校尉.

| 註釋 |　ㅇ殺豨 – 豨는 멧돼지 희. 돼지(猪).　ㅇ社鬼 – 社公. 토지신.　ㅇ更
始將軍史諶 – 寧始將軍 史諶(사심).

　왕망은 사자를 보내 성 안에 분산되어 있는 여러 감옥의 죄수들을 사면하고서 모두에게 무기를 지급한 뒤, 돼지를 잡아 그 피를 마시며 "新의 황실을 섬기지 않는 자를 토지신께서 기억하소서!"라고 함께 맹서하게 하였다. 寧始將軍 史諶(사심)이 이들을 거느리고 渭水(위수)의 다리를 건넜으나 모두가 도망쳤다. 사심은 그냥 돌아왔다. 여러 군사들은 왕망의 아내와 아들, 부친과 조상의 무덤을 파내고 그 관곽과 九廟의 묘당과 明堂과 辟雍(벽옹)을 불살랐는데 그 화염이 성 안을 비췄다. 어떤 사람이 왕망에게 말하길 "성문을 지키는 병사가 동쪽 사람이라서 믿어서는 안 됩니다." 왕망은 이에 越人의 기병을 동원하여 각 문마다 6백 명에 교위 1명씩 배치하였다.

　十月戊申朔, 兵從宣平城門入, 民間所謂都門也. 張邯行城門, 逢兵見殺. 王邑,王林,王巡,䵮惲等分將兵距擊北闕下. 漢兵貪莽封力戰者七百餘人. 會日暮, 官府邸第盡奔亡. 二日己酉, 城中少年朱弟,張魚等恐見鹵掠, 趨讙並和, 燒作室門, 斧敬法闥, 讙曰, "反虜王莽, 何不出降?" 火及掖廷承明, 黃皇室主所居也. 莽避火宣室前殿, 火輒隨之. 宮人婦女謿謼 '當奈何!' 時莽紺袀服, 帶璽韍, 持虞帝匕首. 天文郎桉栻於前, 日時加某, 莽旋席隨斗柄而坐, 曰, "天生德於予, 漢兵其如予何!" 莽時不食, 少氣困矣.

| 註釋 | ○宣平城門 – 장안성 東門의 북쪽 첫째 문. ○趨讙並和 – 따라다니며 떠들고 어울리다. ○燒作室門 – 作室門은 미앙궁의 便門(쪽문). 尙方의 工人들이 출입하는 문. ○斧敬法闥 – 斧는 도끼로 부수다. 敬法은 전각이름. 闥은 작은 문 달. ○黃皇室主 – 平帝의 황후. 곧 왕망의 딸. ○宣室(선실) – 미앙궁의 前殿. 政敎를 행하는 주요 전각. ○謼謑(제호) – 울며 부르짖다(啼呼). ○紺袀服(감균복) – 진한 紺色(감색) 옷, 袀은 均(純一不雜). ○虞帝匕首 – 虞帝(舜)의 匕首(비수). 虞帝는 그냥 붙인 이름. ○天文郞栻於前 – 天文郞은 관직 이름. 栻(안식)은 栻은 별자리 판(星盤). ○天生德於予 ~ – 子曰, "天生德於予, 桓魋其如予何?"《論語 述而》의 변형.

〖 國譯 〗

10월 戊申日(무신일) 초하루, 한군은 宣平城門(선평성문)으로 입성했는데 백성들이 보통 말하는 都門(도문)이다. 張邯(장한)은 성문을 순찰하다가 한의 군사를 만나 피살되었다. 王邑(왕읍), 王林(왕림), 王巡(왕순), 䞤惲(제운) 등은 각각 장병을 거느리고 북궐에서 저항하였다. 한의 군사로 왕망을 잡아 제후가 될 욕심으로 힘써 싸우는 자가 7백여 명이나 되었다. 마침 해가 지자 관부나 저택에서는 모두 숨거나 도망쳤다. 2일, 기유일에 성 안의 젊은이인 朱弟(주제)와 張魚(장어) 등은 노략질 당할까 두려워하며 같이 떠들며 어울리면서 作室門에 방화했으며 敬法殿(경법전)의 문을 도끼로 부수며 소리 질렀다. "반적 왕망은 왜 항복하지 않는가?"

화재가 掖廷(액정)의 黃皇室主(황황실주, 平帝의 황후)가 거처하는 承明殿(승명전)까지 번졌다. 왕망은 화재를 피해 宣室(선실) 前殿(전전)으로 옮겼으나 불은 곧 거기에도 번졌다. 궁인과 부녀자는 '어떡해!' 하며 울부짖었다. 그때 왕망은 紺袀服(감균복)에 국새와 인불을 차고 虞帝(舜)의 匕首(비수)를 들고 있었다. 天文郎은 별 판 앞에 있는데 시간이 가면 왕망은 그에 맞춰 북두칠성 자리에 옮겨 앉으면서 "하늘이 나에게 덕행을 주셨거늘 漢의 군사가 나를 어찌하겠는가!" 라고 말했다. 왕망도 제때에 먹지 못해 기운이 없고 지쳐있었다.

原文

三日庚戌, 晨旦明, 群臣扶掖莽, 自前殿南下椒除, 西出白虎門, 和新公王揖奉車待門外, 莽就車, 之漸臺, 欲阻池水. 猶抱持符命,威斗, 公,卿,大夫,侍中,黃門郎從官尙千餘人隨之. 王邑晝夜戰, 罷極, 士死傷略盡, 馳入宮, 間關至漸臺, 見其子侍中睦解衣冠欲逃, 邑叱之令還, 父子共守莽. 軍人入殿中, 呼曰, "反虜王莽安在?" 有美人出房曰"在漸臺." 衆兵追之, 圍數百重. 臺上亦弓弩與相射, 稍稍落去. 矢盡, 無以復射, 短兵接. 王邑父子,疊惲,王巡戰死, 莽入室. 下餔時, 衆兵上臺, 王揖,趙博,苗訢,唐尊,王盛,中常侍王參等皆死臺上. 商人杜吳殺莽, 取其綬. 校尉東海公賓就, 故大行治禮, 見吳問, "綬主所在?"曰, "室中西北陬間." 就識, 斬莽首. 軍人分裂莽身, 支節肌骨臠分, 爭相殺者數十人. 公賓就持莽首詣王憲. 憲自稱漢大將軍, 城中兵數十萬皆屬焉, 舍東宮, 妻莽後宮, 乘其車服.

│註釋│ ○椒除(초제) - 후추향이 나는 계단. 除(섬돌 제)는 前殿의 계단.

(참고) 황후의 거처는 후추가루를 흙과 함께 섞어 벽을 만들었기에 따듯하고 향기로웠다. 그래서 椒房이라 했다. ○間關至~ - 間關은 온갖 어려움을 무릅쓰다. ○漸臺(점대) - 未央宮 蒼池라는 연못 가운데 있는 누각. ○下餔時 - 일몰 1, 2시간 전. 오후 4-5시 경. 餔는 새참 포. ○商人杜吳(두오) - 혼란 틈에 궁에 들어가 싸운 商人이었다. 왕망을 본 적이 없기에 인수만 차지했을 것이다. 다른 기록에는 杜虞(두우)라고도 기록했는데 吳와 虞의 발음이 같기 때문이다. ○公賓就(공빈취) - 인명. 公賓은 복성. ○大行治禮 - 관직명. 大鴻臚(대홍려)의 속관. 의례 담당. ○臠分 - 갈기갈기 찢어지다. 臠은 저민 고기 연(련). 토막 내다.

〘 國譯 〙

　3일 경술일, 아침이 밝자 여러 신하들은 왕망을 부축하여 前殿 남쪽 후추향이 나는 계단을 내려와 서쪽 백호문으로 나가서 和新公 王揖(왕읍)이 문 밖에서 대기한 수레에 왕망이 타자 漸臺(점대)로 들어가 연못물로 적을 막고자 했다. 왕망은 그때까지도 符命(부명)과 威斗(위두)를 지니고 있었으며 공경과 대부, 시중과 황문랑 등 수행원이 그래도 1천여 명이나 수행하였다. 王邑(왕읍)은 주야로 계속 싸워 아주 지쳤으며 무사들은 거의 다 부상하거나 잡혀 없어지자 궁 안으로 들어와 어렵게 점대까지 찾아왔다가 그 아들인 시중 王睦(왕목)이 의관을 풀어헤치고 도망가려는 것을 왕읍이 꾸짖어 돌아오게 하여 부자가 같이 왕망을 지켰다. 군사들이 미앙궁에 들어와 "반적 왕망은 어디 있는가?"라고 소리치자, 어떤 미인이 방에서 나와 "점대에 있습니다."라고 말했다. 여러 군사가 추격하여 수백 겹으로 점대를 포위했다. 점대 위에서 활과 쇠뇌를 쏘아댔는데 나중에 점점 줄어들었다. 화살이 다하여 더 이상 쏘지 못하자 短兵(단병)으로 접전

하였다. 왕읍 부자와 薎惲(제운)과 王巡(왕순)은 전사했고 왕망은 방 안으로 피신했다. 오후 새참을 먹을 시각에 여러 군사가 점대에 들이닥쳤다. 王揖(왕읍), 趙博(조박), 苗訢(묘흔), 唐尊(당존), 王盛(왕성), 中常侍(중상시)인 王參(왕참) 등이 모두 점대에서 죽었다.

商(상) 사람 杜吳(두오)는 왕망을 죽이고 그 인수를 손에 쥐었다. 校尉인 동해군 사람 公賓就(공빈취)는 그전에 大行治禮(대행치례)를 역임했었는데, 두오를 보고 "그 인수 주인은 어디에 있는가?"라고 물었다. 두오가 "방 안 서쪽 모퉁이 사이에 있다."고 대답하였는데, 공빈취는 왕망을 알아보고 그 목을 잘랐다. 군인들이 모여들어 왕망의 몸을 찢어가졌는데 팔 다리와 껍질과 뼈까지 셀 수 없이 찢겨졌는데 군인들이 서로 차지하려고 싸우다가 죽은 자가 수십 명이었다. 공빈취는 왕망의 머리를 갖다가 王憲(왕헌)에게 바쳤다. 왕헌은 漢 대장군이라고 자칭했고 성 안의 군사 수십만이 그에게 소속되었는데, 왕헌은 東宮(동궁)에 머물면서 왕망의 후궁을 아내로 삼았고 그 수레를 타고 다녔다.

原文

六日癸丑, 李松,鄧曄入長安, 將軍趙萌,申屠建亦至, 以王憲得璽綬不輒上,多挾宮女,建天子鼓旗, 收斬之. 傳莽首詣更始, 懸宛市, 百姓共提擊之, 或切食其舌.

| 註釋 | ○趙萌(조맹) - 뒷날 劉玄의 右大司馬가 되었다. ○提擊之 - 提는 던지다(擲也).

6일 癸丑(계축)일에, 李松(이송)과 鄧曄(등엽)이 長安에 왔고 장군인 趙萌(조맹)과 申屠建(신도건)도 도착하였는데, 왕헌은 획득한 국새와 인수를 즉각 바치지 않았으며 여러 궁녀를 차지하고 천자의 깃발을 사용하였기에 왕헌을 잡아 죽였다. 전거를 이용하여 왕망의 首級을 경시제에게 보내 宛城(완성)에 그 수급을 매달아 놓았는데 많은 백성이 돌을 던졌고 어떤 자는 그 혀를 잘라다 먹었다.

原文

莽揚州牧李聖,司命孔仁兵敗山東, 聖格死, 仁將其衆降, 已而歎曰, "吾聞食人食者死其事." 拔劍自刺死. 及曹部監杜普,陳定大尹沈意,九江連率賈萌皆守郡不降, 爲漢兵所誅. 賞都大尹王欽及郭欽守京師倉, 聞莽死, 乃降, 更始義之, 皆封爲侯. 太師王匡,國將哀章降雒陽, 傳詣宛, 斬之. 嚴尤,陳茂敗昆陽下, 走至沛郡譙, 自稱漢將, 召會吏民. 尤爲稱說王莽簒位天時所亡, 聖漢復興狀, 茂伏而涕泣. 聞故漢鐘武侯劉聖聚衆汝南稱尊號, 尤,茂降之. 以尤爲大司馬, 茂爲丞相. 十餘日敗, 尤,茂並死. 郡縣皆擧城降, 天下悉歸漢.

| 註釋 | ∘食人食者 – 人食(남의 食祿, 녹봉)을 食한(받은) 者. 다른 사람의 신하가 되었다면 죽은 뒤에도 신하라는 뜻. ∘曹部監 – 왕망 정권 25部監의 한 사람. 部監의 지위는 上大夫와 같았는데 1인이 5군의 행정을 감독하

였다. ○賞都大尹 - 賞都는 왕망이 汝南郡을 분할할 군 이름. 今 河南省 周
口市 관할의 鄲城縣에 해당. 大尹은 작위가 없는 군수. ○沛郡譙 - 沛郡(패
군)의 치소는 相縣[今 安徽省 북부 淮北市 관할의 濉溪縣(수계현)]. 譙(초)는 현
명. 今 安徽省 북쪽의 亳州市(박주시). ○鐘武侯劉聖 -《後漢書 劉元傳》에는
劉望으로 기록. 汝南은 군명. 치소는 上蔡縣(今 河南省 駐馬店市 관할의 上蔡
縣).

[國譯]

　왕망의 신하로 揚州牧(양주목)이던 李聖(이성), 司命인 孔仁(공인)
은 山東(산동)에서 패전하였는데 이성은 피살되었고 공인은 무리를
이끌고 투항했는데, 얼마 뒤에 탄식하며 "내가 알기로는, 남의 祿
(록)을 먹었다면 죽어서도 섬겨야 한다." 면서 칼을 뽑아 자결하였
다. 또 曹部監(조부감)인 杜普(두보), 陳定郡(진정군)의 大尹인 沈意(심
의), 九江郡의 連率(연솔)인 賈萌(가맹)은 모두 자기 군을 지키며 투항
하지 않다가 漢의 군사에게 처형되었다. 賞都(상도) 大尹인 王欽(왕
흠), 그리고 郭欽(곽흠)은 경사의 창고를 수비하다가 왕망이 죽었다
는 소식을 듣고서야 투항하였는데 경시제는 그들의 의리를 인정하
여 모두 제후에 봉했다. 太師인 王匡(왕광), 國將인 哀章(애장)은 낙
양에서 투항했는데 傳車(전거)로 宛城(완성)에 보내져서 참수되었다.
嚴尤(엄우)와 陳茂(진무)는 昆陽(곤양)에서 패전한 뒤에 沛郡(패군)의
譙縣(초현)으로 달아나서 한의 장수를 자칭하며 관리를 소집하였다.
엄우는 왕망의 漢 찬탈을 하늘에 의한 멸망이라 설명하며 劉聖(유
성)의 漢 부흥을 말하자 진무는 엎드려 눈물을 흘렸다. 옛 한의 鐘武
侯(종무후)인 劉聖(유성)이 汝南(여남)에서 무리를 모아 황제를 자칭

한다는 소식을 듣고 엄우와 진무는 찾아가 투항하였다. 그래서 엄우는 大司馬 진무는 승상이 되었다. 10여 일 만에 패전하여 엄우와 진무는 모두 죽었다. 모든 군현이 성을 들어 투항하면서 천하는 모두 한의 차지가 되었다.

原文

初, 申屠建嘗事崔發爲《詩》, 建至, 發降之. 後復稱說, 建令丞相劉賜斬發以徇. 史諶, 王延, 王林, 王吳, 趙閎亦降, 復見殺. 初, 諸假號兵人人望封侯. 申屠建旣斬王憲, 又揚言三輔黠共殺其主, 吏民惶恐, 屬縣屯聚, 建等不能下, 馳白更始.

| 註釋 | ○劉賜 − 뒷날 劉秀에게 귀항하여 제후가 되었다. ○斬發以徇 − 徇(호령할 순)은 示衆. ○三輔黠共殺其主 − 三輔는 京兆尹 左馮翊, 右扶風의 관직명 겸 행정구역. 黠(교활할 힐)은 간사한 무리. 主는 왕망을 지칭.

〔國譯〕

그전에, 申屠建(신도건)은 일찍이 崔發(최발)을 스승으로 모시고 《詩》를 배웠는데 신도건이 들어오자 최발은 투항하였다. 뒤에 최발이 다시 왕망의 符命(부명)에 대하여 칭송하자 신도건은 승상 劉賜(유사)에게 말해 최발을 처형하여 공개하였다.

史諶(사심), 王延(왕연), 王林(왕림), 王吳(왕오), 趙閎(조굉) 등은 투항하였지만 모두 피살되었다. 그전에 장군이라 자칭하던 자들은 모두 제후가 되기를 희망했었다. 신도건은 왕헌을 참수한 뒤에 공개적으로 三輔(삼보) 지역의 교활한 자 모두가 주군인 왕망을 죽였다고 선언하자, 관리들은 두려워하며 각 현을 차지하고 웅거하였기에 신도건 등은 명령할 수도 없어 경시제에게 달려가 상황을 보고하였다.

原文

二年二月, 更始到長安, 下詔大赦, 非王莽子, 他皆除其罪, 故王氏宗族得全. 三輔悉平, 更始都長安, 居長樂宮. 府藏完具, 獨未央宮燒攻莽三日, 死則案堵復故. 更始至, 歲餘政敎不行.

明年夏, 赤眉樊崇等衆數十萬人入關, 立劉盆子, 稱尊號, 攻更始, 更始降之. 赤眉遂燒長安宮室市里, 害更始. 民飢餓相食, 死者數十萬, 長安爲虛, 城中無人行. 宗廟園陵皆發掘, 唯霸陵,杜陵完. 六月, 世祖卽位, 然後宗廟社稷復立, 天下艾安.

| 註釋 | ○二年二月 – 劉玄 2년, 서기 24년. ○死則案堵復故 – 死는 왕망의 죽음. 案堵는 安堵(안도). ○樊崇(번숭, ?-서기 27) – 字 細君(세군), 琅邪郡(낭야군) 사람. 赤眉軍의 실력자. 뒷날 劉秀에게 피살. ○劉盆子(유분자, 서기 10-?) – 인명. '劉盆(유분)의 아들' 이 아님. 高祖의 손자인 城陽 景王인 劉章의 후손. 曾祖父는 城陽 荒王 劉順(유순), 祖父는 式의 節侯인 劉憲, 父는 式侯인 劉萌(유맹), 왕망이 찬위한 뒤 봉국이 없어져 가난한 농민이 되었다

가 적미군에 의거 옹립. 나중에 후한 劉秀에 투항, 나이도 어리고 선량하여 劉秀가 제후에 봉했다.《後漢書》에 立傳.

〖 國譯 〗

(更始帝) 2년 2월(서기 24), 경시제가 장안에 들어와 조서로 대사령을 내렸는데 왕망의 아들을 제외한 모든 자의 죄를 용서하였기에 왕씨 일족이 살아남았다. 삼보 지역이 모두 평정되며 경시제는 장안에 도읍했고 장락궁에 거처하였다. 府庫의 재물은 보존되었고 다만 왕망을 치는 3일간에 미앙궁이 불에 탔지만 왕망이 죽으면서 안정되고 회복되었다. 그러나 경시제가 입성했어도 그 해에는 정교가 행해지지 못했다.

다음 해(서기 25년) 여름, 赤眉(적미)의 樊崇(번숭) 등 무리 수십 만이 관중에 들어와 劉盆子(유분자)를 옹립하여 황제라 칭하면서 경시제를 공격하니 경시제는 그들에게 투항했다. 적미는 장안의 궁궐과 마을을 불태웠고 경시제를 죽였다. 백성은 굶주려 서로 잡아먹었으며 죽은 자가 수십만에 중안은 폐허가 되었고 길을 다니는 사람도 없었다. 종묘와 황릉이 모두 도굴되었는데 다만 文帝의 霸陵(패릉)과 宣帝의 杜陵(두릉)만이 온전했다. (서기 25년) 6월에, 世祖(光武帝)가 즉위한 연후에야 종묘사직이 다시 세워지고 천하가 다스려졌다.

原文

贊曰, "王莽始起外戚, 折節力行, 以要名譽, 宗族稱孝, 師友歸仁. 及其居位輔政, 成, 哀之際, 勤勞國家, 直道而行,

動見稱述. 豈所謂 '在家必聞, 在國必聞', '色取仁而行違'
者邪? 莽既不仁而有佞邪之材, 又乘四父歷世之權, 遭漢中
微, 國統三絶, 而太后壽考爲之宗主, 故得肆其姦慝, 以成篡
盜之禍. 推是言之, 亦天時, 非人力之致矣. 及其竊位南面,
處非所據, 顚覆之勢險於桀, 紂. 而莽晏然自以黃, 虞復出也.
乃始恣睢, 奮其威詐, 滔天虐民, 窮凶極惡, 流毒諸夏, 亂延
蠻貊, 猶未足逞其欲焉. 是以四海之內, 囂然喪其樂生之心,
中外憤怨, 遠近俱發, 城池不守, 支體分裂, 遂令天下城邑爲
虛, 丘壟發掘, 害遍生民, 辜及朽骨. 自書傳所載亂臣賊子
無道之人, 考其禍敗, 未有如莽之甚者也. 昔秦燔《詩》,《書》
以立私議, 莽誦《六藝》以文姦言, 同歸殊途, 俱用滅亡. 皆
炕龍絶氣, 非命之運, 紫色鼃聲, 餘分閏位, 聖王之驅除云
爾!

| 註釋 | ○'在家必聞~' - 聞은 좋은 명성이나 평판. 다음의 '色取仁而
行違'와 함께 《論語 顔淵》의 구절이다. 士人이 '조정에 있든, 집에 있든 유
명하면 된다.'는 子張의 말에 공자는 평판이 좋고 뛰어난 것은 아니라면서
'모습은 인자하지만 행동은 그렇지 않은 경우도 있다.'고 말해 주었다. 왕망
은 권력을 이용하여 무리를 만들고 최고의 찬사와 칭송을 들었지만 실제로
는 '僞君子'였다. ○四父歷世之權 - 四父는 4명의 諸父, 곧 王鳳, 王音, 王
商, 王根. 4명이 연이어 국정을 장악했었다. ○國統三絶 - 성제, 애제, 평제
가 후사 없이 죽었다. ○壽考爲之宗主 - 壽考는 長壽. ○滔天虐民 - 滔天
(도천)은 하늘에 사무치다. 큰 죄악을 짓다. 虐民(학민)은 백성에게 殘虐(잔
학)한 짓을 하다. ○以立私議 - 秦의 郡縣制 시행과 분봉제의 폐지 같은 것

은 정론이 아니라 일가의 의론을 채택한 것이다. ○以文姦言 - 왕망의 간사한 생각을 수식하다. ○亢龍絶氣 - 亢龍(항룡)은 亢龍(항룡). 《易經 乾卦》의 上九의 爻辭, '亢龍有悔'. 덕행이나 학문의 바탕이 없이 최고 지위에 올랐다면 후회 속에 멸망할 수밖에 없다는 뜻. 絶氣는 氣數가 단절되다. ○非命之運 - 천명을 누릴 수 없는 자의 명운. ○紫色鼃聲(자색와성) - 보라색과 개구리 소리. 보라색은 正色이 아닌 間色이다. 鼃聲(와성)은 邪聲. 正聲이 아닌 것. 鼃는 蛙(개구리 와)와 同. ○餘分閏位 - 왕망의 稱帝는 천명이 아니니 마치 세월의 여분이 모인 閏月(윤달)과 같다는 뜻. ○聖王之驅除云爾 - 聖王은 後漢 光武帝. 劉秀. 驅除(구제)는 쫓아 몰아내다.

〔 國譯 〕

班固의 論贊 : "왕망이 외척으로 처음 출세할 때, 지조를 굽히고 힘써 실천하면서 명예를 추구하여 문중에서는 효자라 칭송했고 師友는 어진 사람으로 인정했다. 높은 자리에 올라 정사를 보필했던 성제와 애제 재위 중에는 나라를 위해 힘썼고 正道를 실천하여 그 행동은 칭송을 받았다. 그러나 이러한 것이 '집에서도 평판이 좋고 나라 안에서도 명성을 누리는 것'이거나 '인자한 모습을 취하면서 나쁜 행위를 행하는 것'이 아니겠는가? 왕망은 不仁하면서도 간사한 재주를 가진 사람으로 4명의 諸父(제부)가 권력을 장악하는 동안 漢朝는 쇠약해졌고 3대에 걸쳐 후사가 없었으며 王太后(王政君)는 아주 장수하면서 종실의 최고 어른이었기에 왕망은 그의 간악하고 방자한 뜻을 실현하면서 漢을 찬탈할 수 있었다.

이를 추론해 본다면, 이 또한 天時이며 人力으로 이룰 수 있는 것이 아니었다. 급기에 황제 자리를 훔쳐 南面하고 통치하면서, 차지할 수 없는 자리에서 나라를 뒤엎을 위험은 桀王이나 紂王(주왕)보다 더 심했었다. 그러나 왕망은 태평하게도 자신을 다시 출현한 黃帝와 舜이라고 생각했었다. 그리하여 방자한 뜻으로 노려보고 거짓 위세를 마음대로 부리면서 하늘에 닿을 큰 죄를 지었고 백성에게 잔학했으며, 극도로 흉악하여 그 폐해가 온 중국에 다 퍼졌을 뿐만 아니라 이웃 이민족에게도 미쳤으니, 그러고서도 그 욕망을 다 채우기에 부족했었다. 이 때문에 온 천하가 근심과 걱정 속에 사람들은 살아갈 의지를 잃었으며 안팎에서 모두 분노와 원한이 맺혔고 원근에서 모두 들고 일어났기에 땅을 지킬 수 없었으며 몸체와 지체도 분열되었다. 그리하여 천하의 성읍을 텅 비게 만들었고 무덤이 파헤쳐졌으며, 모든 백성에게 해악이 입혔으며 그 죄악은 죽은 사람에게도 미쳤다. 그리하여 스스로 역사에 난신적자이며 무도한 사람이라는 이름으로 기록에 남게 되었으니 그 재앙과 패망이 왕망보다 더 심한 자가 여태껏 없었다. 옛날에 秦에서는 《詩》와 《書》를 불사르고 私議를 채택하였지만 왕망은 《六藝》의 경전을 외워 자신의 간사한 주장을 꾸며대었으니 같은 곳을 향한다지만 전혀 다른 길을 가서 결국 모두가 패망의 길을 간 것이었다. 이 모두가 亢龍(항룡)의 氣數가 다한 것이며 천명을 누릴 수 없는 자의 命運이며, 正色이나 正音이 아니며 세월의 여분이 모인 윤달과 같은 정통이 아니었기에 결국 聖王(光武帝)에 의해 쫓겨난 것이라 할 수 있다.

100 敍傳(上)
〔서전〕(상)

原文

　班氏之先, 與楚同姓, 令尹子文之後也. 子文初生, 棄於
<u>薑</u>中, 而虎乳之. <u>楚人</u>謂乳‘穀’, 謂虎‘於檡’, 故名穀於檡,
字子文. 楚人謂虎‘班’, 其子以爲號. <u>秦之滅楚</u>, 遷<u>晉</u>,<u>代</u>之
間, 因氏焉.

　始<u>皇</u>之末, <u>班壹</u>避地於<u>樓煩</u>, 致馬,牛,羊數千群. 値漢初
定, 與民無禁, 當<u>孝惠</u>,<u>高后</u>時, 以財雄邊, 出入弋獵, 旌旗鼓
吹, 年百餘歲, 以壽終, 故北方多以‘壹’爲字者.

｜註釋｜ ◦與楚同姓 — 西周 成王이 熊繹(웅역)을 처음 楚에 봉했는데, 이
때 國姓은 羋(양이 우는 소리 미)이고 熊氏이었다. 班氏의 조상은 楚와 동성이
나 鬪(투)씨였다. ◦令尹子文 — 令尹은 楚의 최고 관직으로 문무의 국사를
총괄하는 직위, 子文은 鬪穀於菟(투곡어토)의 字. 鬪穀於菟는 기원전 664 –

637에 영윤 직위에 있었다. ○棄於瞢中, 而虎乳之 - 瞢(어두울 몽)은 夢. 夢은 雲夢澤. 사생아로 태어났기에 雲夢澤에 버렸고 호랑이가 와서 젖을 먹이는 것을 보고 데려왔다는 기사가 《左傳》宣公 4년 條에 있다. ○謂虎'於檡' - 어석. 於菟(어토)로 쓰기도 한다. ○遷晉,代之間 - 晉과 代國으로 옮겨왔다. ○因氏焉 - 그것을 氏로 했다. ○班壹 - 班固의 漢代 祖上. 반고의 7代祖에 해당한다. ○樓煩(누번) - 현명. 今 山西省 서북부 忻州市(흔주시) 관할의 寧武縣. 당시 雁門郡 소속. ○出入弋獵 - 출입과 사냥. 弋 주살 익. ○故北方多以'壹'爲字者 - 이름에 壹字를 이름으로 하는 者가 많았다.

〔國譯〕

班氏의 선조는 楚와 동성으로 令尹인 子文의 후손이다. 子文이 처음 출생하여 운몽택에 버려졌는데 호랑이가 젖을 먹였다고 한다. 楚人은 젖을 '穀'이라 하고, 호랑이를 '於檡(어석)'이라 부르기에 그 이름이 穀於檡(곡어석)이었고, 字는 子文이었다. 楚人은 虎(虎의 무늬)를 班이라 하기에 (子文의) 아들은 班이라 불렀다. 秦이 초를 멸망시킬 때 (선조들은) 晉과 代 지역으로 옮겨왔고 班을 씨로 정했다.

秦始皇의 말기에, 班壹은 樓煩(누번)으로 옮겨갔고, 馬, 牛, 羊이 수천 마리씩 떼를 지었다. 그때 漢이 건국되었고 백성에 대한 금지가 없었으며, 孝惠帝와 高后(呂后) 때에 변방에서 재물로 제일이었고 출입이나 사냥(弋獵), 각종 기치(旌旗)나 악대(鼓吹)도 웅장했었으며, 나이 백여 세의 장수를 누리고 죽었기에 북방에서는 '壹'을 이름에 쓰는 사람이 많았다.

壹生孺. 孺爲任俠, 州郡歌之. 孺生長, 官至上谷守. 長生
回, 以茂材爲長子令. 回生況, 擧孝廉爲郞, 積功勞, 至上河
農都尉, 大司農奏課連最, 入爲左曹越騎校尉. 成帝之初,
女爲婕妤, 致仕就第, 資累千金, 徙昌陵. 昌陵後罷, 大臣名
家皆占數於長安.

況生三子, 伯, 斿, 稚. 伯少受《詩》於師丹. 大將軍王鳳薦
伯宜勸學, 召見宴暱殿, 容貌甚麗, 誦說有法, 拜爲中常侍.
時, 上方鄕學, 鄭寬中, 張禹朝夕入說《尙書》,《論語》於金華
殿中, 詔伯受焉. 旣通大義, 又講異同於許商, 遷奉車都尉.
數年, 金華之業絶, 出與王, 許子弟爲群, 在於綺襦紈褲之間,
非其好也.

| 註釋 |　○任俠(임협) - 俠士. 俠客.　○茂材 - 茂才(무재), 武帝 때 천거하
는 인재의 분류로 秀才라 하였는데 後漢 光武帝(名, 劉秀)를 諱하여 茂才라
변경.　○長子令 - 長子는 上黨郡의 縣名. 今 山西省 동남부 長治市 長子縣.
○上河農都尉 - 上河郡의 농사를 주관하는 도위.　○大司農奏課連最 - 대사
농이 심사하는 평가에서 연이어 최고였다.　○成帝 - 재위 前 33-7년.　○女
爲婕妤 - 딸이 婕妤(첩여)가 되었다. 班況은 班固의 曾祖이고, 반황의 딸은
반고의 大姑母(王姑母)가 된다. 婕妤(女官 첩, 예쁠 여)는 女官이니 황후 이외
의 비빈 14등급 중 2등급. 外朝의 上卿에 해당, 작위로는 列侯에 해당하는 女
官.　○昌陵後罷 - 成帝가 장안 근처 新豊縣 戲鄕(희향)에 지었던 능이 창릉
이고 거기에 현을 설치하려고 자산이 5백만 이상인 지방의 천여 호 명문 대
가를 창릉으로 강제 이주케 하였다. 또 장안의 승상, 어사대부, 장군, 열후 등

녹봉 二千石 이상 고관에게 택지와 塚地를 나눠주고 신도시를 건설하려 했으나 국고지출이 방대하여 결국 중간에 폐지하였다. ○大臣名家皆占數於長安 - 大臣과 名家는 모두 가족 수를 호적에 올려 長安에 등록하다. ○伯, 斿, 稚 - 班固는 班稚의 손자. ○師丹 - 86권, 〈何武王嘉師丹傳〉에 입전. ○勸學 - 황제의 학문을 전담하는 관리. 侍講과 같음. ○宴暱殿(연일전) - 황제가 친척을 모아 잔치하는 전각. ○上方鄕~ - 鄕은 向. ○鄭寬中 - 88권, 〈儒林傳〉 참고. ○張禹 - 81권, 〈匡張孔馬傳〉에 立傳. ○講 - 토론하다. ○許商 - 西漢의 大臣. 학자. ○奉車都尉 - 황제의 수레와 말 담당관. ○王, 許 - 王氏는 成帝의 外家. 許氏는 成帝 황후의 親家. ○綺襦紈褲(기유환고) - 비단 저고리와 비단 바지. 귀족 자제를 지칭.

〖 國譯 〗

班壹은 班孺(반유)를 낳았다. 班孺는 협객이었는데 군내 사람들이 그를 칭송했다. 班孺는 班長을 낳았는데 반장은 上谷郡 태수를 지냈다. 班長은 班回를 낳았고, 반회는 茂材로 長子縣 현령이 되었다. 반회는 班況(반황)을 낳았는데, 반황은 孝廉으로 郎官이 되었고 연공을 쌓아 上河郡의 農都尉가 되었는데 大司農이 상주하는 考課에서 연달아 최고였으며 중앙에 들어와 左曹越騎校尉가 되었다. 成帝 즉위 초에 그의 딸이 婕妤(첩여)가 되었고, (반황은) 致仕하고 고향집에 가서 수천 금의 재산을 들여 昌陵(창릉)으로 이사했다. 창릉 신도시는 도중에 중지되었지만, 대신 名家는 모두 장안에 호적을 올렸다.

班況은 아들 셋 伯(백), 斿(유), 稚(치)를 두었다. 班伯(반백)은 젊어 《詩經》을 師丹(사단)에게 배웠다. 대장군 王鳳(왕봉)은 반백을 勸學에 천거했고 (成帝는) 宴暱殿(연일전)에서 불러 만났는데, (반백의) 용모가 준수하고 암송과 학설에 법도가 있어 中常侍에 임명하였다.

그때 황제는 처음 학문에 관심을 보여 鄭寬中과 張禹가 조석으로 《尙書》와 《論語》를 金華殿에서 강론했고 조서로 반백에게 전수토록 하였다. (반백은) 大義에 통달했고 또 학자 許商(허상)과 학설의 異同을 함께 토론하였는데 뒤에 奉車都尉가 되었다. 몇 년 뒤, 金華殿의 학업은 중단되었고 (반백은) 王氏, 許氏의 여러 자제와 한 무리라 하여 밀렸지만 (반백은) 귀족 자제들을 좋아하지는 않았다.

原文

家本北邊, 志節慷慨, 數求使匈奴. 河平中, 單于來朝, 上使伯持節迎於塞下. 會定襄大姓石,李群輩報怨, 殺追捕吏, 伯上狀, 因自請願試守期月. 上遣侍中中郎將王舜馳傳代伯護單于, 並奉璽書印綬, 卽拜伯爲定襄太守. 定襄聞伯素貴, 年少, 自請治劇, 畏其下車作威, 吏民竦息. 伯至, 請問耆老父祖故人有舊恩者, 迎延滿堂, 日爲供具, 執子孫禮, 郡中益弛. 諸所賓禮皆名豪, 懷恩醉酒, 共諫伯宜頗攝錄盜賊, 具言本謀亡匿處. 伯曰, "是所望於父師矣." 乃召屬縣長吏, 選精進掾史, 分部收捕, 及它隱伏, 旬日盡得. 郡中震慄, 咸稱神明. 歲餘, 上徵伯. 伯上書願過故郡上父祖塚. 有詔, 太守,都尉以下會. 因召宗族, 各以親疏加恩施, 散數百金. 北州以爲榮, 長老紀焉. 道病中風, 旣至, 以侍中光祿大夫養病, 賞賜甚厚, 數年未能起.

會許皇后廢, 班婕妤供養東宮, 進侍者李平爲婕妤, 而趙

飛燕爲皇后, 伯遂稱篤. 久之, 上出過臨侯伯, 伯惶恐, 起視
事.

| 註釋 | ○河平 - 成帝의 연호. 전 29-25년. ○定襄(정양) - 郡名. 그 산
하에 12개 현을 설치. 관할구역은 금 내몽고자치구 淸水河縣, 和林格爾縣,
卓資縣 일대. ○殺追捕史 - (私感으로 살인하고서 범인을) 체포하러 온 관
리를 죽이다. ○期月 - 1개월. ○自請治劇 - 처리하기 힘든 일을 하겠다고
자청하다. ○郡中益弛 - 군민이 더욱 안도하다. ○攝錄盜賊 - 도적을 체포
하다. ○本謀亡匿處 - 主謀者와 도망하여 숨은 곳. ○父師 - 나이는 父와
같고 스승처럼 존경하는 사람. 어르신들. ○精進掾史 - 업무에 밝고 빠른 관
리. 掾史는 胥吏(서리). 史에는 獄官의 뜻도 있다. ○紀 - 記. ○以侍中光祿
大夫養病 - 侍中光祿大夫의 녹봉을 받으며 養病하다. ○班婕妤 - 반첩여에
대한 성제의 총애가 식었고 조비연의 질투가 심해지자 반첩여는 성제의 모
후 元太后을 모신다며 東宮으로 옮겨갔다. ○趙飛燕 - 자매가 모두 성제의
총애를 받았다. 황후가 되었고, 성제는 日夜로 유락에 빠져 갑자기 죽었다.
哀帝가 즉위하자 皇太后가 되었으나 平帝 즉위 뒤에 서인으로 강등되자 자
살했다. 97권, 〈外戚傳〉(下)에 입전. ○稱篤 - 병세가 위독하다고 말하
다.(핑계를 대다.) 篤은 病勢沈重. ○上出過臨侯伯 - 황제가 찾아와 班伯의
병을 위문하다.

〖 國譯 〗

本家가 본래 北邊이라서 지조가 慷慨(강개)하였고 여러 번 흉노에
사신으로 가기도 했었다. 成帝 河平 연간에 單于(선우)가 내조하자
성제는 반백에게 符節을 갖고 변방에서 영접케 하였다. 그때 定襄郡
의 大姓인 石, 李씨 무리들이 원수를 죽이고 또 체포하러 온 관리를

죽였는데 班伯은 上狀하여 정양태수를 1개월간 자청하였다. 황제는 시중 중랑장인 王舜을 급히 보내 班伯 대신 선우를 호송하라 하고 아울러 璽書(쇄서)와 印綬(인수)를 내려 즉시 반백을 定襄太守로 임명했다. 定襄 군민은 伯이 평소에 귀인이며 젊은 데다가 사건 조사를 自請했다는 소식을 듣고 오자마자 크게 위세를 부릴 것이라 생각하여 吏民이 모두 두려워 숨을 죽였었다. 班伯은 도착하여 노인과 집안 어른, 우인 등 옛 은인을 불러 문안하면서 손님을 가득 모시고 날마다 술과 음식을 대접하며 자손의 예로 대하니 군민 마음은 더 편안해졌다. 班伯으로부터 손님의 예를 받은 모든 명사와 호걸들은 은덕을 느끼고 술에 취해 모두가 반백에게 도적을 체포해야 한다면서 주모자와 숨은 곳을 자세히 말해 주었다. 반백은 "이는 어르신들이 바라는 바이다."라고 말했다. 그리고선 屬縣의 長吏를 불러서 업무에 밝고 민첩한 관리를 뽑아 업무를 나누어 체포케 하니 그 숨은 자들을 열흘 만에 모두 체포하였다. 군민은 두려워하면서 모두 그의 神明을 칭송하였다. 일 년 뒤에 황제가 반백을 불렀다. 반백은 上書하여 옛 고향 父祖의 무덤에 성묘하고 가겠다고 요청했다. 황제는 조서를 내려 太守와 都尉 이하 모두 동행하도록 하였다. 반백은 宗族을 불러 각각 親疏에 따라 은덕을 베풀며 수백 금을 나누어 주었다. 이를 북쪽 고을에서는 영광으로 생각했다고 長老들은 기억했다. 반백은 도중에 중풍에 걸렸고 장안에 와서는 侍中光祿大夫로 養病하였는데 황제의 賞賜가 매우 많았지만 수년간 병석에서 일어날 수 없었다.

이 무렵 許皇后가 폐위되자, 班婕妤는 東宮(元后, 성제 모친)을 봉양했고 가까이 모시던 李平(이평)이 婕妤가 되었고 趙飛燕이 皇后가 되었다. 반백은 병이 위독하였다. 얼마 후에 황제가 출궁하여 반백을 찾아 문병하니 반백은 황공하여 일어나 업무를 보아야 했다.

原文

自大將軍薨後, 富平,定陵侯張放,淳于長等始愛幸, 出爲微行, 行則同輿執轡, 入侍禁中, 設宴飮之會, 及趙,李諸侍中皆引滿擧白, 談笑大噱. 時乘輿幄坐張畫屛風, 畫紂醉踞妲己作長夜之樂. 上以伯新起, 數目禮之, 因顧指畫而問伯, "紂爲無道, 至於是乎?" 伯對曰, "《書》云 '乃用婦人之言', 何有踞肆於朝? 所謂衆惡歸之, 不如是之甚者也." 上曰, "苟不若此, 此圖何戒?" 伯曰, '沉湎於酒', 微子所以告去也. '式號式呼', 〈大雅〉所以流連也. 《詩》,《書》淫亂之戒, 其原皆在於酒." 上乃喟然歎曰, "吾久不見班生, 今日復聞讜言!" 放等不懌, 稍自引起更衣, 因罷出. 時, 長信庭林表適使來, 聞見之.

| 註釋 |　○大將軍 – 王鳳(大司馬이며 大將軍, 領尙書事), 왕씨 일가 득세의 시작.　○富平侯 – 張放. 定陵侯는 淳于長(순우장). 93권, 〈佞幸傳〉에 입전.　○諸侍中 – 侍中은 황제의 측근으로 어명 출납을 담당.　○大噱(대갹) – 大笑. 噱은 껄껄 웃을 갹.　○乘輿(승여) – 君王.　○妲己(달기) – 殷 紂王 妃.　○數目禮之 – 여러 번 눈길을 주어 예를 표하다.　○《書》云 '乃用婦人之言' – 今文《書經 泰誓》의 구절. 부인의 말에 따르다.　○所謂衆惡歸之 – 子貢曰,

"紂之不善, 不如是之甚也. 是以君子惡居下流, 天下之惡皆歸焉."《論語 子張》
의 말 인용. ◦沈湎(침면) - 탐닉하다. ◦微子(미자) - 폭군 紂王의 庶兄. 보
통 微子啓(미자계)로 불린다. 春秋 宋國의 開國始祖.《論語》에서는 微子, 箕
子, 比干을 '殷三仁'이라 한다. ◦'式號式呼' -《詩經 大雅 蕩》에 나온다.
술에 취해 밤낮도 모르고 떠드는 말. ◦讜言(당언) - 직언, 正直之言. 讜은
곧은 말 당. ◦長信庭林表適使來 - 長信宮은 태후의 궁전. 林表는 궁중 일
을 하는 아주 낮은 女官.(林表는 환관의 이름이라는 異說도 있다.)

〔國譯〕

大將軍 王鳳이 죽은 뒤에, 富平侯인 張放과 定陵侯인 淳于長 등
이 황제의 총애를 받아 외출하여 微行할 때도 같은 수레를 타고 고
삐를 잡았으며, 궁중에 시위하거나 잔치에서 술을 같이 마셨으며,
조비연이나 李平, 그리고 여러 侍中들이 가득 채운 잔을 다 비우며
담소하며 큰소리로 웃어댔다. 언젠가 황제가 자리에서 그림 병풍을
펼쳐보였는데 술에 취한 紂王(주왕)이 妲己(달기)를 타고 앉아 밤샘
하며 즐기는 그림이었다. 황제는 班伯이 병석에서 일어나 입궐하자
여러 번 눈짓으로 예를 표했으며 그림을 가리키며 伯에게 물었다.
"紂王의 無道함이 이 지경이었는가?" 이에 반백이 대답하였다.

"《書經》에 '婦人之言의 말을 신용했다.'라고는 했지만 어전에서
어찌 이렇듯 올라탔겠습니까? 보통 말하길, 下流로 모든 악이 다 몰
린다고 하지만 이렇듯 심하지는 않았습니다."

황제가 물었다. "실제로 이와 같지 않았다면 이 그림은 무엇을 훈
계하는 뜻인가?"

반백은 "微子(미자)가 떠나간 것은 주왕이 주색에 탐닉했기 때문
입니다. '式號式呼'라 하며 〈大雅〉에서 시인은 눈물을 흘렸습니다.

《詩經》과《書經》에서 淫亂에 대한 훈계의 그 근원은 모두 술에 있습니다."라고 말했다.

황제는 이에 크게 탄식하며 말했다. "나는 오랫동안 班生을 만나지 못했는데 오늘 다시 좋은 말을 들었노라!"

張放(장방) 등은 기분 나빠 하면서 슬그머니 화장실에 간다며 일어나서 나가버렸다. 마침 장신궁의 林表(임표)가 들어와 황제를 뵙겠다고 아뢰었다.

原文

後上朝東宮, 太后泣曰, "帝間顏色瘦黑. 班侍中本大將軍所擧, 宜寵異之, 益求其比, 以輔聖德. 宜遣富平侯且就國." 上曰, "諾." 車騎將軍王音聞之, 以風丞相御史奏富平侯罪過, 上乃出放爲邊都尉. 後復徵入, 太后與上書曰, "前所道尙未效, 富平侯反復來, 其能默乎?" 上謝曰, "請今奉詔." 是時, 許商爲少府, 師丹爲光祿勳, 上於是引商, 丹入爲光祿大夫, 伯遷水衡都尉, 與兩師並侍中, 皆秩中二千石. 每朝東宮, 常從. 及有大政, 俱使諭指於公卿. 上亦稍厭游宴, 復修經書之業, 太后甚悅. 丞相方進復奏, 富平侯竟就國. 會伯病卒, 年三十八, 朝廷愍惜焉.

| 註釋 | ○東宮 – 漢朝에서는 皇太后의 宮室인 長樂宮은 未央宮의 동쪽에 있어 長樂宮을 東宮이라 불렀고 皇太后를 東宮이라 칭했다. 곧 元帝의 皇

后로 成帝의 母后인 王太后. ○益求其比 – 比는 類也. ○風 – 諷也. ○前所
道尙未效 – '班侍中本大將軍所擧, 宜寵異之'가 실천되지 않았다는 뜻. ○水
衡都尉 – 上林苑과 황실의 財物을 관리. 鑄錢 담당관.

[國譯]

　뒷날 성제가 東宮에 문안을 가자, 태후가 울며 말했다. "帝께서는
요즈음 얼굴이 수척하고 검어지셨습니다. 班侍中(班伯)은 본래 大
將軍(王鳳)이 추천하셨으니 의당 총애가 남달라야 할 것이며 그 같
은 사람을 더 구해서 성덕을 쌓아야 합니다. 富平侯(張放)는 의당
封國에 나가야 할 것입니다." 황제는 "예"라고 답했다.

　거기장군 王音(왕음)이 이런 사실을 알고 승상과 어사에게 富平侯
의 罪過를 상주하라고 귀띔을 했고, 황제는 張放을 邊郡의 도위로
내보냈다. 뒷날 그를 다시 불러들이자 太后가 성제에게 上書하여 말
했다. "전에 말씀드린 것이 아직 실천되지 못했는데 富平侯가 다시
돌아왔으니 어찌 침묵할 수 있겠습니까?" 황제가 사과하며 "즉시
말씀대로 따르겠습니다."라고 했다. 이 무렵 許商(허상)은 少府, 師
丹(사단)은 光祿勳이었는데, 황제는 허상과 사단을 광록대부로 삼았
고 반백을 水衡都尉로 삼아 兩師(許商, 師丹)와 함께 시중케 하였는
데 모두가 봉록이 二千石에 해당되었다. 황제가 매일 동궁에 朝賀를
할 때마다 반백은 늘 수행했다. 만약 중요한 정사가 있으면 반백으
로 하여금 공경을 깨우치라 하였다. 황제는 점차 놀이와 잔치를 싫
어하며 다시 경서의 학업을 닦으니 태후가 매우 기뻐하였다. 丞相
翟方進(적방진)이 다시 아뢰어 富平侯는 마침내 封國으로 떠났다. 이
때 반백이 병으로 죽으니 나이는 38세였고 조정 사람들이 애석해

하였다.

斿博學有俊材, 左將軍史丹擧賢良方正, 以對策爲議郎,
遷諫大夫, 右曹中郎將, 與劉向校秘書. 每奏事, 斿以選受詔
進讀群書. 上器其能, 賜以秘書之副. 時書不布, 自東平思
王以叔父求《太史公》, 諸子書, 大將軍白不許. 語在〈東平王
傳〉. 斿亦早卒, 有子曰, 嗣, 顯名當世.

| 註釋 | ○斿 – 깃발 유. 班斿(반유)는 반고의 從祖父. ○左將軍史丹 – 成
帝 河平 3년에 좌장군이 되었다. ○賢良方正 – 漢代의 인재 등용 방법. 賢良
은 재간이 뛰어나다는 의미. 방정은 품행이 바르기에 德望이 있는 인재. 대
개 連用한다. ○議郎 – 光祿勳의 屬官. ○中郎將 – 황제의 시위를 담당하는
관리. ○劉向(유향, 前77-前6) – 漢朝 宗室.《新序》,《說苑》,《列女傳》의 저
자.《戰國策》을 편찬한 학자. 36권, 〈楚元王傳〉에 입전 ○秘書 – 황궁에 보
관 중인 도서. ○奏事 – 校書에 관한 일을 상주하다. ○秘書之副 – 각종 도
서의 副本. 부본을 반유에게 하사했다는 것은 그만큼 총애를 받았다는 뜻이
다. ○東平思王 – 劉宇. 成帝의 叔父. ○《太史公》 – 태사공 사마천의 저서
《史記》. ○語在〈東平王傳〉 – 80권, 〈宣元六王傳〉.

〔國譯〕

班斿(반유)는 박학한 준재로 좌장군 史丹(사단)이 현량방정한 인재
라 천거하였고, 對策으로 議郎이 되었다가 諫大夫, 右曹 中郎將으로

옮겼으며 劉向(유향)과 함께 황실의 서적을 校註하였다. 매번 교서와 관련된 업무를 상주하며 반유는 뽑혀서 황제의 명을 받아 황제 앞에서 여러 책을 進讀(진독)했다. 성제도 그 재능을 크게 인정하면서 秘書의 부본을 하사하였다. 그때 서적을 널리 공개하지 않았는데 東平思王이 叔父로서《太史公》와 諸子書를 얻으려고 대장군에게 말했으나 주지 않았다. 이는 〈宣元六王傳〉(東平王傳)에 실려 있다. 班斿(반유)도 일찍 죽었는데, 아들 班嗣(반사)가 당세에 이름이 있었다.

原文

稚(穉)少爲黃門郞中常侍, 方直自守. 成帝季年, 立定陶王爲太子, 數遣中盾請問近臣, 稚獨不敢答. 哀帝卽位, 出稚爲西河屬國都尉, 遷廣平相.

| 註釋 | ○班稚 – 穉(어린 벼 치)라고도 표기. 班固의 祖父. ○黃門郞中常侍 – 黃門郞官이 관직이고 中常侍는 加官으로 궁중에 출입할 수 있는 황제의 近臣. 黃門은 황궁 내부의 여러 가지 일을 주관하는 관청. 中常侍는 일정한 정원이 없었는데 東漢에서는 환관이 주로 이 일을 담당하게 된다. 加官이란 정규 관직에 추가된 직함인데 侍中, 左右曹, 散騎, 中常侍, 給事中 등이 그 예이다. 漢代의 가관은 모두 內朝官으로 황제의 측근이었다. ○中盾(중윤) – 관직명. 太子中盾. 中允. 秩 四百石. 盾(방패 순, 방패 윤)은 독음이 允(yǔn). ○哀帝卽位 – 定陶王 劉欣(유흔), 成帝가 無子하여 綏和(수화) 元年(前 8)에 태자가 되었고 次年에 成帝가 죽어 繼位하니 哀帝(재위 前 7-前 1)이다. 재위 7년. 잘 알려진 同性愛者. ○西河屬國都尉 – 西河는 군명. 치소

는 平定縣(今 內蒙古 鄂爾多斯市 東勝區). 屬國都尉는 이민족 집단 거주지의
군사와 치안 담당관. ○廣平 - 廣平國은 武帝 때 설치되었다가 폐지, 哀帝
建平 3년(前 4년) 설치. 치소는 信都縣(今 河北省 邯鄲市 관할의 廣平縣).

〖 國譯 〗

　班稚(반치)는 젊은 나이에 黃門郞 中常侍가 되었는데 언행이 方直
(방직)하고 분수를 알았다. 成帝 말년에, 定陶王을 태자로 세울 때,
성제가 자주 中盾(중윤)을 보내 근신에게 그 뜻을 물었을 때 반치는
홀로 즉답을 하지 않았다. 哀帝가 즉위하자, 반치는 西河郡의 속국
도위로 나갔다가 다시 廣平國의 王相으로 옮겼다.

原文

　王莽少與稚兄弟同列友善, 兄事斿而弟畜稚. 斿之卒也,
修緦麻, 賻賵甚厚. 平帝卽位, 太后臨朝, 莽秉政, 方欲文致
太平, 使使者分行風俗, 采頌聲, 而稚無所上. 琅邪太守公
孫閎言災害於公府, 大司空甄豐遣屬馳至兩郡諷吏民, 而劾
閎空造不詳, 稚絶嘉應, 嫉害聖政, 皆不道. 太后曰, "不宣
德美, 宜與言災害者異罰. 且後宮賢家, 我所哀也." 閎獨下
獄誅. 稚懼, 上書陳恩謝罪, 願歸相印, 入補延陵園郞, 太后
許焉. 食故祿終身. 由是班氏不顯莽朝, 亦不罹咎.

| 註釋 | ○王莽(왕망, 前 45-서기 23) - 字 巨君. ○兄事斿而弟畜稚 - 형
처럼 班斿(반유)를 모셨고 班稚(반치)를 아우처럼 대우했다. 畜(축)은 (아랫

사람을) 부양하다. 먹여 살리다의 뜻. ○修緦痲 - 緦痲(시마)의 상복을 입다. 五服 중 가장 짧은 기간인 3개월의 상복. ○賻賵甚厚 - 賻(부)는 布帛으로 喪事를 돕는 것. 賵(봉)은 車馬를 보내어 돕는 일. ○平帝卽位 - 哀帝(재위, 前 7년-前 1년) → 平帝(재위, 서기 1-5년). ○太后臨朝 - 太王太后 王氏(元帝의 황후, 成帝의 母后)가 섭정하다. ○文致太平 - 文敎로 太平을 이루다. ○而稚無所上 - 班稚는 칭송의 글을 올리지 않았다. ○且後宮賢家 - 후궁의 賢淑한 친가. 곧 반첩여의 친가. ○延陵園郞 - 成帝의 陵인 延陵을 관리하는 직책. ○亦不罹咎 - 허물을 덮어 쓰지 않았다. 罹는 당할 리(遭也).

〔國譯〕

王莽(왕망)은 어렸을 때부터 班稚(반치)와 같은 직급(同列)으로 형제처럼 잘 지냈으니, 班斿(반유)를 형처럼 모시고 반치를 동생처럼 생각하였다. 반유가 죽었을 때 왕망은 緦痲(시마)의 상복을 입고 賻儀(부의) 물품을 아주 많이 도와주었다. 平帝가 즉위하고 태황태후가 臨朝하며, 왕망이 정권을 장악하고 막 文敎로 태평한 정치를 표방하며 사자를 각지에 보내 풍속을 순찰케 하고 칭송의 문장을 모아 올릴 때 반치는 아무것도 올리지 않았다. 琅邪(낭야)태수인 公孫閎(공손굉)이 그 관청에 재해가 나타났다고 보고하자 大司空인 甄豐(견풍)이 소속 관리를 보내 兩郡(낭야군과 廣平國)의 吏民을 진정시킨 뒤에, 공손굉은 상서롭지 않은 일을 쓸데없이 지어냈고, 반치는 하늘의 길조를 막아 聖政을 가로 막으니 모두가 옳지 않다고 탄핵하였다. 태후는 "미덕을 널리 알리지 않은 것은 재해가 있다고 꾸며댄 자와 그 처벌을 달리해야 한다. 그리고 현숙한 후궁(반첩여)의 본가이니 내가 긍휼히 생각해 준다."고 하였다. 그리하여 공손굉만 하옥했다가 사형에 처했다.

반치가 옛날부터 받은 큰 은혜를 말하고 죄를 빌며 광평국 相의
인수를 반납하고 장안에 들어와 延陵(成帝의 陵)의 園郎의 일을 하겠
다고 청원하자 태후가 허락하였다. 이로써 반씨는 왕망의 조정에서
이름이 없었고 또 허물도 입지 않았다.

原文

　初, 成帝性寬, 進入直言, 是以王音, 翟方進等繩法舉過,
而劉向, 杜鄴, 王章, 朱雲之徒肆意犯上, 故自帝師安昌侯, 諸
舅大將軍兄弟及公卿大夫, 後宮外屬史許之家有貴寵者, 莫
不被文傷詆. 唯谷永嘗言, "建始, 河平之際, 許, 班之貴, 傾
動前朝, 熏灼四方, 賞賜無量, 空虛內臧, 女寵至極, 不可尙
矣. 今之後起, 無所不饗, 仁倍於前." 永指以駁譏趙, 李, 亦
無間云.

　稚生彪. 彪字叔皮, 幼與從兄嗣共遊學, 家有賜書, 內足
於財, 好古之士自遠方至, 父黨揚子雲以下莫不造門.

| 註釋 | ○繩法舉過 - 국법을 準繩(준승, 표준)으로 삼아 과실을 열거하
다.　○杜鄴(두업) - 85권, 〈谷永杜鄴傳〉에 입전. 王章은 76권, 〈趙尹韓張兩
王傳〉에 입전. 朱雲(주운)은 67권, 〈楊胡朱梅云傳〉에 입전.　○肆意犯上 - 방
종한 뜻으로 황제의 뜻을 거스르다.　○安昌侯 - 張禹(장우, ?-前 5), 西漢의
大臣, 博士가 되어 元帝 때 太子에게 《論語》를 가르쳤다. 태자가 成帝로 즉
위하자 帝師로 關內侯가 되었고, 대장군 王鳳과 함께 국정을 이끌었고, 前
25년 丞相이 되었고 安昌侯에 봉해졌다.　○莫不被文傷詆 - 문사 때문에 상

처나 훼손을 당하지 않은 사람이 없었다.   ○谷永(곡영, ?-前 8) - 字 子云,
成帝 時 光祿大夫, 安定郡 太守, 大司農을 역임. 災異에 관해 자주 상서하였
고 대사마 王鳳, 王音, 王商, 王根 등과 두루 친했다. 85권, 〈谷永杜鄴傳〉에
입전.   ○建始(前 32-29), 河平(前 28-25) - 成帝의 연호.   ○許,班之貴 - 成
帝의 許황후와 班婕妤(반첩여).   ○駮 - 짐승 이름 박.《山海經》에 나오는 상
상의 동물로 白馬와 비슷하나 톱 같은 이로 호랑이를 잡아먹는다고 한다.
○譏趙,李 - 조비연과 李부인을 풍자하다.   ○亦無間云 - 間은 비난하다.
○班彪(반표, 서기 3-54) - 字 叔皮, 東漢史學家. 班固(32-92), 班超(32-
102), 班昭(女)의 父親. 班彪는《史記》를 보충한《史記後傳》65편을 저술하
여 班固《漢書》의 기초를 마련하였다.《後漢書》〈班彪列傳〉(上)에 입전.   ○父
黨 - 父輩, 아버지의 친구.   ○揚子雲 - 揚雄(前 53-서기 18) 一作 楊雄, 字 子
雲, 哲學家. 말을 많이 더듬었기에 깊은 思考와 文辭에 노력하였다. 司馬相
如를 추앙하였고 양웅의 〈蜀都賦〉는 班固의 〈兩都賦〉, 張衡의 〈二京賦〉및
晉代 左思의 〈三都賦〉에 영향을 주었다. 양웅은 나중에 賦의 창작을 '雕虫篆
刻, 壯夫不爲'라 하여 더 이상 창작하지 않고 철학적 저술에 힘을 써《法言》,
《太玄》을 저술했다. 87권, 〈揚雄傳(上, 下)〉에 입전.(참고, 漢賦四大家 - 司
馬相如, 揚雄, 班固, 張衡.)   ○莫不造門 - 대문에 이르지 않은 사람이 없다.
많은 사람이 집을 찾아왔다.

[國譯]

  그전에, 成帝는 천성이 관대하고 직언을 받아들였기에 王音, 翟
方進(적방진) 등이 국법에 근거하여 天子의 과실을 논했으며 劉向,
杜鄴, 王章, 朱雲 같은 사람들도 방자한 마음이 있어 황제의 뜻을 거
슬렀었다. 그래서 帝師 安昌侯로 부터 황제의 외삼촌인 대장군 王鳳
형제나 공경대부, 후궁의 친속인 史氏, 許氏 가문의 총애를 받던 사

람들이 文辭(문사)로 폄훼당하지 않은 사람이 없었다. 谷永도 일찍이 "建始와 河平 연간에 허씨와 반씨의 부귀가 前朝를 넘어섰고 혜택이 사방에 닿았으며, 하사품이 무한하지만 속은 텅 비었으며 여인에 대한 총애만 지극하니 본받을 바가 아니다. 지금도 주지 않는 것이 없으며 그 은덕이 전보다 2배는 될 것이다."라고 말했다. 谷永은 駁(박)이라는 동물로 趙飛燕과 李夫人을 譏弄(기롱)하였지만 비난하지는 않았다.

班稚는 班彪(반표)를 낳았다. 반표의 자는 叔皮(숙피)인데, 어려서부터 사촌 형 班嗣(반사)와 같이 학문을 하였는데 집안에 하사받은 도서가 있고 재물도 풍족하여 好古의 문사들이 멀리서도 찾아왔으니 父黨인 揚子雲(揚雄) 같은 사람들도 집안에 많이 출입하였다.

原文

嗣雖修儒學, 然貴老,嚴之術, 桓生欲借其書, 嗣報曰, "若夫嚴子者, 絶聖棄智, 修生保眞, 淸虛淡泊, 歸之自然, 獨師友造化, 而不爲世俗所役者也. 漁釣於一壑, 則萬物不姦其志, 棲遲於一丘, 則天下不易其樂. 不絓聖人之罔, 不嗅驕君之餌, 蕩然肆志, 談者不得而名焉, 故可貴也. 今吾子已貫仁誼之羈絆, 繫名聲之韁鎖, 伏周,孔之軌躅, 馳顏,閔之極摯, 旣繫攣於世敎矣, 何用大道爲自炫耀? 昔有學步於邯鄲者, 曾未得其彷彿, 又復失其故步, 遂匍匐而歸耳! 恐似此類, 故不進." 嗣之行己持論如此.

| 註釋 | ○老,嚴之術 – 老子와 莊周(莊子)의 학술. 후한에서는 明帝의 이름 劉莊을 諱하여 嚴子라 하였다. ○桓生 – 桓譚(환담, 前 23-서기 56), 字 君山. 정치가이면서 학자. 光武帝 議郎給事中 역임. ○淸虛淡泊(청허담박) – 淡泊은 安靜. ○棲遲(서지) – 살다. 마음껏 게을리 살다. ○不絓聖人之罔 – 聖人은 孔子, 周公. 絓는 연연하다. 걸릴 괘. 罔은 網. ○不嗅驕君之餌 – 嗅는 냄새 맡을 후. 유혹에 걸리다. 餌는 먹이 이. 爵祿(작록). ○仁誼之羈絆(기반) – 仁義의 굴레. ○名聲之韁鎖(강쇄) – 명성의 고삐와 족쇄. ○伏周,孔之軌躅 – 주공과 공자의 자취를 따르다. 軌躅(궤촉)은 자취. 발자국. ○馳顔,閔之極摯 – 공자의 제자인 顔子(顔回)와 閔子騫(민자건)의 極摯(극지, 極致). ○旣繫攣於世敎矣 – 이미 세속적인 名敎에 묶여 있거늘. 攣은 걸릴 연. 매다. ○何用大道爲自炫耀 – 大道는 노장사상. 炫耀(현요)는 빛내다. 자랑하다. ○昔有學步於邯鄲者 – 이는 《莊子 秋水》편의 寓話이다.

〖 國譯 〗

　班嗣(반사)는 비록 유학을 전공하였지만 老莊의 학술도 귀히 여겼다. 桓譚(환담)이 노장의 책을 빌리려 하자 반사는 그에게 대답했다. "저 莊子라는 사람은 聖과 智을 없애고 차버렸으며 몸을 단련하면서도 保眞하며 淸虛하고 安靜을 찾아 자연에 귀의하였고, 오로지 조화만을 추구하기에 세속에서 부려먹을 만한 사람이 아닙니다. 그가 산골짜기에서 물고기를 낚지만 만물이 그의 뜻을 어길 수 없으며 산언덕에 게으름피며 살더라도 천하가 그의 즐거움을 바꾸지 못할 것입니다. 성인의 그물에 얽매이지도 않고 교만한 군주의 미끼에도 걸리지 않으며 탁 트이고 끝없는 지기라서 그를 읽더라도 어떻게 이름을 붙일 수가 없기에 貴하다고 말할 수 있는 것입니다. 지금 당신은 이미 인의의 굴레에 익숙해졌고 名聲의 고삐나 족쇄에 얽매였으며,

주공과 공자의 자취를 따르고 顔回와 閔子騫(민자건)의 끝을 치달으며 이미 세상의 명교에 매여 걸렸거늘 노장의 대도를 갖다가 스스로 무엇을 더 빛내려 합니까? 옛날에 趙나라 수도 邯鄲(한단)에 가서 그곳 걸음걸이를 배우려던 사람이 아직 비슷하게 배우지도 못했는데 자신의 옛 걸음걸이도 잊어버려 결국은 기어서 돌아왔다고 합니다. 혹시 이런 일이 생길까 걱정이 되어 빌려드리지 못하겠습니다."

반사의 행동과 지론이 이와 같았다.

原文

叔皮唯聖人之道然後盡心焉. 年二十, 遭王莽敗, 世祖卽位於冀州. 時隗囂據壟擁衆, 招輯英俊, 而公孫述稱帝於蜀漢, 天下雲擾, 大者連州郡, 小者據縣邑. 囂問彪曰, "往者周亡, 戰國並爭, 天下分裂, 數世然後乃定, 其抑者從橫之事復起於今乎? 將承運迭興在於一人也? 願先生論之."

對曰, "周之廢興與漢異. 昔周立爵五等, 諸侯從政, 本根旣微, 枝葉强大, 故其末流有從橫之事, 其勢然也. 漢家承秦之制, 並立郡縣, 主有專己之威, 臣無百年之柄. 至於成帝, 假借外家, 哀,平短祚, 國嗣三絶, 危自上起, 傷不及下. 故王氏之貴, 傾擅朝廷, 能竊號位, 而不根於民. 是以卽眞之後, 天下莫不引領而歎, 十餘年間, 外內騷擾, 遠近俱發, 假號雲合, 咸稱劉氏, 不謀而同辭. 方今雄桀帶州城者, 皆無七國世業之資.《詩》云, '皇矣上帝, 臨下有赫, 鑒觀四方, 求民之莫.' 今民皆謳吟思漢, 鄉仰劉氏, 已可知矣." 囂曰, "先生言周,漢之勢, 可也, 至於但見愚民習識劉氏姓號之故, 而謂漢家復興, 疏矣! 昔秦失其鹿, 劉季逐而掎之, 時民復知漢乎!" 既感囂言, 又愍狂狡之不息, 乃著〈王命論〉以救時難. 其辭曰,

| **註釋** | ○叔皮 − 班彪(반표)의 字. 班固의 부친. ○年二十 − 서기 23년. ○遭王莽敗 − 왕망의 몰락을 보았다. ○世祖 − 後漢 光武帝 劉秀(前 5 − 後 57. 재위, 25−57) − 22년 기병, 西漢의 大統을 이어 25년 즉위, 建武로 개원. 世祖는 廟號. 시호는 光武皇帝. ○冀州(기주) − 漢 13刺史部의 하나. 今 河北省 중남부 및 山西省 河南, 山東 일부 지역 관할. ○隗囂(외효, ?−33) − 왕망 말기 今 甘肅省 동부 일대에 웅거. ○隴(농) − 隴 又는 隴右. ○招輯英俊 − 英俊한 인물을 불러 모으다. 輯은 集. ○公孫述(공손술, ?−36) − 왕망 말년에 益州에서 기병하고 稱帝. ○雲擾(운요) − 구름이 피듯 혼란했다. ○其抑者 − 그렇지 않다면. ○迭興在於一人也 − 한 사람에 의해 교체해 흥기하겠는가? 한사람에 의해 一統되겠는가? ○諸侯從政 − 제후국이 각자 정치를 폈다. ○末流 − 末世. ○從橫之事 − 합종과 연횡으로 離合集散하던 상황. ○假借外家 − 외척에 의지하다. ○哀,平短祚 − 哀帝(6년)와 平帝(5년)의 재위 기간이 짧다. ○國嗣三絶 − 成帝, 哀帝, 平帝가 無子했다. ○傷不及下 − 漢의 德의 폐해가 백성에 미치지는 않았다. ○王氏之貴 − 왕씨 일가의 외척으로서의 발호. ○假號雲合 − 稱帝稱王하는 자들이 구름이 일어나듯 많았다. ○咸稱劉氏 − 모두가 고조 유방의 후손임을 자처했다. ○《詩》云 − 《詩經 大雅 皇矣》. 詩의 莫은 瘼(병들 막, 아픔)으로 해석한다. ○鄉仰劉氏 − 鄉은 向과 同. ○疏矣 − 무리한 주장으로 사실과 다르다. ○劉季逐而掎之 −

劉季(劉邦)가 쫓아가 잡았다.　○愍狂狡之不息 - 방자 교활한 뜻이 버리지
않는 것을 안타깝게 생각하다.

[國譯]

班彪(字 叔皮)는 聖人(孔子)의 道만을 따르며 성심을 다했다. 20
대에 王莽(왕망)의 패망을 보았고 世祖(光武帝)는 冀州에서 즉위하
였다. 그 때 隴右(농우) 일대를 차지한 隗囂(외효)는 무리를 거느리고
뛰어난 인재를 불러 모았으며, 公孫述은 蜀漢에서 칭제하였는데 천
하가 구름이 일어나듯 어지러웠으며 큰 세력자는 州郡을 끌어모았
고 작은 자는 현읍을 차지하였다. 외효가 반표에게 물었다.

"옛날에 周가 망하면서 戰國이 서로 다투니 천하가 분열하여 여
러 세대가 지난 뒤에 겨우 평정되었는데, 그렇다면 합종연횡의 상황
이 지금 다시 일어나겠는가? 아니면 운에 따라 한 사람이 일어나겠
는가? 선생께서 이를 논해 주기 바랍니다." 이에 반표가 대답했다.

"周의 흥폐는 漢과 다릅니다. 옛 周는 5등급 제후를 세웠고 제후
는 각자 정치를 했으니 본 뿌리는 약했고 지엽은 강대했기에 그 끝
무렵에 합종연횡의 사태가 있었고 그것은 당연했습니다. 漢 왕조는
秦의 제도를 본받아 郡縣제도를 병행하면서 황제의 권위가 확실했
고 신하된 자는 백 년을 버틸 권한이 없었습니다. 成帝에 이르러 외
가에 의지했고, 哀帝와 平帝의 재위가 짧고 후사가 3번이나 끊겨 위
기가 위에서 일어났지만 그 병폐가 백성에 미치지는 않았습니다. 그
래서 王氏가 높이 올라 조정을 멋대로 흔들었고 제위를 참칭하였지
만 백성에게 그 뿌리를 내리지 못했습니다. 이 때문에 왕망이 즉위
한 뒤에 천하가 고개를 늘려 탄식하지 않는 이 없었고 10여 연간에

국내외가 뒤숭숭하고 원근 곳곳에서 소요사태가 제멋대로 일어났지만 모두가 한결같이 유씨의 후손을 자처하였습니다, 지금은 각 고을과 성을 차지한 강대한 자일지라도 전국칠웅 같은 기반을 가진 자는 없습니다.《詩經》에 있는 '위대한 上帝여! 아래까지 밝게 임하여 사방을 널리 살피시고 백성들의 고통을 구해주소서' 라 하였으니, 지금 백성들은 모두 노래하며 漢을 생각하고 유씨를 우러러보는 것을 알 수 있습니다."

이에 외효가 말했다.

"선생이 周와 漢의 국운을 말한 것은 맞습니다만, 愚民들이 劉氏 성명에 친숙한 것뿐이지 漢家 부흥을 원한다는 것은 맞지 않습니다. 옛날 秦이 그 사슴을 놓치자 고조 劉邦이 따라가 잡았을 뿐인데, 이 시대 백성이 어찌 漢을 다시 세우려 하겠습니까?"

반표는 외효의 말뜻을 알아들었고, 또 그가 방자 교활한 뜻을 버리지 않는다는 것을 안타깝게 여겨〈王命論〉을 지어 당시의 어려운 상황을 구해보려 했다. 그 글은 아래와 같다.

原文

「昔在帝堯之禪曰, "咨爾舜, 天之歷數在爾躬." 舜亦以命禹. 曁於稷,契, 咸佐唐,虞, 濟四海, 奕世載德, 至於湯,武, 而有天下. 雖其遭遇異時, 禪代不同, 至乎應天順民, 其揆一也. 是故劉氏承堯之祚, 氏族之世, 著乎《春秋》. 唐據火德, 而漢紹之, 始起沛澤, 則神母夜號, 以章赤帝之符. 由是言之, 帝王之祚, 必有明聖顯懿之德, 豐功厚利積累之業, 然後精誠通於神明, 流澤加於生民, 故能鬼神所福饗, 天下所歸往, 未見運世無本, 功德不紀, 而得屈起在此位者也. 世俗見高祖興於布衣, 不達其故, 以爲適遭暴亂, 得奮其劍, 遊說之士至比天下於逐鹿, 幸捷而得之, 不知神器有命, 不可以智力求也. 悲夫! 此世所以多亂臣賊子者也. 若然者, 豈徒暗於天道哉? 又不覩之於人事矣!」

| 註釋 | ○禪 − 禪讓(선양). 堯는 舜에게 선양했다. 세습의 상대적 개념. ○"咨爾舜, 天之歷數在爾躬." −《論語 堯曰》의 인용. 咨는 감탄사. 爾躬은 너의 몸. ○禹 − 夏 건국자. ○稷,契 − 后稷(후직)은 周의 시조. 契(설)은 商의 시조. ○唐,虞 − 唐은 堯임금. 虞는 舜임금. ○奕世(혁세) − 累世. ○載德 − 덕을 이어오다. 載는 乘也. ○湯,武 − 殷과 周의 실질적 건국자. ○揆 − 법, 도리, 헤아릴 규. ○是故劉氏承堯之祚 ~《春秋》− 班固는《左傳》昭公 29년조의 내용을 근거로 漢이 堯를 계승한 것이라 주장. ○神母夜號, 以章赤帝之符 − 劉邦의 斬蛇. ○運世 − 運會와 世系. ○不紀 − 不記. ○屈起 − 崛起(우뚝 솟다. 들고 일어나다.) ○遊說之士至 − 蒯通(괴통)을 지칭. ○神器 − 帝位.

[國譯]

〈王命論〉*

「옛날, 堯帝가 堯에게 선양하면서 말했었다. "아! 너 舜아! 하늘의 歷數가 네 몸에 있도다!" 舜 또한 禹임금에게 命했었다. 后稷과 契(설) 모두 堯(唐)와 舜(虞)을 도왔고, 사해 백성을 구제하며 오랜 세월 덕을 이어와서 湯王(殷)과 武王(周)이 천하를 차지한 것이다. 비록 그들이 遭遇(조우)한 시대와 선양이 다르더라도 應天과 順民의 도리는 하나였다. 그래서 (뒷날) 劉氏가 堯를 이어 제위에 오르게 되는 상황의 氏族 시대가 《春秋》에 실려 있는 것이다. 唐堯가 火德을 바탕으로 한 것을 漢이 계승하였으니 처음에 沛澤(패택)에서 기의할 때 神母가 밤에 통곡한 것은 赤帝(적제)의 후손임을 알려준 것이다. 이를 예로 말한다면, 제왕의 자리란 반드시 聖明하고 뚜렷한 德을 베풀고 많은 공적과 福利를 오랜 세월 축적한 공덕이 있은 연후에 정성이 神明에 통하고 은택이 백성들에게 주어졌기 때문에 神明이 복을 내려준 것이며 거기에 백성이 따라 응한 것이지 시운과 世系가 아무런 근본도 없고 그 공덕을 백성들이 알지도 못하는데 갑자기 솟아난 자리에 오른 자를 여태껏 보지 못했다. 세상 사람들은 高祖가 포의에서 일어난 것만 보았지 그 깊은 연고는 모르기에 난세를 만나 분연히 칼을 빼들고 일어났다 했으며 유세하는 사람은 천하가 사슴을 쫓았는데 요행히 高祖가 빨리 잡은 것이라 말하였으니, 이는 神器(帝位)가 천명이며 인간의 智力으로 차지할 수 없다는 것을 알지 못한 것이다. 슬프도다! 이런 점이 바로 亂臣賊子가 많은 까닭이다. 이와 같은 자들이 어찌 한낱 천도를 모른다고만 할 수 없는가? 또 천명을 인간 세상에서 볼 수 없다고만 할 수 있겠는가?」

原文

「夫餓饉流隷, 饑寒道路, 思有短褐之襲, 儋石之畜, 所願不過一金, 然終於轉死溝壑. 何則? 貧窮亦有命也. 況乎天子之貴, 四海之富, 神明之祚, 可得而妄處哉? 故雖遭罹厄會, 竊其權柄, 勇如信,布, 强如梁,籍, 成如王莽, 然卒潤鑊伏質, 亨醢分裂. 又況幺麿, 尙不及數子, 而欲暗姦天位者乎! 是故駑蹇之乘不聘千里之途, 燕雀之疇不奮六翮之用, 榱桷之材不荷梁之任, 斗筲之子不秉帝王之重.《易》曰, '鼎折足, 覆公餗' 不勝其任也.」

| 註釋 | ◦餓饉流隷(아근유예) – 굶주린 유랑민과 하층민. ◦短褐之藝(단갈지설) – 거칠고 조악한 內衣. ◦儋石之畜(담석지축) – 양식이 부족한 백성. ◦信,布 – 韓信과 英布. ◦梁,籍 – 항량과 항적. ◦潤鑊伏質(윤확복질) – 큰 솥에 삶아 죽이거나 도끼로 처단하다. 質은 처형할 때 죄인을 묶어 놓는 곳. ◦亨醢分裂(형해분렬) – 亨은 烹(패). 醢는 인체를 소금에 절이는 형벌. 分裂은 사지를 찢어 죽임. ◦幺麿(요마) – 아주 작은 것. 幺 작을 요. 麿(작을 마)는 麽. 細也. 반표와 대답하는 隗囂(외효)의 능력은 여러 사람(數子, 곧 한신, 영포, 항량, 항적)에 비해 형편없이 미세하다는 의미. ◦駑蹇(노건) – 駑는 劣馬. 蹇은 절뚝거리다. ◦疇 – 類也. ◦六翮(육핵) – 완벽하고 강한 힘을 가진 날개. 翮은 깃 아래쪽에 있는 강한 힘줄. ◦榱桷之材(정탈지재) – 서까래로 쓸 수 있는 작고 가는 목재. ◦斗筲(두설) – 한 말, 또는 한 말 두되의 그릇. 옹졸한 사람. ◦鼎折足, 覆公餗 – 鼎의 足이 부러지면 公卿이 먹을 죽을 쏟게 된다. 능력을 감당 못한다는 뜻.《易經》鼎卦 의 爻辭.

〔 國譯 〕

「대개 굶주린 하층 백성이나 길에서 추위에 떨고 있는 사람은 짧고 거친 속옷이라도 입기를 바라고, 먹을 것이 부족한 사람들이 바라는 것은 적은 돈인데도 끝내 구덩이에서 죽는다. 왜 그러한가? 가난한 것도 운명이기 때문이다. 하물며 천자의 고귀한 자리나 사해의 부를 차지하는 것은 하늘이 주는 자리인데 아무나 차지할 수 있고 멋대로 누릴 수 있겠는가? 그러하기에 한때 재난을 당할 수도 있고 권력을 누릴 수도 있는 것이니, 韓信이나 英布처럼 용감했거나 項梁과 項籍(항적, 항우)처럼 강대했거나 왕망처럼 성취했던 사람일지라도 끝내 갑자기 삶겨 죽거나 도끼로 처형되고 각종 악형에 처해진다. 또 하물며 아주 보잘 것 없어 위의 여러 사람에게도 미치지 못하는데 천자의 자리를 몰래 차지하려는 자에게야! (얼마나 무시무시한 형벌이 내리겠는가?) 이런 까닭에 열등한 말은 천리 먼 길을 달릴 수 없고, 참새나 제비 같은 새들이 강하고 완벽한 날개를 쓰는 새를 따를 수 없으며, 서까래로나 쓸만한 목재가 기둥의 자리를 견딜 수 없고, 옹졸한 사람은 결코 제왕의 중책을 수행할 수 없는 것이다. 《易經》에서 '큰 솥의 다리가 부러지면 귀인의 음식은 엎어진다.' 하였으니 그 임무를 견뎌내지 못한다는 뜻이다.」

原文

「當秦之末, 豪桀共推陳嬰而王之, 嬰母止之曰, "自吾爲子家婦, 而世貧賤, 卒富貴不祥, 不如以兵屬人. 事成少受其利, 不成禍有所歸." 嬰從其言, 而陳氏以寧. 王陵之母亦見項氏之必亡, 而劉氏之將興也. 是時, 陵爲漢將, 而母獲於楚, 有漢使來, 陵母見之, 謂曰, "願告吾子, 漢王長者, 必得天下, 子謹事之, 無有二心." 遂對漢使伏劍而死, 以固勉陵. 其後果定於漢, 陵爲宰相, 封侯. 夫以匹婦之明, 猶能推事理之致, 探禍福之機, 而全宗祀於無窮, 垂策書於春秋, 而況大丈夫之事乎! 是故窮達有命, 吉凶由人, 嬰母知廢, 陵母知興. 審此四者, 帝王之分決矣.」

| 註釋 | ○陳嬰(진영, ?-前 184) - 秦末 東陽縣 현리. 봉기한 사람들이 왕으로 추대하였으나 項梁에 귀속했다가 나중에 漢王에 투항하여 楚 元王의 相이 되었다. 31권, 〈陳勝項籍傳〉의 항적에 관한 기록 참고. ○而世貧賤 - 而는 汝. ○卒富貴 - 卒은 갑자기. ○屬人 - 屬은 委也. ○王陵(왕릉, ?-前 180) - 沛縣豪族, 劉邦이 미천할 때 왕릉을 형처럼 따랐다. 한때 유방을 따르기를 거부했었으나 왕릉의 모친이 유방을 따르라 유언을 하고 자결하자 유방에 귀순했다. 늦게 安國侯에 피봉되었다. 惠帝 6년, 상국 曹參(조참)이 죽은 뒤에 왕릉은 우승상, 진평은 좌승상이 되었다. 40권, 〈張陳王周傳〉에 입전. ○以固勉陵 - 일부러 아들을(陵) 위해 죽다.(자신 때문에 자유롭게 처신하지 못하는 상황을 면하게 해주다.) ○春秋 - 史書. ○四者 - 陳嬰이 왕이 되느냐 안 되느냐? 왕릉이 항우 또는 고조를 따르고 섬길 것인가?

〖 國譯 〗

　「秦 말기에, 호걸들이 모두 陳嬰(진영)을 왕으로 추대하였으나 진영의 모친은 이를 말리며 말했다. "내가 너의 집에 며느리가 된 뒤로 너는 대대로 빈천했는데 갑자기 부귀해지는 것은 좋은 일이 아니니 군사를 다른 사람에게 맡기는 것만 못할 것이다. 일이 잘 된다 하

여도 그 이득은 작지만 일이 실패하면 화가 닥칠 것이다." 진영은
그 말에 따랐기에 진영은 평안할 수 있었다. 王陵(왕릉)의 모친 역시
項氏가 필히 멸망할 것이고, 劉氏가 흥할 것이라는 것을 알았었다.
이때 왕릉은 漢의 장수이었고 모친은 楚에 잡혀 있었는데, 漢의 사
자가 온 것을 보고 왕릉의 모친이 찾아가 말했다. "내 아들에게 漢
王은 長者라서 틀림없이 천하를 차지할 것이니 아들은 조심조심하
며 한왕을 섬겨 두 마음을 갖지 말라고 말 좀 해주시오." 그리고서
는 한의 사자 앞에서 칼을 안고 죽어 아들의 걱정을 덜어주었다. 그
후에 漢은 천하를 평정했고 왕릉은 재상이 되어 제후에 봉해졌다.

이처럼 匹婦의 지혜로도 사리를 깨달아 재앙과 복을 알고 宗祀를
오래오래 보존할 수 있다는 것이 여러 史書에 실려 있거늘, 하물며
대장부가 하는 일이야! 그래서 막히느냐, 현달하느냐에 천명이 있고
길흉은 사람에 따르는 것이니 진영의 모친은 망하는 것을 알았고,
왕릉의 모친은 흥하는 것을 알았었다. 이런 4가지를 살펴본다면, 帝
王의 몫은 하늘에 의해 결정되는 것이다.」

原文

「蓋在高祖, 其興也有五, 一曰, 帝堯之苗裔, 二曰, 體貌
多奇異, 三曰, 神武有徵應, 四曰, 寬明而仁恕, 五曰, 知人
善任使. 加之以信誠好謀, 達於聽受, 見善如不及, 用人如
由己, 從諫如順流, 趣時如響赴. 當食吐哺, 納子房之策, 拔
足揮洗, 揖酈生之說, 寤戍卒之言, 斷懷土之情, 高四皓之

名, 割肌膚之愛. 舉韓信於行陳, 收陳平於亡命, 英雄陳力, 群策畢舉. 此高祖之大略, 所以成帝業也. 若乃靈端符應, 又可略聞矣. 初劉媼任高祖而夢與神遇, 震電晦冥, 有龍蛇之怪. 及其長而多靈, 有異於衆, 是以王,武感物而折券, 呂公睹形而進女. 秦皇東遊以厭其氣, 呂后望雲而知所處. 始受命則白蛇分, 西入關則五星聚. 故淮陰,留侯謂之天授, 非人力也.」

| 註釋 | ○苗裔(묘예) - 후손. ○徵應(징응) - 呼應. ○趣時如響赴 - 기류에 따르기를 메아리가 따르듯 했다. 시대의 흐름에 잘 따르다. ○吐哺 - 吐哺握發(토포악발). 인재를 얻기 위해 애쓰다. ○子房 - 張良. ○酈生 - 酈食其(역이기, 前 268-204), 陳留 高陽人. 劉邦의 謀臣으로 齊王 田廣에게 停戰하라 유세하였지만 韓信은 계속 齊 지역을 공략하였다. 田廣이 대노하여 역이기를 팽살하였다. ○寠戍卒之言 - 한왕이 隴西의 戍卒이던 婁敬(누경)의 건의를 받아들여 長安에 도읍한 일. ○四皓(사호) - 商山 四皓. 장량의 계책에 따라 太子(뒷날 惠帝)의 부름에 응했다. ○舉韓信於行陳 - 行陣. 行伍(항오), 군대. ○陳平(?-前 178) - 처음에는 項羽의 모사이었다가 漢王의 모사가 되었다. 전한 건국 후에 右丞相, 左丞相을 역임. 反間計, 離間計의 元祖. ○陳力 - 出力. ○劉媼(유온) - 유방의 모친. 任은 懷妊, 임신하다. ○王,武 - 王媼과 武負. 유방이 起義하기 전에 유방에게 외상술을 준 사람. ○折券 - 받을 빚을 포기하다. 유방의 외상 술값을 포기하다. ○呂公 - 呂后의 生父. 呂叔平.

〔 國譯 〕

「일반적으로 高祖가 흥기한 이유로 5가지가 있는데, 첫째 堯임금의 후손이며, 둘째 외모가 다른 사람과 같지 않았고, 셋째 神武와 그에 따른 호응이 있었고, 넷째 관대, 명철하고 인자하였으며, 다섯째 사람을 보고 잘 쓸 줄 알았다. 거기에다가 성실하면서도 지모가 있고, 다른 사람의 의견을 잘 수용했으며 좋은 일을 잘 베풀면서 用人을 잘했고, 여러 충고를 잘 따랐으며 시류를 잘 이용하였다. 입안에 든 음식을 토하면서 즉시 장량의 계책을 받아들였으며, 발을 씻다가도 그만두고 酈食其(역이기)의 말을 경청하였으며, 戌卒인 婁敬(누경)의 말을 듣고 고향으로 돌아가려는 마음을 포기하였고, 商山 四皓(사호)의 명성을 높이 받들며 자식 사랑을 끊었다. 군사 중에서 韓信을 발탁 등용했고 망명한 陳平을 받아들였으며, 영웅들이 자기 능력을 발휘하도록 여러 방책을 다 채용하였다. 이상이 高祖가 帝業을 이룰 수 있었던 대략이다. 그리고 신령스러운 조짐이나 징후로도 또한 그 대략을 알 수 있다. 그전에 劉媼(유온)이 고조를 임심했을 때 꿈속에서도 신령이 나타났고 천둥과 벼락이 치며 神龍이 유온을 감싸는 신비한 일도 있었다. 그리고 성인이 되어 여러 신비한 일이 있었기에 왕씨 노파나 武負(무부)가 술 외상값을 받지 않았고 呂公은 관상을 보고 딸을 주었다. 秦 시황제가 동유하며 왕기를 누르려 했으며, 呂后(여후)가 구름이 피는 것을 보고 유방이 숨은 곳을 알아내었었다. 처음 하늘의 명이 나타난 것은 白蛇(백사)를 죽인 것이고 서쪽 관중에 들어갔을 때 五星이 한데 모였었다. 그러하기에 회음후 한신과 유후 장량은 하늘이 내었고 인력이 아니라고 말한 것이다.」

「歷古今之得失, 驗行事之成敗, 稽帝王之世運, 考五者之
所謂, 取捨不厭斯位, 符端不同斯度. 而苟昧於權利, 越次
妄據, 外不量力, 內不知命, 則必喪保家之主, 失天氣之壽,
遇折足之凶, 伏鈇鉞之誅. 英雄誠知覺寤, 畏若禍戒, 超然
遠覽, 淵然深識. 收陵, 嬰之明分, 絶信, 布之覬覦, 距逐鹿之
瞽說. 審神器之有授, 毋貪不可幾, 爲二母之所笑, 則福祚
流於子孫, 天祿其永終矣.」

| 註釋 | ○考五者之所謂 - 위의 漢 高祖의 帝業 成就한 5가지 바탕. ○不
厭斯位 - 자리에 不合하다. ○斯度 - 法度. ○昧於權利 - 자신의 권한이라
생각하며 貪하다. ○伏鈇鉞之誅 - 도끼로 처형당하다. ○畏若禍戒 - 이러
한 재앙의 훈계를 두려워하다. 若은 此. ○陵, 嬰 - 王陵과 陳嬰. ○覬覦(기
유) - 분에 넘치는 일을 바라거나 넘겨다 보다. ○距逐鹿之瞽說 - 逐鹿했다
는 터무니없는 말을 따르지 않다. 距는 拒. 瞽는 소경 고. ○毋貪不可幾 - 바
랄 수 없는 것을 탐하지 말라. 幾는 冀(바랄 기). 希冀. ○二母 - 陳嬰과 王陵
의 모친. ○여기까지가 班固의 부친 班彪의 〈王命論〉이다. 〈王命論〉은 漢
高祖의 德을 서술하였는데, 《漢書》 大義의 序論이라 할 수 있다.

〖 國譯 〗

「古今의 득실을 살펴보고, 지난 일의 성패를 따져보면서 제왕의
운수와 高祖의 5가지 이유를 깊이 생각하고, 자리에 어울리지 않는
욕망이나 法度에 어긋나는 징조를 버려야 한다. 굳이 자신의 권리라
며 탐내고 순서를 뛰어넘어 함부로 행동하면서 밖으로 자신의 능력

을 헤아리지 않고 마음속으로는 천명을 모른다면 틀림없이 保家의 중심을 잃고 天氣의 수명도 상실하여 다리가 잘리거나 도끼로 처형당할 것이다.

英雄이라면 정말 이를 알아서 이런 재앙의 훈계를 두려워하며 우뚝 서 멀리보고 깊이 깨우쳐야 한다. 왕릉과 진영처럼 분수를 받아들여야 하고, 한신과 영포처럼 분수에 넘는 것을 바라지 말아야 하며 逐鹿(축록)했다는 터무니없는 주장을 멀리해야 한다. 神器는 하늘이 내리는 것임을 알아 바랄 수 없는 것은 욕심을 내지 않아 진영과 왕릉 두 모친의 웃음거리가 되지 않는다면 그 복록이 자손에게 미칠 것이고 天祿은 아마 끝이 없을 것이다.」

原文

知隗囂終不寤, 乃避地於河西. 河西大將軍竇融嘉其美德, 訪問焉. 擧茂材, 爲徐令, 以病去官. 後數應三公之召. 仕不爲祿, 所如不合, 學不爲人, 博而不俗, 言不爲華, 述而不作.

有子曰, 固, 弱冠而孤, 作〈幽通之賦〉, 以致命遂志. 其辭曰,

| 註釋 | ○竇融(두융, 前 16-後 62) - 酒泉, 敦煌 일대에서 세력을 잡고 있다가 광무제 劉秀에 투항하여 隗囂(외효)를 토벌하는데 공을 세웠다. ○徐令 - 徐縣의 현령, 徐縣은 今 江蘇省 宿遷市 泗洪縣. ○所如不合 - 가야 할 임지

가 마음에 들지 않다. 如는 去. ○學不爲人 – 다른 사람이 알아주길 바라지 않았다. ○弱冠而孤 – 나이 20여 세에 부친을 여의었다. 반고가 23세에 부친이 죽었다. ○〈幽通之賦〉 – 班固가 早年에 《楚辭》를 본 떠 자신의 뜻을 서술한 글. ○致命遂志 – 性命의 깊은 뜻을 깨달아 자신의 志向을 표명하다.

〖國譯〗

班彪는 隗囂(외효)가 끝내 깨닫지 못할 것이라는 것을 알고 河西 (하서) 지역으로 피신하였다. 河西大將軍인 竇融(두융)은 그의 美德을 칭송하며 자주 찾아왔다. 반표를 茂材로 천거하여 徐縣 현령이 되었으나 병 때문에 그만두었다. 뒤에도 여러 번 三公의 부름을 받았었다. 반표는 녹봉 때문에 벼슬하지 않았으며, 임지가 마음에 들지 않았으며, 남을 위한 학문을 하지 않았고 박학했으나 속되지 않았고, 언사도 화려하지 않았으며 講述(강술)은 했으나 저술은 없었다.

아들을 두어 固(고)라 하였는데, 반고는 약관의 나이에 부친을 여의었으며 〈幽通之賦〉를 지어 성명을 깨우치고 뜻을 표명하였다. 그 글은 다음과 같다.

原文

「系高頊之玄冑兮, 氏中葉之炳靈, 由凱風而蟬蛻兮, 雄朔野以颺聲. 皇十紀而鴻漸兮, 有羽儀於上京. 巨滔天而泯夏兮, 考遘愍以行謠, 終保己而貽則兮, 里上仁之所廬. 懿前烈之純淑兮, 窮與達其必濟, 咨孤蒙之眇眇兮, 將圮絶而罔階, 豈余身之足殉兮? 憚世業之可懷.

| 註釋 | ○系高項之玄冑兮 − 系는 본래. 高項은 高陽 顓頊氏(전욱씨, 黃帝의 손자, 고대의 제왕). 玄冑(현주)는 먼 후손. ○炳靈 − (令尹子文에게 호랑이가 젖을 먹여) 靈氣를 타고났다. ○凱風 − 南風. ○蟬蛻(선태) − 매미가 껍질을 벗다. 훨훨 나르다. 조상이 초에서 북방으로 이주한 것을 의미. ○雄朔野以颺聲 − 웅장한 북방에서 이름을 날리다. 朔은 북방. 颺(날릴 양)은 揚. ○皇十紀而鴻漸兮 − 皇은 漢皇. 十紀는 十世. ○鴻漸 − 큰 기러기가 날아오르다. ○有羽儀於上京 − 아름다운 날개로 상경하다. 班婕妤(반첩여)가 입궁하고 형제들이 조정에 출사하다. ○巨滔天而泯夏兮 − 巨는 巨君(王莽의 字). 滔天은 漫天(천명을 거스르다). ○泯夏(민하) − 諸夏(중국)을 멸하다. ○考遘愍以行謠 − 考는 반고의 부친 班彪. 遘愍은 우환(왕망의 新朝 건립)을 만나다. ○行謠 − 반표는 장안을 떠나 凉州로 피신하며 〈北征賦〉를 지었다. ○保己 − 保身. ○貽則(이칙) − 법칙을 남겼다. 좋은 처신을 보여 주었다. ○里上仁之所廬 − 仁者가 거처해야 할 곳을 골라 살았다. '里仁爲美 擇不處仁 焉得知'《論語 里仁》. ○懿前烈之純淑兮 − 懿는 美也. 前烈은 前人의 功業. 純淑은 순수한 아름다움. ○窮與達其必濟 − 窮卽 獨善其身 達卽能兼濟天下. ○咎孤蒙之眇眇兮 − 咎는 탄식하다. 孤眇(고묘)는 班固 자신. 眇(묘)는 미세하다. ○將圮絶而罔階 − 圮(무너질 비)는 훼손하다. ○豈余身之足殉兮 − 殉은 구하다. 성취하려 애쓰다. ○悼世業之可懷 − 悼(위)는 한탄하다. 懷는 마음에 품다.

〖 國譯 〗

〈幽通之賦〉*

「본디 高陽 顓頊氏(전욱씨)의 먼 후손이여

班氏 중세에 타고난 靈氣로다.

남풍을 타고 훨훨 날아갔나니

웅장한 북쪽 광야에 이름을 날렸어라!
漢皇 十世에 큰 기러기가 날아오르니
아름다운 날개를 펴고 京師에 올라갔도다.
巨君(王莽)이 천명을 거슬러 온 중국 뒤흔들 때
선친은 우환에 피신하며 홀로 노래했도다.
끝까지 보신하며 좋은 법도를 보여주셨나니
仁者가 거처해야 할 곳을 골라 살았도다.
크신 선조의 공덕, 순수한 아름다움이여
궁색과 현달에도 천하를 건지려 하셨도다.
아! 우둔한 나의 미미함이여
조상의 공업을 훼손하고 따르지도 못하고
이 몸이 성취하려 애쓴다지만 어찌,
대대로 이어온 업적을 생각만 하는가?」

原文

「靖潛處以永思兮, 經日月而彌遠, 匪黨人之敢拾兮, 庶斯言之不玷. 魂焭焭與神交兮, 精誠發於宵寐, 夢登山而迥眺兮, 覿幽人之彷彿, 攬葛藟而授余兮, 眷峻谷曰勿隊. 昒昕寤而仰思兮, 心濛濛猶未察, 黃神邈而靡質兮, 儀遺讖以臆對. 曰, 乘高而遷神兮, 道遐通而不迷, 葛綿綿於樛木兮, 詠〈南風〉以爲綏, 蓋惴惴之臨深兮, 乃〈二雅〉之所祇. 旣誶爾以吉象兮, 又申之以炯戒, 盍孟晉以迨群兮? 辰倏忽其不再.」

| 註釋 | ○靖 – 靜과 同. ○彌遠(미원) – 더 멀어지다. ○匪黨人之敢拾兮 – 匪는 非. 黨人은 鄕黨人. 拾은 함께 흐르다. 나아가다. ○玷 – 이지러질 점. 缺也. ○煢煢(경경) – 혼자. 외로이. ○宵寐(소매) – 밤에 잠을 자다. ○逈眺(형조) – 멀리 바라보다. ○覿 – 적. 見也. 幽人은 神人. 彷彿(방불)은 비슷하다. ○虆 – 등나무 넝쿨 류. ○眷峻谷曰勿隧 – 眷은 돌아보다. 峻谷은 深谷. 隧 떨어질 추. 길 수. ○吻昕(물흔) – 새벽. 새별 몰(홀). 아침 흔. ○濛 – 가랑비 올 몽. 濛濛은 희미한 모양. ○黃神 – 黃帝. 邈 멀 막. 靡質(미질)은 물을 수 없다. ○儀 – 준칙. ~에 의하다. 따르다. 依照. ○遺讖(유참) – 남아 있는 讖書. ○乘高 – 登高. 遌은 만날 악. ○綿綿(면면) – 얽혀 있는 모양. ○樛木(규목) – 구부러진 나뭇가지. ○詠〈南風〉以爲綏 –〈南風〉은《詩經 周南》의 시. 綏 편안할 수. ○惴惴(췌췌) – 두려워하는 모양. ○臨深 – 戰戰兢兢 如臨深淵. ○〈二雅〉–〈大雅〉와〈小雅〉. 祗 공경할지. ○讂 – 알릴 수. 욕할 수. ○炯戒(형계) – 분명한 훈계. ○盍孟晉以迨群兮 – 盍(합)은 어찌 ~하지 않는가?(何不). 孟은 힘쓰다. 열심히. 晉은 進. 迨群(태군)은 무리를 따라가다. 벼슬에서 동료와 같이 나아가다. ○倏忽(수홀) – 갑자기. 어느덧. 빠른 모양.

〔國譯〕

「조용한 곳에 앉아 깊이 생각하나니
세월이 가면서 더 멀어졌고,
마을 사람들과 함께 나아가지 못하니
아마도 이 말은 틀림이 없도다.
영혼은 홀로 신과 통하나니
정성을 들이고 밤에 잠을 청하고,
꿈속에서 높이 올라 먼 곳을 바라보나니

마치 神人을 만나본 것 같은데,
神人이 칡덩굴을 잡아 나에게 주며,
깊은 계곡을 살펴 추락하지 말라 하였네.
새벽에 깨어 하늘을 보며 생각하니
마음만 침침하여 볼 수가 없고,
黃帝는 먼 옛날 분이라 물어볼 수 없어,
남겨진 참서대로 헤아려 본다.
말하나니, 높이 올라서 神人을 만났고
길은 멀리까지 통했고 헷갈리지 않았으며,
칡덩굴은 쳐진 나뭇가지에 얽혀 있고,
〈南風〉을 읊으니 마음은 편안하며,
마치 깊은 연못가에 있는 것처럼 두렵지만
〈大雅〉와 〈小雅〉처럼 공경해야지.
너에게 좋은 징조를 알린다 하였고
그리고 분명한 훈계를 주셨으니,
왜 힘써 노력하여 남과 같이 못 나가는가?
세월은 빨리 흘러 다시 오지 않는다.」

原文

「承靈訓其虛徐兮, 竚盤桓而且俟, 惟天地之無窮兮, 鮮生
民之晦在. 紛屯但與蹇連兮, 何艱多而智寡! 上聖寤而後拔
兮, 豈群黎之所御! 昔衛叔之御昆兮, 昆爲寇而喪予. 管彎

弧欲斃讎兮, 讎作后而成己. 變化故而相詭兮, 孰云豫其終
始! 雍造怨而先賞兮, 丁繇惠而被戮, 栗取吊於逌吉兮, 王
膺慶於所感. 畔回穴其若茲兮, 北叟頗識其倚伏. 單治裏而
外凋兮, 張修襮而內逼, 聿中和爲庶幾兮, 顏與冄又不得.
溺招路以從己兮, 謂孔氏猶未可, 安悋悋而不葹兮, 卒隕身
乎世禍, 游聖門而靡救兮, 顧覆醢其何補? 固行行其必凶兮,
免盜亂爲賴道. 形氣發於根柢兮, 柯葉彙而靈茂. 恐網蛃之
責景兮, 慶未得其云已.」

| 註釋 | ○虛徐(허서) - 懷疑(회의). ○竚 - 우두커니 저. ○盤桓(반환) -
머물다. 배회하다. ○俟 - 기다릴 사. ○無窮(무궁) - 다함이 없다. 영원하
다. ○鮮 - 드물다. 거의 없다. ○生民 - 人生. 腜는 등심 매. 거의 없다. '晦
의 착오.'라는 주석이 있다. ○屯(둔) - 《易經》의 屯卦, 막히다. ○蹇(건) -
《易經》의 蹇卦. 모두 時勢가 험난한 것을 의미. ○艱 - 艱難. ○智寡 - 智者
少. ○上聖寤而後拔兮 - 上聖은 이를 알고 뒤에 스스로 發奮하여 노력하다.
○黎 - 검을 려(여), 많다. 御는 禦(막을 어), 또는 迕(거스를 오). ○昔 - 춘추
시대. ○衛叔(위숙) - 衛나라 叔武. 御는 맞이하다. 《春秋》僖公 28년 條.
○管彎弧欲斃讎兮 - 管은 管仲. 彎弧(만호)는 활을 당기다. 斃 죽을 폐. 죽이
다. 讎는 원수 수. 곧 小伯. 齊 桓公. ○作后 - 君王이 되다. ○成己 - 자신
의 뜻을 이루다. 小伯은 자신을 죽이려 한 관중을 등용하여 霸業을 이루었
다. ○相詭 - 相違. ○孰云豫其終始 - 누가(孰) 그 終始의 吉凶을 예언할
수 있는가? ○雍 - 유방의 고향 친우 雍齒(옹치). 다른 장수들의 논공행상
불만을 없애려는 방편으로 먼저 封했다. 造怨은 원한을 사다. ○丁 - 丁公
(丁固), 季布의 同母異父의 아우. 정고는 항우의 부장으로 유방에게 투항했

으나 항우에게 신하로서 불충했기에 본보기로 참수되었다. ○栗 – 栗姬(율희). 景帝의 후궁. 황자를 낳았어도 투기 때문에 폐출되었다. 逌는 만족할 유. 所也. ○王 – 宣帝의 王婕妤(왕첩여). '邛成太后'라 불림. 元帝의 養母로 황후의 지위를 누렸다. 97권, 〈外戚傳〉(上)에 입전. ○北叟 – 북쪽 邊塞의 노인. 塞翁失馬의 주인공.《淮南子 人間篇》. ○倚伏(의복) – 吉凶禍福이나 成敗가 서로 맞물려 돌고 도는 것. '古來名利如浮雲 人生倚伏信難分.'이란 말도 있다. ○單 – 單豹(단표). 治裡(치리) – 道家의 수련 방법, 導氣. 단표란 사람은 산속에서 70여 년간 수련(治裏)에 성공하였으나 곧 호랑이에게 잡혀 먹었다.(外凋)《莊子 達生》에 있는 글. ○張 – 張毅. 장의란 사람은 외모를 잘 꾸미고 누구에게나 친절하며 예를 갖추었으나 너무 힘들어 몸 안의 피로(內逼) 때문에 죽었다.《莊子 達生》. ○聿(율) – 이에, 이. 語氣助詞. 庶幾는 어지간하다. 괜찮을 것이다. 거의 ~할 것이다. ○顔與冉 – 顔回와 冉耕(염경, 字 伯牛)(孔門十哲 德行). 안회는 굶주려 영양실조로 죽었고, 염백우는 문둥병으로 죽었다. 孔子는 두 제자의 죽음을 크게 슬퍼했다. ○溺招路以從已兮 – 溺은 桀溺(걸익), 隱者. 路는 子路.《論語 微子》편에 나온다. 공자는 자로를 시켜 問津케 했고 張沮(장저)와 걸익 두 사람은 공자를 따르느니 避世之士인 자기들을 따르라는 말을 했다. ○慆慆(도도) – 답답하게(熬慆). 扺는 피할 비(避也). ○隕身(운신) – 죽다. ○世禍 – 子路는 기원전 480년(공자죽기 1년 전)에 蒯聵(괴외)의 난 중에 죽었다. ○游聖門 – 聖人(孔子)의 문하에서 배우고도 자신을 지키지 못했다. ○醢(젓갈 해) – 자로의 피살 소식에 공자는 통곡했다. 그리고 그 屍身으로 젓갈을 담았다는 말을 듣고 집안에 있는 젓갈을 다 버리게 했다. ○行行 – 행동이 과감하다. 剛强한 모양. ○免盜亂爲賴道 – (子路는) 無義(盜亂)를 거부하고 道를 따르다. 자로는 공자로부터 '君子有勇而無義爲亂 小人有勇而無義爲盜《論語 陽貨》'라는 가르침을 받았기에 그 가르침대로 실천하려 했다. ○形氣 – 肉身의 氣運. ○根柢(근저) – 뿌리. ○柯葉 – 줄기와 잎. 彙 모을 회. 盛하다. 靈은 善과 同. 靈茂는

잎이 크고 좋다.　○恐網蝄之責景兮 —《莊子 齊物論》에 나오는 이야기. 網蝄
(망량)은 반그림자(그림자 가의 희미한 부분).〔魍魎(망량)〕, 괴물, 도깨비. 景
은 影(그림자).　○慶(音 강) — 아! 發語辭. 羌(강)과 同.　○未得其云已 — 그
已는 止也. 그림자는 그 본체에 따라 움직이고, 초목은 그 뿌리에 따라, 인간
의 성패는 그가 어떤 행동을 하느냐에 달렸다. 곧 근본은 모두 제각각 다른
것이고 그에 따라 그 결과〔盛衰(성쇠)〕가 다르다는 의미.

〖 國譯 〗

　「신령의 훈계를 받아도 회의하면서
　우두커니 서서 생각해 보나니,
　오로지 天地가 다함이 없는 것처럼,
　인생에 잘못된 것은 거의 없다.
　분분한 세상이 막히고 험난하다지만
　이 어찌 어려움만 많고 지혜로운 자는 적은가!
　上聖은 이를 알고서 힘써 애를 쓰는데,
　어찌 많은 사람들 하늘을 거스르는가!
　춘추 시대 衛叔은 형(成公)을 맞이했는데,
　형(成公)은 적이 되어 아우를 죽였다.
　管仲은 활을 당겨 원수(小伯)를 죽이려 했는데,
　원수는 군왕이 되어 그 뜻을 이루었다.
　세상사 변화하기에 서로 어긋나거늘,
　누가 그 終始의 길흉을 예언할 수 있는가?
　雍齒(옹치)는 미움을 받았어도 상을 먼저 받았고
　丁公(정고)은 은혜를 베풀고도 죽임을 당했다.
　栗姬(율희)는 좋은 일을 스스로 차버렸고,

王婕妤(왕첩여)는 근심 속에서 기쁨을 누렸다.
어지러이 돌고 도는 것이 이와 같으니,
북쪽 변새의 노인은 길흉화복을 잘 알았다.
單豹(단표)는 수련했으나 호랑이에게 먹혔고,
張毅(장의)는 외모를 잘 차리다 피로해 죽었으니,
이런 中和之道가 중요하거늘,
顔回와 冉伯牛(염백우)도 누리지 못했다.
桀溺(걸익)은 子路에게 자기를 따르라면서
공자는 정말로 이룰 수 없다 하였으니,
어찌 답답하게 세상을 피하지 않아서,
끝내 세상 환란에 죽어야만 했는가?
聖人(孔子)에게 배우고도 지키지 못했으니,
뒤돌아서 젓갈을 버린들 무얼 하리오?
그처럼 과감한 행동이 흉하게 되었으나
無義를 거부하고 道를 따르려 했다.
肉身의 氣運은 뿌리에서 생기는 것이니,
줄기와 잎이 번성하고 좋도다.
반그림자가 그림자를 책망하나니,
아! 그 바른 것을 얻기 어렵도다.」

「黎淳耀於高辛兮, 芈强大於南氾. 嬴取威於百儀兮, 姜本
支乎三止, 旣仁得其信然兮, 卬天路而同軌. 東鄰虐而殲仁

兮, 王合位乎三五. 戎女烈而喪孝兮, 伯徂歸於龍虎, 發還師以成性兮, 重醉行而自耦. 〈震〉鱗漦于夏庭兮, 帀三正而滅周. 〈巽〉羽化於宣宮兮, 彌五辟而成災.」

| 註釋 | ○黎淳耀於高辛兮 — 黎는 楚의 祖先. 淳은 美. 高辛(고신)은 五帝의 한 사람인 帝嚳(제곡)의 號. ○芈强大於南汜 — 芈(양이 울 미)는 楚의 國姓. 南汜(남사)는 長江과 漢水 일대. ○嬴(잘 영) — 秦의 國姓. 伯益(山澤의 업무를 담당하던 사람)의 후손. ○百儀 — 온갖 산 짐승이나 새. ○姜 — 齊의 국성. 姜 太公望. 支는 갈래. ○三止 — 天地人의 禮. 止는 사람이 있어야 하는 곳. 곧 禮. ○仁得 — 求仁而得仁. ○卬天路而同軌 — 卬은 仰과 같음. 仰天路而同軌는 天道를 본떠 천도를 따라 행하다. ○東鄰虐而殲仁兮 — 東鄰은 紂王. 虐은 殘虐. 殲仁(섬인)은 殷의 三仁(微子 箕子 比干)을 죽이다. ○王合位乎三五 — 王은 周 武王. 三五는 五位三所. 天道에서 있어야 할 자리. ○戎女(융녀) — 晋 獻公이 정복하고 데려온 驪戎(여융)의 여인(驪姬). 孝는 효자 申生. 晋 헌공의 적장자. 태자 申生은 부친의 뜻을 거스르지 않겠다고 자살했다. ○伯徂歸於龍虎 — 伯은 霸와 같다. 霸者. 晋 文公(重耳). 徂歸는 往했다가 歸하다. 龍虎는 東方(龍)으로 出奔했다가 西方(虎)을 거쳐 귀국했다. ○發還師以成性兮 — 發은 周 武王의 이름. 成性은 天命(性)을 성취하다. 武王이 孟津에서 제후들을 모아 殷 紂王을 토벌한 일. ○重 — 重耳. 晋 文公의 이름. ○醉行 — 重耳가 齊에서 안주하려 하자, 齊 桓公은 여인 齊姜(제강)을 중이에게 보내며 술에 취하게 해서 제강을 데리고 齊를 떠나게 하였다. 耦는 배우자. 아내. ○〈震〉鱗漦于夏庭兮 — 〈震〉은 說卦에서 龍을 의미. 옛날 夏王조 시절에 龍이 흘린 침을 오랫동안 보관했는데 周 厲王(여왕) 말기에 이를 발견해 열어보았고, 그것을 후궁의 여인이 보고 잉태해서 출산한 여자아이가 나중에 褒姒(포사)인데, 西周 幽王(유왕, 재위 795-771)의 총애를 받고 봉

화를 올려 제후를 농락하며 나라를 멸망에 이르게 한다. 淾은 물 흐를 시. 침을 흘리다.   ○帀三正而滅周 – 帀은 두루 잡. 걸치다. 지나다. 三正은 夏, 殷, 周 三代. 滅周는 西周의 東遷.   ○〈巽〉羽化於宣宮兮 –〈巽〉은 바람, 羽蟲을 의미. 西漢 宣帝 때 주방의 암탉이 수탉으로 변한 일이 있었다(이는 외척의 발호를 의미).   ○彌五辟而成災 – 彌는 미치다(及). 五辟(오벽)은 宣帝, 元帝, 成帝, 哀帝, 平帝의 5帝. 成災는 재앙이 되다. 王莽의 新朝 건국.

[國譯]

「楚의 先祖는 高辛(고신) 때에 빛을 냈고
楚나라는 長江 漢水를 끼고 강대했다.
秦은 山 짐승의 위엄이 있었고,
姜氏 齊는 天地人의 禮를 따른 후손이었고,
求仁하여 得仁하여 그를 믿고 따르며,
천도를 본받고 천도가 따랐도다.
殷의 紂王은 三仁(微子 箕子 比干)을 죽였지만,
周의 武王은 天道가 있어야 할 곳을 지켰다.
驪姬(여희)가 사나우니 효자 申生이 죽었고,
文公(重耳)은 동방에 出奔했다 서방으로 돌아왔고,
周 武王은 군사를 일으켜 天命(性)을 성취하고서
晉 文公은 취해 여인을 데리고 떠나갔다.
夏나라 시절에 용이 침을 흘렸는데,
夏, 殷, 周 三代를 지내 西周를 東遷케 했다.
宣帝 때 암탉이 수탉으로 변하니,
宣帝 이후 5帝를 지나 재앙이 되었다.」

「道悠長而世短兮, 叟冥默而不周, 胥仍物而鬼諏兮, 乃窮宙而達幽. 嬀巢姜於孺筮兮, 旦算祀於挈龜. 宣,曹興敗於下夢兮, 魯,衛名諡於銘謠. 妣聆呱而刻石兮, 許相理而鞠條. 道混成而自然兮, 術同原而分流. 神先心以定命兮, 命隨行以消息. 斡流遷其不濟兮, 故遭罹而贏縮. 三襲同於一體兮, 雖移盈然不忒. 洞參差其紛錯兮, 斯衆兆之所惑. 周,賈蕩而貢憤兮, 齊死生與禍福, 抗爽言以矯情兮, 信畏犧而忌服.」

| 註釋 | ◦道悠長而世短兮 - 道는 王道. 悠長(유장)은 시간이 오래다. 길다. ◦冥默而不周 - 심오하고 깊어 도달할 수 없다. 周는 至. ◦胥仍物而鬼諏兮 - (聖人이) 사물의 단서를 보고 점을 치다. 胥는 모름지기(須). 仍은 因하여. 諏 꾀할 추(謀也). 鬼諏는 귀신에게 물어보다. 점을 치다. ◦宙(집 주) - 지난 일과 닥쳐올 일. ◦達幽 - 아주 미세한 징조도 알아내다(通幽微也). ◦嬀(규) - 陳氏의 姓. 陳 厲公이 아들 陳完은 陳에서 齊國에 이주한 뒤로 田完이라 하였다.(陳과 田의 古音이 相近.) 뒷날 田齊의 始祖. 巢는 居也. 姜은 齊國. 於孺는 어릴 적(少也). ◦筮 - 점대 서. 점을 치다. ◦旦算祀於挈龜 - 周公은 洛水에서 살 햇수(30世, 7백 년)를 거북(龜) 점으로 알았다. 旦은 周公 旦(단). 算은 數. 祀는 年也. 挈은 刻也. ◦宣,曹興敗於下夢兮 - 周 宣王의 興起와 曹나라 末王의 敗亡은 꿈으로 나타났다. 宣은 周 宣王. 曹는 曹國의 末王인 曹伯陽. ◦魯,衛名諡於銘謠 - 魯 文公의 이름은 童謠로, 衛靈公의 시호는 銘文으로 나타났다. ◦妣 - 죽은 어머니 비. 晉 叔向의 생모. ◦聆呱 - 아기 울음소리를 듣다. 刻은 운명을 말하다. ◦石 - 晉 叔向의 아들 伯石. ◦許相理而鞠條 - 許負는 관상을 보고 條侯(조후)가 심문을 받을 것이라 하

였다. 理는 피부의 주름. 살결. 鞫은 심문을 받다. 條侯(조후)는 周亞夫. 허부는 주아부의 縱理(세로로 난 얼굴 주름)가 입에 닿아 있는 것을 보고, 제후가 되지만 나중에 굶어죽을 것이라고 하였다. ○道混成而自然兮 – 大道는 하나이고 자연이다. ○術同原而分流 – 여러 術法의 근원은 같으나 방법은 다르다. 水源은 하나이나 東西로 흐르는 것과 같은 이치이다. ○神先心以定命兮 – 神은 인간보다 앞서 그 명을 정해 놓았다. ○命隨行以消息 – 사람의 운명은 행위에 따라 변화한다. 消息은 사라지거나 커지다. ○斡 – 빙빙 돌 알. 轉也. ○流遷 – 옮겨가다. 변하다. ○不濟 – 건지지 못하다. ○遭罹(조이) – 재난을 당하다. ○贏縮(영축) – 커지거나 수축하다. 승리나 패배. ○三變同於一體兮 – 三變(삼란)은 춘추시대 晉의 大夫 欒武子와 아들, 손자의 三代. 欒武子가 덕을 베풀었지만 아들이 교만 사치에 폭정을 했고 손자 代에 멸망한다.(《左傳》 襄公 14년–23년) ○雖移盈然不忒 – 移는 아들이 받아야 할 응보가 손자에게 옮겨가다. 盈은 欒武子의 손자 欒盈(난영). 忒 어긋날 특. 孫子에게 그 응보가 있었다. ○洞參差其紛錯兮 – 洞은 洞察(통찰). 明也. 參差(참치)는 들쭉날쭉하다. 紛錯(분착)은 紛雜. 어지러이 뒤섞이다. ○斯衆兆之所惑 – 斯는 이러한, 이런 것. 衆兆는 衆庶, 보통 사람들. 所惑은 의혹을 가진다. 그런 조짐을 이해하지 못한다. ○周,賈蕩而貢憒兮 – 莊周(莊子)와 할 수 없음. 貢憒(공분)은 혼란스럽다. 貢은 惑也. 憒(심란할 궤)의 뜻. 憒은 亂也라는 주석이 있다. ○齊死生與禍福 – 死生과 禍福의 경계를 뛰어넘다. ○抗爽言以矯情兮 – 자신의 본뜻과 다른 말을 하다. 抗은 擧也. 爽(상)은 差也. 矯情(교정)은 본마음과 다른 말을 하다. 억지를 부리다. 矯는 虛假. 거짓으로 꾸미다. ○信畏犧而忌服 – 사실은 (莊子는) 희생을 두려워했고 (賈誼는) 부엉이를 꺼렸다. 《莊子 列御寇》. 賈誼의 〈鵬鳥賦〉.

[國譯]

「王道는 길고 길지만 인간 삶은 짧나니

찾아도 심오하고 깊어 도달할 수 없으니,

모름지기 기미를 보고 점을 쳐서

사리의 미세한 징조도 알아내었다.

陳完이 齊에서 살기를 어릴 적 점으로 알았고

周公은 서주의 운명을 거북(龜) 점으로 알았다.

宣王 홍기와 曹王 패망은 꿈에 나타났고,

魯의 文公 이름은 동요로, 衛靈公 시호는 새겨 있었다.

아이 울음으로 어미는 그 운명을 알았고

條侯(조후, 周亞夫) 심문을 許負(허부)는 관상으로 알았네.

대도는 하나이고 자연이러니

술법의 근원은 같고 방법은 다르다.

신명은 인간보다 앞서 그 명을 정해 놓았고

돌고 돌아 변하여 건져내지 못하나니

재난을 당하거나 커지거나 수축한다.

欒武子(난무자)의 삼대는 사실 한 몸이었으니

비록 응보가 손자에게 갔으나 틀리지 않았다.

성인은 들쑥날쑥 어지러운 것을 통찰하나니

보통 사람은 조짐을 보고서도 의혹을 가진다.

莊周와 賈誼의 큰 뜻에 사람은 어지럽고

사생과 화복의 경계를 뛰어넘었으나

자신의 본뜻과 다른 말을 하였으니

실제로 희생을 겁내고 부엉이를 꺼렸도다.」

「所貴聖人之至論兮, 順天性而斷誼. 物有欲而不居兮, 亦
有惡而不避, 守孔約而不貳兮, 乃輶德而無累. 三仁殊而一
致兮, 夷,惠舛而齊聲. 木偃息以蕃魏兮, 申重繭以存荊. 紀
焚躬以衛上兮, 皓頤志而弗營. 侯草木之區別兮, 苟能實而
必榮. 要沒世而不朽兮, 乃先民之所程.」

| 註釋 | ○物有欲而不居兮 – 정당하게 얻은 부귀는 누릴 수 없는 것과 같
은 의미. ○亦有惡而不避 – 싫어하지만 피하려 하지 않는다. 예를 들면, 죽
음과 같은 것이다. ○孔 – 크다. ○約 – 약속. ○輶 – 가벼운 수레 유. 가볍
다. 작다. 輶德(유덕)은 작은 덕행. ○累 – 걱정하다. 근심하다. ○三仁殊而
一致兮 – 三仁은 紂王의 賢臣인 微子(미자), 箕子, 比干.《論語 微子》. ○夷
– 伯夷. ○惠 – 柳下惠(魯國의 大夫. 나중에 은둔한 逸民). ○舛 – 어그러질
천. 같지 않다. ○齊聲 – 백이와 유하혜의 처신은 같지 않아도 모두 좋은 명
성이 있다. ○木 – 段干木(단간목. 전국시대 晉國의 상인, 子夏의 제자. 魏 文侯
의 스승). 魏 文侯의 특사로 秦에 가서 魏에 대한 공격을 중지시켜 魏를 지켰
다. ○偃息(언식) – 중지하다, 중지시키다. ○蕃 – 藩. 울타리. 막다. ○申
– 申包胥(신포서), 春秋時 楚國 大夫, 기원 前 506년, 伍子胥가 이끄는 吳國
軍이 楚의 都邑을 점령하고 楚 平王의 능을 파내 시신을 매질한다. 오자서와
교분이 있던 신포서는 오자서를 비난했다. 楚 昭王은 신포서를 秦에 보내 원
병을 요청하나 秦에서는 응답이 없었다. 신포서는 秦 왕궁 밖에서 7일 밤낮
을 통곡하여 秦 哀王을 감동시켰고 진의 원병을 데리고 귀국하여 吳軍을 격
파하고 楚를 다시 세웠다. 신포서는 모든 封賞을 거부하고 가족을 데리고 입
산하여 은거한다. 오자서는 중국에서 忠賢의 典範으로 일컬어진다. ○重繭
(중견) – 커다란 누에고치. 먼 길을 가느라 다리의 상처가 누에고치처럼 커

졌다. 荊은 楚. ○紀焚躬以衛上兮 - 紀는 紀信(기신, ?-前 204), 신체와 얼굴이 漢王과 비슷하여 거짓으로 항복한다며 楚軍을 속여 포위된 형양성에서 한왕을 탈출케 하고 자신은 잡혀 죽었다. 躬 몸 궁. 자신. ○皓 - 商山 四皓. ○頤志 - 養志. ○弗營 - 不惑. ○侯草木之區別兮 - 侯는 발어사. 어찌. 인간이 서로 다른 것이 마치 초목의 다름과 같다는 뜻. ○苟能實而必榮 - 초목이 열매를 맺듯 사람도 인의를 지키면 필히 영광이 온다는 의미. ○先民 - 古 賢人. ○所程 - 程은 法. 正道.

〚 國譯 〛
「성인의 고귀한 至論이라도
천성을 따르고 義로 단절해야 한다.
외물에 욕심이 있더라도 누리지 않으며,
싫어하면서도 피하려 하지 않으며,
큰 약속을 지켜 두 마음을 갖지 않고,
곧 작은 덕행이라도 실천해야 한다.
三仁의 행적은 다르지만 하나이며,
伯夷, 柳下惠는 달랐지만 좋은 이름을 얻었다.
段干木은 침입을 막아내며 魏를 지켰고,
申包胥(신포서)는 심한 상처에도 楚를 보전케 했다.
紀信은 불타죽으면서도 漢王을 지켰으며,
商山의 四皓(사호)는 養志로 유혹에 이겨내었다.
아! 초목을 서로 구별할 수 있듯이
초목이 열매 맺듯 필히 영광이리라.
죽을 때까지 인의를 지켜 쉬지 않고 힘쓰나니,
이것이 옛 賢人의 正道로다.」

「觀天罔之紘覆兮, 實棐諶而相順, 謨先聖之大繇兮, 亦鄰
德而助信. 虞〈韶〉美而儀鳳兮, 孔忘味於千載. 素文信而底
麟兮, 漢賓祚於異代. 精通靈而感物兮, 神動氣而入微. 養
游睼而猿號兮, 李虎發而石開. 非精誠其焉通兮, 苟無實其
孰信! 操末技猶必然兮, 矧湛躬於道眞! 登孔顥而上下兮,
緯群龍之所經, 朝貞觀而夕化兮, 猶喧己而遺形, 若胤彭而
偕老兮, 訴來哲以通情.」

| 註釋 | ○天罔(천망) – 하늘. 紘은 大也. ○實棐諶而相順 – 棐는 도지개
비. 뒤틀린 활을 바로 잡는 틀. 輔也. 諶은 참 심. 진실로. 誠也. ○謨先聖之
大繇兮 – 謨 꾀할 모. 찾다. 繇는 道也. ○鄰德 – 德不孤 必有鄰. ○虞〈韶〉
美而儀鳳 – 虞는 堯의 선양을 받은 舜.〈韶〉는 舜의 음악. 儀鳳은 鳳凰이 來
儀하다. ○孔忘味 – '子在齊聞韶 三月不知肉味'《論語 述而》. ○素文信而
底麟兮 – 素文은 素王(孔子)의 저술, 곧《春秋》, 信은 근거가 있다. 底麟은
《春秋》의 끝. 魯 哀公 14年(前 481) 獲麟에서 끝난다. ○漢賓祚(빈조) – 漢
에서는 공자를 褒成侯로 봉해 후손이 제사를 받들도록 했으며 湯의 후손도
그 제사를 받들도록 했다. ○養游睼而猿號兮 – 養은 楚의 명궁 養由基. 游
睼(유제)는 목표물을 가늠해 바라보다. 猿號兮는 원숭이가 울부짖다. ○李
虎發而石開 – 李는 飛將軍 李廣. 李廣이 밤에 호랑이를 쏘았는데 바위에 화
살이 꽂혔다. ○操末技猶必然兮 – 操는 잡다. 가지다. 末技는 잔재주. 위에
서 말한 활쏘기. ○矧湛躬於道眞 – 矧 하물며 신. 湛躬(침궁)은 자신의 立身
修德에 매진하다. 湛 잠길 침. 즐길 담. 道眞은 大道의 진리. ○登孔顥而上
下兮 – 孔顥(공호)는 심원한 하늘. 孔은 深遠, 顥는 天空(顥穹)이라는 註에
따름. ○緯群龍之所經 – 緯 씨날 위. 묶다. 總結하다. 群龍은 聖賢. ○貞觀

- 正道를 보다. 깨닫다. ○夕化 - 夕死. 化는 死也. ○猶喧己而遺形 - 喧은 떠들 훤. 성대한 모양. 喧(속일 훤)과 同. 喧己는 忘己. 遺는 遺忘. ○若胤彭而偕老兮 - 胤 이을 윤. 彭은 700년을 살았다는 전설 속의 彭祖(팽조). 偕老(해로)는 老子와 짝을 하다. 노자는 모친의 胎에서 81년을 살았고 이 세상에 와서도 죽지 않고 계속 現身했다고 믿는다.

[國譯]

「온 세상을 덮은 하늘을 바라보나니,
사실 천도의 중심은 誠이고 順은 보조이며,
先聖의 대도를 찾아 본받나니,
역시 유덕자에게는 돕는 사람이 있다.
堯의 음악 〈韶〉의 아름다움에 鳳凰이 찾아오고,
공자는 천년이 지난 舜의 음악에 도취했었다.
素王의 《春秋》는 믿을 수 있고 獲麟(획린)에서 끝나며,
漢은 異代의 聖人도 제사했다.
정성으로 신령에 통하여 外物 감응하나니,
신령이 氣를 움직여 미묘한 경지에 이른다.
養由基가 쏘려 하자 원숭이가 울부짖었고,
李廣이 호랑이를 쏘니 화살은 바위에 꽂혔다.
정성이 아니라면 어찌 꽂혔으며,
실질이 없다 하면 누가 믿으리오!
잔재주를 예를 들어도 필연이니,
하물며 대도에 매진하며 무얼 더 하리오.
심원한 하늘에 올라 상하로 구하고,

성현이 지난 길을 총괄해 살피고,

아침에 正道를 알아 저녁에 죽어도 좋거늘,

되레 자신을 속이고 형체도 잃어버리고,

彭祖를 따르고 老子와 짝을 하여

미래의 哲人과 마음을 열고 이야기 하리라.」

原文

「亂曰, 天造草昧, 立性命兮, 復心弘道, 惟賢聖兮. 渾元
運物, 流不處兮, 保身遺名, 民之表兮. 捨生取誼, 亦道用兮,
憂傷夭物, 忝莫痛兮! 昊爾太素, 曷渝色兮? 尙粵其幾, 淪神
域兮!」

│ 註釋 │ ○亂曰 – 亂은 理也. 辭賦의 끝에 전편의 요지를 요약하다(撮其
大要之辭). 屈原의 〈離騷(이소)〉에도 '亂曰 已矣哉, 國無人兮~'라 하였다.
○草昧(초매) – 천지창조 이전의 혼돈 상태. 하늘이 만물을 만드는 그 시작
에. ○弘道 – '人能弘道 非道弘人'《論語 衛靈公》. ○渾元 – 天地之氣. ○民
之表兮 – 表는 表率. 모범, 귀감의 뜻. ○捨生取誼 – 誼는 義. '生亦我所欲
也, 義亦我所欲也 二者不可得兼 捨生而取義者也.《孟子 告子 上》 ○憂傷夭
物 – (性命의 眞意를 파악 못하여), 걱정하고 外物에 현혹되다. ○忝(첨) –
辱也. ○昊爾(호이) – 廣漠하고 遼遠한 모양. ○太素 – 가장 근본적인 단순
함. ○曷 – 어찌 갈. ○渝 – 달라질 투. 改變. ○粵 – 庶幾也. 바라다(願也).
粵은 어조사 월. 於와 同. ○其幾 – 아주 미묘한 것. ○淪 – 빠질 륜. 進入하
다. ○神域 – 神明의 領域.

「亂曰,

하늘은 조물주로 인간의 性命을 내렸며

본성을 바탕으로 도를 넓히니 오직 성현이로다.

천지에 만물이 운행하고 그침없이 유전하며,

보신하며 이름을 지켜 백성의 의표가 된다.

죽을지언정 바른 도에 구하고 정도를 지켜내고,

회의하며 외물에 현혹되면 치욕이 매우 크도다!

크고 먼 질박한 태초의 본질이 어찌 변하겠는가?

아주 미묘한 기미를 알아서 神明의 경지에 들어가리라.」

永平中爲郞, 典校秘書, 專篤志於博學, 以著述爲業. 或譏以無功, 又感東方朔,揚雄自諭以不遭蘇,張,范,蔡之時, 曾不折之以正道, 明君子之所守, 故聊復應焉. 其辭曰,

| 註釋 | ○永平(서기 57-75) - 後漢 明帝(재위 57-75) 연호. 班固는 蘭臺令史에서 郞으로 다시 典校秘書가 되었다. ○專篤志於博學 - 반고는 16세에 洛陽의 太學에서 학문을 하다가 23세에 부친 班彪가 죽어 귀향했다. ○以著述爲業 - 반고는 부친의 유작인《史記後傳》을 계속 집필하다가 永平 5년(62)에 '私改國史'라는 무고를 받아 入獄했으나 동생 班超의 변호로 풀려나와 관직에 올랐고 明帝의 도움을 받으면서 저술에 전념했다. ○或譏以無功 - 或人이 (반고가 관리로서) 무공하다. 비방하다. ○東方朔(동방삭, 前 154-

93) - 字는 曼倩(만천). 西漢 辭賦 작가로 〈答客難〉을 지었는데, 이는 揚雄의
〈解嘲〉와 반고의 〈答客難〉에 직접 영향을 주었다. 65권, 〈東方朔傳〉에 입전.
○蘇張 - 蘇는 蘇秦, 張은 張儀, 두 사람은 전국 말기의 縱橫家. ○范 - 范雎
(범수, ?-前 255), 戰國 魏國人. 秦 昭王에게 遠交近攻策을 건의. 宰相 역임.
蔡는 蔡澤, 戰國時期 燕國人, 博學善辨한 縱橫家의 한 사람. 《史記 范雎蔡澤
列傳》 참고. ○曾不折之以正道 - 曾은 끝내(竟也). 正道로 상대방을 끝까지
설득하지 못했다. 不折의 不는 다음의 明~에도 해당된다. ○故聊復應焉 -
그래서 우선 다시 응답하다. 반고 자신의 뜻을 다시 피력하다. ○其辭 - 班
固의 〈答賓戲, 농담처럼 손님에게 대답하다〉.

〔國譯〕

班固는 永平 연간에, 郞官이 되었다가 典校秘書로 오로지 博學에
뜻을 두고 著述을 業으로 삼았다. 어떤 사람은 반고가 아무런 공적
이 없다는 비난도 했고, 또 東方朔과 揚雄이나 蘇秦, 張儀, 范雎(범
수)처럼 시대를 못 만났다 했으나 끝까지 正道로 상대를 說服하지도
못했고 君子가 지켜야 할 道를 밝히지 못한데 대해 느낀 바가 있어
우선 스스로 응답하니 그 글은 아래와 같다.

原文

「賓戲主人曰, "蓋聞聖人有一定之論, 列士有不易之分,
亦云名而已矣. 故太上有立德, 其次有立功. 夫德不得後身
而特盛, 功不得背時而獨章, 是以聖喆之治, 棲棲皇皇, 孔席
不煖, 墨突不黔. 由此言之, 取捨者昔人之上務, 著作者前

列之餘事耳. 今吾子幸游帝王之世, 躬帶冕之服, 浮英華,
湛道德, 矕龍虎之文, 舊矣. 卒不能攄首尾, 奮翼鱗, 振拔洿
塗, 跨騰風雲, 使見之者景駭, 聞之者嚮震. 徒樂枕經籍書,
紆體衡門, 上無所蒂, 下無所根. 獨攄意乎宇宙之外, 銳思
於豪芒之內, 潛神默記, 恆以年歲. 然而器不貿於當已, 用
不效於一世, 雖馳辯如濤波, 摛藻如春華, 猶無益於殿最.
意者, 且運朝夕之策, 定合會之計, 使存有顯號, 亡有美謚,
不亦優乎?"」

| 註釋 | ○賓戲主人曰 - 이 글은 班固의 자문자답이다. 戲는 놀 희. 희롱
하다. ○蓋 - 발어사. 어쩌면, 아마, 대개. 一定之論은 확실한 지론. ○列士
- 烈士, 堅貞剛强之士. '士有一定之論 女有不易之行'이라는 말도 있다. ○名
- 得名. 명성을 중하게 생각하다. ○太上 - 聖人. ○夫德不得後身而特盛 -
德이란 이루지 못하고 죽은 다음에 융성하는 것이 아니다. ○背時 - 時運을
만나지 못하다. 시대에 역행하다. 功도 시운을 타지 못한 뒤 빛나는 것이 아
니다. 곧 立德이나 立功. 모두 살아 있을 때의 일이다. ○棲棲皇皇 - 不安之
貌. ○孔席不煖, 墨突不黔 - 煖은 따스할 난. 暖과 同. 黔 검을 검. 孔子의
案席은 따뜻할 겨를이 없고 墨子네 온돌은 검게 그을릴 시간이 없다. 공자나
묵자의 뜻은 明道에 있었기에 日夜로 분주하여 安居할 겨를이 없었다. ○取
捨者昔人之上務 - 取는 도덕을 행하다. 捨는 無爲의 도를 지키다. 上務는 추
구할 주요 내용. ○前列 - 前代 烈士. ○吾子 - 당신. 반고를 지칭. ○躬 -
身也. ○帶冕 - 冠帶(冠帽와 腰帶). ○浮 - 표면으로는. 英華는 명예. 湛
(침)은 내면. 沈과 同. ○矕 - 볼 만. 看也. ○龍虎之文 - 청룡과 백호의 천
문. ○舊矣 - 오래다. 長久하다. 많이 보았다. ○攄 - 펼칠 터. ○洿 - 웅덩

이 오. ○塗 - 진흙 도. ○跨騰風雲(과등풍운) - 풍운을 몰고 가다. ○景 -
影. ○駭 - 놀랄 해. 그림자만 보아도 놀라다. ○嚮震(향진) - 소리만 듣고
도 두려워하다. 놀라다. 이 구절은 아무런 공적도 이룬 것이 없다는 뜻이다.
○枕經籍書(침경자서) - 經書를 베고 갈다. 경서를 끼고 살다. ○紆體衡門 -
가난한 집. 紆體는 曲體. 衡門은 橫木을 門으로 하다. ○蔕 - 꼭지 체. 열매
받침(蒂同). ○宇宙之外 - 엄청나게 큰 것. ○豪芒之內 - 아주 미세한 것.
○恆 - 다할 긍. ○器 - 器物. ○不賈 - 팔지 못하다. ○當已 - 본인이 살아
서. ○效 - 功用. ○一世 - 30년. ○馳辯(치변) - 辨說을 토해내다. ○濤波
- 波濤(파도). ○攡 - 퍼질 리(이). 널리 알리다. ○藻 - 文辭. ○殿最(전최)
- 업적이나 軍功의 평가에서 상등은 最, 하등은 殿. ○朝夕 - 여기서는 짧은
시간. ○定合會之計 - 때에 따라 계책을 펴다.

【 國譯 】

〈答賓戱〉*

「손님이 주인을 비웃는 듯 말했다.

"대개, 내가 듣기로는 聖人은 확실한 지론이 있고 烈士도 바뀔 수
없는 본분이 있는데 이 모두가 명성을 중하게 생각하는 것입니다.
그래서 성인은 立德을 하고, 그 다음 사람은 立功을 합니다. 德이란
죽은 다음에 성취하여 융성하는 것이 아니고, 功도 시운을 만나지
못한 뒤에 빛을 내는 것이 아니며, 聖人의 치세에도 서둘러야 하는
것이기에 孔子가 앉은 자리가 따뜻할 시간이 없었고, 墨子네 온돌에
불을 땔 때가 없다고 말한 것입니다. 이런 예로 말한다면, 도덕을 지
키느냐 無爲를 따를 것인가는 옛사람에게 중요한 선택이었으며 著
作이란 前代 烈士에게 여가의 일이었습니다. 지금 당신은 帝王之世
에 살면서 몸에 관복을 입고 밖으로는 명성을, 안으로는 도덕을 숭

상하며 천문을 오래도록 연구도 했습니다. 그러나 끝내 일의 처음과 끝을 파악하지 못하고 날개와 비늘을 다 동원해서 진흙을 헤치며 풍운을 몰아가서 보는 사람을 놀래게, 또 소리를 듣는 사람을 두렵게 하지도 못했습니다. 당신은 한낱 經書를 끼고 구부러진 나무를 걸쳐 대문으로 삼고서 위로는 아무런 열매도 없고 밑으로는 뿌리를 내린 것도 없습니다. 겨우 혼자 엄청나게 큰 것 아니면 아주 미세한 것을 생각해서 정신을 집중하여 해가 다 지나도록 생각하고 있습니다. 그리하여 자신의 당내에 물건 하나 팔지 못하고 一世에 걸쳐 아무런 공도 쌓은 것이 없으며, 또 파도와 같은 변설을 쏟아내고 봄에 꽃이 피듯 文辭를 펼쳐도 공적을 이루는 데에 아무런 도움이 안 됩니다. 생각(意者)이란 아침저녁에 생각하여 시류에 맞아야만 드러나 빛을 낼 수 있는 것이고 맞지 않으면 그냥 버리는 것이 좋지 않겠습니까?"」

原文

「主人逌爾而笑曰, “若賓之言, 斯所謂見勢利之華, 闇道德之實, 守突奧之熒燭, 未仰天庭而睹白日也. 曩者王塗蕪穢, 周失其御, 侯伯方軌, 戰國橫騖, 於是七雄虓闞, 分裂諸夏, 龍戰而虎爭. 遊說之徒, 風揚電激, 並起而救之, 其餘猋飛景附, 煜霅其間者, 蓋不可勝載. 當此之時, 搦朽摩鈍, 鉛刀皆能一斷. 是故魯連飛一矢而蹢千金, 虞卿以顧眄而捐相印也. 夫啾發投曲, 感耳之聲, 合之律度, 淫搷而不可聽者,

非〈韶〉,〈夏〉之樂也. 因勢合變, 偶時之會, 風移俗易, 乖忤
而不可通者, 非君子之法也.」

| 註釋 | ○主人 – 班固 자신. ○逌 – 만족할 유. 攸의 古字. ○逌爾(유이)
– 느긋한 모양. ○突奧(돌오) – 안방의 구석. 房의 동남쪽 모퉁이를 突, 서남
쪽 모퉁이를 奧라 한다. 熒燭(형촉)은 등불. ○蕪穢(무예) – 황폐하고 더럽
다. 무너지다. ○方軌 – 수레가 나란히 가다. 제후들이 다투다. ○橫騖(횡
무) – 전국시대 상호 간의 다툼. 騖는 달릴 무. ○七雄 – 秦, 楚, 韓, 魏, 趙,
齊, 燕. ○虓 – 울부짖을 효. 울부짖는 소리 한. 맹수가 입을 크게 벌린 모양.
○猋 – 개가 달릴 표. ○景(그림자 영) – 影. ○煜霅(욱합) – 빛나는 모양[閃
耀(섬요)]. 煜은 빛날 욱. 霅 빛날 합. 번개칠 잡. 비가 올 삽. ○搦朽摩鈍(익
후마둔) – 섞은 나무를 휘두르고 무딘 칼을 갈다. 재능이 없는 사람이 공연히
애쓰는 모양. ○鉛刀 – 납으로 만든 칼은 매우 무르다. ○魯連 – 魯仲連(노
중련, 前 305-245), 戰國시대 齊人. 유세 기교가 매우 뛰어났던 사람.《史記,
魯仲連鄒陽列傳》. ○虞卿(우경) – 趙의 재상. 虞卿은 벗 魏齊가 현상 수배를
피해 찾아오자 벗을 위해 재상 직위를 버리고 함께 魏 公子 無忌(무기)를 찾
아갔다.《史記, 虞卿列傳》. ○顧眄(고면) – 돌아보다. ○啾發(주발) – 啾啾(시
끄러운 소리)를 내다. 投曲은 曲 사이에 끼어들다. ○感耳之聲 – 여러 사람의
귀에 들리는 소리. ○淫哇(음와) – 음탕한 소리. 정악이 아닌 음악. 哇는 개
구리 와(蛙). ○〈韶〉 – 舜의 악곡명. ○〈夏〉 – 禹王 때의 古 樂舞의 이름.
○風移俗易 – 移風易俗. 乖忤(괴오)는 어긋나다.

〖 國譯 〗
「주인은 느긋이 웃으며 말했다.
"손님의 말대로라면, 이는 소위 勢利의 알맹이만 따지는 것이고

도덕의 실질을 알지 못한 것이며 안방구석의 등불만을 고집하면서 하늘을 바라보거나 해를 보지 못하는 것입니다. 옛날에 왕도가 무너지고 周 왕실이 지배력을 상실하자, 제후들이 세력을 다투고 전국 상호간에 다툼이 일어나 결국 七雄이 울부짖으며 중국 전체가 분열되고 용호처럼 싸웠습니다. 그리고 유세하는 무리들이 바람따라 날리고 번개치듯 하였으며 한꺼번에 나타나 혼란을 수습하겠다고 했으니 많은 무리들이 개가 뛰듯, 또 그림자처럼 나타나 돌아다녔으니 그간에 빛을 발한 자들은 이루 다 셀 수가 없었다. 이때에 섞은 나무를 휘두르고 무딘 칼을 갈 듯 능력이 모자란 사람도 있었으니 납으로 만든 칼이 무디긴 해도 한 번은 자를 수 있는 것입니다. 그리하여 노중련은 帛書를 매단 활을 쏘아 燕의 포위를 풀었고, 趙에서 주는 천금을 뿌리쳤으며, 趙의 재상 虞卿(우경)은 벗을 보살피려 재상 직위를 버렸습니다. 시끄러운 소리를 내어 악곡 사이에 끼어 넣어 여러 사람의 귀에 들리는 소리가 음률에 맞더라도 음탕한 음악은 들을 수가 없는 것은 그것이 〈韶〉와 〈夏〉의 음악이 아니기 때문입니다. 세력에 따라 합치고 시류에 영합하여 모이며 移風易俗해도 서로 어긋나기에 통용할 수 없는 것은 군자의 법이 아니기 때문입니다.」

原文

「及至從人合之, 衡人散之, 亡命漂說, 羈旅騁辭, 商鞅挾三術以鑽孝公, 李斯奮時務而要始皇. 彼皆躡風雲之會, 履顚沛之勢, 據徹乘邪以求一日之富貴, 朝爲榮華, 夕而焦瘁, 福不盈眥, 禍溢於世. 凶人且以自悔, 況吉士而是賴乎! 且功不可以虛成, 名不可以僞立, <u>韓</u>設辯以徼君, <u>呂</u>行詐以賈國. 〈說難〉既詬, 其身乃囚. 秦貨既貴, 厥宗亦隳. 是故<u>仲尼</u>抗浮雲之志, <u>孟軻</u>養浩然之氣, 彼豈樂爲迂闊哉? 道不可以貳也. 方今<u>大漢</u>灑掃群穢, 夷險芟荒, 廓帝紘, 恢皇綱, 基隆於<u>羲</u>,農, 規廣於<u>黃</u>,<u>唐</u>. 其君天下也, 炎之如日, 威之如神, 函之如海, 養之如春. 是以六合之內, 莫不同原共流, 沐浴玄德, 稟仰太和, 枝附葉著, 譬猶草木之殖山林, 鳥魚之毓川澤, 得氣者蕃滋, 失時者苓落, 參天地而施化, 豈云人事之厚薄哉? 今子處皇世而論戰國, 耀所聞而疑所覯, 欲從旄敦而度高乎<u>泰山</u>, 懷氿濫而測深乎重淵, 亦未至也."」

| 註釋 | ○從人 – 합종책을 주장하는 사람. ○衡人(형인) – 연횡책을 주장하는 사람. ○亡命 – 본국을 떠나 다른 나라에서 벼슬하다. ○漂說(표세) – 떠도는 유세객. ○羈旅(기여) – 나그네. 寄客也. ○騁辭(빙사) – 辭說을 늘어놓다. ○商鞅(상앙) – 衛鞅(위앙). 商은 그의 封地. ○三術 – 王道, 霸道, 富國强兵策. ○鑽 – 뚫을 찬. 설득하다. ○李斯(이사, 前 280 – 208) – 楚國 上蔡人 秦朝의 政治家, 文學家, 書法家. 韓非子와 함께 荀子로부터 帝王之術을 배운 法家 學說의 대표자. 要는 영합하다. ○風雲之會 – 七國이 상쟁하는 시기. ○顚沛(전패) – 넘어지다. 大道가 무너지는 상황. ○乘邪(승사) – 邪道를 이용하다. ○焦瘁(조췌) – 憔悴(초췌). ○眥 – 흘길 자. 눈초리 제. 溢는 넘칠 일. ○凶人 – 商鞅, 李斯와 같은 사람들. ○韓設辯以徼君 – 韓非子는 辨說로 主君에 영합했고. ○呂行詐以賈國 – 呂不韋(여불위, 前 290 – 235)는 본래 商人으로 '奇貨可居' 고사의 주인공. 秦王 政의 仲父로 13년간 재상 역임. 《呂氏春秋》를 편찬. ○〈說難(세난)〉 – 《韓非子》의 篇名. ○旣詬(기후)

- 완성이 되다. 魯는 成也. ○秦貨 - 秦에서 온 귀한 물건. 여불위가 趙國에 인질로 와 있던 秦의 子楚(뒷날 장양왕, 秦王 政의 生父)를 보고 '奇貨'라 하였다. ○厥宗亦隧 - 隧(길 수)는 墜(떨어질 추)의 誤字라는 주석이 있다. ○浮雲之志 - '不義而富且貴 於我如浮雲'《論語 述而》. ○孟軻 - 孟子. 浩然之氣는《孟子 公孫丑 上》. ○迂闊(우활) - 세상 물정에 어둡다. 현실에 맞지 않다. ○灑掃群穢 - 여러 雜說들을 쓸어내다. 夷는 제거하다. 평평하게 하다. ○險 - 교활한 주장. ○芟 - 벨 삼. 없애다. ○荒 - 황당한 것. ○廓 - 擴張하다. ○紘 - 紀綱(기강). ○羲,農 - 伏羲氏와 神農氏. ○黃,唐 - 黃帝와 唐堯. 모두 고대의 神人이나 聖人. ○函 - 포용하다. 너그럽다. ○六合 - 동서남북과 상하. ○同原 - 근원을 같이하다. ○毓 - 기를 육. ○皇世 - 大盛之世. ○耀 - 炫耀(빛나다) ○覿 - 볼 적. ○旄敦(모돈) - 작은 산. ○氿濫 - 일시적인 것이고 自然이 아니다. 氿는 샘 궤. 땅 아래서 물이 솟지 않고 측면에서 물이 솟는 샘. 濫은 퍼질 남(람). '앞쪽에서 물이 나오는 샘'이라는 註가 있다. ○重淵 - 깊은 연못.

〔國譯〕

「"합종을 주장하는 사람이 모이면서 연횡책을 주장하는 사람들은 흩어졌고 다른 나라를 찾아가고 떠도는 유세객이 있어 이리저리 떠돌면서 사설을 늘어놓았는데, 商鞅(상앙)은 王道와 覇道, 그리고 富國强兵策을 가지고 秦 孝公을 설득했으며, 李斯(이사)는 시무책을 설명하여 秦 시황제에 영합하였습니다. 그들은 모두 七國이 상쟁하고 大道가 무너지는 상황을 이용하여 小道에 바탕을 두고 邪道를 이용하여 한때의 부귀를 얻으려 했으니 아침나절에 영화를 누리다가 저녁에는 몰락했으며, 福은 눈에 차지도 않았는데 재앙은 한 세대에 걸쳤습니다. 商鞅이나 李斯와 같은 凶人들은 죽기 전에 스스로 후회

했는데, 그런데도 바른 선비가 그런 것을 누려야 하겠습니까? 그리고 功은 그렇게 쉽게 이루어지는 것이 아니며 명성은 거짓으로 차지할 수 없으니, 韓非子는 辨說로 主君에게 영합했고 呂不韋(여불위)는 詐術로 나라를 팔아먹었습니다. 한비자의 〈說難〉이 이루어진 뒤 그몸은 죄인이 되었으며 여불위가 말한 秦의 보물(子楚)이 왕위에 오르면서 여불위는 추락하기 시작했습니다. 이런 이치를 알기에 공자는 부귀를 뜬구름으로 생각하였으며, 맹자는 浩然之氣를 배양하였으니 공자와 맹자가 세상 물정과 맞지 않는 것을 즐겼겠습니까? 正道는 두 가지로 생각할 수 없는 것입니다. 지금, 大漢에서는 여러 雜說들을 쓸어내며 터무니없는 잡설을 제거하고 황제의 기강을 강화하고 있으니 伏羲氏와 神農氏에 바탕을 두고 黃帝와 堯임금의 도를 확산시키려 하고 있습니다. 그분들이 천하를 다스릴 적에 해처럼 뜨거웠고, 神처럼 위엄이 있었고 바다처럼 너그러웠으며, 봄날이 만물을 배양하듯 하였습니다. 그리하여 六合(四方과 上下)이 근원을 같이하고 함께 흐르지 않는 것이 없었습니다. 천하가 玄德에 같이 젖었고 太和를 안고 欽仰(흠앙)하였으며, 가지와 잎이 융성하는 것이 마치 산림에서 초목이 자라는 것과 같았으며, 鳥魚는 川澤에서 生育하면서 氣를 받아 무성하였으며, 시절에 따르지 못하면 영락하였고 天地에 동참하며 같이 변화하였으니 어찌 人事에 따라 厚薄이 다르다고 할 수 있겠습니까? 지금 그대는 태평한 시대에 살지만 戰國시대를 논하면서 들은 것(전국시대의 사실)을 찬란하다 생각하고 지금보이는 것(當今의 盛世)을 의심하고 있으며 작은 산에 올라보고서는 泰山보다 높다고 여기고, 산속의 작은 샘물을 큰 연못보다 깊을 것이라 생각하고 있으니 아직은 깨달음에 이르지 못한 것입니다.」

原文

「賓曰, "若夫鞅,斯之倫, 衰周之凶人, 旣聞命矣. 敢問上
古之士, 處身行道, 輔世成名, 可述於後者, 默而已乎?"」

| 註釋 | ○若夫 - ~에 대해서는, 그런데(말을 시작하는 發語詞). ○鞅,
斯 - 商鞅과 李斯.

〖 國譯 〗

「그러자 손님이 말했다.

"그런데 商鞅(상앙)과 李斯(이사)와 같은 무리들은 쇠약해진 周의
凶人으로 그 운명은 알고 있습니다. 묻고 싶은 것은 상고의 선비들
이 처신과 行道하고, 세상을 이끌며 이름을 남기면서 후자에게 할
말이 있었을 터인데 말이 없었습니까?"」

原文

「主人曰, "何爲其然也! 昔咎繇謨虞, 箕子訪周, 言通帝
王, 謀合聖神. 殷說夢發於傅巖, 周望兆動於渭濱, 齊甯激
聲於康衢, 漢良受書於邳圯, 皆俟命而神交, 匪詞言之所信,
故能建必然之策, 展無窮之勳也. 近者陸子優由,《新語》以
興, 董生下帷, 發藻儒林, 劉向司籍, 辯章舊聞, 揚雄覃思,
《法言》,《法言》, 皆及時君之門闈, 究先聖之壼奧, 婆娑乎術
藝之場, 休息乎篇籍之囿, 以全其質而發其文, 用納乎聖聽,

列炳於後人, 斯非其亞與! 若乃夷抗行於首陽, 惠降志於辱
仕, 顔耽樂於簞瓢, 孔終篇於西狩, 聲盈塞於天淵, 眞吾徒之
師表也."」

|註釋| ○咎繇(구요) - 皐陶(고요). 舜 임금의 신하로 법을 집행하는 '理
官'이 되었다. 中國 司法의 鼻祖라고 한다. ○謨虞(모우) - 虞(舜)를 돕다. 謨
는 계획하다. ○箕子(기자) - 商(殷)의 宗室. 폭군 紂王(주왕)의 숙부. ○訪周
- 周 武王이 殷을 멸망시킨 뒤 周의 重臣이 되었다. 訪은 謀也. ○殷說(은열)
- 殷의 傅說(부열), 武丁(殷의 23대 왕, 나중의 시호는 高宗)의 신하. 무정이 傅
巖(부암)이란 곳에서 찾아내어 중용하였는데 부열은 무정을 도와 武丁中興을
이룩했다. ○周望 - 周의 太公望. 呂尙. 姜子牙. 周 문왕이 사냥을 나가기 전
에 점을 쳐서 얻은 괘로 渭水에서 낚시하는 呂尙을 만나게 된다.《史記 齊太公
世家》. ○齊甯(제녕) - 齊의 大臣인 寧戚(영척). 집이 가난하여 남의 수레를
모는 사람이었는데, 그가 쉬면서 소의 뿔을 두드리며 부르는 노랫소리를 듣
고 齊 桓公(환공)이 등용하였다. ○康衢(강구) - 사통팔달의 큰 길. ○漢良 -
漢의 張良. ○邳(비) - 下邳. ○沂 - 물 이름 기. 다리 이(圯 同). ○陸子 - 陸
賈(육가, 前 240 - 170), 西漢初期 政治家, 文學家, 思想家. 高祖에게 文武倂用
을 건의했고 나중에 呂氏 제거에도 중요한 역할을 다했다.《新語》를 저술하
여 뒷날 賈誼와 董仲舒의 사상 형성에 영향을 주었고 漢代 儒家思想의 기초
를 다졌다. 43권,〈酈陸朱劉叔孫傳〉에 立傳. ○董生 - 董仲舒(동중서, 前 179 -
104). ○下帷(하유) - 실내에 휘장을 치다. 교육하다. ○發藻儒林 - 유림의
글을 지었다. 藻(조)는 문장. ○劉向(유향, 前 77 - 前 6) -《說苑》,《列女傳》의
저자.《戰國策》,《楚辭》 등을 편수, 정정. 經學家 劉歆(유흠)의 父. ○司籍 -
서적을 관리하다. ○揚雄(前 53 - 後 18) - 楊雄. 覃思는 깊이 생각하다. ○門
闈(문위) - 궁중의 문. ○壺奧(곤오) - 깊은 곳. 내실. 壺 대궐안 길 곤. 壺(병

호)가 아님. 奧 아랫목 오. ○婆娑 – 빙빙 돌다(盤旋). ○囿 – 동산 유. ○質
– 本質. 바탕. ○發其文 – 文彩를 내다. ○用納 – 채용되다. ○聖聽(성청)
– 聖德. 聖德明君. ○列 – 烈. 공적. ○亞 – 다음, 次. 先聖의 후계자. ○夷
– 伯夷(백이). 殷 孤竹國의 왕자. ○抗行 – 절개 높은 행동. ○首陽山 – 河
南省 洛陽市 동남쪽 359m의 산. 해가 일찍 뜨는 곳이라 알려졌다. ○惠 –
柳下惠. 춘추시대 魯國人. '柳下惠爲士師, 三黜. 人曰, "子未可以去乎？" 曰,
"直道而事人, 焉往而不三黜? 枉道而事人, 何必去父母之邦."《論語 微子》참
고.《孟子》에서는 '柳下惠, 聖之和者也' 라는 말이 있어 보통 '和聖' 이라 불린
다. ○顔 – 孔子 首弟子 顔回. ○耽樂(탐락) – 쾌락에 빠지다. 즐기다. ○簞
瓢(단표) – 簞食瓢飲(단사표음), 빈한한 생활. "賢哉回也! 一簞食, 一瓢飲, 在
陋巷, 人不堪其憂, 回也不改其樂. 賢哉回也!"《論語 雍也》. ○西狩 – 西狩獲
麟(魯 哀公 14년, 전 481년). ○盈塞(영색) – 꽉 채우다. ○天淵 – 하늘과 땅. 하
늘과 땅 사이의 공간.

[國譯]

「이에 주인이 대답하였다.

"어찌 그러하겠습니까? 옛날에 咎繇(구요)는 舜임금을 도왔고, 箕
子는 周 武王을 도왔는데, 그 말이 帝王에게 통했고 하는 일은 聖神
의 뜻과 같았습니다. 殷의 傅說(부열)은 武丁의 꿈에 보여 傅巖(부암)
에서 찾아 등용되었고, 周의 太公望은 文王이 점을 쳐서 渭水의 물
가에서 만났습니다. 齊의 寧戚(영척)은 큰거리에서 노래를 했었고,
漢의 장량은 하비의 다리에서 兵書를 받았습니다. 이 모두가 천명에
따른 것으로 神의 계시가 있었으니 말로 믿게 되는 것은 아니었습니
다. 그러기에 그들은 필연의 방책을 세워 무궁한 공적을 펼 수 있었
습니다. 근자에 陸賈(육가)는 출사하지 않다가《新語》로 등용되었으

며, 董仲舒(동중서)는 제자를 가르치며 유림의 글을 지었고, 劉向은 서적을 관리하며 옛 저술을 바로 잡았고, 揚雄은 깊이 사색하여 《法言》과 《大玄》을 저술하였습니다. 이들은 모두 당시 君主의 문에 출입하면서 先聖의 심오한 뜻까지 연구하였으며 뛰어난 재주를 내 보이면서 서적의 동산에서 쉬며, 그 바탕을 보전하고 문채를 발휘하여 훌륭한 군주에게 등용되어 후세인들에게 큰 공적을 남겼으니 이들은 先聖의 후계자일 것입니다. 저 伯夷는 수양산에서 절개를 지켰고 柳下惠는 3번이나 쫓겨나도 뜻을 굽히지 않았으며, 顔回는 簞食瓢飮(단사표음)의 가난을 즐겼으며, 孔子는 《春秋》를 西狩獲麟에서 끝냈으니 그런 聖賢의 말씀이 하늘과 땅을 가득 채웠으니 진실로 우리의 사표가 될 것입니다.」

原文

「"且吾聞之, 壹陰壹陽, 天地之方, 乃文乃質, 王道之納, 有同有異, 聖哲之常. 故曰, '愼修所志, 守爾天符, 委命共己, 味道之腴, 神之聽之, 名其捨諸!' 賓又不聞龢氏之璧韞於荊石, 隨侯之珠藏於蚌蛤乎? 歷世莫視, 不知其將含景耀, 吐英精, 曠千載而流夜光也. 應龍潛於潢汙, 魚黿媟之, 不覩其能奮靈德, 合風雲, 超忽荒, 而躆顥蒼也. 故夫泥蟠而天飛者, 應龍之神也, 先賤而後貴者, 和,隨之珍也, 時暗而久章者, 君子之眞也. 若乃牙,曠淸耳於管弦, 離婁眇目於毫分, 逢蒙絶技於弧矢, 班輸榷巧於斧斤, 良,樂軼能於相駟,烏獲抗力於千鈞, 和,鵲發精於鍼石, 研,桑心計於無垠. 僕亦不任厠技於彼列, 故密爾自娛於斯文."」

| 註釋 | ○壹陰壹陽 - 一陰一陽. '一陰一陽之謂道'《易 繫辭 上》. ○文質 - 文(문채, 文華)과 質(바탕, 質朴). ○有同有異 - '君子 和而不同' ○天符(천부) - 하늘이 부여한 命運. 正道. ○委命 - 마음을 천운에 맡김. 共己의 共은 恭과 同. ○腴 - 살찔 유. 肥와 同. ○聽 - 돕다. ○捨 - 廢也. 諸는 之. ○龢氏之璧 - 龢는 和. 和氏. 璧 둥근 옥 벽. 楚國人 卞和(변화)가 발견한 玉石에서 얻은 禮器玉. ○韞 - 감출 온. ○荊 - 楚. 楚의 厲王과 그 다음 武王에게 바쳤으나 형벌만 받았고 나중에 文王에게 바치어 大寶를 얻었다는 이야기는《韓非子 和氏第十三》에 실려 있다. '完璧歸趙' 成語의 來源. ○隨侯珠 - 春秋 隨國(수국, 曾國)의 珍寶, 和氏璧과 함께 '春秋二寶' 또는 '隨和'라 칭한다. 隨侯珠는 용왕의 아들이 隨侯에게 報恩으로 준 夜光珠라고 알려졌다. ○蚌蛤(방합) - 조개. ○景耀(경호) - 크게 빛나다. ○曠 - 밝을 광. ○千載 - 천년. ○應龍 - 有翼之龍. ○潢汚(황오) - 웅덩이의 더러운 물. ○魚黿(어원) - 물고기와 자라. ○渫 - 깔볼 설. ○忽荒(홀황) - 恍惚(황홀). ○踞 - 버틸 거. 당당하게 버티다. ○顥蒼(호창) - 원기가 꽉 찬 蒼天. ○蟠 - 서릴 반. 움츠리다. ○牙 - 伯牙. 伯牙는 善琴했는데, 知音인 鍾子期가 죽자 伯牙는 絶絃했다.(伯牙絶絃). ○曠 - 춘추시대 晉의 樂士인 師曠(사광). ○管弦(관현) - 음악. ○離婁(이루) - 古代 전설 속의 시력이 좋은 사람. 백보 밖의 秋毫之末을 볼 수 있던 사람. ○眇 - 자세히 보다. 애꾸눈 묘. ○逢蒙(봉몽) - '逢門' 고대의 명궁. ○弧矢(호시) - 활. ○班輸(반수) - 公輸般, 고대의 名匠. 魯班과 公孫班(공손반) 2인을 지칭한다는 주석도 있다. ○榷 - 외나무다리 각. 專門으로 하다. ○榷巧(각교) - 전문 기술자. ○斧斤(부근) - 도끼. 木工具. ○良 - 王良. 春秋시대 秦의 名馬를 잘 알아보았던 사람. ○樂 - 伯樂(백락), 천리

마를 알아볼 수 있는 사람. ○軼－逸. 탁월하다. 번갈아들 질. ○烏獲(오획)
－戰國시대 秦의 장사. ○千鈞－아주 무거운 것. 鈞은 30斤. ○和－삼국시
대의 名醫 華陀(화타). ○鵲－扁鵲. 전국시대 名醫. ○鍼(침)－針. ○石－
藥石. ○研－計研(계연). 춘추시대 越人. 계산에 뛰어났었다. 《漢書 貨殖傳》
에 記事가 있다. ○桑－桑弘羊. 漢 武帝 때 理財家. ○垠－끝 은. ○廁技
－雜技. 廁은 측간. 화장실. 끼워 넣다. 雜也. ○彼列－위에서 말한 伯牙부
터 桑弘羊까지 특기를 가진 사람. ○密－靜, 安也.

〖國譯〗

　「"그리고 내가 알기로는, 一陰一陽은 천지 운행의 방도이고, 文
質彬彬(문질빈빈)은 왕도의 귀납이며, 같은 것 같지만 다른 것이 聖
哲의 일상입니다. 그래서 자신의 심지를 신중히 수양하며 하늘이 준
명운을 지키면서 천운에 따라 자신에 충실하며 천도를 지켜나가면
신명이 알고서 복록으로 도와 이름을 남겨 없어지지 않을 것입니다.
손님은 또 和氏璧(화씨벽)은 楚의 돌 속에 묻혀 있었고, 隨侯珠(수후
주)는 바다 조개 속에 감추어져 있었다는 말을 듣지 못하셨습니까?
여러 제후를 거치면서도 못 알아보았으니 얼마나 찬란한 빛을 품고
있는가를 몰랐지만 큰 정채를 내었고 천 년 동안 야광을 내어 밝혔
습니다. 翼龍이 물웅덩이에 잠겨 있으면 물고기나 자라들도 깔보지
만 能히 신령스런 덕을 떨쳐 풍운을 몰아 황홀한 지경을 넘어 원기
가득찬 蒼天에 웅거할 것을 볼 수 없습니다. 그렇지만 진흙 속에 웅
크리고 있다가도 하늘에 날아오를 수 있는 것이 익룡의 신통력입니
다. 처음에는 천한 돌이었지만 나중에 귀한 것이 화씨벽과 수후주인
것처럼 시류에 어두운 것 같지만 끝까지 빛을 내는 것이 君子의 진

면목입니다. 또 백아와 사광 같은 사람은 음악에 뛰어난 귀를 가졌고, 離婁(이루)는 秋毫(추호)의 끝을 볼 수 있었고, 逢蒙(봉몽)은 활쏘는 절대 기술이 있었고, 공수반은 목공 전문가였습니다. 王良과 伯樂은 말을 잘 알아보고 馭車(어거)에 뛰어났으며 烏獲(오획)은 천균의 무게를 들었습니다. 華陀(화타)와 扁鵲(편작)은 鍼灸(침구)와 藥石에 정통했었으며 計研(계연)과 桑弘羊(상홍양)은 마음속의 계산에 그 끝이 없었다. 그렇지만 나는 그들과 같은 기술에 끼어들지 못하여 편안한 마음으로 이런 文史를 즐기고 있는 것입니다."」

100 敍傳(下)
〔서전〕(하)

固以爲唐虞三代,《詩》,《書》所及, 世有典籍, 故雖堯, 舜之盛, 必有〈典謨〉之篇, 然後揚名於後世, 冠德於百王. 故曰, "巍巍乎其有成功也, 煥乎其有文章也!" 漢紹堯運, 以建帝業, 至於六世, 史臣乃追述功德, 私作本紀, 編於百王之末, 廁於秦,項之列. 太初以後, 闕而不錄, 故探纂前記, 綴輯所聞, 以述《漢書》. 起元高祖, 終於孝平,王莽之誅, 十有二世, 二百三十年, 綜其行事, 旁貫《五經》, 上下洽通, 爲春秋考紀,表,志,傳, 凡百篇. 其敍曰,

| 註釋 | ○固 − 班固(서기 32−92), 班固가 《漢書》를 저술할 때는 종이(紙)가 없었다는 점을 염두에 두어야 한다. 환관 蔡倫(채륜, 63−121)은 和帝 元興

元年(105)에 제지술을 황제에게 보고하였다. ○唐虞 - 堯와 舜. ○〈典謨〉 - 《書經》의 〈堯典〉과 〈古陶謨(고요모)〉의 篇名. ○ "巍巍乎~ 文章也" - 이는 《論語 泰伯》의 堯舜에 대한 孔子의 찬미이다. 巍巍(위위)는 높고 큰 모양. 文章은 문물과 典章制度, 또는 禮敎. ○至於六世 - 高祖(前 206-195) → 惠帝(前 194 - 188) → 高后(呂氏, 前 187-180) → 文帝(前 179-157) → 景帝(前 156-141) → 武帝(前 140-87)까지. ○史臣 - 司馬遷. 私作本紀 - 司馬遷의 武帝까지 漢의 本紀를 편찬한 것. ○廁(厠) - 廁은 雜也. 끼워넣다(插置). ○太初 - 武帝 연호(前 104-101). ○纂(찬) - 撰也. ○綴輯(철집) - 엮고 모으다. 綴은 엮다. 輯은 集. ○起元高祖 - 元이 아닌 於로 된 판본도 있다. ○十有二世 - 앞의 6世 이외에 昭帝(前 86-74) → 宣帝(前, 73-49) → 元帝(前 48-33) → 成帝(前 32-7) → 哀帝(前 6-前 1) → 平帝(서기 1-5)의 6세. ○二百三十年 - 기원 전 226년부터 서기 5년까지. ○春秋考紀 - 春秋考紀는 帝紀, 곧 本紀. 表(年表), 志(書). 傳(列傳). ○凡百篇 - 12紀, 8表, 10志, 70傳. ○其敍曰 - '皇矣漢祖' 이하는 반고가 《漢書》의 대의를 논한 것으로 司馬遷 〈太史公自序〉의 序目을 본떴다.

[國譯]

   唐과 虞 그리고 夏, 殷, 周 三代는 《詩》와 《書》에 언급되었는데 세상에 전적이 있고, 堯와 舜의 융성도 〈堯典〉과 〈古陶謨〉 편에 정확하게 기록되었기에 후세에 이름이 남아있어, 堯舜의 德은 百王의 으뜸이라고 班固는 생각하였다. 그리고 공자는 "위대하도다. 堯의 성공이여! 빛나도다. 그분들의 문물이여!"라고 칭송했다. 漢은 堯의 전통을 이어 六世에 이르렀는데, 史臣(司馬遷)이 그 功德을 追述하여 私的으로 本紀를 지었지만, 百王의 끝 부분이며 〈秦 本紀〉와 〈項羽本紀〉의 줄에 끼워 넣었다. 武帝 太初 연간 이후는 기록이 없고 채록하지 않았기에 앞선 기록들을 찾아 보충하고 들은 바를 모아 편집하여《漢書》를 엮었다. 高祖에서 시작하여 孝平帝와 王莽의 죽음에서 끝났는데, 12世, 230년간의 여러 치적과 사건을 종합하면서《五經》을 바탕으로 上代에서 下代까지 두루 종합하여 本紀, 表, 志, 傳을 祖述하니 모두 100편이다. 그 序는 아래와 같다.

原文

　皇矣漢祖, 纂堯之緖, 實天生德, 聰明神武. 秦人不綱, 罔漏於楚, 爰玆發迹, 斷蛇奮旅. 神母告符, 朱旗乃擧, 粤蹈秦郊, 嬰來稽首. 革命創制, 三章是紀, 應天順民, 五星同晷. 項氏畔換, 黜我巴, 漢, 西土宅心, 戰士憤怒. 乘釁而運, 席卷三秦, 割據河山, 保此懷民. 股肱蕭, 曹, 社稷是經, 爪牙信, 布, 腹心良, 平, 龔行天罰, 赫赫明明. 述〈高紀〉第一.

| 註釋 | ○皇矣 – 皇은 大也. ○纂 – 계승하다. ○不綱 – 법도를 지키지 않아. ○爰(원) – 그래서, 그리하여. ○發迹(발적) – 뜻을 이루다. 출세하다. ○斷蛇 – 술에 취해 白蛇를 죽인 일. ○神母 – 길에서 울던 노파. ○粤(월) – 어조사. 이에. ○嬰 – 秦王. ○稽首(계수) – 고개를 숙이다. 항복하다. ○革命 – 천명을 바꾸다. 秦의 멸망. ○五星同晷 – 漢王 元年 五星이 동쪽 井星에 모였다. 晷는 그림자 궤. ○畔換(반환) – 발호하다. 橫行하다. 換은 약속을 어기다. ○西土 – 함곡관 서쪽의 땅. 宅心은 歸心하다. ○乘釁(승흔) – 틈을 이용하다. ○三秦 – 항우가 봉한 秦의 降將이 통치하던 옛 秦의 땅, 今 陝西省과 甘肅省 동부 지역. ○河山 – 산하, 또는 황하와 崤山(효산) 서

쪽. ○股肱(고굉) – 넓적다리와 팔. 국가의 주요 大臣. ○蕭,曹 – 蕭何, 曹參. ○爪牙(조아) – 武將. ○赫赫明明 – 광명성대한 모양. ○述〈高紀〉第一 – 《史記》에서는 '子羽暴虐, 漢行功德, ~, 作高祖本紀~.'이라 하였지만 《漢書》에서는 '~ 述高紀~'이라 하였는데, 이는 아마도 '作者之謂聖'이라는 말을 피하고 '述者之謂明'의 뜻을 취한 겸손일 것이다.

〖 國譯 〗

위대하도다! 漢祖여! 堯의 뒤를 이었고 하늘이 내신 德에 聰明하시며 神武를 가지셨도다. 秦人이 법도가 없어 楚人이 반항하니 그때에 고조께서 세상에 나와 백사를 죽이고 분연히 길을 가니 神母가 신의 뜻을 말했고 붉은 깃발을 내걸었다. 이어 秦땅을 평정하니 秦王 嬰(영)이 투항하자 혁명하고 創制하니 約法 三章이 紀律이었다. 하늘의 뜻에 따르고 백성 요구에 순응하니 五星이 한 곳에 모였다. 項氏(項羽)가 횡행하며 漢王을 巴와 漢에 내쳤지만, 서쪽 땅 백성의 마음이 귀의하고 전사들은 분노했다. 방심한 틈을 타고 출정하여 三秦을 석권했으며, 강산을 나눠 갖고 백성을 지켜주었다. 股肱之臣 蕭何(소하)와 曹參(조참)은 社稷을 경영하고, 무장으로 韓信과 英布, 또 심복으로 張良과 陳平이 있었다. 高祖가 秦에 대한 천벌을 받들어 행하니 光明盛大하였다. 이에 〈高紀〉를 첫 번째로 서술했다.

原文

孝惠短世, 高后稱制, 罔顧天顯, 呂宗以敗. 述〈惠紀〉第二, 〈高后紀〉第三.

太宗穆穆, 允恭玄默, 化民以躬, 師下以德. 農不供貢, 罪不收孥, 宮不新館, 陵不崇墓. 我德如風, 民應如草, 國富刑淸, 登我漢道. 述〈文紀〉第四.

孝景莅政, 諸侯方命, 克伐七國, 王室以定. 匪怠匪荒, 務在農桑, 著於甲令, 民用寧康. 述〈景紀〉第五.

世宗曄曄, 思弘祖業, 疇咨熙載, 髦俊幷作. 厥作伊何? 百蠻是攘, 恢我疆宇, 外博四荒. 武功旣抗, 亦迪斯文, 憲章六學, 統一聖眞. 封禪郊祀, 登秩百神. 協律改正, 饗玆永年. 述〈武紀〉第六.

| 註釋 | ○罔 - 無也. ○顧 - 念也. ○天顯 - 上天의 明顯한 道理. ○穆穆(목목) - 엄숙 공경한 모양. ○允恭 - 誠信하고 恭勤하다. ○玄默 - 조용히 無爲의 도를 지키다. ○躬 - 身也, 몸소. ○供貢 - 田租의 세를 납부하다. ○收孥(수노) - 자식을 잡아들이다. 연좌제. ○我德如風 - '君子之德 風~'《論語 顏淵》. ○莅政(이정) - 君臨하여 治理政事하다. ○方命 - 항명하다. ○吳楚 七國의 난(前 154년) - 3개월 만에 周亞夫에 의해 평정. 七國은 吳, 楚, 趙, 膠東(교동), 膠西, 濟南 淄川(치천) 등 7제후국. ○匪 - 非. ○甲令 - 황제가 반포한 1호 詔令, 甲令, 乙令, 丙令 ~으로 엮어졌다. 갑령은 景帝 즉위 원년에 농민들의 인구가 드문 지역으로 이주와 경작을 허용한다. ○世宗 - 武帝의 廟號. 曄曄은 盛한 모양. ○疇 - 밭두둑 주. 누구? ○咨 - 謀也, 꾀하다. ○熙 - 興也. ○載 - 事業. ○髦 - 다팔머리 모. 빼어나다. ○作 - 起也. ○疆宇(강우) - 疆土, 領域. 四荒은 사방의 미개지. ○旣抗(기항) - 이미 날리다. 迪 나아갈 적. 進也. ○憲章(헌장) - 본보기로 하다. ○六學 - 六藝, 곧 詩, 書, 禮, 樂, 易, 春秋. ○封禪(봉선) - 帝王의 하늘의 諸神에 대한 제사의

식. ○郊祀(교사) - 도성과 산천의 신에 대한 제사. ○秩 - 祭. ○協律(협율)
- 曆法에 관한 律呂. 무제 때 寅月(정월)을 歲首로 하는 역법을 제정하였다.

〖國譯〗

孝惠帝는 재위 기간이 짧았고, 高后가 칭제하면서 上天의 뚜렷한
大道를 살피지 못했기에 呂씨 일족은 패망했다. 이에 〈惠紀〉第二
와 〈高后紀〉第三을 서술했다.

太宗(文帝)은 온화 엄숙하며 성실 공경으로 조용히 無爲의 도를
따르며, 몸소 백성을 교화하고 덕으로 아랫사람을 이끌었다. 농민은
전조의 세를 납부하지 않았고 죄인에게는 연좌제를 적용하지 않았
으며, 궁궐에 새 집을 짓지 않고 皇陵을 크게 만들지 않았다. 황제의
德은 바람이고 백성들은 풀처럼 따르니 나라는 부유하고 형벌은 청
렴하여 漢의 법도를 이룩하였다. 이에 〈文紀〉第四를 서술하였다.

孝景帝가 즉위하여 정사를 펴자 제후들이 항명하였는데 七國을
쳐서 이기니 王室이 안정되었다. 부지런히 또 정성으로 농상에 힘썼
으며 甲令을 반포하니 농민은 이를 따라 편안해졌다. 이에 〈景紀〉
第五를 서술하였다.

世宗은 위대하여 祖業을 넓히려 생각하였으니 그 누가 나라를 흥
하게 하는 일을 꾀했는가? 여러 俊賢이 한꺼번에 일어났도다. 그 흥
기한 모습이 어떠하였나? 모든 이민족을 물리치어 우리의 강역이
사방의 미개지까지 넓어졌다. 무공을 드날리고 문학을 크게 일으키
어 육경을 본보기로 성인의 학문을 통일하였다. 그리고 封禪禮와 郊
祀禮로 천지의 여러 신을 제사하였으며, 역법을 改正하여 영원히 이
어졌다. 이에 〈武紀〉第六을 서술하였다.

孝昭幼衝, 冢宰惟忠. 燕,盖譸張, 實睿實聰, 罪人斯得, 邦家和同. 述〈昭紀〉第七.

中宗明明, 龠用刑名, 時擧傅納, 聽斷惟精, 柔遠能邇, 燀耀威靈, 龍荒幕朔, 莫不來庭. 丕顯祖烈, 尙於有成. 述〈宣紀〉第八.

孝元翼翼, 高明柔克, 賓禮故老, 優繇亮直. 外割禁圃, 內損御服, 離宮不衛, 山陵不邑. 閹尹之疵, 穢我明德. 述〈元紀〉第九.

孝成煌煌, 臨朝有光, 威儀之盛, 如圭如璋. 壼閨恣趙, 朝政在王, 炎炎燎火, 亦允不陽. 述〈成紀〉第十.

孝哀彬彬, 克攬威神, 雕落洪支, 底劇鼎臣. 婉孌董公, 惟亮天功,〈大過〉之困, 實橈實凶. 述〈哀紀〉第十一.

孝平不造, 新都作宰, 不周不伊, 喪我四海. 述〈平紀〉第十二.

| 註釋 | ○孝昭帝 – 武帝의 아들. 時年 8세 즉위. 13년 재위. ○幼衝(유충) – 어리다. ○冢宰(총재) – 百官之長(六卿之首), 天官. 太宰. 이때 冢은 크다, 어른의 뜻. 무덤 총. 언덕. ○燕 – 燕王 劉旦(유단), 武帝의 아들이지만 황제가 되지 못하자 반란을 일으켰으나 실패했다. ○盖 – 劉旦의 누이, 盖侯(개후)의 妻. ○譸張(주장) – 속이다. 저주하다. 속일 주. 詐術에 현혹되다. ○中宗 – 宣帝. ○明明 – 아주 明察함. ○龠用(인용) – 함께 쓰다. 병용하다. 조심할 인. ○刑名 – 형벌의 종류와 명칭. 法家 사상. ○時擧 – 수시로 賢才

를 등용하다. ○傅納(부납) – 善言을 채납하다. 좋은 정책 건의를 수용하다. ○柔遠能邇(유원능이) – 원방을 안정시키고 近方과 화목했다. 柔는 편안하게 하다. 能은 화목케 하다. ○邇 – 가까울 이. 흉노에 대한 대외정책의 성공을 언급한 것. 《書經, 舜典》에 있는 말이다. ○燀耀威靈(천요위령) – 빛나고 위엄을 떨쳤다. 燀은 빛나다. 불이 활활 타다. ○龍荒(용황) – 흉노가 祭天하는 龍城의 거친 땅. ○幕朔(막삭) – 북쪽 사막지역. ○丕顯祖烈(비현조열) – 조상의 위대한 업적을 크게 드러내다. 漢의 위엄을 떨치다. 丕는 大也. 烈은 업적. ○翼翼(익익) – 공경하며 삼가는 모양. ○柔克(유극) – 柔和로 成事하다. ○優絲(우요) – 관용을 베풀다. ○亮直(양직) – 성실하며 바로 보다(正見). ○禁囿(금유) – 황궁에 딸린 정원, 사냥터. 禁苑. ○御服(어손) – 황제의 車馬와 服飾. ○山陵 – 황제의 무덤. 무덤 주변에 민가를 이주시켜 살게 했었다. ○不邑 – 백성을 강제로 이주시켜 마을을 만들지 않다. ○閹尹之疵(엄윤지자) – 환관이 정사에 관여한 폐단. 閹 내시 엄. 疵 흠 자. 病. ○穢(예) – 더러울 예. 더럽히다. ○煌煌(황황) – 밝게 빛나는 모양. ○圭璋(규장) – 圭와 璋(반쪽 홀 장). 신하가 조정에서 손에 쥐는 禮器. ○壺闈(곤위) – 대궐의 문. 後宮. ○恣趙 – 조비연의 방자함. ○在王 – 왕씨. 成帝의 母后인 王政君(王莽의 고모)의 형제들인 王鳳, 王音 등. ○炎炎 – 불이 활활 타오르다. ○燎火(요화) – 횃불. 화톳불. ○亦允不陽(역윤불양) – 확실하지만 밝지는 않다. 정사가 바르지 못했다. ○彬彬(빈빈) – 文質을 겸비한 모양. ○洪支 – 황제의 支系, 傍系. ○底劓(저옥) – 죽이다. 劓은 목 벨 옥. ○鼎臣(정신) – 重臣. 朱博, 王嘉 등을 처형했다. ○婉變(완연) – 젊고 아름다운 모양. 여기서는 친애하다. ○董公 – 董賢(동현, 前 23-前 1), 哀帝의 男寵(남총, 同性愛 상대). ○惟亮天功(유량천공) – 天道에 부합하는 大功을 세우려 하다. 亮은 밝을 량. 助也. ○〈大過〉 – 周易의 괘명. 나쁜 일이 많은 괘. ○橈 – 굽을 요. ○平帝 – 재위, 서기 1-5년. ○不造 – 불행하다. ○新都 – 新都侯 王莽(왕망). ○不周不伊 – 周公과 伊尹(이윤) 같은 충신이 아니다.

〖 國譯 〗

昭帝는 어렸으나 재상은 충성을 다했다. 燕王과 그 누이가 저주했지만 소제는 총명하였고, 罪人이 밝혀지니 나라가 화목하였다. 이에 〈昭紀〉 第七을 서술하였다.

中宗(宣帝)은 똑똑했고 법가정책을 병용하며, 현명한 인재를 자주 등용하고 건의를 받아들였으며 판단이 정확하였다. 멀고 가까운 이민족을 잘 다스리니 빛나고 위엄을 떨쳤다. 흉노와 북방족으로 조공하지 않는 자가 없었다. 선조의 업적을 크게 顯揚하고 성공을 거두었으니, 이에 〈宣紀〉 第八을 서술하였다.

元帝는 신중하고 고명하며 온화와 순리로 다스리며 원로를 잘 대우했으며 너그럽고 강직하였다. 밖으로는 정원을 축소했고 안으로는 수레나 복식이 검소했으며, 離宮에 군사를 두지 않았고 황릉 주변에 백성을 이주시키지 않았다. 환관이 정사에 관여하여 황제의 明德을 더럽혔다. 이에 〈元紀〉 第九를 서술하였다.

成帝는 현명하여 政事가 빛났으며 威儀가 성대하였고 신하들이 가득하였다. 황후 趙飛燕이 설쳤고 政事는 왕씨 일가의 손에 있었으니 횃불처럼 뜨겁고 성했지만 밝지는 않았다. 이에 〈成紀〉 第十을 서술했다.

哀帝는 文質을 다 갖추고 황제의 권위를 세웠고 王氏 일가와 방계를 제거하고 중신을 죽였다. 董賢(동현)을 친애하며 하늘의 뜻을 실현하려 했지만, 〈大過〉 괘의 곤경에 처해 꺾이고 흉했다. 이에 〈哀紀〉 第十一을 서술했다.

平帝는 불행했고 新都侯 왕망을 재상으로 삼았지만 (왕망은) 周公이나 伊尹 같은 충신이 아니었고 漢은 천하를 상실했다. 이에 〈平

紀〉第十二를 서술했다.

漢初受命, 諸侯幷政, 制自項氏, 十有八姓. 述〈異姓諸侯
王表〉第一.

太祖元勳, 啓立輔臣, 支庶藩屛, 侯王幷尊. 述〈諸侯王表〉
第二.

侯王之祉, 祚及宗子, 公族蕃滋, 支葉碩茂. 述〈王子侯表〉
第三.

受命之初, 贊功剖符, 奕世弘業, 爵土乃昭. 述〈高惠高后
孝文功臣侯表〉第四.

景征吳,楚, 武興師旅, 後昆承平, 亦猶有紹. 述〈景武昭宣
元成哀功臣侯表〉第五.

亡德不報, 爰存二代, 宰相外戚, 昭韙見戒. 述〈外戚恩澤
侯表〉第六.

漢迪於秦, 有革有因, 牶擧僚職, 幷列其人. 述〈百官公卿
表〉第七.

篇章博擧, 通於上下. 略差名號, 九品之敍. 述〈古今人表〉
第八.

| 註釋 | ○幷政 – 力政 同. ○制 – 황제의 명령. ‘命爲制 令爲詔’. ○十
有八姓 – 항우에 의해 王侯로 피봉된 제후가 18명이었다. ○太祖 – 보통 高

祖라 하지만 太祖가 공식 묘호이다. ○支庶 − 支孫. ○藩屛(번병) − 울타리
가 되다. ○祉 − 福也. 祚는 복 조. 福運. ○蕃滋 − 繁殖(번식). 支葉은 支孫.
○贊功 − 황제를 보필한 공적. ○剖符(부부) − 符信(부신)을 주다. 諸王을 分
封하다. ○奕世 − 累代. ○爵土乃昭 − 봉토를 하사하니 공적이 빛나다. ○師
旅 − 대규모의 군사. ○後昆 − 무제 이후 昭帝와 宣帝. ○亡德 − 無德. 爰은
발어사. ○二代 − 殷과 周. 그 후손들을 제후로 삼아 제사를 받들게 하였다.
○昭雕(소의) − 바른 것(是)을 昭明하다. ○迪 − 나아갈 적. 至也. 正也. ○觕
− 거칠 추(粗). 대략.

〔國譯〕

漢이 처음 天命을 받고 제후와 함께 했지만 制命은 項氏로부터
나왔고 18제후가 있었다. 이에 〈異姓諸侯王表〉 第一을 서술하였
다.

太祖의 元勳을 보필했던 신하를 封하고 여러 支孫을 울타리로 삼
아 侯王을 모두 높였다. 이에 〈諸侯王表〉 第二를 서술하였다.

侯王의 지위는 宗子에게 이어져 公族이 蕃滋하고 支孫도 많이 번
성하였다. 이에 〈王子侯表〉 第三을 서술하였다.

高祖가 천명을 받고 보필하는 신하를 분봉하니 여러 代에 내려갔
고 봉토를 받으니 공적도 빛났다. 이에 〈高惠高后孝文功臣侯表〉 第
四를 서술했다.

景帝는 吳, 楚 등을 정벌했고 武帝는 군사를 크게 일으켰고(武功
으로 피봉된 제후가 많았다는 뜻) 이후 태평을 누렸지만 그래도 공
을 세워 봉토를 받는 자가 있었다. 이에 〈景武昭宣元成哀功臣侯表〉
第五를 서술했다.

德이 없으면 應報도 없으니 殷과 周 후손을 보존케 하여 宰相과

外戚에게 바른 길을 일러주고 징계를 알게 하였다. 이에 〈外戚恩澤侯表〉 第六을 서술하였다.

漢은 秦의 제도를 바로잡아 바꾸기도 또 계승도 하였으니 직위를 대략 열거하고 인물을 병기하였다. 이에 〈百官公卿表〉 第七을 서술하였다.

문장을 널리 종합하고 고금에 통한 인물을 등급에 따라 그 이름과 관등을 기록하였다. 이에 〈古今人表〉을 서술하였다.

元元本本, 數始於一, 產氣黃鐘, 造計秒忽. 八音七始, 五聲六律, 度量權衡, 歷算逎出. 官失學微, 六家分乖, 一彼一此, 庶研其幾. 述〈律歷志〉第一.

上天下澤, 春雷奮作, 先王觀象, 爰制禮樂. 厥後崩壞, 鄭, 衛荒淫, 風流民化, 湎湎紛紛. 略存大綱, 以統舊文. 述〈禮樂志〉第二.

雷電皆至, 天威震耀, 五刑之作, 是則是效, 威實輔德, 刑亦助教. 季世不詳, 背本爭末, 吳,孫狙詐, 申,商酷烈, 漢章九法, 太宗改作, 輕重之差, 世有定籍. 述〈刑法志〉第三.

厥初生民, 食貨惟先. 割制廬井, 定爾土田, 什一供貢, 下富上尊. 商以足用, 茂遷有無, 貨自龜貝, 至此五銖. 揚榷古今, 監世盈虛. 述〈食貨志〉第四.

昔在上聖, 昭事百神. 類帝禋宗, 望秩山川, 明德惟馨, 永

世豊年. 季末淫祀, 營信巫史, 大夫臚岱, 侯伯僭時, 放誕之
徒, 緣間而起. 瞻前顧後, 正其終始. 述〈郊祀志〉第五.

|註釋| ○元元本本 – 曆法의 근본. 數始於一은 初九의 一에서 세기 시작
한다. ○黃鐘 – 고대 악율의 이름 12율 중 첫 번째. ○秒忽(초홀) – 가장 작
은 끝과 가장 미세한 것. ○八音 – 8가지 재료〔金, 石, 絲, 竹, 瓠(호), 土, 革,
木〕에서 나오는 소리. ○七始 – 음률이 시작하는 始原 7가지〔天, 地, 人, 春,
夏, 秋, 冬〕. ○五聲 – 宮, 商, 角, 徵, 羽의 음계. ○六律 – 6陰律 6陽律의 통
칭. ○道 – 만족할 유, 바 유(所 同). ○六家 – 黃帝, 顓頊(전욱), 夏, 殷, 周,
魯의 曆法. ○律曆(율력) – 律은 歲時를 계산하는 방법. 曆은 曆法. ○上天
下澤 –《易》의〈履〉괘의 형상. 하늘은 위, 연못이 아래에 있는 것이 上下의
바른 禮이다. 禮는 사람이면 누구나 따라가야 할 길이며 국가를 바로 하는
길이라는 뜻. ○春雷奮作 – 이는〈豫〉卦의 형상으로 우레(震)는 위에, 땅
(坤)은 아래에 있는 모습으로 천둥이 치고 땅이 움직이는 것은 즐거움(樂)이
다. 곧〈履〉와〈豫〉괘의 형상으로 禮와 樂을 설명하였다. 奮은 動也. ○先王
– 先代 君王. ○鄭,衛荒淫 – 鄭과 衛(위) 두 나라의 음악은 淫聲이다. ○湎
湎紛紛(면면분분) – 푹 빠지고 雜亂한 모습. ○雷電皆至 – 이는《易》의〈噬
嗑(서합)〉괘의 형상이다. 이 괘는 위에 離(電, 번개), 아래에 震(雷, 우뢰)이 합
쳐진 괘인데 번개와 우레가 번갈아 치는 모습, 곧 음식을 씹는 형태로 天威
를 상징하며 인간에게 내리는 형벌이다. ○五刑 – 墨, 劓(코 벨 의), 剕(발 벨
비), 宮(궁), 大辟(대벽, 사형). ○不詳 – 用刑의 근본을 알지 못하다. ○吳,孫
– 吳子(吳起)와 孫子(孫武). ○狙詐(저사) – 교활하고 속임수를 쓰다. ○申,
商 – 法家의 申不害와 商鞅(상앙). 병가와 법가는 같은 계열로 인식된다.
○漢章九法 – 漢의 九章 법률. 蕭何는 秦法 六律에 戶律, 興律(군사 징발 관련
법), 廏律(구율, 말의 사육과 징발 관련 법)을 보태어 九章의 법을 만들어 적용
했다. ○太宗改作 – 文帝는 肉刑을 폐지하였다. ○食貨 – 食料와 財貨. 經

濟. ○割制廬井 - 20畝(무)의 땅에 집을 짓고(廬) 100무의 井田법을 시행하여 ○什一供貢 - 10분의 1을 바치다. ○茂遷(무천) - 貿易(무역). ○貨自龜貝 - 화폐는 거북 등판과 조개껍데기로 부터, ○五銖 - 五銖錢(오수전). 武帝 때(기원전 118년) 처음 제조. ○揚榷古今 - 고금의 제도를 총괄하다. ○監 - 고찰하다. ○盈虛(영허) - 많고 적음. ○類帝 - 天神 및 五帝를 제사하다. 類는 제사의 명칭. ○禋 - 제사 지낼 인. ○禋宗(인종) - 연기를 피워 올리는 제사라는 주석이 있다. ○望秩山川 - 멀리서 山川을 제사하다. ○營信 - 惑信(혹신). ○巫史 - 巫師, 무당. ○臚岱(여대) - 泰山에 제사하다. 臚는 제사 이름(旅祭와 同), 岱(대)는 泰山. 이는 魯의 權臣 季氏가 태산에 제사한 일을 지칭한 것이다. 태산에 대한 제사는 천자만이 할 수 있다. ○僭畤(참치) - 小제후인 侯伯이 祭天하다. 이는 秦의 襄公이 西畤에 제사한 것. ○放誕之徒 - 方士.

[國譯]

역법의 근본은 初九의 一에서 시작하니 천지의 기운을 낳는 黃鐘을 처음으로 한다. 八音과 七始, 五聲과 六律을 헤아리고 측량하여 歷算을 계산한다. 담당 관서에서 잘못하고 그 학문이 미약하여 六家가 서로 차이가 나지만 이것 아니면 저것인데 그 幾微(기미)를 연찬하였다. 이에 〈律歷志〉 第一을 서술하였다.

上天과 下澤, 그리고 봄날의 雷聲과 땅의 울림, 이런 모습을 先王이 관찰하고 이에 맞춰 禮樂을 제정하였다. 그 이후 이런 예악이 붕괴되어 鄭과 衛의 음탕한 음악이 생겨 풍속으로 유행하고 백성들이 젖어서 음란에 빠지고 雜亂해졌다. 그 大綱을 파악하고 옛 문헌을 통합하였다. 이에 〈禮樂志〉 第二를 서술하였다.

우레와 벼락이 함께 치는 것은 天威를 나타내는 것인데 이로써

五刑을 제정하니 이를 모방하고, 본받았고 위엄이 서며, 덕을 보완하였고 형벌도 교화의 수단이었다. 세상이 어지러워지면서 근본을 알지 못하고 본말이 전도되니 吳子와 孫子의 거짓과 申不害와 商鞅 등은 잔혹하게 적용하였고, 漢에서는 九章의 법을 시행했고 문제 때는 이를 고쳐 경중의 차이를 두었으며 세상에 정해진 제도로 마련되었다. 이에 〈刑法志〉第三을 서술하였다.

生民 이후로 食貨는 제일 중요한 일이었다. 井田法制을 시행하며 土田을 정하고 10분의 1을 바치니 백성들은 부유했고 윗사람을 받들었다. 상업은 필요한 물건을 공급하며 有無를 바꾸는 일이었고, 화폐는 貝貨에서 시작하여 요즈음의 五銖錢(오수전)에 이르렀다. 고금의 대략을 정리하고 많고 부족한 이유를 고찰하였다. 이에 〈食貨志〉第四를 서술하였다.

옛날 上聖이 다스릴 때 百神을 섬겼다. 天神 및 五帝를 제사하고 연기를 피워 제사하며 멀리 산천에도 제사를 하여 明德을 밝히고 오래도록 풍년을 이어갔다. 혼란한 말세에 淫祀가 성하고 巫史를 혹신하며, 大夫가 태산에 제사하고 侯伯이 참람하게도 西時(서치)에서 하늘에 제사했는데 이러는 동안에 方士들이 많이 생겨났다. 전후대를 살펴 그 시작과 끝을 바로 잡았다. 이에 〈郊祀志〉第五를 서술했다.

炫炫上天, 縣象著明, 日月周輝, 星辰垂精. 百官立法, 宮室混成, 降應王政, 景以燭形. 三季之後, 厥事放紛, 擧其占應, 覽故考新. 述〈天文志〉第六.

〈河圖〉命庖,〈洛書〉賜禹, 八卦成列, 九疇逌敍. 世代寔寶, 光演文,武,《春秋》之占, 咎徵是擧. 告往知來, 王事之表. 述〈五行志〉第七.

〈坤〉作地勢, 高下九則, 自昔黃,唐, 經略萬國, 爕定東西, 疆理南北. 三代損益, 降及秦,漢, 革剗五等, 制立郡縣. 略表山川, 彰其剖判. 述〈地理志〉第八.

夏乘四載, 百川是導. 唯河爲艱, 災及後代. 商竭周移, 秦決南涯, 自茲距漢, 北亡八支. 文陻棗野, 武作〈瓠歌〉, 成有平年, 後遂滂沱. 爰及溝渠, 利我國家. 述〈溝洫志〉第九.

虙羲畫卦, 書契後作, 虞夏商周, 孔纂其業, 纂《書》刪《詩》, 綴《禮》正《樂》, 象系大《易》, 因史立法. 六學旣登, 遭世罔弘, 群言紛亂, 諸子相騰. 秦人是滅, 漢修其缺, 劉向司籍, 九流以別. 爰著目錄, 略序洪烈. 述〈藝文志〉第十.

| 註釋 | ○炫炫 - 빛나는 모양. ○縣象著明 - 日月星辰이 하늘에 붙어 있는 모양.《易 繫辭 上》. ○垂精 - 精光을 發하다. ○降應王政 - 일월성신의 운행은 인간 세상의 여러 현상과 직결된다고 믿었다. 이는 天人感應說의 기본이 된다. ○景 - 影. ○三季之後 - 三代之末. ○放紛 - 放失하여 紛亂에 빠지다. ○占應 - 占驗하다. ○〈河圖〉 - 전설시대에 伏羲氏(복희씨)가 다스릴 때. 黃河에서 龍馬가 나왔는데 그 용마의 등에 神圖가 있었다.(河圖). 복희씨는 이를 근거로 八卦〔乾(☰), 兌(☱), 離(☲), 震(☳), 巽(☴), 坎(☵), 艮(☶), 坤(☷)〕를 만들었다. ○庖 - 庖羲氏(포희씨), 伏羲氏. ○〈洛

書〉-夏의 禹王이 治水할 때, 洛水에서 神龜가 나왔는데 등에 9개의 무늬가 있어 이를 바탕으로 洪範九疇(홍범구주)를 지어 천하를 다스렸다. '河出圖 洛出書 聖人則之'《易 繫辭 上》. ○九疇-하늘이 洛書를 통해 禹王에게 말한 大法 九類.《書經 洪範》. ○世代寔寶-이후 世代(三代)에서는 이를 보배로 여겼고, ○文,武-문왕과 무왕 ○《春秋》之占-《春秋》에 기록된 여러 가지 徵驗(징험). ○咎徵(구징)-災禍(재화)의 징조. ○五行-金, 木, 水, 火, 土 氣運의 運行. 천지만물의 성능과 작용을 5가지로 분류하고 그 상호 관계를 파악하려는 이론. ○〈坤〉-《易》의 坤卦. 天(乾, ☰)에 상대적인 地(坤, ☷). ○高下九則-禹는 중국을 지형(또는 비옥, 척박의 정도를 따져) 9등급으로 나누었다. ○黃,唐-黃帝와 唐堯(요임금). ○燮定(섭정)-燮定, 協助. 疆理는 경계를 정해 다스리다. ○革剗(혁잔)-없애거나 강등시키다. 五等-公侯伯子男의 五爵. ○剖判(부판)-분별하다. 개벽하다. ○夏-大禹가 舜의 선양을 받아 세운 나라. 중국 최초의 세습왕조. 중국(華夏). ○四載(사재)-지형에 따른 4가지 교통수단. 大禹가 治水하면서 물에서는 배(舟), 땅에서는 수레(車), 진흙 밭을 지날 때는 썰매(輴, 썰매 순), 산길을 다닐 때는 나막신(樏, 류)을 이용했다. ○河-黃河. 이는 고유명사이다. ○艱-어려울 간. 재난. ○商竭周移-商(殷)은 河水가 말라 나라가 망했고 周代에는 河水의 흐름이 바뀌었다. ○秦決南涯-秦王 政 22년, 王賁(왕분)은 魏를 공격하면서 황하 남쪽의 둑을 터서 수도 大梁에 水攻을 가했다. ○自茲距漢-이로부터 漢에 이르기까지, 岠는 距. ○北亡八支-북쪽에서는 8개의 (人工) 수로가 막혀 없어지다. ○文陻棗野(문인조야)-文帝 때에는 황하 棗野(조야)의 터진 곳을 막았고. ○陻-막을 인. ○武作〈瓠歌〉-武帝 때는 瓠子口(호자구, 표주박 호)의 제방이 무너져 武帝가 친히 감독하며 대신들까지 흙을 나르며 공사를 했다. ○成有平年-成帝 때 황하의 치수가 완공되자 '河平' 이라 건원했다. ○滂沱(방타)-비가 세차게 오는 모양. ○溝渠(구거)-물도랑. 하수구. 물길. 洫 물도랑 혁. ○虙羲(복희)-伏羲氏. 위엄스러

울 복.　○書契(서계) − 文字. 중국의 문자는 黃帝史官인 倉頡(창힐) 先師가
새 발자국을 보고 만들었다고 전한다. 창힐은 '双瞳四目'이었다는 전설 속
의 인물.　○刪《詩》(산시) − 공자 이전부터 古詩 약 3,000편이 전해왔는데 孔
子가 禮義에 맞는 시 300篇을 《詩經》으로 정리했다는 말이 《史記》에 기록되
어 있다. 이에 대한 의문을 제기하는 학자들이 많지만 儒家에서는 이를 사실
로 받아들이고 있다. 刪 깎을 산.　○彖系大《易》(단계대역) −《周易》에 대한
공자의 해설에 해당하는 부분을 〈十翼(십익)〉이라 하는데, 그 〈十翼〉에 彖
(단) 上, 下傳이 있다.　○因史立法 − 공자는 《春秋》를 지어 後王들의 法이 되
게 하였다.　○六學旣登 −《詩》,《書》,《禮》,《樂》,《易》,《春秋》. 登은 成也.
○罔弘(망홍) − 不能弘揚.　○相騰 − 서로 치닫다. 騰은 馳也.　○秦人是滅 −
秦의 焚書를 말함.　○劉向(유향, 前 77−前 6), 經學家 劉歆(유흠)의 父.　○九
流 − 儒家, 道, 陰陽, 法, 名, 墨, 縱橫, 雜, 農家.　○洪烈 − 大業.

〔 國譯 〕

　밝고도 밝은 上天에 일월성신이 드리웠는데 日月은 온 주위를 밝
히고 星辰은 빛을 내고 있다. 百官과 立法과 宮室이 함께 뒤섞여 그
조짐이 王政에 대응하니 마치 촛불에 생기는 그림자와 같다. 三代의
말세에 천문에 관한 일이 없어지거나 흩어졌는데 그 징험을 모아 옛
일을 돌아보고 새 일을 생각해 보았다. 이에 〈天文志〉 第六을 서술
했다.

　〈河圖〉를 통해 복희씨에게 命했고, 〈洛書〉는 禹王에게 주니 八
卦과 만들어지고 九疇가 이루어졌다. 三代에서는 이를 보배로 삼았
고 文王과 武王은 이를 크게 적용하였으며 《春秋》의 징험이나 災禍
의 조짐을 열거하였다. 지난 일을 알려주고 앞일을 알 수 있으며 王
事의 意表가 된다. 이에 〈五行志〉 第七을 서술하였다.

〈坤〉괘는 地勢를 상징하고 (중국 땅의) 高下를 9등급으로 나누는 데, 옛 黃帝나 堯가 萬國을 다스리면서 東西가 서로 돕게 하고 南北의 경계를 지었다. 三代를 지나면서 줄거나 늘면서 秦과 漢에 이르러 五等의 제후국을 없애거나 합쳤고 郡縣을 설치하였다. 山川을 대략을 설명하며 그 차이를 드러내었다. 이에 〈地理志〉第八을 서술하였다.

禹는 四載를 이용하며 모든 하천의 물길을 텄다. 그래도 황하는 재난을 불러왔고 그 재앙은 후대에도 있었다. 商에서는 河水가 말랐고, 周에서는 물길이 바뀌었으며, 秦에서는 남쪽 제방을 터트렸으며 漢代에 이르는 동안 황하에 8개 물길이 메워졌다. 文帝 때에는 棗野(조야)의 터진 곳을 막았고, 武帝는 〈瓠歌(호가)〉를 지었으며 成帝 때는 '河平'이라는 연호를 썼지만 그 뒤에도 수시로 큰비가 왔다. 그래서 물길을 내어 우리나라를 이롭게 했다. 이에 〈溝洫志(구혁지)〉第九를 서술하였다.

虙義(복희)씨가 八卦를 그렸고 文字는 그 뒤에 만들었는데, 舜과 夏, 商, 周에 이르러 孔子가 그 이룬 바를 편찬하였으니 《書經》을 편찬하고, 《詩經》을 다듬었으며, 《禮記》를 엮고, 《樂經》을 바로 잡았으며, 象辭를 지어 《易經》을 보충하고, 《春秋》를 지어 법으로 확립하였다. 이 六學이 완성되었지만 혼란한 시대에 크게 일어나지 못했고 여러 주장이 紛亂하고 諸子들이 서로 다투었다. 秦人이 없앤 것을 漢에서는 그 빠진 것을 보완하였는데 劉向(유향)이 典籍을 맡아 九流로 大別하였다. 여기에 그 목록을 실었고 大業을 악술하였다. 이에 〈藝文志〉第十을 서술하였다.

上嫚下暴, 惟盜是伐, 勝,廣熛起, 梁,籍扇烈. 赫赫炎炎, 遂焚咸陽, 宰割諸夏, 命立侯王, 誅嬰放懷, 詐虐以亡. 述〈陳勝項籍傳〉第一.

張,陳之交, 㳺如父子, 携手遁秦, 拊翼俱起. 據國爭權, 還爲豺虎, 耳諫甘公, 作漢藩輔. 述〈張耳陳餘傳〉第二.

三蘖之起, 本根旣朽, 枯楊生華, 曷惟其舊! 橫雖雄材, 伏於海鴡, 沐浴尸鄉, 北面奉首, 旅人慕殉, 義過〈黃鳥〉. 述〈魏豹田儋韓信傳〉第三.

信惟餓隸, 布實黥徒, 越亦狗盜, 芮尹江湖. 雲起龍襄, 化爲侯王, 割有齊,楚, 跨制淮,梁. 縮自同閈, 鎭我北疆, 德薄位尊, 非胙惟殃. 吳克忠信, 胤嗣乃長. 述〈韓彭英盧吳傳〉第四.

賈壄從旅, 爲鎭淮,楚. 澤王琅邪, 權激諸呂. 濞之受吳, 疆土逾矩, 雖戒東南, 終用齊斧. 述〈荊燕吳傳〉第五.

| 註釋 | ○上嫚下暴 – 위에서는 輕慢하고 아랫사람이 포악하다면. 嫚은 업신여길 만. ○勝,廣 – 陳勝과 吳廣. ○熛 – 불똥 표. ○梁,籍 – 項梁, 項籍(項羽). ○扇烈 – 불에 부채질하다. ○赫赫炎炎 – 성대하고 기세가 사납다. ○誅嬰放懷 – 嬰은 秦王. 懷는 楚 懷王. ○張,陳 – 張耳와 陳餘. ○㳺(깃발유) – 游 同. ○携手遁秦(휴수둔진) – 손을 잡고 秦에서 도망치다. ○拊翼(부익) – (닭기 울기 전에) 날개를 치다. ○豺虎(시호) – 승냥이와 호랑이. 서로 잡아먹다. ○耳諫甘公 – 甘公은 甘德, 점쟁이. 諫은 謀이어야 한다. ○三蘖

(삼얼) - 여기서는 秦에게 멸망한 魏, 齊, 韓의 후손들. 蘖(그루터기 얼)은 베어진 나무 그루터기에서 돋아나는 싹. ㅇ曷惟其舊 - 어찌 오래 가겠는가? 舊는 久. ㅇ橫 - 田橫(전횡). ㅇ海隅(해도) - 海島(田橫島). ㅇ尸鄉(시향) - 地名. 齊王 田橫은 漢王 5년(전 202), 한왕을 만나러 가다가 洛陽 근교에서 자결하였다. ㅇ旅人慕殉 - 지나는 사람이 따라 죽으려 하다. 전횡의 죽음을 전해 들은 사람들 500명이 섬에서 모두 자결했다. ㅇ義過〈黃鳥〉 - 〈黃鳥〉의 詩보다도 지나치다. 〈黃鳥〉는 秦의 穆公이 순장 강요를 풍자하는 내용. ㅇ信 - 韓信. ㅇ餓隸(아예) - 굶주린 하층민. 漂母한테 몇 끼 식사를 얻어먹어야 했다. 隸는 隷와 同. 종, 죄인. ㅇ黥徒 - 묵형을 받은 죄수. ㅇ越 - 彭越(팽월). ㅇ狗盜 - 좀 도둑. ㅇ芮尹 - 吳芮(오예), 番陽의 현령. ㅇ江湖 - 長江과 파양호. ㅇ淮,梁 - 英布는 회남왕. 彭越은 梁王이 되었다. ㅇ綰 - 盧綰은 유방과 同鄉이었다. ㅇ閈 - 이문(里門) 한. ㅇ非祚 - 福祚가 없다. 복을 받을 만한 사람이 아니다. ㅇ胤嗣(윤사) - 後嗣, 後孫. ㅇ賈 - 劉賈(유가 ?-前 196). 유방의 친척. 韓信이 회음후로 강등되자 楚를 갈라 유가를 荊王으로 삼았다. 나중에 영포의 반란에 저항하다가 피살되었다. ㅇ厪 - 겨우 근. 勤과 同. ㅇ從旅 - 從軍. ㅇ澤 - 燕王 劉澤. ㅇ琅邪(낭야) - 今 山東半島 동남부의 지역 명칭. ㅇ權激諸呂 - 임의로 呂氏 편을 들어주다. ㅇ濞 - 劉濞(유비, 前 216-154), 고조의 작은형의 큰아들이니 高祖의 조카. 고조로부터 '반기를 들지 말라는 훈계를 받았었다. ㅇ疆土逾矩 - 그 강역이 법규보다 넓었다. ㅇ齊斧(제부) - 利斧. 군왕 권위의 상징.

〖 國譯 〗

　윗사람이 건방지고 아랫사람이 포악하다면 도적은 뺏으려 한다. 陳勝과 吳廣은 갑작스레 봉기했고 項梁과 項籍(項羽)은 불에 부채질을 했다. 강대하고 기세 좋게 세력을 펴 결국 咸陽을 불사르고 전 중국을 쪼개어 侯王을 세웠으며, 秦王 嬰을 죽이고 楚 懷王을 내쫓

왔으나 거짓과 포학 때문에 망했다. 이에 〈陳勝項籍傳〉第一을 서
술했다.

張耳와 陳餘의 교제는 父子처럼 손을 잡고 秦에서 도망했다가 닭
이 날개를 치고 울 듯 함께 봉기했다. 나라를 차지하고 권력을 다투
다가 서로 경쟁하였는데 張耳는 점쟁이 甘德의 말대로 漢의 제후가
되었다. 이에 〈張耳陳餘傳〉第二를 서술하였다.

魏, 齊, 韓의 후손들이 일어났지만 그 근본이 이미 썩었으니 마른
나무에 꽃이 핀들 어찌 오래 가겠는가? 田橫(전횡)이 비록 雄材라지
만 海島에 몰렸다가 尸鄕에서 목욕재계하고 북쪽을 향해 자결하였
고 그 무리가 따라 죽었으니 그 의리는 〈黃鳥〉詩보다 더했다. 이에
〈魏豹田儋韓信傳〉第三을 서술했다.

韓信은 근근히 굶주린 하층민이었고, 英布는 실제로 黥(경)을 친
죄수였으며, 彭越(팽월) 또한 조무래기 도적이었으며, 吳芮(오예)는
長江 유역의 지방관이었다. 이들이 구름이나 용처럼 일어나 侯王이
되어 齊와 楚를 나눠 갖거나 淮南이나 大梁을 차지했었다. 盧綰(노
관)은 高祖와 동향 사람으로 漢의 북쪽 땅에 주둔했으나 덕행은 없
었고 자리만 높았기에 높은 자리가 福이라기보다는 재앙이었다. 吳
芮(오예)는 忠信을 지켰기에 그 후손이 오래갈 수 있었다. 이에 〈韓
彭英盧吳傳〉第四를 서술하였다.

劉賈는 충실히 종군하며 淮와 楚에 주둔했었다. 劉澤은 琅邪(낭
야)의 왕으로 임의로 呂氏편이 되었다. 劉濞는 吳王이 되었는데 그
영역이 법규보다 넓었고 동남쪽에서 반역하지 말라는 高祖의 훈계
를 들었지만 끝내 죽어야만 했었다. 이에 〈荊燕吳傳〉第五를 서술
하였다.

原文

太上四子, 伯兮早夭, 仲氏王代, 游宅於楚. 戊實淫缺, 平
陸乃紹. 其在於京, 奕世宗正, 劬勞王室, 用侯陽成. 子政博
學, 三世成名, 述〈楚元王傳〉第六.

季氏之詘, 辱身毁節, 信於上將, 議臣震栗. 欒公哭梁, 田
叔殉趙, 見危授命, 誼動明主, 布歷燕,齊, 叔亦相魯, 民思其
政, 或金或社. 述〈季布欒布田叔傳〉第七.

高祖八子, 二帝六王. 三趙不辜, 淮厲自亡, 燕靈絶嗣, 齊
悼特昌. 掩有東土, 自岱徂海, 支庶分王, 前後九子. 六國誅
斃, 適齊亡祀. 城陽,濟北, 後承我國. 赳赳景王, 匡漢社稷.
述〈高五王傳〉第八.

猗與元勳, 包漢舉信, 鎭守關中, 足食成軍, 營都立宮, 定
制修文. 平陽玄默, 繼而弗革, 民用作歌, 化我淳德, 漢之宗
臣, 是謂相國. 述〈蕭何曹參傳〉第九.

留侯襲秦, 作漢腹心, 圖折武關, 解厄鴻門. 推齊銷印, 驅
至越,信, 招賓四老, 惟寧嗣君. 陳公擾攘, 歸漢乃安, 斃范亡
項, 走狄擒韓, 六奇旣設, 我罔艱難. 安國廷爭, 致仕杜門.
絳侯矯矯, 誅呂尊文. 亞夫守節, 吳,楚有勳. 述〈張陳王周
傳〉第十.

| 註釋 | ○太上 – 太上皇. ○仲 – 劉仲(고조의 작은형). ○游宅(유택) –
高祖의 동생인 劉交의 字. 游는 游와 同. ○戊 – 劉戊(유무), 초왕, 楚元王(劉

交)의 孫子. ㅇ淫缺(음결) － 博太后의 服喪 기간에 음행을 했다 하여 領地를 삭감 당한다. 나중에 7국의 난에 가담했으나 兵敗 후 자살. ㅇ平陸乃紹 － 景帝는 平陸侯가 그 뒤를 잇게 하였다. ㅇ奕世 － 累世. ㅇ宗正 － 官名. 九卿의 하나. 皇族 업무 담당. ㅇ劬勞(구로) － 勤勞. ㅇ子政 － 劉向의 字. ㅇ季氏 － 季布. 항우와 동향인, 楚將으로 劉邦을 여러 번 궁지로 몰았었다. ㅇ詘 － 굽히다. 屈也. 高祖가 천하를 차지한 뒤 현상 수배하자 계포는 노비가 되어 신분을 감췄다. 노비가 된 계포를 알아본 주인이 夏侯嬰(하후영)에게 말했고, 하후영은 고조에게 건의하여 계포는 용서받고 등용되었다. ㅇ信於上將 － 上將은 번쾌. 信은 申. 항의하다. ㅇ議臣震栗 － 惠帝 때 흉노 정벌을 논의할 때 樊噲(번쾌)는 10만 명이면 된다고 큰 소리를 쳤으나 계포는 번쾌를 신랄하게 공격했고 중신들은 두려워했다. ㅇ欒公(난공) － 欒布(난포). 난포는 자기를 알아주고 등용한 팽월의 죽음을 슬퍼하였다. 난포는 나중에 7國의 亂에 가담한 齊를 토벌했다. ㅇ梁 － 梁王 彭越(팽월). ㅇ田叔 － 趙王 張敖(장오)의 신하. ㅇ誼動明主 － 고조는 田叔의 충성심에 감동을 받아 전숙을 등용하였다. ㅇ布歷燕,齊 － 난포는 燕과 齊의 재상을 역임했다. ㅇ或金或社 － 魯人들은 田叔의 선정을 기억하여 그가 죽자 서로 돈을 내어 장사를 지냈다. 欒布(난포)가 죽은 뒤 燕과 齊에서는 난포를 모셨다(欒公社). ㅇ二帝 － 惠帝와 文帝. ㅇ三趙 － 趙王 如意(戚夫人 소생) 등 3명의 趙王. ㅇ不辜(불고) － 죄도 없이 呂后에 의해 죽었다. ㅇ齊悼 － 齊 悼惠王 劉肥. ㅇ掩 － 가릴 엄. 擁有(옹유)하다. ㅇ自岱徂海 － 泰山에서부터 東海까지. 徂 갈 조. ㅇ六國 － 悼惠王의 侯國. ㅇ誅斃(주폐) － 주살당하거나 죽다. 7國의 亂과 관련되었다. ㅇ適齊 － 適은 嫡子. ㅇ赳赳(규규) － 지혜롭고 용감한 모양. ㅇ景王 － 劉章. 齊 悼惠王 劉肥의 子, 漢 高祖 劉邦이 孫子. ㅇ匡漢社稷 － 呂氏. 일족 제거에 큰 공을 세웠다. ㅇ猗與(의여) － 찬미하는 말. 아름다울 의. ㅇ元勳 － 일등공신. 蕭何. ㅇ包漢擧信 － 漢中을 취하고 韓信을 천거하다. ㅇ平陽 － 平陽侯 曹參(조참). ㅇ玄默 － 守靜無爲. ㅇ繼而弗革 － 蕭何의 정책을 계승하고 바꾸지 않다. 蕭規曹隨(소규조수). ○留侯 – 張良(?–前 185). 留는 今 江蘇省 徐州市 沛縣 東南. ○襲秦 – 博浪沙에서 진시황을 죽이려 했었다. ○圖折武 關 – 武關에 疑兵을 두고 秦을 격파하다. ○解厄鴻門 – 鴻門의 위기를 타개 하다. ○推齊銷印 – 齊를 차지한 韓信에게 齊王의 새인을 만들어 주다. ○驅 至越,信 – 팽월과 한신을 해하의 전투에 동참시키다. ○招賓四老 – 商山 四 皓(사호)를 초치하게 하다. ○斃范亡項 – 범증을 죽게 하고 항우를 멸망시 켰다. 斃 넘어질 폐. 죽다. ○走狄擒韓 – 高祖가 흉노를 치다가 平城에서 포 위되었을 때 위기를 타개하여 탈출하게 하였고 呂后가 韓信을 생포하게 하 다. ○六奇旣設 – 진평의 6번 奇計. ○安國廷爭 – 安國侯 王陵은 여씨를 제 후로 봉하는 문제를 놓고 呂后와 논쟁을 하였다. ○致仕杜門 – 재상 자리를 내놓고 두문불출하다. ○絳侯矯矯 – 絳侯 周勃(주발). 矯矯(교교)는 뜻이 초 연한 모양. 강한 의지를 내보이다. ○誅呂尊文 – 呂氏 일파를 죽이고 文帝 를 받들다.

〔國譯〕

太上(高祖의 부친)은 四子를 두었는데 伯(장남)은 일찍 죽었고, 仲 氏(차남)은 代의 왕이었으며, 막내 游宅(유택)은 楚의 元王이었다. 劉 戊는 淫行이 있어 平陸侯가 뒤를 이었다. 그는 長安에 살면서 여러 대에 걸쳐 宗正으로 王室을 위해 복무하였기에 이로 인해 陽成侯가 되었다. 子政(劉向)은 博學하여 三世에 걸쳐 명성이 있었기에〈楚 元王傳〉第六을 서술하였다.

季布(계포)는 자신을 숨겨 노비가 되었다가 용서 받았고 번쾌에게 따지자 議臣들이 두려워했다. 欒公(난공, 欒布)은 梁王 처형을 통곡 했고 田叔은 趙王을 따르면서 見危授命하니 그 情誼는 明主를 감동 케 했다. 난포는 燕과 齊에서, 전숙은 魯의 재상이었는데 백성들은 그의 정치를 생각하며 장례에 돈을 내거나 사당을 세웠다. 이에 〈季布欒布田叔傳〉第七을 서술했다.

高祖의 아들 여덟은 二帝와 六王이었다. 趙王이 된 3명은 무고하게 죽었고 淮南의 厲王은 자살했으며, 燕의 靈王은 후손이 끊겼으나 齊 悼惠王만 특별히 번창하였다. 동쪽의 태산에서부터 동해에 이르는 땅을 차지하고 여러 아들을 分王하여 前後에 九子가 있었다. 그 중 六國이 죽어서 齊 嫡子의 후사가 없어졌다. 成陽王과 濟北王이 漢에서 제사를 이었다. 뛰어난 무예의 景王은 漢의 社稷을 지켰다. 이에 〈高五王傳〉第八을 서술하였다.

아름다워라! 큰 공훈이여! 蕭何(소하)는 漢中을 근거지로 삼고 韓信을 천거했으며, 군량과 병사를 공급하고 도성과 궁궐을 지었으며 제도와 법규를 마련했도다. 曹參(조참)은 無爲에 침묵하며 소하의 정책을 따르고 바꾸지 않았으니 백성들은 이를 노래했고 순박한 덕으로 교화하니 漢의 중신이며 相國이었다. 이에 〈蕭何曹參傳〉第九를 서술했다.

留侯(유후, 張良)는 진시황을 습격했고 漢의 심복이 되어 武關에서 秦을 격파하고 關中에 들어갔고 鴻門의 위기를 타개했다. 韓信을 제왕으로 추천하여 봉인을 주고 팽월과 한신이 항우를 공격하게 하였고 商山 四皓를 초치하여 후사(惠帝)를 지켜 주었다. 陳平(진평)은 떠돌다가 漢에 귀부하여 안정된 뒤 범증을 죽게 하고 항우를 멸망시켰으며, 흉노를 도망치게 했고 韓信을 잡게 하는 등 6가지 奇計를 내어 漢의 어려움을 이겨내었다. 안국후 王陵은 呂后와 논쟁하고 재상에서 물러나 두문불출했다. 決然한 의지의 絳侯(강후) 周勃(주발)은 呂氏를 제거하고 文帝를 높였다. 周亞夫는 守節하며 吳와 楚 7國

의 난을 평정하였다. 이에 〈張陳王周傳〉 第十을 서술하였다.

  舞陽鼓刀, 滕公廐, 潁陰商販, 曲周庸夫, 攀龍附鳳, 幷乘
天衢. 述〈樊酈滕灌傳靳周傳〉第十一.

  北平志古, 司秦柱下, 定漢章程, 律度之緖. 建平質直, 犯
上干色. 廣阿之厪, 食厥舊德. 故安執節, 責通請錯, 蹇蹇帝
臣, 匪躬之故. 述〈張周趙任申屠傳〉第十二.

| 註釋 | ○舞陽 – 舞陽侯 樊噲(번쾌). ○鼓刀(고도) – 칼을 휘두르다. 번
쾌는 개를 잡아 파는 사람이었다. ○滕公(등공) – 夏候嬰(하후영). ○廐騶
(구추) – 말을 먹이는 사람. 高祖의 마부로 수레를 몰았다. ○潁陰 – 潁陰侯
(영음후) 灌嬰(관영). 관영은 睢陽(수양)에서 비단을 팔았다. ○曲周 – 曲周
侯 酈商(역상). 庸夫는 품팔이 하는 사람. ○攀龍附鳳(반룡부봉) – 명철한 군
주를 따라 공을 세워 출세하다. 攀 붙잡아 오를 반. ○天衢(천구) – 경도의
큰 길. 幷乘天衢는 제후가 되다. ○北平 – 北平侯 張蒼. ○志古 – 옛일을 많
이 기억하다. 志는 記. ○秦柱下 – 秦 柱下史(侍立御使). ○章程 – 각종 제
도. 음률, 역법, 도량형에 관한 여러 제도를 마련했다. ○律度之緖 – 音律에
관한 제도. ○建平 – '建成'의 착오. 建成侯 周昌. ○犯上干色 – 直言으로
犯色하다. ○廣阿 – 廣阿侯 任敖(임오). 厪은 勤. ○食厥舊德 – 舊日의 봉록
을 먹다. ○故安 – 故安侯 申屠嘉(신도가). ○責通請錯 – 등통을 문책하고
조착을 죽여야 한다고 주청하다. ○蹇蹇(건건) – 직간하는 모양. ○匪躬之
故 – 자기 일신을 위한 것이 아니다.

舞陽侯 번쾌는 칼을 휘두르던 백정이었고, 등공 하후영은 마부였으며, 潁陰侯(영음후) 관영은 상인이었고, 曲周侯 酈商(역상)은 품팔이꾼이었지만 명철한 군주를 따라 공을 세우고 제후의 자리에 올랐다. 이에 〈樊酈滕灌傅靳周傳〉第十一을 서술하였다.

北平侯 張蒼(장창)은 옛일을 많이 알고 秦의 柱下史를 역임했었는데 漢의 여러 제도와 음률에 관한 제도를 마련했다. 建成侯 周昌(주창)은 직언으로 주상의 심기를 거슬렀다. 廣阿侯 任敖(임오)는 부지런하여 옛날의 봉록을 받았다. 故安侯 申屠嘉(신도가)는 鄧通(등통)을 신랄하게 문책하고 晁錯(조착)을 죽여야 한다고 직언하였는데 깐깐한 신하로서 일신만을 위하지는 않았다. 이에 〈張周趙任申屠傳〉第十二를 서술하였다.

食其監門, 長揖漢王, 畫襲陳留, 進收敖倉, 寒隘杜津, 王基以張. 賈作行人, 百越來賓, 從容風議, 博我以文. 敬糵役夫, 遷京定都, 內强關中, 外和匈奴. 叔孫奉常, 與時抑揚, 稅介免胄, 禮義是創. 或朮或謀, 觀國之光, 述〈酈陸朱婁叔孫傳〉第十三.

淮南僭狂, 二子受殃. 安辯而邪, 賜頑以荒, 敢行稱亂, 窘世荐亡. 述〈淮南衡山濟北傳〉第十四.

蒯通一說, 三雄是敗, 覆酈驕韓, 田橫顚沛. 被之拘係, 乃成患害. 充,躬罔極, 交亂弘大. 述〈蒯伍江息夫傳〉第十五.

|註釋| ○食其監門 - 酈食其(역이기, 前 268-204). 監門은 마을 입구를 지키는 小吏. 賤役. 별명은 高陽酒徒, 漢王의 謀臣. 食易(yìjī, 이기)는 배불리 먹는다는 뜻. ○長揖漢王 - 한왕을 처음 만날 때 揖(읍)으로 인사하고 不拜했다. ○畫襲陳留 - 군량이 많이 비축된 陳留는 교통요지. ○進收敖倉(오창) - 今 河南省 鄭州市 관할의 滎陽市 동북. ○寒隘杜津 - 杜는 막다. 津은 白馬津. 今 河南省 滑縣(활현)의 황하 나루터. ○賈作行人 - 陸賈(육가, 前 240-170) - 《新語》를 저술하여 漢代 儒學의 기초 마련하여 賈誼(가의)와 董仲舒(동중서)에 영향을 끼쳤다. 行人은 관직명. 大鴻臚(대홍려)의 속관. 육가는 越王인 尉佗(위타)에게 유세. ○百越來賓 - 百越은 모든 越人(월인). 越은 長江 이남에 대한 지역 명칭이면서 그 땅의 사람을 지칭. ○從容風議 - 從容은 조용하게. 風議는 비유하여 깨우치다. 육가는 《新語》를 저술하여 고조에게 치국의 기본을 일러주었다. ○博我以文 - 《論語 子罕(자한)》에 나오는 顔回의 말. 육가가 고조를 깨우쳐 崇文사상을 갖게 했다. ○敬繇役夫 - 婁敬(누경, 생졸년 미상)은 변경에 잡역을 하러 가던 사람이었다. 婁 별 이름 누(루). ○遷京定都 - 長安에 정도할 것을 건의하였다. ○叔孫奉常 - 叔孫通(숙손통)의 생졸년 미상. 秦始皇에서 漢 文帝까지 섬겼다. 叔孫은 복성. 奉常은 종묘 제례와 국가교육, 博士의 선발과 관리를 담당. 9卿의 하나. ○與時抑揚 - 국가의례를 고금의 시류에 맞게 제정하다. ○稅介免胄 - 稅는 벗을 탈. 舍의 뜻. 介는 갑옷. 胄는 투구. ○或烝或謀 - 《詩經 小雅 小旻》의 구절. 지혜롭고 꾀도 있다. 烝은 哲. ○淮南僭狂 - 劉長(前 198-174). 고조의 막내아들. 二子는 회남왕 劉安과 衡山王 劉賜(유사). ○安辨而邪 - 劉安(前 179-122)은 劉長의 아들이니 고조의 孫子이다. 門客과 함께 《淮南子》(原名은 鴻烈) 저술하였다. 武帝 때 모반을 계획한다고 고발당해 아들과 함께 자살하였다. ○賜頑以荒 - 劉賜(유사. ?-前 122), 고조의 손자. 劉長의 아들. 文帝 때

廬江王. 景帝 때(전 153년)에 형산왕으로 옮겼다가 武帝 때 반역을 꾀하다가 자살했다. ○窘世荐亡 – 窘은 막힐 군. 荐은 거듭할 천. ○蒯通一說 – 蒯通 (괴통)은 人名. 本名 徹. 辯才無雙, 韓信의 謀士. 蒯 풀이름 괴, 성씨 괴. ○三 雄是敗 – 三雄은 酈食其, 韓信, 田橫(전횡). ○田橫顚沛 – 田橫(전횡, ?-前 202)은 田齊의 宗室. 秦漢 교체기에 齊國의 宰相을 역임하고 齊王으로 自立 하였으나 패전하고 海島(今 田橫島)로 숨었다. 漢高祖 劉邦의 압박에 田橫이 不屈하고 자살하니 그의 門客 500여 명이 모두 主君을 위해 자결했다. ○被 之拘係 – 伍被(오피, ?-前 122). 伍子胥(오자서)의 후손. 회남왕의 빈객으로 초빙. 회남국의 中郞으로 劉安의 반역을 도왔다. ○充,躬罔極 – 江充(강충, ? -前 91)은 武帝 때 '巫蠱之禍(무고지화)'를 일으킨 장본인. 나중에 무제에 의 해 삼족이 멸족. ○交亂弘大 – 악행을 저지른 것이 많고도 크다. ○息夫躬 (식부궁, ?-前 1) – 애제 때 부귀만을 추구하여 東平王 劉雲의 모반을 얽어매 어 고발. 결국에는 옥사.

[國譯]

酈食其(역이기)는 마을 문을 지키는 하급 관리였는데 漢王을 처음 만날 때 長揖(장읍)으로 인사하였고 陳留(진류) 공격을 건의하였으 며, 敖倉(오창)을 차지하고 白馬津(백마진)을 방어하게 하여 한왕의 기반을 확충하였다. 陸賈(육가)는 사신으로 나가서 越人을 복속하게 했으며 조용히 高祖를 깨우쳐 문치의 뜻을 일러 주었다. 婁敬(누경) 은 요역을 하는 인부였으나 장안에 정도할 것을 건의하여 안으로는 關中을 강화했으며 밖으로 흉노와 화친하게 했다. 叔孫通(숙손통)은 奉常(太常)으로 시류에 맞게 처신하며 갑옷과 투구를 벗게 하고 국 가의례를 처음으로 거행하였다. 어떤 자는 지혜로, 어떤 사람은 책 모로 나라의 영광을 높였기에 〈酈陸朱婁叔孫傳〉 第十三을 서술하였다.

淮南王(劉長)은 분수를 몰랐기에 두 아들이 죄를 짓고 자살했다. 劉安은 똑똑했으나 정도를 걷지 않았고, 劉賜는 고집 세고 거칠어 멋대로 행동하며 반란을 꾀하여 世運이 막혔고 대를 이어 망했기에 〈淮南衡山濟北傳〉 第十四를 서술하였다.

蒯通(괴통)의 유세 한 번에 韓信 등 3영웅이 패망하였으니, 酈食其(역이기)가 처형당했고 한신이 교만해졌으며 田橫(전횡)이 나라를 잃었다. 伍被(오피)는 갇혔다가 죄를 짓고 죽었다. 江充(강충)과 息夫躬(식부궁)은 큰 거짓으로 나라를 어지럽힌 죄가 많았다. 이에 〈蒯伍江息夫傳〉 第十五를 서술하였다.

原文

萬石溫溫, 幼寤聖君, 宜爾子孫, 夭夭伸伸, 慶社於齊, 不言動民. 衛,直,周,張, 淑愼其身. 述〈萬石衛直周張傳〉第十六.

孝文三王, 代孝二梁, 懷折亡嗣, 孝乃尊光. 內爲母弟, 外扞吳,楚, 怙寵矜功, 僭欲失所, 思心旣霧, 牛齘告妖. 帝庸親親, 厥國五分, 德不堪寵, 四支不傳. 述〈文三王傳〉第十七.

| 註釋 | ○萬石溫溫 – 萬石君 石奮(석분, ?-前 124). 만석군은 별호. 석분과 그 아들 4명이 모두 2천석 고관이라서 景帝가 만석군이라 불렀다. 溫溫은 공손 근면한 모양. ○幼寤聖君 – 寤는 만나다. 聖君은 高祖. 석분이 고조를 처음 섬길 때 나이 15세였다. ○宜爾子孫 – 자손이 많다. ○夭夭伸伸(요요

신신) – 온화, 화평한 모습. 子之燕居, 申申如也, 夭夭如也.《論語 述而》. ○慶
社於齊 – 석분의 아들 石慶(석경)은 齊國 王相이었는데 백성이 그 인품을 흠
모하여 生祠(생사)를 지어 받들었다. ○衛,直,周,張 – 衛綰, 直不疑, 周仁, 張
歐(장구). ○淑愼其身 – 행실이 착하고 신중하다. ○孝文三王 – 文帝의 아
들인 3인의 왕. 竇皇后(두황후)는 孝景帝와 梁 孝王 武를 낳았고, 諸姬가 代
國의 孝王(劉參)과 梁 懷王 劉揖(유읍)을 출산했다. ○懷折亡嗣 – 회왕은 말
을 타다가 떨어져서 일찍 죽었다. ○孝乃尊光 – 양 효왕 劉武. 혼자서 두태
후의 총애를 받았다. ○內爲母弟 – 梁 孝王은 景帝의 同母弟이었다. ○外扞
吳,楚 – 밖으로는 吳楚 七國의 난을 막았다. 扞은 막을 한. ○怙寵矜功 – 총
애에 의지하고 공을 자랑하다. ○思心旣霿 – 생각이 우매하다. 霿은 안개 자
욱할 몽. 우매하다. ○牛旣告妖 – 효왕이 북쪽 梁山에서 사냥을 하였는데
어떤 사람이 다리가 등위에 솟은 소를 바쳤고 효왕은 곧 죽었다. ○帝庸親
親 – 효왕의 죽음을 두태후가 너무 서러워하자 경제는 모친을 마음을 위로
해야 했다. ○厥國五分 – 梁을 효왕의 5명 아들에서 소국으로 분봉하였다.
○德不堪寵 – 효왕의 덕행이 총애를 감당할 정도가 못되었다는 뜻. ○四支
不傳 – 4명의 支孫도 나라를 유지 못했다.

〔國譯〕

　萬石君 石奮은 선량한 사람으로 어려서부터 고조를 섬겼으며, 자
손도 많았고 온화 화평하였으며, 그 아들 石慶은 齊에 사당이 세워
졌는데 말을 하지 않아도 백성이 따랐다. 衛綰(위관), 直不疑(직불의),
周仁(주인), 張歐(장구)는 행실이 착하고 신중하였다. 이에 〈萬石衛
直周張傳〉第十六을 서술하였다.

　孝文帝의 3인의 아들은 代의 孝王과 梁의 두 아들이었는데, 梁의
懷王(회왕)은 일찍 죽어 후사가 없었고 孝王만 귀하고 영광을 누렸

다. 안으로는 景帝의 친동생이었고, 밖으로는 吳楚을 막아 총애를 독차지하고 공을 자랑하였으니 분수에 넘쳐 행실이 나빴으며 생각이 우매하였는데 괴상한 소(牛)를 보고 곧 죽었다. 경제는 모친을 위로하려 梁을 五國으로 분할했지만 4명의 지손은 나라를 계승하지 못하였다. 이에 〈文三王傳〉第十七을 서술하였다.

原文

賈生矯矯, 弱冠登朝. 遭文睿聖, 屢抗其疏, 暴秦之戒, 三代是據. 建設藩屛, 以强守圉, 吳,楚合從, 賴誼之慮. 述〈賈誼傳〉第十八.

子絲慷慨, 激辭納說, 攬轡正席, 顯陳成敗. 錯之瑣材, 智小謀大, 覬如發機, 先寇受害. 述〈爰盎朝錯傳〉第十九.

釋之典刑, 國憲以平. 馮公矯魏, 增主之明. 長孺剛直, 義形於色, 下折淮南, 上正元服. 莊之推賢, 於茲爲德. 述〈張馮汲鄭傳〉第二十.

| 註釋 | ○賈生矯矯, 弱冠登朝 – 賈誼(가의, 前 200 - 168), 長沙王 太傅,〈過秦論〉,〈論積貯疏〉,〈論治安策〉이 유명. 辭賦로는〈弔屈原賦〉,〈鵩鳥賦〉,〈惜誓〉 등이 잘 알려졌다. 矯矯는 행실이 고상한 모양. ○賴誼之慮 – 가의는 문제에게 劉武를 梁王에 봉하라고 건의했는데 결국 梁이 吳楚의 반란을 저지하는 역할을 다했다. ○子絲慷慨 – 子는 美稱, 絲는 爰盎(원앙)의 字. ○攬轡正席 – 攬轡(남비)는 말고삐를 잡고 간언을 올리다. 正席은 문제가 상림원에 행차하였을 때 황후와 신부인을 좌석을 바로잡아 尊卑(존비)의 차례를 분명히

하였다. ○錯之瑣材 − 鼂錯(조조, 前 200-154)는 '晁錯', '朝錯'으로도 표기. 鼂는 아침 조. 《史記》와 《漢書》에는 鼂錯로 기록되었다. 晁(아침 조)는 朝의 古字. 조조는 法家의 학문을 공부하였고 태자의 家事를 담당하는 太子家令으로 근무했기에 경제의 신임이 두터웠다. 〈削藩策〉을 주장하여 吳楚七國의 亂의 원인 제공. ○智小謀大 − 《易經 繫辭》의 말. 감당 못할 지위나 업무는 재앙만을 초래한다는 뜻. ○旣如發機 − 화가 예상보다 빨리 닥쳐오다. ○先寇受害 − 오초칠국난 이전에 처형당했다. ○釋之典刑 − 張釋之(장석지)의 字는 季(계)인데 南陽郡 출신, 문제 때 법을 집행하는 정위로써 매우 공평하였다. ○馮公矯魏 − 馮唐(풍당)은 생졸년 미상. 矯는 바로잡다. 魏는 雲中太守인 魏尚(위상). 공정한 신상필벌을 실천하여 황제의 명철함을 돋보이게 하였다. ○長孺剛直 − 長孺(장유)는 汲黯(급암)의 字. 무제에게 직간을 자주 올렸다. ○下折淮南, 上正元服 − 회남왕의 반역 이전에 급암을 두려워했다는 뜻. 무제도 급암을 보면 의관을 바로 했다. ○莊之推賢 − 鄭當時의 字는 莊(장), 유능한 사람을 많이 추천하였다.

〖 國譯 〗

賈誼(가의)는 행실이 고아하였고 弱冠에 조정에 등용되었다. 명철한 文帝를 섬기며 여러 차례 상서하여 秦의 학정을 거울삼게 하였으며 三代의 왕도를 본받게 하였다. 제후를 나라의 울타리로 키워 방어하게 하였으니 吳의 楚의 연합을 막은 것은 가의의 깊은 뜻이었다. 이에 〈賈誼傳〉第十八을 서술하였다.

爰盎(원앙)은 강개한 사람으로 열성으로 바른 말을 하였으니 고삐를 잡아 간언하고 후궁의 자리를 바로 잡는 등 성패의 요체를 말하였다. 鼂錯(조조)는 능력이 모자란 사람으로 지혜는 적고 시도하는 일은 원대했기에 재앙이 빨리 닥쳐 오초칠국난 이전에 처형당했다.

이에 〈爰盎朝錯傳〉第十九를 서술하였다.

張釋之(장석지)는 정위로서 법 집행이 공평하였다. 馮唐(풍당)은 魏尙(위상)의 일을 바로 잡아 황제의 명철한 덕을 돋보이게 하였다. 汲黯(급암)은 매우 강직하여 義氣가 안색에 나타났으며 회남왕의 반역의지를 꺾게 하였으며 무제도 의관을 바로 했다. 鄭當時는 유능한 인재를 추천하였으니 그것이 훌륭한 덕행이었다. 이에 〈張馮汲鄭傳〉第二十을 서술하였다.

原文

榮如辱如, 有機有樞, 自下摩上, 惟德之隅. 賴依忠正, 君子朵諸. 述〈賈鄒枚路傳〉第二十一.

魏其翩翩, 好節慕聲, 灌夫矜勇, 武安驕盈, 凶德相拯, 旣敗用成. 安國壯趾, 王恢兵首, 彼若天命, 此近人咎. 述〈竇田灌韓傳〉第二十二.

景十三王, 承文之慶. 魯恭館室, 江都訬輕, 趙敬險詖, 中山淫醟, 長沙寂漠, 廣川亡聲, 膠東不亮, 常山驕盈. 四國絶祀, 河間賢明, 禮樂是修, 爲漢宗英. 述〈景十三王傳〉第二十三.

| 註釋 | ○榮如辱如, 有機有樞 – 言行은 君子에게 영광과 치욕의 중요한 계기(시작)가 된다는 《易經 繫辭》의 구절. 如는 형용 어미, ~然과 같음. ○自下摩上, 惟德之隅 – 摩(갈 마)는 劘(깎을 마)와 같음. 隅(모퉁이 우)는 方正. 廉

正. ○君子采諸 - 諸는 之乎의 合音. ○魏其翩翩 - 魏其侯 竇嬰(두영, ?-前 131) - 7국의 난을 평정한 군공으로 魏其侯(위기후)에 봉해졌다. 나중에 武安侯 田蚡(전분)과 不和, 결국 詔書를 위조한 죄로 처형. 翩翩(편편)은 自得之貌. 自喜之貌. ○灌夫矜勇 - 灌夫(관부, ?-前 131), 武安侯 전분에게 득죄하여 참수. ○武安驕盈 - 田蚡(전분, ?-前 131)은 武帝的 舅舅(외삼촌), 封武安侯. 相貌가 누추, 文辭에 뛰어났다. 蚡 두더지 분. ○凶德相挻 - 挻은 끌다. 당기다. ○安國壯趾 - 韓安國(?-前 127). 시의에 잘 적응했으며 재물을 탐했지만 청렴한 인재를 많이 추천했고 관직은 어사대부에 그쳤다. 元光 5년(前 130년) 田蚡이 죽은 뒤, 승상을 代行. 壯趾는 발을 다치다. 壯은 戕(다칠 장)의 뜻. ○王恢兵首 - 흉노 선우를 유인했지만 실패했다. ○景十三王 - 경제의 아들 13왕. 承文之慶은 문제의 덕이 후손에 미친 것이다. ○魯恭館室 - 魯共王 劉餘(유여). 館은 집을 짓다는 뜻. 동사로 쓰였다. ○江都誃輕 - 江都易王 誃非. 誃는 교활할 초. ○趙敬險詖 - 趙 敬肅王 劉彭祖. ○中山淫醟 - 中山靖王 劉勝. 醟은 술주정할 영. ○長沙寂漠 - 長沙定王 劉發, 寂漠은 적막하다. ○廣川亡聲 - 廣川惠王 劉越(유월). ○膠東不亮 - 膠東 康王 劉寄. ○常山驕盈 - 常山憲王 劉舜. ○四國絶祀 - 臨江哀王 劉閼(유알), 膠江閔王 劉榮(유영), 膠西于王 劉端(유단), 淸河哀王 劉乘(유승)은 후사 단절. ○河間賢明 - 河間 獻王 劉德(유덕). 修學하고 好古하며 실사구시를 추구.

〖 國譯 〗

영광과 치욕은 그 계기나 시작이 있으니 아래에서 위에 이르도록 바른 덕행이 있어야 한다. 忠心과 正道에 의거하며 군자는 그것을 실천한다. 이에 〈賈鄒枚路傳〉 第二十一을 서술하였다.

魏其侯(위기후) 竇嬰(두영)은 자신만만하고 절의와 명성을 좋아했으며, 灌夫(관부)는 자존심과 용기가 장했고, 武安侯 田蚡(전분)은 교

만심이 가득찼기에 나쁜 기질은 서로 섞여 재앙이 된다. 韓安國은
다리를 다쳤고 王恢(왕회)는 兵亂의 제공자였으니 2인은 천명이라
지만, 이는 그들의 허물 때문이다. 이에 〈竇田灌韓傳〉第二十二를
서술했다.

경제의 아들 13왕은 文帝의 덕행이 후손에게 복을 내린 것이다.
魯共王 劉餘(유여)는 궁궐 꾸미기를 좋아했고, 江都 易王 劉非(유비)
는 교활 경망하였으며, 趙 敬肅王 劉彭祖(유팽조)는 성질이 괴팍했
고, 中山靖王 劉勝(유승)은 음란하고 술을 좋아했으며, 長沙定王 劉
發(유발)은 寂漠(적막)하게 살았고, 廣川惠王 劉越(유월)은 아무런 명
성도 없었고, 膠東(교동) 康王 劉寄(유기)는 신의를 잃었으며, 常山憲
王 劉舜(유순)은 교만심이 많았고, 4국은 아들이 없어 후사가 끊겼
다. 河間獻王 劉德(유덕)은 현명했으며 예악을 정비하여 한에서 으
뜸이었다. 이에 〈景十三王傳〉第二十三을 서술하였다.

原文

　李廣恂恂, 實獲士心, 控弦貫石, 威動北鄰, 躬戰七十, 遂
死于軍. 敢怨衛靑, 見討去病. 陵不引決, 忝世滅姓. 蘇武信
節, 不詘王命. 述〈李廣蘇建傳〉第二十四.

　長平桓桓, 上將之元, 薄伐玁允, 恢我朔邊, 戎車七征, 衝
輣閑閑, 合圍單于, 北登闐顏. 票騎冠軍, 猋勇紛紜, 長驅六
擧, 電擊雷震, 飮馬翰海, 封狼居山, 西規大河, 列郡祁連.
述〈衛靑霍去病傳〉第二十五.

｜註釋｜ ○李廣恂恂 - 李廣(이광, ?-前 119)은 흉노와 대소 70여 전투를 치룬 명장. 飛將軍. 恂恂(순순)은 공경하고 정성스러운 모습. ○控弦貫石 - 속언에 '至誠則金石爲開'라는 말도 있다. ○威動北鄰 - 北鄰(북린)은 흉노. ○遂死于軍 - 결국은 관운이 없었던 것이고, 이광은 자살했다. ○敢怨衛靑 - 敢은 이광의 아들. 이감은 대장군 위청에게 상처를 입혔고, 위청은 그런 사실을 숨겼다. ○見討去病 - 討는 殺也. ○陵不引決 - 李陵(이릉, ?-前 74)은 李廣의 손자. 흉노에 잡혀 자결하지 못하고 투항했다. ○忝世滅姓 - 忝은 더럽힐 첨. 辱也. ○蘇武信節 - 蘇武(?-前 60)는 蘇建의 아들. 中郞將으로 흉노에 억류(전 100년). 昭帝 始元 6년(前 81)에 장안에 귀국. ○不詘王命 - 왕명을 욕되게 하지 않았다. ○長平桓桓 - 長平侯 衛靑(위청, ?-前 106)은 흉노 정벌의 명장. 衛靑의 異父同腹의 누나인 衛子夫(위자부)가 武帝의 2번째 황후로 戾太子의 生母이며, 명장 곽거병의 이모이며, 宣帝의 曾祖母이다. 桓桓(환환)은 씩씩한 모습. ○薄伐獫允 - 薄은 발어사로 쓰였다. 獫允(험윤)은 흉노족의 옛 이름. 전국시대 이후는 흉노라 불렸다. ○恢 - 넓히다. ○朔邊 - 北邊. ○戎車七征 - 위청은 흉노를 전후 7차례 원정했다. ○衝輣閑閑 - 輣은 兵車 팽. 閑閑(한한)은 크게 흔들리는 모양. ○北登闐顔 - 闐顔(전안)은 산 이름. ○票騎冠軍 - 票騎는 霍去病(곽거병). 冠軍은 전군에서 제일 용감하다. ○猋勇紛紜 - 猋勇(표용)은 용맹하다. 紛紜(분운)은 성대한 모양. ○飮馬翰海 - 몽고고원 동북의 사막(翰海)에 오르다. 翰海는 大漠. 또 다른 해석은 今 러시아의 바이칼호(貝加爾湖). ○封狼居山 - 狼居胥山. 낭거서산에 제단을 쌓다. 今 몽고의 수도 '울란바토르(烏蘭巴托) 동쪽'. ○西規大河 - 規는 차지하다. ○列郡祁連 - 서역 張掖郡과 酒泉郡의 남쪽의 산맥. 기련은 흉노의 말로 '하늘'을 의미. 보통 天山산맥이라 지칭.

〖國譯〗

李廣(이광)은 공손하고 근신한 사람으로 병사들의 신임을 받았으며, 화살이 돌에 박혔고 명성이 흉노에 알려졌으며, 흉노와 70여 전투를 겪었으나 군에서 자살했다. 이광의 아들 李敢은 衛青(위청)에게 원한을 품었으나 곽거병에게 살해되었다. 손자 李陵(이릉)은 흉노에 잡혀 자결하지 못해 대대로 욕을 먹고 가문을 망쳤다. 蘇武는 사절의 사명을 다해 왕명을 욕보이지 않았다. 이에 〈李廣蘇建傳〉第二十四을 서술하였다.

長平侯 衛青(위청)은 용감하기가 上將 중에서도 제일이었고 험윤(흉노)을 정벌하여 우리 북방 영토를 넓혔으며 7차례 원정에 兵車를 대대적으로 동원하여 선우를 포위하였고 북으로 闐顏山(전안산)에 올랐다. 표기장군 霍去病(곽거병)은 가장 용감하며 용맹 성대하였으며 6차례 대원정에 번개처럼 빠르게 천둥처럼 무서웠으니, 북쪽 호수에 말을 먹이고 낭거산에 단을 쌓았으며 서쪽 대하를 건넜고 祁連山(기련산) 일대에 군을 설치하였다. 이에 〈衛青霍去病傳〉第二十五를 서술했다.

原文

抑抑仲舒, 再相諸侯, 身修國治, 致仕縣車, 下帷覃思, 論道屬書, 讜言訪對, 爲世純儒. 述〈董仲舒傳〉第二十六.

文豔用寡, 子虛烏有, 寓言淫麗, 托風終始, 見識博物, 有可觀采, 蔚爲辭宗, 賦頌之首. 述〈司馬相如傳〉第二十七.

平津斤斤, 晚躋金門, 旣登爵位, 祿賜頤賢, 布衾疏食, 用儉飭身. 卜式耕牧, 以求其志, 忠寤明君, 乃爵乃試. 兒生豔

矕, 束髮修學, 偕列名臣, 從政輔治. 述〈公孫弘卜式倪寬傳〉
第二十八.

| 註釋 | ○抑抑仲舒 - 抑抑은 신중한 모양. 董仲舒(동중서, 前 179-104)는
《春秋公羊傳》을 전공. 今文經의 大師, 孔安國과 나란한 명성 ○再相諸侯 -
江都 易王의 王相과 膠西國의 王相을 역임. ○致仕縣車 - 70세에 치사하면
그가 사는 현에서 마지막으로 타고 온 수레를 높이 매달아 놓고 영광으로
칭송하다. ○下帷覃思 - 下帷는 교육하다. 覃思는 潭思, 深思. ○讜言訪對
- 讜言(당언)은 곧은 말. 訪對는 조정의 물음에 답하다. ○文豔(艷)用寡 -
豔은 艷(고울 염). ○子虛烏有 -〈子虛賦〉의 등장인물 子虛와 烏有. ○蔚爲
辭宗 - 蔚은 문채가 성한 모양. ○平津斤斤 - 平津侯 公孫弘(前 200-121)은
무제 때 御史大夫를 거쳐 丞相, 平津侯에 봉해졌다. 斤斤은 明察하다. ○晚
躋金門 - 늦은 나이에 관리가 되다. 躋는 오를 제. 金門은 金馬門은 박사가
조서 내리기를 기다리는 곳. ○祿賜頤賢 - 頤賢은 객사를 짓고 賢才를 부양
하다. ○布衾疏食 - 검소한 생활. ○卜式耕牧 - 卜式은 농사와 목축이 생업
이었다. ○兒生矕矕 - 兒生은 兒寬(예관, ?-前 103), 兒는 倪(어린애 예). 元
封 원년(前 110) 司馬遷과 함께 太初曆을 제정. 矕矕(흔흔)은 부지런히 쉬지
않는 모양. 예관은 농사 품팔이를 다니며 김을 매다가 쉴 때도 경전을 읽고
외웠다.

〖 國譯 〗

　신중한 董仲舒(동중서)는 제후국 王相을 두 번 역임했고 수신하며
치국했는데 致仕(치사)하자 그 수레를 매달아 놓는 영광을 누렸으며
휘장을 치고 제자를 교육하며 심사숙고하여 도를 논하고 저술하였
으며 바른 말로 조정의 물음에 답변하니 그 시대의 純儒(순유)였다.

이에 〈董仲舒傳〉第二十六을 서술했다.

문장은 아름다우나 용도는 적으며, 子虛와 烏有(오유)의 寓言(우언)은 화려하고 시종 풍유로 일관하며, 식견이 해박하고 문채가 뛰어나며, 문사가 성하여 文辭와 賦頌의 宗家가 되었다. 이에 〈司馬相如傳〉第二十七을 서술하였다.

平津侯 公孫弘은 명철하였지만 늦은 나이에 관직에 올라 높게 승진하고 작위를 받았으며 녹봉을 받아 현사를 양성하였고 무명 이불에 채식을 하는 검소한 생활로 행실을 바로 했다. 卜式(복식)은 농사와 목축으로 그 뜻을 이루고 충성으로 明君을 깨우쳐 작위를 받고 등용되었다. 兒寬(예관)은 부지런히 어려서부터 학문에 힘써 명신의 반열에 올라 정사를 보필하였다. 이에 〈公孫弘卜式倪寬傳〉第二十八을 서술하였다.

原文

張湯遂達, 用事任職, 媚玆一人, 日旰忘食, 旣成寵祿, 亦羅咎愍. 安世溫良, 塞淵其德, 子孫遵業, 全祚保國. 述〈張湯傳〉第二十九.

杜周治文, 唯上淺深, 用取世資, 幸而免身. 延年寬和, 列於名臣. 欽用材謀, 有異厥倫. 述〈杜周傳〉第三十.

│註釋│ ○張湯(장탕, ?-前 115) - 한때 '天下事皆決湯'이란 말이 유행할 정도로 武帝의 신임을 받았다. 《史記》에는 〈酷吏列傳〉에 실렸다. ○媚玆一人 - 媚는 愛也. 一人은 천자. 무제의 절대적 신임을 받았다. ○日旰忘食 -

해가 넘어가도록 (무제가) 식사를 잊다. 旰은 해질 간. ○亦羅咎慝 - 咎慝 (구특)은 災禍. ○安世溫良 - 張安世(?-前 62), 장탕의 아들. 昭帝, 宣帝 時 代의 군권을 장악했던 정치가. 武帝 때 尙書令, 昭帝 때 右將軍, 宣帝 때 大司 馬衛將軍領尙書事. ○塞淵其德 - 塞은 충실하다. 淵은 깊다. ○杜周治文 - 杜周(두주, ?-前 94), 武帝 때 유명한 혹리로 어사대부 역임. ○唯上淺深 - 深淺은 천자의 뜻을 살피다. 武帝의 뜻에 따라 법 적용을 달리했다. ○延年 寬和 - 杜延年(두연년, ?-前 52), 杜周의 아들. 宣帝의 麒麟閣 11功臣 중 한 사람. ○欽用材謀 - 杜欽은 杜周의 손자. 생졸년 미상. 成帝의 외숙인 王鳳 의 참모로 지명도가 있었다.

[國譯]

　張湯(장탕)은 출세한 뒤 권력을 쥐고 업무를 처리하며 무제의 인 정을 받아 해가 지도록 천자가 식사를 잊을 정도였으며 총애와 신임 은 컸지만 죄에 걸려 죽었다. 그 아들 張安世(장안세)는 온순 선량하 고 그 덕행이 성실하고도 깊었으며 자손이 지위를 계승하며 나라를 이어갔다. 이에 〈張湯傳〉第二十九를 서술했다.

　杜周(두주)는 법을 다루면서 그 적용을 달리 했는데 많은 재물도 모았고 무사히 면직했다. 杜延年(두연년)은 관대 온화하여 명신의 반 열에 올랐다. 杜欽(두흠)은 재주가 많아 그 무리보다 뛰어났었다. 이 에 〈杜周傳〉第三十을 서술했다.

原文 ▌

　博望杖節, 收功大夏. 貳師秉鉞, 身釁胡社. 致死爲福, 每生作齘. 述〈張騫李廣利傳〉第三十一.

烏呼史遷, 薰胥以刑! 幽而發憤, 乃思乃精, 錯綜群言, 古今是經, 勒成一家, 大略孔明. 述〈司馬遷傳〉第三十二.

孝武六子, 昭,齊亡嗣. 燕刺謀逆, 廣陵祝詛. 昌邑短命, 昏賀失據, 戾園不幸, 宣承天序. 述〈武五子傳〉第三十三.

| 註釋 | ○博望杖節 – 博望侯 張騫(장건, ?-前 114), '絲綢之路'(비단길, 簡稱 絲路) 개척자. ○貳師秉鉞 – 貳師將軍 李廣利(?-前 88). 武帝 寵姬 李夫人의 오빠. 前 104년 貳師장군이 되어 大宛(대원) 원정 실패. 太初 3년에 재원정하여 겨우 성공. 海西侯에 피봉. 흉노 재원정에서 패전하자 흉노에 투항, 피살. 釁 피바를 흔. 제물로 죽이다. ○每生作齘 – 每는 탐하다. 齘는 禍. ○烏呼史遷 – 太史令 司馬遷(사마천, ?-前 86), 字 子長, 사마천의 출생 연도에 대해서는 前 145년 說과 前 135년 說이 있다. 부친 司馬談은 前 110년에 죽었고, 사마천이 李陵을 변호하다 宮刑의 치욕을 당한 것이 天漢 2년(前 99)이었다. 사마천은 武帝가 죽은 다음 해 자살했다. ○薰胥以刑 – 薰은 관련하다. 胥는 서로, 이에. ○錯綜群言 – 여러 가지를 종합하다. ○勒成一家 – 일가의 이론을 세우다. ○大略孔明 – 孔은 심히. 매우. ○昭,齊亡嗣 – 昭帝와 齊王은 후사가 없다. ○燕刺謀逆 – 燕 刺王 劉旦(유단)은 역모를 꾀했다. ○廣陵祝詛 – 廣陵 厲王 劉胥(유서). ○昌邑短命 – 武帝의 5子. 昌邑 哀王 劉髆(유박). 무제와 李夫人 소생. ○戾園不幸 – 戾園은 戾太子 劉據(유거)의 묘역. 戾太子. ○宣承天序 – 宣帝, 戾太子의 손자. 承天序는 皇位를 계승하다.

〖 國譯 〗

博望侯 張騫(장건)은 사신의 신분을 지켜 大夏國에서 공을 세웠다. 貳師將軍 李廣利는 출정했지만 몸은 죽어 흉노의 제물이 되었

다. 죽기로 작정하면 복을 받았고(張騫) 살려는 욕심은 화를 불렀다(李廣利). 이에 〈張騫李廣利傳〉第三十一을 서술했다.

烏呼(오호)라. 태사령 司馬遷이여, 연루되어 궁형을 받다니! 어둠 속에 발분하니 생각이 깊고 정확하며 많은 사료를 종합하니 고금의 경전이며 一家를 이루었고 전체적으로 아주 명확하다. 이에 〈司馬遷傳〉第三十二를 서술했다.

孝武帝의 여섯 아들 중, 昭帝와 齊王은 후사가 없었다. 燕 刺王은 역모를 꾀했고, 廣陵王은 저주했다. 昌邑 哀王은 단명했고 우매한 劉賀는 축출되었고, 戾太子는 불행했지만 宣帝가 皇位를 계승했다. 이에 〈武五子傳〉第三十三을 서술했다.

原文

六世耽耽, 其欲浟浟, 文武方作, 是庸四克. 助,偃,淮南, 數子之德, 不忠其身, 善謀於國. 述〈嚴朱吾丘主父徐嚴終王賈傳〉第三十四.

東方贍辭, 詼諧倡優, 譏苑扞偃, 正諫擧郵, 懷肉汚殿, 弛張沈浮. 述〈東方朔傳〉第三十五.

| 註釋 | ○六世耽耽 - 六世는 武帝. 耽耽(탐탐)은 노려보는 모양. ○浟浟 (유유) - 끝까지 얻으려는 모양. 汲汲(급급)과 같음. 《易經 頤卦》 '虎視耽耽 其欲逐逐'의 변형. ○文武方作 - 문, 무신을 고루 등용하다. ○是庸四克 - 이들을 시켜 사방을 원정하다. 庸은 用. ○助,偃,淮南 - 嚴助(엄조), 主父偃(주보언), 淮南은 淮南王 劉安. ○數子之德~ - 본전에 입전한 사람들의 立

身이 당당하지 못했지만 그들의 성과는 나라에 도움이 되었다는 뜻. ○東方瞻辭 – 東方朔(동방삭, 前 154-93)은 무제 시 高官 겸 辭賦 作家. 東方은 복성. 《史記 滑稽列傳》에 수록. 瞻辭(섬사)는 文辭가 우수하다. 瞻은 富. ○詼諧倡優(회해창우) – 詼諧(회해)는 실없는 우스갯소리. 倡優는 광대. ○譏苑扦偃 – 상림원에서 충간하고 宣室의 연회에 총신 董偃(동언)의 입장을 막다. ○正諫擧郵 – 正諫으로 과오를 들춰내다. 郵는 착오. 실수. ○懷肉汚殿 – 복날 고기를 품에 넣고 가서 아내에게 주고 술에 취해 전각 안에 소변을 보다. ○弛張沈浮 – 弛張은 弛緩(이완)과 緊張(긴장).

〔國譯〕

　무제의 호시탐탐과 얻으려는 욕망은 문, 무신을 등용하여 그들로 하여금 사방을 정복케 하였는데 嚴助(엄조), 主父偃(주보언), 淮南王(회남왕) 등 여러 사람의 덕행이나 그 행실이 바르지는 않았지만 나라를 위한 방책을 폈다. 이에 〈嚴朱吾丘主父徐嚴終王賈傳〉 第三十四를 서술했다.

　東方朔(동방삭)은 문사가 풍부하고 재담은 광대 같아도 상림원에서 충고하고 총신 董偃(동언)을 내쫓고 바른 간언으로 과오를 지적했으며 고기를 가져가고 전각을 더럽히며 이완과 긴장 속에 부침하였다. 이에 〈東方朔傳〉 第三十五를 서술했다.

原文

　葛繹內寵, 屈氂王子. 千秋時發, 宜春舊仕. 敞,義依霍, 庶幾云已. 弘惟政事, 萬年容己. 咸睡厭詬, 孰爲不子? 述〈公孫劉田楊王蔡陳鄭傳〉第三十六.

王孫<u>贏</u>葬, 建乃斬將. <u>雲</u>廷訐<u>禹</u>, 福逾刺鳳, 是謂狂狷, <u>敞</u>近其衷. 述〈楊胡朱梅云傳〉第三十七.

<u>博陸</u>堂堂, 受遺<u>武</u>皇, 擁毓<u>孝昭</u>, 末命導揚. 遭家不造, 立帝廢王, 權定社稷, 配忠阿衡. 懷祿耽寵, 漸化不詳, 陰妻之逆, 至子而亡. <u>秺</u>侯<u>狄</u>孥, 虔恭忠信, 奕世載德, 貤于子孫. 述〈霍光金日磾傳〉第三十八.

| 註釋 | ○葛繹內寵 – 葛繹侯(갈역후) 公孫賀의 처에 대한 무제의 총애. 공손하는 衛靑의 매형. ○屈氂王子 – 劉屈氂(유굴리), 武帝 庶兄 中山靖王의 아들. ○千秋時發 – 車千秋, 때맞춰 衛太子(위태자)의 억울한 죽음을 호소했다. ○宜春舊仕 – 宜春侯 王訢(왕흔). ○敞.義依霍 – 楊敞(양창), 蔡義(채의). ○庶幾云已 – 그냥 자리나 채울 정도였다. ○弘惟政事 – 鄭弘의 치적은 볼만하다. ○萬年容己 – 陳萬年은 아부하여 출세하다. ○咸睡厥誨 熟爲不子 – 진만년의 아들 陳咸(진함). 아버지가 장황하게 꾸짖는데도 졸다가 병풍에 머리를 부딪쳤다. ○王孫贏葬 – 楊王孫. 贏葬(나장)은 裸葬. ○建乃斬將 – 胡建(호건)은 불법한 장수를 참수했다. ○雲廷訐禹 – 朱雲(주운)은 조정에서 제 할 일을 다 못하는 승상 張禹(장우)를 비난하다. 訐 들춰낼 알. ○福逾刺鳳 – 梅福(매복)은 먼 곳에서도 王鳳(왕봉)을 비판하였다. ○是謂狂狷 – 狂狷(광연)은 식견이 좁으면서도 진취적인 자신의 큰 뜻을 굽히지 않다. ○敞近其衷 – 云敞(운창)은 中庸에 가깝다. 衷은 中. ○博陸堂堂 – 博陸侯 霍光(곽광, ?-前 68), 麒麟閣(기린각) 11功臣 중 첫째. 名將 霍去病의 異母弟. 武帝, 昭帝, 宣帝를 섬김. 사후에 아들(霍禹)의 모반에 의해 멸족. ○受遺武皇 – 무제의 유조를 받다. ○擁毓孝昭 – 擁毓은 돕고 보호하며 키우다. ○末命導揚 – 末命은 임종 시의 명령. 導揚(도양)은 따르고 높이다. ○遭家

不造 – 不造는 不幸. ㅇ立帝廢王 – 창읍왕을 옹립했다가 폐위하였다. ㅇ配
忠阿衡 – 阿衡(아형)은 殷의 재상직. 여기서는 곽광이 그러했다는 뜻. ㅇ陰
妻之逆 – 妻의 악행을 숨기다. ㅇ秺侯狄豢 – 秺侯(투후)는 金日磾(김일제).
狄豢는 오랑캐 아들. ㅇ奕世載德 – 奕世는 代代로. ㅇ貤于子孫 – 자손에 이
어지다.

〔國譯〕

葛繹侯 公孫賀(공손하)의 처가 무제의 총애를 받았고, 劉屈氂(유굴
리)는 왕의 아들이었다. 車千秋는 때맞춰 衛太子(戾太子)의 억울함
을 호소했고, 宜春侯 王訢(왕흔)은 전과 같이 출사했다. 楊敞(양창)이
나 蔡義(채의)는 霍光(곽광)에 기대며 자리나 채웠고, 鄭弘이 겨우 볼
만했으며 陳萬年은 아부하여 출세했다. 아들 진함을 졸았다고 혼냈
지만 누구보고 아들 같지 않다 하겠는가? 이에 〈孫劉田楊王蔡陳鄭
傳〉 第三十六을 서술하였다.

楊王孫(양왕손)은 裸葬(나장)을 유언했고, 胡建(호건)은 불법한 장
수를 참수했다. 朱雲(주운)은 조정에서 승상 張禹(장우)를 질책했고
梅福(매복)은 지방에서도 王鳳(왕봉)을 비판하니, 이를 狂狷(광연)이
라 할 수 있다. 云敞(운창)의 행실은 中庸에 가까웠다. 이에 〈楊胡朱
梅云傳〉 第三十七을 서술했다.

당당한 博陸侯 霍光(곽광)은 무제의 유언을 받아 孝昭帝를 안고
키우며 임종 시의 유촉을 지켰다. 황실에 후사가 없는 불행을 당해
창읍왕을 옹립했다 폐위하여 권한으로 사직을 안정시키니 그 충성
은 阿衡(아형)과 같았다. 질록에도 총애를 탐하고 폐습에 젖어 처의
대역을 숨겼으나 아들 대에서 망했다. 투항한 이민족인 秺侯(투후,

金日磾)는 경건과 충성으로 여러 대에 덕행을 베풀어 자손에 이어졌다. 이에 〈霍光金日磾傳〉第三十八을 서술했다.

原文

兵家之策, 惟在不戰. 營平旛旛, 立功立論, 以不濟可, 上
諭其信. 武賢父子, 虎臣之俊. 述〈趙充國辛慶忌傳〉第三十
九.

義陽樓蘭, 長羅昆彌, 安遠日逐, 義成郅支. 陳湯誕節, 救
在三朼, 會宗勤事, 疆外之桀. 述〈傅常鄭甘陳段傳〉第四
十.

| 註釋 | ○營平旛旛 – 營平侯 趙充國. 旛旛(파파)는 머리가 센 모양. ○以
不濟可 – 불가한 것을 可하다고 하다. 그럴만한 방법이 있다는 뜻. 濟는 이룩
하다. 성취하다. ○上諭其信 – 諭(유)는 이해하다. ○武賢父子 – 辛武賢 辛
慶忌 父子. ○虎臣之俊 – 虎臣은 武臣. ○義陽樓蘭 – 義陽侯 傅介子(부개자)
는 사절로 나가 樓蘭(누란)왕을 죽였다. ○長羅昆彌 – 長羅侯 常惠는 사절로
나가 烏孫王 昆彌(곤미, 왕의 칭호)를 구원했다. ○安遠日逐 – 安遠侯 鄭吉은
흉노 日逐王(일축왕)을 한에 투항하게 했다. ○義成郅支 – 義成侯 甘延은 흉
노 郅支(질지)선우를 주살했다. ○陳湯誕節 – 陳湯(진탕)은 사소한 제약에 구
애 받지 않다. 誕節(탄절)은 小節에 구애받지 않다. ○救在三朼 – 三哲(劉向,
谷永, 耿育)이 진탕을 구제하였다. 朼은 哲과 同. ○會宗勤事 – 段會宗(단회
종). 서역도호로 장기간 근무하며 공을 세웠다. ○桀 – 傑. 杰은 俗字.

　兵家의 상책은 싸우지 않는 것이니 營平侯 趙充國은 늙었어도 공을 이루고 정론을 세워 不可한 것을 可한 것으로 하였고 선제는 그 신의를 이해하였다. 辛武賢 父子는 무신으로 뛰어났다. 이에 〈趙充國辛慶忌傳〉 第三十九를 서술했다.

　義陽侯 傅介子(부개자)는 사절로 나가 樓蘭(누란)왕을 죽였고 長羅侯 常惠는 烏孫王 昆彌(곤미)를 구원했다. 安遠侯 鄭吉(정길)은 日逐王(일축왕)을 투항하게 했으며 義成侯 甘延(감연)은 郅支(질지)선우를 주살했다. 陳湯(진탕)은 작은 절차에 구애 받지 않았고 三哲(劉向, 谷永, 耿育)이 그를 구제하였다. 段會宗(단회종)은 성실하여 변경의 호걸이었다. 이에 〈傅常鄭甘陳段傳〉 第四十을 서술했다.

　不疑膚敏, 應變當理, 辭霍不婚, 逡遁致仕. 疏克有終, 散金娛老. 定國之祚, 于其仁考. 廣德, 當, 宣, 近於知恥. 述〈雋疏于薛平彭傳〉第四十一.

　四皓遯秦, 古之逸民, 不營不拔, 嚴平, 鄭眞. 吉困于賀, 涅而不緇, 禹旣黃髮, 以德來仕. 舍惟正身, 勝死善道, 郭欽, 蔣詡, 近遯之好. 述〈王貢兩龔鮑傳〉第四十二.

　扶陽濟濟, 聞《詩》聞《禮》. 玄成退讓, 仍世作相. 漢之宗廟, 叔孫是謨, 革自孝元, 諸儒變度. 國之誕章, 博載其路. 述〈韋賢傳〉第四十三.

| 註釋 | ○不疑膚敏 – 雋不疑(준불의). 膚는 美也. 敏은 민첩하다. ○應變當理 – 변화에 대응하되 원칙에 따르다. 죽은 戾太子를 사칭한 자를 과감하게 처단했다. ○辭霍不婚 – 곽광이 딸을 주려 했으나 사양하다. ○逡遁致仕 – 조심하며 관직을 떠나다. ○疏克有終 – 疏廣(소광). 克은 능히. 有終은 有終之美. 散金娛老. ○定國之祚 – 于定國(우정국)은 선제 때 정위가 되어 18년간 근무, 御史大夫 역임. 선제 때 丞相으로 西平侯. 祚는 福. ○于其仁考 – 仁考는 인자한 부친. ○廣德,當,宣 – 薛廣德(설광덕), 平當(평당), 彭宣(팽선). ○四皓遯秦 – 商山 四皓(사호). ○不營不拔 – 작록으로 달래거나 위세로 굽히게 할 수 없다. ○嚴平,鄭眞 – 蜀君의 嚴君平(엄군평), 鄭子眞(정자진). ○吉困于賀 – 王吉은 창읍왕 劉賀 때문에 죄수로 복역. ○涅而不緇(날이불치) – 물을 들여도 검게 되지 않다. 子曰, "然, 有是言也. 不曰堅乎, 磨而不磷, 不曰白乎, 涅而不緇. 吾豈匏瓜也哉?《論語 陽貨》. ○禹旣黃髮 – 貢禹(공우). ○舍惟正身 – 龔舍(공사). ○勝死善道 – 龔勝(공승). ○郭欽,蔣詡 – 郭欽(곽흠)과 蔣詡(장후). 두 사람은 왕망이 居攝일 때 칭병하며 사직했다. ○近遯之好 –《易經 遯卦》의 뜻을 잘 알다. ○扶陽濟濟 – 扶陽侯 韋賢(위현). 濟濟(제제)는 위엄 있는 모양. 위현은 '遺子黃金滿籝, 不如一經.' 고사의 주인공. ○玄成退讓 – 韋玄成(?-前 36). ○仍世作相 – 父子가 승상 역임. ○叔孫是謨 – 叔孫通이 종묘제례를 만들다. 謨는 謀. ○諸儒變度 – 여러 유생이 제례의 변경을 논의하다. ○國之誕章 – 나라의 큰 법도. 誕은 大.

[國譯]

　雋不疑(준불의)는 좋은 바탕에 영민하여 변화에 원칙적으로 대응하였으며 곽광과의 혼인을 사양하고 조심스레 관직을 떠나다. 疏廣(소광)은 有終의 美를 잘 거두고 재산을 뿌려 노인을 봉양하였다. 于定國의 복은 인자한 부친에서 비롯되었다. 薛廣德(설광덕), 平當(평당), 彭宣(팽선)은 염치를 아는 사람이었다. 이에 〈雋疏于薛平彭傳〉第四十一을 서술하였다.

商山의 四皓(사호)는 秦의 난세를 피해 숨은 옛날의 逸民으로 작록으로 달래거나 위세로 굽히게 할 수 없었으니 蜀君의 嚴君平(엄군평)과 鄭子眞(정자진)이 그러했다. 王吉(왕길)은 창읍왕 때문에 죄수로 복역했지만 검게 물들지 아니하였으며, 貢禹(공우)는 늙도록 덕행으로 出仕했다. 龔舍(공사)는 바른 몸가짐으로, 龔勝(공승)은 죽을 때까지 善道를 따랐다. 郭欽(곽흠)과 蔣詡(장후)는 遯卦(둔괘)의 뜻을 알아 吉했다. 이에 〈王貢兩龔鮑傳〉第四十二를 서술했다.

扶陽侯 韋賢(위현)은 위엄을 갖추고 《詩》와 《禮》를 전공했다. 그 아들 韋玄成(위현성)은 겸양의 미덕을 지켰고 대를 이어 父子가 승상이 되었다. 漢의 宗廟 제례는 叔孫通이 제정한 것으로 元帝 때부터 여러 유생이 그 변경을 논의했다. 나라의 큰 법은 큰 길을 가는 수레와 같다. 이에 〈韋賢傳〉第四十三을 서술하였다.

原文

高平師師, 惟辟作威, 圖黜凶害, 天子是毗. 博陽不伐, 含弘光大, 天誘其衷, 慶流苗裔. 述〈魏相丙吉傳〉第四十四.

占往知來, 幽贊神明, 苟非其人, 道不虛行. 學微術昧, 或見仿佛, 疑殆匪闕, 違衆迕世, 淺爲尤悔, 深作敦害. 述〈睦兩夏侯京翼李傳〉第四十五.

| 註釋 | ○高平師師 - 高平侯 魏相(위상, ?-前 59), 前 67년에 승상. 宣帝 麒麟閣(기린각) 11공신의 한 사람. 師師는 본받을 만한 훌륭한 스승. ○惟辟 作威 - 辟은 天子, 國君. 天子만이 권위를 행사할 수 있다는 뜻.《書經 洪範》 의 한 구절. ○圖黜凶害 - 圖는 意圖. 黜은 물리치다. 凶害는 흉악한 자. ○天子是毗 -《詩經 小雅 節彼南山》의 한 구절. 毗는 도울 비. 신하는 천자를 도와 백성이 미혹되지 않게 해야 한다는 뜻. ○博陽不伐 - 博陽侯는 丙吉(邴 吉, ?-前 55), 麒麟閣 11공신의 한 사람. 前 59-55년 승상으로 재임. 不伐은 자랑하지 않다. 宣帝를 살리고 또 키운 사람은 병길이었다. ○天誘其衷 - 하늘도 그의(丙吉) 衷心을 이끌었다. ○慶流苗裔 - 하늘의 도움이 병길의 후손까지 미치다. ○占往知來 - 지난 일이나 앞으로 있을 일을 알려면《易》 으로 점을 쳐야 한다는 뜻.《易經 繫辭 上》의 구절. ○幽贊神明 -《易經 說 卦傳》의 첫 구절. 神明이 도와주었다. 贊은 助也. ○苟非其人, 道不虛行 - 《易經 繫辭 下》의 구절. '初率其辭而揆其方, 旣有典常, 苟非其人 道不虛行.' ○或見仿佛 - 彷佛(방불)은 거의 비슷하다. 髣髴(방불)과 같음. ○疑殆匪闕 - 의심스러운 것(疑), 확실치 않은 것(殆)은 말하거나 행하지 않아야 한다는 뜻. 子張學干祿. 子曰, "多聞闕疑, 愼言其餘, 則寡尤, 多見闕殆, 愼行其餘, 則 寡悔. 言寡尤, 行寡悔, 祿在其中矣."《論語 爲政》 ○違衆迕世 - 대중의 뜻과 인심을 거스를 수 없다. 迕는 거스를 오. ○違爲尤悔 - 학식이 없으면 잘못 하고 후회한다. ○深作敦害 - 잘 알지도 못하며 깊이 아는 체하면 죄만 커 진다는 뜻. 敦은 厚也. ○〈眭兩夏侯京翼李傳〉-〈眭弘(휴홍), 夏侯始昌(하후 시창), 夏侯勝(하후승), 京房(경방), 翼奉(익봉), 李尋(이심) 傳〉.

[國譯]

　高平侯 魏相(위상)은 본받을 만한 스승이었으니 천자만이 권위를 행사할 수 있고 흉악한 자를 몰아내며 신하는 천자를 도와야 한다. 博陽侯 丙吉(병길)은 자신의 공을 자랑하지 않았으며 그 지향이 넓

고 光明正大하였으니 하늘도 그 衷心을 이끌었으며 하늘의 보우가
후손에까지 미쳤다. 이에 〈魏相丙吉傳〉第四十四를 서술하였다.

지난 일을 점치고 앞일을 알려면 신명의 도움이 있어야 하며 딱
그 사람이 아니라면 道는 헛되이 보이지 않는다. 학문이 미미하고
학술이 애매하다면 어쩌다 비슷한 것을 보지만, 확실치 않으면 하지
말아야 하고 세상의 뜻을 거슬러서는 안 되며, 천박한 행위는 잘못
과 후회가 있고 깊이 들어가면 더 큰 해악이 많을 것이다. 이에 〈眭
兩夏侯京翼李傳〉第四十五를 서술하였다.

原文

廣漢尹京, 克聰克明, 延壽作翊, 旣和且平. 矜能訐上, 俱
陷極刑. 翁歸承風, 帝揚厥聲. 敞亦平平, 文雅自贊, 尊實赳
赳, 邦家之彦, 章死非辜, 士民所嘆. 述〈趙尹韓張兩王傳〉
第四十六.

寬饒正色, 國之司直. 豐鱍好剛, 輔亦慕直. 皆陷狂狷, 不
典不式. 崇執言責, 隆持官守. 寶曲定陵, 幷有立志. 述〈盖
諸葛劉鄭毋將孫何傳〉第四十七.

| 註釋 | ㅇ廣漢尹京 – 趙廣漢(조광한), 京兆尹 역임. ㅇ延壽作翊 – 韓延
壽(한연수), 左馮翊 역임. ㅇ矜能訐上 – 訐은 들춰낼 알. ㅇ翁歸承風 – 尹翁
歸(윤옹귀) 右扶風. ㅇ敞亦平平 – 張敞. 平平(평평)은 여러 분야에서 골고루
잘하다. 행정에 조리가 있다. 平은 나눌 평. ㅇ文雅自贊 – 文雅로 자신의 치
적을 더 보완하다. 贊은 도울 찬. ㅇ尊實赳赳 – 王尊. 赳赳(규규)는 씩씩하고

당당한 모양. ○邦家之彥 - 나라의 인재. 국가의 棟梁(동량). ○章死非辜 -
王章. 辜는 罪의 古字. ○寬饒正色 - 蓋寬饒(개관요), 관리 감찰을 담당하는
司隷校尉(사예교위) 역임. ○國之司直 - '彼其之子 邦之司直'(《詩經 鄭風
羔裘》)을 인용하여 개관요의 강직함을 칭송. ○豊繄好剛 - 諸葛豊(제갈풍).
繄(탄식소리 예)는 어조사. 다만, 이, 아아! ○輔亦慕直 - 劉輔(유보). ○不典
不式 - 典範으로 삼을 수 없다. ○崇執言責 - 鄭崇(정숭). 執言責은 尚書僕
射(상서복야)로 간언을 하는 직책이었다. ○隆持官守 - 毋將隆(무장륭). 持
官守는 직분을 다하다. ○寶曲定陵 - 孫寶(손보). 定陵侯는 淳于長(순우장).
○幷有立志 - 何幷(하병). 有立志는 청탁을 거절하다.

〖 國譯 〗

　趙廣漢(조광한)은 京兆尹으로 아주 총명했으며, 韓延壽(한연수)는
左馮翊(좌풍익)으로 온화 공정하였다. 자신의 능력을 과신하며 황제
의 잘못을 말해 두 사람 다 극형에 처해졌다. 尹翁歸(윤옹귀)는 右扶
風(우부풍)으로 황제가 그 명성을 높여 주었고, 張敞(장창)은 골고루
여러 분야에서 조리가 있었으며 文雅로 자신의 치적을 더 보완하였
다. 王尊(왕준)은 추진력이 강한 나라의 인재였으며 王章의 죽음은
그의 죄가 아니었기에 백성이 몹시 아까워하였다. 이에 〈趙尹韓張
兩王傳〉第四十六을 서술했다.

　엄숙한 표정의 蓋寬饒(개관요)는 나라의 司直(사직)이었고, 諸葛豊
(제갈풍)은 강직하였으며 劉輔(유보) 역시 정직하였다. 모두 큰 뜻을
갖고 있었지만 완고하여 典範으로 삼을 수는 없었다. 鄭崇(정숭)도 언
관으로 간언을 하였고 毋將隆(무장륭)도 자신의 직분을 다하였다. 孫
寶(손보)는 定陵侯(淳于長)에게 뜻을 굽혔고 何幷(하병)은 청탁을 거
절하였다. 이에 〈蓋諸葛劉鄭毋將孫何傳〉第四十七을 서술하였다.

長倩懇懇, 覯霍不舉, 遇宣乃拔, 傅元作輔, 不圖不慮, 見
躓石,許. 述〈蕭望之傳〉第四十八.

子明光光, 發迹西疆, 列於御侮, 厥子亦良. 述〈馮奉世傳〉
第四十九.

宣之四子, 淮陽聰敏, 舅氏薳蒣, 幾陷大理. 楚孝惡疾, 東
平失軌, 中山凶短, 母歸戎里. 元之二王, 孫後大宗, 昭而不
穆, 大命更登. 述〈宣元六王傳〉第五十.

| 註釋 | 長倩懇懇 – 長倩(장천)은 蕭望之(소망지, ?-前 46), 元帝의 사부.
經學者. 懇懇(여여)는 편안히 걷는 모양. ∘覯霍不舉 – 覯은 볼 적. 만나보
다. 당시 곽광은 새로 등용할 관리를 면접하면서 몸수색을 했는데 소망지는
이를 거부했다. 때문에 곽광이 있는 동안은 높이 쓰이지 못했다. ∘不圖不
慮 – 사려가 깊지 못하다. ∘見躓石,許 – 見躓는 차이다. 躓는 넘어질 지. 石,
許는 환관 石顯(석현)과 외척인 許氏와 史氏. ∘子明光光, 發迹西疆 – 子明
은 馮奉世(풍봉세, ?-前 39). 光光은 빛나는 모양. 西疆은 西域. ∘御侮(어모)
– 禦侮. 외적을 막다. ∘宣之四子 – 宣帝. ∘淮陽聰敏 – 淮陽(회양) 憲王 劉
欽(유흠). ∘舅氏薳蒣 – 舅氏는 회양헌왕의 외숙인 張博(장박). 薳蒣(거제)는
남의 안색을 살펴 아부하다. ∘幾陷大理 – 大理는 형법을 집행하는 관리.
∘楚孝惡疾 – 楚 孝王 劉囂(유효). ∘東平失軌 – 東平 思王 劉宇(유우). ∘中
山凶短 – 中山哀王 劉竟(유경). ∘母歸戎里 – 모친(戎婕妤)은 아들 哀王이
일찍 죽자 친정으로 돌아가다. ∘元之二王 – 傅昭儀(부소의)가 定陶共王 劉
康(유강)을 馮昭儀가 中山孝王 劉興(유흥)을 출산했다. ∘孫後大宗 – 원제
의 손자가 나중에 제위를 계승하는 大宗이 되었다. ∘昭而不穆 – 아버지가

아들을 두지 못하다. 애제와 평제 모두 아들이 없었다. ○大命更登 - 大命
은 帝位. 사촌 형제가 교대로 등극하다.

[國譯]

蕭望之(소망지)는 당당했으나 곽광을 만난 이후 천거되지 않았다
가 宣帝가 발탁하여 태자(元帝)의 사부가 되어 정사를 보필하였으나
사려가 깊지 않아 石顯(석현)과 외척에게 밀렸다. 이에 〈蕭望之傳〉
第四十八을 서술했다.

馮奉世(풍봉세)는 훌륭한 인품으로 서역에서 자취를 남겼으니 외
적을 막아냈으며 그 아들도 유능하였다. 이에 〈馮奉世傳〉第四十九
를 서술하였다.

宣帝의 네 아들 중에서 淮陽(회양) 憲王 劉欽(유흠)이 총명하였지
만 그 외숙인 張博(장박)은 남의 안색이나 살펴 아부하다가 大理(법
관)에게 넘겨질 뻔하였다. 楚 孝王 劉囂(유효)는 惡疾이 있었고 東平
思王 劉宇(유우)는 법을 어겼으며, 中山哀王 劉竟(유경)은 일찍 죽었
기에 그 모친(戎婕妤)은 친정으로 돌아갔다. 원제는 두 왕을 두었는
데 손자가 나중에 大宗이 되었으나 아버지로서 아들을 두지 못하여
사촌 형제가 교대로 등극하였다. 이에 〈宣元六王傳〉第五十을 서술
했다.

原文

樂安奰奰, 古之文學, 民具爾瞻, 困於二司. 安昌貨殖, 朱
雲作娸. 博山惇愼, 受莽之疢. 述〈匡張孔馬傳〉第五十一.

532 漢書(十)

樂昌篤實, 不橈不訕, 遘閔旣多, 是用廢黜. 武陽殷勤, 輔
導副君, 旣忠且謀, 饗茲舊勛. 高武守正, 因用濟身. 述〈王
商史丹傅喜傳〉第五十二.

高陽文法, 揚鄕武略, 政事之材, 道德惟薄, 位過厥任, 鮮
終其祿. 博之翰音, 鼓妖先作. 述〈薛宣朱博傳〉第五十三.

| 註釋 | ○樂安褎褎 ─ 樂安侯 匡衡(광형)은 '穿壁引光(천벽인광)' 고사의
주인공. 褎褎(유유)는 흥성한 모양. 褎는 나아갈 유, 소매 수(袖). ○古之文
學 ─ 文學은 관직명. 郡의 교육을 담당. ○民具爾瞻 ─ 잘못을 백성이 다 바
라보고 있다. 《詩經 小雅 節南山》의 구절. ○困於二司 ─ 사예교위 王尊. 또
사예교위 王駿(왕준)의 탄핵을 받았다. ○安昌貨殖 ─ 安昌侯 張禹(장우). 貨
殖은 재물을 늘리다. ○朱雲作娸 ─ 娸는 추할 기, 비난할 기. ○博山惇愼 ─
博山侯 孔光(공광). 惇愼(돈신)은 周密하고 근신하다. ○受莽之疢 ─ 疢는 오
래된 병. 꺼리다. ○樂昌篤實 ─ 樂昌侯 王商(왕상). ○遘閔旣多 ─ 많은 우환
을 겪다. 《詩經 邶風 柏舟》의 구절. 遘는 만날 구. 閔은 憫. 病痛. ○是用廢黜
─ 외척 王鳳으로부터 배척당했다. ○武陽殷勤 ─ 武陽侯 史丹(사단). 副君은
太子. ○饗茲舊勛 ─ 史丹은 太子를 잘 보호하여 成帝로 즉위하게 한다. 성제
로부터 그 보답을 받아 누렸다. ○高武守王 ─ 高武侯 傅喜(부희). ○因用濟
身 ─ 처신을 바로 했기에 平帝가 즉위하면서 傅氏 일족과 같이 처벌받지 않
았다. ○高陽文法 ─ 高陽侯 薛宣(설선). 文法은 법 조문. ○揚鄕武略 ─ 揚鄕
侯 朱博(주박, ?-前 5년)은 유능한 지방관으로 승상까지 올랐으나 죄를 짓고
자살했다. 武略은 政事之材. ○博之翰音 ─ 翰音(한음)은 새가 높이 날아 오
르며 우는 소리. 능력보다 고위직에 오르거나 실질이 없는 헛 명성이 오래
갈 수 없다는 뜻. ○鼓妖先作 ─ 주박이 승상이 되어 조정의 계단에 올라 책
서를 받을 때 어디선가 종소리가 들렸는데, 이는 〈五行志〉에 실려 있다.

樂安侯 匡衡(광형)은 잘 나갔는데 옛날에는 郡의 文學이었으며 많은 사람이 그의 잘못을 알았기에 감찰 담당관의 탄핵을 받았다. 安昌侯 張禹(장우)는 재물을 늘렸기에 朱雲(주운)의 비난을 받았으며 博山侯 孔光(공광)은 꼼꼼하고 근신하여 왕망이 꺼려하였다. 이에 〈匡張孔馬傳〉第五十一을 서술했다.

樂昌侯 王商(왕상)은 성실 돈독하며 바른 지조를 꺾지 않았기에 많은 우환을 겪고 한때 폐출되었다. 武陽侯 史丹(사단)은 太子를 충성과 지모로 지켰기에 그 은덕을 보상받았다. 高武侯 傅喜(부희)는 정도를 지켜 처신을 바로 했기에 뒤에 무사하였다. 이에 〈王商史丹傅喜傳〉第五十二를 서술했다.

高陽侯 薛宣(설선)은 법 조문에 밝았고 揚鄕侯 朱博(주박)은 무예와 책략도 있어 政事에 유능하였지만 도덕심이 적고 능력에 비해 자리가 높아 그 지위를 끝까지 유지할 수 없었다. 주박의 헛 명성은 마치 어디선가 요상한 종소리가 먼저 들려온 것과 같았다. 이에 〈薛宣朱博傳〉第五十三을 서술하였다.

原文

高陵修儒, 任刑養威, 用合時宜, 器周世資. 義得其勇, 如虎如貔, 進不跬步, 宗爲鯨鯢. 述〈翟方進傳〉第五十四.

統微政缺, 災眚屢發. 永陳厥咎, 戒在三七. 鄴指丁,傅, 略窺占術. 述〈谷永杜鄴傳〉第五十五.

| 註釋 | ○高陵修儒 – 高陵侯 翟方進(적방진, ?-前 7년)은 成帝 때 승상 역임. 나중에 사약을 받아 자살. 적방진이 죽은 며칠 뒤 성제도 갑자기 죽었다. 왕망이 칭제하자, 적방진의 아들 翟義(적의)가 기병하여 왕망에 대항하였다. 修儒는 宿儒(숙유). ○任刑養威 – 남의 잘못을 탄핵하여 권위를 높이다. ○用合時宜, 器周世資 – 그의 재능이 시의에 적합하고 능력이 현실에 필요하였다. ○義得其勇 – 翟義(적의), 적방진의 막내아들. 東郡太守로 있으면서 왕망에 반기를 들었다. ○如虎如貙 – 貙는 비휴 비. 표범의 일종. 맹수. ○進 不跬步 – 跬步(규보)는 半步. ○鯨鯢(경예) – 암, 수 고래. 악인의 우두머리. 처형될 사람. ○統微政缺 – 皇統이 미약하고 정치가 잘못되다. ○永陳厥咎 – 谷永(곡영)이 재이의 원인을 설명하다. ○戒在三七 – 高祖 건국 이후 7번째 30년의 액운에 들었다며 조심해야 한다는 뜻. ○鄴指丁,傅 – 杜鄴(두업)은 그 원인이 丁太后(애제의 모후)와 傅太后(부태후, 哀帝 조모)에 있다고 하였다. ○略窺占術 – 점을 치다. 窺는 엿볼 규.

[國譯]

　高陵侯 翟方進(적방진)은 宿儒(숙유)로 남을 탄핵하여 권위를 높였고 그 재능이 시의에 적합하고 현실적이었다. 翟義(적의)는 용감하고 호랑이나 비휴와 같았지만 크게 진격하지 못하고 일족을 죽인 악인이 되었다. 이에 〈翟方進傳〉第五十四를 서술하였다.

　皇統이 미약하고 정치가 잘못되자 여러 재이가 자주 발생하였다. 谷永(곡영)은 재이의 원인을 설명하며 고조 건국 이후 7번째 30년의 액운에 들었다며 조심해야 한다고 하였다. 杜鄴(두업)은 그 원인이 丁太后와 傅太后(부태후, 애제의 조모)에 있다고 하면서 점을 치기도 하였다. 이에 〈谷永杜鄴傳〉第五十五를 서술하였다.

哀,平之恤, 丁,傅,莽,賢. 武,嘉戚之, 乃喪厥身. 高樂廢黜, 咸列貞臣. 述〈何武王嘉師丹傳〉第五十六.

淵哉若人! 實好斯文. 初擬相如, 獻賦黃門, 輟而覃思, 草 《法》纂《玄》, 斟酌《六經》, 放《易》象《論》, 潛於篇籍, 以章厥 身. 述〈揚雄傳〉第五十七.

獷獷亡秦, 滅我聖文, 漢存其業, 六學析分. 是綜是理, 是 綱是紀, 師徒彌散, 著其終始, 述〈儒林傳〉第五十八.

| 註釋 | ○哀,平之恤 – 哀帝와 平帝 때 우환. ○丁,傅,莽,賢 – 외척 丁氏 와 傅氏(부씨), 王莽과 董賢(동현). ○武,嘉戚之 – 何武(하무), 王嘉(왕가). ○高樂廢黜 – 高樂候 師丹(사단). ○淵哉若人 – 淵哉는 淵博(연박)하도다. 若人은 揚雄(양웅, 前 53-서기 18). ○實好斯文 – 斯文(사문)은 儒學. 고아하 다. ○初擬相如 – 司馬相如(前 179?－118)는 漢賦의 대표 작가, '賦聖'이라 는 칭송도 있다. 擬는 본뜨다. ○獻賦黃門 – 黃門은 黃門官. ○輟而覃思 – 輟은 문장을 짓다. 覃思는 深思. ○草《法》纂《玄》 –《法言》과《太玄》. ○放 《易》象《論》 – 放은 倣.《易》象은 본받다.《태현》은《易》을 모방했고《論語》 를 본뜬 것은《法言》이다. ○潛於篇籍 – 潛은 침잠하다. ○獷獷亡秦 – 獷獷 (광광)은 예의와 풍속이 난잡하다. 獷은 사나울 광. ○六學析分 – 六學은 六 藝. ○師徒彌散 – 彌散은 분산하다. 여기서는 여러 학파가 나오고 발전하다.

〔國譯〕

哀帝와 平帝 때의 우환은 외척 丁氏와 傅氏(부씨), 王莽과 董賢(동 현)이었다. 何武(하무)와 王嘉(왕가)는 이를 걱정하였고 결국 죽어야만 했다. 高樂候 師丹(사단)은 廢黜(폐출)되었으니 모두 올곧은 신하였다. 이에 〈何武王嘉師丹傳〉第五十六을 서술하였다.

깊고도 넓도다, 揚雄(양웅)이여! 그 바탕은 儒學으로 다져졌다. 초기에는 司馬相如를 본떠 궁중에 賦(부)를 지어 올렸다. 문장을 짓고 深思하여 《法言》과 《太玄》을 지었고, 《六經》의 대의를 짐작케 하였으니 《易》과 《論語》를 모방하였다. 저술에 깊이 침잠하여 자신을 드러내었도다. 이에 〈揚雄傳〉第五十七을 서술하였다.

예의와 풍속이 난잡하여 멸망한 秦이 聖學을 박멸하려 했지만 漢에서 학문을 장려하고 六藝를 연구하였다. 여러 이론을 종합하고 학문 체계를 세웠으며 스승과 제자가 갈라지며 발전하였기에 그 시작과 끝을 기록하였다. 이에 〈儒林傳〉第五十八을 서술하였다.

原文

誰毀誰譽, 譽其有試. 泯泯群黎, 化成良吏. 淑人君子, 時同功異. 沒世遺愛, 民有餘思. 述〈遁吏傳〉第五十九.

上替下陵, 姦軌不勝, 猛政橫作, 刑罰用興. 曾是强圉, 掊克爲雄, 報虐以威, 殃亦凶終. 述〈酷吏傳〉第六十.

| 註釋 | ○誰毀誰譽, 譽其有試 – "누구를 폄훼하고 누구를 칭송하겠는가? 칭찬한다면 겪어보았기 때문이다." 공자의 말을 인용하였다. 子曰, "吾之於人也, 誰毀誰譽? 如有所譽者, 其有所試矣. ~.《論語 衛靈公》 ○泯泯群黎 – 泯泯(민민)은 문란한 모양. 泯은 망할 민. 群黎(군려)는 백성. ○化成良吏 – 백성은 관리에 의해 교화된다. ○淑人 – 선량한 사람. ○上替下陵 –

替는 쇠퇴하다. 陵은 (아랫사람이) 뛰어넘다. 무시하다. ○姦軌不勝 – 姦軌
(간궤)는 혼란. 외부에서 유발되는 혼란은 姦, 내부의 무질서는 軌라 하였다.
○猛政橫作 – 무서운 폭정의 횡행. ○曾是强圉, 掊克爲雄 – 强圉(강어)는 포
악하게 부리다. 掊克(부극)은 무자비하게 거둬들이다. 爲雄은 유능한 관리라
생각하다. ○報虐以威 – 포악한 사람에게는 가혹한 형벌이 내려지다. ○殃
亦凶終 – 재앙도 흉악하게 끝난다.

[國譯]

"누구를 폄훼하고 누구를 칭송하겠는가? 칭찬한다면 겪어보았기
때문이다." 아무것도 모르는 백성은 착한 관리에게 교화된다. 선량
한 사람이나 군자는 같이 살아도 공적이 틀리다. 죽을 때까지도 백
성을 아껴주니 백성들도 그들을 추념한다. 이에〈循吏傳〉第五十九
를 서술하였다.

위에서 타락하면 아랫사람이 참월하며 나쁜 짓은 헤아릴 수도 없
다. 폭정이 횡행하면 형벌도 많아진다. 포악하게 부리고 무자비한
수취를 유능하다 생각하지만, 포악한 자에게는 큰 형벌이 내려지고
재앙도 비참하게 끝난다. 이에〈酷吏傳〉第六十을 서술하였다.

原文

四民食力, 罔有兼業, 大不淫侈, 細不匱乏, 盖均無貧, 遵
王之法. 靡法靡度, 民肆其詐, 逼上幷下, 荒殖其貨. 侯服玉
食, 敗俗傷化. 述〈貨殖傳〉第六十一.

開國承家, 有法有制, 家不藏甲, 國不專殺. 矧乃齊民, 作

威作惠, 如台不匡, 禮法是謂! 述〈游俠傳〉第六十二.

彼何人斯, 竊此富貴! 營損高明, 作戒後世. 述〈佞幸傳〉第六十三.

| 註釋 | ○四民食力 - 四民(士, 農, 工, 商). ○蓋均無貧 - 대개 비슷하여 가난하지 않다. "蓋均無貧, 和無寡, 安無傾."《論語 季氏》. ○靡法靡度 - 법도가 없다. 법도가 무너지다. ○民肆其詐 - 肆는 放縱(방종). ○荒殖其貨 - 재물을 크게 늘려간다. ○侯服玉食 - 侯服에서 玉食하다. 侯服은 5백 리에서 1천 리 떨어진 지역. 玉食은 맛있는 음식. ○國不專殺 - 나라라 하여 마음대로 살인할 수 없다. ○矧乃齊民 - 矧은 하물며 신(況且). 잇몸. 齊民은 平民. ○作威作惠 - 위세를 부리거나 베풀어 주다. ○如台不匡 - 如는 만약. 台는 나 이(予). 이런 일을 바로잡지 않는다면 무슨 예법을 말할 수 있겠는가! ○彼何人斯 - 저 사람은 어떤 사람인가?《詩經 小雅 巧言》. ○營損高明 - 營은 현혹하다. ○佞幸傳 - 佞(아첨할 영)은 侫(아첨할 영)의 俗字.

〖 國譯 〗

四民(士, 農, 工, 商)이 먹고 살려 힘쓰기에 각자 자기 일에 전념하게 되어 많다 하여 크게 사치할 수도 없고 적다 하여 많이 궁핍하지도 않아 대개 비슷하여 가난하지도 않았다. 법도가 무너지면 백성은 방종하고 거짓을 꾸며대며 아래 위로 핍박하거나 빼앗아 재물을 크게 늘려간다. 侯服에서 玉食을 하고 선량한 풍속과 교화는 무너지게 된다. 이에 〈貨殖傳〉第六十一을 서술하였다.

나라를 세우거나 가문이 형성되면 법이나 제도에 따라야 하는데 백성의 집에 병기를 감출 수 없고 국가도 함부로 살인할 수 없다. 그런데 같은 백성이면서 협객은 위세를 부리거나 재물을 베풀어주는데 이런 일을 바로잡지 않으면서 무슨 예법을 말할 수 있겠는가! 이에 〈游俠傳〉第六十二를 서술하였다.

　저 사람은 어떤 사람이라 이런 부귀를 누리는가! 고명한 사람을 현혹하고 침해하나니 후세에 계율로 삼아야 한다. 이에 〈佞幸傳〉第六十三을 서술하였다.

原文

　於惟帝典, 戎夷猾夏! 周宣攘之, 亦列〈風〉,〈雅〉. 宗幽旣昏, 淫於褒女, 戎敗我驪, 遂亡酆鄗. 大漢初定, 匈奴强盛, 圍我平城, 寇侵邊境. 至于孝武, 爰赫斯怒, 王師雷起, 霆擊朔野. 宣承其末, 乃施洪德, 震我威靈, 五世來服. 王莽竊命, 是傾是覆, 備其變理, 爲世典式. 述〈匈奴傳〉第六十四.

　西南外夷, 種別域殊. 南越尉佗 自王番禺. 攸攸外寓, 閩越, 東甌. 爰泊朝鮮, 燕之外區. 漢興柔遠, 與爾剖符. 皆恃其岨, 乍臣乍驕, 孝武行師, 誅滅海隅. 述〈西南夷兩越朝鮮傳〉第六十五.

| 註釋 | ○於惟帝典 – 於는 감탄사. 帝典은《書經 舜典》. ○戎夷猾夏 – 戎夷(융이)는 蠻夷(만이). 猾은 亂. 침입하다. 夏는 諸夏. 중국. ○周宣攘之 – 周의 宣王. ○亦列〈風〉,〈雅〉 – 〈國風〉과 〈大·小雅〉. ○宗幽旣昏 – 宗周(西周)의 幽王(周 宣王의 아들. 재위 전 781-771년). ○淫於褒女 – 褒女(포녀)는 褒姒(포사). 褒(포)는 나라 이름. 周 幽王의 두 번째 왕후. 차가운 미인. 烽火로 諸侯를 희롱하였다. ○戎敗我驪 – 흉노는 申侯와 함께 쳐들어 왔고 幽王

은 驪山에서 전사했다.   ㅇ遂亡酆鄗 – 酆鄗(풍호)는 宗周의 도읍. 평왕은 雒
邑으로 천도하니, 이가 成周(東周)이다.   ㅇ圍我平城 – 평성은 縣名. 今 山西
省 북쪽 大同市 동북.   ㅇ爰赫斯怒 – 爰은 발어사. 赫은 盛大하다.   ㅇ霆擊朔
野 – 霆은 迅雷(신뢰). 朔野(삭야)는 북방.   ㅇ五世來服 – 선제부터 평제까지
흉노는 漢에 來朝했다.   ㅇ西南外夷 – 지금의 廣東 廣西 雲南 貴州省 일대의
이민족.   ㅇ南越尉佗 – 南越의 尉佗(위타). 본명은 趙佗(조타). 진시황 때 海
南郡 龍川 현령. 해남군 도위의 업무를 대행했기에 尉佗(위타)라 호칭. 秦 멸
망 후 桂林郡 등 3郡을 평정하고 前203년에 南越王(武王)을 자칭하고 番禺
(반우 廣東省 廣州市)에 도읍하자 고조는 그를 南越王에 봉했다. 前111년까
지 존속.   ㅇ番禺(반우) – 현명. 南海郡의 치소, 今 廣東省 廣州市 番禺區.
ㅇ攸攸外寓 – 攸攸(유유)는 아주 먼 모양.   ㅇ閩越,東甌 – 閩越(민월)은 지금
의 福建省 일대의 越人. 東甌(동구)는 오령산맥 이남에 광범위하게 분포한
월인의 한 갈래. 지명으로는 今 浙江省 溫州市 일대. 혜제 3년(전 192)에 고조
때 월인들의 공적을 기려 '閩君(민군)인 搖(요)를 東海王(동해왕)'에 임명하
여 東甌(동구)에 도읍하였는데, 이를 東甌王(동구왕)이라 불렀다.   ㅇ爰洎朝
鮮 – 朝鮮까지. 이때는 衛滿朝鮮 右渠王(우거왕) 때.   ㅇ漢興柔遠 – 柔는 安
定시키다. 遠은 遠地.   ㅇ與爾剖符 – 剖符는 封王하다.   ㅇ皆恃其岨 – 岨은
돌 산 저. 험지.   ㅇ孝武行師 – 元封 3년(전 108). 樂浪郡 등 4군 설치.

〔國譯〕

　아!《書經 舜典》에도 蠻夷(만이)가 중국에 침입했다 하였고, 周의
宣王이 흉노를 물리친 일은 〈國風〉과 〈大·小雅〉에 실려 있다. 宗
周(西周)의 幽王(유왕)은 우매하여 褒姒(포사)에 빠졌고 흉노는 유왕
을 驪山(여산)에서 죽였고, 酆鄗(풍호, 宗周)는 망했다. 大漢이 건국되
었을 때 흉노가 강성하여 우리를 平城에서 포위했었고 변경을 침략
하였다. 孝武帝에 이르러 흉노를 치려고 王者의 군사를 동원하여 북

방에서 흉노를 크게 소탕하였다. 宣帝는 그 뒤에 흉노에게 큰 덕을 베푸시니 평제까지 5대에 걸쳐 흉노는 한에 臣服했다. 왕망이 천명을 훔친 뒤로 이것이 무너졌으니 바뀐 까닭을 상세히 알아 후세에 법식이 되어야 한다. 이에 〈匈奴傳〉第六十四를 서술하였다.

西南의 外夷들은 종족과 지역이 다르다. 南越의 尉佗(위타, 趙佗)가 番禺(반우)에서 자립한 이후 아주 먼 지역에 閩越(민월)과 東甌(동구)로 존속했다. 燕의 바깥에는 朝鮮도 있었다. 漢 건국 이후로 遠地까지 안정시키고 그들을 왕으로 봉했다. 그러나 모두가 험지를 믿고 복속하다가 교만한 경우도 있어 孝武帝가 군사를 보내 바다 건너까지 정복하였다. 이에 〈西南夷兩越朝鮮傳〉第六十五를 서술했다.

原文

西戎卽序, 夏后是表. 周穆觀兵, 荒服不旅. 漢武勞神, 圖遠甚勤. 王師嘽嘽, 致誅大宛. 嫖嫖公主, 乃女烏孫, 使命乃通, 條支之瀕. 昭, 宣承業, 都護是立, 總督城郭, 三十有六, 修奉朝貢, 各以其職. 述〈西域傳〉第六十六.

| 註釋 | ○西戎卽序 – 西戎(서융). 序는 位次. ○夏后是表 – 表는 외국. 중국 내 제후국이 아니다. ○周穆觀兵 – 周 穆王. 觀兵은 武威를 보여주다. ○荒服不旅 – 荒服은 五服 중 가장 먼 지역. 戎狄(융적)의 땅. 조정에서 제후나 신하의 반열에 설 수 없다는 뜻. 旅는 陳列의 뜻. ○王師嘽嘽 – 嘽嘽(탄탄)은 말이 헐떡거리는 모양. 서역 원정에 인마가 모두 지쳤다는 뜻. 嘽은 야생마 탄. 嘽(헐떡일 탄)과 같음. ○致誅大宛 – 大宛(대원). ○嫖嫖公主 – 嫖

妌는 예쁜 모양. 妌는 예쁠 제. ○乃女烏孫 - 女는 시집보내다. ○條支之瀕 - 條支는 서역의 국명. 安息國(안식국)의 서쪽, 今 伊拉克(Iraq) 지역의 국가. 瀕은 여울 빈. 물가. ○都護是立 - 西域都護府, ○總督城郭, 三十有六 - 흉노는 고정된 거점(都城)이 없이 이동하는 유목국가로, 이를 行國이라 한다. 이와 달리 오아시스를 중심으로 정주하며 성곽에서 외적을 방어하는 나라를 성곽 국가라고 하였다. 漢의 서역의 성곽 국가와 관계를 강화하며 흉노에 대항하는 체제를 구축했다. 이들 성곽 국가 관리는 西域都護(서역도호)가 담당했다. 최초의 서역도호 鄭吉은 前 60-48년까지 재직했다. 서역도호부의 위치는, 今 新疆維吾爾自治區 중앙부의 庫爾勒市 서쪽 巴音郭楞蒙古自治州의 輪臺縣이었다.

〖國譯〗

　　西戎(서융)의 지위는 夏后 때부터 外國이었다. 周의 穆王(목왕)이 武威를 보여주었고 荒服(황복)에 속해 조정에 설 수 없었다. 武帝는 이들에 관심을 갖고 원정하면서 매우 애를 썼다. 서역원정에 인마가 모두 지칠 정도였는데 大宛(대원) 왕을 죽였다. 예쁜 漢 공주를 烏孫(오손)에 시집보냈고 사신을 보내 條支國(조지국)까지도 왕래하였다. 昭帝와 선제 때도 계속되었으니 西域都護府를 설치하고 城郭(성곽) 국가 36개국을 관리하였는데 그들을 봉하고 그들의 조공을 받으며 각자 직분을 수행케 하였다. 이에 〈西域傳〉第六十六을 서술하였다.

原文▌

　　詭矣禍福, 刑于外戚. 高后首命, 呂宗顚覆. 薄姬磼魏, 宗文産德. 竇后違意, 考盤于代. 王氏仄微, 世武作嗣. 子夫旣興, 扇而不終. 鉤弋憂傷, 孝昭以登. 上官幼尊, 類禡厥宗.
史娣,王悼, 身遇不祥, 及宣饗國, 二族後光. 恭哀產元, 夭而
不遂. 邛成乘序, 履尊三世. 飛燕之妖, 禍成厥妹. 丁,傅僭
恣, 自求凶害. 中山無辜, 乃喪馮,衛. 惠張,景薄, 武陳,宣霍,
成許,哀傅, 平,王之作, 事雖歆羨, 非天所度. 怨詶若茲, 如
何不惕! 述〈外戚傳〉第六十七.

| 註釋 | ○詭矣禍福 − 詭(속일 궤)는 恑(변할 궤)의 뜻으로 해석. 變異. ○刑
于外戚 − 刑은 形. 나타난다. 禍福의 변화는 외척의 신상에 극명하게 나타난
다는 뜻. ○呂宗顚覆 − 여씨 일족은 몰락했다. ○薄姬磒魏 − 薄姬(박희, 文
帝의 생모). 磒(떨어질 추)는 墜(떨어질 추)의 古字. 魏는 魏王 豹(표). 박희는
본래 위왕 豹(표)의 여인이었으나 위왕이 망한 뒤 한고조의 딱 한 번 총애를
받아 文帝(劉桓)를 낳았다. ○竇后違意 − 竇后(두후, 경제의 생모)는 궁인을
제후에게 보낼 때 고향 가까운 趙로 가기를 원했지만 환관의 실수로 代에 가
서 代王의 총애를 받아 景帝를 출산했다. ○考盤于代 − 代에서 좋은 일이
이루어졌다. 考는 成. 盤은 槃과 통. 즐기다. 머뭇거리다. ○王氏仄微 − 王氏
는 왕황후. 무제의 생모. 仄微(측미)는 출신이 미천하다. ○子夫旣興 − 衛子
夫(위자부)는 무제의 위황후. 戾太子의 생모. ○扇而不終 − 뜨거웠지만 끝까
지 가지 못했다. 扇(부채 선)은 치열하다. 盛하다. ○鉤弋憂傷 − 鉤弋(구익)
부인 趙婕妤(조첩여)는 무제의 견책을 받고 걱정 끝에 죽었다. ○上官幼尊 −
昭帝의 상관황후. 곽광의 손녀. ○類禡厥宗 − 類는 출정에 앞서 지내는 제
사. 禡는 군대가 주둔한 곳에서 지내는 제사. 여기서는 제사란 의미로 사용.
○史娣,王悼 − 史娣는 戾태자의 후궁인 史良娣(사량제, 선제 조모). 王悼(왕
도)는 선제의 생모 王氏. 선제 즉위 후에 올린 시호는 悼后(도후). ○恭哀產
元 − 恭哀(공애)황후. 선제가 민간에 있을 때 결혼한 부인. 선제 즉위 후에 원

제를 낳고 곽광 아내의 사주에 의해 女醫가 독살했다. ㅇ邛成乘序, 履尊三世 - 邛成皇后는 선제가 태자(원제)를 양육하라고 황후로 책봉했다. 선제의 사랑을 받지는 못했지만 선제, 원제, 성제에 걸쳐 49년이나 재위했고 일족은 영화를 누렸다. 乘은 오르다. 序는 지위. ㅇ飛燕之妖, 禍成厥妹 - 서제의 황후 趙飛燕과 그 여동생. ㅇ丁,傅僭恣 - 애제의 모친 丁太后와 애제의 조모 傅太后(부태후, 元帝의 傅昭儀였다). ㅇ中山無辜, 乃喪馮,衛 - 馮昭儀는 中山孝王의 생모(平帝의 조모)인데 傅太后의 박해로 자결. 中山孝王의 衛后(평제의 생모)는 王莽의 박해로 자살. ㅇ平,王之作 - 평제의 王皇后(왕망의 딸)의 흥기. 作은 起. ㅇ事雖歆羨 - 일반 백성이 부러워하다. ㅇ非天所度 - 天意가 아니었다. ㅇ如何不恪 - 恪은 삼가다. 신중해야 한다.

〔國譯〕

禍福(화복)의 變異(변이)는 외척의 신상에 극명하게 나타난다. 고조 여황후가 처음 책봉을 받았지만 여씨 일족은 몰락했다. 薄姬(박희, 文帝의 생모)는 본래 위왕 豹(표)의 여인이었지만 나중에 文帝를 낳았다. 竇后(두후, 경제의 생모)는 뜻대로 되지 않았기에 代에서 좋은 일이 이루어졌다. 王皇后(무제의 생모)는 출신이 미천하였지만 武帝를 낳아 대를 이었다. 衛子夫(위자부, 위황후, 戾太子의 생모)는 권세가 컸었지만 끝까지 가지 못했다. 鉤弋(구익)부인 趙婕妤(조첩여)는 무제의 견책을 받고 걱정 끝에 죽었지만 아들 孝昭帝가 등극하였다. 昭帝의 上官황후는 어려서 존위에 올랐는데 그래도 그 집안을 제사할 수 있었다. 史良娣(사량제, 선제 조모)와 王悼后(왕도후)는 큰 불행을 겪었지만 선제가 즉위하면서 두 집안은 영광을 누렸다. 恭哀(공애)황후는 원제를 낳고서 일찍 죽어 영화를 누리지 못했다. 선제의 邛成(공성) 황후는 등극한 뒤에 3대에 걸쳐 영화를 누렸다. 趙飛燕의

아름다움은 여동생 때문에 재앙이 되었다. 애제의 모친 丁태후와 조
모 傅(부)태후는 참월하여 스스로 화를 초래했다. 中山孝王은 아무
죄도 없이 생모(平帝의 조모)와 衛后(평제의 생모)가 죽어야 했다. 惠帝
의 張황후, 경제의 薄(박)황후, 또 무제의 陳황후와 선제의 霍황후,
성제의 許황후, 애제의 傅황후, 그리고 平帝와 평제 왕황후의 흥기
는 백성이 부러워하였지만 天意가 아니었다. 원한이나 허물이 이와
같거늘 어찌 신중하지 않을 수 있겠는가? 이에 〈外戚傳〉第六十七
을 서술했다.

　元后娠母, 月精見表. 遭成之逸, 政自諸舅. 陽平作威, 誅
加卿宰. 成都煌煌, 假我明光. 曲陽敔敔(敔), 亦朱其堂. 新
都亢極, 作亂以亡. 述〈元后傳〉第六十八.

　咨爾賊臣, 簒漢滔天, 行驕夏癸, 虐烈商辛. 僞稽黃,虞,
繆稱典文, 衆怨神怒, 惡復誅臻. 百王之極, 究其姦昏. 述〈王
莽傳〉第六十九.

| 註釋 | ○元后娠母 – 元后는 元帝의 황후, 성제의 모친. 娠는 애 밸 신.
○月精見表 – 달을 품는 태몽을 꾸다. 징표로 나타났다. ○遭成之逸 – 成帝
가 逸樂을 탐하다. ○政自諸舅 – 왕정군의 형제들. ○陽平作威 – 陽平侯 王
鳳(왕봉). ○成都煌煌 – 成都侯 王商. 煌煌(황황)은 불꽃이 성한 모양. ○假
我明光 – 明光宮을 빌려 쓰다. ○曲陽敔敔 – 曲陽侯 王根(왕근). 敔敔(고
고)는 敵敵(효효, 김이 오르는 모양). ○亦朱其堂 – 집의 대문을 붉게 칠하다.

참람한 행위였다.　○新都亢極 - 新都侯 王莽(왕망). 亢은 높을 항, 목 항.
○行驕夏癸 - 夏의 桀王. 名은 癸(계).　○虐烈商辛 - 商의 紂王. 名은 辛.
○僞稽黃,虞 - 稽는 考. 黃帝와 虞舜.　○惡復誅臻 - 악행이 一周(12년)를 돌
아 주살하려고 모여들다.

〖國譯〗

　元后의 모친이 임신했을 때 달을 품에 안는 징표가 나타났다. 成
帝가 逸樂을 탐하게 되자 국정은 원후의 형제들로부터 나왔다. 陽平
侯 王鳳(왕봉)은 여러 공경을 주살했으며 成都侯 王商(왕상)이 한창
성할 때는 明光宮을 차지하고 살았다. 曲陽侯 王根(왕근)이 한창 힘
을 쓸 때는 참람하게도 집 대문에 붉은 칠을 했었다. 이는 참람한 행
위였다. 新都侯 王莽(왕망)은 끝까지 올라 난리를 치다가 죽었다. 이
에 〈元后傳〉 第六十八을 서술했다.

　아! 너는 賊臣(적신)으로 漢을 찬탈한 죄가 하늘에 닿았나니, 교만
한 짓은 夏의 桀王(걸왕)이고 잔학은 商의 紂王(주왕)과 같았다. 거짓
으로 黃帝와 虞舜(우순)을 들먹였고 함부로 경전을 칭했다. 백성이
원망하고 신령이 노하니 악행이 一周(12년)하여 죽이려 모여들었
다. 모든 왕씨들의 끝은 간악과 혼돈의 종말이었다. 이에 〈王莽傳〉
第六十九를 서술하였다.

原文

　凡《漢書》, 敍帝皇, 列官司, 建侯王. 準天地, 統陰陽, 闡
元極, 步三光. 分州域, 物土疆, 窮人理, 該萬方. 緯《六經》,

綴道綱, 總百氏, 贊篇章. 函雅故, 通古今, 正文字, 惟學林.
述〈敍傳〉第七十.

| 註釋 | ○凡《漢書》-《漢書》100권의 내용 요약. ○敍帝皇 - 敍는 배열하다. 순서대로 서술하다. 《漢書》의 12紀를 말함. ○列官司 -《漢書》의〈百官公卿表〉를 지칭. ○建侯王 -〈異姓諸侯王表〉,〈諸侯王表〉,〈王子侯表〉등. ○準天地 -〈天文志〉. ○統陰陽 - 統은 통합하다.〈五行志〉. ○闡元極, 步三光 - 闡은 확대하다. 步는 추산하다.〈律歷志〉. ○分州域 -〈地理志〉. ○物土疆 - 物은 연구 정리하다.〈溝洫志(구혁지)〉. ○窮人理 - 窮은 뿌리와 근원을 밝히다.〈古今人表〉. ○該萬方 - 該는 포괄하다.〈郊祀志〉. ○緯《六經》, 綴道綱 - 학문의 성과를 종합.〈藝文志〉. ○總百氏 - 總은 취합하다. 百氏는 모든 사람.〈七十傳〉. ○贊篇章 - 贊은 밝히다. ○函雅故, 通古今 - 高雅한 典故를 포함, 古今事를 관통하다.

〔 國譯 〕

《漢書》1백 권은 황제 12紀를 순서대로 서술하고 官司를 나열하였으며, 侯王의 책봉을 정리했고 天地의 표준을 설명하였으며, 陰陽을 통합하고 원시 이래 일월과 성신의 운행을 확대하여 추산하였으며, 지리와 지역을 분할 설명하였고 疆土(강토)를 연구 정리하였으며, 人倫의 뿌리와 근원을 밝히고 萬方을 포괄하여 설명하였다.《六經》과 도덕의 체계를 밝혀 성과를 엮었고 모든 인물의 성과와 자취를 종합하여 篇章(편장)을 撰述(찬술)하였다. 高雅한 典故를 모두 포함하고 고금의 세상사를 관통하였으니 모든 문자가 情密하고 典雅하며 학술의 叢林(총림)을 생각했다. 이에〈敍傳〉第七十을 서술했다.

부록

1. 《漢書》收錄 名文 目錄
〔《한서》수록 명문 목록〕

1. 賈山(가산) ― 〈至言〉 2권, 15p.

2. 賈誼(가의) ― 〈過秦論〉 2권, 98p.

3. 賈誼(가의) ― 〈吊屈原賦〉 3권, 340p.

4. 賈誼(가의) ― 〈鵬鳥賦〉 3권, 345p.

5. 賈誼(가의) ― 〈治安策〉 3권, 353p.

6. 賈誼(가의) ― 〈請封建子弟疏〉 3권, 405p.

7. 賈誼(가의) ― 〈諫立淮南諸子疏〉 3권, 411p.

8. 公孫弘(공손홍) ― 〈賢良策〉 4권, 545p.

9. 貢禹(공우) ― 〈奏宜仿古自節〉 6권, 303p.

10. 路溫舒(노온서) ― 〈言宜尙德緩刑書〉 4권, 93p.

11. 東方朔(동방삭) ― 〈答客難〉 5권, 437p.

12. 東方朔(동방삭) ― 〈非有先生之論〉 5권, 445p.

13. 董仲舒(동중서) ― 〈賢良對策(一)〉 4권, 360p.

14. 董仲舒(동중서) ― 〈賢良對策(二)〉 4권, 381p.

15. 董仲舒(동중서) ― 〈賢良對策(三)〉 4권 393p.

16. 梅福(매복) ― 〈上書請封孔子子孫爲殷後〉 5권, 556p.

17. 枚乘(매승) ― 〈諫吳王書〉 4권, 72p.

18. 枚乘(매승) ― 〈復諫吳王書〉 4권. 79p.

19. 武帝(무제) ― 〈輪臺罪己詔〉 9권, 376p.

20. 武帝(무제) ― 〈悼懷李夫人賦〉 9권, 460p.

2. 前漢 度量衡 早見表
〔전한 도량형 조견표〕

領域	單位	미터법 환산	비고
길이	1引 = 10丈 1丈 = 10尺 1尺 = 10寸 1寸 = 10分	1引 = 2310cm 1丈 = 231cm 1尺 = 23.1cm 1寸 = 2.31cm 1分 = 0.231cm 王莽一貨幣尺 = 23.1cm 後漢一銅尺 = 23.6cm	
면적	1頃 = 100畝 1畝 = 10分	營造尺庫平制(1915) 1頃 = 61440㎡ = 100畝 1畝 = 614.4㎡ 市制(현행 중국 민간) 1頃 = 66,666㎡ = 100畝. 1畝 = 666.66㎡	
부피	1斛 = 10斗 1斗 = 10升 1升 = 10合 1合 = 2龠(약) 1龠 = 5撮(촬) 1撮 = 4圭	1斛 = 20000cc 1斗 = 2000cc 1升 = 200cc 1合 = 20cc 1龠 = 10cc 1撮 = 2cc 1圭 = 0.5cc	
무게	1石 = 4鈞 1鈞 = 30斤 1斤 = 16兩 1兩 = 24銖	前漢 : 1石 = 29760g 1鈞 = 7440g 1斤 = 248g 1兩 = 15.5g 1銖 = 0.65g 後漢 : 1石 = 26400g　1鈞 = 6600g 1斤 = 220g　　1兩 = 13.8g 1銖 = 0.57g	

《漢書》立傳 人名 索引

저자 약력

陶硯 진기환 陳起煥

서울 대동세무고등학교 교장을 역임하였고 개인 문집으로 《陶硯集》 출간.

주요 저서로는 중국 고전소설 《儒林外史》 국내 최초 번역, 《史記講讀》, 《史記 人物評》, 《中國의 土俗神과 그 神話》, 《中國의 신선이야기》, 《上洞八仙傳》, 《三國志 故事成語 辭典》, 《三國志 故事名言 三百選》, 《三國志의 지혜》, 《三國志 人物評論》, 《精選 三國演義 原文 註解》, 《中國人의 俗談》, 《水滸傳 評說》, 《金瓶梅 評說》, 《논술로 읽는 論語》, 《十八史略 中(下)·下(上)·下(下)》, 《唐詩三百首 上·中·下》 共譯, 《唐詩逸話》, 《唐詩絶句》, 《王維》, 《漢書》 全 10권 외

E-mail : jin47dd@hanmail.net

原文 註釋 國譯

漢書(十)
한 서

초판 인쇄 2017년 9월 5일
초판 발행 2017년 9월 15일

역 주 | 진기환
발행자 | 김동구
디자인 | 이명숙·양철민
발행처 | 명문당(1923. 10. 1 창립)
주 소 | 서울시 종로구 윤보선길 61(안국동)
         우체국 010579-01-000682
전 화 | 02)733-3039, 734-4798(영), 733-4748(편)
팩 스 | 02)734-9209
Homepage | www.myungmundang.net
E-mail | mmdbook1@hanmail.net
등 록 | 1977. 11. 19. 제1~148호

ISBN 979-11-88020-27-0 (04910)
ISBN 979-11-85704-78-4 (세트)
30,000원